Página de rosto de *Portae Lucis*, uma tradução latina feita por Paulus Ricius da obra de J. Gikatilla, *Sha'arei Orah*, Augsburgo, 1516. A figura mostra um homem segurando uma árvore com as dez *Sefirot*.

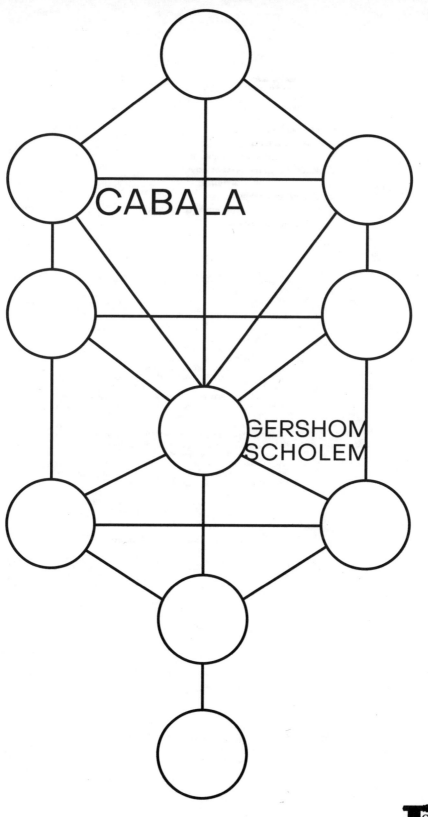

Título original **KABBALAH**
Autor **GERSHOM SCHOLEM**

Copyright © Keter Publishing House Jerusalem Ltd., 1974

Editor **ROGÉRIO DE CAMPOS**
Assistente editorial **LUIZA GOMYDE** (estágio)
Consultoria técnica **SUELY SCHMLIVER**
Tradução **ALEXANDRE BARBOSA DE SOUZA**
Preparação e revisão **EDERLI FORTUNATO**
Diagramação **CARLOS ASSUMPÇÃO**
Capa e projeto gráfico **GUSTAVO PIQUEIRA | CASA REX**
Revisão **JOÃO GABRIEL RIBEIRO**

Todos os direitos reservados.

Dados Internacionais de Catalogação na Publicação – CIP

S368   Scholem, Gershom (1897-1982)
        Cabala / Gershom Scholem. Tradução de Alexandre Barbosa de Souza. –
        São Paulo: Editora Campos, 2021. (Selo Chave).
        640 p.; Il.

        ISBN 978-65-86691-62-7

        Filosofia. 2. Religião. 3. Espiritualidade. 4. Misticismo Judaico. 5.
        Esoterismo. 6. Cabala. 7. Descrições Simbólicas. 8. Dialética. I. Título.
        II. O desenvolvimento histórico da Cabala. III. As ideias básicas da
        Cabala. IV. As influências mais amplas da Cabala e sua pesquisa. V. O
        Zohar. VI. Shabetai Tsevi e o movimento sabateano. VII. Jacob Frank
        e os franquistas. VIII. Ba'al Shem. IX. Sefer ha-Bahir. X. Quiromancia.
        XI. Demonologia na Cabala. XII. Os Doenmeh. XIII. Escatologia.
        XIV. Guematria. XV. Guilgul. XVI. Golem. XVII. Lilith. XVIII. Maguen
        David. XIX. Meditação. XX. Misticismo. XXI. Merkavah. XXII. Metatron.
        XXIII. Providência. XXIV. Samael. XXV. Azriel de Girona. XXVI. Naftali
        Bacharach. XXVII. Abrahão Miguel Cardozo. XXVII. Moisés Cordovero
        (escrito por J. Ben-Shlomo). XXIX. Jonathan Eybeschütz. XXX. José
        Gikatilla. XXXI. Nehemiah Hayon. XXXII. Christian Knorr von Rosenroth.
        XXXIV. Isaac Luria. XXXV. Chaim Malach. XXXVI. Moisés ben Shem
        Tov de Leon, XXXVII. Natan de Gaza. XXXVIII. Judá Leib Prossnitz.
        XXXIX. Chaim Vital 569. XL. Moisés Zacuto. XLI. Ioshua Heshel Tsoref.
        XLII. Souza, Alexandre Barbosa, Tradutor. XLIII. Selo Chave.

CDU 133.5   CDD 133

Catalogação elaborada por **RUTH SIMÃO PAULINO**

1ª edição
2021

CHAVE
R. Araújo, 124, 1º andar – 01220-020 – São Paulo, SP – Brasil
www.chaveeditora.com.br | +55 11 3211-1233

SUMÁRIO

PARTE UM: CABALA

1. Introdução — 13

Notas gerais — 13

Termos usados para Cabala — 17

2. O desenvolvimento histórico da Cabala — 19

Primórdios do misticismo e do esoterismo — 19

Esoterismo apocalíptico e misticismo da Merkavah — 22

Literatura esotérica: o *Heichalot*, o *Ma'asseh bereshit*
e a literatura de magia — 27

Gnose judaica e o *Sefer Ietsirah* — 35

Misticismo no período gueônico — 46

Movimentos chassídicos na Europa e no Egito — 52

O estabelecimento da Cabala na Provença — 61

O centro cabalista de Girona — 68

Outras correntes da Cabala espanhola do século XIII — 72

A Cabala no século XIV até a expulsão da Espanha — 83

A Cabala depois da expulsão da Espanha e o novo centro em Safed — 91

A Cabala em épocas posteriores — 106

3. As ideias básicas da Cabala — 115

Deus e criação — 116

Emanação e o conceito das *Sefirot*	126
Detalhes da doutrina das *Sefirot* e seu simbolismo	137
Mundos anteriores, mundos inferiores e ciclos cósmicos (a doutrina das *shemitot*)	150
O problema do mal	158
A doutrina da criação na Cabala luriânica	164
Cabala e panteísmo	183
O homem e sua alma (psicologia e antropologia da Cabala)	193
Exílio e redenção	209
A Torah e seu significado	212
O caminho místico	220
Cabala prática	229

4. As influências mais amplas da Cabala e sua pesquisa — 239

A influência da Cabala no judaísmo	239
A Cabala cristã	247
Erudição e Cabala	252

PARTE DOIS: TÓPICOS

1. O Zohar — 267

A forma literária do Zohar	267
A unidade da obra	275
O autor	291
Manuscritos e edições	294
Comentários	298
Traduções	299
Erudição	301

2. Shabetai Tsevi e o movimento sabateano — 305

Antecedentes do movimento	305
Os primeiros anos e a personalidade de Shabetai Tsevi	307
O início do Movimento Sabateano	312
Shabetai Tsevi em Esmirna e Constantinopla	315
O Movimento na Diáspora	323

A apostasia de Shabetai Tsevi	329
Da apostasia até a morte de Shabetai Tsevi	331
A Cabala Sabateana	337
O movimento sabateano, 1680-1700	340
Sabateanismo no século XVIII e sua desintegração	346

3. Jacob Frank e os franquistas 359

Primeiras associações com os sabateanos	360
Frank na Podólia	361
Disputas	363
Iwanie	366
A disputa em Lvov	369
A estrutura social da seita	375
A prisão de Frank	376
Frank em Czestochowa	377
Frank em Brün e Offenbach	379
Literatura franquista	382
Os franquistas em praga	383

4. *Ba'al Shem* 389

5. *Sefer ha-Bahir* 393

Títulos	393
Conteúdo	394
Ideias	394
Lugar na Cabala	396
Influência	398
Edições e comentários	398

6. Quiromancia 401

7. Demonologia na Cabala 405

8. Os Doenmeh 413

9. Escatologia 421

Introdução	421
Vida após a morte	421

O Messias e a Redenção	423
Ressurreição no fim do mundo	424

10. Guematria — 427

Na Cabala — 430

11. *Guilgul* — 435

Nos primórdios da Cabala — 436

Na Cabala posterior e na Cabala de Safed — 439

Ibur — 440

Dibuk (dybbuk) — 441

12. Golem — 445

Nas artes — 448

13. Lilith — 451

14. *Maguen David* — 459

15. Meditação — 469

16. Misticismo da Merkavah — 475

17. Metatron — 481

18. Providência — 487

19. Samael — 491

PARTE TRÊS: PERSONALIDADES

1. Azriel de Girona — 497

2. Naftali Bacharach — 501

3. Abrahão Miguel Cardozo — 505

4. Moisés Cordovero (escrito por J. Ben-Shlomo) — 511

5. Jonathan Eybeschütz — 517

6. José Gikatilla — 523

7. Nehemiah Hayon — 527

8. Christian Knorr von Rosenroth — 533

9. Isaac Luria — 537

10. Chaim Malach	549
11. Moisés ben Shem Tov de Leon	553
12. Natan de Gaza	557
13. Judá Leib Prossnitz	565
14. Chaim Vital	569
15. Moisés Zacuto	577
16. Ioshua Heshel Tsoref	581
Notas	585
Abreviações	593
Glossário	597
Créditos das ilustrações	599
Nota do editor	601
Índice geral	603
Índice de títulos de livros	625
Sobre o autor	639

*As datas entre parênteses que aparecem após os títulos de livros no corpo do texto se referem à data das primeiras edições.

PARTE UM
CABALA

1
INTRODUÇÃO

NOTAS GERAIS

"Cabala" é o termo tradicional e mais usado para se referir aos ensinamentos esotéricos do judaísmo e do misticismo judaico, especialmente para as formas que este assumiu na Idade Média, do século XII em diante. No sentido mais amplo, ele significa todos os sucessivos movimentos esotéricos do judaísmo que se desenvolveram a partir do final do período do Segundo Templo e se tornaram fatores ativos na história judaica.

A Cabala é um fenômeno único e não deve ser considerada idêntica ao que é conhecido na história da religião como "misticismo". Ela é um misticismo de fato; mas ao mesmo tempo é também um esoterismo e uma teosofia. Em que sentido ela pode ser chamada de misticismo depende da definição do termo, uma questão disputada entre estudiosos. Se o termo se restringe ao profundo anseio humano pela comunhão direta com Deus através da aniquilação da individualidade (*bitul ha-iesh*, na terminologia chassídica), então apenas algumas manifestações da Cabala podem ser designadas como tal, pois foram poucos os cabalistas que visaram a esse objetivo, e muito menos os que formularam abertamente essa finalidade. No entanto, a Cabala pode ser considerada um misticismo na medida em que busca uma apreensão de Deus e da criação, cujos elementos intrínsecos estão além do intelecto, embora o intelecto raramente seja menosprezado ou rejeitado pelos cabalistas. Essencialmente, esses elementos eram percebidos através da contemplação e da iluminação, muitas vezes apresentadas na Cabala como a transmissão de uma revelação primordial a respeito da natureza da Torah e de outros assuntos religiosos. Em essência, contudo, a Cabala está muito distante da abordagem racional e intelectual da religião. Esse foi o caso até mesmo daqueles cabalistas que achavam que basicamente a religião podia ser submetida à investigação racional, ou que, ao menos, havia algum tipo de acordo entre o caminho da percepção intelectual e o desenvolvimento da abordagem mística do tema da criação. Para alguns cabalistas, o intelecto em si se tornou um fenômeno místico. De modo que encontramos na Cabala uma ênfase paradoxal na congruência entre intuição e tradição. É essa ênfase, assim como a associação histórica sugerida pelo termo "kabbalah" (algo transmitido pela tradição), que indica as diferenças básicas entre a Cabala e outros tipos de misticismo religioso menos intimamente identificados com a história de um povo. Não obstante, existem elementos comuns na Cabala e nos misticismos grego e cristão, e até mesmo vínculos históricos entre eles.

Assim como outros tipos de misticismo, a Cabala também se vale da consciência mística tanto da transcendência de Deus quanto de Sua imanência dentro da vida religiosa, cujas facetas são, cada uma delas, uma revelação de Deus, embora o Deus Em Si seja mais claramente percebido através da introspecção. Essa experiência dual e aparentemente contraditória do Deus que se oculta e que se revela determina a esfera essencial do misticismo enquanto, ao mesmo tempo, obstrui outras concepções religiosas. O segundo elemento na Cabala é o da teosofia, que busca revelar os mistérios da vida oculta de Deus e as relações entre a vida divina, por um lado, e a vida do homem e a criação, pelo outro. Especulações desse tipo ocupam uma área ampla e relevante nos ensinamentos cabalísticos. Às vezes, suas conexões com o plano místico se tornam um tanto tênues e são suplantadas por uma veia interpretativa e homilética que eventualmente resulta em uma espécie de *pilpul* (casuística) cabalística.

Em sua forma, a Cabala se tornou em grande medida uma doutrina esotérica. Elementos místicos e esotéricos coexistem na Cabala de maneira muito confusa. Por sua própria natureza, o misticismo é um conhecimento que não pode ser comunicado diretamente, apenas pode ser expresso através de símbolos e metáforas. O conhecimento esotérico, no entanto, em teoria, pode ser transmitido, mas aqueles que o possuem são ou proibidos de passá-lo adiante ou não desejam fazê-lo. Os cabalistas enfatizaram esse aspecto esotérico ao impor todo tipo de limitações à propagação de seus ensinamentos, seja em relação à idade dos iniciados, as qualidades éticas deles exigidas, ou o número de alunos diante dos quais esses ensinamentos poderiam ser expostos. Um exemplo disso é o relato das condições para os iniciados na Cabala encontrados no livro *Or Ne'erav* de Moisés ben Jacob Cordovero. Muitas vezes essas limitações eram desconsideradas na prática, apesar dos protestos de muitos cabalistas. A impressão de livros cabalísticos e a influência da Cabala em círculos mais amplos eliminaram essas restrições, especialmente em se tratando dos ensinamentos sobre Deus e o homem. Não obstante, tais limitações permaneceram mais ou menos cristalizadas em algumas áreas; por exemplo, nas meditações sobre combinações de letras (*chochmat ha-tseruf*) e na Cabala prática.

Muitos cabalistas negaram a existência de qualquer tipo de desenvolvimento histórico na Cabala. Eles a viam como uma espécie de revelação primordial transmitida a Adão ou às primeiras gerações e que sobrevivera, embora novas revelações fossem feitas de quando em quando, particularmente quando a tradição era esquecida ou interrompida. Essa noção da natureza da sabedoria esotérica foi expressa em obras apócrifas como o Livro de Enoque, novamente enfatizada no *Zohar*, e serviu de base para a disseminação de ensinamentos cabalísticos no *Sefer ha-Emunot*, de Shem Tov b. Shem Tov (c. 1400), e no *Avodat ha-Kodesh*, de Meir b. Gabai (1567). Tornou-se amplamente aceito que a Cabala era a parte esotérica da Lei Oral dada a Moisés no Sinai. Diversas genealogias da tradição que apareciam na literatura cabalística, que pretendiam defender a ideia da continuidade da tradição secreta, são em si mesmas falhas e mal concebidas, faltando-lhes qualquer valor histórico. Na verdade, alguns dos próprios cabalistas dão exemplos concretos do desenvolvimento histórico de suas ideias, uma vez que as consideram até certo ponto deterioradas em relação à tradição original, expressa na expansão dos sistemas cabalísticos, ou como parte de um processo gradual em direção à revelação completa da sabedoria secreta. Os próprios cabalistas raramente tentam alcançar uma orientação histórica, mas alguns exemplos dessa abordagem podem ser encontrados em *Emunat*

Chachamim, de Solomon Avi'ad Sar-Shalom da Basiléia (1730), e em *Divrei Soferim*, de Tsadok ha-Cohen de Lublin (1913).

Desde o início de seu desenvolvimento, a Cabala adotou um esoterismo muito próximo do espírito do Gnosticismo, um esoterismo que não se restringia à instrução no caminho místico, mas que também incluía ideias sobre cosmologia, angelologia e magia. Apenas mais tarde, e como resultado do contato com a filosofia judaica medieval, a Cabala se tornou uma "teologia mística" judaica, mais ou menos sistematizada. Esse processo acarretou em uma separação entre os elementos místicos, especulativos, e os elementos ocultos e especialmente mágicos, uma divergência que por vezes foi bastante distinta, mas jamais total. Essa diferença se expressou no uso separado dos termos *Kabbalah iiunit* ("Cabala especulativa") e *Kabbalah ma'assit* ("Cabala prática"), evidente desde o início do século XIV – que era simplesmente uma imitação da divisão de Maimônides da filosofia em "especulativa" e "prática" no capítulo 14 de seu *Milot ha-Higaion*. Não há dúvida de que alguns círculos cabalísticos (inclusive alguns em Jerusalém até os tempos modernos) preservaram ambos os elementos em sua doutrina secreta, que poderia ser adquirida por meio da revelação ou por meio de ritos iniciáticos.

Assim que o judaísmo rabínico se cristalizou na *halachah*, a maior parte das forças criativas despertadas por esses novos estímulos religiosos, que nem tendiam nem tinham o poder de alterar a forma externa de um judaísmo haláchico firmemente estabelecido, encontraram expressão no movimento cabalístico. De forma geral, essas forças operaram internamente na tentativa de fazer da *Torah* tradicional e da vida conduzida de acordo com seus ditames uma experiência íntima mais profunda. A tendência geral é aparente desde os primeiros tempos, sendo seu propósito ampliar as dimensões da *Torah* e transformá-la de lei do povo de Israel em uma lei interna e secreta do universo, ao mesmo tempo transformando o judeu *chassid* ou *tsadik* em um homem com um papel vital no mundo. Os cabalistas foram os principais simbolistas do judaísmo rabínico. Para a Cabala, o judaísmo, em todos os seus aspectos, era um sistema de símbolos místicos refletindo os mistérios de Deus e do universo, e o objetivo dos cabalistas era descobrir e inventar chaves para o entendimento desse simbolismo. A esse objetivo se deve a enorme influência da Cabala enquanto força histórica, que determinou a face do judaísmo por muitos séculos, mas a isso também se deve a explicação dos riscos, das sublevações e contradições, tanto internas quanto externas, que a realização desse objetivo trouxe em seu rastro.

TERMOS USADOS PARA CABALA

A princípio, a palavra "Cabala" não denotava especificamente uma tradição mística ou esotérica. No Talmud, a palavra é usada para se referir às partes da Bíblia fora do Pentateuco e, na literatura pós-talmúdica, a Lei Oral também é chamada de "Cabala". Nos escritos de Eleazar de Worms (início do século XIII), as tradições esotéricas (sobre os nomes dos anjos e os mágicos Nomes de Deus) são referidas como "Cabala", por exemplo, em seu *Hilchot ha-Kisse* (incluído no *Merkavah Shelemah*, 1921), e no *Sefer ha-Shem*. Em seu comentário ao *Sefer Ietsirah* (c. 1130), quando está discutindo a criação do Espírito Santo, isto é, a *Shechinah*, Judá b. Barzillai afirma que os sábios "costumavam transmitir afirmações desse tipo para seus alunos e outros sábios em particular, aos sussurros, através de *Cabala*." Tudo isso demonstra que o termo "Cabala" ainda não era usado para determinar qualquer campo específico. O uso novo, preciso, originou-se no círculo de Isaac, o Cego (1200) e foi adotado por todos os seus discípulos.

Cabala é apenas um dos muitos termos usados, durante um período de mais de 1500 anos, para designar o movimento místico, seus ensinamentos, ou seus participantes. O *Talmud* fala de *sitrei torah* e *razei torah* ("segredos da *Torah*"), e partes da tradição secreta são chamadas *ma'asseh bereshit* (literalmente, "o trabalho da criação") e *ma'asseh merkavah* ("trabalho da carruagem"). Ao menos um dos grupos místicos chamava a si mesmo de *iordei merkavah* ("aqueles que descem até a carruagem"), uma expressão extraordinária cujo sentido nos escapa (talvez queira dizer "aqueles que descem dentro de si mesmos no intuito de perceber a carruagem"). Na literatura mística do final e após o período talmúdico, os termos *ba'alei ha-sod* ("mestres do mistério") e *anshei emunah* ("homens de crença") já ocorriam, e estes também aparecem desde o Segundo Livro de Enoque, o Enoque Eslavo. No período dos cabalistas provençais e espanhóis, a Cabala é também chamada *chochmah pe'nimit* ("sabedoria interior"), talvez uma expressão emprestada do árabe, e os cabalistas são muitas vezes referidos como *maskilim* ("aqueles que entendem"), com referência a Daniel 12:10, ou, *dorshei reshumot* ("aqueles que interpretam textos"), uma expressão talmúdica para alegoristas. Da mesma forma que a palavra Cabala veio a ter seu sentido restrito à tradição mística ou esotérica, assim também, no início do século XIII, as palavras *emet* ("verdade"), *emunah* ("fé") e *chochmah* ("sabedoria") eram usadas para designar a verdade mística ou interior. Daí o uso disseminado de *chochmat ha-emet* ("ciência da verdade") e *derech ha-emet* ("caminho da verdade"). Também é encontrada a expressão *chachmei lev* ("aquele que tem o coração sábio"), a partir de Êxodo 28:3. Os cabalistas também são chamados *ba'alei ha-iedi'ah* ("mestres do conhecimento" – Gnósticos) ou *ha iode'im* ("aqueles que sabem") a partir de Nachmanides,[*] que também cunhou a expressão *iode'ei chen* ("aqueles que conhecem a graça"), a partir de Eclesiastes 9:11, em que *chen* é usado como forma abreviada de *chochmah nistarah* ("sabedoria secreta"). O autor do *Zohar* usa termos como *benei meheimnuta* ("crianças da fé"), *benei heichala de-malka* ("crianças do palácio do rei"), *iade'ei chochmeta* ("aqueles que conhecem a sabedoria"), *iade'ei middin* ("aqueles que conhecem as medidas"), *mechasdei chakla* ("aqueles que ceifam o campo"), *inon de-alu u-nefaku* ("aqueles que entraram e saíram, isto é, incólumes"), a partir de *Chaguigah* 14b. Diversos autores chamam os cabalistas de *ba'alei ha-avodah* ("mestres do serviço"), isto é, aqueles que sabem a verdade, o caminho interior para o serviço de Deus. Na parte principal do *Zohar*, o termo Cabala não é mencionado, mas aparece no trecho final, no *Ra'aia Meheimna* e no *Sefer ha-Tikunim*. Desde o início do século XIV, o nome Cabala substituiu quase completamente todas as outras designações.

---

* N.E.: Rabi Moshe ben Nachman (1194–1270), também conhecido como Nachmanides, Ramban e Bonastruc ça Porta, nasceu em Girona, na Catalunha, mas, no fim da vida, diante da perseguição cristã aos judeus, mudou-se para Jerusalém, onde estabeleceu a sinagoga que leva seu nome e existe ainda hoje.

2
O DESENVOLVIMENTO HISTÓRICO DA CABALA

PRIMÓRDIOS DO MISTICISMO E DO ESOTERISMO

O desenvolvimento da Cabala tem suas fontes nas correntes esotéricas e teosóficas existentes entre os judeus da Palestina e do Egito na era que viu o nascimento do cristianismo. Essas correntes são ligadas à história da religião helenística e sincrética do final da antiguidade. Os estudiosos discordam quanto à medida da influência exercida por essas tendências e pela religião persa nas primeiras formas de misticismo judaico. Alguns enfatizam a influência iraniana no desenvolvimento geral do judaísmo no período do Segundo Templo e particularmente sobre certos movimentos como o dos judeus apocalípticos, visão defendida por muitos especialistas nas diferentes formas de gnosticismo, como R. Reitzenstein e G. Widengren. Vários estudiosos defendem que houve uma grande influência grega sobre essas tendências, e várias teorias foram agregadas para explicar esse fato. Muitos especialistas no gnosticismo dos primeiros três séculos da Era Comum as veem como um fenômeno basicamente grego ou helenístico, certos aspectos do qual apareceram nos círculos judaicos, particularmente nas seitas marginais do judaísmo rabínico – *ha-minim*. A posição de Fílon de Alexandria e sua relação com o judaísmo palestino tem um peso especial nessas controvérsias. Em contraste com estudiosos como Harry Wolfson, que vê Fílon fundamentalmente como um filósofo grego em trajes de judeu, outros, como Hans Lewy e Erwin Goodenough, interpretam-no como teósofo ou mesmo como um místico. A obra de Fílon, segundo eles, deveria ser vista como uma tentativa de explicar a fé de Israel em termos do misticismo helênico, cuja glória máxima era o arrebatamento extático. Em seu livro monumental, *Jewish Symbols in the Greco-Roman Period* (13 volumes, 1953-1968), Goodenough defende que, em contraste com o judaísmo palestino, que encontrava expressão na *halachah* e na *agadah* e em ideias esotéricas que eram desenvolvimentos próprios, o judaísmo diaspórico mostrava pouca evidência de influência palestina. Em vez disso, ele atesta, tinha uma espiritualidade específica baseada em um simbolismo que não se fundamenta exclusivamente na *halacha*, mas que é dotado de um conteúdo imaginativo de significação mais ou menos mística. Ele acredita que a evidência literária, como os escritos de Fílon e do judaísmo helenístico, fornece chaves extremamente úteis para um entendimento da documentação arqueológica e pictórica abundante reunida por ele. Embora dúvidas consideráveis tenham sido lançadas sobre as teorias fundamentais de Goodenough, há material suficiente em seu grande trabalho para estimular a investigação sobre aspectos previamente negligenciados do judaísmo e sobre evidências que foram insuficientemente examinadas. Seu argumento sobre o significado essencialmente místico dos símbolos pictóricos não pode ser aceito, mas ele obteve sucesso em estabelecer um vínculo entre certas evidências literárias em grego, copta e armênio, e ensinamentos esotéricos difundidos no judaísmo palestino. Um vínculo similar entre ideias filônicas e o ponto de vista da *agadah*, inclusive a *agadah* dos místicos, também foi sugerido por Itzchak Baer.[1] O livro de Fílon, *De Vita Contemplativa* (Sobre a vida contemplativa, 1895) menciona a existência de uma comunidade sectária de "adoradores de Deus" (*Therapeutae*), que já havia formulado um entendimento definitivamente místico da *Torah* enquanto corpo vivo, e isso pavimentou o caminho para uma exegese mística da Escritura.

Um importante elemento comum entre o judaísmo de Alexandria e o da Palestina é a especulação sobre a Sabedoria Divina que tem suas raízes bíblicas em Provérbios 8 e Jó 28. Aqui a sabedoria é vista como força intermediária por meio da qual Deus cria o mundo. Ela aparece no apócrifo *Sabedoria de Salomão* (7:25) como "um sopro do poder de Deus, e um reflexo claro da glória do Todo Poderoso... Pois ela tem o brilho da luz eterna: é um espelho imaculado do trabalho de Deus, e uma imagem de Sua bondade" (Charles). No

Livro de Enoque Eslavo, Deus comanda Sua Sabedoria para criar o homem. A Sabedoria é aqui o primeiro atributo de Deus a receber forma concreta a partir de uma emanação da Glória Divina. Em muitos círculos, essa Sabedoria logo se torna a própria *Torah*, a "palavra de Deus", a forma de expressão do Poder Divino. Essas opiniões sobre o mistério da Sabedoria demonstram como desenvolvimentos paralelos poderiam ocorrer, por um lado, através das exegeses rabínicas das palavras da Escritura e, por outro, através da influência das especulações filosóficas gregas sobre o Logos. Deve ser observado que não existe nenhuma prova definitiva de que os escritos de Fílon tenham tido efetivamente influência direta sobre o judaísmo rabínico do período pós-tanaítico, e a tentativa de provar que o *Midrash ha-Ne'lam* do *Zohar* não passa de um *midrash* helenístico (S. Belkin, *in*: *Sura*, n. 3 [1958], p. 25-92) é um fracasso. No entanto, o fato de que o caraíta Kirkisani (século X) fosse familiarizado com certas citações extraídas de escritos filônicos mostra que algumas de suas ideias passaram, talvez por canais cristãos árabes, até membros de seitas judaicas no Oriente Próximo.[2] Mas não se deve deduzir disso que houvesse uma influência contínua até essa época, muito menos até a época da formulação da Cabala na Idade Média. Paralelos específicos entre exegeses filônicas e cabalistas deveriam ser limitadas à similaridade de seu método exegético, o que naturalmente produziu resultados idênticos de tempos em tempos.

As teorias a respeito das influências persas e gregas tendem a negligenciar o dinamismo interno do desenvolvimento que ocorria no judaísmo palestino, que era em si mesmo capaz de produzir movimentos de natureza mística e esotérica. Esse tipo de desenvolvimento também pode ser visto naqueles círculos cuja influência histórica foi crucial e decisiva para o futuro do judaísmo, a saber, entre os fariseus, os *tanaítas* e os *amoraítas*, isto é, no próprio coração do judaísmo rabínico estabelecido. Além disso, havia tendências similares em outras esferas fora da tendência principal, nas várias correntes cuja influência sobre o judaísmo subsequente é uma questão controversa: os essênios, a seita de Qumran (se ambos não são uma mesma coisa), e as diferentes seitas gnósticas na periferia do judaísmo cuja existência é atestada pelos escritos dos Pais da Igreja. Alguns julgaram demonstrar a existência das tendências místicas mesmo nos tempos bíblicos (Hertz, Horodezky, Lindblom, Montefiore), mas é quase certo que o fenômeno que eles associaram com o misticismo, como a profecia e a piedade de certos salmos, pertence a outras linhagens na história da religião. Historicamente falando, sociedades fechadas organizadas de místicos tiveram existência comprovada apenas a partir do final da era do Segundo Templo; isso é claramente atestado pela luta ocorrida nesse período entre diferentes forças religiosas e pela tendência então corrente de se aprofundar em especulações religiosas originais.

ESOTERISMO APOCALÍPTICO E MISTICISMO DA MERKAVAH

Cronologicamente falando, é na literatura apocalíptica que encontramos a primeira aparição de ideias de um caráter especificamente místico reservado aos eleitos. Os estudiosos não concordam quanto às origens dessa literatura se encontrar entre os fariseus e seus discípulos ou entre os essênios, e é bem possível que as tendências apocalípticas tenham aparecido em ambos os grupos. Sabe-se a partir de Josefo que os essênios possuíam literatura de conteúdo ao mesmo tempo mágico e angelológico. Seu silêncio em relação às ideias apocalípticas deles pode ser entendido por seu desejo de ocultar esse aspecto do judaísmo contemporâneo de seus leitores gentios. A descoberta dos resquícios literários da seita Qumran mostra que tais ideias encontraram acolhida entre eles. Eles possuíam o original do Livro de Enoque tanto em hebraico quanto em aramaico, embora seja muito provável que tenha sido composto no período que antecedeu a separação entre os fariseus e os membros da seita Qumran. Na verdade, as tradições semelhantes às incluídas no Livro de Enoque passaram para o judaísmo rabínico na época dos tanaítas e amoraítas, e é impossível determinar precisamente o terreno fértil para esse tipo de tradição até que os problemas apresentados pela descoberta dos escritos de Qumran sejam resolvidos. O Livro de Enoque foi seguido por escritos apocalípticos até a época dos tanaítas, e, de modos diferentes, até mesmo mais tarde. O conhecimento esotérico contido nesses livros tocava não apenas na revelação do final dos tempos e seus terrores impressionantes, mas também na estrutura do mundo oculto e seus habitantes: céu, Jardim do Éden e Guehinom, anjos e espíritos maus, e o destino das almas nesse mundo oculto. Além disso, há revelações sobre o Trono da Glória e seu Ocupante que aparentemente deviam ser identificadas com os "segredos maravilhosos" de Deus mencionados pelos Manuscritos do Mar Morto. Aqui se pode estabelecer um vínculo entre essa literatura e as tradições muito posteriores relativas a *ma'asseh bereshit* e a *ma'asseh merkavah*.

Não é apenas o conteúdo dessas ideias que é considerado esotérico; seus autores também ocultam sua própria individualidade e seus nomes, escondendo-se por trás de personagens bíblicos como Enoque, Noé, Abraão, Moisés, Baruque, Daniel, Esdras, entre outros. Seu auto-ocultamento foi completamente bem-sucedido, tornando extremamente difícil para nós determinar o contexto histórico e social dos autores. Esse padrão pseudoepigráfico continuaria dentro da tradição mística nos séculos que se seguiram. A tendência clara ao ascetismo como modo preparatório para a recepção da tradição mística, que já está atestado no último capítulo do Livro de Enoque, torna-se um princípio fundamental para os apocalípticos, os essênios e o círculo de místicos da Merkavah que os sucederam. Desde o início, o ascetismo pietista despertou uma oposição ativa, incluindo abusos e perseguições, que mais tarde caracterizaria praticamente todo o desenvolvimento histórico das tendências pietistas (*chassidut*) no judaísmo rabínico.

Os mistérios do Trono constituem aqui um tema particularmente importante que em grande medida estabelece o padrão das primeiras formas de misticismo judaico. Esse tema não aspirava a uma compreensão da verdadeira natureza de Deus, mas a uma percepção do fenômeno do Trono sobre sua Carruagem tal como descrito no primeiro capítulo de Ezequiel, tradicionalmente intitulado *ma'asseh merkavah*. Os mistérios do mundo do Trono, ao lado daqueles da Glória Divina, lá revelados, são os paralelos na tradição esotérica judaica das revelações no domínio do divino no gnosticismo. O décimo quarto capítulo do Livro de Enoque, que contém o primeiro exemplo desse tipo de descrição literária, foi a fonte de uma longa tradição visionária de descrição do mundo do Trono e da ascensão visionária até ele que vemos retratada nos livros dos místicos da Merkavah. Além de interpretações, visões e especulações baseadas no *ma'asseh merkavah*, outras tradições esotéricas começaram a se cristalizar em torno do primeiro capítulo do Gênesis, que se chamava *ma'asseh bereshit*. Esses dois termos seriam subsequentemente usados para descrever aqueles temas ligados a esses tópicos. Tanto a *Mishná* quanto o *Talmud* (Hagigá 2:1 e a correspondente *Guemará* tanto no *Talmud* da Babilônia quanto no *Talmud* de Jerusalém) mostram que, no primeiro século da era comum, as tradições esotéricas existiam dentro dessas áreas, e diversas limitações eram impostas à discussão pública desses assuntos: "A história da criação não deve ser exposta diante de duas pessoas, nem o capítulo sobre a Carruagem diante de uma pessoa, a não ser que seja um sábio e já tenha um entendimento independente da questão." Evidências relativas ao envolvimento de Johanan b. Zakai e seus discípulos nesse tipo de exposição provam que esse esoterismo poderia crescer no próprio centro de um judaísmo rabínico em desenvolvimento, e que, consequentemente, esse judaísmo continha um aspecto esotérico particular desde o seu início. Por outro lado, é possível que o surgimento das especulações gnósticas, que não eram aceitas pelos rabinos, tenha feito muitos deles trilharem um caminho mais cauteloso e adotarem uma atitude polêmica. Tal atitude é expressa na continuação da *Mishná* citada acima: "Quem refletir sobre quatro coisas, seria melhor que não tivesse vindo ao mundo: o que está acima, o que está abaixo, o que havia antes do tempo, e o que haverá depois." Aqui temos uma proibição contra as próprias especulações que são características do gnosticismo tal como definido nos "Excertos dos escritos de Teódoto [o Gnóstico]" (*Extraits de Théodote*, edição de F. Sagnard [1948], parágrafo 78). Na verdade, essa proibição foi amplamente ignorada, pelo que se pode avaliar a partir de muitas afirmações de tanaítas e amoraítas que lidavam com esses assuntos espalhadas por todo o *Talmud* e pelos *Midrashim*.

Em uma era de despertar espiritual e profunda turbulência religiosa, surgiu no judaísmo uma série de seitas com ideias heterodoxas resultantes de uma mistura de compulsão interna e influência externa. Se as seitas gnósticas existiam na periferia do judaísmo antes do advento do cristianismo é uma questão controversa (ver abaixo); mas não há dúvida de que existiram *minim* ("hereges") no período tanaíta e especialmente nos séculos terceiro e quarto. Nesse período, uma seita gnóstica judaica com tendências definitivamente antinomianas foi ativa em Séforis. Havia, evidentemente, grupos intermediários dos quais os membros dessas seitas obtiveram amplos conhecimentos do material teológico sobre *ma'asseh bereshit* e *ma'asseh merkavah* e, entre eles, se deve incluir os ofitas (adoradores de serpentes), que eram basicamente judeus mais do que cristãos. A partir dessa fonte, um número considerável de tradições esotéricas foi transmitido aos gnósticos fora do judaísmo, cujos livros, muitos deles descobertos na nossa época, são repletos desse material – encontrado não só em textos gregos e coptas do segundo e do terceiro séculos, mas também nos primeiros textos da literatura mandaica, escrita em aramaico coloquial. Não obstante todas as profundas diferenças de abordagem teológica, o crescimento do misticismo da Merkavah entre os rabinos constitui uma concomitância interna do judaísmo com a gnose e pode ser denominado um "gnosticismo judaico e rabínico".

No interior desses círculos, ideias e revelações teosóficas conectadas a eles se difundiram em muitas direções, de modo que é impossível falar aqui de um sistema único. Uma terminologia particularmente mística também foi estabelecida. Uma parte disso está refletida nas fontes dos Midrashim "normais", enquanto parte está confinada às fontes literárias dos místicos: a literatura dos *heichalot* e o *ma'asseh bereshit*. Verbos como *histakel, tsafah iien*, e *higui'a* têm significados específicos, assim como substantivos como *ha-kavod, ha-kavod ha-gadol, ha-kavod ha-nistar, mara di-revuta, iotser bereshit, heichalot, chadrei merkavah*, entre outros. Particularmente importante é o uso do termo *Kavod* ("glória") como nome tanto de Deus quando Ele é objeto de profundo questionamento místico como também da área geral da pesquisa teosófica. Esse termo adquire um significado específico, distinto de seu uso escritural, a partir do Livro de Tobias e do final do Livro de Enoque, e continua a ser usado nesse sentido na literatura apocalíptica. Em contraste, o uso da palavra *sod* ("mistério") nesse contexto era relativamente raro, tornando-se generalizado apenas na Idade Média, ao passo que *raz* ("segredo") é usado mais frequentemente nos primeiros textos.

A terminologia da Merkavah é encontrada em um fragmento de um hino nos Manuscritos do Mar Morto, em que os anjos louvam "a imagem do Trono da Carruagem" (Strugnell). Os membros da seita combinaram ideias a respeito da canção dos anjos, que ficam diante da Carruagem, com outras ideias sobre os nomes e atribuições dos anjos, e tudo isso é comum à seita de Qumran e a tradições posteriores do *ma'asseh merkavah*. Desde o início, essas tradições eram cercadas por uma aura particular de santidade. A *agadah* talmúdica conecta a exposição da Merkavah com a descida do fogo do alto que cerca o expositor. Na literatura dos *heichalot*, outras expressões mais ousadas são usadas para descrever o caráter emocional e extático dessas experiências. Distinta da exposição da Merkavah que os rabinos davam enquanto estavam cá embaixo na terra era a contemplação extática da Merkavah experimentada como uma ascensão aos céus, ou seja, a "descida à Merkavah" através da entrada no *pardes** ("paraíso"). Isso não era um assunto para a exposição e a interpretação, mas para a visão e a experiência pessoais. Essa transição, que mais uma vez conecta as revelações da Merkavah com a tradição apocalíptica, é mencionada no Talmud assim como nas tradições exegéticas (Hagigá 14b). Ela diz respeito aos quatro sábios que "entraram no *pardes*". O destino deles demonstra que aqui estamos lidando com experiências espirituais atingidas pela contemplação e pelo êxtase. Simão b. Azzai "olhou e morreu"; Ben Zoma "olhou e foi ferido (mentalmente)"; Elisha b. Avuyah, chamado de *acher* ("outro"), abandonou o judaísmo rabínico, "cortou os brotos", aparentemente se tornando um gnóstico dualista; R. Akiva apenas "entrou em paz e saiu em paz", ou, em outra leitura, "ascendeu em paz e desceu em paz". De modo que R. Akiva, figura central no mundo do judaísmo rabínico, é também o legítimo representante de um misticismo dentro de seus limites. Esse aparentemente é o motivo por que Akiva e Ishmael, que era seu companheiro e também seu adversário em assuntos haláchicos, serviriam como pilares centrais e principais porta-vozes na literatura pseudoepigráfica posterior dedicada aos mistérios da Merkavah. Além disso, o caráter fortemente haláchico dessa literatura mostra que seus autores estavam bem fundamentados na tradição haláchica e longe de defenderem opiniões heterodoxas.

Nos círculos místicos, foram criadas condições particulares para a entrada daqueles considerados aptos a serem iniciados nas doutrinas e atividades ligadas a esses campos. Os ensinamentos básicos eram comunicados aos sussurros (Hag. 13b; *Bereshit Rabah*, edição de Theodor Albeck [1965], p. 19-20). As primeiras condições que regiam a escolha desses candidatos eram de dois tipos. Na *Guemará* (Hag. 13b), eram formuladas basicamente condições intelectuais, assim como os limites de idade ("no estágio da metade da vida"); e no início do *Heichalot Rabati* certas qualidades éticas requeridas ao

---

* N.E. "Pardes" significa "pomar", mas é um tradicional sinônimo de paraíso. Pardes tem origem na palavra persa paridaiah, que também deu origem à palavra portuguesa paraíso.

iniciado são enumeradas. Além disso, a partir dos séculos terceiro e quarto, segundo Sherira Gaon (*Otsar ha-Gue'onim* para *Hagigá* [1931], *Teshuvot*, n. 12, p. 8), eles usavam métodos exteriores de avaliação baseados em fisiognomonia e quiromancia (*hakarat panim ve-sidrei sirtutin*). No *Seder Eliahu Rabah*, capítulo 29, cita-se uma *baraita* em aramaico dos místicos da Merkavah sobre fisiognomonia. Um fragmento de uma *baraita* similar, escrita em hebraico em nome de R. Ishmael, foi preservado, e não há dúvida de que se tratava de um trecho de literatura da Merkavah. Seu estilo e seu conteúdo provam a data antiga.[3] (Outro fragmento da Guenizah foi publicado por I. Grunewald).[4]

LITERATURA ESOTÉRICA: O *HEICHALOT*, O *MA'ASSEH BERESHIT* E A LITERATURA DE MAGIA

A literatura ocupa um lugar extremamente importante no desenvolvimento do esoterismo e do misticismo. Ela está conectada por inúmeros pontos a tradições externas e a seus limites no *Talmud* e nos *Midrashim*, e essas tradições às vezes se explicam mutuamente. Além disso, a literatura esotérica contém uma riqueza de material que não se encontra em nenhuma outra parte. Muitos estudiosos, entre eles Zunz, Graetz e P. Bloch, tentaram demonstrar que existe uma vasta distância, tanto em termos de tempo quanto de assunto, entre as primeiras ideias da Merkavah e as ideias incorporadas ao *Talmud* e aos *Midrashim*, e atribuem a composição da literatura da Merkavah à era gueônica. Embora seja possível que alguns desses textos só tenham sido editados nesse período, não há dúvida de que grandes trechos se originaram nos tempos talmúdicos e, de que as ideias centrais, assim como muitos detalhes, remontam aos séculos primeiro e segundo. Muitos desses textos são breves e em vários manuscritos há uma considerável quantidade de material desprovido de qualquer embelezamento literário. (Para uma lista de livros pertencentes a essa literatura, ver p. 475, "Misticismo da Merkavah"). As tradições reunidas aqui não são todas do mesmo tipo, e indicam diferentes tendências entre os místicos. Encontramos aqui detalhadas descrições do mundo da Carruagem, da ascensão extática àquele mundo e da técnica usada para realizar essa ascensão. Assim como na literatura gnóstica não judaica, existe um aspecto mágico e teúrgico na técnica dessa ascensão, e existem conexões muito fortes entre a literatura da Merkavah e a literatura teúrgica hebraica e aramaica tanto desse período quanto do período gueônico. O primeiro extrato dos *heichalot* enfatiza fortemente esse lado mágico, que na aplicação prática desses ensinamentos está ligado à obtenção da "contemplação da Carruagem". É muito similar a diversos textos importantes preservados entre os papiros mágicos gregos e na literatura gnóstica do tipo dos *Pistis Sophia* que se originaram no segundo e no terceiro séculos da era comum.

Essa literatura se refere a figuras históricas, cuja conexão com os mistérios da Carruagem é atestada pelo Talmud e pelos Midrashim. A ascensão de seus heróis até a Carruagem (que no *Heichalot Rabati* é deliberadamente chamada de "descida") ocorre após uma série de exercícios preparatórios de natureza extremamente ascética. O aspirante punha a cabeça entre os joelhos, uma posição física capaz de induzir estados alterados de consciência e auto-hipnose. Ao mesmo tempo, recitava hinos de caráter extático, cujos textos constam em diversas fontes, particularmente no *Heichalot Rabati*. Esses poemas, alguns dos primeiros *piutim* conhecidos, indicam que "hinos da Carruagem" como esses eram conhecidos na Palestina desde o século terceiro. Alguns deles se propõem a ser canções das criaturas sagradas (*chaiot*) que sustentam o Trono da Glória, e cujo canto já é mencionado na literatura apocalíptica. Os poemas possuem um estilo específico que corresponde ao espírito da "liturgia celestial", e têm afinidade linguística com fragmentos litúrgicos similares nos escritos da seita de Qumran. Quase todos eles se concluem com a *kedushah* ("santificação") de Isaías 6:3, usada como um refrão fixo. Isaac Nappaha, um *amora* palestino do século terceiro, põe um poema semelhante na boca das vacas que carregaram a arca da aliança (1 Samuel 6:12), em sua interpretação de "E as vacas foram mugindo todo o caminho" (*va-iasharna*, interpretado como "cantando"; Av. Zar. 24b), pois ele vê um paralelo entre as vacas que levam a arca cantando e as criaturas sagradas que levam o Trono da Glória com gloriosa canção festiva. Esses hinos claramente demonstram o conceito de Deus de seus autores. Ele é o Rei sagrado, cercado de "majestade, medo e temor reverente" nos "palácios do silêncio". Soberania, majestade e sacralidade são Seus atributos mais impressionantes. Ele não é um Deus próximo, mas um Deus distante, muito além da área de compreensão do homem, muito embora Sua glória oculta possa ser revelada ao homem a partir do Trono. Os místicos da Merkavah se ocupavam de todos os detalhes do mundo superior, que se expande pelos sete palácios no firmamento de *aravot* (o mais alto de todos os sete firmamentos); das hostes angélicas que enchem os palácios (*heichalot*); dos rios de fogo que correm na frente da Carruagem e das pontes que o atravessam; do *ofan* e do *chashmal*; e de todos os outros detalhes da Carruagem descritos por Ezequiel. Mas o principal propósito da ascensão é a visão d'Aquele Que está sentado no Trono, "e bem no alto uma figura que parecia um homem" (Ezequiel 1:26). Essa aparição da Glória na forma de um homem superior é o conteúdo da parte mais recôndita desse misticismo, chamada *Shi'ur Komah* ("medida do corpo").

O ensinamento da "medida do corpo" do Criador constitui um grande enigma. Fragmentos desse ensinamento aparecem em diversas passagens da literatura da *ma'asseh merkavah*, e outros fragmentos foram preservados separadamente. Eles enumeram as fantásticas mensurações das partes da cabeça, assim como de alguns membros. Eles também transmitem "os nomes secretos" desses membros, todos eles combinações ininteligíveis de letras. Diferentes versões dessas combinações de números e de letras sobreviveram, de modo que eles não puderam confiar nelas, e, a bem dizer, seu propósito (seja literal ou simbólico) não é claro para nós. No entanto, o versículo que contém a chave dessa enumeração é Salmos 147:5: "Grande é o nosso Senhor, e infinito em seus poderes", o que se interpretou como a extensão do corpo ou a medida de "Nosso Senhor" aludida nas palavras *ve-rav koach* ("infinito em seus poderes"), que em *guematria* equivalem a 236. Esse número (236 × 10 mil léguas, e, mais do que isso, não em léguas terrestres, mas léguas celestiais) é a medida básica sobre a qual todos os cálculos são baseados. Não é claro se existe uma relação entre especulações sobre "a grandeza do Senhor do mundo" e o título *mara di-revuta* ("Senhor da grandeza"), um dos predicados de Deus encontrado no Gênesis Apócrifo (p. 2, linha 4). Os termos *guedulah* ("grandeza"; por exemplo, na frase "*ofan* [roda] de grandeza") e *guevurah* ("poderoso") ocorrem como nomes para Deus em diversos textos dos místicos da Merkavah. Não deveríamos descartar a possibilidade de um fluxo constante de ideias específicas da seita de Qumran para os místicos da Merkavah e dos círculos rabínicos, no caso do *Shi'ur Komah* assim como nos outros campos. O paradoxo é que a visão do *Shi'ur Komah* é na verdade oculta "dos olhos de todas as criaturas, e dos anjos ministradores", mas "foi revelada a R. Akiva no *ma'asseh merkavah*" (*Heichalot Zutrati*). O místico, portanto, captou um segredo que nem os anjos conseguem compreender.

Na segunda metade do século segundo, uma versão helenizada dessa especulação é encontrada na descrição do gnóstico Marcos do "corpo da verdade". Existem também numerosas gemas gnósticas que, como os fragmentos hebraicos do *Shi'ur Komah*, trazem a figura de um homem cujos braços e pernas estão inscritos com combinações mágicas de letras, obviamente correspondentes a seus nomes secretos (cf. C. Bonner, *Hesperia*, 23 [1954], p. 151). Uma clara referência a essa doutrina é encontrada já no Livro de Enoque Eslavo (13:8).[5] "Eu vi a medida da altura do Senhor, sem dimensão e sem forma, que não tem fim". A passagem reflete a terminologia hebraica precisa. Ao menos duas versões dessa doutrina foram correntes nos tempos talmúdicos tardios e pós-talmúdicos, uma em nome de R. Akiva e uma em nome de R. Ishmael (ambas publicadas na coleção *Merkavah Shelemah* (Jerusalém [1922], fol. 32-43). Dois manuscritos do século X ou XI (Oxford Hebr. C. 65, e Sassoon 522) contêm os textos mais antigos disponíveis, mas mesmo esses estão em estados diferentes de deterioração. Segundo o testemunho de Orígenes (século terceiro), não era permitido estudar o Cântico dos Cânticos nos círculos judaicos antes de se atingir a plena maturidade, obviamente devido aos ensinamentos esotéricos, como a doutrina do *Shi'ur Komah* que estavam associados ao cântico. Os *Midrashim* sobre o Cântico dos Cânticos refletem esse entendimento esotérico em muitas passagens. Os fragmentos do *Shi'ur Komah,* eram conhecidos no século sexto, senão antes, pelo poeta Eleazar ha-Kallir.

O provocante antropomorfismo dessas passagens deixou muitos rabinos perplexos e foi objeto de ataques dos caraítas – tanto que até Maimônides, que a princípio considerava o *Shi'ur Komah* uma obra autorizada que requeria interpretação (no manuscrito original de seu comentário à Mishnah, Sanh. 10), mais tarde a repudiou, acreditando se tratar de uma falsificação posterior (*Teshuvot ha-Rambam* [1934], n. 117). Na verdade, o *Shi'ur Komah* era uma parte mais antiga e genuína de um ensinamento místico nos tempos dos tanaítas. A teoria não implica por si mesma que Deus em Si possua uma forma física, mas apenas que uma forma desse tipo pode ser atribuída à "Glória", que em algumas passagens é chamada *guf ha-Shechinah* ("o corpo da Divina Presença"). O *Shi'ur Komah* se baseia nas descrições do amado no Cântico dos Cânticos (5:11-16), e aparentemente se tornou uma parte da interpretação esotérica desse livro. Talvez a ideia da "túnica" e das vestes de Deus também pertencesse ao *Shi'ur Komah*. Essa "túnica" é muito significativa no *ma'asseh bereshit* do *Heichalot Rabati*, e ecos dessa ideia podem ser encontrados nas *agadot* rabínicas relativas ao traje de luz em que o Santíssimo, louvado seja Ele, se envolveu no momento da criação.

A ascensão e a passagem através dos primeiros seis palácios são descritas longamente no *Heichalot Rabati*, com detalhes de todos os recursos técnicos e mágicos que auxiliam o espírito em ascensão e o protegem dos perigos que o aguardam. Esses perigos eram muito enfatizados em todas as tradições da Merkavah. Visões enganosas aparecem para a alma ascendente e anjos da destruição tentam confundi-la. Nos portões de todos os palácios, ela deve mostrar aos porteiros "os selos", que são os Nomes Secretos de Deus, ou figuras imbuídas de poder mágico (algumas das quais constam dos *Pistis Sophia* gnósticos), que a protegem de ataques. Os perigos aumentam em número na entrada do sexto palácio, onde aparecem ao místico da Merkavah como se "cem milhões de ondas caíssem do céu e, no entanto, não há nenhuma gota de água ali, apenas o esplendor das pedras de puro mármore que pavimentam o palácio." É a esse perigo na ascensão extática que as palavras de R. Akiva se referem na história dos quatro que entraram no *pardes*: "quando você chega ao lugar de pedras de puro mármore, não diga 'água, água'". O texto menciona também um "fogo que provém do próprio corpo e o consome". Às vezes, o fogo é visto como um perigo (*Merkavah Shelemah* [1921], 1b), e outras vezes, como uma experiência extática que acompanha a entrada no primeiro palácio: "Minhas mãos se queimaram, e fiquei sem mãos e sem pés" (Manuscrito Neubauer, Oxford, 1531, 45b). O *pardes* 'em que R. Akiva e seus companheiros entraram é o mundo do Jardim do Éden celestial ou o domínio dos palácios celestiais e a ascensão ou "arrebatamento" é comum em diversos apocalipses judaicos, e é mencionado por Paulo (2 Coríntios 12:2-4) como algo que não precisa ser explicado a seus leitores de origem judaica. Em contraste com os perigos que esperam aqueles que, ainda que inaptos para tanto, se permitem essas coisas e penetram na ciência mágica da teurgia, uma grande ênfase é posta na iluminação ocorrida aos que recebem as revelações: "Havia uma luz no meu coração como um relâmpago", ou "o mundo se transformou em pureza à minha volta, e meu coração sentia como se eu tivesse entrado em um mundo novo" (*Merkavah Shelemah* 1a, 4b).

Uma das primeiras passagens enumerando os temas básicos do mistério da Carruagem é encontrada no *Midrash* de Provérbios 10 e, em uma versão diferente, no *Perush ha-Agadot* de Azriel (edição de Tishby [1945], p. 62). Os temas mencionados são o *chashmal*, o relâmpago, o querubim, o Trono da Glória, as pontes na Merkavah, e a medida dos membros "dos dedos dos pés até o topo da cabeça". Outros temas de grande importância em numerosas fontes não são mencionados. Entre eles, há ideias a respeito do *pargod* ("cortina" ou "véu") que separa Aquele que se senta no Trono de outras partes da Carruagem e sobre o qual estão bordados os arquétipos de tudo o que é criado. Existem tradições diferentes, altamente coloridas, a respeito do *pargod*. Algumas o consideram uma cortina que impede que os anjos ministradores vejam a Glória (Targ. de Jó 26:9), enquanto outras defendem que "os sete anjos que foram criados primeiro" continuam seu ministério dentro do *pargod* (*Massechet Heichalot*, fim do capítulo 7). Em outra forma, esse conceito do *pargod* seria adotado pelos gnósticos não judaicos do segundo século.

Não existia nenhuma angelologia fixada, e opiniões diferentes e até sistemas completos foram preservados, desde aqueles encontrados do Livro de Enoque Etíope até o Enoque Hebraico, encontrados na literatura dos *heichalot*. Essas ideias ocupam um lugar considerável na literatura da Merkavah existente e, como seria de se esperar, reaparecem sob várias formas de uma natureza prática nos encantamentos e na literatura teúrgica. O conhecimento dos nomes dos anjos já era parte do misticismo dos essênios, e se desenvolveu tanto nos círculos rabínicos quanto nos heterodoxos até o final do período gueônico. Assim como o conceito dos quatro ou sete anjos principais (arcanjos), desenvolveu-se (por volta do final do primeiro e no início do segundo século) uma nova doutrina a respeito do anjo Metatron (*sar ha-panim*, "o príncipe da Presença") (para detalhes, ver p. 481, "Metatron").

Na literatura da Merkavah, os nomes dos anjos facilmente se mesclam aos Nomes Secretos de Deus, muitos dos quais são mencionados nos fragmentos dessa literatura ainda existentes. Como muitos desses nomes não foram completamente explicados, ainda não foi possível afirmar se pretendem transmitir uma ideia teológica específica – por exemplo, uma ênfase em um aspecto particular da revelação ou da atividade de Deus – ou se têm outros propósitos que não podemos sequer sondar. Fragmentos de literatura dos *heichalot* mencionam nomes como Adiriron, Zoharariel, Zavodiel, Ta'zash, Akhtriel (também encontrado em uma *baraita* originada desse círculo em Ber. 7a). A fórmula "o Senhor, Deus de Israel" é muito frequentemente acrescentada ao nome particular, mas muitos dos anjos principais também têm isso acrescentado a seus nomes (por exemplo, no Enoque Hebraico), de modo que não se pode deduzir disso se a frase se refere ao nome de um anjo ou ao nome de Deus. Às vezes o mesmo nome serve para designar tanto Deus quanto um anjo. Um exemplo disso é Azbogah ("um nome óctuplo") no qual cada par de letras somadas, através de *guematria*, resulta no número oito. Esse nome "óctuplo" reflete o conceito gnóstico de *ogdoas*, o oitavo firmamento acima dos sete firmamentos, onde mora a Sabedoria Divina. No *Heichalot Zutrati*, é definido como "um nome de poder" (*guevurah*), isto é, um dos nomes da Glória Divina, enquanto no capítulo 18 do Enoque Hebraico se torna o nome de um dos príncipes angélicos; seu significado numérico é esquecido e passa a ser objeto da costumeira interpretação agádica dos nomes. O mesmo é verdade para o termo *ziva raba*, que, por um ângulo não passa de uma tradução aramaica de *ha-kavod ha-gadol* ("a grande glória"), expressão encontrada nos apocalipses e também em fontes samaritanas como uma descrição de Deus revelado. Mas ele também ocorre nas listas dos nomes misteriosos do anjo Metatron, e é encontrado com significado similar na literatura mandaica. Assim como gnósticos não judaicos às vezes usavam fórmulas aramaicas em seus escritos gregos, também elementos gregos e fórmulas gregas encontraram lugar na literatura da Merkavah. O diálogo entre o místico e o anjo Dumiel no portão do sexto palácio no *Heichalot Rabati* é conduzido em grego[6]. Um dos nomes de Deus nessa literatura é Totrossiah, que significa o *tetras* das quatro letras do nome YHVH. O inverso paralelo desse nome é Arbatiao, que se encontra frequentemente nos papiros mágicos desse período.

As diferentes tendências do misticismo da Merkavah estabeleceram modos de contemplar a ascensão aos céus – modos que foram entendidos em seu sentido literal. Sua concepção básica não depende da interpretação escritural, mas assumiu uma forma literária própria e particular. O elemento mágico era forte apenas nos primeiros estágios da literatura dos *heichalot*, tornando-se mais fraco nas redações posteriores. Do século terceiro em diante, aparecem interpretações que despojam o assunto da Carruagem de seu significado literal e introduzem um elemento ético. Às vezes, os diferentes palácios correspondem à escada da ascensão através das virtudes;[7] e outras, o tópico inteiro da Carruagem perdia completamente seu significado literal. Esse tipo de interpretação é especialmente evidente na frase distintamente mística do *amora* Simão b. Lakish do século terceiro: "os patriarcas são a carruagem" (Gen. Rabah, 475, 793, 983, em relação a Abraão, Isaque e Jacó). Afirmações como essa abririam a porta para o tipo de interpretação simbólica que floresceria posteriormente na literatura cabalística.

O primeiro centro desse tipo de misticismo foi a Palestina, onde grande parte da literatura dos *heichalot* foi escrita. Ideias místicas seriam encontradas na Babilônia ao menos desde o tempo de Rav (meados do século terceiro), e sua influência é reconhecível, entre outros lugares, nos encantamentos mágicos que eram inscritos em tigelas para fornecer "proteção" contra maus espíritos e demônios, e que refletem o judaísmo babilônico popular do final do período talmúdico até o período gueônico. Na Babilônia, aparentemente, diversas orações mágicas foram compostas, assim como tratados de magia, como o *Charba de-Moshe* (edição de Gaster, 1896), *Sefer ha-Malbush* (Manuscrito Sassoon 290, p. 306-11), *Sefer ha-Iashar* (Museu Britânico, Manuscrito Margoliouth 752, fol. 91ss), *Sefer ha-Ma'alot Havdalah de-R. Akiva* (Manuscrito Vaticano 228), *Pishra de R. Chanina b. Dosa* (Manuscrito Vaticano 216, fols. 4-6) entre outros, alguns dos quais escritos em aramaico babilônico. Em todos esses tratados e orações, a influência de ideias da Merkavah era muito forte. Na Palestina, talvez no final do período talmúdico, o *Sefer ha-Razim* foi composto, contendo descrições dos firmamentos altamente influenciadas pela literatura dos *heichalot*, enquanto a parte "prática", relativa aos encantamentos, tem um estilo diferente, adaptado em parte literalmente de fontes gregas. De círculos como esses, originou-se o uso mágico da *Torah* e dos Salmos com propósitos práticos.[8] Essa prática se baseava na teoria de que esses livros eram essencialmente constituídos pelos Nomes Sagrados de Deus e de Seus anjos, uma ideia que apareceu pela primeira vez no prefácio à *Shimushei Torah*; apenas a introdução midráshica, com o título *Maaian ha-Chochmah*, foi impressa

(Jellinek, *Beit ha-Midrash*, parte 1 [1938], p. 58-61), mas a obra inteira existe em manuscrito. Do mesmo tipo é o livro *Shimushei Tebilim*, que foi impresso muitas vezes em hebraico e também existe em manuscrito na versão aramaica.

O conteúdo poético da literatura da *ma'asseh merkavah* e da *ma'asseh bereshit* é impressionante; já mencionamos os hinos cantados pelo *chaiot* e pelos anjos ministradores em louvor a seu Criador. Seguindo o padrão de diversos Salmos, desenvolveu-se a opinião de que a totalidade da criação, segundo sua natureza e sua ordem, cantava hinos de louvor. Uma hinologia foi estabelecida nas várias versões do *Perek Shirah*, que sem dúvida deriva dos círculos místicos do período talmúdico. Conectada a esse elemento poético está a influência que os místicos da Merkavah tiveram no desenvolvimento de porções específicas da ordem das orações, particularmente na *kedushah* matinal,[9] e, mais tarde, nos *piutim* que foram escritos para essas porções (*siluk, ofan, kedushah*).

GNOSE JUDAICA E O *SEFER IETSIRAH*

Nesses estágios do misticismo judaico, as descrições da Carruagem e seu mundo ocupam um lugar que, no gnosticismo não judaico, é preenchido pela teoria dos "aeons", as potências e emanações de Deus que formam o *pleroma*, a divina "plenitude". O modo como certas *midot*, ou qualidades de Deus, como sabedoria, entendimento, conhecimento, verdade, fidelidade, retidão etc., tornaram-se os "aeons" dos gnósticos tem paralelo na tradição da *ma'asseh bereshit*, embora não tenham penetrado nos estágios básicos do misticismo da Merkavah. As dez frases com as quais o mundo foi criado (Avot 5:1) tornaram-se qualidades divinas segundo Rav (Hag. 12a). Existe também uma tradição de que *midot* como essas "servem diante do Trono da Glória" (ARN 37), assumindo assim o lugar ocupado pelo *chaiot*, e pelos anjos presidentes no sistema da Merkavah. As especulações semimitológicas dos gnósticos que consideravam as qualidades como "aeons" não foram admitidas na tradição rabínica do Talmud e dos Midrashim, mas encontraram lugar nas seitas mais ou menos heterodoxas dos *minim* ou *chitsonim*. Até que ponto o crescimento das tendências gnósticas dentro do judaísmo em si precedeu seu desenvolvimento no início do cristianismo ainda é objeto de acaloradas controvérsias acadêmicas. Peterson, Haenchen e Quispel, em particular, além de diversos especialistas nos Manuscritos do Mar Morto, tentaram provar que formas judaicas de gnose, que conservavam uma crença na unidade de Deus e rejeitavam quaisquer noções dualistas, já existiam antes da formação do cristianismo e se concentravam particularmente em torno da ideia do homem primordial (seguindo especulações sobre Gênesis 1:26; "Adão Kadmon"). A imagem do Messias, característica dos gnósticos cristãos, aqui estava ausente. Esses estudiosos interpretaram diversos dos primeiros documentos da literatura gnóstica como Midrashim gnósticos sobre cosmogonia, e Haenchen em particular defendeu que seu caráter basicamente judaico é claramente reconhecível em uma análise dos ensinamentos de Simão Mago, aparentemente o líder da gnose samaritana, um judaísmo heterodoxo do século primeiro. Mesmo antes disso, M. Friedlaender havia suposto que tendências gnósticas antinomianas (que minimizavam o valor dos Mandamentos) também se desenvolveram dentro do judaísmo antes do surgimento do cristianismo. Embora um bom número dessas ideias se baseie em hipóteses questionáveis, não obstante existe nelas uma considerável quantidade de verdade. Elas apontam para a ausência de elementos iranianos nas primeiras fontes da gnose, que foi exagerada pela maioria dos estudiosos das duas últimas gerações, cujos argumentos se baseavam em suposições não menos hipotéticas. A teoria dos "dois princípios" poderia ter sido resultado de um desenvolvimento interno, uma reação mitológica dentro do próprio judaísmo, tão plausível quanto reflexo de influência iraniana. A apostasia do tanaíta Elisha b. Avuyah em um dualismo gnóstico desse tipo está conectada na tradição da Merkavah com a visão de Metatron sentado no Trono como Deus. A literatura mandaica também contém linhagens de caráter gnóstico, monoteísta, não cristão, que muitos acreditam ter se originado em uma seita heterodoxa judaica transjordaniana, cujos membros emigraram para a Babilônia no primeiro ou no segundo século. A cosmogonia de alguns dos grupos gnósticos mais importantes, mesmo aqueles de caráter antinomiano, depende não apenas de elementos bíblicos, mas, em grande medida, também de elementos judaicos agádicos e esotéricos. Os primeiros extratos do *Sefer ha-Bahir* (ver p. 393), que vieram do Oriente, comprovam a existência de opiniões definitivamente gnósticas em um círculo de judeus crentes na Babilônia ou na Síria, que conectavam a teoria da Merkavah com a dos "aeons". Essas primeiras fontes são em parte vinculadas com o livro *Raza Raba*, conhecido como uma obra anterior do final do período gueônico; fragmentos dessa obra podem ser encontrados nos escritos dos chassídicos asquenazes (ver abaixo). Conceitos que não se originaram exclusivamente no misticismo judaico, como a ideia da *Shechinah* e as hipóstases do julgamento e da compaixão austeros, facilmente poderiam ser interpretados segundo a teoria dos "aeons" e incorporados a ideias gnósticas. O "exílio da *Shechinah*", originalmente uma ideia agádica, foi assimilado nos círculos judaicos em um estágio particular à ideia gnóstica da centelha divina que está exilada no mundo terrestre e também à interpretação mística do conceito judaico de *Knesset Israel* ("comunidade de Israel") como entidade celeste que representa a comunidade histórica de Israel. Na elaboração desses motivos, os elementos gnósticos poderiam ser acrescentados às teorias rabínicas da Merkavah e às ideias dos círculos judaicos, cuja conexão com o rabinismo era fraca.

O *Sefer Ietsirah*

A especulação sobre a *ma'asseh bereshit* teve uma forma única em um livro, pequeno em tamanho, mas enorme em influência, o *Sefer Ietsirah* ("Livro da Criação"), o mais antigo texto hebraico existente de pensamento especulativo sistemático. Sua brevidade – menos de 2000 palavras no total, mesmo em suas versões mais longas – aliada a seu estilo obscuro e, ao mesmo tempo, lacônico e enigmático, assim como sua terminologia, não têm paralelo em outras obras de assuntos semelhantes. O resultado de todos esses fatores foi que durante mais de mil anos o livro foi exposto de muitas maneiras diferentes, e nem mesmo as investigações científicas conduzidas durante os séculos XIX e XX conseguiram chegar a resultados inequívocos e definitivos.

O *Sefer Ietsirah* existe em duas versões: uma mais breve, que aparece na maioria das edições como o livro em si, e uma versão mais longa, que às vezes é impressa como apêndice.[10] Ambas as versões já existiam no século décimo e deixaram sua marca em diferentes tipos de numerosos manuscritos, o primeiro dos quais (do século XI?) foi encontrado na *Guenizah* do Cairo e publicado por A. M. Habermann (1947). Nas duas versões, o livro é dividido em seis capítulos de *mishnaiot* ou *halachot*, compostos de breves afirmações que apresentam o argumento do autor dogmaticamente, sem nenhuma explicação ou fundamentação. O primeiro capítulo em particular emprega um vocabulário sonoro, solene, próximo ao da literatura da Merkavah. Poucos versículos bíblicos são citados. Mesmo quando as palavras são idênticas nas duas versões, o arranjo diferente das *mishnaiot* e a relação alterada resultante entre elas colore a apreciação teórica das ideias.

O tema central do *Sefer Ietsirah* é um discurso compacto sobre cosmologia e cosmogonia (uma espécie de *ma'asseh bereshit*, "ato de criação", em forma especulativa), notável por seu caráter claramente místico. Não há fundamento nas tentativas de alguns estudiosos de apresentá-lo como uma cartilha para crianças,[11] ou como a primeira composição em hebraico na escola hebraica de gramática e ortografia (segundo P. Mordell). O forte vínculo do livro com especulações judaicas sobre a sabedoria divina (*chochmah*) é evidente desde o início, com a declaração de que Deus criou o mundo por meio de "32 caminhos secretos de sabedoria". Esses 32 caminhos, definidos como "dez *Sefirot beli mah*" e as "22 letras elementares" do alfabeto hebraico, são representados como fundamentos de toda a criação. O capítulo 1 lida com as *Sefirot* e os outros cinco capítulos com a função das letras. Aparentemente, o termo *Sefirot* é usado simplesmente para significar "números", embora empregando um novo termo (*sefirot* em vez de *misparim*), o autor parece estar aludindo aos princípios metafísicos ou estágios na criação do mundo.

O uso do termo *Sefirot* no *Sefer Ietsirah* foi mais tarde explicado – particularmente na literatura da Cabala – como se referindo a uma teoria da emanação, embora o livro não mencione que a primeira *Sefirah* em si emanou de Deus e não foi criada por Ele como uma ação independente. O autor enfatiza, ainda que de modo ambíguo, o caráter místico das *Sefirot*, descrevendo-as em detalhes e discutindo a ordem de sua gradação. Ao menos as quatro primeiras *Sefirot* emanam uma da outra. A primeira é o "espírito (*ru'ach*) do Deus Vivo" (o livro continua usando a palavra *ru'ach* em seu sentido duplo de espírito abstrato e ar ou éter). Da primeira *Sefirah* surge, por meio da condensação, "um Espírito do outro"; que a princípio é o elemento primordial do ar, e, deste, sai, um depois do outro, como terceira e quarta *Sefirot*, água e fogo. Do ar primordial, Deus criou, ou "gravou" sobre o ar, as 22 letras; das águas primordiais, o caos cósmico; e do fogo primordial, o Trono da Glória e as hostes dos anjos. A natureza dessa criação secundária não é suficientemente clara porque o significado terminológico preciso dos verbos empregados pelo autor – isto é, gravados, lavrados, criados – pode ser interpretado de várias maneiras. As últimas seis *Sefirot* são de natureza completamente diferente, representando as seis dimensões (na linguagem do livro, as *ketsavot*, "extremidades") do espaço, embora não seja dito expressamente que elas foram criadas a partir dos elementos anteriores. Mesmo assim, é enfatizado que as dez *Sefirot* constituem uma unidade fechada, pois "seu fim está em seu início e seu início em seu fim" e elas revolvem umas nas outras; isto é, esses dez princípios básicos constituem uma unidade – embora sua natureza não seja suficientemente definida – que não é considerada idêntica à divindade, mas como primeiro estágio de sua criação que expressa os caminhos da "Sabedoria" divina.

O autor, sem dúvida deliberadamente emprega expressões emprestadas da descrição das *chaiot* ("criaturas vivas") que carregam o Trono da Glória na carruagem (*merkavah*; Ezequiel 1) e parece estabelecer uma certa correlação entre os "seres vivos" e as *Sefirot*, descrevendo-os como servos do rei que obedecem aos seus comandos e se prostram diante de seu trono. Ao mesmo tempo, eles são também as dimensões (*amakim*) de toda existência, do bem e até do mal. O fato de que a teoria do significado das 22 letras como fundamento de toda a criação no capítulo 2 em parte se conflita com o capítulo 1 fez com que muitos estudiosos atribuíssem ao autor a concepção de uma criação dupla: uma ideal e pura, provocada pelas *Sefirot*, que são concebidas de maneira totalmente ideal e abstrata; e outra real, efetivada pela interconexão dos elementos da fala, que são as letras. Segundo algumas opiniões, a obscura palavra "*belimah*", que sempre acompanha a palavra *Sefirot*, é simplesmente uma forma composta, *beli-mah* – sem nada, sem realidade, ideal. No entanto, a julgar pelo sentido literal, aparentemente deveria ser entendida como significando "fechado", isto é, fechado em si mesmo. O texto não oferece mais explicações detalhadas sobre a relação entre as *Sefirot* e as letras, e as *Sefirot* não são mais referidas. Alguns estudiosos acreditaram que as duas doutrinas cosmogônicas separadas, basicamente diferentes entre si, se fundiram no livro e foram unidas por um método que se parecia com a teoria neopitagórica corrente nos séculos segundo e terceiro antes da Era Comum.

Todos os seres reais nos três extratos do cosmos: no mundo, no tempo e no corpo do homem (na linguagem do livro: mundo, ano, alma) passaram a existir através da interconexão das 22 letras, e especialmente por intermédio dos "231 portões"; isto é, das combinações das letras em grupos de duas letras talvez representando as raízes do verbo hebraico (parece que o autor defende que o verbo hebraico se baseia em duas consoantes, mas ver N. Aloni). O número lógico de 231 combinações não aparece nos primeiros manuscritos, que fixavam 221 portões ou combinações, e que são enumerados em diversos manuscritos. Cada coisa existente, de alguma forma, contém esses elementos linguísticos e existe por seu poder, cujo fundamento é um nome; isto é, o Tetragrammaton ou, talvez, a ordem alfabética que, em sua totalidade, é considerada um nome místico. O processo do mundo é essencialmente linguístico, baseado nas combinações ilimitadas de letras. Nos capítulos de 3 a 5, as 22 letras básicas são divididas em três grupos, segundo o sistema fonético especial do autor. O primeiro contém as três matrizes – *imot* ou *umot* (elementos, na linguagem da *Mishnah*) – *alef, mem, shin* (ש מ א), que, por sua vez, representam a fonte dos três elementos mencionados em um contexto diferente no capítulo 1 – ar, fogo, água – e a partir deles todo o resto passa a existir. Essas três letras também têm paralelo com as três estações do ano (segundo um sistema encontrado entre autores gregos e helenistas) e as três partes do corpo: peito, cabeça, estômago. O segundo grupo consiste nas sete letras "duplas", isto é, as consoantes que têm som duro ou suave conforme são escritas com ou sem *daguesh* (*bet, guimel, dalet* e *kaf, pe, resh, tav*). A presença da letra *resh* nesse grupo deu origem a várias teorias.[12] Por intermédio das letras "duplas" foram criados os sete planetas, os sete céus, os sete dias da semana e os sete orifícios do corpo (olhos, ouvidos, narinas, boca) e elas também aludem aos opostos básicos (*temurot*) na vida do homem. As 12 letras "simples" restantes (*ha-peshutot*) correspondem ao que o autor considera as principais atividades do homem; os 12 signos do zodíaco na esfera celeste, os 12 meses e os 12 principais membros do corpo (*hamanhiguim*). Além disso, o autor também fornece uma divisão fonética completamente diferente das letras, segundo os cinco lugares na boca em que elas são articuladas (guturais, labiais, velares, dentais e sibilantes). Essa é a primeira vez em que essa divisão aparece na história da linguística hebraica e talvez não estivesse incluída na primeira versão do livro. A combinação dessas "letras básicas" contém as raízes de todas as coisas e também o contraste entre bem e mal (עֹנֶג וְנֶגַע, *oneg ve-nega*).

Existe uma conexão óbvia entre essa cosmogonia linguístico-mística, que tem íntimos paralelos na especulação astrológica, e a magia, que se baseia no poder criativo, mágico das letras e palavras. Na verdade, pode-se bem dizer que o *Sefer Ietsirah* fala das "letras em que o céu e a terra foram criados", assim como, de acordo com o *Talmud*, Bezael, o arquiteto do tabernáculo, possuía o conhecimento de suas combinações (Berakhot 55a). A partir desse ponto, surgem as ideias conectadas com a criação do *golem* por meio de uma recitação ordenada de todas as possíveis combinações de letras criativas. Se o *Sefer Ietsirah* em si era a princípio voltado para ideias mágicas desse tipo, é um assunto sobre o qual as opiniões diferem, mas isso não é impossível. De acordo com uma lenda talmúdica (Sanh. 65b), R. Hanina e R. Hoshaiah (século quarto) costumavam se ocupar com o *Sefer Ietsirah*, ou – segundo uma variante antiga – com os *Hilchot Ietsirah*, por intermédio do qual um "bezerro de três anos" foi criado para eles, e eles o comeram. Se esses *Hilchot Ietsirah* são simplesmente o livro em questão ou uma versão anterior não pode ser decidido por ora, mas devemos destacar que, acompanhando os primeiros textos do *Sefer Ietsirah,* havia capítulos introdutórios enfatizando práticas mágicas, apresentadas como uma espécie de ritual festivo a ser realizado para completar o estudo do livro (comentário de Judá b. Barzilai, 103-268).

Período da composição

Zunz,[13] Graetz em suas obras tardias, Bacher, Block e outros eram da opinião de que o *Sefer Ietsirah* foi composto no período gueônico, por volta do século oitavo. Essa datação correspondia à tendência geral daqueles estudiosos de atribuir uma data posterior à composição das obras místicas sobre os mistérios da criação e da Merkavah, uma tendência que os estudos modernos não podem mais sustentar. Eles falavam também da hipotética influência árabe (que não foi efetivamente provada). Em sua primeira obra sobre gnosticismo e judaísmo (1846), Graetz tendia a correlacionar a data da composição com a da *Mishnah* ou com o início do período do *Talmud*, e essa opinião era compartilhada por Abrahão Epstein, Louis Ginzberg e outros, que datavam sua composição entre o terceiro e o sexto séculos. Leo Baeck tentou provar que o *Sefer Ietsirah* foi escrito sob a influência neoplatônica de Proclus, possivelmente no sexto século. O estilo hebraico, contudo, aponta para um período anterior. Epstein já provou sua proximidade com a linguagem da *Mishnah*, e acréscimos podem ser feitos às provas linguísticas. O livro não contém nenhuma forma linguística que não possa ser atribuída ao hebraico do segundo ou do terceiro século. Além disso, uma série de vínculos com a doutrina da sabedoria divina e com várias opiniões gnósticas e sincréticas indica um período anterior; analogias entre o *Sefer Ietsirah* e as opiniões de Marcos, o Gnóstico, da escola de Valentinus, já foram observadas por Graetz.

A doutrina das *Sefirot* e o sistema da língua sugerem influências neopitagóricas e estoicas. Estoica é a ênfase na dupla pronúncia de *"bagad kafat"*. Alguns dos termos empregados no livro eram aparentemente traduzidos do grego, no qual o termo στοιχεῖα indica tanto os elementos como as letras; essa dualidade encontra sua expressão no termo hebraico *Otiot Iessod* ("letras elementais"), isto é, letras que também são elementos. O material que F. Dornsieff[14] coligiu do misticismo linguístico do sincretismo grego contém muitos paralelos com o *Sefer Ietsirah*. Iluminadora, dessa conexão é a opinião do *Sefer Ietsirah* dos "selos" das seis extremidades do mundo pelas seis diferentes combinações do nome YHV (יהו) que (diferentemente da Bíblia) ocorrem aqui como um Nome de Deus independente, fundamental, desempenhando o papel de seu nome correspondente na transcrição grega Ἰάω, que é muito frequente nos documentos dos gnósticos e nos sincretismos religiosos e mágicos. A ideia de que cada ato da criação foi selado com o nome de Deus é um dos primeiros princípios do misticismo da Merkavah e já se encontra no *Heichalot Rabati* (capítulo 9); em sistemas gnósticos e em outros próximos da gnose, esse nome tem a função de estabelecer o cosmos e definir limites fixos para o mundo. Combinações desse nome, que em grego consiste de vogais e não de consoantes, aparecem com frequência em papiros mágicos gregos. O autor do *Sefer Ietsirah* não sabia ainda os símbolos para as vogais hebraicas e, em vez das vogais gregas, ele empregou as consoantes hebraicas יהו, que são, ao mesmo tempo, vogais e componentes do Tetragrammaton. Há um terreno comum aqui entre as especulações do *Sefer Ietsirah* e as projeções das especulações gnósticas ou semignósticas nas margens do judaísmo ou fora do judaísmo durante os primeiros séculos da era comum. É difícil decidir se as dez *Sefirot* ou as regras dos 32 caminhos devem ser explicadas ou entendidas no espírito da doutrina gnóstica dos éons ou no espírito da escola pitagórica, sendo ambas opiniões possíveis. A função das letras do alfabeto hebraico na construção do mundo é mencionada em um antigo fragmento do *Midrash Tanchuma* que trata da criação: "O Santíssimo, Louvado seja Ele, disse: 'Preciso de trabalhadores'. A Torah disse a Ele: 'Ponho à Sua disposição 22 trabalhadores, a saber, as 22 letras que estão na Torah, e dou a cada um o que é seu'". [15] Essa lenda é extremamente próxima da ideia básica do capítulo 2 do *Sefer Ietsirah*, e é impossível saber qual é anterior.

Resumindo, pode-se postular que a maior parte do *Sefer Ietsirah*, embora contenha acréscimos pós-talmúdicos, foi escrita entre o terceiro e o sexto séculos, aparentemente na Palestina, por um judeu devoto com inclinações para o misticismo, cujo objetivo era mais especulativo e mágico que extático. O autor, que tentou "judaizar" especulações não judaicas compatíveis com seu espírito, apresenta um caminho paralelo ao esoterismo judaico da literatura do tipo dos *Heichalot*, que tem raízes nesse mesmo período. Essa "judaização" também é aparente no final do livro, que apresenta Abraão, o primeiro a acreditar na unidade de Deus, como o primeiro a estudar as ideias expressas no livro e efetivamente praticá-las – talvez uma alusão ao uso mágico mencionado acima. A partir disso, derivou-se a opinião tardia de que Abraão seria o autor do livro, chamado em diversos manuscritos *Otiot de-Avraham Avinu*. A atribuição do *Sefer Ietsirah* a R. Akiva só aparece na literatura da Cabala a partir do século XIII, sem dúvida no rastro do Midrash tardio *Otiot de-Rabi Akiva*.

Comentários sobre o *Sefer Ietsirah*

A primeira referência ao *Sefer Ietsirah* aparece no *Baraita di-Shemu'el* e nos poemas de Eleazar ha-Kallir (c. século sexto). Mais tarde o livro seria de grande importância tanto para o desenvolvimento da filosofia judaica antes de Maimônides quanto para a Cabala, e muitos comentários seriam escritos a respeito. Saadia Gaon explicou o livro (no início do século décimo) como um dos primeiros textos autorizados. Com base na versão mais longa que estava à sua disposição, ele introduziu mudanças e novas divisões. O texto árabe com uma tradução francesa de M. Lambert foi publicado em Paris em 1891, e com tradução hebraica de Josef Kafih em Jerusalém em 1972. O comentário de Saadia foi traduzido para o hebraico diversas vezes desde o século XI e teve considerável circulação. Em 955-956, o comentário sobre a versão mais curta de Abu Sahl Dunash ibn Tamim foi feito em Kairouan. Partes desse original árabe foram encontradas na *Guenizah* do Cairo, e foram preservadas em diversas edições originadas de uma revisão posterior e de uma forma abreviada da versão original, principalmente em diferentes traduções hebraicas. Uma dessas foi publicada por M. Grossberg em 1902. O comentário foi aparentemente baseado nas palestras de Isaac Israeli, professor de Abu Sahl. G. Vajda fez um estudo detalhado desse comentário. Um terceiro comentário do décimo século foi escrito no sul da Itália por Shabetai Donolo e publicado por D. Castelli em 1880, com uma abrangente introdução. O mais importante de todos os comentários literais é aquele composto no início do século XII por Judá b. Barzilai de Barcelona, publicado por S. Z. H. Halberstamm (Berlim, 1885). Judá Ha-Levi comentou muitas partes do *Sefer Ietsirah* em seu *Kuzari* (4:25). O comentário de Abrahão ibn Ezra sobre o primeiro capítulo, estudado por Abrahão Abulafia, perdeu-se, assim como outros comentários dos séculos XI e XII, inclusive um escrito pelos rabinos de Narbona. No século XI, foram compostos até poemas sobre as doutrinas do *Sefer Ietsirah*, por exemplo, por Ibn Gabirol[16] e por Tsahalal b. Nethanel Gaon.[17]

Muitos comentários sobre o *Sefer Ietsirah* foram escritos nos círculos dos chassídicos asquenazes, entre eles o de Eleazar b. Judá de Worms, publicado integralmente em Przemysl em 1889, e um mais tarde atribuído a Saadia Gaon (do início do século XIII), do qual apenas uma parte é impressa nas edições comuns; também digno de nota é o comentário de Elchanan b. Yakar de Londres (c. 1240), editado por G. Vajda (em *Kovets al Iad*, 6 [1966], p. 145-97). O número de comentários escritos no espírito da Cabala e segundo a concepção dos cabalistas da doutrina das *Sefirot* chega perto de cinquenta. O mais antigo deles, de Isaac, o Cego, é também um dos mais difíceis e importantes documentos dos inícios da Cabala (ver p. 61). O comentário do aluno de Isaac, Azriel b. Menachem de Girona, aparece em edições impressas como obra de Nachmanides. O verdadeiro comentário de Nachmanides (apenas sobre o primeiro capítulo) foi publicado por G. Scholem.[18] Quase todo o comentário de Abrahão Abulafia (Manuscrito Munique 58) está contido no *Sefer ha-Peli'ah* (Korets, 1784, fols. 50-56). O cabalista, em uma de suas obras, enumera 12 comentários que ele estudou na Espanha (Jellinek, *Beit ha-Midrash*, 3 [1855], p. 42). Do século XIV, vem o abrangente comentário de José b. Shalom Ashkenazi, escrito na Espanha e erroneamente atribuído em edições impressas a R. Abrahão b. David;[19] o comentário de Meir b. Salomão ibn Sahula de 1331 (Roma, biblioteca Angélica, Manuscritos Or. 45); assim como o *Meshovev Netivot* (Manuscritos Oxford) de Samuel ibn Motot. Por volta de 1405, Moisés Botarel escreveu um comentário citando um número considerável de falsas citações de seus predecessores. Uma série de comentários foi composta em Safed, entre eles, um de Moisés b. Jacob Cordovero (Manuscritos Jerusalém) e outro composto por Salomão Toriel (Manuscritos Jerusalém). Daí em diante, comentários no espírito de Isaac Luria proliferaram; por exemplo, o de Samuel b. Elisha Portaleone (Manuscritos Jews' College, Londres), o de David Habillo (Manuscritos da comunidade de Varsóvia); dentre esses, o comentário de Elias b. Salomão, o Gaon de Vilna (1874), e o livro *Otot u-Mo'adim*, de Joshua Eisenbach de Prystik (Pol. Przystyk, 1903), foram impressos.

Edições impressas e traduções

O *Sefer Ietsirah* foi impresso pela primeira vez em Mântua em 1562, com o acréscimo de diversos comentários, e desde então foi reimpresso muitas e muitas vezes, com ou sem comentários. Na edição de Varsóvia de 1884 – a mais popular – o texto de alguns comentários está consideravelmente distorcido. O *Sefer Ietsirah* foi traduzido para o latim pelo místico cristão G. Postel e impresso mesmo antes da edição hebraica (Paris, 1552). Outra edição latina com comentários foi publicada por S. Rittangel em 1652. Apareceram traduções, a maioria com comentários, para o inglês, de I. Kalisch (1873), A. Edersheim (1883), P. Davidson (1896), W. Westcott (1911), K. Stenring (1923), Akiva ben Iossef (*The Book of Formation*, 1970); para o alemão, de J. F. von Meyer (1830), L. Goldschmidt (1894; a qual, infundadamente, alega oferecer um texto crítico hebraico), E. Bischoff (1913); para o francês, de Papus (1888), Condessa Calomira de Cimara (1913), Carlo Suarès (1968); para o italiano, de S. Savini (1923); para o húngaro, de B. Tennen (1931); e para o tcheco, de O. Griese (1921).

MISTICISMO NO PERÍODO GUEÔNICO

Os períodos mishnaico e talmúdico foram tempos de criatividade irreprimível no campo do misticismo e da investigação esotérica. Na era gueônica (do sétimo século ao século XI), pouca coisa essencialmente original emergiu, e as diversas correntes já mencionadas continuaram a existir e a se entremear. O centro da atividade mística se deslocou para a Babilônia, embora sua contínua influência na Palestina seja evidente em diversos capítulos da literatura midráshica posterior e particularmente no *Pirkei de-R. Eliezer.* Os poemas de Eleazar ha-Kallir, que são influenciados pela literatura da Merkavah e pelo *Shi'ur Komah*, pertencem ao final do período anterior ou foram compostos entre as duas eras. O poeta não faz nenhuma tentativa de ocultar ideias que haviam sido transmitidas através de antigas teorias esotéricas. O misticismo se desenvolveu nesse período, tanto na Palestina como na Babilônia, segundo o padrão do período anterior. Os escritos apocalípticos continuaram com grande ímpeto; existem exemplos desde o tempo dos *amoraim* até quase o período das Cruzadas, e eles foram coligidos na grande antologia de Judah Even-Shemuel, *Midrashei Ge'ulah* (1954[2]), a maioria deles do período gueônico. Esses escritos apresentam uma notável conexão com a tradição da Merkavah e diversos foram conservados em manuscritos de obras de autores místicos. Simão b. Iochai aparece aqui pela primeira vez, lado a lado com R. Ishmael, como um portador da tradição apocalíptica (no *Nistarot de-R. Shimon b. Iochai*). Os apocalipses também foram atribuídos ao profeta Elias, a Zorobabel e a Daniel.

No outro extremo, houve um crescimento e um florescimento nesses círculos de uma angelologia e uma teurgia que produziram uma literatura muito rica, em grande medida ainda existente, nesse período. Em vez de a contemplação da Carruagem, ou além da contemplação, essa literatura apresenta uma magia prática de muitos aspectos, associada ao príncipe ou aos príncipes da Torah, cujos nomes variam. Muitos encantamentos dirigidos ao anjo Iofiel e seus companheiros, como príncipes da sabedoria e da Torah, são encontrados em grande número de manuscritos de manuais de magia, que continuam a tradição dos antigos papiros mágicos. Havia também um costume de conjurar esses príncipes particularmente no dia anterior ao Dia da Expiação ou mesmo na noite do Dia da Expiação.[20] Fórmulas para propósitos mais mundanos também foram conservadas em muitos encantamentos escritos em aramaico babilônico por "Mestres do Nome" judeus, e nem sempre favoráveis a clientes judeus (ver p. 389, "Ba'al Shem"). Isso pode ter relação com a origem do estereótipo medieval do judeu como mágico ou feiticeiro. Conceitos do círculo místico da Merkavah, assim como ideias mitológicas e agádicas – algumas delas desconhecidas de outras fontes – infiltraram-se em grupos muito distantes do misticismo e muito mais próximos da magia. Uma demonologia, extremamente rica em detalhes, também cresceu lado a lado com essa angelologia. Muitos exemplos disso (publicados por Montgomery C. Gordon e outros) foram encontrados em tigelas de barro que eram enterradas, segundo o costume, sob o umbral das casas. Esses exemplos encontram importantes paralelos entre os encantamentos transmitidos através da tradição literária nos fragmentos da *Guenizah* e no material que se disseminou até os chassídicos asquenazes (por exemplo, no *Havdalah de-R. Akiva*). A teologia e a angelologia dos encantamentos nem sempre foram explicadas corretamente por seus editores, que viam neles uma teologia heterodoxa.[21] Foi na Babilônia também, aparentemente, que o livro *Raza Raba* ("O Grande Mistério") foi composto. Atacado pelos caraítas como obra de feitiçaria, o livro de fato contém material mágico, mas os fragmentos existentes mostram que contém também conteúdo da Merkavah, na forma de um diálogo entre R. Akiva e R. Ishmael. Como a angelologia desses fragmentos não tem paralelo em outras fontes, aparentemente, a obra é uma cristalização de uma forma anterior de uma teoria dos "aeons" e de especulações de caráter gnóstico. O estilo, muito diferente daquele dos *heichalot*, indica um estágio muito posterior. Esses fragmentos foram publicados por G. Scholem em *Reshit ha-Kabalah* (1948), p. 220-38.

Os princípios de novas tendências nesse período podem ser divididos em três áreas:

(1) As frases empregadas na criação do mundo foram concebidas ora como forças no interior da Carruagem, ora como "aeons", *midot* ou hipóstases. Até que ponto essa especulação é associada à visão das dez *Sefirot* no *Sefer Ietsirah* não é nada claro. É evidente, contudo, que, nos círculos gnósticos judaicos, o conceito de *Shechinah* ocupava uma nova posição completamente diferente. Nas primeiras fontes, "*Shechinah*" é uma expressão usada para indi-

car a presença de Deus Em Pessoa no mundo e não é mais que um nome para essa presença; mais tarde, o termo se torna uma hipóstase distinta de Deus, uma distinção que aparece primeiro no antigo Midrash sobre Provérbios (Mid. Prov. 47a: "a *Shechinah* ficou diante do Santíssimo, louvado seja Ele, e disse a Ele"). Em contraste com essa separação entre Deus e Sua *Shechinah*, surgiu, então, um outro conceito original – a identificação da *Shechinah* com a *Knesset Israel* ("comunidade de Israel"). Nessa tipologia obviamente gnóstica, as alegorias que o Midrash usa para descrever a relação do Santíssimo, louvado seja Ele, com a comunidade de Israel são transmutadas nesse conceito gnóstico da *Shechinah* ou "filha" nas fontes orientais incorporadas ao *Sefer ha-Bahir*.[22] Interpretações gnósticas de outros termos, como sabedoria, e de vários símiles talmúdicos no espírito do simbolismo gnóstico, podem ser entendidas como se referindo às primeiras fontes do *Sefer ha-Bahir* (*ibid.*, p. 78-107). Diversos símiles do livro só podem ser entendidos em um contexto oriental, e da Babilônia em particular, como, por exemplo, as afirmações a respeito da tamareira e sua significação simbólica. A ascensão do arrependido para alcançar o Trono da Glória é interpretada em um Midrash posterior (*Pessikta Rabati* 185a) como uma ascensão concreta do pecador arrependido através de todos os firmamentos, e assim o processo do arrependimento é intimamente conectado aqui com o processo de ascensão à Carruagem;

(2) Nesse período, a ideia da transmigração das almas (*guilgul*) também foi estabelecida em diversos círculos orientais. Aceita por Anan b. David e seus seguidores (até o século décimo) – embora depois rejeitada pelos caraítas – essa ideia também foi adotada por aqueles círculos cujos vestígios literários foram reunidos pelos redatores do *Sefer ha-Bahir*. Para Anan (que compôs um livro especificamente sobre esse assunto) e seus seguidores, a ideia, aparentemente originada entre seitas persas e mutazilitas islâmicos, não continha qualquer aspecto místico. Aparentemente, no entanto, a ideia mística da transmigração se valia de outras fontes, pois nas fontes do *Sefer ha-Bahir*, ela aparece como um grande mistério, aludido apenas através de alegorias, e baseada em versículos bíblicos muito diferentes daqueles citados pela seita de Anan e repetida por Kirkisani em seu *Kitab al-Anwar*, o "Livro das Luzes" (parte 3, capítulos 27 e 28);

(3) Um novo elemento foi acrescentado à ideia dos Nomes Sagrados

e dos anjos que ocupavam posição proeminente na teoria da Merkavah. Esse elemento foi uma tentativa de descobrir vínculos numerológicos, através da *guematria*, entre os diferentes tipos de nomes e de versículos bíblicos, orações e outros escritos. Os "segredos" numerológicos, *sodot*, serviam a dois propósitos. Eles garantiam, primeiramente, que os nomes seriam soletrados exatamente como os compositores das *gematriot* os receberam através de fontes escritas ou orais – embora esse sistema não evitasse inteiramente que houvesse mutilações e variações, como é claramente demonstrado pelos escritos místicos dos chassídicos asquenazes. Em segundo lugar, por esse sistema eles podiam dar significados e "intenções" (*kavanot*) místicos a esses nomes, que serviam de incentivo a meditações mais profundas, especialmente porque muitos desses nomes não tinham qualquer significado. Esse processo parece estar conectado a um declínio do uso prático desse material durante a preparação da alma para sua ascensão extática ao céu. Nomes originados através de intensa excitação emocional por parte dos contemplativos e visionários eram despidos de seu significado como auxílio técnico à prática extática e, assim, exigiam interpretações e significados em um novo nível de *kavanah*. Todos os nomes, de quaisquer tipos, possuem, portanto, um conteúdo contemplativo; não que a ascensão à Merkavah tenha desaparecido por completo nessa época, pois os vários tratados em muitos manuscritos sobre os métodos de preparação para ela dão testemunho de sua aplicação prática. No entanto, fica claro que esse elemento gradualmente se tornou menos significativo. Outro novo fator deve ser acrescentado a esse: a interpretação das orações regulares em busca de *kavanot* desse tipo numérico.

É impossível determinar com certeza, a partir das evidências existentes, onde os segredos dos nomes e os mistérios da oração segundo esse sistema de guematria fizeram sua primeira aparição. As novas interpretações da oração vinculam as palavras das frases da liturgia, geralmente, com nomes da tradição da Merkavah e da angelologia. Talvez esse vínculo tenha sido formulado pela primeira vez na Babilônia; mas também é possível que tenha crescido na Itália, onde os mistérios da Merkavah e todo o material associado se difundiram antes do século nono. A tradição judaica italiana, particularmente nas formas populares que ela assumiu no *Meguilat Achima'az, de Achima'az de Oria*, claramente mostra que os rabinos eram versados nos assuntos da Merkavah.

Essa tradição também revela a miraculosa atividade de um desses místicos da Merkavah que migrou de Bagdá, chamado Abu Aharon (Aarão de Bagdá), que operou maravilhas através do poder dos Nomes Sagrados durante os poucos anos em que viveu na Itália. A tradição posterior dos chassídicos asquenazes (século XII) sustentou que esses novos mistérios foram transmitidos por volta do ano 870 a R. Moisés b. Kalonymus em Luca por intermédio desse mesmo Abu Aharon, filho de R. Samuel ha-Nassi de Bagdá. Depois disso, R. Moisés foi para a Alemanha, onde lançou as fundações da tradição mística dos chassídicos asquenazes, que cresceu em torno desse novo elemento. A personalidade de Abu Aharon permanece obscura em todas essas tradições, e as tentativas recentes (em diversos artigos de Israel Weinstock) de vê-lo como uma figura central em todo o desenvolvimento da Cabala e como autor e editor de muitas obras místicas, inclusive da literatura dos *heichalot* e do *Sefer ha-Bahir*, baseiam-se em um uso extremado das *guematriot* e de hipóteses dúbias.[23] De todo modo, não há dúvida de que no final do período gueônico o misticismo se espalhou pela Itália na forma da literatura da Merkavah e talvez, também, na forma da supracitada teoria dos nomes, que serviu como elo intermediário entre o Oriente e os desenvolvimentos posteriores na Alemanha e na França.

Essas ideias chegaram à Itália através de diversos canais. Os elementos teúrgicos da magia nelas contidos ganharam o primeiro plano, enquanto o aspecto especulativo ficou mais fraco. Este último foi representado principalmente pelo comentário do médico Shabetai Donolo (913-c.984) ao *Sefer Ietsirah* e que indiscutivelmente foi influenciado pelo comentário de Saadia b. José Gaon (882-942) à mesma obra. É impossível dizer até que ponto os escritos teosóficos de um personagem gnóstico, em hebraico ou aramaico, também passaram através desses canais, mas essa possibilidade não deve ser recusada.

Dos numerosos vestígios existentes de literatura mística dos períodos talmúdico e gueônico, pode-se deduzir que esses tipos de ideias e atitudes foram disseminados em muitos círculos, total ou parcialmente restritos a iniciados. Apenas em ocasiões muito raras é possível estabelecer com certeza a identidade pessoal e social desses círculos. Não há dúvida de que, além de indivíduos tanaítas e amoraítas cuja ligação com os estudos místicos é atestada por evidências confiáveis, havia muitos cujos nomes são desconhecidos que se dedicaram ao misticismo e até fizeram dele sua principal preocupação.

Além dos rabinos já mencionados, R. Meir, R. Isaac, R. Levi, R. Ioshua b. Levi, R. Hoshaya e R. Iniani b. Sasson (ou Sisi) estiveram envolvidos com ideias místicas. A identidade daqueles que estudaram teurgia (que eram chamados, em aramaico, "usuários do Nome", *ba'alei ha-Shem*) é completamente desconhecida, e a maioria deles, evidentemente, não vinha de círculos rabínicos. Nosso conhecimento sobre os expoentes do misticismo e do esoterismo no período gueônico é ainda mais limitado. As *responsa* gaônicas revelam que tais tradições se espalharam pelas principais academias, mas não há nenhuma prova de que os principais *gueonim* se dedicassem a esses ensinamentos ou de que efetivamente os praticassem. O material relativo às tradições da Merkavah nas *responsa* e nos comentários dos *gueonim*[24] é notável pela extrema cautela, e, eventualmente, por sua indulgência. A principal tentativa de vincular as teorias do *Sefer Ietsirah* com ideias filosóficas e teológicas contemporâneas foi feita por Saadia Gaon, que escreveu o primeiro comentário extenso sobre o livro. Ele evitou se referir detalhadamente ao assunto da Merkavah e ao *Shi'ur Komah*, mas tampouco o renega, apesar dos ataques dos caraítas. Em diversos casos, Sherira b. Chanina Gaon e Hai Gaon se dispuseram a discutir assuntos desse campo, mas sem conectar suas explicações com as ideias filosóficas expressas em seus outros escritos. A opinião de Hai Gaon em seu *responsum* sobre os Nomes Secretos, como o Nome de 42 letras e o de 72 x 3 letras, levou outros a atribuírem a ele comentários mais detalhados sobre esses assuntos, e alguns desses comentários chegaram às mãos dos chassídicos asquenazes.[25]

As palavras que Hai Gaon dirigiu aos rabinos de Kairouan mostram que o ensinamento esotérico dos nomes teve um impacto até sobre a Diáspora mais distante, mas elas também demonstram que não havia uma tradição e que havia pouca circulação dos tratados de *heichalot*, dos quais o *gaon* diz, "aquele que os vê fica aterrorizado com eles". Na Itália, essa literatura se espalhou, particularmente, entre os rabinos e os poetas (*paitanim*), e uma seção importante da obra de Amitai b. Shefatiah (século nono) consiste de poemas da Merkavah. Conforme essas tradições passaram para a Europa, alguns círculos rabínicos de estudiosos tornaram-se mais uma vez os principais, mas não os únicos, expoentes dos ensinamentos místicos.

Foram escritas também nesse período *agadot* e Midrashim com tendências angelológicas e esotéricas. O *Midrash Avkir*, que continuaria conhecido na Alemanha até o final da Idade Média, continha material rico em elementos míticos que, de outra forma, seriam desconhecidos sobre anjos e nomes. Os vestígios disso aparecem no *Likutim mi-Midrash Avkir e* foram coligidos por S. Buber em 1883. Várias partes da *Pessikta Rabati* também refletem ideias dos místicos. O *Midrash Konen* é formado por diferentes elementos;[26] a primeira parte contém uma notável combinação de ideias sobre a Sabedoria Divina e seu papel na criação e a teoria da *Shechinah*, enquanto o resto da obra inclui diferentes versões de angelologia e uma versão da *ma'asseh bereshit*. Um elemento de *guematria* também aparece. A julgar pelas palavras gregas na primeira parte, o texto existente foi editado na Palestina ou no sul da Itália. Na tradição dos chassídicos asquenazes (Manuscritos do Museu Britânico 752, fol. 132b), há um fragmento de um Midrash sobre anjos ativos durante o Êxodo do Egito, que também se baseia em grande medida na exegese de *guematriot*, e aparentemente existiam outros Midrashim desse tipo cuja origem não é conhecida.

Embora muitas ideias sobre Deus e Sua manifestação sejam expressas ou implícitas na literatura da Merkavah, nenhuma atenção particular se dedica nesses primeiros estágios do misticismo aos ensinamentos sobre o homem. A ênfase dos místicos da Merkavah está no aspecto extático e contemplativo, e o homem só lhes interessa na medida em que ele recebeu a visão e a revelou para Israel. As especulações desses místicos não continham nenhuma teoria ética específica, nem nenhum conceito novo da natureza do homem.

MOVIMENTOS CHASSÍDICOS NA EUROPA E NO EGITO

Os impulsos religiosos que eram místicos, no sentido do envolvimento do poderoso desejo do homem de uma comunhão mais íntima com Deus e de uma vida religiosa conectada com isso, se desenvolveram no judaísmo medieval em diferentes lugares e por vários meios; nem todos eles associados exclusivamente à Cabala. Essas tendências resultaram de uma fusão de motivações internas com influências externas dos movimentos religiosos presentes no ambiente não judaico. Como seus proponentes não encontravam a resposta para todas as suas necessidades nos materiais talmúdico e midráshico que propunham ligar mais intimamente o homem a Deus – embora as utilizassem o mais esporadicamente que podiam e, às vezes, baseassem interpretações arriscadas nelas, tais proponentes se valeram extensamente da literatura dos sufis, os místicos do Islã, e na tradição devota dos ascetas cristãos. O entrelaçamento dessas tradições com a do judaísmo resultou em tendências que foram consideradas uma espécie de continuação da obra dos assideus (piedosos) do período tanaíta, e elas enfatizavam o valor das *chassidut* como forma de trazer o homem mais perto da *devekut* ("comunhão" com Deus), embora esse termo ainda não fosse usado para designar a culminação das *Chassidut*. O extremismo no comportamento ético e religioso, que nos dizeres e na literatura dos rabinos caracterizava o termo *"Chassid"* ("piedoso") em oposição a *"tsadik"* ("virtuoso"), tornou-se a norma central dessas novas tendências. Elas encontrariam sua expressão literária clássica, primeira e preponderantemente, no século XI, na Espanha, no *Chovot ha-Levavot* ("Deveres do Coração"), de Bahia ibn Pakuda, escrito originalmente em árabe. O material que trata da vida devotada à comunidade do verdadeiro "servo" – que não é outro senão o *chassid* que anseia pela vida mística – é tirado de fontes sufis e a intenção do autor era produzir um manual de instrução do pietismo judaico que culminasse em uma intenção mística. Uma tradução hebraica do *Chovot ha-Levavot* foi feita em 1160 por iniciativa de Meshulam ben Jacob e o primeiro círculo de cabalistas de Lunel. O grande sucesso do livro, especialmente em hebraico, mostra o quanto ele respondia às necessidades religiosas das pessoas mesmo para além dos limites da Cabala. A óbvia conexão com a tradição talmúdica, que serviu como ponto de partida para explicações de uma notável intenção espiritual, foi um aspecto característico nas obras desse tipo, que claramente revelavam também elementos filosóficos neoplatônicos. Esses elementos facilitaram formulações de caráter místico, e essa filosofia se tornou um de seus meios mais poderosos de expressão. Diversos poemas de Salomão ibn Gabirol, contemporâneo mais velho de Bahia, evidenciam essa tendência a uma espiritualidade mística, e é expressa particularmente nos conceitos de sua grande obra filosófica, o *Mekor Chaim*, que é saturado do espírito do neoplatonismo. Até que ponto seus poemas refletem experiências místicas individuais é algo controverso.[27] Na Espanha, depois de um século ou mais, essas tendências se entrelaçaram à emergente Cabala, onde vestígios de Gabirol podem ser encontrados aqui e ali, especialmente no escritos de Isaac b. Latif.

Em paralelo a isso, houve um crescimento das *chassidut* de inclinação mística no Egito na época de Maimônides e de seu filho Abrahão b. Moisés b. Maimon; isso, contudo, não encontrou nenhum eco na Cabala, permanecendo uma ocorrência independente de um tipo de sufista judaico que é registrado já no século XIV ou mesmo no XV. Mais do que mera figura de linguagem, o epíteto "Chassid" era a descrição de um homem que seguia um modo de vida particular, e era agregado aos nomes de diversos rabinos desde o século XI, tanto nos registros literários quanto nos pessoais que sobreviveram na *Guenizah*. A tendência egípcia das *Chassidut* se transformou em "um misticismo de orientação ética" (S. D. Goitein), particularmente nas produções literárias de Abrahão b. Moisés b. Maimon (morto em 1237). O aspecto místico de seu livro *Kifayat al-Abidin*[28] é inteiramente baseado em fontes sufis e não tem nenhuma evidência de pertencer a qualquer tradição judaica similar conhecida do autor. O círculo de chassídicos que cresceu em torno dele enfatizava o aspecto esotérico de seus ensinamentos (S. D. Goitein), e seu filho Obadiah também seguiu esse caminho.[29] Uma obra muito posterior do mesmo tipo foi discutida por F. Rosenthal.[30] O que resta dessa literatura é todo escrito em árabe, o que pode explicar por que não aparece nos escritos dos cabalistas espanhóis, a maioria dos quais não tinha conhecimento da língua.

Um movimento religioso essencialmente similar cresceu na França e na Alemanha, no início do século XI. O movimento atingiu seu auge na segunda metade do século XII e no século XIII, mas continuou a ter repercussões por muito tempo, particularmente no judaísmo do mundo asquenaze. Esse movimento – conhecido como *Chassidei Ashkenaz* ou chassídicos asquenazes – tem dois aspectos: o ético e o esotérico-teosófico. No plano ético, há um novo ideal desenvolvido a partir de *Chassidut* extremas associadas a um modo de vida adequado, tal como está descrito particularmente no *Sefer Chassidim* de Judá b. Samuel he-Chassid, existente em duas versões, uma curta e uma longa. Ao lado de costumes especificamente pietistas, cresceu um método particular de arrependimento que, notável por seu extremismo, teve uma clara influência nos ensinamentos e nos comportamentos éticos judaicos. O fator comum em todos os movimentos chassídicos da Espanha, do Egito e da Alemanha foi a violenta oposição que eles despertaram, atestada pelos próprios chassidim. Um chassidismo que não desperta oposição na comunidade não pode, segundo a definição deles mesmos, ser considerado verdadeiro. A equanimidade de espírito, a indiferença à perseguição e à ignomínia; esses são os verdadeiros traços do Chassid, qualquer que seja o círculo a que ele pertença. Embora os chassídicos asquenazes reflitam, em certa medida, o ascetismo cristão contemporâneo, eles se desenvolveram principalmente dentro de uma estrutura de uma tradição claramente talmúdica, e seus princípios básicos muitas vezes eram idênticos aos princípios dessa tradição. Todos esses movimentos tiveram desde o início uma intenção social de "reavivar os corações". Os Chassídicos asquenazes não enfatizavam demais, relativamente falando, o elemento místico associado ao ideal chassídico. Apesar do paradoxo inerente à situação, eles tentaram ao máximo possível integrar o *Chassid*, ostensivamente um fenômeno pouco natural na comunidade judaica geral, e torná-lo responsável na prática pela comunidade. O *Chassid* que renunciasse a seus impulsos naturais e sempre agisse "além dos limites da justiça estrita" era a verdadeira encarnação do temor e do amor a Deus em suas essências mais puras. Muitos desses *Chassidim* atingiram os níveis espirituais mais elevados, e foram considerados mestres do Espírito Santo, ou mesmo profetas, termo aplicado a diversos homens que são conhecidos por sua atividade em círculos tossafistas, por exemplo, R. Ezra ha-Navi ("o profeta") de Montcontour, e também a outros que, afora isso, são completamente desconhecidos, por exemplo, R. Nehemiah ha-Navi e R. Troestlin ha-Navi de Erfurt. A elevação espiritual atingida por esses homens estava conectada não apenas a seu comportamento no plano ético, mas também à distinção alcançada no domínio da teosofia esotérica. Esta última ocupava uma posição importante; nela, todas as tendências anteriores foram conservadas, unidas e mescladas com novas forças. Permanecendo o objeto principal da investigação, e até um guia prático para a "ascensão ao céu", os ensinamentos sobre a Merkavah se tornaram altamente misturados a numerosos misticismos e especulações baseados nela. Além da ascensão extática ou visionária ao céu, desenvolveu-se uma tendência à meditação profunda, à oração e aos mistérios da oração, que eram comunicados oralmente. A filosofia introduziu um novo elemento, principalmente através do comentário de Saadia Gaon ao *Sefer Ietsirah* (que já havia sido traduzido para o hebraico no século XI) e através de uma antiga tradução de seu *Emunot ve-De'ot* em um estilo que lembrava o dos *piutim* da escola do poeta Kallir. Esta foi a fonte da teoria da *Kavod* ("Glória") transmitida através da literatura chassídica, que via a Glória Divina como a primeira entidade criada, embora os místicos só ousassem falar disso em estado de tremor e temor reverente. Apesar da distinção feita entre Deus e a *Kavod*, que também é chamada de *Shechinah*, eles continuaram a se referir à *Shechinah* nos termos da concepção talmúdica e midráshica dela como um atributo de Deus. Um fator adicional do século XII em diante foi a influência dos rabinos da escola neoplatônica, especialmente Abrahão ibn Ezra e Abrahão b. Chiya. Talvez as viagens de Ibn Ezra à França e seus contatos pessoais por lá tenham contribuído para essa influência, assim como seus livros. Em toda a literatura que eles herdaram de Saadia e dos rabinos espanhóis, os *chassidim* se concentraram naquela parte que era mais próxima de seu pensamento, praticamente transformando esses autores em teósofos. Sem chegar a uma sistematização unificada desses elementos díspares e contraditórios, ao formular as ideias deles, os chassidim se contentaram com apresentações ecléticas.

As ideias da Merkavah e do *Shi'ur Komah* já eram conhecidas na França no início do século nono, como atestam os ataques contra elas por parte de Agobardo, bispo de Lyon. Aqui e ali lampejos dessas tradições aparecem nos escritos de Rashi e dos tossafistas dos séculos XII e XIII. O estudo do *Sefer Ietsirah* era visto como uma disciplina esotérica que consistia tanto na revelação a respeito da criação e dos mistérios do mundo, quanto em um profundo conhecimento dos mistérios da linguagem e dos Nomes Sagrados. Tradições desse tipo vieram de Jacob b. Meir Tam, Isaac de Dampierre, Elhanan de Corbeil e Ezra de Montcontour. Este último, alegando ter recebido revelação divina, despertou uma excitação messiânica na França e em outras regiões na segunda década do século XIII.[31] Essas tradições receberam forma escrita na França no *Sefer ha-Chaim* (Jerusalém, 1973), escrito por volta de 1200. No entanto, segundo Ibn Ezra, sua doutrina básica assimilava outros elementos teosóficos sobre os atributos divinos e seu lugar na *Kavod* e abaixo do Trono, cuja afinidade com a imagem cabalística é clara.

Em todos os aspectos, inclusive o esotérico, o movimento alcançou o auge na Alemanha, primeiro no contexto da extensa família Kalonymus a partir do século XI. Em Worms, Speyer e Mainz, e depois em Regensburg, os principais defensores da tradição são conhecidos: Samuel b. Kalonymus, Judá b. Kalonymus de Mainz e seu filho, Eleazar de Worms; seu professor, Judá b. Samuel he-Chassid (morto em 1217); Judá b. Kalonymus de Speyer (autor do *Sefer Ichussei Tana'im ve-Amora'im*) e os descendentes de Judá he-Chassid que se espalharam pelas cidades alemãs no século XIII. Eles e seus pupilos deram uma abrangente expressão popular ao movimento, e diversos deles escreveram livros de grande alcance que incorporavam uma grande parte de suas tradições e ideias. Além do volume do *Sefer Chassidim*, Judá he-Chassid, a figura central do movimento na Alemanha, escreveu outros livros conhecidos hoje apenas através de citações em outras obras, particularmente o *Sefer ha-Kavod*. Segundo J. Dan, ele também foi o autor de uma extensa obra existente no Manuscrito Oxford 1567. Seu pupilo, Eleazar de Worms, incluiu em livros grandes e pequenos (a maioria dos quais preservados em manuscritos) a maior parte do material que recebeu relativo aos ensinamentos sobre *ma'asseh merkavah*, *ma'asseh bereshit* e a doutrina dos Nomes. Eles são uma mistura de mitologia e teologia, de Midrash e especulação, por um lado, e teurgia do outro. Todas as tendências já mencionadas acima encontram expressão na obra dele, coexistindo lado a lado, como em seu *Sodei Razaia* (do qual porções consideráveis foram publicadas no *Sefer Razi'el*, e cuja íntegra consta do acervo do Museu Britânico, Margoliouth 737) ou naqueles textos que são organizados na forma de *halachot*: *Hilchot ha-Malachim*, *Hilchot ha-Kisse*, *Hilchot ha-Kavod*, *Hilchot ha-Nevuah* (impressos sob o título de *Sodei Razaia*, 1936), e também em muitos outros que continuariam inéditos. O escopo dessa literatura é muito amplo,[32] e ela contém alguns fragmentos de tradições de um tipo incomum, de caráter gnóstico, que aparentemente vieram do Oriente através da Itália. Os mistérios da oração e extensas interpretações das Escrituras através do misticismo dos números se desenvolveriam ainda mais na Alemanha, em parte por intermédio da rede de tradições da família Kalonymus e, em parte, através de outros desenvolvimentos que avançaram tanto que a ênfase na busca de associações por meio de *guematriot* foi considerada por Jacob b. Asher (Tur OH 113) o aspecto mais característico dos chassídicos asquenazes. No século XIII, cresceu uma literatura muito rica, baseada nos diferentes aspectos da tradição chassídica, mas ainda independente da literatura cabalista que se desenvolveu no mesmo período. Os nomes de muitos rabinos que trilharam o caminho da teosofia chassídica são registrados nessas fontes, a maioria das quais existentes em manuscritos. Muitos de seus dizeres estão incorporados ao comentário de Eleazar Hirz Treves à liturgia (no *Sidur ha-Tefilah*, 1560) e no *Arugat ha-Bossem* de Abrahão b. Azriel, um antigo comentário do século XIII sobre os *piutim* do *machzor* do rito asquenaze.[33] Nesse círculo, o *Sefer Ietsirah* era quase sempre interpretado à maneira de Saadia e de Shabetai Donolo, com o acréscimo de uma tendência a ver o livro como um guia tanto para místicos quanto para adeptos da magia. O estudo desse livro era considerado bem-sucedido quando o místico obtinha a visão do *golem*, que estava conectada com um ritual específico de caráter notavelmente extático. Só mais tarde essa experiência interior assumiria formas mais tangíveis na lenda popular.[34]

As opiniões teológicas dos *chassidim* estão resumidas no *Hilchot ha-Kavod*, no *Sha'arei ha-Sod ve-ha-Ichud ve-ha-Emunah*[35] e nas várias versões do *Sod ha-Ichud* de Judah he-Chassid a Moisés Azriel no final do século XIII. [36] Além da versão chassídica do conceito de *Kavod*, outra opinião desenvolveu-se em um círculo particular no século XI ou XII, e que não é mencionada nos escritos de Judah he-Chassid e sua escola. Esta é a ideia do *keruv meiuhad* ("querubim especial") ou *ha-keruv ha-kadosh* ("querubim sagrado"). Segundo essa opinião, não é a *Kavod* pura e simples que se senta no Trono, mas uma manifestação especial na forma de um anjo ou de um querubim, a quem os mistérios do *Shi'ur Komah* se referem. Nos escritos de Judá he-Chassid e de Eleazar de Worms, e no *Sefer ha-Chaim*, há uma série de variações sobre o tema da *Kavod* e várias maneiras de apresentar a ideia. Às vezes, uma distinção é feita entre a *Kavod* revelada e a oculta, e assim por diante. O querubim especial aparece como uma emanação do grande fogo da *Shechinah* ou da *Kavod* oculta, que não tem forma. Nesse círculo, os dois atributos divinos básicos são contrastados um com o outro: a "santidade" de Deus, que indica a presença da *Shechinah* em todas as coisas e a *Kavod* oculta, e a "grandeza" ou "majestade" de Deus, ambas com aparência e tamanho. Essa ideia é algo que lembra as especulações de seitas orientais, como a de Benjamin b. Moisés Nahawendi, que acreditava que o mundo tinha sido criado através de um intermediário angélico (conceito que também tinha precedentes entre as primeiras seitas heterodoxas durante o desenvolvimento da Gnose). Essa ideia se torna aparente entre os *chassidim* no texto pseudoepigráfico chamado *Baraita de Iossef b. Uzziel*, que aparentemente, pela linguagem, deve ter sido escrito na Europa. José b. Uziel supostamente seria neto de Ben Sira. A *baraita* é encontrada em diversos manuscritos e foi publicada em parte por A. Epstein.[37] Essa ideia foi aceita por vários rabinos, inclusive por Avigdor ha-Tsarfati (século XII?); pelo autor do *Pessak ha-Ir'ah ve-ha-Emunah*, que foi equivocadamente associado por A. Jellinek com o *Sha'arei ha-Sod ve-ha-Ichud*; pelo autor anônimo do comentário ao *Sefer Ietsirah*, que aparentemente foi composto na França no século XIII e impresso sob o nome de Saadia Gaon nas edições do *Sefer Ietsirah*; e finalmente, por Elchanan b. Yakar de Londres, na primeira metade do século XIII.[38] Ao longo do tempo, essas ideias, e particularmente aquela do querubim especial, se combinaram e se confundiram com a Cabala espanhola, e na Alemanha no século XIV diversos textos foram compostos que refletem essa combinação, alguns dos quais ainda existentes.[39]

A ideologia chassídica, particularmente suas manifestações francesas e na forma dada a elas por Elchanan de Londres, adotou a teoria dos cinco mundos. Mencionada por Abrahão b. Chiya em seu *Meguilat ha-Megaleh* e originada entre os neoplatônicos islâmicos na Espanha, essa teoria enumera em ordem os mundos da luz, do divino, do intelecto, da alma e da natureza.[40] Eventualmente, os escritos desse círculo incorporaram materiais que originalmente vinham da literatura latina cristã, como G. Vajda demonstrou em relação a Elchanan de Londres.[41] As opiniões dos *chassidim* se refletiram em grande medida em suas orações especiais, compostas ora no estilo associado ao conceito de Saadiaa de *Kavod* (por exemplo, no *Shir ha-Ichud*, um hino que talvez tenha sido escrito por Judá he-Chassid ou até mesmo antes), ora baseadas nos Nomes Secretos, aludidos em acrônimos. Muitas delas sobreviveram nos escritos de Eleazar de Worms, particularmente nos manuscritos de seu comentário ao *Sefer Ietsirah*. Existem também orações e poemas em que seus autores pretendiam representar canções de seres celestiais, uma espécie de continuação dos hinos dos *heichalot*, as canções dos *chaiot* sagrados. De modo geral, essas orações não receberam um lugar fixo na liturgia e aparentemente foram preservadas por alguns poucos escolhidos. Muito tempo depois elas seriam incluídas em antologias litúrgicas na Itália e na Alemanha, coligidas por cabalistas no período de Safed e muitas delas finalmente publicadas no *Sha'arei Tsion* de Hanover (capítulo 3). Diversas delas foram atribuídas em manuscrito a cabalistas espanhóis, por exemplo, Jacob ha-Kohen, que, na verdade, tinha conexões pessoais com os chassídicos asquenazes, e Salomão Alkabez.[42]

Eleazar de Worms claramente reconheceu o caráter esotérico daqueles temas que mereciam estudo especial, e enumera com algumas variações as áreas envolvidas: "O mistério da Carruagem, o mistério da Criação e o mistério da Unidade [*Sod ha-Ichud*, um novo conceito] não devem ser comunicados exceto durante um jejum" (*Chochmat ha-Nefesh* [1876] 3c). Ele define "a ciência da alma", para a qual dedica uma de suas principais obras, como o meio e o portal para o "mistério da Unidade", que ele aparentemente via como a raiz da teologia mística. No *Sodei Razaia*, Eleazar de Worms enumera "três tipos de mistério", da Carruagem, da Criação, e dos Mandamentos. A questão sobre os mandamentos também terem propósito esotérico é também discutida no *Sefer Chassidim* (ed. De Wistinetzki [1891], n. 1477). Esse livro (n. 984) faz menção à "profundidade da piedade [*chassidut*], a profundidade das leis do Criador, e a profundidade de Sua Glória [*Kavod*]", e a iniciação nesses temas depende do cumprimento das condições impostas pelo Talmud em conexão com a *ma'asseh merkavah*. Os místicos (*chachmei ha-hidot*) são "nutridos" neste mundo com o sabor de alguns dos mistérios que se originam na academia celestial, a maioria dos quais guardados como tesouros para os justos no mundo que virá (n. 1056). Associado à afinidade chassídica com o misticismo estava o desejo de Eleazar de sintetizar o material anterior, incluindo elementos antropomórficos, com a interpretação espiritual que nega esses elementos. Despertado por esse compromisso, Moisés Taku (escrevendo no início do século XIII) negou os princípios saadianos e defendeu um ponto de vista corpóreo. Seu ataque foi incluído no *Ketav Tamim*, do qual dois longos fragmentos ainda existem (*Otsar Nechmad*, 3 [1860], p. 54-99, e *Arugat ha-Bossem*, vol. 1, p. 263-8). Vendo nas novas tendências "uma nova religião" que recendia a heresia, Moisés Taku denunciou também a atenção que os *chassidim* davam aos mistérios da oração, e particularmente à disseminação desses mistérios em seus livros. Com esse ataque, ele mostra quão disseminadas essas ideias e a literatura dos *chassidim* estavam em sua época.

O ESTABELECIMENTO DA CABALA NA PROVENÇA

Contemporaneamente ao crescimento das *chassidut* na França e na Alemanha, os primeiros estágios históricos da Cabala emergiram no sul da França, embora não haja dúvida de que existiram passos anteriores em seu desenvolvimento que não podem mais ser diferenciados. Esses primeiros estágios estavam conectados com a existência de uma tradição gnóstica judaica, associada, em determinados círculos orientais, com o misticismo da Merkavah. Os principais vestígios foram incorporados nas primeiras partes do *Sefer ha-Bahir* (ver p. 393) e também em alguns poucos registros preservados nos escritos dos chassídicos asquenazes. O *Sefer ha-Bahir*, ostensivamente um Midrash antigo, apareceu na Provença em algum momento entre 1150 e 1200, mas não depois disso; ele foi aparentemente editado lá a partir de uma série de tratados que vieram da Alemanha ou diretamente do Oriente. Uma análise da obra não deixa dúvida de que ela não foi originalmente escrita na Provença[43] e, em grande medida, confirma a tradição cabalista de meados do século XIII sobre a história do livro e suas fontes antes de chegar aos primeiros místicos provençais de forma mutilada. Que o livro reflete opiniões que não eram correntes na Provença e na Espanha fica muito claro com o comentário sobre o *Sefer Ietsirah* de Judá b. Barzilai, escrito no primeiro terço do século XII e contendo tudo o que o autor sabia das tradições da *ma'asseh bereshit* e, em especial, da *ma'asseh merkavah*. Em sua interpretação das dez *Sefirot* do *Sefer Ietsirah* não há menção a elas como "aeons" ou atributos divinos, ou como poderes dentro da Merkavah, como aparecem no *Bahir*. O comentário dele é totalmente impregnado do espírito de Saadia Gaon, muito diferente do *Bahir*, que é totalmente despreocupado de ideias filosóficas ou de qualquer tentativa de reconciliar a filosofia com os conceitos que a obra propõe. Escrito na forma de interpretações de versículos bíblicos, particularmente passagens de caráter mitológico, o *Bahir* transforma a tradição da Merkavah em uma tradição gnóstica relativa aos poderes de Deus que se encontram dentro da Glória Divina (*Kavod*), cuja atividade na criação é aludida através da interpretação simbólica da Bíblia e da *agadah*. Isso é especialmente verdadeiro em relação a tudo o que se relaciona à *knesset Israel*, que é identificada com a *Shechinah*, com a *Kavod* e com a *bat* ("filha"), e que reúne todos os caminhos da sabedoria. Há indicações nos escritos de Eleazar de Worms de que ele também conhecia essa terminologia, precisamente em conexão com o simbolismo da *Shechinah*. A teoria das *Sefirot* não seria definitivamente formulada no *Sefer ha-Bahir*, e muitas afirmações do livro não seriam compreendidas, nem mesmo pelos primeiros cabalistas da Europa ocidental. O ensinamento do *Bahir* é introduzido como *ma'asseh merkavah*, o termo "Cabala" não sendo ainda usado. A teoria da transmigração é apresentada como um mistério, uma ideia autoexplicativa em si e que não necessita de justificação filosófica, apesar da oposição de filósofos judeus desde o tempo de Saadia.

O livro *Raza Raba* pode ser identificado como uma das fontes do *Bahir*, mas não há dúvida de que houve outras fontes, até hoje ignoradas. Os primeiros sinais do aparecimento da tradição gnóstica, e do simbolismo religioso construído a partir dela, são encontrados em Abrahão b. Isaac de Narbona, o autor de *Sefer ha-Eshkol*, em seu genro Abrahão d. David (Rabad), o autor das "animadversões" (glosas) à *Mishneh Torah* de Maimônides, e em Jacob Nazir de Lunel. Suas obras não lidam especificamente com o tema do misticismo, mas fragmentos de suas opiniões espalhados aqui e ali provam sua associação com opiniões cabalistas e com o simbolismo cabalista.[44] Além disso, segundo o testemunho fidedigno dos cabalistas espanhóis, eles eram considerados homens inspirados pelo alto e que alcançavam "uma revelação de Elias", isto é, uma experiência mística de despertar espiritual, através da qual algo de novo era revelado. Como muitos pontos da teoria das *Sefirot* em sua formulação teosófica já estão contidos no *Sefer ha-Bahir*, esse não pode ser considerado o conteúdo básico dessas revelações; estas aparentemente estariam conectadas com uma ideia nova sobre o propósito místico da oração, baseada não só em *guematriot* e Nomes secretos, mas na contemplação das *Sefirot* como meio de se concentrar na *kavanah* ("intenção"*) durante a oração. Dentro desse círculo, Jacob Nazir pertencia a um grupo especial – chamados *perushim* no dizer rabínico e "naziritas" na terminologia bíblica – cujos membros não praticavam comércio, mas eram sustentados pelas comunidades de modo que pudessem dedicar todo seu tempo à Torah. Por sua própria natureza, esse grupo tinha afinidades com os *chassidim*, e há evidências de que vários deles levavam uma vida chassídica. Dentro desse grupo, uma vida contemplativa poderia se desenvolver, na qual

---

* N.E.: Como uma meditação.

as aspirações místicas poderiam facilmente ser despertadas. Os rabinos citados acima não compartilhavam um único sistema consistente de pensamento: há várias tendências diferentes e conflitantes em seus escritos. A ideia de *Kavod*, no sentido saadiano simples, não era considerada particularmente um mistério, mas interpretações no espírito da teoria das *Sefirot* no *Bahir* eram consideradas "o grande mistério". Na escola de Abrahão b. David, tradições desse tipo foram transmitidas oralmente, e mistérios relacionados à profundidade do Divino foram acrescentados à nova teoria a respeito da *kavanah* mística durante a oração.

O círculo dos primeiros cabalistas na Provença trabalhou em um ambiente religioso e cultural altamente carregado. A cultura rabínica havia atingido um alto nível de desenvolvimento lá, e até Maimônides considerava aqueles conhecedores de *halachah* grandes expoentes da Torah. Suas mentes estavam abertas para as tendências filosóficas da época. Judá ibn Tibbon, chefe de uma famosa família de tradutores, trabalhava nesse círculo e traduziu para seus colegas muitos dos maiores livros filosóficos, entre eles obras de nítida tendência neoplatônica. Ele também traduziu o *Kuzari* de Judá Ha-Levi do árabe, e a profunda influência dessa obra derivou desse círculo. Os primeiros cabalistas absorveram as ideias do *Kuzari* a respeito da natureza de Israel, da profecia, do Tetragrammaton, do *Sefer Ietsirah* e seu significado, da mesma forma que assimilaram os escritos de Abrahão ibn Ezra e Abrahão b. Chiya com sua tendência ao neoplatonismo. Versões judaicas de teorias neoplatônicas do Logos e da Vontade Divina, da emanação e da alma, agiram como poderosos estimulantes. Mas as teorias filosóficas a respeito do Intelecto Ativo enquanto força cósmica, com o qual era possível aos profetas e aos poucos escolhidos se associar, também penetraram esses círculos. A íntima proximidade dessa teoria com o misticismo se destaca claramente na história do misticismo medieval islâmico e cristão e, sem surpresa, age como importante elo na cadeia que conecta muitos cabalistas com as ideias de Maimônides. A influência do ascetismo do *Chovot ha-Levavot* já foi mencionada, e ela continuou a desempenhar papel ativo na ética da Cabala e em sua teoria da comunhão mística. Nos últimos trinta anos do século XII, a Cabala se espalhou para além do círculo de Abrahão b. David de Posquières. O encontro entre a tradição gnóstica contida no *Bahir* e as ideias neoplatônicas a respeito de Deus, Sua emanação, e o lugar do homem no mundo foi extremamente frutífero, levando à profunda interpenetração dessas ideias e teorias místicas anteriores. A Cabala, em seu significado histórico, pode ser definida como o produto da interpenetração do gnosticismo judaico e do neoplatonismo.

Além disso, a Provença nesses anos foi cenário de uma poderosa sublevação religiosa no mundo cristão, quando a seita dos cátaros assumiu o controle de grande parte do Languedoc, onde os primeiros centros da Cabala seriam encontrados. Ainda não é claro em que medida houve, ou não, uma conexão entre a nova explosão no judaísmo nos círculos dos *perushim* e dos *chassidim* e a profunda sublevação da cristandade que encontrou expressão no movimento catarista. Na ideologia, não há praticamente nada em comum entre as ideias dos cabalistas e as ideias dos cátaros, exceto pela teoria da transmigração, que os cabalistas na verdade pegaram de fontes orientais do *Sefer ha-Bahir*. A teologia dualista dos cátaros opunha-se claramente à opinião dos judeus; não obstante, ainda existe uma possibilidade de que tenha havido alguns contatos que hoje não são mais perceptíveis entre os diferentes grupos, unidos como estavam por um despertar espiritual profundo e emocional. Há algumas evidências de que os judeus da Provença tinham plena consciência da existência e das crenças da seita desde as primeiras décadas do século XIII.[45] Os pontos de possíveis contatos doutrinais entre o *Bahir* e o catarismo sobre a natureza do mal foram discutidos por Sh. Shachar.[46]

Alguns fragmentos da tradição cabalista que era familiar para Abrahão b. David e Jacob Nazir são encontrados nos escritos dos cabalistas, e as claras contradições entre eles e ideias posteriores, tanto dos ensinamentos sobre Deus ou da questão da *kavanah*, testificam sua autenticidade. A afirmação de Abrahão b. David, em sua crítica a Maimônides (*Hilchot Teshuvah* 3, 7), defendendo aqueles que acreditam na corporeidade de Deus se esclarece quando vista no contexto de suas opiniões cabalistas que distinguem a "Causa das Causas" do Criador, que é o tema do *Shi'ur Komah* na antiga *baraita*. Sua interpretação do *agadah* em *Eruvim* 18a, de que Adão foi a princípio criado com dois rostos, também reflete a especulação cabalista sobre os atributos divinos – as *Sefirot*.

O filho de Abrahão b. David, Isaac, o Cego (morto por volta de 1235), que viveu em Narbona ou na região, foi o primeiro cabalista a dedicar sua obra inteiramente ao misticismo. Ele teve muitos discípulos na Provença e na Catalunha, que espalharam ideias cabalistas na forma como eles as receberam dele, e ele foi considerado a figura central da Cabala durante sua vida. Seus seguidores na Espanha deixaram alguns registros de seus dizeres e hábitos, e algumas cartas e tratados escritos a partir de ditados seus ainda existem: seu estilo é muito diferente dos estilos de seus discípulos conhecidos. Em geral, ele formulava suas ideias de modo elíptico e obscuro, e usava sua própria terminologia peculiar. Algo de suas opiniões pode ser aprendido a partir de elementos comuns nos escritos de seus alunos. Em todo caso, ele é o primeiro cabalista cuja personalidade histórica e cujas ideias básicas emergem claramente. Confiando seus escritos a alguns poucos indivíduos escolhidos, Isaac, o Cego definitivamente se opôs à disseminação pública da Cabala, vendo nisso uma perigosa fonte de equívocos e distorções. No final de sua vida, ele protestou em uma carta a Nachmanides e Jonah Gerondi contra essa popularização na Espanha, na qual diversos de seus pupilos estiveram envolvidos.[47] Quando os cabalistas espanhóis do século XIII falam "o chassid", eles se referem a Isaac, o Cego. Ele desenvolveu um misticismo contemplativo, levando à comunhão com Deus através da meditação sobre as *Sefirot* e as essências celestiais (*chavaiot*). As primeiras instruções sobre detalhadas meditações associadas com as orações fundamentais, segundo o conceito das *Sefirot* enquanto estágios na vida oculta de Deus, vieram dele. Não há dúvida de que ele herdou algumas de suas principais ideias de seu pai, a quem às vezes recorria, mas ele também reconheceu o valor do *Sefer ha-Bahir* e desenvolveu o simbolismo dessa obra. Seu comentário ao *Sefer Ietsirah*[48] é a primeira obra a explicar o livro à luz de uma teoria sistemática das *Sefirot* no espírito da Cabala. No topo do mundo das qualidades divinas, Isaac, o Cego coloca o "pensamento" (*machshavah*), do qual emergiram as frases divinas, as "palavras" por intermédio das quais o mundo foi criado. Acima do "pensamento" está o Deus Oculto, que é chamado pela primeira vez pelo nome *Ein-Sof* ("o Infinito"; ver adiante). O pensamento do homem ascende através da meditação mística até alcançar e ser absorvido pelo "Pensamento" Divino. Além da teoria das *Sefirot*, ele desenvolveu o conceito do misticismo da linguagem. A fala humana está conectada à fala divina, e toda linguagem, seja celeste ou humana, deriva de uma única fonte – o Nome Divino. Profundas especulações sobre a natureza da Torah são encontradas em um longo fragmento do comentário de Isaac no início do *Midrash Konen*. O caráter neoplatônico de suas ideias é impressionante e as diferencia completamente do *Bahir*.[49]

Havia outros círculos na Provença que difundiram a tradição cabalística com base em materiais que lhes chegaram talvez diretamente de fontes orientais anônimas. Por um lado, eles continuaram a tendência neoplatônica e especulativa de Isaac, o Cego, especialmente em seu comentário ao *Sefer Ietsirah* e, por outro, eles conectaram essa tendência com novas ideias a respeito do mundo da Merkavah e os poderes espirituais de que este é composto. Existe uma marcada tendência de particularizar e nomear esses poderes, e a teoria das *Sefirot* ocupa apenas um lugar incidental entre outras tentativas de delinear o mundo da emanação e as forças que o constituem. Embora Isaac, o Cego, e seus discípulos revelassem suas identidades e evitassem escrever pseudoepigraficamente, esses círculos ocultavam suas identidades o máximo possível, tanto na Provença quanto na Espanha, e produziram uma rica pseudoepigrafia cabalística, imitando as formas literárias usadas na literatura da Merkavah e no *Sefer ha-Bahir*. Uma parte dessa literatura pseudoepigráfica é de caráter neoplatônico e especulativo, enquanto outra é angelológica, demonológica e teúrgica. Esta última tendência em particular encontrou lugar em algumas comunidades castelhanas como, por exemplo, Burgos e Toledo. Entre os primeiros cabalistas de Toledo, menciona-se o chassid Judá ibn Ziza, José ibn Matsah e Meir b. Todros Abulafia.[50] Como, e em que circunstâncias, a Cabala chegou lá por volta do ano 1200 não se sabe, mas há evidências vinculando os cabalistas provençais com cidadãos de Toledo. O estudioso provençal Samuel ben Mordecai menciona como fontes as tradições de professores provençais, Abrahão b. David e seu sogro, chassidim da Alemanha, e Judá ibn Ziza de Toledo.[51] A literatura pseudoepigráfica usava nomes desde o tempo de Moisés até os últimos *gueonim* e os chassidim da Alemanha. A Provença foi sem dúvida o local da composição do *Sefer ha-Iyun* atribuído a Rav Hamai Gaon, o *Ma'ayan ha-Chochmah*, que foi comunicado por um anjo a Moisés, o *Midrash Shimon ha-Tsadik* e outros textos, enquanto o berço da maior parte dos escritos atribuíveis ao círculo do *Sefer ha-Iyun* pode ter sido ou a Provença ou Castela. Mais de trinta textos desse tipo são conhecidos, a maioria dos quais muito breves.[52] Novas interpretações das dez *Sefirot* são encontradas lado a lado com notas e exposições dos "32 caminhos da sabedoria", do Tetragrammaton, e do Nome de Deus com 42 letras, assim como várias especulações cosmogônicas. Tendências platônicas e gnósticas neles se entrelaçam. O conhecimento das "luzes intelectuais", que enchem o lugar anteriormente ocupado pela Carruagem, compete com teorias das dez *Sefirot* e dos nomes místicos. Os autores dessas obras tinham sua própria terminologia solene e abstrata, mas os termos recebem interpretações diferentes conforme aparecem em lugares diferentes. A ordem da emanação varia de época para época, e fica claro que essas especulações ainda não haviam atingido seu estado definitivo. Havia diferenças consideráveis de opinião dentro desse círculo, e cada autor parecia estar tentando definir o conteúdo do mundo da emanação tal como foi revelado à sua própria visão ou contemplação. Mesmo onde a teoria das *Sefirot* foi aceita, ela passou por mudanças notáveis. Um grupo de textos interpreta os 13 atributos da misericórdia divina como a somatória dos poderes que enchem o mundo da emanação, alguns autores acrescentam três poderes ao final da lista de *Sefirot*, enquanto em outros textos esses três poderes são acrescentados no topo, ou são considerados luzes intelectuais brilhando no interior da primeira *Sefirah.* Essa opinião, que estimulou muitas especulações conforme o desenvolvimento da Cabala continuou, ocorre nas *responsa* atribuídas a Hai Gaon sobre a relação das dez *Sefirot* com os 13 atributos.

Existem claras conexões que levam a teoria de Saadia do *Kavod* e de seu conceito de "éter que não pode ser abarcado", descrito em seu comentário ao *Sefer Ietsirah,* ao seu círculo, que usou suas ideias através da antiga tradução do *Emunot ve-De'ot.* O círculo parece ter tido pouca utilidade para o *Sefer ha-Bahir.* A ênfase no misticismo das luzes do intelecto é próxima em espírito, embora não nos detalhes, da literatura neoplatônica posterior, como, por exemplo, o *Livro das Cinco Substâncias de Pseudo-Empédocles* (da escola de Ibn Masarra na Espanha). Por exemplo, as essências superiores que são reveladas, segundo o *Sefer ha-Iyun* e diversos outros textos, a partir do "mais alto mistério oculto" ou da "treva primordial", são: a sabedoria primordial, a luz maravilhosa, o *chashmal,* a neblina (*arafel*), o trono de luz, a roda (*ofan*) da grandeza, o querubim, a roda da Carruagem, o éter circundante, a cortina, o trono da glória, o lugar das almas, e o lugar externo do sagrado. Essa mistura de termos de campos amplamente distintos é característica da mescla de fontes e de um arranjo hierárquico que não depende da teoria das *Sefirot*, embora esta também seja incorporada em alguns escritos desse círculo. Uma tendência teúrgica também aparece ao lado de um desejo de se permitir especulações filosóficas sobre os Nomes Sagrados. Além da influência do neoplatonismo árabe, há indícios de alguns vínculos com a tradição platônica cristã, transmitida através da obra *De Divisione Naturae* de João Escoto Erígena, mas essa questão ainda precisa ser mais pesquisada.

O CENTRO CABALISTA DE GIRONA

Sob a influência dos primeiros cabalistas, essas ideias se espalharam da Provença para a Espanha, onde encontraram uma reação particular no círculo rabínico de Girona, na Catalunha, entre os Pireneus e Barcelona. Aqui, desde o início do século XIII, existiu um centro de grande e abrangente importância, ocupando um papel essencial no estabelecimento da Cabala na Espanha e no desenvolvimento da literatura cabalística. Pela primeira vez, aqui seriam escritos livros que, apesar de sua ênfase no aspecto esotérico da Cabala, buscavam levar suas principais ideias a um público maior. Algumas vezes alusões a essas ideias são encontradas em obras que não são basicamente cabalistas – como, por exemplo, obras de *halachah*, exegese, ética ou homilética – mas houve muitos livros inteiramente, ou amplamente, dedicados à Cabala. Diversas cartas de membros desse grupo sobreviveram, contendo importantes evidências de seus sentimentos e de sua participação nas disputas e discussões contemporâneas. As principais figuras desse grupo eram um misterioso indivíduo sob o (pseudônimo?) nome de Ben Belimah;[53] Judá b. Iakar, professor de Nachmanides e por algum tempo *daian* em Barcelona (1215), cujos comentários sobre a liturgia[54] contêm afirmações cabalistas; Ezra b. Salomão e Azriel; Moisés b. Nachman (Nachmanides); Abrahão b. Isaac Gerondi, o *chazan* da comunidade; Jacob b. Sheshet Gerondi; e o poeta Meshullam b. Salomão Da Piera[55] (seus poemas foram coligidos em *Iedi'ot ha-Machon le-Cheker ha-Shirah*, 4 [1938]). Além deles, seus pupilos também deveriam ser incluídos, embora muitos deles tenham se espalhado ainda mais por comunidades aragonesas.

Um vínculo pessoal e literário entre os cabalistas da Provença e os de Girona pode ser visto em Asher b. David, sobrinho de Isaac, o Cego. Diversos de seus escritos se espalharam bastante na forma de manuscritos.[56] Em termos de conteúdo, seus escritos são muito semelhantes aos de Ezra e Azriel, que foram aparentemente os primeiros a escrever obras inteiramente dedicadas à Cabala e compostas principalmente no primeiro terço do século XIII. Ezra escreveu um comentário ao Cântico dos Cânticos (que foi publicado sob o nome de Nachmanides), interpretou as *agadot* de diversos tratados do Talmud sempre que podia conectá-los à Cabala e resumiu tradições, a maior parte das quais sem dúvida derivadas dos cabalistas provençais. Seu companheiro mais jovem, Azriel, fez uma versão independente de sua interpretação das *agadot* (ed. de Tishby, 1943), escreveu um comentário sobre a liturgia (*Perush ha-Tefilot*; traduzido para o francês por G. Séd, 1973) segundo a teoria das *kavanot*, um comentário ao *Sefer Ietsirah*, publicado em edições dessa obra sob o nome de Nachmanides, e dois pequenos livros sobre a natureza de Deus, *Be'ur Eser Sefirot* (também intitulado *Sha'ar ha-Sho'el*), e *Derech ha-Emunah ve-Derech ha-Kefirah*. Esses dois cabalistas também deixaram "mistérios" separados sobre diversos temas (por exemplo, "o mistério dos sacrifícios") e cartas sobre questões cabalísticas, inclusive uma longa carta de Azriel aos cabalistas de Burgos.[57] Azriel se destaca sobre outros membros do grupo devido à natureza sistemática de seu pensamento e à profundidade de seu intelecto. Ele é o único do grupo cuja obra se conecta em estilo e conteúdo com os escritos do círculo do *Sefer ha-Iyun* mencionado acima. Em seus livros, a interpretação de elementos neoplatônicos e gnósticos atingiu seu primeiro ápice. O elemento neoplatônico veio em grande medida dos escritos de Isaac b. Salomão Israeli, alguns dos quais sem dúvida eram conhecidos em Girona.[58] Jacob b. Sheshet, em sua polêmica obra contra Samuel ibn Tibbon, *Meshiv Devarim Nechochim* (ed. de Vajda, 1968), combinou investigação filosófica com especulação cabalística. Dois de seus livros foram dedicados a esta última: *Sefer ha-Emunah ve-ha-Bitahon*, posteriormente atribuído a Nachmanides e publicado sob seu nome, e *Sha'ar ha-Shamaim*, um resumo rimado de ideias cabalísticas (*Ozar Nehmad*, 3 [1860], p. 133-65).

É incerto se esses cabalistas, que eram conhecidos apenas por um pequeno círculo e que não escreveram nenhuma obra fora do campo da Cabala, teriam tido a grande influência que tiveram não fosse a estatura de seu colega Nachmanides (c. 1194-1270), a mais alta autoridade legal e religiosa de sua época na Espanha. O fato de ele ter se juntado às fileiras dos cabalistas ainda jovem preparou o caminho para a recepção da Cabala na Espanha, assim como a personalidade de Abrahão b. David havia preparado o caminho para a recepção da Cabala na Provença. Os nomes desses dois homens foram uma garantia para a maioria de seus contemporâneos de que, apesar de sua novidade, as ideias cabalísticas não se afastavam da fé aceita e da tradição rabínica. Seu caráter indiscutivelmente conservador protegeu os cabalistas de acusações de desvio do estrito monoteísmo ou mesmo de heresia. Acusações desse tipo seriam provocadas principalmente pela ampla publicidade das primeiras obras da Cabala e sua propagação oral em diversas comunidades. Isaac, o Cego, refere-se a polêmicas entre cabalistas e seus adversários na Espanha, e existem evidências de argumentos similares na Provença (entre 1235 e 1245) nas acusações de Meir b. Simão de Narbona, cuja resposta, em defesa da Cabala, está incluída nas obras de Asher b. David.[59]

Desde o início, duas tendências opostas aparecem entre os cabalistas, a primeira buscando limitar a Cabala a círculos fechados, como um sistema esotérico, e a segunda desejando espalhar sua influência entre as pessoas em geral. Ao longo de toda a história da Cabala até os tempos recentes, essas duas tendências estiveram em conflito. Em paralelo a isso, desde o tempo do aparecimento da Cabala em Girona, duas atitudes se desenvolveram a respeito das relações dos defensores da cultura rabínica com a Cabala. Os cabalistas foram aceitos como proponentes de uma ideologia conservadora e como defensores públicos da tradição e dos costumes, mas ao mesmo tempo um número considerável de rabinos e sábios desconfiavam que eles tivessem inclinações não judaicas e que fossem inovadores cujas atividades deviam ser cerceadas sempre que possível. A maioria dos próprios cabalistas via seu papel em termos da preservação da tradição e, na verdade, sua primeira aparição pública foi associada à posição que eles tomaram do lado dos tradicionalistas na controvérsia sobre os escritos de Maimônides e do estudo da filosofia no século XIII.[60] Nessas disputas, os estudiosos da Cabala de Girona pareciam representar uma interpretação simbólica do mundo do judaísmo e de seu modo de vida, baseada em uma teologia que ensinava os segredos interiores do Deus revelado e em uma rejeição das interpretações racionalistas da Torah e dos Mandamentos. Não obstante, não se pode ignorar que o sistema de pensamento elaborado por um homem como Azriel não invalidava o ensinamento filosófico de sua época, mas antes agregava a ele uma nova dimensão, a da teosofia, como coroação de sua glória. Em particular, essa escola contribuiu para uma nova dimensão espiritual da exegese de Gênesis 1, um dos principais tópicos do pensamento filosófico judaico.[61]

Em diversas de suas obras, Nachmanides dá espaço para a Cabala, particularmente em seu comentário sobre a Torah, em que suas muitas alusões veladas e inexplicadas às interpretações "de acordo com o verdadeiro caminho" pretendiam despertar a curiosidade daqueles leitores que nunca tinham ouvido falar daquele "caminho". Ele também usou simbolismo cabalístico em alguns de seus *piutim*. E suas opiniões sobre o destino da alma após a morte e a natureza do mundo por vir, expressas no *Sha'ar ha-Gemul* no final de sua obra haláchica *Toledot Adam*, representam as ideias de seu círculo e estão em contraste com as opiniões de Maimônides sobre o assunto. Seu comentário sobre o livro de Jó se baseia na teoria da transmigração (sem mencionar o termo *guilgul* em si). Nachmanides não escreveu nenhuma obra especificamente sobre a Cabala, além de um comentário sobre o primeiro capítulo da *Sefir Ietsirah*,[62] e, surpreendentemente, um sermão por ocasião de um casamento.[63] Desde o século XIV, diversos livros de outros autores foram atribuídos a ele. Nos escritos dos cabalistas de Girona, há uma estrutura simbólica definida e bem-estabelecida que se relaciona primeiro, e principalmente, com a teoria das *Sefirot* e com o modo como essa teoria interpreta versículos bíblicos e homilias lidando com os atos de Deus. Esse simbolismo serviu como a principal base para o desenvolvimento da Cabala nesse grupo, e numerosos cabalistas anônimos desse e de períodos posteriores fizeram listas e tabelas, quase sempre breves, com a ordem das *Sefirot* e com a nomenclatura das Escrituras e de *agadah* apropriadas. Quanto aos detalhes, praticamente cada cabalista tinha seu próprio sistema, mas havia uma grande concordância quanto aos fundamentos.[64]

Houve contatos entre os cabalistas da Espanha e os chassídicos asquenazes, tanto através de chassidim que visitaram individualmente a Espanha, quanto através de livros que foram levados para lá, como as obras de Eleazar de Worms. Abrahão Axelrod de Colônia, que viajou pelas comunidades espanholas entre 1260 e 1275 aproximadamente, escreveu *Keter Shem Tov* abordando o Tetragrammaton e a teoria das *Sefirot*. O livro existe em várias versões, uma das quais foi publicada na obra de Jellinek, *Guinzei Chochmat ha-Kabbalah* (1853), enquanto outra dá o nome do autor como Menachem, um pupilo de Eleazar de Worms. Essa combinação da teoria dos Nomes Sagrados e de especulações que usam o método da *guematria* com a teoria das *Sefirot* dos cabalistas de Girona contém, ao menos na terceira versão do livro, uma poderosa renovação das tendências extáticas, que assumiu a nova forma da "Cabala profética".[65] Outros cabalistas de Castela também estabeleceram contatos com um dos pupilos de Eleazar de Worms que viviam em Narbona em meados do século XIII.

É quase certo que um cabalista anônimo do círculo de Girona, ou um dos cabalistas provençais, foi o autor do livro *Temunah* (escrito antes de 1250), que seria atribuído várias gerações depois a R. Ishmael, o sumo sacerdote. O estilo do livro é muito difícil, e seu conteúdo é obscuro em muitos pontos. Uma interpretação da "imagem de Deus" através das formas das letras hebraicas, se tornaria a base para diversos outros textos, compostos de maneira similar e talvez até escritos pelo mesmo autor, como, por exemplo, interpretações do Nome de Deus com 72 letras mencionado na literatura mística do período gueônico. A importância do livro está em sua explicação enigmática, porém detalhada, da teoria das *shemitot* (ver abaixo), à qual os cabalistas de Girona aludiam sem explicação detalhada. O estilo difícil do *Temunah* foi elucidado em certa medida por um antigo comentário, também anônimo (publicado com o livro em si em 1892), escrito no final do século XIII. O *Temunah* teve uma nítida influência sobre a Cabala até o século XVI.

OUTRAS CORRENTES DA CABALA ESPANHOLA DO SÉCULO XIII

A combinação de elementos teosófico-gnósticos e neoplatônico-filosóficos, que encontrou expressão na Provença e em Girona, levou ao predomínio relativo, ou às vezes exagerado, de um dos elementos sobre o outro em outras correntes a partir de 1230. De um lado, havia uma tendência extremamente mística, expressa em termos filosóficos e criando seu próprio simbolismo, que não se baseava na teoria da nomenclatura das *Sefirot* encontrada entre os cabalistas de Girona. Refutando algumas suposições destes últimos (como, por exemplo, a teoria da transmigração), não obstante, via a si mesma como a verdadeira "ciência da Cabala". Seu primeiro e mais importante expoente foi Isaac ibn Latif, cujos livros foram escritos (talvez em Toledo) entre 1230 e 1270. "Ele tinha um pé dentro [da Cabala], e um pé fora [na filosofia]", Judá Chaiat disse a respeito dele (prefácio ao *Minchat Iehudah* sobre *Ma'arechet ha-Elohut*). Tornando-se uma espécie de místico independente, Isaac ibn Latif tirou sua inspiração filosófica dos escritos em árabe e em hebraico dos neoplatonistas e, especialmente, do *Mekor Chaim* de Ibn Gabirol e das obras de Abrahão ibn Ezra, embora às vezes transformasse completamente os significados. Sua principal obra, *Sha'ar ha-Shamaim* (escrita em 1238), pretendia ser, em veia mística especulativa, tanto uma continuação quanto um substituto para o *Guia dos Perplexos* de Maimônides. Ao lado da maioria dos cabalistas de Girona, ibn Latif concedia o lugar mais alto à Vontade Primordial, vendo nela a fonte de toda emanação. A teoria do Logos Divino, que ele tirou da tradição neoplatônica árabe, dividiu-se em Vontade – que continuava completamente dentro do Divino e era identificada com a Palavra Divina (Logos) que criou todas as coisas – e na "primeira coisa criada", o Intelecto Supremo que fica no topo da hierarquia de todos os seres, e era apresentado em símbolos que em outros lugares pertencem ao Logos em si. Mas Ibn Latif não é consistente em seu uso altamente pessoal do simbolismo e muitas vezes se contradiz, até mesmo em pontos importantes. A partir da "primeira coisa criada" (*nivra rishon*) emanavam todos os outros estágios, simbolicamente chamados de luz, fogo, éter e água. Cada um desses é região de um ramo da sabedoria: misticismo, metafísica, astronomia e física. Ibn Latif criou um sistema do universo completo e rico, baseando suas opiniões em uma ousada interpretação alegórica das Escrituras, embora fosse contrário aos alegoristas extremos, que consideravam a alegoria um substituto para a interpretação literal e não simplesmente um acréscimo a ela. Suas ideias sobre a oração e o verdadeiro entendimento possuem tons nitidamente místicos e, nesse sentido, extrapolam a teoria da *kavanah* e da meditação predominantes entre os cabalistas de Girona. A influência de Ibn Gabirol é mais clara em seu *Tsurat ha-Olam* (1860), que contém críticas específicas à teosofia cabalista. Não obstante, Ibn Latif considera a Cabala superior à filosofia tanto em natureza quanto em eficácia, em particular por lidar com uma verdade que é de natureza temporal, ao passo que a verdade filosófica é atemporal (*Rav*

Pe'alim [1885], n. 39). Ibn Latif tinha conexões pessoais com expoentes da Cabala cujas concepções eram completamente opostas às suas, e dedicou *Tseror ha-Mor* a Todros Abulafia de Toledo, um dos líderes da tendência gnóstica da Cabala. Seus livros foram lidos tanto por cabalistas quanto por filósofos, como Isaac Albalag (Manuscrito Vaticano, 254, fol. 97b), que criticara seu *Tsurat ha-Olam*. Segundo Ibn Latif, o mais alto entendimento intelectual alcança apenas "as costas" do Divino, ao passo que a figura do "rosto" só é revelada em um êxtase supraintelectual, que envolve uma experiência superior até à da profecia (*Guinzei ha-Melech*, capítulos 37 e 41). Ele chama essa percepção de "beatitude da suprema comunhão". A verdadeira oração põe o intelecto humano em comunhão com o Intelecto Ativo "como um beijo", mas a partir dali ele ascende até a união com a "primeira coisa criada"; além dessa união, alcançada através de palavras, está a união através do puro pensamento que pretende atingir a Causa Primeira, isto é, a Vontade Primordial, e enfim se colocar diante de Deus Em Pessoa (*Tseror ha-Mor*, capítulo 5).

O segundo expoente das tendências filosófico-místicas distintas da Cabala teosófica da escola de Girona e que aspirava a uma Cabala extática foi Abrahão Abulafia (1240-depois de 1292). A impressionante imagem desse homem deriva de sua destacada personalidade. Ele entrou em contato com um grupo cujas técnicas de combinação de letras e misticismo de números estimularam suas próprias experiências extáticas. Ao menos parte de sua inspiração se derivou dos chassídicos asquenazes alemães e talvez também da influência de círculos sufis que ele conheceu em suas viagens pelo Oriente na juventude. O professor de Abulafia era o *chazan* Baruch Togarmi (em Barcelona?), que, a julgar pelo nome, vinha do Oriente. Com este, Abulafia aprendeu os ensinamentos fundamentais da Cabala profética a cuja disseminação dedicou sua vida depois de atingir a iluminação em Barcelona em 1271. Suas afirmações proféticas e, talvez, também messiânicas despertaram forte oposição tanto na Espanha quanto na Itália, mas seus livros foram amplamente lidos desde o fim do século XIII, especialmente aqueles em que ele expunha seu sistema da Cabala como uma espécie de guia de uma viagem ascensional das preocupações filosóficas do tipo maimonideano para a profecia e para aquelas experiências místicas que ele acreditava terem a mesma natureza da profecia. Abulafia também tomou muitos empréstimos de ideias cabalistas sempre que as achava relevantes, mas aos aspectos que eram estranhos à sua própria natureza ele se opunha ao ponto do ridículo. Admirador passional de Maimônides, Abulafia acreditava que seu próprio sistema era uma mera continuação e uma elaboração dos ensinamentos do *Guia dos Perplexos*. Diferentemente de Maimônides, que se dissociou da possibilidade da profecia em sua época, Abulafia defendia essa perspectiva, encontrando no "caminho dos Números", isto é, uma técnica mística específica também chamada de "ciência da combinação", *Chochmat ha-tseruf*, um meio de realizar e incorporar aspirações humanas à profecia.

Assim inspirado, ele escreveu 26 livros proféticos, dos quais apenas um, *Sefer ha-Ot*, sobreviveu.[66] O *Derech ha-Sefirot* ("o caminho das *Sefirot*"), ele acreditava, é útil para iniciantes, mas tem pouco valor se comparado com o *Derech ha-Shemot* ("o caminho dos Nomes"), que se abria apenas após profundo estudo do *Sefer Ietsirah* e das técnicas nele aludidas. Abulafia via sua Cabala, portanto, como outra camada acrescentada à Cabala anterior que não contradizia obras fundamentais como o *Bahir*, o *Temunah* e os escritos de Nachmanides. Sua promessa de expor um caminho que levaria ao que chamava de "profecia" e sua aplicação prática de princípios cabalistas encontraram um eco distinto na Cabala a partir do século XIV, primeiramente na Itália e mais tarde em outros países. Seus grandes manuais (*Sefer ha-Tseruf*, *Or ha-Sechel* e especialmente *Chaiei ha-Olam ha-Ba*, entre outros), que têm sido copiados até os tempos recentes, são guias de meditação, cujos objetos são os Nomes Sagrados e as letras do alfabeto e suas combinações, tanto as compreensíveis quanto as incompreensíveis. Era justamente esse tipo de manual que estava faltando no tipo usual da literatura cabalística, que havia se confinado em descrições simbólicas e evitado avançar na redação de técnicas para a experiência mística. A obra de Abulafia preencheu essa lacuna, e as duras críticas contra ele ouvidas aqui e ali não impediram sua absorção e sua influência. Um dos pupilos de Abulafia escreveu (talvez em Hebron) no final de 1294 um pequeno livro sobre a Cabala profética, *Sha'arei Tsedek*, que inclui uma importante descrição autobiográfica de seus estudos com seu professor e de suas experiências místicas.[67]

Do outro lado desse desenvolvimento duplo da Cabala, havia uma escola de cabalistas que eram mais atraídos pelas tradições gnósticas, fossem elas genuínas ou apenas aparentassem ser, e que se concentraram no elemento gnóstico e mitológico mais do que no elemento filosófico. Os expoentes dessa tendência se propuseram a encontrar e reunir fragmentos de documentos e tradições orais e acrescentaram o mesmo tanto de seu próprio material, até que seus livros se tornaram uma espantosa mistura de pseudoepigrafia com comentários dos próprios autores. Em contraste com a Cabala de Girona, o elemento pseudoepigráfico foi muito forte nesse ramo, embora não se saiba absolutamente ao certo se os próprios autores não inventavam as fontes que citavam. Essa escola, que poderia ser apropriadamente chamada de "reação gnóstica", inclui os irmãos Jacob e Isaac, filhos de Jacob ha-Kohen de Soria, que viajou pela Espanha e pela Provença (c. 1260-80) e conheceu seus predecessores cabalistas mais velhos; Moisés b. Simão, pupilo e sucessor deles, rabino de Burgos; e Todros b. José Abulafia de Burgos e Toledo, um dos líderes da judiaria castelhana de seu tempo. As principais obras deles pertencem à segunda metade do século XIII. Nos círculos cabalistas, Moisés de Burgos era amplamente considerado dotado de particular autoridade e foi também professor de Isaac ibn Sahula, autor do *Mashal ha-Kadmoni*. É extraordinário que um racionalista completo e devoto da investigação filosófica como Isaac Albalag pudesse ver três membros dessa escola como os verdadeiros expoentes da Cabala de sua época, com Moisés de Burgos em primeiro lugar: "Seu nome se espalhou por toda parte: Moisés recebeu [*kibel*] a [autêntica] tradição cabalista".[68]

O aspecto especulativo não está inteiramente ausente dessa escola, e alguns fragmentos de livros de um Isaac ha-Kohen[69] em particular mostram certa relação entre ele e Ibn Latif, mas suas características genuínas são muito diferentes. Ele desenvolveu os detalhes da teoria da emanação do lado esquerdo, demoníaca, cujas dez *Sefirot* são a contrapartida exata das *Sefirot* Sagradas. Uma emanação demoníaca similar já é mencionada nos escritos do grupo do *Sefer ha-Iyun* e na obra de Nachmanides, e é possível que sua origem seja oriental. Nas evidências existentes, essa teoria apareceu em textos pseudoepigráficos e suas raízes estavam principalmente na Provença e em Castela. Dessas tradições, surgiu a teoria zohárica do *sitra achra* (o "outro lado"). Há também aqui uma forte tendência a fazer longas listas de seres do mundo abaixo do domínio das *Sefirot* – que recebem nomes específicos – e assim estabelecer uma angelologia completamente nova. Essas emanações de segunda categoria são apresentadas em parte como "cortinas" (*pargodim*) na frente das emanações das *Sefirot* e como "corpos" e "trajes" para as almas interiores, que são as *Sefirot*. A multiplicidade de emanações personificadas e a listagem delas lembram tendências similares no desenvolvimento tardio de diversos sistemas gnósticos e, em particular, o livro *Pistis Sophia*. Para cada coisa existente no mundo inferior existe uma força correspondente no mundo superior, e assim uma espécie de mitologia estranha sem precedentes em outras fontes foi criada. Esse tema perpassa todos os escritos de Isaac b. Jacob ha-Kohen e parte da obra de seu irmão mais velho, Jacob. A novidade do nome dessas forças e de sua descrição é óbvia, e alguns dos detalhes das *Sefirot* e de sua nomenclatura eventualmente assumem uma forma diferente daquela da Cabala de Girona. Nos escritos de Todros Abulafia, os cabalistas que são expoentes da tendência gnóstica recebem o nome específico de *ma'amikim* ("aqueles que se aprofundam"), no intuito de distingui-los dos outros. Os cabalistas espanhóis do século XIV fizeram mais uma distinção entre a Cabala dos cabalistas castelhanos, que pertenciam à escola gnóstica, e a dos cabalistas catalães. Nesse círculo, podemos observar muito claramente o crescimento do elemento mágico e a tendência a conservar tradições teúrgicas, das quais não há nenhum vestígio na escola de Girona.

Essa nova inclinação gnóstica não impediu as experiências místicas ou visionárias individuais. Os dois elementos vêm associados nos escritos de Jacob ha-Kohen que escreveu o extenso *Sefer ha-Orah*, que não têm nenhum vínculo com a tradição cabalista anterior, mas se baseiam inteiramente em visões que "foram oferecidas a ele" no céu. A Cabala dessas visões é completamente diferente da porção tradicionalista de seus outros escritos e não é retomada em nenhum outro lugar na história da Cabala. Ela se baseia em uma nova forma da ideia de Logos que assume aqui a imagem de Metatron. A teoria da emanação também adquire outros trajes, e o interesse pelas *Sefirot* cede lugar a especulações sobre "as esferas sagradas" (*ha-galgalim ha-kedoshim*), através das quais o poder do Emanador é espalhado invisivelmente até atingir a esfera de Metatron, que é a força cósmica central. Essa teosofia muito pessoal, alimentada e inspirada por visões, não tem nenhuma relação com a teosofia dos cabalistas de Girona, mas guarda alguma conexão com os chassídicos asquenazes. Jacob ha-Kohen foi o primeiro cabalista espanhol a construir todos os seus ensinamentos sobre os motivos dos Mandamentos e outros assuntos a partir de *guematriot*. Metatron, sem dúvida, foi criado, mas passou a existir simultaneamente à emanação das esferas celestiais interiores, e o versículo "Faça-se a luz" alude à "formação da luz do intelecto" na forma de Metatron. Pouco se duvida que Jacob ha-Kohen conhecia a arte da "combinação" como requisito para a percepção mística, mas não conhecia nada daqueles mistérios derivados dela através da interpretação racionalista, característica de Abrahão Abulafia. O *Sefer ha-Orah* não foi conservado integralmente, mas partes extensas do livro existem em diversos manuscritos (Milão 62, Vaticano 428 etc.). Além dos escritos de Ibn Latif, a obra é o exemplo mais impressionante de como uma Cabala inteiramente nova poderia ser criada paralelamente à anterior, e é como se cada uma delas falasse em um plano diferente. Em seu *Otsar ha-Kavod* sobre as lendas do Talmud (1879) e em seu *Sha'ar ha-Razim* sobre o Salmo 19 (Manuscrito Munique 209), Todros Abulafia empenhou-se em combinar a Cabala de Girona com a Cabala dos gnósticos, mas ele jamais aludiu às revelações oferecidas a Jacob ha-Kohen.

O Zohar*

A mistura de duas tendências emanadas da escola de Girona e da escola dos gnósticos tem em certa medida um paralelo no principal produto da Cabala espanhola. Trata-se do *Sefer ha-Zohar*, escrito principalmente entre 1280 e 1286 por Moisés b. Shem Tov de Leon, em Guadalajara, uma pequena cidade a nordeste de Madri. Nessa cidade também viviam dois irmãos cabalistas, Isaac e Meir b. Salomão ibn Sahula, e é nos livros de Isaac que são encontradas as primeiras citações dos extratos mais antigos do Zohar, datando de 1281.[70] Muitos cabalistas estavam ativos nessa época nas pequenas comunidades ao redor de Toledo, e há evidências de experiências místicas até entre iletrados. Um exemplo disso é a aparição como um profeta em Ávila em 1295 de Nissim b. Abrahão, um artesão ignorante, para quem um anjo revelou uma obra cabalística, *Pil'ot ha-Chochmah*, e que seria criticada por Salomão b. Abrahão Adret (*Responsa* de Salomão b. Adret, n. 548). Essa foi a comunidade onde Moisés de Leon passou os últimos anos de sua vida (morreu em 1305). O Zohar é a mais importante evidência da efervescência de um espírito mítico no judaís-

---

* ver também p. 267, "O Zohar"

mo medieval. A origem do livro, seu caráter literário e religioso, e o papel que desempenhou na história do judaísmo foram temas de prolongadas discussões entre estudiosos ao longo dos últimos 130 anos, mas a maior parte dessas discussões não se baseou na análise histórica e linguística. Com uma análise desse tipo, podemos estabelecer um lugar preciso para o Zohar no desenvolvimento da Cabala espanhola, que chancelou a obra com seu selo. Ao fazê-lo, devemos resistir às contínuas tentativas apologéticas de antecipar sua composição, expondo suas fontes literárias posteriores como evidências da existência anterior do livro ou proclamando a existência de extratos mais antigos no interior dele – de cuja presença não há nenhum tipo de prova (J. L. Zlotnik, Belkin, Finkel, Reuben Margaliot, Chavel, M. Kasher, e outros).

A mescla dessas duas correntes – a Cabala de Girona e a Cabala dos "gnósticos" de Castela – tornou-se na mente de Moisés de Leon um encontro criativo que determinou o caráter básico do Zohar. Em vez de breves alusões e interpretações de seus predecessores, ele apresenta uma tela ampla de interpretação e homilética cobrindo todo o mundo do judaísmo tal como ele o via. Moisés de Leon estava muito distante da teologia sistemática e na verdade existem problemas fundamentais do pensamento judaico contemporâneo que sequer são levantados em sua obra, como o significado da profecia e as questões de predestinação e providência; no entanto, ele reflete a situação religiosa concreta e a expõe através de interpretações cabalísticas. Em uma pseudoepigrafia atribuída a Simão b. Iochai e seus amigos, Moisés de Leon vestiu sua interpretação do judaísmo em trajes arcaicos – na forma de longos e breves Midrashim da Torah e de três livros, Cântico dos Cânticos, Rute e Lamentações. As explicações no livro se desenvolvem em torno de dois polos – um consistindo nos mistérios do mundo das *Sefirot* que constitui a vida do Divino, o que é também refletido em muitos símbolos no mundo criado; e outro, na situação do judeu e seu destino tanto neste mundo quanto no mundo das almas. O aprofundamento e a ampliação de uma visão simbólica do judaísmo foram muito ousados em uma era em que os cabalistas ainda preservavam em certa medida o caráter esotérico de suas ideias. O aparecimento de algo que se propunha ser um Midrash antigo que efetivamente refletisse os pontos de vista básicos dos cabalistas espanhóis, e os expressasse com sucesso em uma síntese literária impressionante, acendeu uma série de discussões entre os cabalistas da época. No entanto, também serviu para disseminar o conhecimento da Cabala e garantir sua aceitação. O ponto de vista do autor progrediu de uma tendência para a filosofia e para a interpretação alegórica da Cabala e de suas ideias simbólicas. Os passos desse progresso ainda podem ser reconhecidos nas diferenças entre o *idrash ha-Neelam*, a primeira parte do Zohar, e o corpo principal da obra. Há pouca dúvida de que o objetivo do livro era atacar a concepção literal do judaísmo e a negligência no desempenho das *mitsvot*, e isso foi obtido ao enfatizar o valor supremo e o significado secreto de cada palavra e Mandamento da Torah. Como na maioria dos grandes textos místicos, a percepção interior e o caminho para a "comunhão" estão conectados com a preservação da estrutura tradicional, cujo valor é aumentado sete vezes. O ponto de vista místico serviu para fortalecer a tradição e, na verdade, se tornou um fator conservador consciente. Por outro lado, o autor do Zohar se concentrou frequentemente em especulações sobre as profundidades da natureza da Divindade em que outros cabalistas não ousaram se aprofundar, e sua coragem foi um fator importante a contribuir para o desenvolvimento renovado da Cabala várias gerações depois. Quando o Zohar apareceu, poucos cabalistas prestaram atenção nesse aspecto original. Em vez disso, eles usaram o Zohar como um auxílio específico para o fortalecimento de seus objetivos conservadores. Em seus livros escritos em hebraico nos anos que se seguiram a 1286, depois de terminar seu trabalho mais importante no Zohar, o próprio Moisés de Leon ocultou muitas de suas especulações mais ousadas (às quais a obscura roupagem aramaica havia se prestado muito bem). Por outro lado, ele enfatizou nelas os princípios do simbolismo das *Sefirot*, com seu valor para a compreensão da Torah e da oração, e também o elemento homilético e moral do Zohar. Seus livros em hebraico expandiram, aqui e ali, temas que a princípio apareciam vagamente obscurecidos com algumas variações no Zohar. Essas obras foram amplamente preservadas, e algumas delas copiadas muitas vezes, mas apenas uma foi publicada antes da era contemporânea (*Sefer ha-Mishkal*, também chamado *Sefer ha-Nefesh ha-Chachamah*, 1608). É difícil dizer até que ponto Moisés de Leon esperava que seu trabalho no Zohar efetivamente fosse aceito como um Midrash antigo e autorizado ou até que ponto ele pretendia criar um compêndio da Cabala em uma forma literária adequada que seria perfeitamente clara para leitores perspicazes. Muitos cabalistas na geração seguinte usariam formas similares e escreveriam imitações do Zohar, algo que não teriam ousado fazer no caso de Midrashim genuínos, mostrando assim que não levaram a estrutura do livro muito a sério. Isso não diminui (na verdade talvez até aumente) o valor do Zohar do ponto de vista histórico, seja pelo livro em si ou pela influência exercida por ele.

Moisés de Leon certamente era intimamente associado a outro cabalista que começou como discípulo do próprio Abrahão Abulafia. Esse cabalista era José Gikatilla, que escreveu o *Guinat Egoz* em 1274 e posteriormente várias outras obras sob a inspiração de seu primeiro mestre. No entanto, quando ainda jovem, ele também se associou a círculos gnósticos e depois fez amizade com Moisés de Leon; ambos se influenciariam mutuamente. Afastando sua atenção dos mistérios das letras, vogais e nomes, Gikatilla embarcou em um profundo estudo da teosofia do sistema das *Sefirot*, e seus livros fornecem um paralelo independente e valioso aos escritos de Moisés de Leon. O *Sha'arei Orah*, escrito por volta de 1290, já mostra influência de certas partes do Zohar, embora não faça menção ao livro. Um resumo importante e uma introdução à interpretação do simbolismo das *Sefirot*, esse livro se tornou uma das principais obras da Cabala espanhola. Vale notar que três diferentes correntes, a Cabala de Girona, a Cabala do Zohar e a Cabala de Abulafia, conseguiram se encontrar e se reconciliar na mente de Gikatilla, uma ocorrência muito rara nesse período. Seu *Guinat Egoz* é a fonte mais recente, até onde sabemos, utilizada pelo autor do Zohar.

Duas obras escritas na década de 1290 ou nos primeiros anos do século XIV, o *Ra'aia Meheimna* e o *Sefer ha-Tikunim*, revelam as tendências mais tardias da literatura zohárica. São obras de um cabalista desconhecido que estava familiarizado com a parte principal do Zohar e escreveu seus livros como uma espécie de continuação dele (ainda que com algumas alterações no estilo literário e na estrutura). Seus livros contêm uma nova interpretação dos primeiros capítulos do Gênesis e uma explicação tabelada dos motivos dos Mandamentos. Elevando a importância do Zohar como revelação final dos mistérios, essas duas obras conectaram sua aparição com o início da redenção: "Através dos méritos do Zohar, eles deixarão o exílio em misericórdia", isto é, sem as pavorosas dores da redenção (Zohar 3: 124b). O autor mistura exageradamente a imagem do Moisés bíblico com o Moisés revelador do Zohar na véspera da redenção final. É possível que ele fosse muito íntimo do círculo de Moisés de Leon, e talvez seu nome também seja Moisés. Esses livros são os primeiros de toda uma linhagem de obras cabalísticas escritas no estilo pseudoaramaico do Zohar e como uma continuação dele. Alguns autores também escreveram em hebraico, acrescentando interpretações em nome de personagens zoháricos, mas refletindo suas próprias ideias. Nessa categoria, deve-se mencionar o *Mar'ot ha-Tsove'ot* (Manuscritos Sassoon 978) de David b. Judá he-Chassid, conhecido por seus outros escritos como neto de Nachmanides (*Ohel David*, p. 1001-06); e *Livnat ha-Sapir* (sobre Gen., 1914; sobre Lev., Museu Britânico, Manuscrito 767) de José Angelino, erroneamente atribuído por vários cabalistas a David b. Judá he-Chassid. Esse último David foi o primeiro a compor uma elaborada tradução hebraica e uma elaboração sobre as especulações no *Idra Raba* do Zohar, chamado *Sefer ha-Guevul* (Manuscrito Jerusalém).[71] Ele também escreveu um longo comentário, *Or Zaru'a*, sobre a liturgia, e vários outros livros.[72]

Uma importante pseudoepigrafia escrita na época do aparecimento do Zohar foi o *Sod Darkhei ha-Shemot*, "O Mistério dos Nomes, Letras e Vogais, e o Poder das Operações [Mágicas], segundo os Sábios de Lunel", que se encontra em vários manuscritos sob diferentes nomes (Manuscrito Vaticano 441). Atribuído ao círculo de Abrahão b. David, o livro é na verdade baseado nas obras de Gikatilla e Moisés de Leon e conecta especulações sobre letras, vogais e Nomes Sagrados com a teoria da Cabala prática. Seu autor, que deu às palavras dos cabalistas do final do século XIII uma nova estrutura pseudoepigráfica, também compilou a antologia *Sefer ha-Ne'lam* (Manuscrito Paris 817), usando materiais de fonte semelhante. Uma figura obscura na literatura de imitação zohárica é José "que veio da cidade de Susã" (isto é, de Hamadã, na Pérsia[*]). Talvez esse seja um nome completamente fictício a ocultar um cabalista espanhol que viveu por volta de 1300, ou um pouco mais tarde, e escreveu uma longa obra sobre a seção *Terumah* da Torah, sobre o Cântico dos Cânticos e sobre o Kohelet, escrita em grande medida no estilo do Zohar e que desenvolve as ideias do *Idras* zohárico sobre o *Shi'ur Komah*. Essa extensa obra está conservada (Manuscrito Museu Britânico 464) e foi disseminada até períodos comparativamente tardios.[73]

---

[*] N.E.: Na verdade, Susã e Hamadã são duas diferentes antigas cidades persas, ambas no oeste do Irã, talvez por isso certa confusão.

Esse livro é repleto de ideias estranhas que não são encontradas em outros textos cabalistas, e o autor introduz opiniões que são bastante distantes do Zohar, embora expressas no mesmo estilo. Segundo A. Altmann, ele deve ser identificado como o autor anônimo do *Sefer Ta'amei ha-Mitsvot*, que foi usado como fonte de um plágio literário feito por Isaac ibn Farhi no século XVI.[74] Esse autor também escreveu o abrangente *Toledot Adam*, também publicado sob o título errôneo de *Sefer ha-Malkhut*.[75] O terceiro livro nessa categoria é o *Sefer ha-She'arim* ou *She'elot la-Zaken* (Manuscrito Oxford 2396) do primeiro quarto do século XIV. O velho que responde às perguntas de seus discípulos não é outro senão o próprio Moisés. A maior parte da obra é escrita em hebraico e apenas uma pequena seção, no estilo zohárico. Também uma obra completamente independente, baseia-se em grande medida em alusões, sem explicar inteiramente suas ideias.

A CABALA NO SÉCULO XIV ATÉ A EXPULSÃO DA ESPANHA

O século XIV foi um período de desenvolvimento intelectual que produziu uma literatura extremamente rica. A Cabala se espalhou pela maioria das comunidades da Espanha e outras regiões, em particular na Itália e no Oriente. Assim que os portões se abriram através dos livros que revelavam ideias místicas, todas as tendências anteriores encontraram seus continuadores e intérpretes; com essa expansão, todas as diferentes tendências se misturaram umas com as outras até certo ponto, e foram feitas tentativas de se chegar a um acordo entre elas.

A Cabala de Girona foi continuada através da prolífica atividade literária dos discípulos dos pupilos de Nachmanides, que foram orientados por Salomão b. Abrahão Adret (Rashba) e Isaac b. Todros, autor de um comentário ao *machzor* segundo a Cabala (Manuscrito Paris 839). Membros dessa escola, que não favoreciam o estilo pseudoepigráfico predominante, produziram muitos livros tentando esclarecer passagens cabalísticas do comentário de Nachmanides sobre a Torah. Um autor desconhecido, escrevendo no início do século XIV, compôs um *Ma'arechet ha-Elohut* (1558), um compêndio que expunha a doutrina da Cabala de maneira concisa e sistemática. Esse livro foi amplamente lido, especialmente na Itália, e sua influência foi sentida até o século XVI. Embora Salomão b. Abrahão Adret tenha sido muito cuidadoso em se tratando de assuntos cabalísticos, ele os citou com frequência em seu comentário sobre as *agadot* (Manuscrito Vaticano 295) e também compôs uma longa oração à maneira cabalista. Seus pupilos, no entanto, concederam um lugar central à Cabala. A essa escola pertencem: Bahia b. Asher de Saragoça, cujo comentário sobre a Torah contribuiu bastante para a disseminação da Cabala e foi o primeiro livro cabalístico impresso na íntegra (1492); Ioshua ibn Shu'ayb de Tudela, autor do importante *Derashot* (homilias) sobre a Torah (1523), o primeiro livro nesse gênero a conceder lugar central à Cabala, e o verdadeiro autor do *Be'ur Sodot ha-Ramban* ("Explicação dos segredos [cabalísticos] do comentário de Nachmanides"), que foi impresso (1875) sob o nome de seu pupilo, Meir b. Salomão Ibn Sahula; Chaim b. Samuel de Lérida, autor do *Tseror ha-Chaim*, que contém uma exposição cabalística de assuntos haláchicos (Manuscrito Musajoff); Shem Tov b. Abrahão ibn Gaon de Soria, que iniciou uma atividade literária em grande escala sobre a Cabala entre 1315 e 1325, emigrou para Eretz Israel com seu amigo Elchanan b. Abrahão ibn Eskira e se estabeleceu em Safed. O *Iessod Olam* de Elchanan (Manuscrito Guenzburg 607), escrito em parte em árabe, mescla a tradição de Girona com a Cabala filosófica neoplatônica. Na escola de Salomão Adret, uma grande quantidade de material bruto foi reunida e preservada em diversas *collectanea* de valor considerável (Manuscrito Vaticano 202, Manuscrito Parma 68 e 1221, entre outros). Da mesma forma, foram conservados diversos textos anônimos, que interpretam significados ocultos em Nachmanides. O principal repositório de todas as tradições dessa escola é o *Me'irat Einaim* de Isaac b. Samuel de Acre, que também tratou exaustivamente em outros livros de aspectos completamente diferentes da Cabala, sob influência conjunta do Zohar e da escola de Abrahão Abulafia. Em contraste com as tentativas de fazer conciliações entre a Cabala e a filosofia, ele insistiu na independência e no supremo valor da teosofia cabalista. Partes da coleção de revelações oferecidas a Isaac b. Samuel de diversos modos foram reunidas no *Otsar ha-Chaim* (Manuscrito Guenzburg 775), do qual algumas partes foram frequentemente copiadas. Ele conviveu com muitos cabalistas contemporâneos e foi o primeiro desse círculo a escrever uma autobiografia, que, no entanto, se perdeu.

Outro cabalista que migrou para a Espanha e se tornou conhecedor da Cabala por lá foi José b. Shalom Ashkenazi, autor de um extenso comentário sobre o *Sefer Ietsirah* (que foi impresso em edições do livro sob o nome de Abrahão b. David). Ele também escreveu um comentário sobre a seção *bereshit* do *Midrash Genesis Rabah* (KS, 4 [1928], p. 236-302), sob o título de *Parashat Bereshit*. O livro anterior também já havia sido usado nas obras de David b. Judá he-Chassid. Essas obras desenvolvem a teoria das *Sefirot* ao extremo, atribuindo a cada coisa um lugar preciso no mundo das *Sefirot*. José b. Shalom dedicou-se à crítica cabalística da filosofia, mas interpretou seus princípios cabalisticamente de uma maneira muito ousada. Como a maioria dos cabalistas de sua época, ele se ocupou bastante da ideia das *shemitot*, que ganhou muito espaço nesse período. Entre as versões mais importantes dessa teoria, está aquela lucidamente apresentada no *Sod Ilan ha-Atsilut* de R. Isaac.[76] José b. Shalom expôs uma concepção extrema da teoria da transmigração das almas, transformando-a em uma lei cósmica, envolvendo uma mudança de forma que afetou cada parte da criação da *sefirah Chochmah* até o grau mais baixo de objetos inanimados.

Ao lado da influência do Zohar e da escola de Salomão Adret, a Cabala espanhola começou a se espalhar pela Itália, particularmente através dos escritos de Menachem Recanati, que escreveu, no início do século XIV, um comentário "de acordo com o caminho da verdade" sobre a Torah (1523) e uma obra sobre os motivos místicos dos Mandamentos (edição completa de 1963). Mas havia pouca independência na Cabala italiana, e por um longo período ela consistiu em pouco mais do que compilações e interpretações, seguindo o Zohar, o *Ma'arechet ha-Elohut*,[77] e, em medida ainda maior do que na própria Espanha, os escritos de Abrahão Abulafia. Uma exceção é o *Igueret Purim*,[78] cujo autor fornece uma interpretação simbólica pouco usual da teoria das *Sefirot*. O mais destacado cabalista italiano do século XIV foi Reuben Tsarfati. Na Alemanha, também havia pouca criatividade independente na Cabala. Os cabalistas alemães se contentaram em mesclar o Zohar e o *Ma'arechet* com a tradição dos chassídicos asquenazes. Avigdor Kara (morto em 1439), que alcançou fama por lá como cabalista,[79] escreveu *Kodesh Hillulin* sobre o Salmo 150 (Manuscrito Zurique 102). Na segunda metade do século XIV, Menachem Tsioni de Colônia escreveu o *Sefer Tsioni* sobre a Torah, e Iom Tov Lipmann Muelhausen dedicou parte de sua atividade literária à Cabala, como, por exemplo, o *Sefer ha-Eshkol* (edição de Judah Even-

-Shemuel [Lipmann-Muelhausen, 1927). A partir do início do século XIV, a Cabala também se espalhou para o Oriente. Na Pérsia, Isaiah b. José de Tabriz escreveu o *Chaiei ha-Nefesh* (1324; Manuscrito Jerusalém 8° 544; parte da obra foi publicada em 1891); e, em Constantinopla, Nathan b. Moisés Kilkis, que dizia ter estudado na Espanha, escreveu o volumoso *Even Sapir* (1368-70; Manuscritos Paris 727-8).

    Esses dois últimos livros pertencem à linhagem que tentou combinar Cabala e filosofia de modos mais ou menos radicais. Originadas principalmente dos cabalistas espanhóis do período, essas tentativas se tornariam algo bastante comum, e seus proponentes atacariam a tendência oposta de enfatizar as diferenças básicas de abordagem entre os dois lados. A linhagem inconfundivelmente neoplatônica de Ibn Latif foi continuada (por volta de 1300) por David b. Abrahão ha-Lavan em seu *Massoret ha-Berit*. José b. Shalom, mencionado acima, vinculou a Cabala com a metafísica aristotélica e com a filosofia natural, mostrando como até conceitos filosóficos abstratos poderiam receber conteúdo místico. Obviamente, alguns tenderiam a uma opinião mais filosófica, enquanto outros se concentraram no aspecto especificamente cabalístico. Dois dos principais expoentes dessas tendências escreveram em árabe, caso extremamente raro na literatura cabalística. Um deles foi Judá b. Nissim ibn Malka de Fez, que escreveu em 1365; sua obra foi analisada por G. Vajda (1954), que fez muitas pesquisas sobre a relação entre Cabala e filosofia nesse período. O outro, que viveu em uma geração anterior, foi José b. Abrahão ibn Waqar de Toledo. Em sua extensa obra intitulada *al-Maqala al-Jami'a bayna al-Falsafa wa--ash-Shar'i'a* ("Uma Síntese de Filosofia e Cabala"), ele analisa as opiniões dos filósofos, dos cabalistas e dos astrólogos, avaliando suas ideias de acordo com seus méritos relativos, e tenta estabelecer uma base comum para todas elas.[80] Seu livro também inclui um léxico de simbolismo das *Sefirot* que foi traduzido para o hebraico e circulou amplamente. O autor deve muito a Nachmanides e Todros Abulafia, mas alerta "que muitos erros acabaram se infiltrando no Zohar". Ibn Waqar escreveu poemas sobre a Cabala.[81] Seu amigo pessoal era Moisés Narboni, que se inclinava basicamente para a filosofia; no entanto, no *Igueret al Shi'ur Komah* e em outros de seus escritos, através de uma abordagem positiva embora relutante da Cabala, Narboni tenta explicar afirmações cabalísticas como se elas estivessem de acordo com a filosofia.[82]

Uma tentativa de contrabalançar o equilíbrio em favor da Cabala encontrou expressão na crítica da obra de Judá ibn Malka, atribuída a Isaac de Acre.[83] Samuel b. Saadia Motot em Guadalajara (c. 1370) também seguiu Ibn Waqar em seu comentário ao *Sefer Ietsirah,* intitulado *Meshovev Netivot,* e seu comentário sobre a Torah, *Megaleh Amukot* (sobre Êxodo, Manuscritos Oxford 286, e Levítico e Deuteronômio, Jerusalém, Biblioteca Nacional, Manuscrito 8º 552). Mas o Zohar teve uma influência muito forte sobre ele. Nas discussões dos cabalistas filosóficos, prestou-se muita atenção à questão da relação entre a teoria teosófica das *Sefirot,* a teoria dos filósofos das inteligências separadas e a ideia neoplatônica da alma cósmica. Foram realizadas tentativas de explicar o *Guia dos Perplexos* de maneira cabalística, ou ao menos de esclarecer certos problemas do livro do ponto de vista da Cabala, usando métodos diferentes do de Abrahão Abulafia; como, por exemplo, a crítica atribuída a José Gikatilla,[84] ou no *Tish'ah Perakim mi-Ichud* atribuído a Maimônides.[85] Segundo Abulafia, a necessidade de transformar Maimônides em um cabalista foi enfatizada pela lenda de que ele havia se convertido no final da vida e se voltado para a Cabala,[86] uma história que circulou a partir do ano 1300 e que aparece em diversas versões. Nesse período, também foi escrito o *Meguilat Setarim,* que se dizia ser uma carta de Maimônides sobre a Cabala.[87]

Totalmente em contraste com essas tendências voltadas para conciliações, houve dois importantes fenômenos que se opuseram absolutamente ao mundo da filosofia. O primeiro está conectado com o crescimento de movimentos meditativos que levam à contemplação, seja do mundo interior das *Sefirot* e as inúmeras luzes ocultas ali contidas, seja do mundo interior dos Nomes Sagrados que ocultam eles mesmos luzes místicas. Via de regra, essa contemplação segue os métodos da Cabala profética, mas transformando-a e trazendo-a para o domínio da teosofia gnóstica. A teosofia das *Sefirot* do século XIII é subordinada à contemplação das luzes do intelecto, que se originou nos escritos da escola do *Sefer ha-Iyun* e produziu uma volumosa literatura, que oscila entre a pura contemplação interna e a magia. Não há dúvida de que Isaac de Acre era muito inclinado para essa tendência. Praticamente toda essa literatura ainda está oculta na forma de manuscritos, sem dúvida devido à autocensura dos cabalistas, que a consideravam a parte verdadeiramente esotérica da Cabala. Um exemplo característico, contudo, acabou sendo publicado, a saber, o *Berit Menucha* (1648), que data da segunda metade do século XIV e foi erroneamente atribuído a Abrahão b. Isaac de Granada. O livro trata longamente da meditação sobre as luzes internas que cintilam a partir de várias vocalizações do Tetragrammaton. Essa literatura representa uma continuação da "ciência da combinação" de Abulafia com o acréscimo da teoria da *kavanah* da Cabala teosófica. O *Sefer ha-Malkhut*, também um tratado sobre combinações de letras, foi escrito por volta de 1400 pelo cabalista David ha-Levi de Sevilha (publicado na coleção *Ma'or va-Shemesh*, 1839). Criados como manuais práticos para iniciados, esses livros contêm pouco interesse para a teoria ou para a filosofia cabalista.

O segundo fenômeno está conectado com a composição de duas obras pseudoepigráficas: o *Sefer ha-Peli'ah* (1784), sobre a primeira seção da Torah, e o *Sefer ha-Kanah* (1786), sobre os (significados dos) Mandamentos. O autor, que escreveu entre 1350 e 1390, fala sob o disfarce do neto de R. Nehunia b. ha-Kanah, o suposto autor do *Sefer ha-Bahir*. Na verdade, uma grande parte do primeiro livro consiste em uma antologia da antiga literatura cabalística. O autor, um considerável talmudista, adaptou essas fontes e acrescentou uma mesma quantidade de material próprio. Seu principal objetivo era provar, através de argumentos talmúdicos, que a *halachah* não tem nenhum significado literal, mas apenas significado místico, e que o verdadeiro significado literal é místico. Com forte entusiasmo, essas obras se demoram ainda mais do que o Zohar em sua insistência em afirmar que o judaísmo não tem significado fora do mundo da Cabala, representando assim o ápice do extremismo cabalístico.[88] Claramente, em tal caso não há espaço para a abordagem filosófica. A linhagem antifilosófica foi continuada nas obras de Shem Tov b. Shem Tov, que escreveu dois livros sistemáticos sobre Cabala por volta de 1400. Seu *Sefer ha-Emunot* (1556) demonstra quão completamente o Zohar havia se tornado aceito, um século após seu surgimento, como a obra central da Cabala. Uma grande parte do segundo livro, cujo título é desconhecido, foi preservada (Manuscrito do Museu Britânico 771). Nessa obra, a tendência antifilosófica, que talvez fosse influenciada por acontecimentos contemporâneos e pela perseguição de 1391, é claramente expressa: não há mais lugar para conciliações entre misticismo e exigências do pensamento racionalista. Não se pode afirmar, contudo, que esse ponto de vista dominasse a Cabala inteiramente, pois nos anos seguintes, até o início do século XVI, houve vários movimentos rumo à reconciliação, especialmente entre os cabalistas italianos.

Em contraste com a clara direção seguida pela pseudoepigrafia do *Sefer ha-Peli'ah*, não há um objetivo óbvio na volumosa atividade pseudoepigráfica do cabalista provençal Moisés b. Isaac Botarel. Ele escreveu um grande número de livros por volta de 1400, inclusive um longo comentário ao *Sefer Ietsirah*, recheado de citações inventadas de obras de cabalistas e de outras, de figuras tanto históricas quanto de imaginárias. No entanto, esse método não era nada semelhante ao do Zohar e ele também cultivou uma atitude conciliatória em relação à filosofia, em completo contraste com Shem Tov b. Shem Tov. Enquanto o autor do *Sefer ha-Peli'ah* e do *Sefer ha-Kanah* enfatiza a Cabala como a única interpretação capaz de salvar o judaísmo da deterioração e da desintegração, em outros círculos, imbuídos de um espírito talmúdico e ético distinto, ela foi considerada um elemento complementar, destacando suas ideias morais e ascéticas. Fica claro que a Cabala já tinha alcançado um *status* sólido na mente do público, e elementos cabalísticos muito óbvios haviam começado a aparecer na literatura ética dos séculos XIV e XV. Nessa conexão, o *Menorat ha-Ma'or* de Israel al-Nakawa de Toledo (morto em 1391) é muito importante. É uma obra abrangente sobre o judaísmo com firme ponto de vista haláchico. Sempre que são discutidas questões éticas neste livro, que visava um público amplo, as afirmações são citadas do Zohar (em hebraico, sob o nome de *Midrash Iehi Or*) e de outros cabalistas, incluindo especificamente o *Chibur ha-Adam im Ishto*, um tratado sobre o casamento e a sexualidade escrito por um cabalista anônimo (talvez José de Hamadã) no final do século XIII e mais tarde atribuído a Nachmanides sob o título *Igueret ha-Kodesh*.[89]

A literatura dos próprios cabalistas atesta a existência contínua em vários círculos de uma forte oposição à Cabala e suas alegações – entre halachistas, literalistas e filósofos. A começar pela polêmica de Meir b. Simão de Narbona (1250), essa oposição continuou a ser expressa, tanto de passagem, como no caso com Isaac Polkar e Menachem Meiri, quanto em obras específicas; como, por exemplo, no *Alilot Devarim* de José b. Meshullam (?) que escreveu na Itália em 1468 (*Otsar Nechmad*, 4 [1763], p. 179-214) e em diversos escritos de Moisés b. Samuel Ashkenazi de Cândia, 1460 (Manuscrito Vaticano 254). Mesmo com a expansão da influência da Cabala para círculos muito mais amplos, essas vozes não foram silenciadas, particularmente na Itália.

Na Espanha, a criatividade cabalística diminuiu consideravelmente no século XV. O estímulo original da Cabala já havia alcançado sua plena expressão. Havia ainda muitos cabalistas na Espanha, e os numerosos manuscritos escritos lá atestam os grandes contingentes de envolvidos na Cabala, mas suas obras demonstram pouquíssima originalidade. Em 1482, José Alcastiel de Xàtiva escreveu uma *responsa* a 18 questões sobre diversos temas cabalísticos que lhe haviam sido dirigidos por Judá Chaiat, em que adota uma abordagem muito independente.[90] Ioshua b. Samuel ibn Nahmias em seu livro *Migdol Ieshu'ot* (Manuscrito Musajoff), Shalom b. Saadia ibn Zeitun de Saragoça e os pupilos de Isaac Canpanton, que ocupou uma posição central no judaísmo de Castela em meados do século XV, estiveram entre os principais expoentes da Cabala. Muitos cabalistas migraram para a Itália mesmo antes da expulsão da Espanha, como, por exemplo, Isaac Mar-Chaim que escreveu em 1491, a caminho de Eretz Israel, duas longas cartas sobre problemas relativos ao início da emanação.[91] José ibn Shraga (morto em 1508 ou 9), que era chamado em seu tempo de "o cabalista de Argenta", e Judá Chaiat, autor de um longo comentário, *Minchat Iehudah*, sobre o *Ma'arechet ha-Elohut* (1558), estiveram entre os principais transmissores da Cabala espanhola para a Itália. O livro *Ohel Mo'ed* (Manuscrito Cambridge) foi escrito por um cabalista desconhecido antes de 1500 – na Itália ou mesmo na Espanha – no intuito de defender a Cabala contra seus detratores. Abrahão b. Eliezer ha-Levi e José Taitazak, também, começaram suas atividades cabalísticas ainda na Espanha. Este último livro de revelações, *Sefer ha-Meshiv*, no qual o narrador diz ser Deus Em Pessoa, talvez tenha sido composto antes da expulsão.[92] A atividade dos migrantes fortaleceu a Cabala, que adquiriu muitos adeptos na Itália nos séculos XIV e XV. Reuben Zarfati interpretou a teoria das *Sefirot*; Jonathan Alemano, que uniu a Cabala com a filosofia, escreveu um comentário sobre a Torah em *Einei ha-Edah* (Manuscrito Paris) e sobre o Cântico dos Cânticos em *Cheshek Shelomo* e também compilou uma grande antologia de miscelâneas cabalísticas (Manuscrito Oxford). Alemano também compôs uma obra sem título sobre a Cabala.[93] Apenas a introdução de seu comentário sobre o Cântico dos Cânticos foi publicada (1790). Judá b. Iechiel Messer Leon de Mântua se opôs ao que seriam as tendências dos cabalistas posteriores e defendeu a opinião de que os princípios cabalísticos concordavam com ideias platônicas.[94] Essa ênfase no platonismo cabalístico sem dúvida combinou com o temperamento espiritual dos humanistas do círculo de Marsílio Ficino e Pico della Mirandola. O poeta Moisés Rieti dedicou parte de seu longo poema *Mikdash Me'at* a um discurso rimado sobre ideias cabalísticas, e Elias Chaim de Gennazano escreveu uma introdução à Cabala intitulada *Igueret Chamudot* (1912).

A CABALA DEPOIS DA EXPULSÃO DA ESPANHA E O NOVO CENTRO EM SAFED

A expulsão da Espanha em 1492 produziu uma mudança crucial na história da Cabala. A profunda sublevação na consciência judaica causada por essa catástrofe também transformou a Cabala em propriedade pública. Apesar do fato de que a Cabala havia se espalhado nas gerações anteriores, ela ainda continuava exclusividade de círculos relativamente fechados, que apenas eventualmente emergiam de sua reclusão aristocrática. Os objetivos de certos indivíduos como o autor do Zohar ou do *Sefer ha-Peli'ah*, que pretendiam conscientemente criar uma obra de importância histórica e social, não foram plenamente alcançados até o século XVI. Também só depois desse período o clima escatológico predominante entre alguns indivíduos isolados na Espanha foi combinado com os estímulos mais básicos da Cabala. Com a expulsão, o messianismo passou a fazer parte do próprio cerne da Cabala. As gerações anteriores concentravam seus pensamentos na volta do homem à fonte original de sua vida através da contemplação dos mundos superiores e em instruções do método de seu retorno através da comunhão mística com sua fonte original. Um ideal que poderia ser realizado em qualquer lugar e em qualquer época, essa comunhão não dependia de uma estrutura messiânica. Agora ela se combinava com tendências messiânicas e apocalípticas que enfatizavam muito mais a viagem do homem rumo à redenção que a contemplação de seu futuro retorno à fonte de toda existência em Deus. Essa combinação de misticismo com aspectos apocalípticos messiânicos converteu a Cabala em uma força histórica de grande dinamismo. Seus ensinamentos continuariam ainda profundos, obscuros e difíceis para serem assimilados pelas massas, mas seus objetivos se prestavam facilmente à popularização, e muitos cabalistas buscaram expandir sua influência sobre a comunidade geral. A Cabala penetrou muitas áreas da fé e dos costumes populares, superando a incessante oposição de alguns indivíduos. Deve-se notar que o desenvolvimento altamente original da Cabala após a expulsão não começou na Itália, embora esse país fosse um centro de uma cultura judaica florescente, e frutíferas atividades cabalísticas fossem encontradas lá. A verdadeira força criativa veio do novo centro que se estabeleceria em Eretz Israel cerca de 40 anos depois da expulsão. O movimento religioso que se originou em Safed, e que manifestou uma renovação da Cabala em toda sua intensidade, é particularmente importante, porque foi o último movimento do judaísmo a ter escopo tão amplo e influência tão decisiva e contínua sobre a Diáspora como um todo, tanto na Europa quanto na Ásia e no Norte da África. Essa influência foi mantida mesmo após a ruptura do movimento sabateano, que atesta até que ponto ela se tornara enraizada na consciência nacional.

Uma conexão entre o surgimento de novos aspectos da Cabala, sua rápida disseminação e a iminente redenção de Israel já havia sido estabelecida por alguns cabalistas espanhóis, como o autor do *Ra'aia Meheimna* e o autor do *Sefer ha-Peli'ah*. Mas só depois da expulsão isso se tornou uma força dinâmica e abrangente. Um claro indício desse fato é a afirmação de um cabalista desconhecido: "O decreto do alto de que não se deve discutir os ensinamentos cabalísticos em público foi feito para durar apenas por tempo limitado – até 1490. Nós então entramos no período chamado de 'a última geração', e então o decreto foi rescindido, e foi dada permissão... E de 1540 em diante, a mais importante *mitsvah* será todos estudarmos esses ensinamentos em público, velhos e jovens, uma vez que isso, e nada mais, ensejará a vinda do Messias" (citado na introdução de Abrahão Azulai para seu *Or ha-Chamah* sobre o Zohar).

Os próprios exilados estudavam a Cabala quase sempre em suas formas antigas, mas buscaram reagir ao interesse pela Cabala despertado na Itália, no norte da África e na Turquia através de apresentações sistemáticas e completas, que, na época, contudo, não continham nenhum ponto de vista novo. Os maiores expoentes da Cabala desse contexto foram Judá Chaiat, em seu extenso comentário sobre o *Ma'arechet ha-Elohut*, que foi plagiado por diversos cabalistas italianos;[95] Abrahão Saba e José Alashkar, em seus comentários sobre as Escrituras e a Mishnah; Abrahão Adrutiel, em uma anto-

92

logia de tradições antigas intitulada *Avnei Zikaron*[96] e particularmente Meir b. Gabai, em sua exaustiva apresentação em *Avodat ha-Kodesh* (1568), que foi talvez o melhor exemplo de especulação cabalística antes do ressurgimento da Cabala em Safed. Houve intensa atividade da linha tradicional na Itália e na Turquia em particular. Entre aqueles cabalistas ativos na Itália, estiveram Elias Menachem Chalfan de Veneza, Berachiel b. Meshulam Cafman de Mântua (*Lev Adam*, 1538, Manuscrito Kaufmann 218), Jacob Israel Finzi de Recanati (comentário sobre a liturgia, Manuscrito Cambridge) e Abrahão b. Solomon Treves ha-Zarfati (nascido em 1470), que viveu em Ferrara e teve "uma revelação de Elias", e Mordecai b. Jacob Rossillo (*Sha'arei Chaim*, Manuscrito de Munique 49). Uma visão panenteísta da relação entre Deus e o mundo foi claramente afirmada no *Igueret ha- Tsiurim*, de um cabalista desconhecido da primeira metade do século XVI na Itália (Manuscrito JTS). Um centro importante foi formado em Tessalônica, na época, Turquia. Entre os líderes de lá, destacaram-se José Taitazak; Chaim b. Jacob Obadiah de Busal (*Be'er Maim Chaim*, 1546); Isaac Shani (*Me'ah She'arim*, 1543); e Isaac b. Abrahão Farhi, que fez circular sob seu próprio nome o anônimo *Ta'amei ha-Mitsvot*, que na verdade havia sido escrito em 1300. O filósofo cabalista David b. Judá Messer Leon deixou a Itália para trabalhar em Tessalônica, mas seu livro *Maguen David* (Manuscrito do London Jew's College 290) sobre os princípios filosóficos da Cabala foi, aparentemente, escrito em Mântua; essa obra influenciaria diversos cabalistas posteriores, entre os quais Meir ibn Gabai e Moisés Cordovero.[97] Solomon Alkabez também começou a trabalhar nesse círculo antes de se mudar para Safed.

Sabemos também de considerável atividade cabalística no Marrocos. O *Tseror ha-Mor* (1523), de Abrahão Saba, escrito entre 1498 e 1501 em Fez, tornou-se um clássico da exegese cabalística sobre a Torah. José Alashkar escreveu a maioria de seus livros em Tlemcen (*Tsofenat Pa'neah*, 1529, Manuscrito Jerusalém 2° 154; e diversos outros livros no *Katalog der Handschriften... E. Carmoly*, 1876), mas o principal centro nessa área era Dra (ou Dar'a), cujos cabalistas eram reconhecidos. Ali Mordecai Buzaglo escreveu o *Ma'ienot ha-Chochmah*, que foi escondido pelos cabalistas (Manuscrito Goldschmidt, Copenhague), e um comentário sobre a liturgia (*Malkhei Rabbanan* [1931], p. 86-7). Esse foi o ambiente onde o *Guinat Bitan* foi escrito, uma introdução à teoria das *Sefirot* de Isaac b. Abrahão Cohen (Manuscrito Gaster, 720). Essa obra não deve ser confundida com o *Guinat ha-Bitan*, que contém dois comentários atribuídos aos cabalistas espanhóis Jacob b. Todros e Shem Tov ibn Gaon (Manuscrito Gaster 1398) e que é, do início ao fim (como demonstrado por E. Gottlieb), uma falsificação do final do século XVI baseada no *Ma'arechet ha-Elohut* e no comentário de Judá Chaiat sobre este. O livro mais importante produzido pelos cabalistas marroquinos nesse período foi o *Ketem Paz* de Simão ibn Labi de Fez, o único comentário sobre o Zohar que não foi escrito sob a influência da nova Cabala de Safed. Consequentemente, o livro é muitas vezes mais próximo do significado primordial do texto (a parte sobre o Gênesis foi impressa em 1795). Diversos cabalistas estavam trabalhando em Jerusalém e em Damasco. Alguns deles eram imigrantes da Espanha e alguns, musta'rabim. Entre os imigrantes de Portugal, estava Judah b. Moisés Albotini (morto em 1520), que escreveu uma introdução à Cabala profética,[98] e dedicou muitos capítulos de seu livro *Iessod Mishneh Torah,* sobre Maimônides, à Cabala.[99] Em Damasco, em meados do século, Judá Haleywa, membro de uma família espanhola, escreveu o *Sefer ha-Kavod* (Manuscrito Jerusalém 8° 3731). Em geral, contudo, este era o centro de atividade de José b. Abrahão ibn Zayyah, um dos rabinos mustarabim que viveu por muitos anos em Jerusalém e em 1538 escreveu lá o *Even ha-Shoham,*[100] em 1549, o *She'erit Iosef* (Manuscrito da comunidade de Viena, catálogo Schwarz 260), e também diversas outras obras cabalistas. Dignos de nota por suas especulações teóricas sobre detalhes do sistema das *Sefirot* e pela profunda meditação sobre o misticismo do número infinito de luzes que brilham nas *Sefirot*, seus livros representam a culminação de uma certa abordagem e, ao mesmo tempo, revelam uma forte inclinação para a Cabala prática e assuntos relativos ao *sitra achra.*

Livros escritos pelos asquenazes após a expulsão da Espanha foram principalmente antologias: o *Shoshan Sodot* de Moisés b. Jacob de Kiev (parcialmente impresso em 1784 e existente na íntegra no Manuscrito Oxford 1656); *Sefer ha-Miknah* de José (Josselmann) de Rosheim (1546, parcialmente editado em 1970); e o comentário sobre a liturgia de Naftali Hirz Treves (1560). Os escritos de Eliezer b. Abrahão Eilenburg sobre Cabala e filosofia mostram como campos diferentes se tornaram entrelaçados na mente de um cabalista alemão que estudou na Itália e viajou por diversos países. Eilenburg editou os livros dos cabalistas originais ao lado de material próprio adicional, parte dele autobiográfico.[101] A Cabala se estabeleceu na Alemanha muito antes de entrar na Polônia, onde só penetraria na segunda metade do século através das obras de Matatias Delacrut, David Darshan e Mordecai Yaffe.

A publicação de diversas obras clássicas contribuiu muito para a disseminação da Cabala, particularmente em meados do século XVI. A princípio, nenhuma oposição foi levantada – nem quando o livro de Recanati foi editado em Veneza (1523), nem quando diversos outros livros saíram em Tessalônica e Constantinopla – embora essas obras não recebessem a *haskamah* ("aprovação") das autoridades rabínicas. No entanto, quando a impressão do próprio Zohar e do *Ma'arechet ha-Elohut* (1558) foi considerada, o plano deu origem a amargas discussões entre os rabinos italianos; alguns dos principais cabalistas se opuseram violentamente, dizendo que tinham receio de esses livros acabarem caindo nas mãos de homens ignorantes e despreparados e, portanto, capazes de induzir as pessoas ao erro. A queima do Talmud na Itália por ordem do papa Júlio III (1553) desempenhou papel importante nessa controvérsia, pois havia pessoas que temiam que a publicação disseminada de obras cabalísticas em si pudesse estimular atividades missionárias. Alguns cabalistas que a princípio se opuseram à ideia mais tarde se tornariam os principais protagonistas da edição do Zohar, como Isaac de Lattes, o autor de uma decisão em favor da impressão do Zohar que aparece no início da edição de Mântua. Enfim, os protagonistas prevaleceram, e a publicação de outras obras da Cabala na Itália, na Alemanha, Polônia e Turquia não enfrentou mais oposição.[102]

Além da Cabala tradicional, durante os primeiros 40 anos depois da expulsão da Espanha, surgiu um notável movimento apocalíptico, cujos principais expoentes entre os imigrados foram ativos na Palestina e na Itália. Abrahão b. Eliezer ha-Levi, que viajou por muitos países e se estabeleceu em Jerusalém por volta de 1515, dedicou quase toda sua energia à propagação de um apocalipse cabalístico, que na época vinha causando grande agitação. Alguns anos após a expulsão, apareceu um livro que fornece impressionante evidência desse movimento; chamado *Kaf ha-Ketoret* (Manuscrito Paris 845), trata-se de uma interpretação dos Salmos como hinos de batalha para a guerra do final dos tempos, e foi aparentemente escrito na Itália. Nessa época, os movimentos messiânicos também surgiram entre os marranos na Espanha[103] e emergiram na Itália em torno do cabalista Asher Lemlein de Reutlingen (1502). Essa foi também a época do primeiro relato da tentativa do cabalista espanhol José della Reina (c. 1470) de promover a redenção final através da Cabala prática.[104] A história subsequentemente passou por muitas adaptações e foi amplamente divulgada.[105] O comentador Isaac Abrabanel também voltou sua atenção para a propagação de opiniões apocalípticas, cujos simpatizantes fixavam datas para a redenção que variavam entre 1503, 1512, 1540 e 1541. A repercussão mais séria foi a agitação que marcou o aparecimento de David Reuveni e seu apoiador Salomão Molcho, cujas explicações cabalísticas (*Sefer ha-Mefo'ar*, 1529) foram favoravelmente recebidas pelos cabalistas de Tessalônica. As visões e os discursos de Molcho eram uma mistura de Cabala e incitação à atividade política com propósitos messiânicos entre os cristãos. Com seu martírio (1532), ele foi finalmente estabelecido na comunidade judaica como um dos "santos" da Cabala. Para os apocalípticos, o advento de Martinho Lutero foi outro portento, um sinal de ruptura na Igreja e da aproximação do final dos tempos.

Após seu fracasso como movimento propagandista, o despertar apocalíptico penetrou níveis espirituais mais profundos. Apocalípticos cristãos e judeus começaram a perceber que, na véspera da redenção, a luz seria revelada através da exposição dos mistérios que anteriormente estiveram ocultos. A expressão mais profunda desse novo movimento foi o fato de que Eretz Israel se tornou o centro da Cabala. Primeiro Jerusalém e, de 1530 em diante, Safed foram por décadas os locais de encontro de muitos cabalistas de todos os cantos da Diáspora; eles se tornaram os líderes do despertar religioso que elevou Safed à posição de centro espiritual do povo judeu por duas gerações. Ali o velho e o novo se combinaram: as antigas tradições ao lado de uma aspiração de alcançar novas alturas de especulação substituiriam quase que completamente as formas mais antigas da Cabala e que, além disso, tiveram profunda influência na conduta da vida cabalística e nos costumes populares. Até mesmo grandes autoridades haláchicas como Jacob Berab e José Caro tinham raízes profundas na Cabala, e não há dúvida de que suas expectativas messiânicas criaram o cenário para a grande controvérsia sobre a reintrodução da ordenação que Jacob Berab quis organizar em 1538, quando Safed já estava estabelecida como um centro. Sefaraditas, asquenazes e mustarabim, todos contribuíram com algo para esse movimento, que atraiu simpatizantes desde regiões distantes e foi também responsável por uma grande sublevação na Diáspora, onde comunidades de toda parte aceitaram a suprema autoridade religiosa dos sábios de Safed. A disseminação de um modo de vida pietista foi uma expressão prática do movimento e preparou o terreno para lendas pitorescas que rapidamente cresceram em torno dos principais cabalistas de Safed. Assim como no início da Cabala na Provença, aqui também especulações racionais profundas demais foram combinadas com revelações que brotaram de outras fontes e elas assumiram a forma (especialmente após a expulsão da Espanha) de revelações de *maguidim*: anjos ou almas sagradas que falavam pelos lábios dos cabalistas ou faziam com que eles escrevessem suas revelações. Longe de ser mero artefato literário, essa era uma experiência ritual específica, como indicam o *Sefer ha-Meshiv* (talvez o primeiro livro desse tipo), de José Taitazak, e o *Maguid Mesharim*, de José Caro.[106] Mais uma vez, como no início da Cabala na Provença e na Espanha, também aqui havia duas tendências opostas de natureza filosófica e teórica, de um lado, e do tipo mítico e antropomórfico do outro.

As formas anteriores da Cabala foram representadas por David b. Salomão ibn Abi Zimra (conhecido como Radbaz, morto em 1573), primeiro no Egito e depois em Safed: no *Maguen David* (1713) na forma de cartas; *Migdal David* (1883) sobre o Cântico dos Cânticos; *Metsudat David* (1862) sobre o significado dos Mandamentos e também em seu poema *Keter Malchut,* que é uma imitação cabalística do famoso poema de mesmo nome de Salomão ibn Gabirol (na coleção *Or Kadmon,* 1703). Em contraste, um novo sistema foi proposto por Salomão b. Moisés Alkabez, que imigrou para Eretz Israel de Tessalônica, e por seu pupilo e cunhado Moisés b. Jacob Cordovero (conhecido como Remak, 1522-70). Na figura de Cordovero, a cidade de Safed produziu o principal expoente da Cabala e seu mais importante pensador. Combinando um pensamento intensamente religioso com o poder de expor e explicar, ele foi o principal teólogo sistemático da Cabala. Sua filosofia teórica se baseava na de Alkabez e era completamente diferente da Cabala anterior, especialmente em relação à teoria das *Sefirot*. Ela também se desenvolveu bastante entre sua primeira obra importante, *Pardes Rimonim*, escrita em 1548, e a segunda, *Elimah Rabati*, composta 19 anos mais tarde; este último livro deu continuidade a seu longo comentário sobre o Zohar, *Or Iakar*, que interpreta o livro à luz de seu próprio sistema. Cordovero interpreta a teoria das *Sefirot* do ponto de vista de uma dialética imanente agindo sobre o processo da emanação, que ele vê como um processo causativo. Segundo sua opinião, existe um princípio formativo sujeito a uma dialética específica que determina todos os estágios na revelação do Divino (*Ein Sof*) através da emanação. O Divino, ao se revelar quando emerge das profundezas de seu próprio ser, age como um organismo vivo. Essas e outras ideias dão a seu sistema uma aparência muito diferente daquela adotada no *Avodat ha-Kodesh* de Gabai, que foi escrito (1531) pouco antes do estabelecimento do centro em Safed, embora ambos se baseiem no Zohar. Aparentemente, a apresentação sistemática de Alkabez teria sido escrita depois do *Pardes Rimonim* (*Likutei Hakdamot le-Chochmat ha-Cabala*, Manuscrito Oxford 1663). Cordovero foi seguido por seus discípulos, Abrahão ha-Levi Berukhmim, Abrahão Galante, Samuel Gallico e Mordecai Dato, que introduziu a Cabala de seu mestre na Itália, sua terra natal e cenário de sua prolífica atividade cabalística. Eliezer Arikiri e Elias de Vidas, ambos alunos de Cordovero, escreveram em Safed as duas obras clássicas sobre ética cabalística, destinadas a ter um amplo público entre estudantes da Torah: *Sefer Charedim* e *Reshit Chochmah*. Não apenas esses livros tiveram uma grande influência por seus próprios méritos, mas também abriram caminho para todo um gênero literário de obras sobre ética e conduta à maneira cabalista que apareceria nos séculos XVII e XVIII e foram amplamente populares. Essa literatura fez mais pela disseminação em massa da Cabala do que aqueles livros que abordavam a Cabala no sentido mais estrito, cujo conteúdo místico só era compreensível para alguns poucos leitores.

Um livro que não depende da Cabala de Cordovero, mas que está saturado com a atmosfera de Safed e em que a ideia de transmigração teve importante lugar, é o *Galei Razaia*, de autor desconhecido. Duvidosamente atribuído a Abrahão ha-Levi Berukhim, esse livro abrangente foi escrito em 1552-53, e a seção mais importante é dedicada à teoria da alma e sua transmigração. Especialmente impressionante é a tentativa de explicar as vidas dos heróis bíblicos, em particular seus feitos mais inescrupulosos e suas relações com mulheres estrangeiras, em termos de transmigração. O livro está entre as criações mais originais da Cabala; apenas parte dele foi impressa (1812), embora a obra inteira esteja conservada (Manuscrito Oxford 1820). Sua psicologia ousada se tornou um precedente para a abordagem paradoxal dos sabateanos em sua interpretação dos pecados dos personagens bíblicos.[107] Curiosamente, ele não despertou nenhuma oposição registrada.

No magnetismo de sua personalidade e na profunda impressão que causou em todos, Isaac Luria Ashkenazi, o "Ari" (1534-72), foi maior que Cordovero (ver p. 421). A figura central da nova Cabala, ele foi o mais importante místico cabalista após a expulsão. Embora tenha trabalhado em Safed apenas durante os dois ou três últimos anos de sua vida, ele teve uma profunda influência sobre o círculo fechado dos estudantes – alguns deles grandes eruditos – que, após sua morte, propagaram e interpretaram várias versões de suas ideias e de seu modo de vida, principalmente do final do século XVI em diante. Imediatamente após sua morte, uma rica tapeçaria de lendas se teceria em torno dele, na qual fatos históricos se entrelaçariam com a fantasia.[108] Os poderes de Luria como pensador não podem ser comparados aos de Cordovero, com quem ele estudou brevemente em 1570; mas sua influência pessoal e histórica foi muito mais profunda, e em toda a história da Cabala apenas a influência do Zohar pode ser comparada à sua. Desenvolvido a partir de especulações de caráter mítico sobre o Zohar, em geral seu sistema dependia mais do que anteriormente se pensava de Cordovero, embora Luria tenha operado uma espécie de remitificação dos conceitos teóricos deste último. Em particular, as interpretações de Cordovero das ideias contidas no *Idra* do Zohar, expressas em seu *Elimah Rabati*, tiveram clara influência em Luria, que baseou os detalhes de seu sistema em grande medida nos *Idrot*. Para Luria, essas ideias estão ligadas à sua preocupação com as combinações de letras como um recurso para a meditação. Uma grande área de seu sistema não se oferece à completa penetração intelectual, e em muitos casos só pode ser alcançada através da meditação pessoal. Mesmo em sua teoria da criação (ver abaixo), que desde o início é associada com o extremo misticismo da linguagem e com os Nomes Sagrados em que o poder divino está concentrado, rapidamente chegamos ao ponto – os detalhes da ideia de *tikun ha-partsufim* ("restauração das faces [de Deus]") – que está além do escopo da percepção intelectual. Aqui estamos lidando com um caso extremo de reação gnóstica dentro da Cabala que encontra sua expressão no posicionamento de inúmeros estágios entre os graus de emanação e as luzes que neles cintilam. Essa reação gnóstica, e com ela a tendência mítica na Cabala, atingiu seu ápice em Luria, enquanto ,ao mesmo tempo, sua relação com as tendências filosóficas da Cabala espanhola e da Cabala de Cordovero também estava em seu ponto mais tênue.

Essas passagens que são compreensíveis, que estão relacionadas à origem do processo de criação, são muito diferentes dos pontos de partida dos neoplatônicos, mas são de grande importância para a história do misticismo, sua influência histórica foi espantosa. É precisamente nessas seções que encontramos importantes diferenças nas diversas versões da Cabala luriânica. Alguns cabalistas ocultaram trechos particulares dessas especulações, como Moisés Jonah em relação a toda a teoria do *tsimtsum* ("contração") em seu *Kanfei Ionah*, e Chaim Vital (ver p. 459) com o problema do *berur ha-dinim*, a progressiva remoção dos poderes do rigor e da severidade do *Ein-Sof* no processo de contração e emanação. Alguns acrescentaram novas ideias próprias, como Israel Sarug em sua teoria do *malbush* ("traje"), formado pelo movimento linguístico interior do *Ein-Sof* e ponto de origem, precedendo até o *tsimtsum*. Os aspectos originais da obra de Luria, tanto em geral quanto em particular, foram profundos e extremos, e apesar do fato de se basearem em ideias anteriores, deram à Cabala uma aparência completamente nova. Uma nova terminologia e um simbolismo novo e mais complexo são os traços principais da literatura dessa escola. Havia muita originalidade nas ideias a respeito do *tsimtsum* que antecedia todo o processo da emanação e da revelação divina; a natureza dual da evolução do mundo através do *hitpashtut* ("egressão") e do *histalkut* ("regressão") das forças divinas, que introduziu um elemento dialético fundamental na teoria da emanação (já aparente em Cordovero); os cinco *partsufim* ("configurações") como principais unidades do mundo interior, que são simplesmente configurações das dez *Sefirot* no novo arranjo, diante do qual as dez *Sefirot* perdem a independência anterior; o crescimento do mundo a partir da catástrofe necessária que ocorreu a Adão; e o lento *tikun* ("restauração") das luzes espirituais que caíram sob o domínio das *klipot* ("conchas, cascas"; forças do mal). O caráter gnóstico dessas ideias, que constituem uma nova mitologia no judaísmo, não pode ser negado. Em paralelo ao drama cosmogônico, existe um drama psicológico, tão complexo quanto, a respeito da natureza do pecado original e da restauração das almas condenadas à transmigração devido a esse pecado. A teoria da oração e da *kavanah* ("intenção") místicas mais uma vez se torna central para a Cabala, e a ênfase que recebem ultrapassa em muito qualquer outra concedida anteriormente ao assunto. Esse misticismo da oração se revelou o fator mais importante na nova Cabala, devido ao estímulo constante oferecido à atividade contemplativa. Existia um bom equilíbrio na Cabala luriânica entre as especulações teóricas e essa atividade prática. O elemento messiânico aqui é muito mais nítido do que em outros sistemas cabalísticos, pois a teoria do *tikun* confirmava a interpretação do significado total do judaísmo como uma aguda tensão messiânica. Essa tensão finalmente explodiu no movimento messiânico dos sabateístas, cujo apelo particular e poder histórico podem ser explicados através da combinação do messianismo com a Cabala. Uma explosão messiânica como essa foi inevitável em uma época na qual as tendências apocalípticas podiam ser facilmente ressuscitadas em amplos setores da população devido à predominância da Cabala luriânica. Não que essa forma da Cabala fosse diferente de outras correntes dessa tendência à aplicação prática ou à associação com a magia. Esses dois elementos também existiram em outros sistemas, até no de Cordovero. A teoria da *kavanah* na oração e na realização das *mitsvot* sem dúvida continha um forte elemento mágico na intenção de influenciar o eu interior. Os *ichudim*, exercícios de meditação baseados na concentração mental nas combinações de Nomes Sagrados que Luria dava a seus discípulos, continham tanto elementos de magia quanto outros recursos para se alcançar o espírito sagrado.

Os discípulos de Luria viam-no como o Messias, filho de José, que prepararia o caminho para a posterior revelação do Messias, filho de Davi,[109] mas toda uma geração seguinte à sua morte, eles se manteve em grupos esotéricos e pouco fez para difundir sua crença para o público em geral.[110] Apenas eventualmente fragmentos de escritos e diversas antologias ou resumos dos ensinamentos de Luria penetraram além de Eretz Israel. Nesse ínterim, na própria Eretz Israel, uma literatura completa de "escritos luriânicos" se formou, originada nos círculos de seus discípulos somados a seus próprios discípulos. Apenas uma porção mínima dessas obras era de escritos do próprio Luria.[111] Além dos discípulos acima mencionados, José ibn Tabul, Judá Mishan e outros também participaram dessa atividade, mas nenhum deles se tornaria um propagador ativo fora de Eretz Israel. Esse trabalho só começaria no final do século XVI, com as viagens de Israel Sarug à Itália e à Polônia.[112] O erudito Israel Sarug, apesar das suas pretensões, não era pupilo de Luria em Safed, mas apenas um discípulo no sentido espiritual. Até cerca de 1620, a Cabala permaneceu em grande medida sob a influência dos outros cabalistas de Safed, especialmente de Cordovero.

Conforme a Cabala começou a se irradiar para fora de Safed em direção à Diáspora, ela foi acompanhada por uma grande onda de excitação religiosa, particularmente na Turquia, na Itália e na Polônia. Na Itália, tem grande importância a obra de Mordecai Dato, que também se envolveu na propaganda da literatura messiânica por volta de 1575, que muitos consideraram ser o verdadeiro ano da redenção.[113] Igualmente importante foi seu pupilo Menachem Azariah de Fano (morto em 1623), que foi considerado por muitos anos o mais proeminente cabalista da Itália e que produziu um número considerável de obras, seguindo, a princípio, Cordovero e, mais tarde, a Cabala luriânica na versão difundida por Sarug. Fano e seus discípulos, especialmente Aaron Berechiah b. Moisés de Módena (morto em 1639) e Samuel b. Elisha Portaleone, fizeram da Itália um dos mais importantes centros da Cabala. Pregadores na Itália e na Polônia começaram a falar de assuntos cabalísticos em público, e a fraseologia cabalística se tornou propriedade pública. Algumas tentativas também foram feitas para explicar ideias cabalísticas sem o uso da linguagem técnica. Isso se vê particularmente nos escritos de Judá Loew b. Bezalel (Maharal de Praga) e no *Bet Mo'ed* de Menachem Rava de Pádua (1608). A disseminação da Cabala também trouxe consigo uma mistura com a crença e a especulação mística populares, que teve resultados amplamente difundidos. Os novos costumes dos cabalistas em Safed encontraram receptividade junto a um público mais amplo, especialmente após o aparecimento do *Seder ha-Iom* de Moisés ibn Makhir de Safed (1599). Manuais de penitência baseados na prática dos cabalistas de Safed, assim como novas orações e novos costumes, se difundiram. Na Itália, e mais tarde também em outras terras, grupos especiais foram estabelecidos para a sua propagação. Não é de se espantar que o movimento tenha resultado também na retomada da poesia religiosa, fundada no mundo da Cabala. Iniciada também em Safed, onde estavam seus principais expoentes, Eliezer Azikri, Israel Najara, Avraham Maimin, e Menachem Lonzano, essa poesia se espalhou pela Itália e foi exemplificada nas obras de Mordecai Dato, Aaron Berechiah de Módena, e José Iedidiah Carmi; nos anos seguintes, essa poesia expandiria seus ecos. Muitos poetas deveram grande estímulo a sua criatividade à Cabala, especialmente o grande poeta iemenita Shalom (Salim) Shabbazi, Moisés Zacuto e Moisés Chaim Luzzatto. Em suas obras, eles revelaram o valor imaginativo e poético dos símbolos cabalísticos, e muitos de seus poemas acabaram entrando em livros de orações, tanto de congregações quanto de indivíduos.[114]

Enquanto Chaim Vital, o principal discípulo de Luria, recusou-se a permitir que seus escritos fossem publicados – processo que só começou seriamente após a morte de Vital (1620) – um conhecimento detalhado da Cabala luriânica chegou à Diáspora, a princípio através das versões de Moisés Jonah e Israel Sarug. Quase todas as obras da Cabala dedicadas à difusão dessas ideias através da imprensa na primeira metade do século XVII trazem o selo de Sarug. Mas, em seu livro *Shefa Tal* (1612), Shabetai Sheftel Horowitz de Praga baseou sua tentativa de reconciliar a teoria luriânica do *tsimtsum* com a Cabala de Cordovero nos escritos de José ibn Tabul. Abrahão Herrera, pupilo de Sarug que conectou os ensinamentos de seu mestre com a filosofia neoplatônica, escreveu *Puerta del Cielo*, a única obra cabalista originalmente escrita em espanhol, que chegou ao conhecimento de muitos estudiosos europeus através de sua tradução para o hebraico (1655) e (parcialmente) para o latim (1684).

A princípio, as ideias luriânicas apareceram impressas apenas de forma abreviada, como no *Apirion Shelomo* de Abrahão Sasson (Veneza, 1608); mas, em 1629-31, os dois volumes de José Salomão Delmedigo foram publicados, *Ta'alumot Chochmah* e *Novelot Chochmah*, que também incluíam entre suas fontes materiais, os escritos de Sarug e seus pupilos. Este último volume também contém longos estudos de Delmedigo sobre essas ideias e uma série de tentativas de explicá-las filosoficamente. Durante esses anos, os manuscritos dos ensinamentos de Vital foram disseminados e em 1648 apareceu em Amsterdã o *Emek ha-Melech* de Naftali Bacharach (ver p. 501), que continha uma apresentação extremamente detalhada da doutrina luriânica baseada em uma mistura das duas tradições de Vital e Sarug. Essas obras tiveram uma enorme influência, embora também tenham despertado protestos e críticas. A isso, seguiu-se a publicação de outras fontes que buscavam interpretar o novo ensinamento; como, por exemplo, *Hatchalat ha-Chochmah* da escola de Sarug, publicado por um cabalista polonês, Abrahão Kalmanks de Lublin, que assumiu a autoria do livro sob o título *Ma'aian ha-Chochmah* (Amsterdã, 1652). No entanto, os livros publicados no campo da Cabala e que continuaram a aumentar seu número durante o século XVII, apenas em parte refletem as grandes ondas da Cabala que vinham varrendo o Oriente e o Ocidente. De Eretz Israel e do Egito, espalhou-se uma grande variedade de diferentes edições e redações de todos os tipos de ensinamentos luriânicos e que cativaram aqueles com inclinação mística. Uma grande quantidade dessa produção foi de obras de homens do centro estabelecido em Jerusalém entre 1630 e 1660, cujos líderes, Jacob Tsemach, Nathan b. Reuben Spiro e Meir Poppers, trabalharam generosamente tanto na edição dos escritos de Vital quanto na composição de suas próprias obras. Dessas, apenas os livros de Nathan Spiro, que passou alguns anos do final da vida na Itália, foram efetivamente impressos (*Tuv ha-Aretz*, 1655, *Iain ha-Meshumar*, 1660, e *Matstsat Shimurim*, todos em Veneza). O modo como a Cabala penetrou todos os aspectos da vida pode ser visto não apenas na longa lista de obras homiléticas de natureza completamente cabalística e de obras éticas escritas sob sua influência (especialmente o *Shenei Luchot ha-Berit* de Isaiah Horowitz), mas também nas interpretações de detalhes legais e haláchicos baseados em princípios cabalísticos. Chaim b. Abrahão ha-Kohen de Alepo foi particularmente reconhecido nesse campo e seu livro, *Mekor Chaim*, com suas várias partes, pavimentou o caminho para um novo tipo de literatura cabalística.

A ascensão da Cabala e sua predominância total em muitos círculos foram acompanhadas de algumas reações hostis. É verdade, evidentemente, que o apoio dado à Cabala por homens de reconhecida autoridade rabínica evitou ataques injuriosos e, em particular, acusações abertas de heresia, mas muitos intelectuais de natureza mais conservadora ficaram desconfiados da Cabala e alguns até expressaram abertamente sua hostilidade em seus livros. Entre eles, deve-se mencionar Elias Delmedigo em seu *Bechinat ha-Dat*, e Mordecai Corcos em uma obra específica hoje perdida. Um ataque feroz à Cabala foi lançado por Moisés b. Samuel Ashkenazi de Cândia (c. 1460) em diversos escritos conservados no Manuscrito Vaticano 254. Uma obra anônima, *Ohel Mo'ed* (do período da expulsão da Espanha; Manuscrito Jerusalém), foi escrita em resposta aos rabinos que desdenhavam e zombavam da Cabala. Conforme a Cabala se espalhou mais amplamente na comunidade, Leone (Judá Aryeh) Modena de Veneza (por volta de 1625) escreveu a clássica obra polêmica contra ela, *Ari Nohem*, mas não ousou publicá-la enquanto viveu (edição de N. Libowitz, 1929). No entanto, seu livro, amplamente conhecido em manuscrito, provocou muitas reações. José Salomão Delmedigo também criticou severamente a Cabala em seu *Igueret Achuz*, que também circulou apenas como manuscrito (publicado por Abrahão Geiger em *Melo Chofnaim*, Berlim, 1840).

Em seu avanço contínuo, a Cabala chegou à Polônia a partir da segunda metade do século XVI.[115] O entusiasmo público chegou a tal proporção que "aquele que levantasse objeções à ciência da Cabala" era considerado "passível de excomunhão" (R. Joel Sirkes em suas *responsa*, primeiro sermão [1834], n. 5). A princípio, a abordagem de Cordovero esteve no primeiro plano, mas a partir do início do século XVII, a Cabala de Luria começou a dominar. Não obstante, antes de 1648, as ideias propriamente sistemáticas da Cabala tiveram pouca influência, pelo que se pode avaliar a partir dos escritos de Arieh Loeb Priluk (comentários sobre o Zohar), Abrahão Kohen Rappaport de Ostrog (em suas homilias no final da coleção de *responsa*, *Eitan ha-Ezrachi*), Nathan b. Salomão Spira de Cracóvia (*Megaleh Amukot*, 1637), Abrahão Chajes (em *Holech Tamim*, Cracóvia, 1634) e outros. Aqui também os escritos da escola de Sarug foram os primeiros a circular; aparentemente a visita do próprio Sarug à Polônia pouco depois de 1600, convincentemente documentada, também deixou sua marca. Uma grande ênfase foi colocada aqui sobre a guerra contra o poder do *sitra achra* cristalizado nas *klipot* que era dissociada da ideia luriânica de *tikun* e tratada como um princípio básico em si mesmo. A tendência de personificar esses poderes em várias formas demonológicas é apresentada particularmente na obra de Samson b. Pessach Ostropoler, que, após sua morte (nos massacres de Chmielnicki de 1648) foi considerado um dos maiores cabalistas poloneses. A tentativa de criar uma mitologia demonológica completa conferiu a essa corrente particular da Cabala um caráter único. Até certo ponto, isso se baseou em escritos falsamente atribuídos a Isaac Luria, mas na verdade compostos na Polônia.[116]

A CABALA EM ÉPOCAS POSTERIORES

Uma geração depois que a Cabala luriânica se tornou amplamente estabelecida, a tensão messiânica incorporada no interior dela explodiu no movimento sabataísta. Embora houvesse, evidentemente, diversos fatores locais envolvidos, na medida em que as mentes das pessoas estavam abertas para o anúncio da vinda do Messias, não obstante, o crescente domínio da Cabala na consciência popular da época, particularmente entre os religiosos fervorosos, deve ser visto como o pano de fundo geral que tornou o movimento possível e que determinou seu modo de expressão. A profunda sublevação que a experiência messiânica trouxe em seu rastro abriu caminho para grandes mudanças no mundo da Cabala tradicional – ou na Cabala que as gerações precedentes ao sabateanismo consideravam tradicional. Quando grandes grupos de pessoas continuaram ligados firmemente a sua fé na alegação messiânica de Shabetai Tsevi mesmo depois de sua apostasia, dois fatores se combinaram para criar uma Cabala sabateana anormal e audaciosa, que foi considerada herética pelos cabalistas mais conservadores: (1) a ideia de que o início da redenção tornou possível perceber as mudanças que essa redenção acarretaria na estrutura dos mundos, e que o mistério da criação podia ser decifrado em termos de revelações visionárias que não eram possíveis antes; e (2) a necessidade de fixar o lugar do Messias nesse processo e de justificar assim a trajetória pessoal de Shabetai Tsevi, apesar de todas as suas contradições. Consequentemente, é claro que a Cabala sabateana era inteiramente nova, cheia de ideias ousadas que tinham considerável apelo. Qualquer originalidade essencial que a Cabala posterior contenha se deriva principalmente da Cabala dos sabateanos, cujas ideias principais foram criação de Natan de Gaza (morto em 1680), profeta de Shabetai, e de Abrahão Miguel Cardozo (morto em 1706). Embora seus livros não fossem impressos, eles foram frequentemente copiados, e a influência de suas ideias sobre apoiadores secretos do sabateanismo é facilmente reconhecível, mesmo em diversas obras que efetivamente acabaram sendo publicadas. O fato de que alguns dos maiores rabinos fossem sabateanos disfarçados implicou a existência de uma zona sombria em seus escritos impressos. Essa nova Cabala mostrou sua força principalmente no período entre 1670 e 1730.

Em contraste, a originalidade do trabalho dos cabalistas que permaneceram fora do campo sabateano foi limitada. Continuadores, mais do que pensadores originais, eles concentraram seus esforços em duas direções: (1) continuar o caminho que havia emergido através do desenvolvimento da Cabala a partir do Zohar até Isaac Luria, examinando e interpretando as obras das autoridades anteriores e, em geral, agindo como se nada tivesse acontecido e como se a explosão sabateana nunca tivesse ocorrido; e (2) limitar a disseminação da Cabala entre o povo, devido às perigosas consequências que eles temiam que o sabateanismo acarretasse para o judaísmo tradicional, além de reinstituir a Cabala em sua posição anterior, não como força social, mas como ensinamento esotérico restrito a alguns poucos privilegiados. Daí o caráter predominantemente conservador da Cabala "ortodoxa" de 1700 em diante. Cuidadosos para não se queimarem nas brasas quentes do messianismo, seus defensores enfatizaram antes os aspectos da meditação, da oração com *kavanah*, da teosofia e dos ensinamentos morais no espírito da Cabala. Novas revelações seriam suspeitas. Diferenças de abordagem começaram a se cristalizar particularmente em torno da questão sobre como exatamente os ensinamentos de Isaac Luria deveriam ser entendidos, na medida em que foram formulados por diferentes escolas de seus discípulos ou pelos discípulos destes. Aqui havia espaço para diferenças bastante claras de opinião. Havia até mesmo alguns cabalistas que, secretamente influenciados pelo sabateanismo, traçavam nítidos limites entre a Cabala luriânica tradicional e a área das novas revelações e pesquisas que permaneceria vedada a desconhecidos. Era como se não houvesse nenhum ponto de contato entre essas duas áreas, e elas pudessem permanecer lado a lado dentro de um mesmo domínio. Esse foi o caso, por exemplo, de Jacob Koppel Lifschuetz (um dos sabateanos secretos) em seu *Sha'arei Gan Eden* (Koretz, 1803) e, de maneira diferente, de Moisés Chaim Luzzatto (morto em 1747), que tentou fazer uma distinção entre seus estudos sistemáticos da Cabala luriânica (em *Pitchei Chochmah* e *Adir ba-Marom*, entre outros) e os estudos baseados nas revelações propiciadas a ele através de seu *maguid*.

A maioria daqueles que foram considerados os principais cabalistas se dedicaram a cultivar a tradição luriânica, às vezes tentando combiná-la com o sistema de Cordovero. A enorme produção literária, da qual apenas uma fração foi publicada, reflete esse estado de coisas. Além disso, seletas ou antologias foram feitas, a mais importante das quais foi o *Ialkut Re'uveni* de Reuben Hoeshke, dividido em duas partes (Praga, 1660, e Wilmesdorf, 1681; ver adiante, p. 239). Essa coleção da produção agádica dos cabalistas teve ampla circulação. Antologias desse tipo foram compostas principalmente por rabinos sefaraditas, até recentemente com o acréscimo de suas próprias interpretações, como o valioso *Midrash Talpiot* de Elias ha-Kohen ha-Itamari (Esmirna, 1736).

Além das obras da Cabala, no sentido do envolvimento e da apresentação de suas ideias, uma Cabala mais popular começou a se difundir a partir do final do século XVII. Enfatizando principalmente o fundamento ético básico e o ensinamento a respeito da alma, essa Cabala popular escolheu algumas ideias isoladas de outros ensinamentos cabalísticos e as enfeitou com homilias agádica gerais. A influência desses livros foi tão grande quanto a das obras técnicas da Cabala. Uma literatura desse tipo foi iniciada por grandes pregadores, como Bezalel b. Salomão de Slutsk, Aaron Samuel Kaidanover e seu filho Zevi Hirsch, autor de *Kav ha-Iashar*, e Berechiah Berakh Spira da Polônia. Entre os sefaraditas, destacaram-se Chaim ha-Kohen de Alepo e seu *Torat Chacham*, Elias ha-Kohen ha-Itamari de Esmirna, Chaim ibn Attar de Marrocos em *Or ha-Chaim*, e Sassoon ben Mordecai (Shandookh) (*Davar be-Ito*, 1862-64) de Bagdá. Comentários nessa linha sobre literatura midráshica também circularam; como o *Nezer ha-Kodesh* de Iechiel Mikhal b. Uzziel (sobre Gênesis, 1719) e o *Zikukin de-Nura* de Samuel b. Moisés Heida (sobre *Tana de-Vei Eliahu*, Praga, 1676). Sob a influência da Cabala, os *Midrashei ha-Peli'ah* foram compostos na Polônia no século XVII. Esses dizeres extremamente paradoxais e desconcertantes, muitas vezes vazados em estilo midráshico antigo, só podem ser entendidos através de uma mistura de alusões cabalísticas e engenhosidade. Segundo Abrahão, o filho do Gaon de Vilna (em *Rav Pe'alim*, 97), uma coleção desse tipo, *Midrashei Peli'ah*, foi impressa em Veneza no século XVII. São conhecidas outras coletâneas assim do século XIX.

Nesse período, havia importantes centros cabalistas no Marrocos, onde foi produzida uma rica literatura, embora a maior parte dela tenha permanecido em manuscritos. A Cabala foi dominante em outros países norte-africanos e a ênfase estava principalmente, na Cabala luriânica em todas as suas ramificações. Uma mistura de todos os sistemas é evidente entre os cabalistas do Iêmen e do Curdistão, onde a Cabala lançou raízes muito profundas, especialmente a partir do século XVII. Os cabalistas iemenitas mais proeminentes, ambos de Sana, foram o poeta Shalom b. Iossef Shabbazi (século XVII), que também foi um dos autores do *Midrash Chemdat Iamin* sobre a Torah (Jerusalém, 1956), e Iossef Tsaiach (morto em 1806), autor do comentário *Ets Chaim* sobre a liturgia segundo o rito iemenita (*Tichlal*, Jerusalém, 1894). A família Hariri de cabalistas esteve ativa em Ruwandiz no Curdistão nos séculos XVII e XVIII, e a maioria de seus escritos está conservada em manuscritos. Centros posteriores se formariam em Alepo e Bagdá, cujos cabalistas eram renomados em suas terras natais. Em todas essas regiões, e também na Itália, a poesia religiosa de natureza cabalística se desenvolveu e se espalhou amplamente. Os principais poetas dessa época tardia foram Moisés Zacuto, Benjamin b. Eliezer ha-Kohen, e Moisés Chaim Luzzatto na Itália, Jacob b. Tsur no Marrocos (*Et le-chol Chefets*, Alexandria, 1893), Salomão Molcho (segundo) em Tessalônica e Jerusalém (morto em 1788) e Mordecai Abadi em Alepo.

Em contraste com esses centros regionais, uma posição especial foi ocupada pelo novo centro estabelecido em Jerusalém em meados do século XVIII, dirigido pelo cabalista iemenita Shalom Mizrahi Sharabi (ha-Reshash; morto em 1777), o mais importante cabalista de todo o Oriente e do norte da África. Considerava-se Sharabi alguém altamente inspirado e igualado em respeito apenas pelo próprio Isaac Luria. Em torno de sua personalidade e da *ieshivah* Bet El que continuou sua tradição por quase 200 anos na Cidade Velha de Jerusalém (destruída por um terremoto em 1927), uma dupla abordagem se cristalizou: (1) uma concentração definida, quase exclusiva, na Cabala luriânica com base nos escritos de Vital, particularmente em seu *Shemonah She'arim*, e a adoção da doutrina das *kavanot* e da contemplação mística durante a oração como central para a Cabala tanto no aspecto teórico quanto no prático; (2) uma completa ruptura com a atividade no nível social e uma guinada em direção ao esoterismo de uma elite espiritual, que encarna a vida pietista exclusiva. Há óbvios pontos de similaridade entre essa forma posterior da Cabala e o tipo de misticismo muçulmano (sufismo) predominante naquelas regiões de onde o Bet El atraiu simpatizantes. O próprio Sharabi escreveu um livro de orações (impresso em Jerusalém em 1911) com detalhadas elaborações das *kavanot,* superando em número até aquelas transmitidas no *Sha'ar ha-Kavanot* em nome de Luria. O treinamento dos membros desse círculo, popularmente conhecidos como os *Mechavenim,* exigia que passassem muitos anos até dominar espiritualmente essas *kavanot,* as quais cada membro era obrigado a copiar integralmente. Das duas primeiras gerações depois da fundação do Bet El, diversos *shtarei hitkashrut* ("registros de associação") ainda existem, nos quais os signatários juravam dedicar a vida à completa parceria espiritual neste e no outro mundo. Além de Sharabi, os líderes do grupo na primeira geração foram Iom Tov Algazi (1727-1802), Chaim José David Azulai (1724-1806) e Chaim della Rosa (morto em 1786). Como no caso dos escritos de Isaac Luria, os livros de Sharabi também deram origem a uma abundante literatura exegética e textual.[117] A suprema autoridade desse círculo enquanto verdadeiro centro da Cabala foi rapidamente estabelecida em todos os países islâmicos e sua posição se tornou muito forte. Muitas lendas cabalísticas se teceram em torno de Sharabi. Os últimos dos principais responsáveis pelo Bet El foram Mas'ud Kohen Alchadad (morto em 1927), Ben-Tsion Hazan (1877-1951) e Ovadiah Hadayah (1891-1969).

Apenas alguns poucos escolhidos, naturalmente, iam ao centro em Bet El. Entre esses líderes da Cabala que continuaram em seus próprios países no Oriente, deve-se mencionar particularmente Abrahão Azulai de Marraqueche (morto em 1741), Abrahão Tobiana de Argel (morto em 1793), Shalom Buzaglo de Marraqueche (morto em 1780), José Sadboon de Túnis (século XVIII), e Jacob Abihazera (morto em 1880). Sassoon b. Mordecai Shandookh (1747-1830) e José Chaim b. Elias (morto em 1909) foram os principais cabalistas de Bagdá. Diversos cabalistas turcos e marroquinos do século XVIII foram hesitantes em relação ao sabateanismo, como Guedaliah Hayon de Jerusalém, Meir Bikayam de Esmirna, José David e Abrahão Miranda de Tessalônica e David di Medina de Alepo. A obra clássica que surgiria dos cabalistas desses círculos, que se aferravam às minúcias da tradição mas ao mesmo tempo não cortavam seus vínculos com o sabateanismo, foi o *Chemdat Iamim,* de autor anônimo (Esmirna, 1731-32), que teve enorme influência no Oriente.

Os desenvolvimentos tardios da Cabala na Polônia não levaram ao estabelecimento de um centro como o Bet El, mas existiu um centro ligeiramente semelhante entre 1740 e o início do século XIX no Klaus (*kloiyz*) em

Brody. Nessa época, os *Ioshevei ha-Klaus* ("os Sábios do Klaus") constituíram uma instituição organizada de cabalistas que trabalhavam juntos e eram consultados como homens de autoridade particular. À frente desse grupo, estiveram Chaim b. Menachem Zanzer (morto em 1783) e Moisés b. Hilel Ostrer (de Ostrog; morto em 1785). Quando o novo movimento chassídico se desenvolveu em Podólia e se tornou um estágio adicional e independente no crescimento do misticismo judaico e da popularização mais ampla da mensagem cabalística, os cabalistas do Klaus permaneceram fora e na verdade alheios a esse movimento. Nesse centro também, havia uma grande ênfase no estudo profundo da Cabala luriânica. O único vínculo entre os dois centros foi fornecido por Abrahão Gershon de Kuttow (Kuty), o cunhado de Israel b. Eliezer, o Ba'al Shem Tov, que foi a princípio membro do Klaus em Brody e que depois foi a Eretz Israel e nos últimos anos de sua vida se juntou aos cabalistas do Bet El, ou ao menos ficou próximo deles em espírito. Muitas das obras cabalísticas publicadas na Polônia no século XVIII receberam a aprovação do grupo do Klaus, mas, mesmo antes do estabelecimento desse centro, o estudo da Cabala floresceu em muitos lugares na Polônia, assim como na Alemanha e outras regiões sob o domínio dos Habsburgos.

Nessa época, muitos cabalistas vinham especialmente da Lituânia, como Judah Leib Pohovitzer no final do século XVII, e Israel Jaffe, autor de *Or Israel* (1701). No século XVIII, os principais cabalistas lituanos foram Arieh Leib Epstein de Grodno (morto em 1775) e R. Elias, o Gaon de Vilna, cuja abordagem estabeleceu o padrão para a maioria dos cabalistas lituanos do século XIX. Especialmente notáveis entre estes últimos, foram Isaac Eizik (Haver) Wildmann, autor de *Pitchei She'arim*, e Solomon Eliashov (1841-1924), que escreveu *Leshem Shevo ve-Achlamah*; ambas obras são apresentações sistemáticas da Cabala luriânica. Muitas obras cabalísticas apareceram na Polônia e na Alemanha a partir do final do século XVII, e tantos outros tratados éticos baseados em princípios cabalísticos. Tentativas de sistematização ocorreram no *Va-Iakhel Moshe* de Moisés b. Menachem Graf de Praga (Dessau, 1699) em diversos livros de Eliezer Fischel b. Isaac de Stryzow. A literatura que baseava seu fervor religioso no poder da "revelação do alto" era geralmente vista com suspeita, não sem motivo, de tendências sabateanas, mas existiram livros desse gênero dentro da Cabala mais conservadora, como o *Sefer Berit*

Olam de Isaac b. Jacob Ashknezai (vol. 1, Vilna, 1802; vol. 2, Jerusalém, 1937). O desenvolvimento na Polônia no século XVIII foi vinculado em grande medida à influência dos cabalistas italianos, e particularmente com o *Shomer Emunim* de José Ergas e o *Mishnat Chassidim* e *Iosher Levav* de Immanuel Chai Ricchi, que apresentavam abordagens diferentes do entendimento dos ensinamentos luriânicos. As revelações cabalísticas de David Moisés Valle de Módena (morto em 1777) permaneceram um livro fechado, mas cópias dos escritos de Moisés Chaim Luzzatto chegaram aos cabalistas lituanos, e alguns eram conhecidos dos primeiros *Chassidim*, nos quais causaram forte impressão. Ergas foi seguido por Baruch de Kosov (Kosover) em suas diversas introduções à Cabala, que só seriam publicadas cerca de 100 anos depois de sua morte (*Ammud ha-Avodah*, 1854). Uma apresentação sistemática ortodoxa foi feita pelo cabalista Jacob Meir Spielmann de Bucareste em *Tal Orot* (Lvov, 1876-83). Foram feitas novamente tentativas de vincular a Cabala aos estudos filosóficos, como em *Ma'amar Efsharit ha-Tiv'it* de Naftali Hirsch Goslar, os primeiros escritos de Salomão Maimon,[118] que permaneceram em manuscritos, e particularmente o *Sefer ha-Berit* de Fineas Elias Horowitz de Vilna (Bruenn, 1897) e o *Imrei Binah* de Isaac Satanow, um dos primeiros *maskilim* em Berlim.

Em contraste com essas tentativas de um estudo profundo da Cabala, o movimento chassídico ampliou seu espectro e tentou tornar as ideias cabalísticas cada vez mais populares, muitas vezes por intermédio de uma interpretação nova e mais literal de seus princípios. Nesse movimento, o misticismo judaico se mostrou mais uma vez uma força viva e um fenômeno social. No ramo Chabad dos *Chassidim*, foi criada uma forma original de Cabala, que tinha um objetivo psicológico claro e produziu uma literatura variada; mas também no campo chassídico havia correntes que retomavam estudos da Cabala luriânica. Essa Cabala floresceu como nova durante um século, particularmente na escola de Zevi Hirsch Eichenstein de Zhidachov (Zydaczow; morto em 1831), que produziu uma rica literatura. Os líderes dessa escola foram Isaac Eizik Jehiel Safrin de Komarno (morto em 1874), Isaac Eizik de Zhidachov (morto em 1873) e Joseph Meir Weiss de Spinka (1838-1909).

No início da agitação nacionalista do século XIX, dois cabalistas foram ativos – Elias Guttmacher em Graetz (1796-1874) e Judah Alkalai em Belgrado (1798-1878); os escritos sionistas deste último estão impregnados do espírito da Cabala. Na Europa Central e Ocidental, a influência da Cabala rapidamente declinou, particularmente após o conflito entre Jacob Emden e Jonathan Eyebeschüetz sobre a associação deste com o sabateanismo. Nathan Adler em Frankfurt (morto em 1800) reuniu em torno de si um círculo de fortes tendências cabalísticas, e seu pupilo Sekel Löb Wormser, "o Ba'al Shem de Michelstadt" (morto em 1847), foi removido por algum tempo pelo governo do rabinato de sua cidade, "devido a sua fé cabalista supersticiosa" – aparentemente como resultado de intrigas dos *maskilim*. Enquanto Fineas Katzenellenbogen, rabino de Boskovice em meados do século XVIII, estava catalogando os sonhos e experiências cabalísticos de sua família (Manuscrito Oxford 2315) e no círculo de Nathan Adler, como nos círculos dos frankistas posteriores em Offenbach, alegações de sonhos proféticos eram feitas, os rabinos estavam se afastando cada vez mais de qualquer manifestação de tendência mística ou inclinação para a Cabala. Quando Elchanan Hillel Wechsler (morto em 1894) publicou seus sonhos a respeito do holocausto que estava prestes se abater sobre os judeus alemães (1881), os principais rabinos ortodoxos tentaram impedi-lo, e suas incinações cabalistas levaram à sua perseguição. O último livro de um cabalista alemão a ser impresso foi o *Torei Zahav* de Hirz Abraham Scheyer de Mainz (morto de 1822) publicado em Mainz em 1875. No entanto, vários tipos de literatura cabalista continuariam a ser escritos no leste europeu e no Oriente Próximo até a época do Holocausto, e em Israel até hoje. A transformação das ideias cabalísticas em formas de pensamento moderno pode ser vista nos escritos de pensadores do século XX como R. Abraham Isaac Kook (*Orot ha-Kodesh, Arpilei Tohar, Reish Millin*); nos livros em hebraico de Hillel Zeitlin; e nos escritos em alemão de Isaac Bernays (*Der Bibel'sche Orient*, 1821) e Oscar Goldberg (*Die Wirklichkeit der Hebraeer*, Berlim, 1925).

O ataque fervoroso à Cabala feito pelo movimento Haskalah no século XIX limitou sua profunda influência no leste europeu em grande medida; mas dificilmente interrompeu a influência da Cabala nos países orientais, onde a vida da comunidade judaica foi afetada por ela até recentemente. Uma exceção foi o movimento anticabalista do Iêmen conhecido como *Dor De'ah* ("Doerde"). Liderado por Ichia Kafah (Kafih) de Sana (morto em 1931), o *Dor De'ah* provocou muitas disputas entre os judeus do Iêmen. Além dos escritos acusatórios e difamatórios a partir de 1914, apareceu em conexão com essa controvérsia o *Milchamot ha-Shem* de Kafah e a resposta dos rabinos iemenitas, de autoria de Iossef Jacob Zabiri, *Emunat ha-Shem* (Jerusalém, 1931 e 1938).

3
AS IDEIAS BÁSICAS DA CABALA

Como foi mostrado no capítulo anterior, a Cabala não é um sistema único com princípios básicos que podem ser explicados de maneira simples e direta, mas consiste em uma multiplicidade de abordagens diferentes, amplamente separadas e às vezes completamente contraditórias. Não obstante, desde o aparecimento do *Sefer ha-Bahir*, a Cabala possuiu um espectro comum de símbolos e ideias que seus seguidores aceitaram como uma tradição mística, embora diferissem na interpretação do significado preciso desses símbolos, nas implicações filosóficas intrínsecas a eles e também nos contextos especulativos através dos quais se tornou possível considerar essa estrutura comum como uma espécie de teologia mística do judaísmo: (1) o espectro de símbolos desde a Cabala antiga até o período de Safed, isto é, a teoria das *Sefirot* tal como foi cristalizada em Girona, nas diversas partes do Zohar e na obra dos cabalistas até Cordovero; e (2) o espectro de símbolos criados pela Cabala luriânica, que em geral dominou o pensamento cabalístico desde o século XVII até tempos recentes. O sistema luriânico vai além da doutrina das *Sefirot*, embora faça uso amplo e enfático de seus princípios e seja baseado no simbolismo dos *partsufim*.

Além disso, duas tendências básicas podem ser diferenciadas nos ensinamentos cabalísticos. Uma tem uma forte direção mística, expressa em imagens e símbolos cuja proximidade interna com o domínio do mito é muitas vezes impressionante. O caráter da outra é especulativo, uma tentativa de dar um significado ideacional mais ou menos definido aos símbolos.

Em grande medida, esse perfil apresenta a especulação cabalística como uma continuação da filosofia, uma espécie de camada adicional superposta a ela através de uma combinação dos poderes do pensamento racional e da contemplação meditativa. As exposições especulativas dos ensinamentos cabalísticos dependiam muito das ideias das filosofias neoplatônica e aristotélica, tal como eram conhecidas na Idade Média e expressas em uma terminologia comum a esses campos. De modo que a cosmologia da Cabala é emprestada delas e não é nada original, sendo expressa segundo a doutrina medieval comum dos intelectos e esferas separados. Sua verdadeira originalidade está nos problemas que transcendem essa cosmologia. Como a filosofia judaica, a Cabala especulativa moveu-se entre duas grandes heranças, a Bíblia e o judaísmo talmúdico, de um lado, e a filosofia grega em suas diferentes formas, de outro. O aspecto original e adicional, contudo, foi o novo impulso religioso que procurou se integrar com essas tradições e iluminá-las por dentro.

DEUS E CRIAÇÃO

Todos os sistemas cabalísticos têm sua origem em uma distinção fundamental a respeito do problema do Divino. Em abstrato, é possível pensar em Deus como Deus em Si, com referência a Sua própria natureza apenas, e em Deus como Sua relação com Sua criação. No entanto, todos os cabalistas concordam que o conhecimento religioso de Deus, mesmo do tipo mais elevado, só pode ser obtido através da contemplação da relação de Deus com a criação. Deus em Si, a Essência absoluta, está além de qualquer compreensão especulativa ou mesmo extática. A atitude da Cabala em relação a Deus pode ser definida como um agnosticismo místico, formulado de maneira mais ou menos extrema e próxima do ponto de vista do neoplatonismo. No intuito de expressar esse aspecto incognoscível do Divino, os primeiros cabalistas da Provença e da Espanha formularam o termo *Ein-Sof* ("Infinito"). Essa expressão não pode ser identificada como uma tradução de um termo filosófico latino ou árabe. Antes, trata-se de uma hipóstase que, em contextos que lidam com a infinitude de Deus ou de Seu pensamento que "se estende sem fim" (*le-ein sof* ou *ad le-ei sof*), trata a relação adverbial como se fosse um substantivo e o utiliza como um termo técnico. *Ein-Sof* aparece pela primeira vez nesse sentido nos escritos de Isaac, o Cego e seus discípulos, particularmente nas obras de Azriel de Girona e mais tarde no Zohar, no *Ma'arechet ha-Elohut* e em escritos daquele período. Embora os cabalistas ainda tivessem consciência da origem do termo, eles não o usavam com o artigo definido, mas como nome próprio; só a partir de 1300 eles começariam a falar de *ha-Ein-Sof* também, geralmente identificado com outros epítetos comuns do Divino. Esse uso posterior, que se espalhou por toda a literatura, indica um conceito pessoal e teísta, em contraste com a hesitação entre uma ideia desse tipo e um conceito neutro e impessoal de *Ein-Sof* encontrado em algumas fontes anteriores. A princípio, não era claro se o termo *Ein-Sof* se referia a "Aquele que não tem fim" ou a "aquilo que não tem fim". Este último aspecto neutro foi enfatizado ao reforçar que *Ein-Sof* não devia ser qualificado por nenhum dos atributos ou epítetos pessoais de Deus encontrados nas Escrituras, nem elogios como *Baruch Hu* ou *Itbarach* (encontrado apenas na literatura posterior) deveriam ser acrescentados. Na verdade, contudo, haveria diversas posturas quanto à natureza de *Ein-Sof* desde o início; Azriel, por exemplo, tendia a uma interpretação impessoal do termo, enquanto Asher b. David o empregou em um sentido nitidamente pessoal e teísta.

Ein-Sof é a perfeição absoluta na qual não há distinções e nenhuma diferenciação e, segundo alguns, nem mesmo volição. Não se revela de maneira a tornar possível haver conhecimento de sua natureza e não é acessível nem mesmo ao pensamento mais íntimo (*hirhur ha-lev*) dos contemplativos. Apenas através da natureza finita de cada coisa existente, através da existência concreta da criação em si, é possível deduzir a existência de *Ein-Sof* enquanto causa primeira infinita. O autor do *Ma'arechet ha-Elohut* propõe a tese extrema (não sem despertar a oposição de cabalistas mais cautelosos) de que toda a revelação bíblica, e também a Lei Oral, não continha qualquer referência a *Ein-Sof*, e que apenas os místicos haviam recebido alguma intuição a respeito. Assim, o autor desse tratado, seguido por diversos outros escritores, foi levado à ousada conclusão de que apenas o Deus revelado podia na verdade ser chamado de "Deus", e não o *"deus absconditus"*, oculto, que não podia ser objeto de pensamento religioso. Quando ideias desse tipo voltaram em um período posterior, na Cabala sabateana e quase-sabateana, entre 1670 e 1740, elas foram consideradas heréticas.

Outros termos e imagens para significar o domínio do Deus oculto, que fica além de qualquer impulso rumo à criação, ocorrem nos escritos dos cabalistas de Girona e na literatura da escola especulativa. Exemplos desses termos são *mah she-ein ha-machshavah masseguet* ("aquilo que o pensamento não alcança" – às vezes usado para descrever também a primeira emanação), *ha-or ha-mit'alem* ("a luz oculta"), *seter ha-ta'alumah* ("ocultamento do segredo"), *itron* ("superfluidez" – aparentemente uma tradução do termo neoplatônico *hyperousia*), *ha-achdut ha-shavah* ("unidade indistinguível", no sentido de uma unidade em que todos os opostos são iguais e na qual não existe diferenciação) ou mesmo simplesmente *ha-mahut* ("a essência"). O fator comum a todos esses termos é que *Ein-Sof* também pode ser visto na principal parte do Zohar, enquanto nos extratos posteriores, no *Ra'aia Meheimna* e nos *Tikunim*, um conceito pessoal é preponderante. *Ein-Sof* é muitas vezes (não sempre) identificado com a "causa de todas as causas" aristotélica e, através do uso cabalístico do jargão neoplatônico, com a "raiz de todas as raízes". Embora todas as definições acima tenham em comum um elemento negativo, eventualmente no Zohar há uma designação notavelmente positiva que dá o nome *Ein-Sof* às nove luzes do pensamento que brilham a partir do Pensamento Divino, assim trazendo *Ein-Sof* para fora de seu ocultamento e rebaixando-o para um nível mais humilde de emanação (o contraste entre os dois conceitos emerge através da comparação entre várias passagens, como, por exemplo, 1:21a e 2:239a com 2:226a). Em um desenvolvimento posterior da Cabala luriânica, no entanto, em clara oposição à opinião dos cabalistas anteriores, diversas diferenciações foram feitas até no interior do *Ein-Sof*. Na Cabala, portanto, *Ein-Sof* é a realidade absoluta, e não havia dúvida quanto à sua natureza espiritual e transcendente. Isso era assim, embora a falta de clareza de algumas expressões usadas pelos cabalistas ao falar da relação do Deus revelado com Sua criação desse a impressão de que a própria substância de Deus em Si era também imanente no interior da criação (ver abaixo, sobre Cabala e panteísmo). Em todos os sistemas cabalísticos, o simbolismo da luz é muito usado com relação ao *Ein-Sof*, apesar de ser enfatizado que se trata de um uso meramente hiperbólico, e na Cabala posterior houve, às vezes, uma clara distinção entre *Ein-Sof* e "a luz de *Ein-Sof*". Na Cabala popular, que encontra expressão nos escritos éticos e na literatura chassídica, *Ein-Sof* é meramente um sinônimo para o Deus tradicional da religião, um uso linguístico muito distante daquele da Cabala clássica, em que há evidência de nítidas distinções entre *Ein-Sof* e o Divino Criador revelado. Isso pode ser visto não só nas formulações dos primeiros cabalistas (como Isaac de Acre em seu comentário ao *Sefer Ietsirah*, em: KS 31 [1956], p. 391), mas também entre os posteriores; Baruch Kosover (c. 1770) escreveu: "*Ein-Sof* não é o nome próprio Dele, mas uma palavra que significa seu completo ocultamento, e nossa língua sagrada não tem uma palavra como essas duas para significar esse ocultamento. E não é certo dizer '*Ein-Sof*, louvado seja Ele' ou 'que Ele seja louvado', porque Ele não pode ser louvado pelos nossos lábios" (*Amud ha-Avodah*, 1863, 211d).

O problema todo da criação, mesmo em seus aspectos mais recônditos, está ligado à revelação do Deus oculto e Seu movimento para fora – muito embora "não haja nada fora Dele" (Azriel), pois em última análise "tudo vem do Um, e tudo retorna para o Um", segundo a fórmula neoplatônica adotada pelos primeiros cabalistas. Nos ensinamentos cabalísticos, a transição de *Ein-Sof* para a "manifestação", ou para o que se pode chamar de "Deus Criador", está associada à questão da primeira emanação e sua definição. Embora houvesse opiniões amplamente diferentes sobre a natureza do primeiro passo do ocultamento à manifestação, todos enfatizavam que nenhum relato desse processo poderia ser uma descrição objetiva de um processo no interior de *Ein-Sof*; isso seria apenas algo que poderia ser conjecturado a partir da perspectiva dos seres criados e seria expresso através de suas ideias, que na verdade não podem ser aplicadas a Deus de maneira nenhuma. Portanto, descrições desses processos só têm valor simbólico ou, na melhor das hipóteses, um valor aproximado. Não obstante, lado a lado com essa tese, há especulações detalhadas que frequentemente reivindicam realidade objetiva para o processo que descrevem. Esse é um dos paradoxos inerentes da Cabala, assim como de outras tentativas de explicar o mundo de maneira mística.

A decisão de emergir do ocultamento na manifestação e na criação não é, em nenhum sentido, um processo que seja consequência necessária da essência do *Ein-Sof*. Trata-se de uma decisão livre que permanece um constante e impenetrável mistério (Cordovero, no início do *Elimah*). Portanto, na opinião da maioria dos cabalistas, a questão da motivação definitiva da criação não é uma questão legítima, e a afirmação encontrada em muitos livros de que Deus desejou revelar a medida de Sua bondade está ali apenas como um recurso que nunca é sistematicamente desenvolvido. Esses primeiros passos para fora, como resultado dos quais a Divindade se torna acessível aos esforços contemplativos do cabalista, ocorrem no interior de Deus em Si e não "fora da categoria do Divino" (Cordovero). Aqui a Cabala se separa de toda apresentação racionalista da criação e assume o caráter de uma doutrina teosófica, isto é, preocupada com a vida interior e com os processos de Deus em Si. Uma distinção nos estágios desses processos na unidade de Deus pode ser feita apenas pela abstração humana, mas na verdade eles estão ligados e unificados de uma maneira que está além de todo entendimento humano. As diferenças básicas nos vários sistemas cabalísticos já são aparentes com relação ao primeiro passo, e como essas ideias foram apresentadas de maneira obscura e figurativa na literatura clássica, como no *Bahir* e no Zohar, mesmo expoentes de opiniões muito diferentes eram todos capazes de olhar para elas como autoridades. O primeiro problema, que desde o início suscitou respostas diferentes, era se o primeiro passo se dirigia efetivamente para o mundo externo ou se era antes um passo para dentro, um recolhimento de *Ein-Sof* nas profundezas de si mesmo. Os primeiros cabalistas e Cordovero adotaram a primeira opinião, o que os levou a uma teoria da emanação próxima da teoria neoplatônica, embora não absolutamente idêntica a ela. Mas a Cabala luriânica, que adotou a segunda opinião, fala não apenas de um retorno das coisas criadas para sua fonte em Deus, mas também de um retorno (*regressus*) de Deus para as profundezas de Si mesmo anterior à criação, um processo indentificável com o da emanação apenas se interpretado como mera figura de linguagem. Tal interpretação, na verdade, apareceu muito antes (ver adiante, p. 164). Os conceitos que ocorrem mais frequentemente na descrição desse primeiro passo dizem respeito principalmente à vontade, ao pensamento, *Ain* ("Nada absoluto") e à irradiação interior do *Ein-Sof* nas luzes supremas chamadas "esplendores" (*tsachtsachot*), que são mais altas do que qualquer outra emanação.

Vontade

Se ao *Ein-Sof* for negado qualquer atributo, então ele deve ser separado da Vontade Divina, por mais elevada que esta seja e por mais claramente conectada com seu possuidor, que é o *Ein-Sof*. Os cabalistas de Girona frequentemente falam do Deus oculto operando através da Vontade Primordial, que é como se fosse abarcada por Ele e unida a Ele. Esta, a mais alta das emanações, que é ou emanada de Sua essência, ou oculta dentro de Seu poder, constitui o nível definitivo ao qual o pensamento pode penetrar. Faz-se menção à "vontade infinita" (*ha-ratson ad ein-sof*), à "infinita elevação" (*ha-rom ad ein-sof*) ou a "aquilo que o pensamento jamais alcançará", e a referência é a essa unidade de ação entre *Ein-Sof* e sua primeira emanação, que está ligada a sua fonte e a ela retorna constantemente. Em algumas obras, como, por exemplo, *Perush ha-Agadot*, de Azriel, não há quase menção ao *Ein-Sof*; em vez disso, a Vontade Primordial aparece em expressões que geralmente estão conectadas com o *Ein-Sof* em si. Seria essa Vontade tão eterna quanto o próprio *Ein-Sof*, ou terá se originado apenas no momento de sua emanação, de modo que seria possível pensar em uma situação em que o *Ein-Sof* existiu sem a Vontade, isto é, sem a volição de criar ou de se manifestar? Diversos cabalistas de Girona e seus seguidores tendiam a acreditar que a Vontade Primordial era eterna, e assim eles fixaram o início do processo de emanação no segundo passo ou *Sefirah*, que consequentemente foi chamado de *reshit* ("início"), identificado com a Divina Sabedoria de Deus (ver abaixo). A maioria das afirmações da parte principal do Zohar segue esta opinião. A chamada "Vontade infinita", no sentido da unidade do *Ein-Sof* com a Vontade e sua manifestação conjunta na primeira *Sefirah*, recebe o nome figurativo de *Atika Kadisha* ("o Antigo Sagrado") no Zohar. Também, nas passagens que falam de *Ein-Sof* e o início da emanação, esse início (*reshit*) é sempre relacionado à segunda *Sefirah*, não havendo nenhuma menção de que aquilo que a precedeu também passou a existir no tempo e não havia sido emanado eternamente. Portanto, em alguns casos, a primeira emanação é vista apenas como um aspecto externo de *Ein-Sof*: "Chama-se *Ein-Sof* internamente e *Keter Elion* externamente" (*Tikunei Zohar*, final do *Tikun 22*). No entanto, essa ordem ocorre apenas naquelas passagens que discutem o processo em detalhe; naquelas que tratam do processo da emanação em geral, não há diferenciação entre o *status* da primeira *Sefirah* e o das outras *Sefirot*. Conforme a Cabala se desenvolveu na Espanha, prevaleceu a tendência de se fazer uma distinção clara entre *Ein-Sof* e a emanação, que então passou a ser considerada nem eterna, nem pré-existente. Entre os cabalistas de Safed, na verdade, a opinião contrária era considerada quase herética, pois tornava possível a identificação de *Ein-Sof* com a primeira *Sefirah*. A bem dizer, essa identificação é efetivamente encontrada em diversas fontes cabalísticas antigas, e o autor anônimo do *Sefer ha-Shem*, erroneamente atribuído a Moisés de Leon (c. 1325, impresso em *Heichal ha-Shem*, Veneza, 1601, 4b), critica o Zohar por causa disso, dizendo que é contrário à "opinião dos maiores cabalistas" e, um erro possibilitado apenas pela falsa suposição de que o *Ein-Sof* e a primeira emanação são uma coisa só.

Os primeiros cabalistas, particularmente Azriel de Girona e Asher b. David, consideravam a Vontade Divina como o único aspecto da Divina Essência que estava ativo na criação, implantado lá pelo poder do *Ein-Sof*. A comunhão com a Vontade Suprema era o objetivo final da oração, pois ela era "a fonte de toda vida", inclusive da própria emanação. Será que o conceito específico da Vontade enquanto Poder Divino supremo, que segundo os cabalistas de Girona e o Zohar tem precedência até sobre o pensamento Divino e o puro intelecto, contém vestígios da influência direta da ideia central de Salomão ibn Gabirol em seu livro *Mekor Chaim*? Uma conexão histórica parece claramente evidente nos ensinamentos de Isaac ibn Latif (fólios 1230-60), que aparentemente viveu em Toledo e poderia ter lido o livro de Gabirol no original árabe. Sua teoria é uma mistura das ideias de Gabirol e as da primeira geração da Cabala espanhola. Sua opinião sobre a Vontade pode ser encontrada principalmente em seus livros *Guinzei ha-Melech* e *Zurat ha--Olam*. "A Vontade primordial" (*ha-chefets ha-kadmon*) não é completamente idêntica a Deus, mas é um traje "envolvendo a substância de quem o veste por todos os lados". Ela foi "a primeira coisa a ser emanada a partir do Ser verdadeiro e pré-existente", em um processo contínuo que não teve nenhum início concreto. Acima da matéria e da forma, essa Vontade une a ambas em sua primeira união, assim trazendo à existência aquilo que Ibn Latif chama de "a primeira coisa criada" (*ha-nivra ha-rishom*). Sua descrição dos detalhes dos processos que ocorrem abaixo do nível da Vontade difere da dos outros cabalistas; ela não foi aceita, nem teve qualquer influência sobre a teoria da emanação tal como foi formulada na Cabala posterior. Conforme a tendência a identificar *Ein-Sof* com a primeira *Sefirah* foi se tornando cada vez menos acentuada, também a distinção entre *Ein-Sof* e a Vontade se tornou correspondentemente enfatizada em maior grau, embora a questão sobre a Vontade ter sido criada ou ser eterna continuasse cercada de controvérsias ou fosse deliberadamente obscurecida.

Pensamento

Outro conceito básico para todo o problema da primeira manifestação de *Ein-Sof* é o do "Pensamento" (*machshavah*). No *Sefer ha-Bahir* e nos escritos de Isaac, o Cego, não se confere nenhum estatuto especial à Vontade, cujo lugar é ocupado pelo "Pensamento que não tem fim nem finalidade" e que existe como o estágio mais elevado, a partir do qual todo o resto emanou, sem ser designado como uma emanação propriamente. Nesse sentido, a primeira fonte de toda emanação é, às vezes, chamada de "puro Pensamento" – um domínio impenetrável para o mero pensamento humano. Segundo essa teoria, todo o processo criativo depende de um ato antes intelectual que volicional, e a história da Cabala é marcada por uma luta entre essas duas opiniões sobre a criação. A identidade essencial de Vontade e Pensamento foi reforçada apenas por Ibn Latif. Para a maioria dos cabalistas, aquele Pensamento que se pensa apenas a si mesmo e não tem outro conteúdo foi rebaixado para um nível inferior ao da Vontade e se tornou identificado com a Sabedoria Divina, que passava a contemplar não apenas a si mesma, mas todo o plano da criação e o paradigma de todo o universo. Portanto, os cabalistas de Girona e o autor do Zohar falam de "Vontade de Pensamento", isto é, a Vontade que ativa o Pensamento, e não vice-versa. O aspecto mais elevado da *chochmah* ("Sabedoria"), sobre a qual os cabalistas de Girona falam bastante, chama-se *haskel* (a partir de Jeremias 9:23), um termo que denota o entendimento divino, a atividade do *sechel* ("divino intelecto"), qualquer que seja o conteúdo deste, e não, como no caso da *chochmah*, sua cristalização em um sistema de pensamento. O conceito de *haskel* passou a ocupar o lugar da Vontade entre aqueles que não se inclinavam a aceitar a teoria ou que ficaram perplexos diante dela, particularmente na escola de Isaac, o Cego. Ela corresponderia ao papel da divina *intelligere* nos ensinamentos de Mestre Eckhart 100 anos mais tarde.

Nada

Mais ousado é o conceito do primeiro passo na manifestação do *Ein-Sof* enquanto *ain* ou *afissah* ("nada", "inexistente"). Essencialmente, esse nada é a barreira que confronta a faculdade intelectual humana quando ela alcança os limites de sua capacidade. Em outras palavras, trata-se de uma afirmação subjetiva de que existe um domínio que nenhum ser criado é capaz de compreender intelectualmente, que, portanto, só pode ser definido como "nada". Essa ideia está associada também com seu conceito oposto, a saber, que, como na realidade não há diferenciação no primeiro passo de Deus rumo à manifestação, esse passo não pode ser definido de nenhuma maneira qualitativa e, assim, só pode ser descrito como "nada". O *Ein-Sof*, que se volta para a criação, manifesta-se, portanto, como *ain ha-gamur* ("nada completo"), ou, em outras palavras: Deus, Aquele que é chamado *Ein-Sof* em relação a Si, é chamado *Ain* em relação a Sua primeira autorrevelação. Esse ousado simbolismo está associado com as mais místicas teorias a respeito de um entendimento do Divino, e sua particular importância pode ser vista na radical transformação da doutrina da *creatio ex nihilo* em uma teoria mística que afirma o exato oposto do que parece ser o sentido literal da expressão. Desde este ponto de vista, não faz diferença se o *Ein-Sof* em si é o verdadeiro *ain* ou se esse *ain* é a primeira emanação do *Ein-Sof*. Em ambos os casos, a teoria monoteísta da *creatio ex nihilo* perde seu sentido original e é completamente invertida pelo conteúdo esotérico da fórmula. Como os primeiros cabalistas não permitiam nenhuma interrupção no fluxo da emanação a partir da primeira *Sefirah* até sua consolidação nos mundos familiares à cosmologia medieval, a *creatio ex nihilo* pode ser interpretada como criação a partir do interior de Deus em Si. Essa opinião, contudo, permaneceu uma crença secreta e ficou oculta por trás do uso da fórmula ortodoxa; mesmo uma autoridade cabalística como Nachmanides podia falar em seu comentário à Torah da *creatio ex nihilo* em seu sentido literal enquanto livre criação da matéria primordial a partir da qual tudo foi feito, enquanto simultaneamente sugeria, como demonstra seu uso da palavra *ain* em seu comentário sobre Jó 28:12 e as alusões cabalísticas em seu comentário sobre Gênesis 1, que o verdadeiro sentido místico do texto é a emergência de todas as coisas a partir do nada absoluto de Deus.

Baseando suas especulações sobre o comentário ao *Sefer Ietsirah* escrito por José Ashkenazi (atribuído em edições impressas a Abrahão b. David), os cabalistas que tinham uma opinião indubitavelmente teísta tentaram resgatar o sentido original da fórmula ao definir a primeira *Sefirah* como o primeiro efeito, que é absolutamente separado de sua causa, como se a transição entre causa e efeito envolvesse um grande salto do *Ein-Sof* para o *ain*, uma opinião que de fato se coadunava com a imagem teológica tradicional. No entanto, no intuito de escapar à lógica interna da teoria anterior, alguns cabalistas posteriores, do século XVI em diante, tentaram acrescentar um novo ato de *creatio ex nihilo* depois da emanação das *Sefirot* ou a cada estágio da emanação e da criação. Não existiam dúvidas desse tipo na Cabala espanhola, nem nas obras de Cordovero, embora no *Elimah Rabati* ele tenha tido dificuldades para se decidir entre a interpretação simbólica e a literal da fórmula. David b. Abrahão ha-Lavan em *Massoret ha-Berit* (fim do século XIII) definiu o *ain* ("nada") como "tendo mais ser do que qualquer outro ser do mundo, mas como é simples, e todas as outras coisas simples são complexas quando comparadas com sua simplicidade, então, em comparação, é chamado de 'nada'".[1] Encontramos também o uso figurativo do termo *imkei ha-ain* ("as profundezas do nada"), e se diz que "se todos os poderes retornassem ao nada, o Uno Primordial que é a causa de tudo permaneceria o mesmo em sua unidade (ou: unidade sem distinções) nas profundezas do nada".

As três luzes

Outra ideia associada à transição do Emanador para o emanado originou-se em um *responsum* (início do século XIII) atribuído a Hai Gaon, e subsequentemente suscitou muita especulação.[2] Ali, afirma-se que, acima de todos os poderes emanados, existe na "raiz de todas as raízes" três luzes ocultas que não tiveram um início, "pois elas são o nome e a essência da raiz de todas as raízes e estão além do alcance do pensamento". Conforme a "luz interior primordial" se espalha através da raiz oculta, duas outras luzes se acendem, chamadas *or metsuchtsach* ou *tsach* ("luz cintilante"). Enfatiza-se que essas três luzes constituem uma essência e uma raiz que é "infinitamente oculta" (*ne'lam ad le-ein sof*), formando uma espécie de trindade cabalística que precede a emanação das dez *Sefirot*. No entanto, não fica suficientemente claro se a referência é às três luzes entre o Emanador e a primeira emanação, ou às três luzes que se irradiam no interior da substância do próprio Emanador em si – ambas possibilidades podem ser sustentadas. Na terminologia da Cabala, essas três luzes são chamadas *tsachtsachot* ("esplendores"), e elas são pensadas como as raízes das três *Sefirot* superiores que emanam delas (ver Cordovero, *Pardes Rimonim*, capítulo 11). A necessidade de posicionar essa estranha trindade é explicada pela urgência de fazer as dez *Sefirot* se conformarem aos 13 atributos de Deus. Não é surpreendente que mais tarde os cristãos encontrassem uma alusão a sua própria doutrina da trindade nessa teoria, embora ela não contenha nenhuma das hipóstases pessoais características da trindade cristã. Em todo caso, a hipótese das *zahzahot* levou a complicações ainda maiores na teoria da emanação e à predicação de raízes na essência do *Ein-Sof* para cada coisa que foi emanada. Na geração seguinte à publicação do Zohar, David b. Juddah Chassid, em seu *Mare'ot ha-Tsove'ot*, menciona dez *tsachtsachot* localizadas entre *Ein-Sof* e a emanação das *Sefirot*.

EMANAÇÃO E O CONCEITO DAS *SEFIROT*

Faz muito tempo que há estudiosos envolvidos em uma controvérsia quanto à Cabala ensinar ou não a emanação como a emergência de todas as coisas de dentro de Deus em Si. Trata-se de uma controvérsia com considerável confusão conceitual. Como diversos estudiosos antes dele, A. Franck interpretou a Cabala como um sistema puramente emanacionista, que ele considerava idêntico a uma abordagem claramente panteísta. Franck, portanto, considerava a emanação uma saída concreta da substância de Deus e não simplesmente do poder do Emanador. Ele baseava sua interpretação no Zohar, e especialmente em ensinamentos luriânicos posteriores, embora nenhuma dessas duas fontes contenha qualquer referência a uma teoria direta da emanação substantiva. Em contraste com Franck, D. H. Joel se dispôs a provar que o Zohar e a Cabala antiga em geral não continham a teoria da emanação, que Joel acreditava ter aparecido pela primeira vez nos escritos de "comentadores modernos" do século XVI, nos quais ela é o resultado de interpretações falhas. Na opinião dele, não existe nenhuma diferença signifi-

אל תאמר איכן כי ישנו וכאשר תחכה מימיכך לשמאלך
תחנה עשרה ותראה כי הכתר בית לכלן ומקור כלן

מצא שהקודם להאילות גדול מקיף הכל והמאוחר להאילות
קטן ומוקף מהכל וככלול וכלן וזהו כנגדי הגדלות ובמאז
וההרן השפלה הזאת היא קטנה והיא באמצע כל הנבראים

Diagrama em perspectiva do mundo das dez *Sefirot*, composto pelas letras iniciais
dos nomes de cada *Sefirah*, começando pela primeira *Sefirah* e indo até a última.
Moisés Cordovero, *Pardes Rimonim*, Cracóvia, 1592.

cativa entre "a teologia pura" dos pensadores judeus medievais e "a verdadeira Cabala", cujo fundamento é a ideia da livre criação da substância primordial *ex nihilo* no sentido literal do termo. Não há dúvida de que Joel e Franck estavam igualmente enganados, e que ambos estavam errados ao interpretar o conteúdo básico da Cabala luriânica em termos panteístas. Na medida em que a Cabala antiga precisava de um fundamento teórico, ela foi amplamente influenciada pelo neoplatonismo; e, embora propusesse um processo definido da emanação – a teoria da emanação das *Sefirot,* esse era um tipo de atividade que ocorria no interior do Divino em Si. O Deus que manifesta a Si em Suas *Sefirot* é exatamente o mesmo Deus da crença religiosa tradicional e, consequentemente, apesar de todas as complexidades que essa ideia envolve, a emanação das *Sefirot* é um processo no interior de Deus em Si. O Deus oculto no aspecto de *Ein-Sof* e o Deus manifesto na emanação das *Sefirot* são um só e o mesmo, vistos de dois ângulos diferentes. Existe, portanto, uma clara distinção entre os estágios da emanação nos sistemas neoplatônicos, que não são concebidos como processos no interior de Deus, e a abordagem cabalística. Na Cabala, a emanação enquanto estágio intermediário entre Deus e a criação foi reatribuído ao Divino, e o problema da continuação desse processo fora de Deus deu origem a várias interpretações. A princípio, não havia necessidade de concluir que os mundos abaixo do nível das *Sefirot,* e o mundo corpóreo em si, fossem também emanados a partir das *Sefirot.* Talvez intencionalmente, os cabalistas lidaram com esse ponto de maneira altamente obscura, frequentemente deixando aberto o caminho para as mais diversas interpretações. As ações de Deus fora do domínio das *Sefirot* da emanação levaram à emergência de seres criados separados das *Sefirot* por um abismo, embora poucos cabalistas sustentassem inequivocamente que o processo da emanação chegasse a um fim absoluto com a última *Sefirah* e que o que se seguia constituísse um início completamente novo. Os primeiros cabalistas concordavam que todas as criaturas abaixo das *Sefirot* tinham existência própria fora do Divino e se distinguiam do Divino em sua existência independente, pois seu estatuto era o de seres criados, embora tivessem seus arquétipos nas *Sefirot.* Mesmo considerando a crença de que, do ponto de vista de Deus, as criaturas tenham raízes em Seu ser, não obstante, elas são em si mesmas separadas da essência Dele e possuem uma natureza própria. Distinções desse tipo são comuns na

Cabala e em outras teologias místicas, como as do Islã e do cristianismo medievais, mas foram negligenciadas de modo geral na maioria das discussões cabalísticas da emanação, com toda a consequente ambiguidade que isso acarretou. Particularmente em muitos livros importantes que não tentavam construir doutrinas próprias sobre um fundamento teórico firme, como o *Bahir*, o Zohar, e as obras de Isaac b. Jacob ha-Kohen, os autores frequentemente usam termos altamente ambíguos e falam em "criação" mesmo quando querem dizer "emanação". Essa ambiguidade pode ser explicada à luz da história da Cabala, que a princípio dizia respeito à descrição de uma experiência religiosa e contemplativa e não a questões de sistematização puramente teórica. Além disso, a Cabala se desenvolveu a partir de uma forte herança gnóstica, de inclinação mítica, da especulação sobre os "éons" (cuja natureza também foi objeto de muitas interpretações teóricas). Assim, quando sua linguagem figurativa e simbólica foi posta à prova da lógica, fontes como essas acima receberam muitas interpretações teológicas e analíticas diferentes.

Conforme a Cabala se desenvolveu na Provença e na Espanha e a tradição gnóstica foi confrontada com o neoplatonismo, inúmeros tratados breves foram escritos nos quais se tentou dar uma descrição independente dos processos da emanação. A maioria dessas obras pertence ao círculo do *Sefer ha-Iyun* (ver acima). Elas mostram muito claramente que, além da teoria das *Sefirot*, havia outras abordagens da descrição do mundo espiritual, como em termos de um mundo de poderes (*kochot*), luzes, ou intelectos divinos, que às vezes recebiam nomes idênticos, mas que a cada vez eram ordenados de maneiras muito diferentes. Obviamente, essas foram as primeiras tentativas tateantes de estabelecer uma ordem definitiva nos graus e estágios da emanação. No entanto, como elas não correspondiam ao simbolismo que já havia sido construído de modo mais ou menos unificado desde a época de Isaac, o Cego, até o Zohar, elas foram quase completamente desconsideradas.

Diferentemente desses primeiros passos hesitantes, a teoria das *Sefirot* definitivamente se tornou a espinha dorsal dos ensinamentos cabalísticos na Espanha e daquele sistema básico de simbolismo místico que teve tão importante repercussão sobre a opinião dos cabalistas sobre o significado do judaísmo. Desde o início, ideias a respeito da emanação estavam intimamente ligadas a uma teoria da linguagem. Por um lado, muito se escreveu sobre a manifestação do poder do *Ein-Sof* através de vários estágios da emanação, que são chamados de *Sefirot* e que não são nada além de vários atributos de Deus ou de descrições e epítetos que podem ser aplicados a Ele – isto é, um processo contínuo da emanação. No entanto, ao mesmo tempo, esse processo foi descrito como uma espécie de revelação dos vários Nomes peculiares a Deus em Sua capacidade de Criador. O Deus que manifesta a Si mesmo é o Deus que expressa a Si mesmo. O Deus que "chamou" Seus poderes para que se revelassem os nomeou e, digamos assim, chamou a Si mesmo também por nomes apropriados. O processo pelo qual o poder da emanação se manifesta, do ocultamento à revelação, tem paralelo na manifestação da fala divina a partir de sua essência interior no pensamento, através do som que ainda não podia ser ouvido até a articulação da fala. Através da influência do *Sefer Ietsirah*, que fala das "dez *Sefirot* de *belimah*", o número de estágios da emanação foi fixado em dez, embora nessa obra antiga o termo se refira apenas aos números ideais que contêm as forças de criação. No uso cabalístico, por outro lado, significa os dez poderes que constituem as manifestações e emanações de Deus. Como as *Sefirot* são estados intermediários entre o primeiro Emanador e todas as coisas que existem separadas de Deus, elas também representam as raízes de toda existência em Deus, o Criador.

Que muitos temas estão unidos, ou às vezes simplesmente mesclados, nesse conceito, é demonstrado pela profusão de termos usados para descrevê-lo. O termo *Sefirah* não está conectado com o grego σφαιρα ("esfera"), mas desde o *Sefer ha-Bahir* está relacionado ao hebraico *sappir* ("safira"), pois a radiância de Deus é semelhante à da safira. O termo não é usado nenhuma vez na parte principal do Zohar, aparecendo apenas nos extratos posteriores, mas outros cabalistas também empregaram uma gama de sinônimos. As *Sefirot* também são chamadas *ma'amarot* e *diburim* ("dizeres"), *shemot* ("nomes"), *orot* ("luzes"), *kochot* ("poderes"), *ketarim* ("coroas", uma vez que são "as coroas celestiais do Rei Sagrado"), *midot* no sentido de qualidades, *madregot* ("estágios"), *levushim* ("trajes"), *marot* ("espelhos"), *neti'ot* ("brotos"), *mekorot* ("fontes"), *iamim elionim* ou *iemei kedem* ("dias sobrenaturais ou primordiais"), *sitrin* (isto é, "aspectos", encontrado principalmente no Zohar), *ha-panim ha--penimiot* ("as faces interiores de Deus"). (Uma longa lista de outras designações para as *Sefirot* pode ser encontrada em Herrera, *Sha'ar ha-Shamaim*, 7:4)

Termos como "os membros do Rei" ou "os membros do *Shi'ur Komah*", a imagem mística de Deus, aludem ao simbolismo do homem superior, também chamado *ha-adam ha-kadmon*, ou homem primordial. Às vezes, esse termo é usado para se referir a uma *Sefirah* específica, mas frequentemente denota todo o mundo da emanação. O termo *ha-adam ha-kadmon* ("homem primordial") ocorre pela primeira vez no *Sod Iedi'at ha-Metsi'ut*, um tratado do círculo do *Sefer ha-Iyun*. Os diferentes motivos das *Sefirot*, que se expressam nessa proliferação de nomes, tendem a variar tanto no contexto específico quanto nas inclinações gerais do cabalista que faz uso deles.

Não se chegou a um acordo quanto a nenhuma definição canônica. A conexão conceitual entre os *ma'amarim* ou *ketarim*, como as *Sefirot* foram chamadas no *Sefer ha-Bahir*, e as substâncias intermediárias entre o infinito e o finito, o uno e o múltiplo, do neoplatonismo, originou-se principalmente da obra de Azriel, que estava determinado a livrar a ideia das *Sefirot* de seu caráter gnóstico. Suas definições, que aparecem em *Perush Esser Sefirot* e em *Derech ha-Emunah ve-Derech ha-Kefirah*, e as de seu companheiro Asher b. David, foram muito importantes na fixação do conceito das *Sefirot* na Cabala espanhola, embora a tendência a retratá-las como os "aeons" gnósticos não tenha desaparecido inteiramente. Segundo Azriel, as coisas foram criadas em uma ordem específica, uma vez que a criação foi intencional, não acidental. Essa ordem, que determina todos os processos da criação e da geração e da degeneração, é conhecida como *Sefirot*, "o poder ativo de cada coisa existente numericamente definível". Como todas as coisas criadas passam a ter existência a partir da agência das *Sefirot*, estas contêm a raiz de toda transformação, embora todas emanem a partir do princípio único, *Ein-Sof*, "fora do qual não há nada". Em termos de sua origem no *Ein-Sof*, as *Sefirot* não são diferenciadas, mas em relação à sua atividade dentro do domínio finito da criação, elas o são. Existindo ao lado dessas definições platônicas, há a concepção teosófica das *Sefirot* enquanto forças da essência divina ou natureza divina, através das quais o ser absoluto revela a si mesmo; elas, portanto, constituem o fundamento interior e a raiz de cada ser criado, de um modo que em geral não é especificamente definido, mas não necessariamente enquanto "intermediárias" no sentido filosófico. O contraste com o padrão neoplatônico é expresso de modo bastante definido em uma doutrina, comum a todos os cabalistas de todas as épocas (mesmo a de Azriel), a respeito da dinâmica desses poderes. Embora exista uma hierarquia específica na ordem das *Sefirot*, ela não é ontologicamente determinada: todas são igualmente próximas de sua fonte no Emanador (isso já é assim no *Sefer ha-Bahir*). É possível para elas se juntarem em uniões místicas, e algumas delas sobem e descem dentro da estrutura da vida oculta de Deus (ambos motivos gnósticos), o que não se encaixa no ponto de vista platônico. Em outras palavras, dentro de um sistema platônico conceitual, um entendimento teosófico veio ao primeiro plano.

A natureza ou essência dessas *Sefirot*, que é a relação do mundo manifesto do Divino com o mundo criado e com o significado oculto do Emanador, foi uma questão amplamente disputada. As *Sefirot* eram idênticas a Deus ou não e, se não o fossem, qual seria a diferença? A princípio, essa questão não foi levantada, e as imagens usadas para descrever as *Sefirot* e sua atividade não almejavam uma definição precisa. A descrição das *Sefirot* como vasos para a atividade de Deus, o Emanado, que ocorre, por exemplo, já em Asher b. David, não contradiz a ideia de que em essência elas são idênticas a Deus. O termo *ko'ach* ("força", "poder", "potência"), que é comum na literatura cabalística, nem sempre indica uma distinção precisa entre "força" e "essência" no sentido aristotélico. Ele também é usado para se referir à existência independente de "potências", hipóstases que são emanadas a partir de sua fonte, sem nenhuma indicação precedente de que essa emanação seja ou não uma expansão da essência dessa fonte ou apenas de sua radiação, que anteriormente estaria oculta na potencialidade e, então, seria ativada. Em representações puramente descritivas do mundo das *Sefirot*, essas distinções filosóficas não chegaram ao primeiro plano, mas a partir do momento em que questões desse tipo foram levantadas, foi impossível evitá-las.

A maioria dos primeiros cabalistas estava inclinada a aceitar a opinião de que as *Sefirot* eram de fato idênticas à substância ou à essência de Deus. Isso está afirmado em muitos documentos do século XIII e enfatizado mais tarde na escola de R. Salomão b. Adret, e particularmente no *Ma'arechet ha-Elohut*, que foi seguido no século XVI por David Messer Leon, Meir ibn Gabai e José Caro. Segundo essa opinião, as *Sefirot* não constituem "seres intermediários", mas são Deus em Si. "A Emanação é a Divindade", enquanto *Ein-Sof* não pode ser objeto de investigação religiosa, que só é capaz de conceber Deus em Seu aspecto externo. A parte principal do Zohar também tende em grande medida a essa opinião, expressando-a enfaticamente na identidade intercambiável de Deus e Seus Nomes e Seus Poderes: "Ele é Eles, e Eles são Ele" (Zohar, 3:11b, 70a). Nos extratos posteriores, contudo, no *Ra'aia Meheimna* e nos *Tikunim* e subsequentemente no *Ta'amei ha-Mitsvot* de Menachem Recanati, as *Sefirot* são vistas não como a essência de Deus, mas apenas como vasos ou ferramentas: embora não sejam de fato nem separadas Dele, nem situadas fora Dele como as ferramentas de um artesão humano, não obstante, elas não são mais que meios e instrumentos que Ele usa em Sua obra. Recanati afirma que a maioria dos cabalistas de sua época discordava dessa opinião. Nos escritos de José Ashkenazi (Pseudo-Rabad), essa teoria é desenvolvida ao extremo, em que as *Sefirot*, sendo intermediárias, oram para Deus em Si e são na verdade incapazes de perceber a natureza de seu Emanador, opinião apresentada pela primeira vez nos escritos de Moisés de Burgos e que subsequentemente apareceu em muitas obras cabalísticas. Cordovero tentou reconciliar essas duas opiniões opostas e atribuir uma certa medida de verdade a cada uma delas. Assim como em toda vida orgânica, a alma (a essência) não pode ser distinta do corpo (os vasos), exceto *in abstracto*, e na verdade não podem ser separados mesmo quando estão trabalhando juntos, de modo que se pode dizer a respeito de Deus que Ele atua, digamos, como um organismo vivo, e assim as *Sefirot* possuem dois aspectos, um como "essência", e outro como "vasos". Dominando esse organismo teosófico, há um princípio metabiológico de medida e forma chamado *kav ha-midah* (segundo afirmações específicas no Zohar que usam esse termo para expressar a natureza da atividade da primeira *Sefirah*). Desde esse ponto de vista, as *Sefirot* são ambas idênticas à essência de Deus e também separadas Dele (ver *Pardes Rimonim*, capítulo 4). Na Cabala posterior, essa opinião se tornou dominante.

As *Sefirot* emanam do *Ein-Sof* em sucessão – "como se uma vela fosse acesa na outra sem que o Emanador fosse diminuído de nenhum modo" – e em uma ordem específica. Não obstante, em contraste com o conceito neoplatônico em que os intermediários ficam completamente fora do domínio do "Uno", elas não saem, portanto, do domínio divino. Esse influxo recebe o nome de *hamshachah* ("puxar para fora, tirar"), isto é, a entidade emanada é tirada de sua fonte, como a luz do sol ou a água de um poço. Segundo Nachmanides (em seu comentário sobre Números 11:17) e sua escola, o segundo termo, *atsilut*, expressa a posição particular dessa emanação. O termo é entendido como derivado de *etsel* ("próximo", ou "com"), pois até as coisas que são emanadas permanecem "junto a Ele" e atuam como potências, manifestando a unidade do Emanador. A interpretação antiemanacionista de Nachmanides do termo *atsilut* aparentemente visava apenas os iniciados, pois em seus escritos esotéricos ele também usa o termo *hamshachah* (em seu comentário sobre o *Sefer Ietsirah*). De modo geral, a ênfase está no fato de que o Deus que expressa a Si mesmo na emanação das *Sefirot* é maior do que a totalidade das *Sefirot* através das quais Ele atua e por meio das quais Ele passa da unidade à pluralidade. A personalidade de Deus encontra expressão precisamente através de Sua manifestação nas *Sefirot*. É, portanto, surpreendente que, naqueles círculos próximos a Nachmanides, a natureza do Emanador, que permanecia oculto além de toda emanação, fosse vista como uma tradição cuidadosamente protegida. O próprio Nachmanides se refere a isso como "a matéria oculta no topo de *Keter*", no alto da primeira *Sefirah*, designação que a priva de qualquer qualidade pessoal (comentário sobre o *Sefer Ietsirah*). Conforme observado acima, no entanto, alguns cabalistas seus contemporâneos, como Abrahão de Colônia (1260-70) no *Keter Shem Tov*, rejeitaram completamente a ideia ao negar um aspecto impessoal a Deus e ao identificar o *Ein-Sof* com a primeira *Sefirah*.

Derivar *atsilut* de *etsel* não implica necessariamente que o processo de emanação seja eterno: isso simplesmente significa o contraste entre dois domínios – o *olam ha-ichud* ("o mundo da unificação") e o *olam ha-perud* ("o mundo da separação"). A emanação é o mundo da unificação, não da unidade estática do *Ein-Sof*, mas do processo que ocorre no interior de Deus, que é Ele mesmo unificado na unidade dinâmica de Seus poderes ("como a chama é unida ao carvão ardente"). Em contraste com isso, "o mundo da separação" se refere ao domínio que resulta do ato da criação, cuja natureza teosófica interior é expressa na emanação das *Sefirot*. Mas esse processo de emanação das *Sefirot* não é temporal, nem necessita de nenhuma transformação em Deus em Si; esse processo é simplesmente a emergência, a partir da potencialidade em direção à efetividade, daquilo que estava oculto no interior do poder do Criador.

No entanto, a opinião diferia sobre a questão da emanação e do tempo. Azriel ensinou que a primeira *Sefirah* sempre esteve no interior da potencialidade do *Ein-Sof*, mas que as outras *Sefirot* foram emanadas apenas no sentido intelectual e tinham um início no tempo; havia também *Sefirot* que foram emanadas apenas "agora, próximo da criação do mundo". Outros defendiam que o conceito de tempo não se aplicava ao processo da emanação, enquanto Cordovero sustentava que esse processo ocorria no interior de um "tempo não temporal", uma dimensão do tempo que não envolvia ainda nenhuma diferenciação em passado, presente e futuro. Uma dimensão desse tipo também era importante no pensamento do neoplatonismo tardio, que falava em *sempiternitas*. Esse conceito supramundano de tempo foi definido "como o piscar de olhos, sem nenhum intervalo" entre os vários atos que faziam parte da emanação (como em *Emek ha-Melech* e *Va-Iakhel Moshe* de Moisés Graf). José Salomão Delmedigo, em *Navelot Chochmah*, e Jonathan Eybeschüetz, em *Shem Olam*, também defenderam a coeternidade das *Sefirot*, mas de modo geral essa ideia despertou bastante oposição. Desde o século XIII, foi formulada a contradoutrina de que "as essências existiam, mas as emanações passaram a existir".[3] Se as essências precediam a emanação, então necessariamente elas deviam já existir na vontade ou no pensamento do *Ein-Sof*, mas foram manifestadas por um ato que tinha algo da natureza de uma nova criatividade, embora não no sentido usual de uma criatividade no tempo.

Na literatura da Cabala, a unidade de Deus e Suas *Sefirot* e o aparecimento da pluralidade no interior do Uno são expressas através de um grande número de imagens continuamente recorrentes. Elas são comparadas a uma vela bruxuleando em meio a dez espelhos posicionados um dentro do outro, cada um de uma cor diferente. A luz é refletida diferentemente em cada um, embora seja a mesma e única luz. A ousada imagem das *Sefirot* como trajes é extremamente comum. Segundo o Midrash (*Pessikta de-Rav Kahana*), na criação do mundo, Deus vestiu a Si mesmo com dez trajes, e esses são identificados na Cabala com as *Sefirot*, embora não se faça distinção entre traje e corpo – "é como o traje do gafanhoto, cujo tecido é o próprio corpo", uma imagem tirada do Midrash *Genesis Rabah*. Os trajes permitem ao homem olhar para a luz, que, sem os trajes, seria cegante. Acostumando-se a primeiro olhar para um traje, o homem pode progressivamente olhar para o próximo e para o seguinte, e assim as *Sefirot* servem como degraus da escada na subida em direção à percepção de Deus (Asher b. David, *Perush Shem ha-Meforash*).

A doutrina das *Sefirot* foi o principal dogma a claramente separar a Cabala da filosofia judaica. O assunto da filosofia – a doutrina dos atributos divinos e, em particular, os "atributos da ação" enquanto distintos dos "atributos essenciais" – foi transformado, na Cabala, na concepção teosófica de um Deus que era dividido em domínios ou "planos", que, aos olhos do observador ao menos, existiam como luzes, potências e inteligências, cada uma delas com ilimitadas riqueza e profundidade, cujo conteúdo o homem podia estudar e tentar penetrar. Cada uma era como "um mundo em si mesmo", embora também refletido na totalidade de todas as outras. Já no início do século XIII, após o aparecimento do *Sefer ha-Bahir*, foi proposta a opinião de que existiam processos dinâmicos não só entre as *Sefirot*, mas também no interior de cada *Sefirah* em separado. Essa tendência para uma doutrina cada vez mais complexa das *Sefirot* foi a característica mais distintiva do desenvolvimento da teoria cabalística. O número dez forneceu a estrutura para o crescimento de uma multiplicidade aparentemente sem fim de luzes e processos. No círculo do *Sefer ha-Iyun*, onde esse desenvolvimento começou, encontramos uma enumeração de nomes das luzes e poderes intelectuais que apenas parcialmente se encaixavam com o simbolismo tradicional das *Sefirot* (ver abaixo) e às vezes dele divergiam amplamente. Os escritos do "círculo gnóstico" em Castela expandiram a estrutura da emanação e acrescentaram potências com nomes pessoais que davam uma coloração única ao mundo das *Sefirot* e a tudo o que existia fora delas. Essa tendência foi continuada pelo autor do Zohar, cujas descrições dos primeiros atos da criação, e particularmente aquelas contidas no *Idra Raba* e no *Idra Zuta* a respeito das configurações das forças da emanação (chamadas *Attika Kadisha*, *Arich Anpin* e *Ze'eir Anpin*), são muito diferentes do conceito originalmente simples das *Sefirot*. Eis aqui o início do simbolismo anatômico e fisiológico do *Shi'ur Komah* – uma descrição da imagem de Deus baseada em analogias com a estrutura humana – que abalou a própria fundação da doutrina das *Sefirot* e nela introduziu novas diferenciações e combinações com a Cabala profética e a "ciência da combinação" da escola de Abrahão Abulafia. Cada combinação diferente de letras e vogais poderia ser vista na radiância daquela luz intelectual que aparece sob certas circunstâncias nas meditações dos místicos. Livros inteiros como *Berit Menuchah* (segunda metade do século XIV), *Toledot Adam* (impresso em parte em Casablanca em 1930 no *Sefer ha-Malkhut*) e *Avnei Shoham*, de José ibn Saiach,[4] refletem essa opinião. Essas complexidades na teoria das *Sefirot* chegaram à expressão mais extrema no livro de Cordovero, *Elimah Rabati* e, finalmente, na teoria luriânica dos *partsufim* (ver abaixo).

As *Sefirot*, tanto individual quanto coletivamente, subsumem o arquétipo de cada coisa criada fora do mundo da emanação. Assim como elas estão contidas no interior de Deus, assim também impregnam cada ser fora de Deus. Portanto, a limitação de seu número a dez necessariamente envolve a suposição de que cada uma é composta de um grande número desses arquétipos.

DETALHES DA DOUTRINA DAS *SEFIROT* E SEU SIMBOLISMO

As duas abordagens, a teosófica e a teológica, são igualmente evidentes na especulação cabalística sobre as *Sefirot* em geral e sua relação com o Emanador em particular. Em se tratando do desenvolvimento sequencial das *Sefirot*, por outro lado, e da função individual de cada *Sefirah*, especialmente da segunda *Sefirah* em diante, um forte elemento gnóstico e mítico começa a predominar. Os cabalistas continuamente enfatizaram a natureza subjetiva de suas descrições: "tudo é segundo a perspectiva daqueles que recebem" (*Ma'arechet ha-Elohut*); "tudo isso é dito apenas segundo nossa opinião, e é tudo relativo ao nosso conhecimento" (Zohar 2: 176a). Contudo, isso não evitou que eles se permitissem as mais detalhadas descrições, como se estivessem falando afinal de uma realidade concreta e de ocorrências objetivas. O movimento progressivo da vida oculta de Deus, que é expresso em uma forma estrutural particular, estabeleceu o ritmo para o desenvolvimento dos mundos criados fora do mundo da emanação, de modo que essas primeiras estruturas interiores são recorrentes em todos os domínios secundários. Assim, havia uma justificativa básica para um sistema simbólico abrangente e único. Uma realidade interior que desafia as caracterizações e descrições porque está além da nossa percepção só pode ser expressa simbolicamente. As palavras da Lei Escrita e da Lei Oral não descrevem apenas questões e acontecimentos mundanos, situados na história e relativos às relações entre Israel e seu Deus, mas também, quando interpretadas misticamente, elas falam da interação entre o Emanador e o emanado, entre as diferentes *Sefirot*, e entre as *Sefirot* e as atividades dos homens através da Torah e da oração. O que se chamou literalmente de relato da criação é, na verdade, uma alusão mística ao processo que ocorre no interior do mundo da emanação e, portanto, só pode ser expresso simbolicamente. De modo geral, esse simbolismo interessou aos cabalistas muito mais do que todas as especulações teóricas sobre a natureza das *Sefirot*, e a maior parte da literatura cabalística lida com esse aspecto e com sua aplicação detalhada. A maioria dos comentários sobre a Torah, sobre os Salmos e sobre as *agadot*, assim como a volumosa literatura sobre os motivos dos Mandamentos (*ta'amei ha-mitsvot*), baseiam-se nessa abordagem. Como observamos acima, no entanto, esse simbolismo não tem qualquer influência sobre o *Ein-Sof*, embora houvesse, não obstante, cabalistas que atribuíram a este último expressões específicas nas Escrituras ou no *Sefer Ietsirah*.

A ordem comum das *Sefirot* e os nomes geralmente mais usados para elas são: (1) *Keter Elion* ("coroa suprema") ou simplesmente *Keter*; (2) *Chochmah* ("sabedoria"); (3) *Binah* ("inteligência"); (4) *Guedulah* ("grandeza") ou *Chessed* ("amor"); (5) *Guevurah* ("poder") ou *Din* ("Juízo", também "rigor"); (6) *Tiferet* ("beleza") ou *Rachamim* ("compaixão"); (7) *Netsach* ("resistência duradoura"); (8) *Hod* ("majestade"); (9) *Tsadik* ("o justo") ou *Iessod Olam* ("fundamento do mundo"); (10) *Malkhut* ("reino") ou *Atarah* ("diadema"). Essa terminologia foi muito influenciada pelo versículo 1 Crônicas 29:11, que foi interpretado como sendo aplicável à ordem das *Sefirot*. Embora as *Sefirot* sejam emanadas sucessivamente de cima para baixo, cada uma revelando um estágio adicional no processo divino, elas também têm uma estrutura formalizada. Três grupos desses são mais comumente encontrados. Em sua totalidade, as *Sefirot* constituem "a árvore da emanação" ou "a árvore das *Sefirot*", que, desde o século XIV, é representada por um diagrama detalhado que lista os símbolos básicos apropriados para cada *Sefirah*. A árvore cósmica cresce para baixo a partir de sua raiz, a primeira *Sefirah*, e se espalha pelas *Sefirot* que constituem seu tronco até aquelas que equivalem a seus galhos principais ou sua copa. Essa imagem é encontrada pela primeira vez no *Sefer ha-Bahir*: "Todos os poderes divinos do Sagrado, louvado seja Ele, pousam uns sobre os outros e são como uma árvore". No entanto, no *Bahir*, a árvore começa a crescer ao ser regada com as águas da Sabedoria, e aparentemente só inclui as *Sefirot* de *Binah* para baixo. Ao lado dessa imagem, temos a imagem mais comum das *Sefirot* na forma de um homem. Enquanto a árvore cresce com a copa para baixo, essa forma humana tem a cabeça no alto, e é ocasionalmente referida como a "árvore invertida". As primeiras *Sefirot* representam a cabeça e, no Zohar, as três cavidades do crânio; a quarta e a quinta, os braços; a sexta, o torso; a sétima e a oitava, as pernas; a nona, o órgão sexual; e a décima se refere ora à totalidade abrangente da imagem, ora (como no *Bahir*) à fêmea enquanto companheira do macho, uma vez que ambos são necessários para constituir um homem perfeito. Na literatura cabalística, esse simbolismo do Homem primordial em todos os seus detalhes é chamado *Shi'ur Komah*. O padrão mais comum é o seguinte:

Keter

Binah   *Chochmah*

Guevurah   *Guedulah*

Tiferet

Hod   *Netsach*

Iessod

Malkhut

Às vezes, as três *Sefirot*, *Keter*, *Chochmah* e *Binah*, não são representadas em um triângulo, mas em linha reta, uma abaixo da outra. Em geral, contudo, a estrutura toda é construída a partir de triângulos.

A partir do século XIII, uma *Sefirah* complementar, chamada *Da'at* ("conhecimento"), aparece entre *Chochmah* e *Binah*, uma espécie de harmonizadora entre as duas que não era considerada uma *Sefirah* separada, mas antes "o aspecto externo de *Keter*". Esse acréscimo surgiu do desejo de ver cada grupo de três *Sefirot* como uma unidade de atributos opostos e com uma síntese que finalmente os resolvesse. Essa não foi, contudo, a motivação original do padrão. No *Sefer ha-Bahir*, e em diversos dos primeiros textos do século XIII, a *Sefirah Iessod* era considerada a sétima, precedendo *Netsach* e *Hod*, e só em Girona finalmente foi definida na nona posição. No modelo da hierarquia neoplatônica, segundo o qual a transição do uno para o múltiplo era realizada através dos estágios do intelecto, da alma universal e da natureza, muitos cabalistas,

Azriel em particular, consideravam que as *Sefirot* também compreendiam esses estágios (embora ainda permanecessem no interior do domínio da deidade). *Keter, Chochmah* e *Binah* eram "o intelectual" (*Hamuskal*); *Guedulah, Guevurah,* e *Tiferet* eram "o psíquico" (*ha-murgash*); *Netsach, Hod* e *Iessod* eram "o natural" (*ha-mutba*). Aparentemente, a ideia era que esses três estágios fossem entendidos como as fontes dos domínios independentes do intelecto, da alma e da natureza, que eram plenamente ativados e desenvolvidos apenas em um nível inferior. É óbvio que isso foi uma concessão artificial à ontologia neoplatônica.

Como as *Sefirot* foram concebidas como a manifestação progressiva dos Nomes de Deus, um conjunto de equivalências entre estes e os nomes das *Sefirot* foi estabelecido:

Ehveh

YHVH   *Yah*

(vocalizado como *Elohim*)

Elohim   *El*

YHVH

Elohim Zeva'ot   *YHVH Tseva'ot*

El Chai ou *Shadai*

Adonai

Segundo a Cabala, esses são "os dez nomes que não devem ser apagados", sete dos quais são mencionados no Talmud (*Shevu'ot*, 35a) e, comparados com esses, todos os outros nomes são meros epítetos. O Zohar designa *Shadai* como o nome particularmente relacionado com a *Sefirah Iessod*, enquanto José Gikatilla associa essa *Sefirah* com *El Chai*.

A divisão das *Sefirot* também foi determinada por outros critérios. Algumas vezes, elas foram divididas de cinco em cinco, isto é, as cinco *Sefirot* superiores correspondendo às cinco inferiores, mantendo-se um equilíbrio entre o ser oculto e o revelado. Com base na afirmação contida no *Pirkei de-R. Eliezer*, "com dez frases o mundo foi criado, e elas foram resumidas em três", elas também foram divididas em sete e três. Neste caso, havia uma diferenciação entre três *Sefirot* ocultas e "as sete *Sefirot* da edificação", que são também os sete primeiros dias da criação. Seis delas também foram equiparadas às seis faces do espaço no *Sefer Ietsirah*. O modo como essas seis foram complementadas por uma sétima nunca foi estabelecido definitivamente. Alguns pensaram que a sétima era o palácio sagrado que ficava no centro, como no *Sefer Ietsirah*. Outros consideraram que ela representava o Pensamento Divino, enquanto para outros era um *Shabat* simbólico. A correlação das "*Sefirot* da edificação" com os dias da criação se tornou extremamente complexa. Muitos cabalistas, incluindo o autor da principal parte do Zohar, não concordaram com a associação automática de cada *Sefirah* com um dia em particular, e consideravam a criação, que do ponto de vista místico era a realização total do "edifício" da emanação, como já tendo se completado no quarto dia. Eles ficaram particularmente perplexos com o problema do *Shabat*, que muitos interpretavam como um símbolo de *Iessod*, uma vez que havia um paralelo com o lugar original da sétima *Sefirah*, enquanto muitos viam no *Shabat* uma alusão à última *Sefirah*, uma vez que os poderes ali chegavam ao fim. Assim como cada dia desempenhava um ato específico, com exceção do sétimo, também cada *Sefirah* executava suas próprias atividades específicas que a caracterizavam, com exceção da última *Sefirah*, que não tinha esse tipo de força ativa, mas que compreendia a totalidade de todas as *Sefirot* ou o princípio específico que recebia e unificava as forças ativas sem acrescentar nada em particular de seu. Pelo contrário, é a ausência de atividade e a função da décima *Sefirah* como entidade inclusiva do todo que constituem seu caráter único. A divisão das *Sefirot* em três linhas ou colunas foi especialmente importante: a coluna da direita inclui *Chochmah*, *Guedulah* e *Netsach*; a da esquerda inclui *Binah*, *Guevurah* e *Hod*; e a coluna central (*kav emtsa'i*) vai de *Keter*, através de *Tiferet* e *Iessod*, até *Malkhut*.

Todos esses agrupamentos atestam a crença dos cabalistas de que existia uma estrutura definida nas *Sefirot*, por maiores que fossem as possibilidades de variação. Em contraste com todos esses, há ainda um outro arranjo que apresenta as *Sefirot* ora como arcos adjacentes de um único círculo que envolve o Emanador central, ora como dez esferas concêntricas (chamadas de "círculos") em que o poder da emanação vai diminuindo conforme se afasta do centro. Este último conceito está associado à imagem da cosmologia medieval de um universo de dez esferas, que podiam ser imaginadas em termos da rotação exterior desses círculos espirituais. O conceito circular aparece especialmente a partir do século XIV (Pseudo-Rabad sobre *Sefer Ietsirah*, 1, 2). Na Cabala luriânica, cada um desses arranjos de diagramação, circular ou linear, recebe um lugar específico no plano da emanação.

Quando passamos a lidar com o simbolismo das *Sefirot*, devemos distinguir entre os sistemas simbólicos gerais pertencentes a esses processos da emanação como um todo e o simbolismo relacionado a cada *Sefirah* individual ou a uma combinação particular de *Sefirot*. Os sistemas simbólicos gerais se baseiam em um imaginário tanto matemático quanto orgânico. No sistema que depende de conceitos matemáticos, que às vezes estão associados a imagens de luz e de rios, a primeira *Sefirah* é o nada, zero, e a segunda é a manifestação do ponto primordial, que nesse estágio não tem tamanho, mas contém dentro de si a possibilidade de medida e de expansão. Como é um intermediário entre o nada e o ser, é chamado de *hatchalat ha-ieshut* ("o início do ser"). E como é um ponto central, ele se expande em um círculo na terceira *Sefirah*, ou edifica a seu redor um "palácio" que é a terceira *Sefirah*. Quando esse ponto é representado como uma fonte jorrando desde as profundezas do nada, a terceira *Sefirah* se torna o rio que flui a partir da fonte e se divide em diferentes braços, seguindo a estrutura da emanação até que todos os seus córregos desaguem no "grande mar" da última *Sefirah*. O primeiro ponto é estabelecido por um ato da Vontade Divina, dando o primeiro passo rumo à criação. No Zohar, o aparecimento do ponto superior (que é chamado de *reshit*, "início", parte da primeira palavra da Bíblia) é precedido por uma série de atos que ocorrem entre o *Ein-Sof* e a primeira *Sefirah* ou no interior da primeira *Sefirah*. Além de ser nada (*ain*) e vontade de Deus, essa *Sefirah* é também o éter primordial (*avir kadmon*) que envolve o *Ein-Sof* como uma aura eterna. A partir do mistério do *Ein-Sof*, uma chama é acesa, e, no interior da chama, um poço oculto passa a existir. O ponto primordial se irradia em ser quando o poço irrompe através do éter (1:15a). É como se todas as imagens possíveis fossem arranjadas nessa descrição.

O simbolismo orgânico equaciona o ponto primordial com a semente plantada no útero da "mãe superior", que é *Binah*. "O palácio" é o útero que frutifica através da fertilização do sêmen e dá à luz as crianças, que são as emanações. Em outra imagem orgânica, *Binah* é comparada às raízes de uma árvore que é regada por *Chochmah* e se ramifica em sete *Sefirot*. Em outro padrão simbólico – muito comum no século XIII e particularmente no Zohar – as três primeiras *Sefirot* representam o progresso da vontade ao pensamento e em seguida ao intelecto, em que o conteúdo geral da sabedoria ou do pensamento é mais precisamente individualizado. A identificação das *Sefirot* seguintes como amor, justiça e compaixão vincula essa doutrina com o conceito *agádico* dos atributos divinos. Referências a masculino e feminino aparecem não apenas no simbolismo do pai e da mãe, do filho e da filha (*Chochmah* e *Binah, Tiferet* e *Malkut*), mas também no impressionante uso de imagens sexuais que é uma característica particular do Zohar e da Cabala luriânica. O uso dessas imagens fálicas e vaginais é especialmente proeminente na descrição das relações entre *Tiferet* e *Iessod,* de um lado, e *Malkhut,* do outro. Muitos cabalistas fizeram tudo o que puderam para minimizar o impacto desse simbolismo, que forneceu um amplo espectro de imagens míticas e interpretações ousadas.

Um simbolismo geral de um tipo diferente é associado aos estágios da manifestação da identidade pessoal e individual de Deus. A primeira *Sefirah* contém apenas "Ele"; às vezes esse "Ele" está oculto e não se faz menção a Ele por Seu extremo auto-ocultamento, como dentro do verbo *bara* ("Ele criou") no início da Bíblia. Assim *bereshit bara Elohim* (geralmente traduzido como "no início Deus criou") é interpretado misticamente como se referindo às primeiras três *Sefirot*: por intermédio (o prefixo *be*) de *Chochmah* (chamado de *reshit*), a primeira *Sefirah* – a força oculta no interior da terceira pessoa do singular da palavra *bara* – produziu, por um ato, da emanação a terceira *Sefirah* (*Binah*), que é também chamada *Elohim. Elohim* ("Deus") é assim não sujeito, mas objeto da frase. Essa ousada interpretação é comum entre quase todos os cabalistas do século XIII. Mas conforme a manifestação Dele continua, Deus se torna "Tu", a quem o homem agora é capaz de se dirigir diretamente, e esse "Tu" é associado a *Tiferet* ou à totalidade das *Sefirot* em *Malkhut.* No entanto, Deus atingia Sua complexa individuação através de Sua manifestação em *Malkhut,* onde Ele é chamado de "Eu". Essa concepção é resumida na formulação comum de que através do processo de emanação "Nada se transforma em Eu" (*Ain le-Ani*). As três letras dos elementos que compõem *Ain* ("Nada") – *alef, iod, nun* – também estão contidas em *Ani*, tanto no início quanto no final do processo, mas, como todas as forças que denotam, elas estão combinadas de modo diferente. De maneira similar, o nome YHVH denota apenas uma *Sefirah* (*Tiferet*), mas também contém dentro de si todos os estágios fundamentais da emanação: o pino no alto do *iod* representa a fonte de tudo no interior de *Ain*, o *iod* em si é *Chochmah*, o primeiro *he* é *Binah*, o *vav* é *Tiferet* ou, devido ao valor numérico da letra *vav*, a totalidade das seis *Sefirot* e o *he* final é *Malkhut*. Como esta última abrange as outras *Sefirot* e não tem poder independente, não pode ter uma letra atribuída a si, mas apenas aquele *he*, que já apareceu no início da emanação da estrutura das *Sefirot* e cuja manifestação atingiu seu desenvolvimento último no final do processo. Os outros nomes de Deus na Bíblia também são interpretados de maneira similar, com suas letras aludindo a um progresso interior no processo de emanação.

A emanação em sua totalidade é a "Carruagem Celeste" e os componentes individuais são "partes da Carruagem", que são interpretadas em particular nos comentários sobre a Carruagem de Jacob Kohen de Soria, seu irmão Isaac Kohen, Moisés de Leon e José Gikatilla. As figuras bíblicas também estão conectadas com isso. "Os patriarcas são a Carruagem" (*Genesis*, Isaac, o atributo da justiça estrita (*Din*) e Jacó, o atributo da compaixão (*Rachamim*), que é uma combinação dos outros dois. Esses três, ao lado do rei Davi, fundador do reino (*Malkhut*) de Israel, constituem as "quatro pernas do Trono" na Carruagem. E quando Moisés e Aarão são acrescentados, representando as fontes da profecia em *Netsach* e *Hod*, e depois José – segundo a imagem talmúdica dele como "José, o virtuoso", guardião da aliança, que resiste às tentações do instinto sexual – temos as sete *Sefirot* retratando os heróis da Bíblia, que são chamados de os "sete pastores" ou convidados (*ushpizin*). Esse tipo de simbolismo transmite o conteúdo moral das *Sefirot* enquanto atributos éticos específicos. Os virtuosos, cada um dos quais inspirado por uma qualidade moral característica, encarna a regra dos atributos divinos no mundo.

Além desse simbolismo ético, encontramos diversos sistemas cosmológicos. Os quatro elementos, os quatro ventos e até mesmo os quatro metais (ouro, prata, cobre e chumbo) são indicações de *Guedulah*, *Guevurah*, *Tiferet* e *Malkhut*; o sol e a lua de *Tiferet* ou *Iessod* e *Malkhut*. A lua, que recebe sua luz do sol e não tem luz própria e que cresce e míngua segundo um ciclo fixo, ocupa um lugar importante no riquíssimo simbolismo da última

Sefirah. No entanto, os mais importantes desses símbolos são a *Knesset Israel* ("comunidade de Israel") e a *Shechinah* ("Divina Presença"). O Reino do Céu, que é realizado no tempo na *Knesset Israel* histórica, representa, portanto, também o aspecto meta-histórico desta última. A *Knesset Israel* suprema é a mãe (*matrona*), a noiva e também a filha do "rei", e aparece em inúmeras parábolas midráshicas sobre a relação entre Deus e o povo judeu. Em sua capacidade de noiva (*kalah*), ela é também, por uma etimologia mística, "a consumação de tudo" (*kelulah mi-ha-kol*). Ela é o aspecto receptivo das "núpcias sagradas" dos símbolos do "rei" e da "rainha". Outros aspectos seus podem ser vistos nos símbolos dela como liberdade, a Torah, e as árvores no Jardim do Éden. A *Sefirah Binah* é o "Jubileu supremo", no qual tudo emerge na liberdade e retorna à sua fonte, e, portanto, *Binah* também é chamada de *Teshuvah* ("retorno"). Mas a última *Sefirah* é o *shemitah*, o sétimo ano em que a terra descansa e se renova. A Lei Escrita é tecida a partir do nome YHVH e alude a uma emanação que já possui alguma manifestação, mas ainda não foi plenamente articulada. A Lei Oral, que dá uma interpretação detalhada dos caminhos da Lei Escrita e de sua aplicação na vida, é encarnada na *Knesset Israel*, tanto no céu quanto na terra. E, de modo similar, em relação às árvores: a Árvore da Vida é a *Sefirah Iessod* (embora mais tarde seja principalmente *Tiferet*), enquanto a Árvore do Conhecimento é um símbolo de *Malkhut*, ou da Lei Oral. Na antiga *agadah*, *Shechinah* é um sinônimo de Deus, indicando Sua presença, Sua "morada" no mundo ou em qualquer lugar específico. Na Cabala, por outro lado, do *Sefer ha-Bahir* em diante, torna-se o último atributo através do qual o Criador atua no mundo inferior. É "o fim do pensamento", cujo desdobramento progressivo demonstra a vida oculta de Deus. A partir de sua fonte no "início do pensamento" em *Chochmah* ("sabedoria"), o pensamento da criação efetua sua tarefa através de todos os mundos, segundo as leis do processo das próprias *Sefirot*. A ênfase posta sobre o princípio feminino no simbolismo da última *Sefirah* acentua a linguagem mítica dessas descrições. Vista de cima aparentemente como "o final do pensamento", a última *Sefirah* é para o homem a porta ou o portão através do qual ele pode ascender pela escada da percepção do Mistério Divino.

Os símbolos até aqui mencionados são apenas uma parte de um rico simbolismo que se valeu de materiais de todas as esferas. Muitas vezes existem diferenças nos detalhes de sua apresentação, houve uma certa liberdade no modo como determinados símbolos foram associados a uma determinada *Sefirah*, mas, no tocante aos motivos básicos, houve um alto grau de concordância. No entanto, obras explicando os atributos das *Sefirot* foram escritas desde o tempo dos cabalistas de Girona, e as diferenças entre elas não deveriam ser minimizadas. Mesmo no próprio Zohar, existem muitas variações dentro de uma estrutura estabelecida mais ou menos rígida. Essas diferenças também podem ser vistas entre o simbolismo de Moisés de Leon e o de José Gikatilla. As melhores fontes para um entendimento desse simbolismo são: *Sha'arei Orah* (1560; a melhor edição é de Jerusalém, 1970) e *Sha'arei Tsedek* de Gikatilla; *Shekel ha-Kodesh* (1911), de Moisés de León; *Sefer ha-Shem*, escrito por outro Moisés não identificado; *Sod Ilan ha-Atsilut*, de R. Isaac (*Kovez al-Iad*, 68, 5 [1951], p. 65-102); *Ma'arechet ha-Elohut*, capítulos 3-7; *Sefer ha-Shorashim*, de José ibn Waqar (tradução da seção sobre o simbolismo de sua obra árabe, encontrada em separado em muitos manuscritos); *Sha'ar Archei ha-Kinuim* em *Pardes Rimonim* de Cordovero, capítulo 23; *Sefat Emet* de Menachem Azariah de Fano (Lobatschov, 1898); *Archei ha-Kinuim* de Iechiel Heilprin (Dyhrenfurth, 1806); *Kehillat Ia'akov* de Jacob Levi Jolles (Lemberg, 1870) e sua segunda parte intitulada *Iasheresh Ia'akov* (Brooklyn, por volta de 1961). Os atributos das *Sefirot* segundo a Cabala luriânica estão descritos em detalhe em *Me'orot Natan* de Meir Poppers (texto) e Nathan Nata Mannheim (notas) (Frankfurt, 1709); *Regal Iesharah* de Zevi Elimelech Shapira (Lemberg, 1858), *Emet le-Ia'akov* de Jacob Shealtiel Niño (Leghorn, 1843); e *Or Einaim* de Eliezer Zevi Safrin (parte 1, Premysl, 1882; parte 2, Lemberg, 1886).

A partir do século XIII, encontramos a ideia de que cada *Sefirah* abarca todas as outras sucessivamente em uma infinita reflexão das *Sefirot* dentro de si mesmas. Esse método formal de descrever a rica dinâmica que existe no interior de cada *Sefirah* também foi expresso de outras maneiras. Assim, por exemplo, lemos sobre os 620 "pilares de luz" em *Keter*, sobre os 32 "caminhos" em *Chochmah*, sobre os 50 "portões" de *Binah*, sobre as 72 "pontes" em *Chessed*, e assim por diante (no *Tefilat ha-Ichud* atribuído a R. Nehunia b. ha-Kanah), e sobre forças que são chamadas por nomes mágicos cujo significado não pode ser comunicado mas que denota as várias concentrações de poder que podem ser diferenciadas na emanação. Desde Moisés de Burgos e José Gikatilla, é

146

enfatizado que a partir de cada *Sefirah* existem mundos próprios suspensos que não fazem parte da ordem hierárquica dos mundos que segue o mundo da emanação. Em outras palavras, o poder total de cada *Sefirah* não pode ser expresso simplesmente em relação à criação conhecida. Existem aspectos que possuem outros propósitos: mundos ocultos de amor, justiça, e assim por diante. Gikatilla fala em milhões de mundos.[5] No Zohar, as descrições desse tipo ocorrem apenas em relação ao mundo de *Keter* (*Arich Anpin*, literalmente "longa face", ou seja "Deus longânime") e o mundo de *Tiferet* (*Ze'eir Anpin*, literalmente "breve face", ou seja "O impaciente") e assumem a forma de uma descrição da anatomia da "cabeça branca", escritas com uma extrema tendência ao antropomorfismo. Partes da "cabeça" simbolizam os modos pelos quais Deus atua: a testa se refere a Seus atos de graça, o olho à Sua providência, o ouvido à Sua aceitação da oração, a barba às 13 facetas da compaixão, e assim por diante. Uma alegorização dos conceitos teológicos na doutrina dos atributos, um simbolismo que vê seu próprio imaginário como uma alusão acurada àquilo que está além de todas as imagens, e uma tentativa de reconciliar as doutrinas aparentemente incompatíveis das *Sefirot* e o antigo *Shi'ur Komah* – todas se encontram nesses símbolos dos *Idrot* do Zohar. O autor em nenhum momento afirma abertamente que suas descrições impliquem um posicionamento das "*Sefirot* no interior das *Sefirot*" (mencionadas na parte principal do Zohar e também nos escritos hebraicos de Moisés de Leon, mas apenas incidentalmente e sem nenhum detalhamento). Aparentemente, ele não viu necessidade de oferecer uma teoria especulativa para justificar seu uso de imagens corporais, tão difíceis de penetrar racionalmente com detalhe. Seu mundo era mais simbólico que conceitual. No entanto, os cabalistas do início do século XIV deram a essas "revelações" uma interpretação teórica, a começar pelo *Sefer ha-Guevul* (baseado no *Idra Raba* do Zohar), de David b. Judá he-Chassid, e terminando com Cordovero, em seu *Elimah Rabati* e seu comentário sobre o Zohar. Uma doutrina similar também é evidente nos escritos de José b. Shalom Ashkenazi. Em suas meditações sobre essas reflexões internas das *Sefirot* umas dentro das outras, alguns cabalistas, como José ibn Saiach, chegaram a descrever em detalhes o jogo de luzes no interior das *Sefirot* até o quarto "grau", como, por exemplo, "*Tiferet* que está em *Guedulah* que está em *Binah* que está em *Keter*". Cordovero também foi mais longe que a maioria dos cabalistas nesse caminho.

Nos ensinamentos de Cordovero, essa teoria das *Sefirot* dentro das *Sefirot* está associada a uma outra – a dos *bechinot*, o número infinito de aspectos que podem ser diferenciados no interior de cada *Sefirah* e cujo principal propósito é explicar como cada *Sefirah* está conectada com a anterior e com a seguinte. Segundo Cordovero, existem, basicamente, seis desses aspectos em cada *Sefirah*: (1) o aspecto oculto anterior à sua manifestação na *Sefirah* que a emana; (2) o aspecto em que cada *Sefirah* é manifesta e aparente na *Sefirah* que a emana; (3) o aspecto no qual cada *Sefirah* se materializa em sua localização espiritual correta, isto é, enquanto *Sefirah* independente por si mesma; (4) o aspecto que permite à *Sefirah* superior instilar na *Sefirah* inferior o poder de emanar as *Sefirot* seguintes; (5) o aspecto através do qual cada *Sefirah* obtém o poder de emanar as *Sefirot* ocultas dentro de si até a existência em sua própria essência; e (6) o aspecto pelo qual a *Sefirah* seguinte é emanada para seu lugar próprio, momento a partir do qual o ciclo recomeça. Todo esse espectro de *bechinot* é visto como uma relação causal, cada *bechinah* ocasionando o despertar e a manifestação da *bechinah* seguinte (*Pardes Rimonim*, capítulo 5, p. 5). Mas também existem muitos outros "aspectos" das *Sefirot* e sua descoberta depende da perspectiva do pesquisador. Cada *Sefirah* "desce em si mesma", e esse processo de descida é infinito em suas reflexões internas. Ao mesmo tempo, contudo, é também finito, no sentido de que gera ou traz à existência, a partir de si mesma, outra *Sefirah*. Esse conceito necessita da premissa de que as raízes da emanação possuem um "aspecto" oculto no *Ein-Sof* em si, e Cordovero interpreta as três *tsachtsachot* mencionadas acima como os três *bechinot* ocultos de *Keter* no *Ein-Sof*. Ele é assim forçado a destruir o limite natural entre *Ein-Sof* e a primeira *Sefirah*, apesar de seu claro desejo de estabelecer tal divisão natural. Cordovero, portanto, postula que os *bechinot* de *Keter* no interior de *Keter* no interior de *Keter*, e assim por diante, embora potencialmente continuem *ad infinitum*, na verdade não chegam a se identificar com a essência do Emanador, de modo que a proximidade entre *Ein-Sof* e *Keter* é assintótica. Tudo isso, evidentemente, é afirmado do ponto de vista dos seres criados, pois nem o supremo despertar dos "aspectos" da Vontade no interior da Vontade no interior da Vontade, e assim por diante, não revela o *Ein-Sof*, e é esse diferencial que abarca o salto da essência do Emanador para a essência do emanado. Por outro lado, a lacuna diferencial se fecha quando é considerada desde o ponto de vista do Emanador em Si. A doutrina de Cordovero dos *bechinot* mostra como ele abordou um modo de pensamento claramente dialético dentro da estrutura das ideias cabalísticas. Com Cordovero, as *Sefirot* são mais do que emanações que manifestam os atributos do Emanador, embora também o sejam. Elas na verdade se tornam elementos estruturais de todos os seres, até do próprio Deus em Si que se automanifesta. A contradição implícita entre os processos de emanação e estruturação nunca foi resolvida pelo próprio Cordovero, e ela aparece até na apresentação sistemática de suas ideias no *Shefa Tal* de Shabetai Sheftel Horowitz. Em obras como *Elimah Rabati* e *Shefa Tal*, a Cabala zohárica passa por uma transformação especulativa extremamente profunda, na qual, sempre que possível, a teosofia abre mão do fundamento mítico. Não obstante, é evidente que essa tendência especulativa não converte a Cabala em filosofia, e que o reconhecimento de uma vida oculta no interior da deidade – o processo de emanação das *Sefirot* – depende enfim de uma intuição mística, pois só assim esse domínio pode ser entendido. No Zohar, essa intuição é chamada "visão fugaz [do eterno]" (*istakluta le-fum sha'ata*; 2:74b; ZH 38c), e esse é o elemento que o profeta e o cabalista têm em comum (1:97a e b).

Além do processo de emanação que ocorre entre as *Sefirot*, há dois modos simbólicos de expressar o modo como cada *Sefirah* se irradia sobre as outras:

(1) Luz refletida. Baseia-se na premissa de que, além da luz direta que se espalha de uma *Sefirah* para a outra, existe uma luz que é refletida de volta das *Sefirot* inferiores para as superiores. As *Sefirot* podem ser vistas tanto como meio para a transferência da luz de cima para baixo, quanto como um espelho refletindo a luz de volta para sua fonte. Essa luz refletida pode ascender novamente a partir de qualquer *Sefirah*, particularmente a partir da última, de volta até a primeira, e age no caminho de volta como estímulo adicional que causa a diferenciação de ainda mais outros *bechinot* em cada *Sefirah*. A luz refletida, segundo Cordovero (*Pardes* 15), cumpre uma grande tarefa na consolidação das potências e dos *bechinot* de julgamento (*din*) em cada *Sefirah*, pois funciona através de um processo de contração restritiva, mais do que de expansão livre. Apenas remotamente baseada na Cabala antiga – por exemplo, as afirmações no Zohar sobre as relações entre as três primeiras *Sefirot*

– essa doutrina foi desenvolvida apenas por Salomão Alkabez e Cordovero e constituiu fator importante em sua argumentação dialética.

(2) Canais. Baseia-se na premissa de que *Sefirot* específicas estão em relações particulares de irradiação umas com as outras (embora não necessariamente com todas elas). A face de uma *Sefirah* se volta para outra e consequentemente desenvolve-se entre elas um "canal" (*tsinor*) de influência, que não é idêntico à emanação concreta. Esses canais são caminhos de influência recíproca entre diferentes *Sefirot*. Esse processo não é um fluxo de mão única da causa ao efeito; mas também opera do efeito para a causa, dialeticamente transformando efeito em causa.

Não fica claro até que ponto existe identidade entre os símbolos da luz refletida e dos canais, nem se não existe nenhuma identidade e qual é a relação entre eles. A interrupção no influxo de retorno de baixo para cima é chamada de "ruptura dos canais" (*shevirat ha-tsinorot*; Gikatilla, *Sha'arei Orah*), ideia que serve para explicar a relação entre os mundos inferior e superior por ocasião do pecado e da reprovação divina. Esses canais são aludidos pelos cabalistas de Girona, Gikatilla, José de Hamadã (*Shushan ha-Birah*), se esse é o nome verdadeiro do autor de um comentário ao Cântico dos Cânticos e ao *parashah Terumah* no Manuscrito Margoliouth 464 do Museu Britânico, mencionado acima, assim como por outros cabalistas dos séculos XIV e XV, bem como a doutrina é apresentada em detalhe no capítulo 7 do *Pardes Rimonim*.

MUNDOS ANTERIORES, MUNDOS INFERIORES E CICLOS CÓSMICOS (A DOUTRINA DAS *SHEMITOT*)

A emergência de Deus das profundezas de Si mesmo na criação, que constitui o fundamento da doutrina das *Sefirot*, nem sempre foi entendida como um processo único, ininterrupto, direto. Segundo outras opiniões sobre o processo da emanação e da criação, um papel vital foi desempenhado pela lenda midráshica sobre os mundos que foram criados e destruídos antes da criação do nosso mundo presente. Uma variação importante dessa ideia está na raiz da doutrina das *Idrot* no Zohar, na qual o *Midrash* e outras *agadot* semelhantes são conectados com uma descrição de como Deus entrou na forma do *Adão Kadmon* ou Homem Primordial ou com as configurações diferentes dessa forma. Aqui temos um motivo cuja origem não é consistente com a formulação clássica da doutrina das *Sefirot*, como pode ser visto facilmente em seu tratamento invertido do princípio masculino-feminino. Diferentemente da tradição clássica, o princípio masculino é considerado aqui o princípio de *din*, ou julgamento estrito, que precisa ser suavizado e "adocicado" pelo princípio feminino. Uma criação dominada exclusivamente pelas forças do julgamento não poderia sobreviver. A natureza exata dessas criações anteriores, malsucedidas, no entanto – chamadas no Zohar de "Reis de Edom" ou "Reis Primordiais" (*malkhei Edom* ou *malkin Kadma'in*) – não fica clara. Só quando a forma do Homem Primordial foi elaborada perfeitamente, com um equilíbrio harmônico entre forças masculinas e femininas, a criação foi capaz de sustentar a si mesma. Esse equilíbrio é chamado no Zohar de *matkela* ("balança"), e apenas através de seu poder nosso mundo passou a existir. A listagem bíblica dos reis de Edom (Gênesis 35:31ss) foi interpretada à luz dessa doutrina, pois Edom era entendida como representante do princípio do julgamento.

O autor do Zohar também expressou essa doutrina de outras maneiras. Os mundos que precederam ao nosso e foram destruídos eram como as centelhas que se espalham e morrem quando o ferreiro bate no ferro com seu martelo. Essa doutrina, em versão completamente nova, adquiriu um lugar central na Cabala luriânica, enquanto outros cabalistas ainda tentaram despojá-la de seu significado literal devido às suas dificuldades teológicas. A interpretação de Cordovero a associava à emanação das próprias *Sefirot* e ao processo dialético no interior de cada *Sefirah* – interpretação muito discordante da ideia original. Outros cabalistas do período do Zohar, como Isaac ha-Kohen de Soria, expressaram ideias similares, que conectaram com o desenvolvimento de uma emanação "esquerda", isto é, de uma emanação das forças do mal. O elemento comum em todas essas doutrinas é a suposição de que, durante os primeiros passos em direção à emanação, certos desenvolvimentos abortivos ocorreram, que não tiveram efeito direto na criação efetiva dos mundos atuais, embora resquícios desses mundos destruídos não tenham desaparecido inteiramente, e algo deles ainda paire perturbadoramente entre nós.

A Cabala espanhola concentrou seu pensamento na emanação e na estrutura das *Sefirot*, assunto que não é abordado minimamente em todos os escritos dos filósofos. Em relação à continuidade desse processo abaixo do nível da última *Sefirah*, os cabalistas em geral foram profundamente influenciados pela cosmologia filosófica medieval. A maioria deles concordava que não havia nenhuma ruptura essencial na continuidade do influxo da emanação que levava também ao desenvolvimento de áreas adicionais da criação, como o mundo do intelecto, o mundo das esferas e o mundo inferior. Mas eles defendiam que qualquer coisa que precedesse esses estágios secundários era parte do domínio divino, que eles simbolicamente retrataram como uma série de acontecimento no mundo da emanação, ao passo que, desse ponto em diante, o movimento para fora se afastava do domínio de Deus e era considerado uma criação distinta da unidade divina. Essa distinção fundamental entre "o mundo da unidade" das *Sefirot* e "o mundo das inteligências separadas" que ficava abaixo delas foi feita já no início do século XIII. Quando os filósofos falavam de "inteligências separadas", que eles identificavam com os anjos, eles pensavam nelas enquanto seres imateriais representando formas puras, ao passo que na linguagem cabalística o termo se refere antes à separação da unidade sefirótica do domínio divino.

Conforme a Cabala se desenvolveu, o mundo da Merkavah (ver p. 19) descrito na literatura dos *heichalot* se tornou claramente distinto do mundo do divino acima dele. O primeiro era agora muitas vezes chamado de "o domínio do Trono", e uma rica angelologia se desenvolveu em torno dele, que era apenas parcialmente idêntica à angelologia anterior da literatura da Merkavah. Na parte principal do Zohar, há descrições detalhadas dos habitantes dos sete "palácios" que se espalham abaixo da *Sefirah Malkhut* e são produtos de seu influxo emanativo, e que têm pouco em comum com os *heichalot* da literatura anterior. Nenhuma ordem hierárquica fixa fora estabelecida na Cabala anterior para o mundo dos anjos, e os escritos de diversos cabalistas dos séculos XIII e XIV contêm sistemas angelológicos muito diferentes. Esses sistemas ocupam um lugar importante nas obras de Isaac ha-Kohen, de seu irmão Jacob e em seu pupilo Moisés de Burgos, todos os quais falam em detalhes das emanações secundárias que serviam de trajes para as *Sefirot* e se situavam ainda mais alto que os anjos mais proeminentes na angelologia tradicional, como Miguel, Rafael, Gabriel, e assim por diante. Outros sistemas ocorrem no *Tikunei Zohar*, no *Sod Darkhei ha-Nekudot ve--ha-Otiot*, atribuído à escola de Abrahão b. David de Posquières, e nos livros de David b. Judá he-Chassid e José de Hamadã. Às vezes, uma distinção era feita entre a Merkavah como um símbolo do mundo das próprias *Sefirot* e os *mirkevet ha-mishneh*, ou "segunda carruagem", que representavam o domínio que vinha depois da *Sefirah Malkhut* e que se dividia em outras dez *Sefirot* próprias. Tudo abaixo da última *Sefirah* está sujeito ao tempo e é chamado de *beri'ah* ("criação"), uma vez que está fora (*le-var*) da Divindade.

O esquema geral de um mundo da Divindade e das *Sefirot*, e das inteligências e das esferas, não impediu muitos cabalistas, com o autor do Zohar e Gikatilla, de supor a existência de um número muito grande de mundos secundários dentro de cada um desses mundos primários. Essa expansão de uma estrutura cosmológica originalmente mais estreita é análoga aos motivos similares no pensamento indiano, embora não haja necessidade de tentar estabelecer um vínculo histórico direto entre os dois. Cada estágio no processo de criação é cristalizado em um mundo específico onde o poder criativo do Criador alcança a expressão perfeita de um de seus muitos aspectos. Ao mesmo tempo, podemos traçar o desenvolvimento de uma doutrina unificada de uma série de mundos de cima para baixo que formam um vetor básico, ao longo do qual a criação passa de seu ponto primordial para sua finalização no mundo material.[6] O resultado desse desenvolvimento, no qual princípios judaicos, aristotélicos e neoplatônicos se fundiram, foi uma nova doutrina dos quatro mundos básicos, chamadas *olam ha-atsilut* (o mundo da emanação – as dez *Sefirot*), *olam ha-beriah* (o mundo da criação – o Trono e a Carruagem), *olam ha-Ietsirah* (o mundo da formação – às vezes o mundo dos anjos centrado em torno de Metatron), e *olam ha-assiah* (o mundo da ação – que, às vezes, inclui o sistema inteiro das esferas e o mundo terrestre, e, às vezes, o mundo terrestre apenas). Esse arranjo, embora basicamente sem a nomenclatura de "mundos", já era mencionado por Moisés de Leon e em algumas partes do Zohar, particularmente no *Tikunei Zohar*. Isso aparece na forma dos quatro mundos efetivos no *Massechet Atsilut*, um tratado pseudoepigráfico do início do século XIV (edição de Jellinek, *Answahl Kabbalistischer Mystik*, 1853). Isaac de Acre também fez uso frequente desse arranjo e deu, pela primeira vez, o nome abreviado de *abia* (*atsilut, beri'ah, ietsirah, assiah*). No entanto, a doutrina não foi plenamente desenvolvida até o século XVI, quando os cabalistas de Safed detalharam os mundos de *beri'ah* e *ietsirah*, particularmente Cordovero e a escola de Isaac Luria. No *Tikunei Zohar*, o mundo de *assiah* era entendido como o domínio do mundo material e dos espíritos maus, enquanto segundo o *Massechet Atsilut ele* incluía todo o espectro da criação, desde os anjos (conhecidos como *ofanim*), através das dez esferas, até o mundo da matéria. Segundo a Cabala luriânica, todos os mundos, inclusive o mundo de *assiah*, foram originalmente espirituais, mas através da "ruptura dos vasos", o mundo de *assiah*, após sua descida de sua posição anterior, havia se misturado com as *klipot* ou "cascas" impuras, que em princípio deveriam ter permanecido completamente separadas e produzido um mundo de matéria que não conteria mais nada de espiritual. As dez *Sefirot* estão ativas em todos os quatro mundos, segundo sua adaptação a cada um deles, de modo que é impossível falar em *Sefirot* do mundo de *beri'ah*, em *Sefirot* do mundo de *Ietsirah*, e assim por diante. Algumas concomitâncias das *Sefirot* podem ser vistas também no mundo inferior. Até mesmo a imagem de *Adão Kadmon* é refletida em cada um desses mundos (*adam di-veriyah, adam de-atsilut*, etc., como nos escritos de Moisé de Leon, no *Ra'aia Meheimna* e no *Tikunim*). Até mesmo o mundo terrestre da natureza pode ser chamado de *adam ha-gadol* ("o grande homem"; *macroanthropos*). Em outra opinião cabalística do período da expulsão da Espanha, a natureza é definida como *tsel Shadai*, isto é, a sombra do Divino Nome.

A começar pelo século XIII, e especialmente a partir dos séculos XV e XVI, os cabalistas tentaram fazer representações pictóricas da estrutura da criação, conforme progredia do *Ein-Sof* para baixo. Esses diagramas eram geralmente chamados de *ilanot* ("árvores"), e as diferenças óbvias entre eles refletem divergências entre as várias doutrinas e os esquemas de simbolismo. Desenhos desse tipo são encontrados em grande número de manuscritos. Uma representação pictórica detalhada do sistema luriânico, chamada *ilan ha-gadol* ("a grande árvore"), feita por Meir Poppers, foi publicada, primeiro na forma de um longo rolo de pergaminho (Varsóvia, 1864) e mais tarde como livro (Varsóvia, 1893). Outra detalhada "árvore" (*tabula*) luriânica foi incluída na obra de Knorr Von Rosenroth, *Kabbalah Denudata*, I, parte 5, p. 193-255 (em 16 pranchas).

Essas especulações receberam uma forma única na doutrina dos *shemitot*, ou ciclos cósmicos, que eram baseados em uma periodicidade fixa na criação. Embora dependente de motivos *agádicos*, essa doutrina apresenta certa relação com sistemas não judaicos similares, cuja influência sobre autores judeus pode ser traçada em países muçulmanos e na Espanha, particularmente nos escritos de Abrahão bar Chiya. Em seu *Meguilat ha-Megaleh*, ele fala de "filósofos" não nomeados que acreditavam em uma série longa, até mesmo infinita, de criações cíclicas. Alguns desses filósofos, ele dizia, defendiam que o mundo duraria 49.000 anos, que cada um dos sete planetas seria o regente dos demais por 7.000 anos e que Deus, então, destruiria o mundo e restauraria o caos no 50º milênio, para em seguida recriá-lo mais uma vez. Essas eram ideias astrológicas retiradas de fontes árabes e gregas, que poderiam ser facilmente assimiladas a certas opiniões expressas na *agadah*, como a afirmação de Rav Katina (Sinédrio 97a) de que o mundo duraria 6.000 anos e seria destruído no sétimo milênio, no qual é traçado um paralelo entre os dias da criação e os dias do mundo, vistos como uma grande semana cósmica, ao final da qual o mundo "descansa" e é destruído. Os primeiros cabalistas associavam essas ideias à sua própria doutrina da emanação. Seus novos ensinamentos a respeito dos ciclos da criação, que eram amplamente referidos e até resumidos na Cabala de Girona, foram plenamente articulados, ainda que em estilo altamente cifrado, no *Sefer ha-Temunah*, escrito por volta de 1250. O ponto principal dessa doutrina é que são as *Sefirot,* e não os astros, que determinam o progresso e a duração do mundo. As três primeiras *Sefirot* permanecem ocultas e não ativam "mundos" fora de si mesmas – ou, ao menos, não mundos que podemos reconhecer como tal. A partir da *Sefirah Binah*, também chamada de "a mãe do mundo", as sete *Sefirot* apreensíveis e extrovertidas são emanadas. Cada uma dessas *Sefirot* tem um papel especial em um ciclo de criação, que passa a ficar sob seu domínio e é influenciado por sua natureza específica. Cada um desses ciclos cósmicos, ligado a uma das *Sefirot,* é chamado de *shemitah,* ou ano sabático – termo tirado de Deuteronômio 15 –, e possui uma vida ativa de 6.000 anos. No sétimo milênio, que é o período da *shemitah,* o dia do *Shabat* do ciclo, as forças sefiróticas deixam de funcionar e o mundo retorna ao caos. Em seguida, o mundo é renovado através do poder da *Sefirah* seguinte e fica ativo para um novo ciclo. Ao final de todas as *shemitot,* há um "grande jubileu", quando não apenas todos os mundos inferiores, mas as próprias sete *Sefirot* que os sustentam são reabsorvidas no interior de *Binah*. A unidade básica da história do mundo é, portanto, o jubileu do ano 50.000, que é subdividido como descrito acima. Os detalhes dessa doutrina no *Sefer Temunah* são complicados pelo fato de que, segundo o autor, a *Sefirah Iessod*, que também é chamada de *Shabat*, não ativa uma *shemitah* manifesta própria. Em vez disso, sua *shemitah* permanece oculta e opera através do poder dos outros ciclos cósmicos. Nem há aqui nenhuma menção de um novo ciclo de criação após o jubileu. Segundo os cabalistas de Girona, as leis na Torah a respeito dos anos sabáticos e de jubileu se referem a esse mistério da criação recorrente.

Uma doutrina ainda mais radical passou a existir no século XIII, segundo a qual o processo do mundo durava nada menos do que 18.000 jubileus (Bahia b. Asher, sobre a parte da Torah, *Be-Ha'alotecha*). Além do mais, a cronologia efetiva desses cálculos não deve ser considerada literalmente, porque o *Sefer ha-Temunah* ensina que no sétimo milênio se instaura um retardamento gradual e progressivo no movimento dos astros e das esferas, de modo que as medidas de tempo se alteram e se tornam mais longas em progressão geométrica. Cinquenta mil "anos", portanto, se torna um período muito mais longo. Assim, outros cabalistas, e Isaac de Acre em particular, chegaram a números verdadeiramente astronômicos para a duração total do mundo. Alguns cabalistas achavam que após cada "grande jubileu", uma nova criação começaria *ex nihilo*, uma opinião que passou de Bahia b. Asher para Isaac Abrabanel e dele para seu filho Judá, que a menciona em sua famosa obra italiana, *Dialoghi di Amore*. Essas opiniões também seriam aceitas muito mais tarde pelo autor do *Galei Razaia* (1552) e até mesmo por Manasseh Ben Israel. Nenhum cabalista propôs um número infinito de jubileus. Em contraste com essas perspectivas enormes, outros defenderam que não sabemos o que se seguirá ao jubileu e que a investigação sobre esse assunto era proibida.

Houve também opiniões divergentes sobre a questão de qual *shemitah* do período do jubileu estaríamos vivendo agora. De modo geral, a posição aceita era a do *Sefer ha-Temunah*, a saber, a de que agora estamos na *shemitah* do julgamento, dominada pela *Sefirah Guevurah* e pelo período da justiça estrita. Consequentemente, este período deve ter sido precedido pela *shemitah* de *Chessed*, ou bondade amorosa, que é descrita como uma espécie de "era de ouro", semelhante à da mitologia grega. Segundo outra opinião (por exemplo, a do *Livnat ha-Sapir* de José Angelino), estamos na última *shemitah* do atual período de jubileu. Cada *shemitah* experimenta uma revelação da Torah, que é simplesmente a articulação completa do Divino Nome ou Tetragrammaton, mas a compreensão desse nome, isto é, a combinação de suas letras, difere em cada *shemitah*. Portanto, na *shemitah* anterior, a Torah foi lida de modo completamente diferente e não continha as proibições que são produto do poder do julgamento; de modo semelhante, ela será lida diferentemente nas *shemitot* seguintes. O *Sefer ha-Temunah* e outras fontes contêm descrições da *shemitah* final de um caráter nitidamente utópico. Segundo essa opinião, algumas almas da *shemitah* anterior ainda existem na nossa, que é governada por uma lei universal da transmigração que inclui também o reino animal. Conforme o poder de julgamento é mitigado nas *shemitot* subsequentes, assim as leis e costumes também vão se afrouxando. Essa doutrina atribuía um papel tremendo ao poder da imaginação, que foi particularmente explorado por Isaac de Acre. Deve-se observar que em si a premissa de que uma mesma Torah pudesse ser revelada de forma diferente em cada *shemitah* não despertou na época nenhuma oposição declarada, e foi até expandida por alguns que defendiam que a Torah era lida diferentemente em cada um dos milhões de mundos envolvidos no complexo da criação – opinião expressa pela primeira vez por Gikatilla em *Sha'arei Tsedek*.[7] Uma das manifestações mais extremas dessa crença foi a teoria de que, na atual *shemitah,* uma das letras do alfabeto se perdeu e será revelada apenas no futuro. Assim, a leitura da Torah será, obviamente, absolutamente transformada.

A influência do *Sefer ha-Temunah* e a doutrina das *shemitot* foi extremamente forte e ainda tinha seus defensores até o século XVII. No entanto, o autor do Zohar ignorou-a completamente, aparentemente por alguma discordância fundamental, embora ele também defendesse a existência de um grande jubileu com a duração de 50.000 anos no mundo. Conforme o Zohar se tornou cada vez mais reconhecido como principal fonte autorizada para a Cabala posterior, esse silêncio em torno do assunto fortaleceu a oposição à doutrina. José ibn Zayyah, Cordovero e Isaac Luria rejeitaram-na como uma hipótese equivocada ou desnecessária, ao menos na versão encontrada no *Sefer ha-Temunah*, e como resultado de sua influência ela praticamente desapareceu da literatura cabalística posterior. No entanto, Mordecai Yaffe, contemporâneo de Isaac Luria, ainda ensinava no final do século XVI que existiam as sequências das *shemitot*, até mesmo dentro dos limites do tempo histórico. A *shemitah* de

Din ("julgamento") começou precisamente na época da oferta da Torah, ao passo que tudo o que a precedeu ainda pertenceria ao final da *shemitah* de *Chessed* ("bondade amorosa"). Esse utopismo visionário e sua teoria mística a respeito das manifestações cambiantes da essência da Torah foram sem dúvida dois dos principais motivos de a doutrina das *shemitot* ter sido tão amplamente aceita nos círculos cabalísticos. Os discípulos de Shabetai Tsevi levaram essa doutrina muito adiante, enfatizando suas implicações intrinsecamente antinomianas.

O PROBLEMA DO MAL

A questão sobre a origem e a natureza do mal foi uma das principais forças motivadoras por trás da especulação cabalística. Na importância associada a ela, está uma das diferenças básicas entre a doutrina cabalística e a filosofia judaica, que acrescentou pouco pensamento original ao problema do mal, enquanto foram proferidas várias soluções cabalísticas. O *Ma'arechet ha-Elohut* revela a influência da posição neoplatônica convencional de que o mal não tem realidade objetiva e é meramente relativo. O homem é incapaz de receber todo o influxo das *Sefirot*, e essa inadequação é a origem do mal, que possui, portanto, apenas uma realidade negativa. O fator determinante é o afastamento das coisas criadas de sua fonte de emanação, uma separação que leva às manifestações do que parece, para nós, ser o poder do mal. Mas este não possui realidade metafísica, e não se sabe se o autor do *Ma'arechet ha-Elohut* e seus discípulos acreditavam na existência de um domínio do mal separado, fora da estrutura das *Sefirot*. Por outro lado, já encontramos no *Sefer ha-Bahir* uma definição da *Sefirah Guevurah* como "a mão esquerda do Sagrado, louvado seja Ele" e como "uma qualidade cujo nome é mal" e que tem muitas ramificações nas forças do julgamento, os poderes constritores e limitadores no universo. Desde Isaac, o Cego, isso levou à conclusão de que devia necessariamente existir uma raiz positiva do mal e da morte, que era equilibrada no interior da unidade da Divindade pela raiz do bem e da vida. Durante o processo de diferenciação dessas forças abaixo das *Sefirot*, contudo, o mal foi substantificado como uma manifestação separada. Assim gradualmente se desenvolveu a doutrina que via a fonte do mal no crescimento superabundante do poder do julgamento, que se tornou possível pela substantificação e pela separação da qualidade do julgamento de sua união usual com a qualidade da bondade amorosa. O puro julgamento, sem a têmpera de outra mistura mitigante, produziu a partir do interior de si mesmo o *sitra achra* ("o outro lado"), assim como um vaso que é preenchido até transbordar no chão o líquido supérfluo. Esse *sitra achra*, o domínio das emanações negras e dos poderes demoníacos, doravante não é mais uma parte orgânica do Mundo do Sagrado e das *Sefirot*. Embora tenha emergido a partir de um dos atributos de Deus, não pode ser uma parte essencial Dele. Essa opinião se tornou dominante na Cabala através dos escritos dos cabalistas de Girona e do Zohar.

Segundo os "gnósticos" de Castela e, em uma versão diferente, também segundo o Zohar, existe uma hierarquia completa das "emanações da esquerda", que é o poder da impureza ativo na criação. No entanto, essa realidade objetiva dura apenas enquanto continua a receber novas forças da *Sefirah Guevurah*, que pertence à ordem sagrada das *Sefirot* e, em particular, enquanto o homem a reviver e fortificar através de seus próprios atos pecaminosos. Segundo o Zohar, esse *sitra achra* tem dez *Sefirot* ("coroas") próprias, e uma opinião similar, ainda que com muitas variações e o acréscimo de certos elementos míticos, é expressa nos escritos de Isaac ha-Kohen e no *Amud ha-Semali* por seu pupilo, Moisés de Burgos. Isaac ha-Kohen ensinava que os primeiros mundos, que foram destruídos, eram três emanações obscuras que pereceram devido ao poder excessivamente concentrado do julgamento estrito que continham. A força do mal naquele mundo, ele defendia, não vinha da *Sefirah Guevurah*, mas era uma continuação da *Sefirah Binah* que era substantificada nas potências destrutivas correspondentes às sete *Sefirot* construtivas da criação. Essas duas forças se combatem desde o início da própria criação.

Também no Zohar fica implícito que o mal no universo se originou dos restos dos mundos que foram destruídos. O poder do mal é comparado à casca (*klipah*) da árvore da emanação, símbolo originado com Azriel de Girona[8] e que se tornou bastante comum do Zohar em diante. Alguns cabalistas chamaram a totalidade da emanação da esquerda de "árvore externa" (*ha-ilan ha-chitson*). Outra associação, encontrada entre os cabalistas de Girona e depois também no Zohar, é com "o mistério da Árvore do Conhecimento". A Árvore da Vida e a Árvore do Conhecimento estavam unidas em perfeita harmonia até que veio Adão e as separou, dando assim substância ao mal, que vinha sendo contido no interior da Árvore do Conhecimento do Bem e do Mal e foi então materializado no instinto maligno (*ietser ha-ra*). Foi, portanto, Adão quem ativou o mal potencial oculto no interior da Árvore do Conhecimento ao separar as duas árvores e também ao separar a Árvore do Conhecimento de seu fruto, que foi assim arrancado de sua origem. Esse acontecimento é chamado metaforicamente de "corte dos brotos" (*kitsuts ha-neti'ot*) e é o arquétipo de todos os grandes pecados mencionados na Bíblia, cujo denominador comum era a introdução da divisão no interior da unidade divina. A essência do pecado de Adão foi ter introduzido a "separação acima e abaixo" naquilo que deveria ficar unido, uma separação da qual todo pecado é fundamentalmente uma repetição – exceto, isto é, pelos pecados envolvendo magia e bruxaria, que segundo os cabalistas juntam o que devia ter ficado separado. Na verdade concreta, essa opinião também tendia a enfatizar a separação do poder de julgamento, contido no interior da Árvore do Conhecimento, do poder da bondade amorosa, contida no interior da Árvore da Vida. Esta última despeja seu influxo generosamente, enquanto a primeira é uma força restritiva com uma tendência a se tornar autônoma. Isto pode acontecer ora como resultado das ações do homem, ora por um processo metafísico nos mundos superiores.

Ambas opiniões parecem concorrer na literatura cabalística sem qualquer distinção clara sendo traçada entre elas. O mal cósmico que brota da dialética interna do processo da emanação não é diferenciado aqui do mal moral produzido pela ação humana. O Zohar tenta unir esses dois domínios postulando que a disposição para a corrupção moral, para o mal sob o disfarce da tentação humana, deriva do mal cósmico que é o domínio do *sitra achra* (3: 163a). A diferença básica entre o Zohar e os escritos dos gnósticos de Castela era que estes se permitiam uma exagerada personificação dos poderes neste domínio, recorrendo, por vezes, a crenças demonológicas anteriores e chamando as potências da "emanação da esquerda" por nomes próprios, ao passo que o autor do Zohar geralmente se atinha a categorias mais impessoais, com exceção da figura de Samael – o equivalente cabalístico de Satanás – e sua parceira Lilith (ver p. 451 e 491), a quem ele atribui um papel central no domínio do mal. Outra diferença dessa regra é a descrição detalhada dos "palácios da impureza" com seus guardiões no comentário sobre Êxodo 38-40 (2:262-9), que segue uma descrição paralela dos "palácios do sagrado".

No simbolismo do Zohar a respeito do *sitra achra*, uma série de diferentes temas se confronta e eventualmente até se conflita. As *klipot* ("conchas" ou "cascas" do mal) são às vezes entendidas neoplatonicamente como os últimos elos da corrente de emanação em que tudo escurece, como no "final dos dias" na metáfora do Zohar. Em outras ocasiões, elas são definidas simplesmente como intermediárias entre os mundos superior e inferior e, como tais, não são vistas necessariamente como más. A bem dizer, cada princípio mediador é uma "concha" da perspectiva do que está acima, mas uma "semente" do ponto de vista do que está abaixo (Zohar, 1:19b). Em outras descrições, o domínio do mal é delineado como dejeto natural de um processo orgânico e é comparado ao sangue ruim, um ramo amargo da árvore da emanação, águas poluídas (2:167b), a escória que resta depois que o ouro foi refinado (*hituchei ha-zahav*), a borra de um bom vinho. Tais descrições do *sitra achra* no Zohar são particularmente ricas em imagens míticas. A identificação do mal com a matéria física, embora ocorra eventualmente no Zohar e em outros livros cabalísticos, nunca se tornou uma doutrina aceita por nenhum deles. A ambiguidade da filosofia medieval entre conceitos aristotélicos e platônicos emanacionistas da matéria é sentida fortemente também na Cabala, embora o problema de como a matéria é emanada seja referido apenas com pouca frequência. De modo geral, a questão da natureza da matéria não é central na Cabala, na qual o maior interesse é antes pela questão de como o Divino se refletia na matéria. Discussões ocasionais sobre a natureza da matéria desde um ponto de vista neoplatônico já podem ser encontradas na literatura do círculo do *Sefer ha-Iyun*. Cordovero, em seu *Elimah Rabati*, explica a emanação da matéria a partir do espírito por meio de um tratamento dialético do conceito de forma que era comum na filosofia medieval.

Segundo o Zohar, há uma centelha de sagrado até no domínio do "outro lado", seja a partir de uma emanação da última *Sefirah*, seja como resultado indireto do pecado do homem, pois, assim como o cumprimento de um mandamento fortalece o lado do sagrado, também um ato pecaminoso revitaliza o *sitra achra*. Os domínios do bem e do mal são em certa medida misturados, e a missão do homem é separá-los. Em contraste com essa opinião, que reconhece a existência metafísica do mal, uma abordagem alternativa encontrou sua expressão básica em Gikatilla, que definiu o mal como uma entidade que não estava em seu lugar de direito: "todo ato de Deus, quando está no lugar a si atribuído na criação, é bom; mas, se o ato se desvia e deixa seu lugar, é mal". Essas duas visões – a do Zohar, que concede ao mal uma existência concreta como o fogo da ira e da justiça de Deus, e a de Gikatilla, que atribui ao mal apenas uma existência potencial que nada pode ativar exceto os feitos do homem – ocorrem na literatura cabalística sem que haja uma vitória de um lado sobre o outro. Mesmo nas diferentes versões da doutrina luriânica, os dois lados estão em perpétuo conflito (sobre o problema do mal na Cabala luriânica, ver adiante). Um desenvolvimento subsequente e final em relação ao problema do mal ocorreu na doutrina do sabateanos, tal como formulado particularmente nos escritos de Natan de Gaza. Segundo ele, desde os primórdios havia duas luzes no *Ein-Sof*: "a luz que continha pensamento" e "a luz que não continha pensamento". A primeira tinha em si, desde o início, a ideia de criar mundos, enquanto na segunda não havia essa ideia, toda a sua essência se esforçando para permanecer oculta e repousar em si mesma sem emergir do mistério do *Ein-Sof*. A primeira luz era inteiramente ativa e a segunda luz, inteiramente passiva e imersa nas profundezas de si mesma. Quando a ideia da criação surgiu na primeira luz, ela se contraiu para abrir espaço para essa criação, mas a luz sem pensamento, que não teve participação na criação, permaneceu em seu lugar. Como ela não tinha outro propósito além de repousar em si mesma, ela resistiu passivamente à estrutura da emanação que a luz contendo pensamento havia construído no vácuo criado por sua própria contração. Essa resistência transformou a luz sem pensamento na fonte definitiva do mal no trabalho da criação. A ideia de um dualismo entre matéria e forma como a raiz do bem e do mal aqui assume um padrão bastante original: a raiz do mal é um princípio no interior do próprio *Ein-Sof*, que se mantém alheio à criação e busca evitar que as formas da luz que contém pensamento se concretizem, não por ser má por natureza, mas apenas porque todo o seu desejo é que nada exista além do *Ein-Sof*. Ela se recusa a receber em si a luz que contém pensamento e, consequentemente, se esforça para frustrar e destruir tudo o que for construído pela outra luz. O mal é, portanto, o resultado de uma dialética entre dois aspectos da luz do próprio *Ein-Sof*. A atividade do mal surge de sua oposição à mudança. A afinidade dessa ideia com a visão neoplatônica da matéria como princípio do mal é óbvia. A luta entre as duas luzes é renovada a cada estágio da criação e não chegará ao fim até o momento da redenção final, quando a luz que contém pensamento penetrará através da luz sem pensamento e delineará ali suas formas sagradas. O *sitra achra* do Zohar não é mais do que a totalidade da estrutura que a luz sem pensamento é forçada a produzir como resultado dessa luta. Conforme avança o processo da criação, a luta se torna mais aguda, porque a luz do pensamento deseja por sua própria natureza penetrar todo o espaço que foi desocupado por sua contração e não deixar nada intacto naquele domínio sem forma e primordial, que Natan chama de *golem* (a *hylé* sem forma). A premissa de que os princípios do bem e do mal existem juntos na mente suprema de Deus e de que não existe outra solução lógica possível para o problema do mal em um sistema monoteísta foi compartilhada por Leibniz, que abordou o problema de maneira similar cerca de 40 anos mais tarde em sua *Teodiceia*.

Embora não haja dúvida de que a maioria dos cabalistas defendia que o mal tinha existência real em vários níveis, muito embora funcionasse através da negação, eles se dividiram em suas opiniões a respeito do problema escatológico de como o mal finalmente terminaria no mundo e no homem. O poder do mal seria destruído totalmente no futuro? Será que o mal sobreviveria, mas sem a possibilidade de influenciar o mundo redimido, que antes continha bem e mal, que se misturaram e agora, finalmente, estariam separados? Ou será que o mal se transformaria em bem outra vez? A opinião de que no mundo futuro, fosse o que fosse esse mundo, todas as coisas voltariam a seu estado sagrado original, teve defensores importantes dos tempos dos cabalistas de Girona em diante. Nachmanides falava do "retorno de todas as coisas à sua verdadeira essência" – conceito talvez tirado da escatologia cristã e da doutrina da *apokatasis* (reintegração) – e ele, com isso, se referia à reascensão de cada ser criado até sua fonte na emanação que já não deixaria espaço para a continuidade da existência do domínio do mal na criação ou para o poder do instinto do mal no homem. Aparentemente, a bem dizer, esse retorno estaria conectado na opinião dele com o grande jubileu, de acordo com a doutrina das *shemitot*. Tal posição aceitava a realidade do mal no interior das diferentes *shemitot*, em cada *shemitah* segundo sua natureza específica.

De modo geral, os argumentos cabalísticos sobre o destino final do mal se limitavam ao momento da redenção e ao dia do juízo final. A opinião dominante era que o poder do mal seria destruído e desapareceria, uma vez que não haveria mais justificativa para a continuidade de sua existência. No entanto, outros defendiam que o domínio do mal sobreviveria como o lugar do castigo eterno dos maus. Uma certa hesitação entre essas duas crenças é encontrada no Zohar e na Cabala luriânica. Em geral, o Zohar enfatiza que o poder das *klipot* terminará e se "quebrará" no futuro, e em diversos trechos afirma claramente que o *sitra achra* "passará para além do mundo" e a luz do sagrado brilhará "sem empecilhos". Gikatilla afirma, por outro lado, que no futuro "Deus levará o atributo do [castigo do] infortúnio [isto é, o poder do mal] para um lugar onde ele não poderá ser maligno" (*Sha'arei Orah*, capítulo 4). Aqueles que defendiam a doutrina de que o mal se tornaria bem outra vez alegavam que o próprio Samael se arrependeria e seria transformado em um anjo sagrado, o que automaticamente causaria o desaparecimento do domínio do *sitra achra*. Essa opinião é expressa no livro *Kaf ha-Ketoret* (1500), e particularmente no *Asarah Ma'amarot* de Menachem Azariah de Fano, mas é contrariada nos escritos de Vital, que adotou uma posição menos liberal. Uma poderosa afirmação simbólica do futuro retorno de Samael à santidade, comum do século XVII em diante, foi a opinião de que seu nome seria transformado, a letra *mem*, no sentido de "morte" (*mavet*), cairia, e ficaria Sa'el, um dos 72 Nomes de Deus, sagrados.

A DOUTRINA DA CRIAÇÃO NA CABALA LURIÂNICA

O único fator comum a todas as doutrinas cabalísticas da emanação e da criação anteriores a Isaac Luria era sua crença em um desenvolvimento interno unidirecional, que levava da primeira movimentação no *Ein-Sof* em direção à criação por meio de estágios mais ou menos contínuos. Esse processo era propenso a adotar formas mais complexas e ir além da doutrina geral das dez *Sefirot* e a se aprofundar na dinâmica interna das próprias *Sefirot*, ou a descrever o mundo da emanação através de outros sistemas simbólicos, como aquele dos Nomes de Deus, mutuamente desenvolvidos e combinados. Mas o tema básico continuou sempre o mesmo: a manifestação progressiva do *Ein-Sof* tal como articulada através dos processos de emanação e criação. Mesmo a formulação clássica dessa doutrina nos livros de Cordovero, com toda sua complexidade dialética, não diverge dessa linha básica. Em contraste com isso, encontramos um ponto de inflexão crucial na cosmogonia luriâni- ca, cuja concepção bastante dramática introduziu transformações de grande alcance na estrutura do pensamento cabalístico. Os detalhes desse sistema são extremamente complexos, mesmo quando expostos claramente, como, por exemplo, em relação aos principais atos do drama da criação, sem falar em suas muitas obscuridades que só a meditação mística talvez possa compreen- der. A doutrina luriânica criou um enorme cisma entre o *Ein-Sof* e o mundo da emanação, que em ensinamentos cabalísticos anteriores eram intimamen- te ligados, e então passou a preencher essa lacuna com atos divinos sobre os quais a Cabala anterior nada sabia, embora esses atos possam muitas vezes ser melhor compreendidos contra um fundo de motivos mais antigos. Os prin- cipais relatos dos estágios da criação encontrados nas diferentes versões da doutrina luriânica oferecidos pelos escritos de seus discípulos e dos pupilos destes (sobre essas fontes, ver p. 537) são basicamente similares, mas variam na ênfase e nas interpretações que davam ao significado dos principais atos da criação. Pode-se, na verdade, dizer que com Isaac Luria um novo período de especulação cabalística foi inaugurado, que deve ser diferenciado da Cabala anterior em quase todos os aspectos.

Essa nova Cabala se baseava em três doutrinas principais, que deter- minaram seu caráter: *tsimtsum*; "a ruptura dos vasos" (*shevirah*); e *tikun*.

Tsimtsum ("contração")

· A fonte básica dessa doutrina é encontrada em um antigo fragmento do círculo do *Sefer ha-Iyun* (um prefácio a um comentário sobre "os 32 ca- minhos da sabedoria" em um Manuscrito de Florença) que fala de um ato de contração divina que precedeu as emanações: "Como Ele produziu e criou este mundo? Como um homem que se recolhe e contrai (*metsamtsem*) sua res- piração [Shem Tov b. Shem Tov formula "e contrai a Si mesmo"], de modo que o menor possa conter o maior, assim Ele contraiu Sua luz até o tamanho da mão, segundo Sua própria medida, e o mundo foi deixado na escuridão, e nes- sa escuridão Ele cortou rochas e talhou pedras." Aqui a referência é à criação de *Keter*, que se considerava evoluir a partir de um ato de contração que abria espaço para aquela escuridão que era *Keter*. Essa era, na verdade, a opinião de Nachmanides em seu comentário ao *Sefer Ietsirah*, mas só depois de Luria a ideia foi elevada a um princípio cosmológico básico.

A principal originalidade dessa doutrina luriânica está na noção de que o primeiro ato do *Ein-Sof* não foi uma revelação e uma emanação, mas, pelo contrário, um ato de ocultamento e limitação. Os símbolos aqui empregados indicam um ponto de partida extremamente naturalista para o entendimento do início da criação, e sua audácia os tornava problemáticos. Sem surpresa, portanto, pontos importantes da doutrina de Luria, que foram preservados em sua formulação original no legado literário do próprio Luria e na versão de Joseph ibn Tabul, foram ofuscados (como no *Ets Chaim* de Vital) ou completamente suprimidos (como no *Kanfei Ionah* de Moisés Jonah). O ponto de partida dessa teoria é a ideia de que a própria essência do *Ein-Sof* não deixa qualquer espaço para a criação, pois é impossível imaginar uma área que já não fosse Deus, uma vez que isso constituiria uma limitação à Sua Infinitude. (Esse problema não era uma fonte de preocupação nem para o Zohar, nem para Cordovero). Consequentemente, um ato de criação é possível apenas através da "entrada de Deus em Si mesmo", isto é, através de um ato de *tsimtsum*, por meio do qual Ele contrai a Si mesmo e assim torna possível que exista algo que não é o *Ein-Sof*. Alguma parte da Divindade, portanto, se retira e abre espaço, por assim dizer, para que os processos criativos entrem em ação. Essa retirada deve preceder toda emanação.

Diferentemente do uso midráshico da palavra (*metsamtsem*), que fala de Deus contraindo a Si mesmo para penetrar no Santo dos Santos, na morada dos querubins, a contração cabalística tem um significado inverso: não se trata da concentração do poder de Deus *em* um lugar, mas Sua retirada *de* um lugar. O lugar de onde Ele se retira é meramente "um ponto" em comparação com Sua infinitude, mas abarca, do nosso ponto de vista, todos os níveis de existência, espirituais e corporais. Esse lugar é o espaço primordial e se chama *tehiru*, termo retirado do Zohar (1:15a). Luria também responde à pergunta sobre como esse *tsimtsum* ocorreu efetivamente. Antes do *tsimtsum*, todas as forças de Deus estavam armazenadas no interior de Seu infinito Si e igualmente equilibradas sem nenhuma separação entre elas. Então, até as forças de *Din* ("julgamento") estavam armazenadas lá, mas não eram discerníveis enquanto tal. Quando a intenção primordial de criar passou a existir, o *Ein-Sof* reuniu as raízes de *Din*, que ficavam anteriormente ocultas no interior Dele, em um mesmo lugar, de onde o poder da compaixão havia se retirado. Dessa maneira, o poder de *Din* se tornou concentrado. *Tsimtsum*, portanto foi um ato de julgamento e de autolimitação, e o processo assim iniciado visava continuar por meio de uma extração progressiva e de uma catarse do poder de *Din* que foi deixado no espaço primordial, onde estava misturado de maneira confusa com os resquícios da luz do *Ein-Sof* que haviam ficado para trás mesmo depois do *tsimtsum*, como as gotas de óleo que permanecem em um vaso depois de esvaziado. Esse resíduo foi chamado de *reshimu*. Nessa mistura rudimentar, que é o aspecto hyléico do universo futuro, desce do *Ein-Sof* primordial, que abarca todo o espaço, um *iod*, a primeira letra do Tetragrammaton, que contém uma "medida cósmica" ou *kav ha-midah*, isto é, o poder de formação e organização. Esse poder pode ser visto como pertencente ao atributo da transbordante compaixão (*Rachamim*).

A criação, portanto, é concebida como uma dupla atividade do *Ein-Sof* emanando em seguida ao *tsimtsum*: o Emanador age tanto como um substrato receptivo através da luz do *reshimu*, quanto como uma força que dá forma que desce da essência do *Ein-Sof* para trazer ordem e estrutura à confusão original. Assim, sujeito e objeto do processo da criação têm sua origem em Deus, mas se diferenciaram no *tsimtsum*. Esse processo é expresso na criação de "vasos" (*kelim*) nos quais a essência divina que permaneceu no espaço primordial é precipitada para fora: a princípio isso ocorre ainda hyleicamente, no vaso chamado "ar primordial" (*avir kadmon*), mas subsequentemente isso assume uma forma mais clara no vaso chamado "homem primordial" (*Adão Kadmon*), que é criado a partir de um aumento e uma diminuição da "medida cósmica", que serve como conexão permanente entre o *Ein-Sof* e o espaço primordial do *tsimtsum*.

Essa versão da doutrina do *tsimtsum* foi em grande medida obscurecida por Vital, apesar de ainda haver alusões ocasionais a ela espalhadas aqui e ali em suas obras. No início de seu *Ets Chaim*, contudo, há um relato muito mais simples. Sem mencionar o recolhimento das raízes de *Din* ou *reshimu*, ele descreve um processo por meio do qual, como resultado do ato da divina contração, era formado um vácuo em meio ao *Ein-Sof*, no interior do qual era emanado um raio de luz que enchia esse espaço com dez *Sefirot*. Como o *tsimt-*

sum ocorreu igualmente em todos os lados, o vácuo resultante era circular ou esférico em sua forma. A luz que penetrou nesse vácuo em linha reta após o *tsimtsum*, portanto, possui dois aspectos desde o início: ela se arranja em círculos concêntricos e em estrutura unilinear, que é a forma do *Adão Kadmon lechol ha-kedumim*, "o homem primordial que precedeu todos os outros primordiais". A forma de um círculo e de um homem são assim as duas direções em que cada coisa criada se desenvolve. Assim como o primeiro movimento na criação foi na realidade composto de dois movimentos – a ascensão do *Ein--Sof* nas profundezas de si mesmo e sua descida parcial no espaço do *tsimtsum* – também esse ritmo duplo é um aspecto necessariamente recorrente de cada estágio do processo universal. Esse processo opera através da dupla pulsação, alternadamente, do movimento expansivo do *Ein-Sof* e de seu desejo de retornar para o interior de si mesmo, *hitpashtut* ("egressão") e *histalkut* ("regressão"), como os cabalistas o chamam. Todo movimento de regressão rumo à fonte contém algo de um novo *tsimtsum* em si. O aspecto duplo no processo da emanação é típico da tendência dialética da Cabala luriânica. Cada estágio do desenvolvimento da luz emanante possui não apenas um aspecto circular e linear, como também os modos da "luz interior" dentro dos vasos que são produzidos e da "luz circundante", assim como os modos de *atsmut ve-kelim* ("substância e vasos") e de "luz direta e luz refletida", que são retirados dos ensinamentos de Cordovero. O interesse especial de Luria pela estrutura dos mundos espirituais e sua emergência através de processos dialéticos é também expressa na distinção estrutural que ele faz entre a "totalidade" (*kelalut*) das forças da emanação e a "individualidade" (*peratut*) de cada um dos poderes ativos em uma determinada estrutura geral.

Nossas fontes mais antigas da doutrina do *tsimtsum* claramente mostram que Luria não diferenciava a substância do *Ein-Sof* de sua luz, uma vez que em ambas ocorria *tsimtsum*. Tal distinção foi feita apenas quando surgiram problemas a respeito da harmonização dessa doutrina com a ideia da imutabilidade de Deus. Esse desejo de consistência teve duas consequências: (1) uma diferenciação entre a substância do *Ein-Sof* e sua luz (isto é, sua vontade), que tornou possível argumentar que o *tsimtsum* ocorria apenas nesta última e não em seu "possuidor"; e (2) a insistência de que o conceito de *tsimtsum* não devia ser considerado literalmente, sendo apenas figurativo e baseado em uma perspectiva humana. Essas duas crenças foram particularmente enfatizadas na escola de Israel Sarug, cujos ensinamentos sobre o tema se baseavam em uma combinação da redação de Ibn Tabul da doutrina luriânica com a de Moisés Jonah em seu *Kanfei Ionah*, que não menciona *tsimtsum*, mas fala apenas de uma emanação de um ponto primordial que abarca todas as *Sefirot*, sem entrar em detalhes sobre como estas passaram a existir. A isso, Sarug acrescentou ideias próprias originais que tiveram grande influência na Cabala posterior; um resumo dessas ideias pode ser encontrado em seu livro *Limudei Atsilut*, mais tarde atribuído a Vital. Segundo ele, o *tsimtsum* foi precedido por processos de natureza ainda mais interna dentro do próprio *Ein-Sof*. A princípio, o *Ein-Sof* tinha prazer em sua autossuficiência autárquica, e esse "prazer" produziu uma espécie de "estremecimento" (*ni'anu'a*), que era o movimento do *Ein-Sof* no interior de si mesmo. Em seguida, esse movimento "de si para si" despertou a raiz de *Din*, que ainda era indistintamente combinado com *Rachamim*. Como resultado desse "estremecimento", foram "gravados" pontos primordiais no poder de *Din*, que se tornaram assim as primeiras formas a deixar suas marcas na essência do *Ein-Sof*. Os contornos dessa "gravura" eram os do espaço primordial, que passaria a existir como produto final desse processo. Conforme a luz do *Ein-Sof* fora dessa "gravura" agia sobre os pontos no interior da "gravura", esses pontos foram ativados de seu estado potencial e a Torah primordial, o mundo ideal tecido na substância do próprio *Ein-Sof*, passou a existir. Essa Torah, o movimento linguístico do *Ein-Sof* no interior de si mesmo, é chamada de um *malbush* ("traje"), embora na verdade seja inseparável da substância divina e seja tecido internamente "como o gafanhoto cuja roupa é parte de si mesmo", para usarmos a linguagem do Midrash. Sarug descreveu a estrutura desse "traje" em grande detalhe. Seu comprimento era composto pelos alfabetos do *Sefer Ietsirah* e tinha 231 "portões" (isto é, combinações possíveis das 22 letras do alfabeto hebraico na progressão אב,אג,אד etc.) que formam a arquiestrutura do pensamento divino. Sua largura era composta por uma elaboração do Tetragrammaton segundo o valor numérico das quatro possíveis grafias dos nomes por extenso de suas letras, como, por exemplo, o "nome" 45 (יוד, הא, ואו, הא), o "nome" 52 (יוד, הה, וו, הה), o "nome" 72 (יוד, הי, ויו, הי), e o nome 63 (יוד, הי, ואו, הי), que eram os "fios" e a "trama" que originalmente se situavam na bainha do traje. Essa Torah primordial continha potencialmente tudo o que poderia ser revelado através da Torah que seria oferecida à terra. Na prática, essa era uma versão cabalística do mundo das ideias platônico. O tamanho desse traje era duas vezes a área necessária para a criação de todos os mundos. Depois que o traje foi tecido, ele foi dobrado em dois: metade ficou para cima e suas letras ficaram atrás das letras da outra metade. Os "nomes" 45 e 52 ficaram posicionados atrás dos "nomes" 72 e 63, e consequentemente o último *iod* do "nome" 63 ficou sem par no traje dobrado. Essa dobra constituiu uma contração (*tsimtsum*) do traje para metade de sua área, e com a retirada de metade do traje da posição anterior, algo foi criado no *Ein-Sof* que já não participava de sua substância. A única coisa que permaneceu nesse quadrado primordial foi o *iod* desemparelhado, que então assume a tarefa dinâmica de transferir a luz do *Ein-Sof*, que se espalhou em círculos, até a área produzida pelo ato do *tsimtsum*, tal como na versão de Ibn Tabul. A área vazia criada pela dobra do traje não é um vácuo efetivamente, mas apenas desprovida do traje ou da luz de sua substância. No entanto, a lei oculta de toda a criação inscrita no interior da "gravura" do *Ein-Sof* é doravante ativa e se expressa em todos os processos subsequentes através do poder investido nesse *iod* intrusivo. O resíduo (*reshmu*) da luz remanescente de sua essência e uma parte da luz do próprio *Ein-Sof* se tornam manifestos nesse espaço desocupado, e essa luz atua como a alma que sustenta tudo e sem a qual tudo voltaria ao *Ein-Sof* como antes. Essa alma também se contrai até virar um ponto, que não é outro senão a *anima mundi* dos filósofos. Além do mais, os vários movimentos de *tsimtsum*, e as ascensões e descidas do *yod*, produzem outros pontos no espaço que constituem o primordial "mundo dos pontos" (*olam ha-nekudot*), que nesse estágio ainda não tem nenhuma estrutura definida e no qual as luzes divinas existem em estado atomizado, puntiforme. Segundo Sarug, não apenas uma, mas várias contradições ocorrem no lugar do *reshimu*, e tantas outras mais são disso decorrentes. Em outra passagem, ele afirma que há dois tipos de *reshimu*, um da substância divina e um do traje dobrado, e apenas o segundo é articulado no mundo dos pontos. Só com o retorno do *iod*, que ascende ao *Ein-Sof* e torna a descer de lá, aquela luz suprema é criada no espaço primordial que é conhecido como o *tehiru* ou matéria primal de cada ser.

A complicação dialética aparente nas apresentações de Sarug atesta a incerteza e a excitação causadas pela nova concepção do *tsimtsum*. A importância do poder de *Din* naqueles atos que levaram à sua encarnação na matéria primal é muito mais obliterada na apresentação de Sarug do que na de Ibn Tabul, embora não desapareça totalmente. A contradição inerente às concepções opostas do espaço primordial desocupado, ora como quadrado, ora como esfera, criados pela atividade do *yod* emanante, representou um problema adicional na obra de Sarug que não foi encontrado em nenhum outro texto e que não teve nenhuma solução consistente. Em todo caso, descrições extremamente naturalistas nesses relatos seriam justificadas pela ênfase posta em seu caráter simbólico.

Uma das mais interessantes tentativas especulativas de explicar as teorias do *tsimtsum*, que continuaram sendo feitas por mais de duzentos anos, é a ousada interpretação de Shabetai Sheftel Horowitz em seu *Shefa Tal*. Horowitz tentou revisar a doutrina do *tsimtsum* mais uma vez e considerá-lo apenas uma expressão simbólica da emanação da *Sefirah Keter*. Seguindo as apresentações de Tabul e de Sarug, embora sem mencionar o *malbush* ("traje"), Horowitz tentou equacionar os diferentes estágios do *tsimtsum* com o que ele considerou serem os estágios paralelos na emanação de *Keter* nos ensinamentos de Cordovero. A emergência do *tehiru* não era mais produzida pelo *tsimtsum* em si, mas pela emanação da luz do *Ein-Sof* a partir da essência do próprio *Ein-Sof*. Apenas no interior desse *tehiru* emanado ocorria uma contração da luz do *Ein-Sof*, e um resíduo dessa luz se misturava com a substância emanada para formar o *reshimu*. Assim, a alma passou a existir como um ponto supremo no interior da *Sefirah Keter*. Essa transformação do *tsimtsum* em um segundo ato divino, em seguida ao ato original da emanação, tornou a doutrina mais compatível com Cordovero, que também identificava a existência do *tsimtsum* no interior da corrente das emanações, no qual o poder do Criador se tornava inevitavelmente restrito de maneira progressiva. Dessa maneira, a interpretação de Horowitz removeu o ímpeto paradoxal que era inerente à doutrina do *tsimtsum* desde sua concepção e que na verdade era seu aspecto mais original.

Do século XVII em diante, a opinião cabalística se dividiu quanto à doutrina do *tsimtsum*. Este deveria ser considerado literalmente? Ou deveria ser entendido simbolicamente como uma ocorrência nas profundezas do Divino que a mente humana só podia descrever com linguagem figurada? A questão foi um pomo da discórdia nas muitas discussões ocorridas entre os cabalistas e pensadores de inclinação mais filosófica, que julgavam a especulação cabalística de mau gosto, pelo fato de que o conceito de *tsimtsum* era na verdade muito próximo das ideias que mais tarde seriam desenvolvidas pelas filosofias idealistas modernas, como as de Schelling e Whitehead. Como resultado da exposição da doutrina feita pelo autor do *Emek ha-Melech*, muitos cabalistas se mostraram inclinados a considerar o *tsimtsum* literalmente, opinião que se tornaria especialmente popular entre os sabateanos, cujo credo tornava impossível uma interpretação que não fosse literal. Essa posição foi claramente expressa nos escritos de Natan de Gaza e Nehemiah Hayon. Foi a determinada defesa da interpretação literalista de Hayon, na verdade, que estimulou Joseph Ergas a enfatizar ainda mais agudamente a opinião de Abrahão Herrera de que a doutrina do *tsimtsum* era simbólica. Essa disputa, que também estava muito ligada à doutrina antropomorfizante dos sabateanos em geral, começou em 1714 e foi resumida por Ergas em seu *Shomer Emunim* (1736), que é nossa principal fonte para aquela reinterpretação fundamental que devolveu a doutrina luriânica ao seu ponto de partida cordoveriano. A essa altura, a posição sabateana já não era um fator, de modo que a posição literalista foi defendida outra vez, até mesmo no campo dos cabalistas ortodoxos, cujo principal porta-voz foi Immanuel Chai Ricchi em seu *Iosher Levav* (1737). O sistema de Ergas, por outro lado, foi expandido no *Amud ha--Avodah* de Baruch Kosover (escrito por volta de 1763, mas só publicado em 1854). Ergas influenciou muito a literatura chassídica, especialmente os ensinamentos do Chabad de Shneur Zalman de Liadi e seu pupilo Aaron ha-Levi de Staroselye, que dedicou uma discussão profundamente dialética ao tema em seu *Avodat ha-Levi* (1862). Em seu *Tania*, Shneur Zalman defendeu que o Gaon de Vilna havia equivocadamente considerado o *tsimtsum* de modo literal, mas ainda é uma questão em aberto se ele tinha razão ao interpretar dessa maneira os ensinamentos do Gaon. O sistema de Aaron ha-Levi se baseia na premissa de um duplo *tsimtsum*. O primeiro *tsimtsum*, também chamado *beki'ah* ("perfuração"), é uma contração na substância do *Ein-Sof* que torna possível o aparecimento do Infinito em geral e que fica completamente além do nosso entendimento. Ele leva à revelação da luz do *Ein-Sof*, mas é tão insondável que não há nenhuma menção a ele no livro de Chaim Vital,

Ets Chaim. Só depois de *beki'ah*, que é concebido como um "salto" do *Ein-Sof* absoluto para *Ein-Sof* relativo, ocorre a segunda contração, por meio da qual a luz Infinita de *Ein-Sof* ganha aparência finita. Na verdade, contudo, o finito não possui nenhuma existência e só é tornado possível através da emissão de uma linha ou de um raio desde o Infinito. O conceito catártico de *tsimtsum* mencionado acima foi desenvolvido independentemente nos escritos de Moisés Chaim Luzzatto, que acreditava que o ponto crucial do *tsimtsum* era o fato de que o Criador "supera, na prática, Sua lei inata da bondade na criação, de modo que Suas criaturas não deviam ser perfeitas, mesmo quando consideradas do ponto de vista delas próprias, muito menos do ponto de vista de Deus". A raiz metafísica do mal é inerente à própria privação que o ato do *tsimtsum* envolve, e todo o desenvolvimento das coisas criadas depende de haver uma oportunidade de se aperfeiçoarem segundo os próprios méritos e de separar o poder do mal do poder do bem.

Em suma, podemos dizer que todos os cabalistas que escreveram com um olho voltado para os filósofos tenderam a enfatizar a natureza não literal do *tsimtsum*, ao passo que aqueles cabalistas que não fizeram uso da filosofia aristotélica apresentaram a doutrina literalmente e sem adornos. Tampouco devemos ignorar a íntima conexão na opinião de muitos cabalistas entre o *tsimtsum* e a existência da matéria hyléica que serviu de base para a criação como um todo. Até o próprio Chaim Vital definiu o Infinito como o Nada, que só através do *tsimtsum* se tornou manifesto em *Ketere* que é a matéria hyléica em toda criação (*Ets Chaim*, capítulo 42, parágrafo 1). Outros conectaram a existência da *hylé* com o *reshimu*, o espaço primordial, ou o ar primordial, que se tornou manifesto através do *tsimtsum*. Uma discussão especial desse tema ocorre no livro de Eliakim b. Abrahão Hart, *Tsuf Novelot* (Londres, 1799), resumindo a elaboração muito mais longa de *Novelot Chochmah* de José Salomão Delmedigo (1631).

A ruptura dos vasos

O ponto em *Ein-Sof* que foi desocupado no ato do *tsimtsum* foi em seguida preenchido com uma proliferação de palavras e acontecimentos ontológicos, cada um dos quais tende na Cabala luriânica a se tornar tema de uma descrição cuja complexidade beira o extremo. Além do mais, essas mesmas descrições variam amplamente nas diferentes formulações de Ibn Tabul, Moisés Jonah e Chaim Vital, e versões altamente contraditórias delas podem ser encontradas até em diversas obras do próprio Vital. As tentativas de Israel Sarug de construir um todo unificado de toda essa confusão só a aumentaram ainda mais. Não obstante, em cada uma dessas muitas apresentações, aparece o mesmo delineamento geral. A principal preocupação de Isaac Luria, aparentemente, era traçar o desenvolvimento posterior dos vasos que recebiam a luz da emanação que penetrou no espaço primordial após o ato do *tsimtsum*. Na emergência efetiva desses vasos, um papel foi desempenhado pelas luzes que se localizavam no *tehiru* após o *tsimtsum* e pelas novas luzes que entraram com o raio. O propósito desse processo era a eliminação (*berur*) das forças de *Din* que haviam se acumulado, uma catarse que poderia ter sido obtida pela eliminação total dessas forças do sistema ou pela sua integração dessas forças no sistema através da "atenuação" e da purificação prévias dessas forças – duas abordagens conflitantes que frequentemente encontramos lado a lado. Em ambos os casos, no entanto, no intuito de avançar sobre esses processos, que eram um prelúdio necessário à complexa hierarquia da criação, defendeu-se uma diferenciação progressiva nos próprios vasos, sem a qual os fluxos emanantes teriam sido incapazes de se regular e funcionar adequadamente. Nesse sentido, as diversas conjunções das primeiras luzes emanadas ao colidirem umas com as outras resultaram na criação dos vasos, que "se cristalizaram", por assim dizer, a partir de determinados modos que cada luz continha.

Todas as redações luriânicas concordam que o raio de luz que vem do *Ein-Sof* para organizar o *reshimu* e as forças de *Din* que ocuparam o espaço primordial funciona, de duas formas opostas que informam todos os desenvolvimentos nesse espaço do início ao fim. Esses são os dois aspectos de "círculo e linha" (*igul ve-iosher*). Praticamente falando, um ponto pode se expandir igualmente de duas maneiras, circularmente ou linearmente, e aqui se expressa uma dualidade básica que perpassa todo o processo da criação. A mais harmoniosa das duas formas, que compartilha da perfeição do *Ein-Sof*, é o círculo; este se conforma naturalmente ao espaço esférico do *tsimtsum*, ao passo que o raio reto de luz avança e retrocede em busca de sua estrutura definitiva na forma do homem, que representa o aspecto ideal de *iosher* (estrutura "linear"). Assim, enquanto o círculo é a forma natural, a linha é forma obstinada que é voltada na direção da figura de um homem. Além do mais, porque a linha de luz vem diretamente do *Ein-Sof*, ela é de grau mais alto do que o círculo, cuja forma é o reflexo do *tsimtsum*. A primeira, segundo Isaac Luria, compreende o princípio de *ru'ach*, o segundo, o princípio de *nefesh* ou perfeição natural. Essencialmente, essa doutrina é uma reafirmação do simbolismo geométrico pitagórico que dominou a filosofia até o século XVII. Cada ato da emanação, portanto, contém esses dois aspectos, e, se um deles estiver ausente, várias rupturas ou desenvolvimentos inesperados ocorrerão. Todos os movimentos teleológicos, proposital, são basicamente dominados pela necessidade imanente, natural.

A primeira forma que a emanação assume após o *tsimtsum* é a de *Adão Kadmon* ("homem primordial"), que no sistema luriânico equivale a um domínio acima dos quatro mundos de *atsilut*, *beri'ah*, *Ietsirah* e *assiah*, com os quais a Cabala pré-luriânica começou. Isaac Luria, é verdade, buscou defender essa crença com uma série de citações do Zohar e do *Tikunim*, mas na verdade ela representou uma orientação completamente nova. Embora Luria e seus discípulos defendessem que muitos dos processos ocorridos no *Adão Kadmon* são mistérios além do conhecimento humano, eles, não obstante, discutiram em grande detalhe o modo como as forças da emanação se organizaram após o *tsimtsum* dessa forma. Em todo o tratamento dessa figura e das luzes supremas que se irradiaram dela, o movimento dialético duplo mencionado acima permanece dominante. Assim, as dez *Sefirot* primeiramente assumiram os contornos de *Adão Kadmon* na forma de círculos concêntricos, dos quais o mais externo, o círculo de *Keter*, ficava em íntimo contato com o *Ein-Sof* circundante. Esta era a *nefesh* do *Adão Kadmon*. Em seguida, as dez *Sefirot* se rearranjaram em linha, na forma de um homem, com cabeça, tronco e membros, embora evidentemente isso deva ser compreendido no sentido puramente espiritual das incorpóreas luzes supremas. Esta era a *ru'ach* do *Adão Kadmon*. Os aspectos mais elevados da *nefesh*, conhecidos como *neshamah*, *chaiah* e *iechidah*, também têm raízes nas *Sefirot* superiores em suas configurações lineares. Todas essas luzes possuem vasos que ainda são tão sutis e "puros" que mal podem ser considerados vasos. A promoção do *Adão Kadmon* à categoria de primeiro ser a emergir após o *tsimtsum* explica a forte tonalidade antropomórfica que acompanha todas as descrições do processo da emanação no sistema luriânico. O *Adão Kadmon* serve como uma espécie de elo intermediário entre o *Ein-Sof*, a luz cuja substância continua ativa nele, e a hierarquia dos mundos ainda por vir. Em comparação com este último, na verdade, o próprio *Adão Kadmon* poderia ser (e algumas vezes foi) chamado de *Ein-Sof*.

Da cabeça do *Adão Kadmon*, brilharam tremendas luzes que se alinharam em padrões ricos e complexos. Algumas assumiram a forma das letras, enquanto outras assumiram ainda outros aspectos da Torah ou da Língua Sagrada, como cantilações (*te'anim*), os pontos vocálicos, os *taguin* (ornamentos de letras), que também são componentes das Escrituras Sagradas. Assim, dois simbolismos essencialmente diferentes – o da luz e o da linguagem e da escrita – aqui estão unificados. Cada constelação de luzes tem sua expressão linguística, embora esta última não seja direcionada para os mundos inferiores, mas antes para dentro de seu próprio ser oculto. Essas luzes se combinam para formar "nomes" cujas potências ocultas se tornam ativas e manifestas através de "configurações" ocultas (*milu'im*), em que o nome de cada letra é escrito por extenso no alfabeto. Esse mundo primordial descrito por símbolos linguísticos foi precipitado a partir das luzes da testa de *Adão Kadmon*, que saíram do ponto onde o filactério é posto. As luzes saídas dos ouvidos, nariz e boca do *Adão Kadmon*, contudo, expandiram-se apenas linearmente, e suas *Sefirot* não têm vasos especiais, uma vez que a princípio estavam juntas em um vaso comum segundo a "coletividade" que era sua natureza estrutural. Vital chamou essa esfera de *olam ha-akudim*, no sentido de um mundo onde as *Sefirot* não estavam diferenciadas (literalmente, eram inseparáveis). A função atribuída a essas luzes no drama da criação nunca foi claramente definida. As luzes dos olhos, por outro lado, foram diferenciadas em *Sefirot* individuais. Em teoria, essas luzes deviam ter saído do umbigo, mas o local de seu aparecimento foi desviado por um meio agindo no interior do *Adão Kadmon* e referido como *parsa* (aparentemente uma referência ao diafragma). Esse deslocamento é descrito como resultado de outro *tsimtsum* no interior das próprias luzes. Ao desviar seu trajeto, essas luzes saíram dos olhos tanto linear quanto circularmente, e cada uma de suas *Sefirot* comandou um vaso próprio. Vital chama essas luzes separadas de "o mundo das pintas" (*olam ha-nikudim*), mas em outros escritos luriânicos elas são agrupadas com as luzes do *tehiru* e referidas como "o mundo dos pontos" (*olam ha-nekudot*) ou "o mundo do caos" (*olam ha-tohu*) – este último porque nesse estágio as luzes puntiformes das *Sefirot* ainda não haviam atingido um arranjo estrutural estável. Todas as luzes dessas *Sefirot* receberam vasos, eles mesmos feitos de uma luz mais espessa, na qual se organizar e funcionar.

Nessa altura, no entanto, ocorreu o que é conhecido na Cabala luriânica como "a ruptura dos vasos" ou "a morte dos reis". Os vasos atribuídos às três *Sefirot* superiores conseguiram conter a luz que fluiu para dentro deles, mas a luz atingiu as seis *Sefirot* de *Chessed* a *Iessod* simultaneamente e assim foi forte demais para ser contida pelos vasos individuais; um após o outro, eles se quebraram, os pedaços se espalharam e caíram. O vaso da última *Sefirah, Malkhut*, também se rachou, mas não no mesmo grau dos outros. Parte da luz que estivera nos vasos retomou o caminho de volta à sua fonte, mas o resto foi lançado para baixo com os próprios vasos, e, a partir desses cacos, as *klipot*, as forças obscuras do *sitra achra*, ganharam substância. Esses cacos são também a origem da matéria grosseira. A pressão irresistível da luz nos vasos também obrigou todas as hierarquias dos mundos a descer de seus lugares até então atribuídos. Todo o processo do mundo tal como o conhecemos, portanto, variou sua ordem e sua posição originalmente pretendidas. Nada, nem a luz, nem os vasos, permaneceu no lugar apropriado, e esse desenvolvimento – denominado a partir de uma expressão emprestada dos *Idrot* do Zohar, "a morte dos reis primordiais" – foi nada mais, nada menos que uma catástrofe cósmica. Ao mesmo tempo, a ruptura dos vasos, que corresponde à destruição dos primeiros mundos, malsucedidos, da Cabala anterior, não era compreendida nos escritos luriânicos como um processo anárquico ou caótico; na verdade, ela ocorria de acordo com determinadas leis internas claras que foram extensamente elaboradas. De modo similar, a emergência das *klipot* como raiz do mal foi descrita como um processo que seguia regras fixas e envolvia apenas os cacos daqueles vasos atingidos pelas primeiras centelhas de luz. Essas luzes permaneciam "capturadas" entre as *klipot*, que são por elas alimentadas; na verdade, elas fornecem a força vital para o mundo inteiro das *klipot*, que, em maior ou menor grau interpenetraram toda a hierarquia dos mundos assim que os vasos foram quebrados. Os próprios vasos quebrados também, evidentemente, foram submetidos ao processo de *tikun,* ou restauração, que começou imediatamente após o desastre, mas sua "escória" não foi afetada, e, a partir desses dejetos materiais, que podem ser comparados aos subprodutos necessários de qualquer processo orgânico, as *klipot,* em seu sentido estrito de poderes do mal, emergiram. Os aspectos catastróficos da ruptura dos vasos foram especialmente enfatizados nas versões simplificadas da história que apareceram na literatura cabalística mais popular, que descrevia todo o processo com imagens altamente míticas.

Explicações amplamente diferentes para a ruptura dos vasos foram oferecidas nos escritos luriânicos. Alguns comentaristas se contentaram em atribuí-la à estrutura interna fraca e atomizada do "mundo dos pontos", cujas partes isoladas, desorganizadas, eram instáveis demais para evitar a ocorrência. Outra explicação foi que, como as primeiras emanações de pontos eram circulares em vez de parcialmente lineares, foi criado um desequilíbrio inevitável. Em alguns textos, afirma-se que apenas os "ramos" dos pontos partiram do *Adão Kadmon,* enquanto as "raízes" permaneceram dentro dele, e que os primeiros não tinham poder em si para suportar a pressão da luz. Todas essas explicações se baseiam na premissa de que a estrutura friável do mundo dos pontos foi o problema, e viam a ruptura dos vasos como um contratempo na existência do processo da vida da Divindade. (Ver Tishby, *Torat ha-ra ve-ha-klipah be-kabalat ha-Ari,* p. 39-45). Outras explicações que parecem derivar do próprio Isaac Luria buscam justificar a estrutura frágil ao vê-la como reação às raízes de *Din* e às *klipot* que estavam desde o início presentes na emanação. Segundo essa opinião, o principal desígnio do processo emanativo foi ocasionar uma catarse desses elementos acerbos e dos dejetos materiais no sistema divino. A presença das raízes das *klipot* na emanação é frequentemente associada à opinião teleológica de que os vasos foram quebrados para pavimentar o caminho para a recompensa e o castigo nos mundos inferiores que deveriam emergir na última fase da criação. Versões com ênfases distintas dessas explicações podem ser encontradas em Moisés Jonah, Vital e Ibn Tabul. As explicações catárticas e teleológicas representam basicamente abordagens diferentes e ilustram bem a tensão na Cabala luriânica entre os modos de pensamento mítico e teológico. Cabalistas posteriores definiram que a explicação teleológica era na verdade literalmente a correta, mas que a catártica representava a verdade mística (Meir Bikayam, *Me'orei Or,* 15c). Na escola luriânica de Israel Sarug, uma outra analogia orgânica foi oferecida: o mundo dos pontos era como um campo semeado cujas sementes não poderiam dar fruto enquanto não se abrissem e apodrecessem.

Tikun

A ruptura dos vasos marca um dramático ponto de inflexão nas relações entre o *Adão Kadmon* e tudo o que se desenvolve abaixo dele. Todos os processos subsequentes de criação ocorrem para consertar essa falha primordial. Em sua ousadia imaginativa, a crença de que tal acontecimento pudesse ocorrer em um domínio que, segundo todas as opiniões, ainda fazia parte da Divindade que manifesta a Si mesma, só podia ser comparada à doutrina do próprio *tsimtsum*. Na verdade, foi até sugerido que o *tsimtsum* também representava uma espécie de "ruptura" primordial no interior do *Ein-Sof*. As leis segundo as quais o processo de restauração cósmica e de reintegração (*tikun*) opera constituem a maior parte da Cabala luriânica, pois envolvem todos os domínios da criação, inclusive o "antropológico" e o "psicológico". Os detalhes da doutrina do *tikun* são extremamente complexos e parecem ter sido pensados intencionalmente como um desafio à contemplação mística. O elemento mais crucial dessa doutrina é o conceito de que o principal meio do *tikun*, isto é, a restauração do universo ao projeto original da mente de seu Criador, é a luz que saiu da testa do *Adão Kadmon* para reorganizar a confusão desordenada resultante da ruptura dos vasos. A principal sustentação dessas luzes vem das *Sefirot* lineares do "mundo dos pontos", que não passou por nenhuma ruptura e doravante terá a tarefa de estimular a formação de estruturas equilibradas e estáveis nos futuros domínios da criação. Essas novas estruturas são chamadas de *partsufim*, isto é, configurações ou *gestalten*, e cada uma delas abrange um padrão orgânico de hierarquias de *Sefirot* com suas próprias leis dinâmicas.

Esses *partsufim* (literalmente, "faces" ou "fisionomias") agora assumem o lugar das *Sefirot* como principais manifestações do *Adão Kadmon*. Em cada uma delas, forças recém-emanadas são unificadas com outras que foram avariadas na ruptura dos vasos; assim, cada *partsuf* representa um estágio específico no processo de catarse e reconstrução. A *Sefirah Keter* é então reformada como o *partsuf* de *Arich Anpin* (literalmente, "face longa", isto é, "indulgente" ou "tolerante", expressão emprestada do Zohar, onde aparece como tradução do aramaico do termo bíblico *erech-apain*, "longânime"), ou *Atika* ("antigo"), que são às vezes tratados como dois aspectos separados do mesmo *partsuf*. As *Sefirot Chochmah* e *Binah* agora se tornam os *partsufim* de *Aba* e *Ima* ("pai e mãe"), que funcionam com uma dupla capacidade: existem como meio para a reindividuação e rediferenciação de todos os seres emanados em transmissores e receptores do influxo e servem também como arquétipo supremo daquele "acasalamento" (*zivug*) procriativo, que, em seu aspecto metafórico do "olhar face-a-face" (*histaklut panim-be-fanim*), é a raiz comum de todas as uniões intelectuais e eróticas. Esse "acasalamento" é despertado pela reascensão das 288 centelhas que estavam nos vasos quebrados e voltaram às entranhas de *Binah* onde desempenham o papel de forças animadoras e aceleradoras no interior de uma estrutura cuja função é basicamente receptiva. Sem essas forças de assistência, que são referidas como "águas femininas" (*maim nukbin*), não poderia haver nem "acasalamento" nem unificação, nem mesmo no mundo de *atsilut*. Da união de *Aba* e *Ima* nasce um novo *partsuf*, conhecido como *Ze'eir Anpin* (literalmente, "face curta", isto é, "impaciente" ou "inclemente"), que compreende as seis *Sefirot* inferiores, de *Guedulah* a *Iessod*. Aqui temos o centro para os processos catárticos que ocorrem em todos os *partsufim* no intuito de mitigar os poderes acerbos de *Din*; seu sucesso definitivo depende de uma longa e quase infinita série de desenvolvimentos. A automanifestação do *Ein-Sof* nos mundos criados ocorre em grande medida através desse *partsuf*, que passa por um desenvolvimento embrionário (*ibur*) nas profundezas de *Imma*, seguido por "nascimento", "amamentação", e a emergência progressiva dos poderes formativos conhecidos como "imaturidade" (*katnut*) e "maturidade" (*gadlut*). Estas últimas, por sua vez, são revigoradas através de uma segunda "concepção" por intermédio de novos poderes que se juntam a elas a partir dos outros *partsufim*. A unidade estrutural do *Ze'eir Anpin* é garantida pela atividade de um princípio chamado *tselem* ("imagem", a partir do versículo em Gênesis 1:27), que envolve a atividade de certas luzes que ajudam a servir de elemento constituinte de todos os *partsufim*, mas estão especialmente concentradas no *Ze'eir Anpin*. A décima e última *Sefirah*, *Malkhut*, também é convertida em um *partsuf*, que é chamado *Nukba de-Ze'ir*, "a fêmea de *Ze'ir*", e representa o aspecto feminino complementar deste último. A principal fonte desse simbolismo ousadamente antropocêntrico está no *Idrot* do Zohar, mas em seu desenvolvimento na Cabala luriânica sofreu uma guinada radical. O próprio Isaac Luria sem dúvida via os *partsufim* como centros de poder através dos quais o dinamismo criativo da Divindade era capaz de agir e assumir forma. Os diversos nomes, configurações e subconfigurações que acompanham essas descrições simbólicas visavam provavelmente silenciar esse antropomorfismo quase provocativamente explícito em alguma medida. Acima e além dos cinco *partsufim* mencionados, cuja dialética interna é exaustivamente explicada em *Ets Chaim* de Chaim Vital, existem ainda outros *partsufim* secundários, que constituem a articulação de certos poderes no *Ze'ir Anpin* e em seu feminino *Nukba*, como *Israel Sava*, *Tevunah*, *Rachel* e *Leah*. A bem dizer, no pensamento ricamente associativo de Isaac Luria, praticamente todo personagem bíblico era imediatamente transformado em uma figura metafísica da qual brotavam novas hipóteses e novos *partsufim*. Um exemplo notável dessa tendência pode ser encontrado no capítulo 32 do *Ets Chaim*, no qual tudo o que ocorreu com a "geração do deserto" é mostrado como representações de processos dos *partsufim* das três *Sefirot* superiores do *Ze'ir Anpin* e sua contrapartida feminina.

Os cinco *partsufim* principais, *Arich Anpin, Aba, Ima, Ze'eir Anpin* e *Nukba de-Ze'ir*, constituem a figura final do *Adão Kadmon* tal como se desenvolve nos primeiros estágios de *tikun*, que é muito diferente da figura do *Adão Kadmon* que existia antes da ruptura dos vasos. Esses *partsufim* também abarcam "o mundo do equilíbrio" (*olam ha-matkela*), que é idêntico ao mundo de *atsilut* da Cabala anterior. A partir deste mundo, embora não sua substância, desce um influxo de luz espiritual até os mundos inferiores de *beri'ah, Ietsirah* e *assiah*. Na base de cada mundo há uma "cortina" que serve para filtrar a substância sefirótica que corresponde propriamente à natureza daquele mundo e para deixar todo o resto passar através de um reflexo secundário que, por sua vez, se torna a substância de um estágio subsequente. A estrutura básica do mundo de *atsilut* se repete com certas modificações nos três mundos inferiores. O *tikun*, contudo, ainda não está completo. Como resultado da ruptura dos vasos, nenhum dos mundos se encontra em seu local correto. Cada um deles se encontra um posto abaixo do que deveria, no local original do mundo que tinha abaixo de si. Em consequência, o mundo de *assiah*, que em essência é também um mundo espiritual (como a Natureza Ideal dos neoplatônicos), desceu e se mesclou à parte mais baixa do domínio das *klipot* e com a matéria física dominante ali.

A principal preocupação da Cabala luriânica, como já foi dito, é com os detalhes do processo do *tikun* e com os desenvolvimentos que ocorrem nos *partsufim* dos diferentes mundos, no "*adam* de *atsilut*", no "*adam* de *beri'ah*" etc. (Mais de três quartos do *Ets Chaim* são dedicados a esse assunto). O ponto crucial nas diversas discussões luriânicas desses desenvolvimentos é que embora o *tikun* dos vasos quebrados seja quase completado pelas luzes supremas e pelos processos originados de sua atividade, certas ações conclusivas foram reservadas ao homem. Estas são o objetivo final da criação, e a conclusão do *tikun*, que é sinônimo da redenção, depende de que o homem as realize. Eis aqui a íntima conexão entre a doutrina do *tikun* e a atividade religiosa e contemplativa do homem, que deve lutar e superar não apenas o exílio histórico do povo judeu, mas também o exílio místico da *Shechinah*, que foi causado pela ruptura dos vasos.

O objeto dessa atividade humana, projetada para completar o mundo do *tikun*, é a restauração do mundo de *assiah* em seu lugar espiritual, sua completa separação do mundo das *klipot* e a conquista de um estado permanente, beatífico, de comunhão entre todas as criaturas e Deus que as *klipot* não serão capazes de interromper ou impedir. É de crucial importância aqui a distinção luriânica entre os aspectos internos e externos das luzes supremas e os mundos da criação em si: o *tikun* dos aspectos externos dos mundos não está ao alcance do homem, cuja missão é unicamente relacionada a certos aspectos da interioridade. No sistema luriânico, a posição hierárquica do interior é sempre mais baixa do que a do exterior, mas justamente por causa disso está ao alcance do indivíduo verdadeiramente espiritual, interiorizado, ao menos em alguma medida. Se este último realizar suas tarefas de maneira apropriada, as "águas femininas" que permitem que ocorram os acasalamentos supremos se erguerão, e o trabalho do *tikun* exterior será concluído pelas luzes supremas que permaneceram ocultas no *partsuf* de *Atika* e que deverão se revelar apenas no futuro messiânico. A atividade humana de acordo com a Torah pode, no mínimo, preparar o caminho para o *tikun* dos mundos inferiores.

O caráter gnóstico dessa cosmogonia não pode ser negado, embora a maneira detalhada como ela é desenvolvida se valha inteiramente de fontes judaicas internas. Tipicamente gnósticas são, por exemplo, a descrição da criação como um drama cósmico centrado em torno de uma crise profundamente fatídica na operação interna da própria Divindade, e na busca por um caminho de restauração cósmica, da purgação do mal do interior do bem, no qual o homem desempenha um papel central. O fato de que essa teologia gnóstica não reconhecida tenha sido capaz de dominar as principais correntes do pensamento religioso judaico por um período de pelo menos dois séculos deve certamente ser considerado um dos maiores paradoxos de toda a história do judaísmo. Ao mesmo tempo, lado a lado com esse aspecto gnóstico, encontramos uma tendência impressionante a um modo de pensamento contemplativo que pode ser chamado "dialético" no sentido mais estrito do termo, tal como é usado por Hegel. Essa tendência é especialmente proeminente nas tentativas de apresentar explicações formais de doutrinas como a do *tsimtsum*, da ruptura dos vasos ou da formação dos *partsufim*.

Além da redação dos ensinamentos de Luria mencionados acima, os princípios básicos da Cabala luriânica são sistemática e originalmente apresentados nas seguintes obras: *Ma'amar Adam de-Atsilut*, incluído por Moisés Pareger em seu *Va-Yakhel Moshe* (Dessau, 1699); na obra de José Salomão Delmedigo, *Novelot Chochmah* (Basiléia, hoje Hanau, 1631); *Kelach* [138] *Pitchei Chochmah*, de Moisés Chaim Luzzatto (Koretz, 1785); na obra de Jacob Meir Spielmann, *Tal Orot* (Lvov, 1876-83); na obra de Isaac Eisik Haver, *Pitchei She'arim* (1888); na obra de Solomon Eliashov, *Leshem Shevo ve-Achlamah* (1912-48); e na obra de Iehudah Leib Ashlag, *Talmud Esser ha-Sefirot* (1955-67). Conhecidas exposições sobre a Cabala luriânica feitas por Abrahão Herrera e José Ergas foram muito influenciadas pela tendência dos autores de reconciliar ou pelo menos de correlacionar o sistema luriânico com os ensinamentos de Cordovero, como se pode ver na alegorização feita por Ergas da doutrina luriânica do *tsimtsum*.

CABALA E PANTEÍSMO

A questão de se, ou em que grau, a Cabala leva a conclusões panteístas ocupou muitos de seus pesquisadores desde a aparição em 1699 do estudo de J. G. Wachter, *Der Spinozismus im Jüdenthumb*, com a tentativa de mostrar que o sistema de Spinoza derivava de fontes cabalistas, particularmente dos

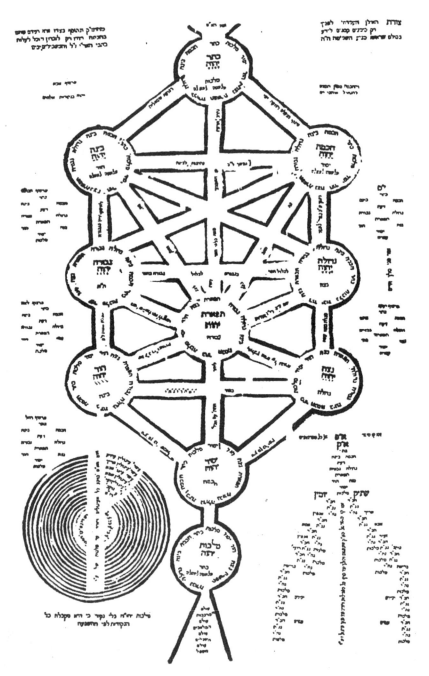

Tabela mostrando a interrelação das dez *Sefirot* ("emanações divinas"). Retirado de *Pa'amon ve-Rimmon*, Amsterdã, 1708.

escritos de Abrahão Herrera. A questão aqui, evidentemente, depende da definição de um conceito que foi empregado com sentidos muito diferentes. Um ensinamento pode ser considerado panteísta quando insiste que "Deus é tudo" e que "tudo é Deus"; no entanto, devemos distinguir entre fórmulas ocasionais que contêm esse tipo de coloração panteísta e o local exato designado a elas dentro da estrutura de uma teologia sistemática. Essas fórmulas são amplamente encontradas também nos misticismos cristão e muçulmano, embora seu conteúdo concreto nem sempre seja condizente com sua aparência panteísta externa. Isso é igualmente verdadeiro em muitas manifestações similares da literatura cabalista, especialmente aquelas que ocorrem nas exposições do pensamento cabalista com o propósito deliberado do consumo popular, assim como em boa parte dos escritos chassídicos. Por outro lado, o fenômeno oposto também pode ocorrer, e aqui e ali encontramos fórmulas explicitamente teístas que revelam seu conteúdo interno panteísta ou quase panteísta. Tudo depende do contexto interno de um dado sistema de pensamento. Tendências teístas aparentes podem servir para ocultar opiniões efetivamente panteístas, enquanto fórmulas gerais podem frequentemente ser interpretadas de maneiras diferentes e, portanto, não chegam a provar grande coisa. São exemplos disso a declaração de Azriel de que "nada está fora" de *Ein-Sof*, a declaração de Meir ibn Gabai de que "tudo está n'Ele e Ele está em tudo", ou a recorrente insistência no Zohar de que Deus "é tudo" e de que tudo está unificado n'Ele, "como sabem os místicos" (2: 85b). Tais afirmações também podem ser encontradas nos sistemas de pensamento teístas ortodoxos, em que servem para enfatizar a crença de que nada poderia existir sem uma causa primeira, divina, e de que esta, como é a causa de tudo, inclui e compreende em si tudo o que causou. Nesse sentido, pode-se dizer que Deus está presente e é imanente em tudo o que Ele causou, e, se Ele interrompesse Sua presença, toda a existência causada, portanto, seria aniquilada. O princípio neoplatônico de que todo efeito está incluído em sua causa influenciou muito essas formulações na Cabala sem conformá-las em um molde necessariamente panteísta.

Estritamente falando, contudo, o problema do panteísmo ocorre em conexão com uma série de perguntas específicas que preocuparam muito a especulação cabalista e às quais as doutrinas panteístas foram ao menos capazes de oferecer respostas inequívocas. Essas perguntas eram: (1) Existe uma unidade de substância entre o Emanador e o emanado? Será que a substância concreta de Deus se expande para tudo ou apenas a potência irradiada dessa substância? (2) Se existe uma unidade de substância entre *Ein-Sof* e as *Sefirot*, será que também existe a mesma unidade entre *Ein-Sof* e os seres criados? (3) Será que Deus é a alma do mundo ou é idêntico ao mundo? (4) Será que Deus existe nos seres criados (ou, na linguagem dos filósofos, Ele é imanente a eles) ou, até mesmo, apenas neles? Onde quer que encontremos respostas positivas a essas perguntas há bons motivos para assumir que estamos lidando com panteísmo, e onde quer que não encontremos tais respostas, podemos assumir o contrário.

A maioria dos cabalistas de Isaac, o Cego, em diante, rejeitou a noção de que a substância de Deus se manifestava no mundo da emanação e insistia, assim como a maioria dos neoplatônicos medievais, que apenas o poder de Deus, em oposição à substância, expandia-se no processo de emanação. Alguns dos primeiros cabalistas, no entanto, em particular o autor do *Ma'arechet ha-Elouhut*, acreditavam que as *Sefirot* emanadas eram de uma única substância com o *Ein-Sof* emanado. Apenas nos domínios abaixo das *Sefirot*, eles diziam, a potência divina era a única ativa como causa dos seres que eram separados da Divindade. Em geral, vemos que essa escola de pensamento tinha tendências claramente teístas. Isaac b. Samuel Mar-Chaim (1491) distinguia entre uma "emanação de essência", que são os raios das *Sefirot* no interior da substância de *Ein-Sof*, e uma "emanação de influxo", que é a potência do Emanador tal como se manifesta de acordo com a capacidade receptiva de um determinado meio. Aqueles cabalistas que identificavam *Ein-Sof* com a *Sefirah Keter* foram obrigados a considerar as *Sefirot* como consubstanciais ao *Ein-Sof*. No entanto, aqueles que defendiam essa opinião também negavam explicitamente que pudesse haver alguma unidade de substância entre Deus e os intelectos separados, muito menos entre Deus e outros seres criados. Essa era, por exemplo, a opinião de José Gikatilla em suas glosas ao *Guia dos Perplexos*. Até mesmo ele, contudo, não deixaria de declarar que "Ele preenche tudo e Ele é tudo". Muitos outros cabalistas, por outro lado, negariam a consubstancialidade de Deus com o mundo emanado, no qual professavam ver apenas a potência emanada d'Ele. Levando adiante o pensamento de Cordovero (ver adiante), os discípulos de sua escola enfatizavam que a substância separada do emanado era oposta à substância do Emanador, da qual a primeira era o "traje".

O autor do Zohar não se ocupou especialmente desse problema e se contentou em tratá-lo com formulações conceitualmente vagas, que ficariam abertas a interpretações conflitantes, mas nas obras hebraicas de Moisés de Leon há uma tendência mais perceptível a enfatizar a unidade de todos os seres em uma corrente contínua do ser. Não há saltos qualitativos nos elos dessa corrente, e a verdadeira essência de Deus está "acima e abaixo", no céu e na terra, e não há nenhuma existência além d'Ele (*Sefer ha-Rimon*). Na teofania no Monte Sinai, Deus revelou todos os mundos aos filhos de Israel, que viram que não havia neles nada que não fosse Sua glória e essência manifestas. Aqui está implícita a sugestão de que cada ser possui uma existência secundária própria separada da Divindade, mas que esta existência desaparece diante do olhar penetrante do místico que revela a unidade de essência por trás dela. As tendências panteístas nessa linha de pensamento são encobertas pelo manto de figuras de linguagem teístas, um recurso característico de diversos cabalistas. Por um lado, esses autores descrevem o *Ein-Sof* em termos personalistas e enfatizam sua absoluta transcendência acima de tudo, até mesmo sobre as *Sefirot*, que não o apreendem, enquanto por outro lado, o *Ein-Sof* "se veste" em grande medida nestas últimas e também através delas nos mundos inferiores. Existe ainda uma certa ambiguidade na dupla interpretação da *creatio ex nihilo*, ora insistindo que ela seja considerada literalmente, o que evidentemente excluiria qualquer abordagem panteísta, ora explicando-a simbolicamente, rejeitando uma literalidade simplista no intuito de deixar aberta a porta para a possibilidade de que todos os seres têm seu lugar, ao menos parcialmente, na realidade divina. O verdadeiro nada a partir do qual tudo foi criado se manifesta na transição do *Ein-Sof* para a primeira *Sefirah*, tampouco existindo na realidade qualquer salto ou descontinuidade na estrutura do ser. A criação a partir do nada é uma manifestação da sabedoria divina na qual o pensamento humano alcança seu limite, ou o limite daquele nada que é a primeira emanação, *Keter*. Naqueles sistemas em que o *Ein-Sof* era identificado com *Keter*, era o próprio *Ein-Sof* que se tornava o Divino Nada no qual tudo tem sua fonte. Essas opiniões deixavam espaço para a crença de que Deus, que é uno com o *Ein-Sof*, compreende muito mais do que aquilo que procede d'Ele nos processos de emanação e criação, mas que Ele também abarca estes últimos no interior de Si mesmo. Tudo é compreendido no interior da Divindade, mas nem tudo é idêntico a ela. No início do século XIX, o termo "panenteísmo" foi cunhado para distinguir essa opinião do puro panteísmo. Não há dúvida de que o termo poderia ser aplicado a diversos cabalistas conhecidos, que eram capazes de argumentar – com certa dose de justiça – que uma oposição similar já estava implícita na afirmação do Midrash (Gen. R. 68) de que "O Uno Sagrado, louvado seja Ele, é o lugar do mundo, mas o mundo não é Seu lugar". A opinião panenteísta oferecia um claro acordo entre o puro teísmo e o puro panteísmo e deixava espaço para uma descrição personalista da Divindade.

É evidente, portanto, que embora nenhuma escola cabalista de pensamento jamais tenha alegado que Deus não teria existência em separado dos seres criados, a posição mais comumente defendida era de que Ele podia ser, não obstante, encontrado no interior dos seres criados de diversas formas definíveis. Daí também a afirmação neoplatônica frequentemente encontrada na literatura cabalista de que Deus é "a alma das almas", uma alegação não inteiramente isenta de nuances panteístas, ainda que se preste também a outras interpretações. Essa frase já havia sido defendida pelo Zohar, mas deve-se observar que "alma" (*neshamah*), em seu sentido preciso, muitas vezes não implica nesses escritos uma inerência efetiva do corpo ou uma existência contingente no corpo, mas antes um modo de ser mais elevado. A *neshamah* propriamente não desce aos mundos inferiores, mas se irradia para baixo até o modo que chamamos de "alma" do homem. Essa era, por exemplo, a opinião de Isaac Luria. Outros cabalistas, por outro lado, especialmente Moisés de Leon, consideravam a alma humana, "uma porção do Deus lá em cima" (Jó 31:2), não apenas em um sentido figurativo, como em geral se compreendia, mas muito literalmente. Assim, o pensamento deles se baseava na suposição de que existe na alma algo consubstancial com Deus. Foi essa mesma suposição que levou Moisés de Leon em seu *Mishkan ha-Edut*[9] a desafiar a opinião de que o castigo das almas dos condenados ao inferno fosse eterno, pois como seria possível que Deus infligisse tal sofrimento a Si mesmo? Essa opinião é também indiretamente sugerida no Zohar, em que se afirma que a parte mais elevada da alma (*nefesh*), a chamada *neshamah*, é incapaz de pecar e se separa do pecador no momento em que um pecado é cometido. Shabetai Sheftel Horowitz estava de acordo com essa opinião e admitia apenas uma distinção quantitativa entre a alma e a substância de Deus, uma posição que, devido a suas implicações panteístas, foi desafiada, especialmente por Manasseh Ben Israel em seu *Nishmat Chaim* (1652).

Em contraste com o conjunto do Zohar, seus extratos posteriores (o *Ra'aia Meheimna* e os *Tikunin*) têm um saber marcadamente teístico. Aqui também, contudo, é especialmente enfatizado que, ainda que Deus permaneça separado do mundo, Ele está também no interior do mundo ("Ele está fora tanto quanto Ele está dentro"), e que Ele "a tudo preenche e a tudo causa" sem que essa imanência impeça uma visão personalista e teísta d'Ele. Essas formulações no Zohar se tornariam extremamente populares entre os cabalistas posteriores e nos escritos do cchassidismo, onde foram usadas para abarcar opiniões teístas e panteístas abundantes nesses textos. Obras cabalistas escritas entre 1300 e 1500 tendiam em geral a obscurecer o problema, como pode ser visto nos escritos dos discípulos de Salomão b. Adret e no *Sefer ha-Peliah*. De modo similar, textos cabalistas populares escritos na época da expulsão da Espanha mostram uma nítida preferência por formulações nitidamente teístas (Abrahão b. Eliezer ha-Levi, Judá Chaiat, Abrahão b. Salomão Adrutiel), que apenas em raras ocasiões ocultam um conteúdo diferente nas entrelinhas.

Uma discussão detalhada da problemática do panteísmo pode ser encontrada nos escritos de Cordovero, cujo próprio aspecto panenteísta foi mais cuidadosamente desenvolvido do que em qualquer outro cabalista, especialmente em seus *Sefer Elimah* e *Shi'ur Komah*. Sua apresentação da questão é extremamente sutil e não tem nada em comum com a abordagem "spinoziana" que, em seu sentido mais vulgar, uma série de autores tentou atribuir a ele. Cordovero entendeu muito bem que o ponto saliente de toda a teoria da emanação era a transição do *Ein-Sof* para a *Sefirah Keter* e dedicou grandes esforços para sua solução. As *Sefirot*, segundo ele, devem a fonte de sua existência ao *Ein-Sof*, mas essa existência é "oculta" no mesmo sentido que a fagulha do fogo está oculta na pedra até que se choque com o metal. Além do mais, esse aspecto de suas existências é incomparavelmente mais rarefeito do que suas existências a partir do momento em que foram emanadas para seus respectivos lugares, pois na existência emanada das *Sefirot* elas assumem um disfarce totalmente novo. Até mesmo em seu modo de existência definitivo, "oculto", no entanto, quando elas são compreendidas na substância do *Ein-Sof* e perfeitamente unidas ao *Ein-Sof*, elas não são ainda assim verdadeiramente idênticas a essa substância, que as apreende enquanto permanece inapreensível para elas. Sendo esse o caso, deveríamos dizer que a primeira transformação no estatuto ontológico das *Sefirot* ocorre durante sua existência oculta ou apenas quando de sua existência manifesta? Cordovero evitou dar uma resposta inequívoca a esta questão, embora ao mesmo tempo tenha desenvolvido uma teoria de que mesmo os aspectos mais elevados de *Keter*, que ele chamou de "Keter de Keter", "Keter de Keter de Keter", e assim por diante, aproximam-se assintoticamente da substância do *Ein-Sof*, até que o intelecto humano não é mais capaz de distingui-los. Não obstante, esses aspectos conservam uma identidade distinta do *Ein-Sof*, de modo que há uma espécie de salto entre o *Ein-Sof* e as existências ocultas das *Sefirot* no interior do *Ein-Sof* que se aproxima continuamente do infinito. A existência desses estágios internos, segundo Cordovero, representa um afastamento inteiramente novo no interior da Divindade, e o vir a ser dessa existência oculta, ou "Vontade das Vontades", como ele chama, é o que constitui o ato de criação a partir do nada em seu sentido literal. O despertar inicial da Vontade Divina nessa corrente de vontades (*re'utin*) é, segundo ele, a única ocasião em que a verdadeira criação a partir do nada ocorre, uma opinião cuja natureza paradoxal atesta o grau em que Cordovero se sentia dividido entre as abordagens teísta e panteísta. Do ponto de vista divino, Deus compreende tudo, na medida em que Ele abarca as "vontades", tanto por ser suas causas, como por envolvê-las em Sua essência, mas do ponto de vista humano todos esses estágios subsequentes compreendem uma realidade secundária que existe separadamente do *Ein-Sof* e que é contingente ao *Ein-Sof*, de modo que não podem de modo algum compartilhar uma identidade verdadeira com a substância do Emanador. Mesmo nos níveis mais elevados, essa substância se veste nos "vasos" que são, por sua própria natureza, secundários e precedidos por um estado de privação (*he'eder*).

Em todos esses processos, portanto, é necessário distinguir entre a substância do Emanador, que se veste nos vasos, e a substância do emanado. Embora a distinção seja às vezes obscurecida no *Pardes Rimonim*, é enfatizada no *Sefer Elimah*, em que Cordovero afirma que, embora no ato da emanação a substância divina se expanda para dentro dos vasos, esses vasos (*kelim*) ou trajes (*levushim*) assumem uma existência cada vez menos refinada conforme o processo continua para baixo. E, no entanto, por trás desses trajes infinitos, não existe um único elo da corrente onde a substância do *Ein-Sof* não esteja presente e não seja imanente. Mesmo do ponto de vista da condição humana, é potencialmente possível "despir" contemplativamente esses trajes e revelar "as procissões da substância" (*tahaluchei ha-etsem*) que se vestem com eles. Esse momento de revelação é a felicidade suprema que o místico pode alcançar em vida. Mas, outra vez, essa imanência do *Ein-Sof* em tudo não é idêntica à existência específica dos vasos: "Os produtos da causação, quando descem, não compartilham da substância de sua causa, mas antes... vão sendo subtraídos de sua causa conforme descem até o [nível] mais baixo da existência". Apenas conforme tornam a ascender em direção a sua causa eles são reunificados com ela, até que alcançam a Causa Suprema de todas, que é *Keter*, onde já não há mais nenhuma distinção entre o agente e os produtos de sua ação, pois eles aderem a ele ao máximo possível e são verdadeiramente unidos ao *Ein-Sof*, "onde não há causa ou causado, mas tudo é causa" (*Elimah*, 18c). A única afirmação mais definitiva no tratamento que Cordovero deu ao problema pode ser caracterizada como panenteísta: "Deus é tudo o que existe, mas nem tudo que existe é Deus" (*Elimah* 24d). Decerto, essa reascensão em direção às causas primeiras deve ser entendida aplicada ao processo culminante de toda a criação em seu retorno ao seio do emanador mais do que à experiência mística do indivíduo. Além do mais, em muitas passagens Cordovero dilui ainda mais o conceito, alertando contra possíveis equívocos: os próprios seres causados não serão reabsorvidos na substância do *Ein-Sof*, mas apenas a "espiritualidade" dos seres, assim que se despir de seus trajes separados. Aquilo que foi eternamente separado da Divindade não pode ser redeificado.

A Cabala luriânica tendia em geral a evitar até mesmo as formulações panenteísta de Cordovero e a adotar uma posição abertamente teísta. A doutrina do *tsimtsum*, ao enfatizar a descontinuidade entre o *Ein-Sof* e o mundo da emanação, acentuou essa tendência ainda mais. Garantindo até que algo da substância divina se expandia para o interior do *Adão Kadmon* e até mesmo para o interior dos *partsufim* que emanam dele, vestindo-se deles, esse processo chega a um final definitivo com as *Sefirot* emanadas no primeiro mundo de *atsilut*. Abaixo delas, estende-se uma "cortina" que impede a divina substância de encontrar trajes para si nos mundos de *beri'ah*, *ietsirah* e *assiah*. Evidentemente se pode falar de uma irradiação do *Ein-Sof* para o interior de todos os mundos, inclusive *assiah*, mas não que sua substância seja imanente a todos eles. Por outro lado, embora esses argumentos teístas dominem a maior parte dos escritos de Chaim Vital e de Ibn Tabul, mesmo neles há ocasionalmente afirmações mais próximas da posição de Cordovero. Na verdade, a doutrina de que todo princípio mais elevado "se veste" em um mais baixo, que, em última análise, é uma doutrina da imanência divina, foi levada algumas vezes a extremos. Acima de tudo, esperava-se que o cabalista compreendesse "como todos os mundos compartilham um único modo de ser enquanto trajes do *Ein-Sof*, de modo que o próprio *Ein-Sof* se veste neles e os cerca [*sovev*] e nada vai além do *Ein-Sof*. Tudo pode ser visto sob um único aspecto e todos os mundos são indissociáveis do Emanador", embora a cautela decrete que "não seria aconselhável revelar mais sobre esse assunto" (*Sha'ar ha-Hakdamot*, Hakmadah 4). Outros como Ibn Tabul enfatizaram que apenas a "luz interna" (*ha-or hapnimi*) de Deus era filtrada pelas "cortinas", ao passo que a "luz compreensiva" (*ha-or ha-mekif*) d'Ele não era nem um pouco impedida de atravessar pelas cortinas. Na medida em que esta última compreende a parte principal da substância divina que se expande para o mundo da emanação, aqui outra vez uma porta era aberta para um retorno às opiniões panenteísta de Cordovero.

Se a luz do *Ein-Sof* que se expande no vácuo do *tsimtsum* e se veste em vasos pode ser considerada parte da Divindade, mesmo que não compartilhe da substância da Divindade, permaneceria uma questão em aberto, que a maioria dos cabalistas luriânicos respondeu afirmativamente. Os lurianistas defendiam que sem dúvida o mundo de *atsilut* com seus processos internos dinâmicos pertencia à Divindade. Não obstante, muitos deles negavam que existisse uma unidade de substância entre as manifestações da Divindade em *atsilut* e as propriedades substantivas do *Ein-Sof*. Mesmo o círculo mais elevado das *Sefirot* do *Adão Kadmon*, segundo eles, era mais próximo do verme mais rasteiro do que do *Ein-Sof*. Esse tipo de analogia expressa um equívoco contínuo entre dois pontos de vista intrinsecamente conflitantes. Uma solução radical para essa ambivalência foi a doutrina estritamente teísta de Moisés Chaim Luzzatto, que insistiu que *atsilut* podia ser chamado de um "mundo" (*olam*) apenas no sentido figurado, porque em *atsilut* a Divindade se manifestava diretamente, enquanto todos os outros mundos haviam sido criados por um ato livre de Deus a partir do nada literal. As afirmações de que esses mundos inferiores haviam evoluído ou se desenvolvido a partir do mundo de *atsilut* não deviam ser tomadas literalmente, pois no máximo poderiam significar que eles haviam sido feito a partir de padrões de *atsilut*. "Não devemos pensar que pode existir algum vínculo [*hitkashrut*] entre o que é a criado e o Criador." Aparentemente Luzzatto tinha uma compreensão bastante sólida da contradição intrínseca entre a doutrina da emanação e a doutrina de uma criação paradigmática, cujo choque é o cerne do problema do panteísmo da Cabala. De modo geral, a maior parte dos textos cabalistas escritos para um público mais amplo, como o *Sha'arei Kedushah* de Chaim Vital, eram teístas na superfície, às vezes ocultando por baixo os germes de uma interpretação diferente, essencialmente panenteísta. Esses germes, com as doutrinas lurriânicas do raio criativo, do resíduo ou *reshimu*, do espaço primordial do *tsimtsum*, da unidade da corrente do ser, e assim por diante, alimentaram tendências panenteísta que em seguida tomaram a dianteira mais uma vez em diversos textos clássicos do chassidismo.

O HOMEM E SUA ALMA (PSICOLOGIA E ANTROPOLOGIA DA CABALA)

Além e acima das discordâncias sobre detalhes específicos que tendem a refletir diferentes estágios no desenvolvimento histórico da Cabala, existe um consenso básico entre os cabalistas a respeito da natureza essencial do homem. A doutrina fundamental de uma vida oculta da Divindade que, através de um dinamismo próprio da Divindade, determina a vida da criação como um todo teve implicações inevitáveis quanto à condição humana, segundo as quais se pensava que o mesmo processo teosófico, embora com diferenças significativas, repetisse a si mesmo. Em polos opostos, tanto o homem quanto Deus, abarcam no interior de seus seres o cosmos inteiro. No entanto, enquanto Deus contém tudo, por ser o Criador e Iniciador em que tudo tem sua raiz e em que toda potência está oculta, o papel do homem é completar esse processo sendo o agente através do qual todos os poderes da criação estão plenamente ativados e se tornam manifestos. O que existe em semente em Deus se desdobra e se desenvolve no homem. A formulação-chave desse aspecto já pode ser encontrada na Cabala de Girona e no Zohar. O homem é o agente aperfeiçoador na estrutura do cosmos; como todos os outros seres criados, apenas com maior intensidade, ele é composto por todas as dez *Sefirot* e "por todas as coisas espirituais", isto é, os princípios supremos que constituem os atributos da Divindade. Se as forças das *Sefirot* são refletidas no homem, ele é também o "transformador" através de cuja vida e de cujos feitos se amplificam essas forças até seu nível mais elevado e se redirecionam essas forças para sua fonte original. Para usarmos a fórmula neoplatônica, o processo de criação envolve o afastamento de tudo em relação ao Uno e seu retorno ao Uno, e o ponto de inflexão crucial nesse ciclo ocorre no interior do homem, no momento em que ele começa a desenvolver uma consciência de sua própria essência verdadeira e anseia por retraçar o trajeto da multiplicidade de sua natureza até a Unicidade a partir da qual ele se originou. A correspondência essencial ou paralelismo entre os aspectos internos do homem, Deus e a criação introduz uma interrelação mútua entre eles que foi frequentemente dramatizada na Cabala através de símbolos antropomórficos, embora estes sejam quase sempre acompanhados por alertas de que só devem ser entendidos "como se". Se as *Sefirot* em que Deus revela a Si mesmo assumem a forma do homem, fazendo dele um microcosmo nele mesmo – doutrina que encontrou aceitação universal entre os cabalistas – então, o homem na terra é obviamente capaz de exercer influência sobre o macrocosmo e sobre o homem primordial acima dele. Na verdade, é isso que confere ao homem a enorme importância e a dignidade que os cabalistas se empenharam tanto em descrever. Porque ao homem e apenas ao homem foi oferecido o dom do livre arbítrio, está em poder do homem tanto avançar como romper através de suas ações a unidade daquilo que ocorre nos mundos superiores e inferiores. A essência do homem é insondavelmente profunda; ele é "um rosto dentro de um rosto, uma essência dentro de uma essência e uma forma dentro de uma forma" (Ezra de Girona). Até a estrutura física do homem corresponde à das *Sefirot*, de modo que encontramos a descrição de Ezra de Girona da última *Sefirah* como "a forma [*temuná*] que inclui todas as formas" aplicada no Zohar ao próprio homem, que é chamado de "a semelhança [*deiokna*] que inclui todas as semelhanças". Essas especulações sobre a essência do homem foram mais vigorosamente expressas em diversas afirmações sobre Adão antes de sua queda. Embora a harmonia original fosse rompida por seu pecado, sua principal missão continuaria sendo realizar um *tikun* ou uma restauração deste mundo e conectar o inferior com o superior, assim "coroando" a criação ao colocar o Criador em Seu trono e aperfeiçoando Seu reinado sobre todas as Suas obras.

A essência do homem possui uma natureza espiritual a qual seu corpo serve apenas como uma capa externa. Uma crença muito disseminada era de que, antes do pecado de Adão, seu corpo também era espiritual, uma espécie de traje etéreo que se tornou corpóreo apenas depois de sua queda. (Em apoio a essa opinião, a afirmação que aparece em Gen. 3:21 de que Deus fez "túnicas de pele", *kotnot'or*, para Adão e Eva após a expulsão do Éden, foi entendida como se significasse que antes eles usassem "túnicas de luz", *kotnot'or*). Não fosse o pecado de Adão, a vontade divina suprema teria continuado a operar intacta em Adão e Eva e em todos os seus descendentes, e toda a criação teria funcionado em perfeita harmonia, transmitindo o influxo divino de cima para baixo e de baixo para cima, de modo que não haveria nenhuma separação entre o Criador e Sua criação aderida a Ele. Essa comunhão ininterrupta, que é a meta da criação, foi rompida no momento do pecado de Adão, quando sua vontade inferior se separou da vontade divina por sua própria volição livre. Foi então que a individualidade de Adão, cuja origem jaz em sua separação de Deus com a subsequente proliferação de multiplicidade, nasceu. Aquilo que pretendia não ser nada além de uma série de flutuações periódicas no interior de um único sistema harmônico então se converteu em uma oposição de extremos que encontrou sua expressão na feroz polarização do bem e do mal. É o destino concreto da raça humana e dos judeus, como principais portadores dessa missão e receptores da revelação de Deus através da Torah, superar essa polarização a partir do interior da condição humana criada pelo primeiro pecado.

É nesse ponto que o problema do homem no mundo e o problema do mal no mundo se entrelaçam. O pecado que deu ao mal uma existência ativa está na falha do homem em alcançar seu propósito primordial, uma falha que ocorreria diversas vezes na história. É a função do bem no mundo, cujas ferramentas são a Torah e seus mandamentos, abarcar o abismo de separação que se formou com o pecado do homem e restaurar para toda existência sua harmonia e unidade originais. A meta final, em outras palavras, é a reunificação do divino e das vontades humanas. É provável que essa doutrina cabalista da corrupção do mundo através do primeiro pecado do homem tenha se originado do contato direto com crenças cristãs, embora também seja possível que essas ideias cristãs fossem derivadas das mesmas fontes em que *agadot* homólogas no Midrash se inspiraram. Não pode haver dúvida de que os cabalistas aceitavam a doutrina de que a criação inteira fora fundamentalmente danificada pelo pecado do homem, após o qual o *sitra achra,* ou "outro lado", conquistou um domínio sobre o homem que só será finalmente abolido com a redenção final, em que todas as coisas reverterão ao seu estado original. O elemento cristão crucial, contudo, aqui é ausente, pois diferentemente do dogma cristão do pecado original, a Cabala não rejeita a ideia de que todo homem tem o poder de superar esse estado corrompido, ao ponto de também ser afetado por ele, por meio de seus próprios poderes inatos e com a ajuda divina antes e independentemente da redenção final. Especulações desse tipo a respeito da essência do pecado, enquanto ruptura da ordem primordial das coisas cujos efeitos chegaram a incluir até mesmo o mundo das *Sefirot* e sobre os meios de realizar um *tikun* por meio do qual a criação será restaurada em sua grandeza anterior, assumiram um lugar central na doutrina cabalista do homem. Esse ensinamento se desenvolveu a partir de motivos puramente religiosos, que apenas incidentalmente se tornariam também ao longo do tempo motivos psicológicos. A metáfora de Judá Ha-Levi, no *Kuzari,* de Israel constituir o coração das nações foi tomada emprestada pelo autor do Zohar e pelos cabalistas de Girona, que falaram do povo judeu como "o coração da árvore cósmica" (*lev ha-ilan*), símbolo emprestado do *Sefer ha-Bahir.* Dentro desse contexto básico, um entendimento mais pleno da missão de Israel se fundamenta em ensinamentos cabalistas sobre a estrutura da alma humana.

Os cabalistas adotaram as doutrinas psicológicas do neoplatonismo e tentaram adaptá-las à linguagem da tradição judaica. O Zohar ocasionalmente menciona as três faculdades ou disposições de uma alma humana unificada como são referidas na filosofia de Aristóteles, mas em geral o Zohar se refere a três partes essencialmente diferentes da alma que formam uma sequência da inferior à superior, e são designadas pelos termos hebraicos, *nefesh, ru'ach* e *neshamah.* De fato, aqui também uma unidade foi postulada entre essas partes, mas para a maioria dos cabalistas isso permaneceu problemático. A *nefesh* ou primeiro elemento é encontrado em todo homem, pois entra nele no momento do nascimento e é a fonte de sua vitalidade animal (*chiiut*) e da totalidade de suas funções psicofísicas. Tudo que for necessário para o bem-estar dessas funções já está contido nela e é igualmente propriedade de todos os seres humanos. As duas outras partes da alma, por outro lado, são incrementos pós-natais encontrados apenas no homem que despertou espiritualmente e fez um esforço especial para desenvolver seus poderes intelectuais e sensibilidades religiosas. A *ru'ach* ou *anima* é despertada em um momento indeterminado, quando um homem consegue se erguer acima de sua dimensão puramente vitalista. Mas é a mais elevada das três partes da alma, a *neshamah* ou *spiritus*, a mais importante de todas. Ela é despertada em um homem quando ele se ocupa da Torah e de seus mandamentos e ela abre seus poderes mais elevados de apreensão, especialmente sua capacidade de apreender misticamente a Divindade e os segredos do universo. Assim, é o poder intuitivo que conecta a humanidade com seu Criador. É apenas em termos mais gerais, no entanto, que essa divisão tripartite será adotada por todas as diversas escolas de pensamento cabalistas. A terminologia na verdade continua a mesma, mas os significados e as interpretações atribuídas diferem muito nos detalhes.

A divisão fundamental da alma em três partes e o uso dos termos *nefesh, ru'ach* e *neshamah* (*naran* no acrônimo cabalista) para descrevê-las veio de neoplatônicos judeus como Abrahão ibn Ezra e Abrahão bar Chiya, mas ao longo do desenvolvimento da Cabala no século XIII, o conteúdo filosófico dessas categorias se tornou consideravelmente apagado e submetido por associações ocultistas, sob cuja influência os conceitos estritamente definidos da psicologia neoplatônica assumiram dimensões fantásticas e míticas. Esse processo pode ser claramente percebido nos textos clássicos dos primórdios da Cabala. Já para os cabalistas de Girona, embora ainda conservassem a identificação original da *neshamah* com a alma racional dos filósofos, a faculdade racional da alma se mesclava às faculdades intuitiva e mística. Apenas a *neshamah*, que segundo eles era como uma centelha divina no interior do homem, era emanada diretamente da própria Divindade, e não desenvolvida a partir dos intelectos separados, como a *ru'ach,* ou a partir dos quatro elementos, como *nefesh.* Ainda existe aqui um eco da divisão filosófica da alma em suas faculdades animais ou vitais, vegetativas, e racionais, e da associação da origem da alma com o mundo dos intelectos, particularmente do intelecto ativo, como na filosofia de Isaac Israeli. No interior desse sistema, a *nefesh* do homem ainda é um denominador comum entre o homem e o mundo animal, enquanto apenas a *neshamah* racional, cuja origem se dá no mundo das *Sefirot*, e mais precisamente na *Sefirah Binah*, verdadeiramente merece ser chamada de alma humana, pois é uma centelha divina, uma centelha que foi criada a partir do nada, certamente, mas a partir de um nada que pertence, não obstante, ao domínio da própria Divindade. Alguns cabalistas de Girona defendiam até que a fonte da *neshamah* era na *Sefirah* da Sabedoria Divina ou *Chochmah*, uma diferença de opinião que gerou a questão sobre as alturas às quais a cognição mística do homem poderia levá-lo.

Os diferentes extratos do Zohar refletem as diversas doutrinas psicológicas a que seu autor se inclinou em diferentes momentos. No *Midrash ha-Ne'lam*, ainda existe um claro tributo à psicologia da escola de Maimônides com sua doutrina do "intelecto adquirido", que é ativado no homem através de sua busca da Torah e de seus mandamentos e que é a única coisa capaz de conceder ao homem a imortalidade da alma. Ao lado disso, contudo, encontramos a característica divisão aristotélica da alma, ainda que sem a identificação com *nefesh*, *ru'ach* e *neshamah*, e em conexão com uma série de funções peculiares e exclusivas de Moisés de Leon. Assim, por exemplo, encontramos uma distinção entre a "alma falante" (*ha-nefesh ha-medaberet*) e a "alma racional" (*ha-nefesh ha-sichlit*), e só esta última tinha o poder superior capaz de trazer o homem à perfeição e que é idêntica à verdadeira alma ou *neshamah*. Na verdade, a qualidade chamada *nefesh* abarca as três forças, a animal, a vegetativa e a cognitiva (*medabber*), o que inclui a totalidade psicofísica do homem. A *neshamah*, em contraste, é um poder que diz respeito exclusivamente à cognição mística, enquanto a *ru'ach* representa um estágio intermediário que envolve a capacidade ética de distinguir entre bem e mal. A *neshamah* em si, por outro lado, pelo fato de ser "uma porção do Deus lá em cima", é capaz de realizar apenas o bem. É impossível falar aqui de uma abordagem consistente: motivos puramente religiosos se alternam livremente com motivos filosóficos, confusão que se expande para a relação entre consciência intelectual e a própria *neshamah* em si. Em alguns casos, o autor, que expressa suas opiniões pela boca de diversos sábios rabínicos, abandona inteiramente a divisão tripartite da alma em favor de uma dupla distinção entre a alma vital (*ha-nefesh ha-chaiah*) e a *neshamah*. Na parte principal do Zohar, essas três opiniões divergentes são consolidadas em uma espécie de posição unificada na qual os motivos religiosos predominam sobre os motivos filosóficos e psicológicos. Aqui emerge uma contradição fundamental entre a crença de que a alma é universalmente a mesma para toda a humanidade e uma outra crença parcial segundo a qual a alma do judeu e a alma do gentio são dessemelhantes. Os cabalistas de Girona conheciam apenas a primeira doutrina, isto é, de que a alma é universalmente compartilhada por todos os descendentes de Adão, e é no cerne do Zohar que lemos pela primeira vez sobre uma distinção dupla embora correspondente das almas em não judaicas e judaicas. O primeiro grupo tem sua origem no "outro lado", ou *sitra achra*, o segundo no "lado sagrado", ou *sitra di-Kedusha*. O interesse no Zohar é quase inteiramente limitado à estrutura psíquica do judeu. Na Cabala posterior, particularmente nas obras de Chaim Vital, essa dualidade entre a "alma divina" (*ha-nefesh ha-elohit*) e a "alma natural" (*ha-nefesh ha-tiv'it*) receberá uma ênfase enorme.

Um problema importante para a Cabala foram as diferentes fontes das diferentes partes da alma nos diferentes mundos da emanação. Segundo o *Midrash ha-Ne'lam*, até mesmo a *neshamah* mais elevada emana apenas do Trono da Glória, isto é, do domínio abaixo daquele das *Sefirot*, mas acima do domínio dos intelectos. Ela é assim considerada algo criado, embora seja uma criação da mais alta ordem. Na parte principal do Zohar, essa opinião é abandonada e cada parte da alma recebe uma raiz no mundo das *Sefirot*: a *nefesh* se origina na *Sefirah Malkut*, a *ru'ach* na *Sefirah Tiferet*, e a *neshamah* na *Sefirah Binah*. A descida da *neshamah* superior é ocasionada pela "união sagrada" do "rei" (*melech*) e da "rainha" (*matronita*), que são sinônimos das *Sefirot Tiferet* (ou *Iessod*) e *Malkhut*. Em sua raiz, cada alma é um composto de masculino e feminino, e apenas ao longo de sua descida as almas se separam em almas masculinas e almas femininas. O simbolismo usado para descrever a descida das almas do mundo da emanação possui um forte sabor mítico. São especialmente relevantes as imagens da árvore das almas, em que cada alma floresce, e do rio, que leva as almas para baixo desde sua fonte superior. Em ambos simbolismos, a *Sefirah Iessod* é considerada um entreposto no meio do caminho pelo qual todas as almas devem passar antes de entrarem na "casa do tesouro das almas" (*otsar ha-neshamot*) que se localiza no paraíso celestial (*gan eden shel ma'alah*), onde vivem em êxtase até que são chamadas para descer ainda mais e assumir a forma humana. Existem muitas diferenças de detalhes entre os diversos relatos desse processo, mas todos os cabalistas concordam quanto à pré-existência da alma, especialmente em seu sentido mais estritamente definido. Também é indiscutível a crença de que a alma se origina em um plano mais elevado do que o plano dos anjos, doutrina referida repetidamente nas discussões sobre a condição humana, pois se o homem é capaz de mergulhar em profundezas indescritíveis de depravação, ele também possui a capacidade, quando preenche sua verdadeira densidade, de se erguer acima do domínio angélico. Nenhum anjo tem o poder potencial de restaurar os mundos a um estado de *tikun* como foi concedido ao homem.

Além das três partes da alma coletivamente referidas pelo acrônimo *naran*, os cabalistas depois do Zohar passaram a falar em duas outras partes, mais elevadas, da alma, que chamaram de *chaiah* e *iechidah*, e que foram consideradas representações dos níveis mais sublimes da cognição intuitiva e que eram apreensíveis apenas por alguns poucos indivíduos escolhidos. Na Cabala luriânica, essas cinco partes da alma (*naran-chai* no acrônimo) passaram a ser associadas com os cinco *partsufim* de *Adão Kadmon* em cada um dos mundos de *atsilut, beri'ah, ietsirah* e *assiah*, de modo que foi criada uma tremenda multiplicidade de possíveis hierarquias da alma, de acordo com o mundo particular da emanação e com o *partsuf* de onde uma determinada alma se originava. Acreditava-se que alma mais elevada, tendo origem na *iechidah* da *sefirah Keter* do mundo de *atsilut*, seria a do Messias. Diferentemente da massa das almas, submetidas às leis gerais da transmigração, considerava-se que essas almas de alta hierarquia permaneciam ocultas entre as luzes supremas até que chegasse a sua hora e que elas não entravam no ciclo da reencarnação.

A partir do Zohar e das obras dos discípulos de Isaac Luria, menciona-se um aspecto do homem que é referido na Cabala como *tselem* (a "imagem", com base em Gênesis 1:26, "Façamos o homem à nossa imagem, conforme a nossa semelhança"), e que não é idêntico a nenhuma das partes da alma referidas acima. O *tselem* é o princípio de individualidade do qual cada ser humano é dotado, a configuração espiritual ou essência que é única dele e apenas dele. Duas noções se combinam neste conceito, uma relacionada à ideia da individuação humana e a outra ao traje etéreo do homem ou corpo etéreo (sutil), que serve de intermediário entre seu corpo material e sua alma. Devido à sua natureza espiritual, a *neshamah* e a *nefesh* são incapazes de formar um vínculo direto com o corpo, e é o *tselem* que serve de "catalisador" entre essas duas dimensões. É também o traje que as almas vestem no paraíso celestial antes de descerem ao mundo inferior e que vestem mais uma vez depois que reascendem após a morte física; durante sua temporada na terra, o *tselem* fica oculto no interior do sistema psicofísico do homem e só é discernível ao olho intelectual do cabalista. A fonte dessa crença é sem dúvida a doutrina similar defendida pelos neoplatonistas tardios a respeito do corpo etéreo ou sutil que existe em todo homem e que se revela à experiência mística daqueles dotados do dom da visão. Diferentemente da alma, o *tselem* cresce e se desenvolve de acordo com os processos biológicos de seu possuidor. Os cabalistas fizeram uso de um jogo de palavras para traçar um paralelo entre o *tselem* de um homem e sua sombra (*tsel*). O Zohar aparentemente considera a sombra uma projeção do *tselem* interior, uma crença que trouxe consigo diversas superstições mágicas populares que se espalharam pela Europa durante a Idade Média. Supostamente, o *tselem* era o repositório dos anos que o homem viveu e iria embora com a aproximação de sua morte. Segundo outra opinião, o *tselem* era costurado como um traje para a alma a partir dos bons atos do homem e servia como uma espécie de aparência superior que o protegia e o vestia após a morte. Uma crença antiga a respeito desse corpo etéreo, cuja fonte está na religião persa e que chegou ao autor do Zohar através de lendas posteriores e nele se associou a diversas ideias ocultistas, era que o *tselem* seria na verdade o verdadeiro eu da pessoa. Na Cabala luriânica, a *nefesh*, a *ru'ach* e a *neshamah* recebiam cada uma um *tselem* próprio, que lhes permitia funcionar no corpo humano. Sem o *tselem*, a alma queimaria o corpo com sua ardente radiância.

Moisés de Leon, em seus escritos hebraicos, conecta os ensinamentos de Maimônides de que a missão do homem neste mundo é a plena realização de seu poder intelectual com as doutrinas da Cabala. Em seu livro *Ha-Nefesh ha-Chachamah* (1290), de Leon escreve: "O propósito da alma ao entrar no corpo é exibir seus poderes e suas habilidades no mundo... E quando ela desce para este mundo a alma recebe poder e influxo para orientar este mundo vil e para realizar um *tikun* acima e abaixo, pois é de alta hierarquia, [sendo] composta de todas as coisas, e se não fosse composta de maneira mística daquilo que está acima e abaixo, a alma não seria completa... E quando a alma está neste mundo, ela se aperfeiçoa e se completa a partir deste mundo inferior... E então a alma está em um estado de perfeição, o que não era o caso, no início, antes de sua descida".

Segundo uma crença ainda anterior, que já está presente na literatura dos *heichalot*, todas as almas são inicialmente costuradas em uma cortina (*pargod*) suspensa diante do Trono da Glória, e esse símbolo da "cortina das almas" foi adotado e adaptado por uma série de textos cabalistas clássicos. Toda a história passada e todo o destino futuro de cada alma individual são registrados nessa cortina. O *pargod* não é apenas um tecido místico composto do éter espiritual que contém ou é capaz de receber um registro da vida e das obras de cada homem; é também a morada de todas aquelas almas que voltaram de baixo para sua terra natal. As almas dos maus não encontrarão lugar ali.

A doutrina cabalista do homem e de sua alma lidou em grande medida com problemas escatológicos como o destino da alma depois da morte, e sua ascensão através de um rio de fogo, que lembra uma espécie de purgatório, até o paraíso terrestre e de lá para os prazeres ainda mais sublimes do paraíso celeste e ao domínio referido pelos primeiros cabalistas como domínio da "vida eterna" (*tseror ha-Chaim*, literalmente: o pacote da vida), que é por vezes sinônimo do paraíso celeste e por vezes entendido como referência a uma das próprias *Sefirot*, à qual a alma retorna para compartilhar da vida da Divindade. A vida humana na terra, portanto, deve ser vista no contexto mais amplo da vida da alma antes e depois do nascimento; de onde o grande interesse da Cabala nas descrições do céu e do inferno como encontramos em detalhes extensos e imaginativos nas obras dos cabalistas de Girona ou no Zohar, que inauguraram uma longa e influente tradição que floresceu especialmente na literatura de orientação mais popular da Cabala até gerações recentes. Muito se fez aqui das crenças que já podiam ser encontradas na *agadah*, particularmente em uma série de breves Midrashim posteriores, e que foram reinterpretados à luz do simbolismo cabalístico e embelezados com mais outros detalhes. Existem muitos paralelos óbvios entre esse material e motivos escatológicos similares cristãos e islâmicos. Nenhum desses ensinamentos jamais recebeu forma definitiva ou autorizada, permitindo assim preservar uma grande medida de liberdade imaginativa, em que se uniram elementos folclóricos e místicos. Os cabalistas do século XIII em particular, entre os quais o autor do Zohar, foram atraídos para essas especulações e dedicaram considerável atenção a questões como os trajes das almas no paraíso, a natureza de suas percepções, a expansão de suas consciências na apreensão do divino e a unificação do nível mais alto da *neshamah* com Deus.

Em termos gerais, no entanto, os cabalistas evitavam falar efetivamente de uma união mística da alma com Deus e preferiam falar em termos de uma comunhão espiritual (*devekut*) e nada além disso. Em seu comentário sobre as letras do alfabeto hebraico, Jacob b. Jacob Kohen (1270) fala de união mística sem definir sua natureza. Moisés de Leon menciona uma condição suprema, mas temporária, em que a alma se encontra diante de Deus em um estado de contemplação e de êxtase definitivo sem nenhum traje entre a alma e Ele, embora via de regra a alma deva usar um traje de éter ou de luz mesmo no paraíso celeste. As descrições da união da alma com Deus em termos de núpcias divinas são raras na Cabala, embora haja exemplos ocasionais, como os comentários sobre o Cântico dos Cânticos, interpretado como um diálogo conjugal entre Deus e a alma. Até mesmo aqui, contudo, o amor descrito é entre um pai e uma filha, mais do que de natureza erótica, e nada é dito sobre a dissolução da alma na substância de Deus, mas apenas sobre o arrebatamento temporário na presença d'Ele. Apenas nos escritos e na poesia dos cabalistas de Safed existem matizes fortemente eróticos. Se as escolas de pensamento cabalístico posteriores tenderam para uma posição extremamente mística, como encontramos no chassidismo de Chabad – em que alguns representantes defendiam que a alma perdia inteiramente sua individualidade em Deus – permanece uma questão em aberto. O autor do Zohar (2: 253a) escreve sobre as almas passando diante de Deus no "quarto do amor" de onde as novas almas partem em sua descida, mas não em termos de um imaginário conjugal. Pelo contrário, o resultado dessa "recepção" divina é que Deus faz a alma jurar cumprir sua missão terrena e atingir o "conhecimento dos mistérios da fé", que a purificará em sua volta ao lar natal. Por meio de seu despertar através da Torah e seus mandamentos, a alma ganha nova força e ajuda a completar a figura mística de *Knesset Israel*, ou Comunidade de Israel, que é una com a *Shechinah*. Apenas algumas raras almas, como as de Enoque e Elias, chegavam a alcançar uma comunhão permanente (*devekut*) com Deus; entre os outros heróis bíblicos da virtude há infinitos graus e diferenças de hierarquia. Da mesma forma, as diferentes partes da alma não têm um mesmo destino único depois da morte. A *nefesh* permanece por algum tempo na sepultura, lamentando-se sobre o corpo; a *ru'ach* ascende ao paraíso terrestre conforme seus méritos; e a *neshamah* volta diretamente para seu lar natal. O castigo e a recompensa cabem exclusivamente a *nefesh* e a *ru'ach.* Segundo Moisés de Leon, assim que a alma se encontra em jubileu cósmico, ela ascende desde sua comunhão com a *Shechinah* até o paraíso celeste, oculto, no mundo da mente divina, isto é, até a *Sefirah Chochmah.*

Os ensinamentos da Cabala a respeito da alma são inextricavelmente ligados à doutrina da transmigração, um princípio cabalístico básico que frequentemente entrou em conflito com outras crenças, como a da recompensa e do castigo dispensados ao homem no céu e no inferno (para mais detalhes, ver p. 435). Ao longo do desenvolvimento da Cabala, a ideia de transmigração foi radicalmente expandida desde a ideia de um castigo restrito a certos pecados até uma lei geral abarcando todas as almas de Israel, em um estágio posterior, as almas de todos os seres humanos e até, em sua forma mais radical, de toda a criação, desde os anjos até os seres insensíveis. Assim, a transmigração deixou de ser considerada meramente um castigo e passou também a ser vista como uma oportunidade para a alma de cumprir sua missão e compensar por suas falhas em transmigrações anteriores.

Em comparação com o Zohar, os ensinamentos da Cabala luriânica sobre a estrutura psíquica do homem são muito mais complexos, dizendo respeito tanto à fonte da alma quanto à constituição interna do homem. Nas obras de Chaim Vital existe também uma discrepância entre sua apresentação do assunto em livros escritos para o consumo popular, como seu *Sha'arei Kedushah*, e em seus escritos mais esotéricos. Na primeira obra, Vital distingue claramente entre três "pedreiras" (*machtsevim*): a pedreira das *Sefirot*, que é toda divindade, a pedreira das almas e a pedreira dos anjos, que não são elas mesmas divinas. Essa explicação do vir-a-ser das almas através do processo emanativo em seu livro *Ets Chaim*, por outro lado, é muito mais complexa e, em grande medida tem paralelos com sua descrição do desenvolvimento das luzes que manifestam a existência divina nos mundos de *atsilut* e *beri'ah*. Assim como as luzes superiores nos *partsufim* de *atsilut* se desenvolvem através de conjunções e "acasalamentos" (*zivuguim*) dos *partsufim*, também as almas nascem através de processos correspondentes. No interior da *sefirah Malkhut* de cada *partsuf* há almas ocultas em estado potencial que ascendem aos modos mais elevados daquele *partsuf* e são efetivadas como um resultado das "uniões" das *Sefirot*. Desde o início, essas almas só existem no estado de "águas femininas" (*maim nukbin*); isto é, elas são potências passivas que possuem o poder do despertar ativo, mas ainda lhes falta harmonia e forma, pois sua fonte superior está naquelas 288 centelhas de luz que caíram nas *klipot* no momento da ruptura dos vasos. Apenas através de novos "acasalamentos" do *partsuf* de *Ze'eir Anpin* com sua contrapartida feminina, ou *nukba,* elas recebem a estrutura efetiva de almas. A cada novo despertar das "águas femininas" nesses *partsufim,* novas oportunidades surgem para a criação de almas. Tal processo ocorre em todos os quatro mundos da emanação, sendo as possíveis variações dos tipos de almas praticamente infinitas. Cada uma dessas almas recapitula em miniatura a estrutura dos mundos através dos quais ela passou no processo de ser criada, de modo que, quando ela desce para entrar em um corpo neste mundo, será capaz de atuar no sentido do *tikun* deste mundo e de sua elevação e, em certa medida, também no sentido da elevação dos mundos mais elevados. Por outro lado, uma série de textos luriânicos enfatiza a opinião de que, em substância, as almas como tais permanecem acima e não entram nos corpos, mas antes irradiam centelhas de si mesmas que podem ser chamadas de almas (*neshamot*) apenas por analogia. A verdadeira alma paira sobre o homem, seja de perto ou de longe, e mantém um vínculo mágico imediato entre ele e sua centelha. As exposições populares dessas doutrinas sempre foram muito mais singelas do que suas elucidações originais, que tendiam a apresentar um forte sabor gnóstico.

A alma de Adão foi composta a partir de todos os mundos e foi destinada a elevar e reintegrar todas as centelhas do sagrado que foram deixadas nas *klipot.* Seu traje era de éter espiritual e continha dentro de si todas as almas da raça humana em perfeitas condições. Ele tinha 613 membros, um para cada mandamento da Torah, cujo aspecto espiritual era missão de Adão elevar. Cada um desses membros formava um *partsuf* completo em si, conhecido como "grande raiz" (*shoresh gadol*), que por sua vez continha 613, ou, segundo outras versões, até 600 mil "pequenas raízes". Cada "pequena raiz", que era referida também como uma "grande alma" (*neshamah guedolah*), ocultava em si 600 mil centelhas ou almas individuais. Essas centelhas também eram capazes de fazer mais fissões, mas permanecia uma afinidade especial e um poder de atração entre todas as centelhas que descendiam de uma raiz comum. Cada uma dessas centelhas formava uma estrutura completa ou *komah* em si mesma. Se Adão tivesse cumprido sua missão através das obras espirituais de que era capaz, que exigiam ação contemplativa e profunda meditação, a corrente viva entre Deus e a criação teria se encerrado e o poder do mal, a *klipah*, teria sofrido aquela separação completa do sagrado que, segundo Luria, era a meta do processo criativo inteiro. Assim, Adão tinha dentro de si os poderes plenamente desenvolvidos do *Adão Kadmon* em todos seus *partsufim* e a profundidade de sua queda ao pecar foi igual à grande altura de sua posição anterior na hierarquia cósmica. Em vez de elevar tudo, entretanto, ele fez tudo cair ainda mais. O mundo de *assiah*, que antes ficava firme em sua própria base, então afundou no domínio das *klipot* e se submeteu à dominação delas. Onde antes ficava o *Adão Kadmon*, erguia-se agora uma criatura satânica, o *Adam Beli'al* que ganhou poder sobre o homem. Como resultado da mistura do mundo de *assiah* com a *klipah*, Adão assumiu um corpo material e todas as suas funções psicofísicas se corporificaram. Além do mais, sua alma se esfacelou e a unidade de sua alma foi destruída em pedaços. Dentro dela, havia elementos de alta hierarquia conhecidos como "luzes do alto" (*zihara ila'ah*) que se recusaram a participar do pecado de Adão e partiram para o alto; essas luzes não voltarão mais para este mundo até chegar a hora da redenção. Outras almas permaneceram no interior de Adão mesmo depois que sua estatura espiritual foi diminuída da dimensão cósmica para a dimensão mundana; estas eram as almas sagradas que não caíram nas garras das *klipot* e, entre elas, estavam as almas de Caim e Abel, que entraram em seus corpos através da transmissão hereditária direta em vez de por meio do processo de transmigração. A maioria das almas que estavam no interior de Adão, no entanto, caíram de dentro dele e foram subjugadas pelas *klipot*; são essas almas que deverão alcançar seu *tikun* através do ciclo da transmigração, estágio após estágio. Em outras palavras, a queda de Adão ao pecar foi uma repetição da catástrofe da ruptura dos vasos. A Cabala luriânica empenhou muitos esforços para enfatizar os elementos dramáticos do pecado de Adão e suas consequências. A história interna do povo judeu e a história do mundo inteiro foram identificadas com as recorrentes reencarnações através das quais os heróis da Bíblia lutaram para alcançar o *tikun*. Entre esses heróis, havia tanto "almas originais" (*neshamot mekoriot*), que abrangiam uma coletividade psíquica grande e poderosa e eram capazes de grandes poderes de *tikun* por meio dos quais o mundo inteiro se beneficiava, quanto outras almas privadas, individuais, que só poderiam alcançar um *tikun* por si mesmas. As almas descendentes de uma mesma "raiz" compreendiam "famílias" que tinham relações especiais de afinidade e eram especialmente capazes de ajudar umas às outras. De quando em quando, embora apenas muito raramente, algumas das almas superiores, que nem sequer estavam contidas na alma de Adão, podiam descer à terra no intuito de participar em alguma grande missão de *tikun*. Uma inovação completa na Cabala luriânica foi a ênfase posta na alta hierarquia das almas de Caim e de Abel, particularmente do primeiro. Esses dois filhos de Adão foram usados para simbolizar as forças dos *guevurot* e dos *chassadim*, isto é, os poderes restritivos e os poderes extrovertidos da criação. Embora o poder extrovertido de *chessed* seja no presente maior que o poder restritivo de *guevurah* e *din*, esta ordem será revertida no estado de *tikun*. Paradoxalmente, portanto, muitas das grandes figuras da história judaica são representadas como oriundas da raiz de Caim, e conforme o tempo messiânico se aproxima, segundo Isaac Luria, o número dessas almas aumentará. O próprio Chaim Vital acreditava descender da raiz de Caim.

A natureza do pecado de Adão em si jamais foi definida autorizadamente na literatura cabalista e podem ser encontradas opiniões altamente diferentes. O problema do primeiro pecado é intimamente relacionado com o problema do mal discutido acima. Segundo a Cabala espanhola, o crucial do pecado está na "poda dos brotos" (*kitsuts ha-netiot*), isto é, a separação de uma das *Sefirot* das outras, tornando-a um objeto de culto especial. A *Sefirah* que Adão separou foi *Malkhut*, que ele "isolou do resto". No *Ma'arechet Elohut*, quase todos os principais pecados mencionados na Bíblia são definidos como fases diferentes da "poda dos brotos" ou como repetições do pecado de Adão que impediam a realização da unidade entre o Criador e Sua criação. Eram pecados como a embriaguez de Noé, a construção da Torre de Babel, o pecado de Moisés no deserto e, acima de tudo o pecado do bezerro de ouro, que destruiu tudo o que havia sido realizado no grande *tikun* ocorrido durante a teofania no Monte Sinai. Em última análise, até mesmo a destruição do Templo e o exílio do povo judeu foram resultados de meditações equivocadas que trouxeram divisões para os mundos emanados. Esses pecados causaram estragos acima e abaixo, ou, no simbolismo do Zohar, causaram uma divisão entre o "rei" (*Melech*) e a "rainha" (*matronita*) ou *Shechinah*. O exílio da *Shechinah* longe do marido foi o principal resultado metafísico desses pecados. Os bons atos dos heróis bíblicos, por outro lado, especialmente dos patriarcas

Abrahão, Isaac e Jacó, vieram compensar essa falha fundamental na criação e servir de paradigma para os que viriam depois. É digno de nota que o próprio autor do Zohar foi reticente em suas observações acerca da natureza do pecado de Adão. O autor do *Tikunei ha-Zohar* foi menos circunspecto. O pecado de Adão, segundo ele, ocorreu acima de tudo na própria mente divina, isto é, na primeira ou na segunda *Sefirah*, de onde o pecado provocou a partida de Deus; na verdade, foi apenas o pecado de Adão que fez Deus se tornar transcendente (*Tikun* 69). No que diz respeito ao efeito do pecado original, encontramos duas linhas de pensamento conflitantes: (1) anteriormente o bem e o mal eram misturados, mas o pecado separou o mal como realidade distinta por si mesma (como no *Avodat ha-Kodash* de Meir ibn Gabai; (2) o bem e o mal eram originalmente separados, mas o pecado fez com que se misturassem (essa era a posição de Gikatilla e, em geral, a posição da Cabala luriânica). Na tradição dos ensinamentos anteriores, como aqueles presentes no *Ma'arechet ha-Elohut* e no *Sefer ha-Peli'ah*, a Cabala luriânica também explicava ocasionalmente o primeiro pecado como um equívoco "técnico", ainda que com graves consequências, no procedimento do *tikun*. Isso ocorreu porque Adão estava com pressa de completar o *tikun* antes da hora prevista, que deveria ter sido no primeiro Shabat da criação, começando no final da tarde do sexto dia. A tendência nessas explicações era a enfatizar que essencialmente os maiores pecadores bíblicos tiveram boa intenção, mas erraram na escolha dos meios.

O principal instrumento de reparação do pecado primordial em seu aspecto metafísico de completar o *tikun* dos vasos quebrados e em relação ao pecado de Adão, que interrompeu os canais de comunicação entre os mundos inferiores e superiores, é o envolvimento humano no sagrado através da Torah e da oração. Essa atividade consiste de atos, que restauram o mundo em seus aspectos externos, e de orações e meditações, que o afetam internamente. Ambas possuem profundas dimensões místicas. No ato da revelação, Deus falou e continua a falar ao homem, enquanto no ato da oração é o homem quem fala com Deus. Esse diálogo se baseia na estrutura interna dos mundos, na qual cada ação humana tem um efeito do qual o homem nem sempre tem consciência. As ações do homem que é consciente dos significados delas, no entanto, têm os maiores efeitos e ajudam a acelerar o *tikun* definitivo. Como o mundo se tornou material em consequência do primeiro pecado, a grande maioria dos mandamentos na Torah adquiriu um significado material, porque cada instrumento deve ser ajustado conforme a finalidade a que serve. Contudo, isso não diminui a dimensão espiritual interna que cada mandamento possui, cujo propósito coletivo é a restauração e o aperfeiçoamento da verdadeira estatura do homem em todos os 613 membros de sua alma. A mesma Torah que prescreve um modo de vida prático para os seres humanos à luz da revelação simultaneamente fornece um guia esotérico para o místico em sua luta pela comunhão com Deus. É evidente nessa abordagem o caráter conservador da Cabala como fator agente na defesa e no aprofundamento de valores judaicos. A observância da Torah foi santificada como forma de abolir a divisão no mundo, e todo homem foi chamado para desempenhar seu papel nessa tarefa de acordo com sua posição na hierarquia das almas e o papel designado a ele. A luz espiritual que brilha em todo mandamento conecta o indivíduo com a raiz de sua alma e com as luzes superiores em geral. Assim, uma missão foi confiada ao corpo coletivo das almas de Israel. Missão que não poderia ser facilmente realizada e envolveria muitos descendentes e reascendentes antes que todos os obstáculos fossem superados, mas que, em última análise, tinha um propósito claro e urgente: o *tikun* e a redenção final do mundo.

EXÍLIO E REDENÇÃO

Daí decorre, portanto, que o exílio histórico do povo judeu também tem sua causação espiritual em diversos distúrbios e falhas na harmonia cósmica da qual esse exílio serve de símbolo concreto e concentrado. A situação dos mundos espirituais na época do exílio era completamente diferente daquele estado ideal em que deveriam supostamente existir de acordo com o plano divino e no qual se encontrariam no momento da redenção. De uma forma ou de outra, essa crença é recorrente ao longo de todo o desenvolvimento da Cabala. Os cabalistas de Girona defendiam que enquanto o exílio continuasse, as *Sefirot* não funcionariam normalmente; na medida em que elas se retiram em direção à fonte de sua emanação original, Israel não tem o poder de aderir a elas verdadeiramente por meio do Espírito Divino, que também deixara o alto. Apenas através do esforço individual o místico, e apenas ele, ainda é capaz de atingir um estado de *devekut*. Em alguns textos, somos informados de que apenas as cinco *Sefirot* inferiores continuam a levar uma existência emanada embaixo, enquanto as *Sefirot* superiores permanecem no alto. Quando o povo judeu ainda vivia em sua própria terra, por outro lado, o influxo divino descia do alto para baixo e reascendia de baixo para cima por todo o caminho até a *Keter* mais elevada. As letras do Tetragrammaton, que contêm todos os mundos emanados, nunca ficam unidas durante todo o exílio, especialmente o *vav* e o *he* finais, que são as *Sefirot Tiferet* e *Malkhut*, que já haviam se afastado no momento do primeiro pecado de Adão, quando o exílio em seu sentido cósmico começou. Desde então não houve uma unidade constante entre "rei" e "rainha", e essa unidade só será restaurada no futuro quando a rainha, que é a *Shechinah* e a *Sefirah Malkhut*, reascender para se reunir à *Sefirah Tiferet*. De maneira similar, apenas em tempos messiânicos o homem retornará àquele estado paradisíaco, em que "ele fazia por sua própria natureza aquilo que era certo fazer, e sua vontade não estava dividida contra si mesma" (Nachmanides sobre Deut. 30:6). Foi nesses mesmos círculos espanhóis que surgiu pela primeira vez a crença na natureza mística do Messias que supostamente consistia em uma harmonia de todos os níveis da criação, do mais rarefeito ao mais grosseiro, de modo que ele possuía "um poder divino, e um poder angélico, e um poder humano, e um poder vegetativo, e um poder animal" (Azriel em sua Epístola a Burgos). O Messias será criado através da atividade especial de *Malkhut*, e essa origem servirá para elevar seus poderes de cognição acima dos poderes dos anjos. O Zohar também assume a posição de que o crucial da redenção se desenvolve na conjunção ininterrupta de *Tiferet* e *Malkhut* e de que a redenção de Israel corresponde à redenção de Deus em Si depois de Seu exílio místico. A fonte dessa crença é talmúdica e pode ser encontrada tanto no Talmud palestino, *Sukah* 4, 3 quanto no Midrash Lev. R. 9, 3: "A salvação do Uno Sagrado, louvado seja Ele, é a salvação de Israel". No momento da redenção, "todos os mundos estarão em uma única conjunção [*be-zivug echad*]" e no ano do grande jubileu *Malkhut* estará unida não só a *Tiferet,* mas também a *Binah.* No *Ra'aia Meheimna* e no *Tikunei Zohar* encontramos a ideia de que, enquanto no período do exílio o mundo está submetido à Árvore do Conhecimento do Bem e do Mal, na qual os domínios do bem e do mal lutam entre si de modo que exista tanto o santo quanto o impuro, tanto atos permitidos quanto proibidos, o sagrado e o profano, no momento da redenção o domínio passará à Ár-

210

vore da Vida e tudo será outra vez como antes do pecado de Adão. Os motivos utópicos na ideia messiânica recebem sua expressão definitiva nessas obras e naquelas compostas sob sua influência. A futura abolição dos mandamentos mencionada no Talmud (Nid. 61b) foi considerada pelos cabalistas como se referindo à espiritualização completa dos mandamentos que ocorreria sob o domínio da Árvore da Vida. Os detalhes dessa visão tendiam a variar muito de acordo com os poderes homiléticos de cada cabalista que a adotava.

Na Cabala luriânica também o exílio de Israel está ligado ao pecado de Adão, cuja consequência foi a dispersão das centelhas sagradas, tanto da *Shechinah* quanto da alma de Adão. Quando as centelhas se difundiram ainda mais nos descendentes de Adão, a missão de recolhê-las e elevá-las, isto é, de preparar o caminho para a redenção, foi concedida a Israel. O exílio não é, portanto, meramente um castigo e uma provação, mas também uma missão. O Messias não virá até que o bem no universo tenha sido completamente separado do mal, pois nas palavras de Vital, "a reunião dos exilados em si significa recolher todas as centelhas que estavam no exílio". O exílio pode ser comparado a um jardim abandonado por seu jardineiro de modo que ervas daninhas brotaram nele por toda parte (*Ets Chaim*, cap. 42, parágrafo 4). O *tikun* progride em estágios pré-determinados de uma geração para outra e todas as transmigrações das almas servem a esse propósito. Conforme o exílio chega ao fim, o *tikun* da estrutura humana das *Sefirot* alcança os "pés" (*akevaim*); assim, as almas que seguem adiante nos "passos do Messias" são incomumente obstinadas e resistentes ao *tikun*, de onde brotam as provações especiais que ocorrerão na véspera da redenção.

As opiniões variavam quanto à alma do Messias também entrar ou não no ciclo de transmigrações: alguns cabalistas defendiam que a alma do Messias também havia se encarnado em Adão e em Davi (segundo outras opiniões, também em Moisés), enquanto outros argumentavam (opinião encontrada pela primeira vez no *Sefer ha-Bahir*) que a alma do Messias não se submetia à lei da transmigração. De acordo com a Cabala luriânica, cada um dos *partsufim* do *Adão Kadmon* tinha uma contrapartida feminina (*nukba*), exceto o *partsuf* de *Arich Anpin*, que era essencial na criação do mundo através de um processo de autogenia (*zivug minnei u-vei*), isto é, de "acasalamento" consigo mesmo. No momento da redenção, no entanto, ele será capaz de "acasalar" através do pareamento de seu *Iessod* com sua *nukba* (o crescimento da *Sefirah Malkhut*), e a progênie desse ato será a raiz mais oculta da alma do Messias Filho de Davi, que é seu *iechidah*. A descida dessa alma depende do estado de *tikun* predominante nos diferentes mundos, pois em cada geração existe um homem virtuoso que tem a disposição para recebê-la se a época for merecedora. A alma do Messias Filho de José, por outro lado, que é o arauto do Messias Filho de Davi, é submetida ao ciclo regular da transmigração. A redenção não virá de uma vez, mas se manifestará em estágios, alguns dos quais serão ocultos internamente nos mundos espirituais e outros que serão mais aparentes. A redenção final só virá quando não houver restado mais nem uma única centelha do sagrado entre as *klipot*. Nos escritos da escola de Luria, podem ser encontradas opiniões diferentes quanto ao Messias desempenhar ou não um papel ativo no processo de redenção através de sua habilidade única de elevar certas centelhas remanescentes que estão além do alcance do poder de qualquer outro. Essa questão assumiria uma importância particular no desenvolvimento do movimento sabateano. Ao longo da redenção, certas luzes até então ocultas do *partsuf* de *Atika* se manifestarão e alterarão a estrutura da criação. Em última análise, motivos nacionais e até nacionalistas se mesclam com motivos cósmicos na Cabala luriânica, formando um único grande mito de exílio e redenção.

A TORAH E SEU SIGNIFICADO

O papel da Torah na Cabala como instrumento e modo de vida a serviço de um *tikun* universal já foi discutido. A posição central da Torah na Cabala, no entanto, vai muito além de tais definições. A atitude cabalista em relação ao Pentateuco, e em grau menor à Bíblia como um todo, era um corolário natural da crença cabalista geral no caráter simbólico de todos os fenômenos terrestres. Não existia literalmente nada, segundo os cabalistas, que além de seu aspecto exterior não tivesse um aspecto interior no qual existia uma realidade oculta, interna, em vários níveis. Os cabalistas aplicaram essa opinião da "transparência" de todas as coisas também à Torah, mas na medida em que esta era o produto único da revelação divina, eles também a consideravam o único objeto que podia ser apreendido pelo homem em seu estado absoluto em um mundo onde todas as coisas eram relativas. Tomada desde esse ponto de vista, em sua qualidade de palavra direta de Deus e assim incomparável a qualquer outro livro do mundo, a Torah se tornou para os cabalistas objeto de um modo místico original de meditação. Isso não significa dizer que eles buscavam negar os acontecimentos concretos, históricos em que a Torah se baseava, mas simplesmente que o que mais lhes interessava era algo muito diferente, a saber, a condução de uma profunda investigação de sua natureza e de seu caráter absolutos. Apenas raramente eles discutiram a relação entre as três partes da Bíblia, o Pentateuco, os Profetas e o Hagiógrafos, e a maior parte de sua atenção se concentrou quase exclusivamente na Torah em seu sentido estrito dos Cinco Livros de Moisés. O Zohar (3:35a) na verdade tenta, em determinado ponto, afirmar a absoluta superioridade desses livros e de seus seguidores sobre os Profetas e os Hagiógrafos e seus seguidores, ainda que apenas no contexto de comentários sobre a afirmação talmúdica de que "o sábio é preferível ao profeta". Em seu *Guinat Egoz* (1612, 34 dff.), José Gikatilla também buscou vincular uma interpretação cabalista à divisão tripartite da Bíblia. No geral, contudo, onde existem comentários cabalistas sobre os Profetas e escritos posteriores (e especialmente sobre o Livro de Salmos), a abordagem a esses textos essencialmente não difere da dos comentários sobre a Torah.

As formulações clássicas dessa abordagem aparecem desde o século XIII, e suas reafirmações posteriores e mais ousadas, mesmo na escola luriânica, não agregam nada de fundamentalmente novo. Uma grande parte da literatura da Cabala consiste de comentários sobre o Pentateuco, os Cinco Rolos, e o Livro de Salmos, e o Zohar em si foi em grande medida escrito como comentários sobre o Pentateuco, Rute e o Cântico dos Cânticos. Livros como os comentários sobre o Pentateuco escritos por Menachem Recanati, Bahia b. Asher, Menachem Tsioni e Abrahão Saba se tornaram textos cabalísticos clássicos. Também é digno de nota o fato de que praticamente não existem comentários cabalísticos sobre livros inteiros dos Profetas ou sobre o Livro de Jó e o Livro de Daniel. Apenas algumas exegeses isoladas de fragmentos desses textos tendem a reaparecer regularmente em associação com certas interpretações místicas. O único comentário cabalístico conhecido sobre a Bíblia inteira foi composto no século XVI, o *Minchat Iehudah*, escrito no Marrocos por um autor desconhecido, e grandes trechos dele foram preservados em vários manuscritos. Afora o Pentateuco, apenas o Cântico dos Cânticos foi tema de um grande número de comentários cabalísticos, a começar pelo de Ezra de Girona e continuando até diversos outros escritos em gerações recentes.

A principal base da atitude cabalista em relação à Torah é, como mencionamos acima, a crença cabalista fundamental na correspondência entre criação e revelação. A emanação divina pode ser descrita tanto em termos de símbolos extraídos da doutrina das *Sefirot* e das luzes emanadas, superiores, quanto de símbolos extraídos da esfera da linguagem e compostos por letras e nomes. Neste último caso, o processo de criação pode ser simbolizado como a palavra de Deus, o desenvolvimento do discurso divino fundamental, e como tal não é essencialmente diferente dos processos divinos articulados na Torah, cuja interioridade revela as mesmas leis supremas que determinam a hierarquia da criação. Em essência, a Torah contém em forma concentrada tudo o que teve permissão de se desenvolver mais expansivamente na própria criação. Estritamente falando, a Torah não significa tanto algo específico, embora na verdade signifique muitas coisas diferentes em muitos níveis diferentes, na medida em que articula um universo do ser. Deus revela a Si mesmo na Torah como Si mesmo mais do que enquanto meio de comunicação no sentido humano limitado. Esse sentido limitado, humano, da Torah, por outro lado, é definido na Cabala de acordo com três princípios básicos: a Torah é o nome místico completo de Deus; a Torah é um organismo vivo; e o discurso divino é infinitamente significativo, e nenhum discurso humano finito será jamais capaz de exauri-lo.

A Torah como nome místico de Deus

Subjacente a esse princípio há uma crença originalmente mágica que foi transformada em crença mística. Essa crença mágica na estrutura da Torah já pode ser encontrada no *Midrash Tehilim* (sobre Salmos 3): "Se os capítulos da Torah tivessem sido postos em sua ordem correta, qualquer um que os lesse seria capaz de ressuscitar os mortos e operar milagres; portanto, a [verdadeira] ordem da Torah foi ocultada e é conhecida [apenas] por Deus." Os usos mágicos da Torah são discutidos no livro *Shimushei Torah*, que data no máximo do período gueônico, e no qual está relatado que, além da leitura aceita da Torah, Moisés recebeu ainda outra leitura, composta dos Nomes Sagrados possuidores de significação mágica. Ler a Torah "de acordo com os nomes" (Nachmanides, introdução a seus comentários sobre o Pentateuco) não possui, portanto, nenhum sentido humano concreto, mas apenas um sentido completamente esotérico: longe de se relacionar a narrativas e mandamentos históricos, a Torah assim lida é exclusivamente relacionada à concentração do poder divino em várias combinações das letras dos Nomes Sagrados de Deus. A partir da crença mágica de que a Torah era composta pelos Nomes Sagrados de Deus, foi um pequeno passo para a crença mística de que toda a Torah não era outra coisa senão o Grande Nome de Deus em Si. Nela, Deus expressaria Seu próprio ser na medida em que esse ser pertencia à criação e na medida em que era capaz de se manifestar através da criação. Assim, a energia divina escolheu se articular na forma das letras da Torah tal como se expressam no Nome de Deus. Por um lado, esse Nome compreende a divina potência; por outro, ele compreende em si a totalidade das leis ocultas da criação. Obviamente, tal suposição sobre a Torah não se referia ao texto fisicamente escrito no pergaminho mas à Torah em seu estado pré-existente, em que servia como instrumento da criação. Nesse sentido, a criação da própria Torah foi simplesmente uma recapitulação do processo pelo qual as *Sefirot* e os aspectos individuais dos Nomes Divinos foram emanados a partir da substância do *Ein-Sof*. A Torah não é tampouco separada dessa substância, pois a Torah representa a vida interna de Deus. Em sua existência primordial e mais oculta, a Torah é chamada de "a Torah primordial", *Torah Kedumah*, que ocasionalmente é identificada com a *Sefirah Chochmah*. Doravante ela se desenvolve em duas manifestações, a da Torah Escrita e a da Torah Oral, que existem misticamente nas *Sefirot Tiferet* e *Malkhut*, enquanto na terra elas existem concretamente e são direcionadas às necessidades do homem.

A relação entre a Torah como Nome de Deus que a tudo abarca e como Nome Inefável ou Tetragrammaton foi definida por José Gikatilla em seu *Sha'arei Orah*: "A Torah inteira é como uma explicação e um comentário do Nome [Inefável] de Deus". Em que sentido a Torah é essencialmente uma explicação do Nome Inefável? No sentido de que a Torah é um único "tecido" tramado a partir dos epítetos de Deus nos quais o Nome Inefável se desdobra. Assim, a Torah é uma estrutura do todo que é construída sobre um princípio fundamental, a saber, o Nome Inefável. A Torah pode ser comparada ao corpo místico da Divindade, e Deus em Si é a alma de suas letras. Esta opinião se desenvolveria entre os cabalistas de Girona, e pode ser encontrada no Zohar e em obras contemporâneas.

A Torah como organismo vivo

A tessitura da Torah a partir do Nome Inefável sugere a analogia de que a Torah é uma tessitura viva, um corpo vivo na formulação tanto de Azriel de Girona quanto do Zohar. A Torah "é como um edifício inteiro; assim como um homem tem muitos órgãos com diferentes funções, também entre os diferentes capítulos da Torah alguns parecem importantes na aparência externa e alguns desimportantes", no entanto na verdade todos estão ligados em um único padrão orgânico. Assim como a natureza unificada do homem é dividida entre os vários órgãos de seu corpo, também a célula viva do Nome de Deus, que é *o* tema da revelação, cresce na forma da Torah terrena que o homem possui. Até o mais ínfimo e aparentemente insignificante detalhe do texto massorético, a Torah vem sendo passada adiante com a compreensão de que é uma estrutura viva da qual nem uma única letra pode ser extirpada sem danificar seriamente o corpo inteiro. A Torah é como um corpo humano que tem cabeça, tronco, coração, boca, e assim por diante, ou então a Torah pode ser comparada à Árvore da Vida, que tem raiz, tronco, galhos, folhas, casca e medula, embora nenhuma dessas partes possa ser distinta das outras em essência e todas formem uma única grande unidade. (Segundo Fílon de Alexandria, uma concepção similar da Torah como organismo vivo inspirou a seita dos Terapeutas, assim como em certa medida seus próprios comentários bíblicos, sem que evidentemente exista qualquer filiação histórica demonstrável entre essas fontes e a Cabala). Essa abordagem orgânica foi capaz de explicar as aparentes discrepâncias estilísticas na Bíblia, que era parte narrativa (e por vezes até aparentemente de maneira supérflua), parte lei e mandamentos, parte poesia e em parte até cruamente estatística. Por trás de todos esses estilos diferentes havia a unidade mística do grande Nome de Deus. Essas aparências externas eram simplesmente trajes da interioridade oculta que se vestia com elas, e "Ai daquele que olha apenas para o traje!" Associada a isso está a opinião de que a Torah é revelada de forma diferente em cada um dos mundos da criação, começando por sua manifestação primordial enquanto traje para o *Ein-Sof* e terminando com a Torah tal como é lida na terra – uma opinião que foi especialmente promulgada pela escola de Israel Sarug (ver p. 164). Existe uma "Torah de *atsilut*", e assim por diante, cada uma refletindo a função particular da estrutura mística de uma determinada fase da criação. Em cada uma dessas fases, há uma relativização da essência absoluta da Torah, que continua intacta em si mesma diante dessas transformações, por maiores que elas sejam. De maneira similar, como explicamos acima, a Torah única aparece em formas diferentes nos diferentes *shemitot* ou ciclos cósmicos da criação.

O significado infinito do discurso divino

Uma consequência direta dessa crença foi o princípio de que o conteúdo da Torah possuía significado infinito, que se revelava diferentemente em diferentes níveis e de acordo com a capacidade de quem a contemplava. A profundidade insondável do discurso divino não podia ser exaurida em um único nível, axioma que se aplicou também à Torah concreta, histórica, revelada por Deus na teofania no Monte Sinai. Desde o início, essa Torah possuía os dois aspectos mencionados acima, uma leitura literal formada por suas letras que se combinavam para formar palavras da língua hebraica, e uma leitura mística composta pelos divinos Nomes de Deus. Mas não era só isso. "Muitas luzes brilham a partir de cada palavra e de cada letra", uma opinião que foi resumida na conhecida afirmação (por sua vez uma versão epigramática de uma passagem no *Otiot de-Rabi Akiva*) de que "a Torah tem 70 faces". As quatro categorias convencionais pelas quais se dizia que a Torah era interpretável, a literal (*peshat*), a alegórica (*remez*), a hermenêutica ou homilética (*derash*) e a mística (*sod*), serviam apenas como estrutura geral para uma multiplicidade de leituras individuais, uma tese que a partir do século XVI seria expressa na disseminada crença de que o número de leituras possíveis da Torah era igual ao número dos 600 mil filhos de Israel presentes no Monte Sinai – em outras palavras, que cada judeu individualmente abordava a Torah por um caminho que só ele poderia seguir. Essas quatro categorias foram agrupadas inicialmente no acrônimo *pardes* (literalmente, "jardim") por Moisés de Leon. Basicamente, esse "jardim da Torah" era entendido da seguinte maneira. O *peshat* ou sentido literal abarcava não apenas o conteúdo histórico e factual da Torah, mas também a autoridade da Lei Oral da tradição rabínica. O *derash* ou sentido hermenêutico era o caminho do comentário ético e agádico O *remez* ou sentido alegórico compreendia o corpo das verdades filosóficas contidas na Torah. O *sod* ou sentido místico era a totalidade dos comentários cabalísticos possíveis que interpretavam as palavras da Torah como referências a acontecimentos no mundo das *Sefirot* ou à relação dos heróis bíblicos com este mundo. O *peshat*, portanto, que incluiria também o *corpus* da lei talmúdica, era apenas o aspecto mais externo da Torah, a "casca" com que se deparava a princípio o olho do leitor. As outras camadas se revelavam apenas ao poder mais penetrante e abrangente da intuição capaz de descobrir na Torah verdades gerais que não dependiam em nada de seu contexto literal imediato. Apenas no nível da *sod* a Torah se tornava um corpo de símbolos místicos que revelavam os processos vitais ocultos da Divindade e suas conexões com a vida humana. Essa divisão exegética quádrupla foi aparentemente influenciada pelas categorias anteriores mas similares da tradição cristã (literal, moral, alegórico, místico). Comentários literais, agádicos e filosófico-alegóricos também eram conhecidos na tradição judaica, e o longo comentário de José ibn Aknin sobre o Cântico dos Cânticos, por exemplo, composto no início do século XIII, combinava essas três abordagens. Bahia b. Asher foi o primeiro comentador bíblico (1291) a introduzir os quatro aspectos em suas explicações textuais, embora ele não usasse o acrônimo *pardes* e se referisse à leitura filosófica da Torah como "a via do intelecto". A explicação do nível do *sod*, evidentemente, encontrou possibilidades ilimitadas, sendo uma clássica ilustração disso o livro de Nathan Spira, *Megaleh Amukot* (1637), no qual a oração de Moisés a Deus em Deuteronômio 3:23 ss. é explicada de 252 maneiras diferentes. No *corpus* principal do Zohar, onde o termo "Cabala" é cuidadosamente evitado, essas interpretações místicas são referidas como "mistérios da fé" (*raza de-meheimnuta*), isto é, exegeses baseadas em crenças religiosas. O autor do Zohar, cuja crença na primazia da interpretação cabalista era extrema, na verdade expressava a opinião (3:152a) de que, se a Torah simplesmente fosse tomada como uma série de narrativas literais, ele e seus companheiros seriam capazes de fazer um livro melhor! Ocasionalmente, as interpretações cabalistas deliberadamente escolhiam enfatizar certas palavras ou versículos que pareciam insignificantes na superfície e atribuir a eles uma importância simbólica profunda, como se pode ver no comentário do Zohar sobre a lista dos reis de Edom em Gênesis 36 ou nos feitos de Benaiah, filho de Joiada, relatados em II Samuel 23.

Como a Torah era considerada essencialmente composta de letras que eram nada menos que configurações da luz divina e como se concordava que ela assumisse formas diferentes nos mundos celeste e terrestre, surgiu a questão sobre como a Torah apareceria no paraíso ou em uma era futura. Certamente sua leitura presente havia sido afetada pela corporificação de suas letras ocorrida no momento do pecado de Adão. A resposta dada a esse enigma pelos cabalistas de Safed foi que a Torah continha as mesmas letras antes do pecado de Adão, mas em uma sequência diferente que correspondia à condição dos mundos naquele momento. Assim, a Torah não incluía as mesmas proibições ou leis que lemos nela hoje em dia, pois a Torah fora ajustada inteiramente de acordo com o estado de Adão antes da queda. De maneira similar, em eras futuras, a Torah se despirá de seus trajes e aparecerá outra vez em uma forma puramente espiritual, cujas letras assumirão novos significados espirituais. Em sua existência primordial, a Torah já continha todas as possibilidades de combinação que podiam se manifestar de acordo com os feitos do homem e as necessidades do mundo. Não fosse o pecado de Adão, as letras da Torah teriam se combinado na formação de uma narrativa completamente diferente. No porvir messiânico, portanto, Deus revelará novas combinações de letras que transmitirão um conteúdo inteiramente novo. Na verdade, é a essa Torah que alude o Midrash no comentário a Isaías 51:4, "Pois a Torah partirá de Mim". Essas crenças continuariam a se difundir até mesmo na literatura chassídica.

A forma mais radical assumida por essa opinião foi associada à *agadah* talmúdica de acordo com a qual antes da criação do mundo a Torah inteira foi escrita em fogo negro sobre fogo branco. Desde o início do século XIII, foi expressa uma ideia ousada de que na realidade o fogo branco compreendia o verdadeiro texto da Torah, enquanto o texto que apareceu em fogo negro era meramente a Lei Oral mística. Disso se concluiu que a verdadeira Lei Escrita se tornou inteiramente invisível à percepção humana e está atualmente escondida no branco do rolo da Torah, as letras pretas não sendo mais que um comentário sobre esse texto apagado. No tempo do Messias, as letras dessa "Torah branca" serão reveladas. Essa crença aparece referida também em uma série de textos clássicos do cchassidismo.

O CAMINHO MÍSTICO

Devekut

A vida dentro da estrutura do judaísmo, através do estudo da Torah e da oração, oferecia ao cabalista um caminho de integração ativa e passiva na grande hierarquia divina da criação. Nessa hierarquia, a tarefa da Cabala é ajudar a orientar a alma de volta para sua terra natal na Divindade. Para cada *Sefirah*, existe um atributo ético correspondente no comportamento humano, e aquele que consegue realizar isso na terra é integrado à vida mística e ao mundo harmônico das *Sefirot*. A obra de Cordovero, *Tomer Devorah*, é dedicada a esse assunto. Os cabalistas foram unânimes em concordar quanto ao lugar supremo na hierarquia ao alcance da alma no final de seu caminho místico, a saber, o *devekut*, a adesão mística a Deus. Por sua vez, pode haver diferentes graus de *devekut*, como "equanimidade" (*hishtavvut*, a indiferença da alma ao elogio ou à censura), "solidão" (*hitbodedut*, estar sozinho com Deus), "o espírito santo" e a "profecia". Essa é a escada do *devekut* segundo Isaac de Acre. Em contraste, houve um grande debate em torno da questão de qual seria a qualidade preparatória mais elevada para esse *devekut*, o amor a Deus ou o temor diante de Deus. Essa discussão é recorrente em toda a literatura da Cabala, com resultados inconclusivos, e continuou até a literatura *mussar* (moralista) posterior, composta sob influência cabalista. Muitos consideravam o culto a Deus um "puro e sublime temor", que era muito diferente do medo do castigo, uma conquista ainda mais elevada que o culto amoroso d'Ele. No Zohar, esse "temor" é empregado como um dos epítetos da *Sefirah* mais alta, dando assim a ela um estatuto supremo. Elias de Vidas, por outro lado, em seu *Reshit Chochmah*, defendia a primazia do amor. Na verdade, ambas virtudes levavam ao *devekut*.

A Cabala da Provença desde o começo já buscou definir o *devekut* tanto como processo por meio do qual o homem adere totalmente a seu Criador, quanto como meta definitiva do caminho místico. Segundo Isaac, o Cego: "A principal tarefa dos místicos [*ha-maskillim*] e daqueles que contemplam Seu Nome é [expressa no mandamento] 'E a Ele vos achegareis' [Deut. 13:4]. E esse é um princípio central da Torah, e da oração, e das bênçãos [recitadas], para harmonizar o pensamento com a fé, como se aderisse ao [mundo do] alto, para unir-se a Deus em Suas letras, e para vincular [*lichlol*] as dez *Sefirot* a Ele como a chama é unida ao carvão, articulando seus epítetos em voz alta e unindo-se a Ele mentalmente em Sua verdadeira estrutura." Em um sentido mais geral, Nachmanides, em seu comentário sobre Deuteronômio 11:22, define *devekut* como o estado de espírito em que "Você se lembra constantemente de Deus e de Seu amor, e não afasta o pensamento d'Ele... a ponto de, quando [essa pessoa] fala com outros, seu coração não está com eles, mas ainda diante de Deus. E de fato pode ser verdade sobre os que atingem esse posto, que a alma deles obtém vida eterna [*tserurah bi-tseror ha-chaim*] ainda em vida, pois são eles mesmos uma morada para a *Shechinah*." Quem adere de tal maneira a seu Criador se torna passível de receber o espírito santo (Nachmanides, *Sha'ar ha-Guemul*). Na medida em que o pensamento humano deriva da alma racional no mundo de *atsilut,* ele tem a habilidade de retornar à sua fonte ali, "E quando atinge sua fonte, ele se adere à luz celestial a partir da qual deriva e os dois se tornam um" (Meir ibn Gabai). Em seu comentário sobre Jó 36:7, Nachmanides se refere ao *devekut* como o nível espiritual que caracteriza o verdadeiro *Chassid* e na verdade, a definição que Bahia ibn Paquda dá de *Chassidut* em seu *Chovot ha-Levavot* (8, 10) é muito similar à definição que Azriel de Girona dá do *devekut* em seu *Sha'ar ha-Kavanah*, pois ambos falam em termos quase idênticos sobre o apagamento da vontade humana na vontade divina ou do encontro e da conformidade das duas vontades juntas. Por outro lado, as descrições cabalistas do *devekut* também tendem a se parecer com as definições comuns de profecia e de seus vários níveis. Em sua Epístola a Burgos, Azriel de Girona fala do caminho para a profecia como sendo também o caminho para o *devekut*, enquanto em seu *Perush ha-Agadot* (edição de Isaiah Tishby, 40) ele praticamente iguala as duas coisas.

O *devekut* resulta em uma noção de beatitude e união íntima; no entanto, ele não elimina inteiramente a distância entre a criatura e o Criador, uma distinção que a maioria dos cabalistas, assim como a maioria dos chassídicos, tomaram o cuidado de não obscurecer alegando que seria possível haver uma unificação completa da alma com Deus. No pensamento de Isaac de Acre, o conceito de *devekut* assume um caráter semicontemplativo, semiextático.[10] Aqui e ali, nuances extáticas podem ser encontradas nas concepções de *devekut* de outros cabalistas.[11]

Oração, *kavanah* e meditação

O principal caminho percorrido pelo místico era evidentemente associado no entender dos cabalistas à observância prática dos mandamentos; no entanto, as duas coisas não eram intrinsecamente ligadas, pois essencialmente o caminho místico envolvia a ascensão da alma a um estado de arrebatamento extático através de um processo de pensamento concentrado e meditação. Acima de tudo, na Cabala, é a oração que serve como principal domínio para essa ascensão. A oração é diferente dos mandamentos práticos, cada coisa exige uma certa ação bem definida, cujo desempenho não deixa muito espaço para a meditação e a imersão mística. Na verdade, cada mandamento possui seu aspecto místico cuja observância cria um vínculo entre o mundo do homem e o mundo das *Sefirot*, mas a força plena da espiritualidade pode se expressar muito melhor na oração. A intenção mística ou *kavanah* que acompanha cada mandamento é na verdade uma concentração do pensamento sobre o significado cabalístico da ação no momento em que é executada; a oração, por outro lado, permanece independente de qualquer ação externa e pode ser facilmente transformada em um exercício abrangente de meditação interna. A tradição da oração mística acompanhada por um sistema de *kavanot* meditativas que se concentram no conteúdo cabalístico de cada oração se desenvolveu como um aspecto central da Cabala desde sua primeira aparição entre os chassídicos asquenazes e os cabalistas da Provença, passando pela Cabala luriânica e seus últimos vestígios nos tempos modernos. Os maiores cabalistas eram todos mestres da oração, e não seria fácil imaginar o desenvolvimento especulativo da Cabala sem essas raízes permanentes na experiência da oração mística. Em sua roupagem cabalista, o conceito de *kavanah* recebeu um novo conteúdo que ia muito além do que lhe foi concedido na literatura rabínica e haláchica anterior.[12]

A doutrina cabalista procurou uma saída para o dilema, do qual os próprios cabalistas tinham consciência, imposto pela noção teologicamente inaceitável de que a oração poderia de alguma forma mudar ou influenciar a vontade de Deus. A Cabala considerava a oração uma ascensão do homem aos mundos superiores, uma peregrinação espiritual pelos domínios superiores que buscava se integrar na estrutura hierárquica e contribuir com sua parte para a restauração do que ali houvesse de defeituoso. Seu campo de ação no pensamento cabalista se dá inteiramente nos mundos internos e na conexão entre eles. Usando texto litúrgico tradicional de modo simbólico, a oração repete os processos ocultos do universo que, como explicado acima, podiam ser considerados de natureza essencialmente linguística. A hierarquia ontológica dos mundos espirituais se revela ao cabalista no momento da oração como um dos muitos Nomes de Deus. Esse desvelamento de um "Nome" divino através do poder da "palavra" é o que constitui a atividade mística do indivíduo em oração, que medita ou que concentra sua *kavanah* no nome em particular que pertence ao domínio espiritual através do qual sua oração está passando. A princípio, na Cabala, é o nome da *Sefirah* específica sobre a qual o místico se concentra ao recitar as orações e na qual ele é, na verdade, absorvido, mas posteriormente na Cabala, e especialmente na escola luriânica, esse nome é substituído por um dos místicos Nomes de Deus. Assim, embora a oração possua um aspecto de "mágica interna" pela qual adquire o poder de ajudar a ordenar e restaurar os mundos superiores, ela não possui nenhuma eficácia mágica externa. Essa "mágica interna" é distinta da magia porque suas meditações ou *kavanot* não devem ser pronunciadas. Os Nomes Divinos não são invocados em voz alta, como na magia operacional comum, mas são despertados através da atividade meditativa direcionada a eles. O indivíduo em oração faz uma pausa a cada palavra e sonda profundamente a *kavanah* que pertence a ela. O texto concreto da oração, portanto, serve como uma espécie de corrimão em que o cabalista se segura ao fazer sua ascensão arriscada, tateando seu caminho pelas palavras. As *kavanot,* em outras palavras, transformam os mundos da oração em nomes santos que servem de marcos de uma escalada.

A aplicação prática da meditação mística na Cabala, portanto, está associada, principalmente, ou até exclusivamente, ao momento da oração. Nos termos da tradição judaica, a principal inovação dessa abordagem está no fato de alterar a ênfase da oração em grupo para a oração mística individual sem, de maneira alguma, destruir a própria estrutura litúrgica básica. Na verdade, em seu esforço de preservar essa estrutura, as primeiras gerações de cabalistas evitaram escrever orações originais próprias que refletissem diretamente suas crenças. Apenas a partir do século XVI, e especialmente sob influência da escola luriânica, muitas orações cabalistas foram agregadas às antigas. As breves meditações dos primeiros cabalistas foram então substituídas por outras cada vez mais longas e que passaram a envolver *kavanot* cuja execução levava a um prolongamento considerável do serviço. O sistema das *kavanot* atingiu seu desenvolvimento máximo na escola do cabalista iemenita Shalom Sharabi, na qual a oração exigia toda uma congregação de meditadores místicos que eram capazes de grandes esforços psíquicos. Sabe-se que diversos desses grupos realmente existiram. Segundo Azriel de Girona, aquele que medita misticamente em sua oração "afasta todos os obstáculos e impedimentos e reduz cada palavra a seu 'nada'." Atingir essa meta é em certo sentido abrir um reservatório cujas águas, que são o influxo divino, jorram sobre o indivíduo em oração. Porque se preparou adequadamente para essas forças superiores, no entanto, ele não é esmagado ou afogado por elas. Depois de completar sua ascensão, ele agora desce outra vez com a ajuda de *kavanot* fixas e, dessa maneira, une os mundos superiores e inferiores. Um excelente exemplo desse ciclo de ascensão e descida pode ser encontrado nas *kavanot* para o *Shema.*

Em contraste com o caráter contemplativo da oração na Cabala de Girona e no Zohar, a Cabala luriânica enfatizava seu aspecto mais ativo. Cada oração era então dirigida não apenas à ascensão simbólica de quem reza, mas também à elevação das centelhas de luz que pertenciam à alma de quem reza. "Desde o dia em que o mundo foi criado até o final dos tempos, nunca uma oração foi parecida com outra." Apesar do fato de que existe uma coletividade comum a todas as *kavanot,* cada uma tem sua natureza completamente indivi-

224

dual, e cada momento de oração é diferente e exige sua própria *kavanah*. Nesse sentido, o elemento pessoal da oração passou a ser altamente enfatizado. Nem mesmo todas as *kavanot* listadas nos escritos dedicados e elas exauriam a totalidade de possibilidades, assim como a partitura musical não pode conter a interpretação pessoal que o músico traz a ela no ato da execução. Em resposta à pergunta do Talmud, "Como se pode saber que Deus reza?", a Cabala respondeu que através da oração mística o homem era levado para o alto ou absorvido na vida dinâmica e oculta da Divindade, de modo que no ato de sua oração Deus também orava. Por outro lado, também se pode encontrar na literatura cabalista a teoria de que a oração é como uma flecha atirada para cima por quem recita com o arco da *kavanah*. Em mais uma analogia da escola luriânica, que teve grande impacto na literatura chassídica, o processo da *kavanah* é definido em termos da atração para baixo da luz divina espiritual para dentro das letras e das palavras do livro de oração, de modo que essa luz pode então reascender ao ponto mais alto da hierarquia (A. Azulai, *Chessed te-Avraham*, 2, par. 44) Na opinião do Zohar (2: 215b), o indivíduo passa por quatro fases em sua oração: realiza o *tikun* de si mesmo, o *tikun* deste mundo inferior, o *tikun* do mundo superior e, finalmente, o *tikun* do Nome Divino. De modo similar, o serviço matinal como um todo era interpretado como representando uma progressão simbólica, ao final da qual o recitador estava pronto para arriscar tudo por Deus, fosse cedendo a um arrebatamento quase extático, fosse lutando com o *sitra achra* no intuito de resgatar o sagrado aprisionado de suas garras. Na oração luriânica, era reservado um lugar especial para os *ichudim* ("atos de unificação"), que eram meditações sobre uma das combinações de letras do Tetragrammaton ou sobre configurações desses nomes com diferentes vocalizações, como Isaac Luria costumava propor a seus discípulos, a cada um "de acordo com a raiz de sua alma". Tal como empregadas nesses *ichudim* individuais, as *kavanot* eram separadas da liturgia regular e se tornariam instrumentos independentes de elevação da alma (uma prática com paralelos em muitos outros sistemas místicos de meditação). Elas também eram às vezes usadas como método de comunhão com outras almas, particularmente com as almas dos *tsadikim* falecidos.

Uma vasta literatura cabalista foi dedicada ao caminho da oração e às interpretações místicas da liturgia tradicional. Essas interpretações eram menos comentários no sentido comum do que manuais sistemáticos para meditação mística em oração. Entre os mais conhecidos desses manuais estão: de Azriel de Girona, *Perush ha-Tefilot* (existente em muitos manuscritos, tradução francesa de G. Séd, 1973); de Menachem Recanati, *Perush ha-Tefilot* (1544); de David b. Judá he-Chassid, *Or Zaru'a*,[13] e um comentário de autor anônimo (*circa* 1300), cuja longa introdução foi publicada (*Kovets Mada'i le-Zecher Moshe Shor*, 1945, p. 113-26). Entre os livros escritos no século XVI, estavam as obras de Meir ibn Gabai, *Tola'at Ia'akov* (1560); de Jacob Israel Finzi, *Perush ha-Tefilot* (Manuscrito de Cambridge); e de Moisés Cordovero, *Tefilah le-Moshe* (1892). A ascensão da Cabala luriânica levou a uma enorme produção de livros de *kavanot* e orações místicas. Os mais detalhados desses livros foram as obras de Chaim Vital, *Sha'ar ha-Kavanot* e *Peri Ets Chaim*, e o compêndio de Immanuel Chai Ricchi, *Mishnat Chassidim* (1727). Desde a época do círculo de Vital, desenvolveu-se a prática de compilar livros de orações especiais com as *kavanot* correspondentes e muitas versões desses livros circularam em manuscritos sob o título *Sidur ha-Ari* ("O Livro de Orações de Isaac Luria"). Diversos desses livros de orações foram publicados, entre eles, *Sha'arei Rachamim* (Tessalônica, 1741); *Chessed le-Avraham* (Esmirna, 1764); a obra de Arieh Leib Epstein, *Mishnat Gur Arieh* (Koenisberg, 1756); e o *Sidur ha-Ari* dos cabalistas do *klaus* de Brody (Zolkiew, 1781); e os livros de orações cabalistas de Asher Margaliot (Lvov, 1788), Shabetai Rashkover (1794) e Jacob Koppel Lifschuetz, cujo *Kol Ia'akov* (1804) é repleto de influência sabateana. O ápice desses livros foi o livro de orações de Shalom Sharabi, das quais a maior parte seria publicada em Jerusalém, em uma longa série de volumes a partir de 1910. Até hoje existem grupos em Jerusalém que rezam de acordo com as *kavanot* de Sharabi, embora essa prática espiritual possa levar anos até ser dominada. Outros guias de oração desse período são as obras de Isaiah Horowitz, *Sidur ha-Shelah* (Amsterdã, 1717); de Salomão Rocca, *Kavanot Shelomo* (Veneza, 1670); de Moisés Albaz, *Heichal ha-Kodesh* (Amsterdã, 1653); e do filho de Chaim Vital, Samuel, *Chemdat Israel* (1901). Em seu *Sha'ar Ru'ach ha-Kodesh* (com comentários de José Sadboon de Túnis, 1874), Chaim Vital discute os *ichudim*. Diversos livros de orações cabalistas foram compilados para várias ocasiões específicas, um gênero que começou com o livro de Nathan Hanover, *Sha'arei Tsion* (1662).

Êxtase

Além da meditação mística da oração, uma série de outras "disciplinas" místicas se desenvolveu na Cabala (sobre as ascensões extáticas da Merkavah, ver p. 22). Desde o início do período gueônico, existe um texto chamado *Sefer ha-Malbush* que descreve uma prática em parte mágica, em parte mística, de "vestir o Nome" (*levishat ha-Shem*), cuja história aparentemente é muito anterior. É de central importância nesse contexto a "Cabala profética" de Abrahão Abulafia, na qual uma tradição anterior de instrução sistemática baseada na "ciência da combinação", *chochmat ha-tseruf* (um jogo com o duplo sentido da palavra em *tseruf ha-otiot*, "a combinação das letras", e *tseruf ha-levavot*, "a purificação dos corações") foi reelaborada. Essa disciplina mística fazia uso das letras do alfabeto, e especialmente do Tetragrammaton e de outros Nomes de Deus, como treinamento de meditação. Imergindo em diversas combinações de letras e nomes, o cabalista esvaziava a mente de todas as formas naturais que pudessem impedir sua concentração em assuntos divinos. Dessa forma, ele liberava sua alma de suas limitações naturais e a abria para o influxo divino, com cujo auxílio poderia alcançar até a profecia. As disciplinas da *kavanah* e da combinação de letras seriam associadas até o final do século XIII e, a partir de então, se influenciariam mutuamente. As *kavanot* luriânicas foram especialmente influenciadas pela *chochmat ha-tseruf*. A doutrina das *Sefirot* também seria absorvida por essas disciplinas, embora o próprio Abulafia as considerasse um sistema menos avançado e menos valioso que "a ciência da combinação" tal como esta seria exposta em seus livros.

Nos desenvolvimentos posteriores da Cabala, muitos cabalistas continuaram considerando essas disciplinas como o aspecto mais esotérico da Cabala e foram relutantes em discuti-las em seus livros. O próprio Abulafia descreveu muito explicitamente, e de maneira aparentemente objetiva, quais eram os obstáculos e perigos, assim como as recompensas, que essa experiência mística poderia trazer. Ele traçou um claro paralelo entre "a ciência da combinação" e a música, que também poderia conduzir a alma a um estado do mais alto arrebatamento através da combinação de sons. As técnicas da "Cabala profética" usadas para auxiliar na ascensão da alma, tais como exercícios respiratórios, a repetição dos Nomes Divinos e meditações com cores, carregavam uma nítida semelhança com as técnicas tanto da ioga indiana quando do sufismo muçulmano. O sujeito vê lampejos de luz e sente como se fosse "ungido" divinamente. Em certos estágios, ele vive através de uma identificação pessoal com um mentor espiritual interior ou *guru* que lhe é revelado e que é na realidade Metatron, o príncipe do rosto de Deus, ou em alguns casos, o sujeito de sua própria identidade verdadeira. O clímax dessa educação espiritual é o poder da profecia. Nesse ponto, a Cabala de Abulafia coincide com a disciplina das *kavanot* desenvolvida pelos cabalistas de Girona, que também visava a treinar o praticante de modo que "quem quer que a domine ascende ao nível da profecia".

Aqui e ali, são feitas menções na Cabala a vários outros fenômenos ocultos, mas em geral existe uma clara tendência a evitar discutir essas coisas, assim como a maioria dos cabalistas evita registrar suas próprias experiências de forma autobiográfica como era extremamente comum na literatura mística tanto do cristianismo quanto do Islã. Existem descrições da sensação mística do éter sutil ou "aura", também chamado de "éter do *tselem*", pelo qual o homem é cercado, das visões místicas das letras primordiais nos céus (Zohar, 2: 130b), e dos livros sagrados invisíveis que só podiam ser lidos com os sentidos internos.[14] Em diversas passagens a profecia é definida como a experiência na qual o homem "vê sua própria forma diante de si e relatando-lhe o futuro".[15] Um discípulo anônimo de Abulafia na verdade escreveu memórias sobre suas experiências com a *chochmat ha-tseruf*.[16] De modo geral, contudo, a confissão autobiográfica era estritamente desaprovada pela maioria dos cabalistas. No Zohar, a descrição do êxtase místico só ocorre uma vez, e mesmo assim em um relato altamente circunspecto da experiência do sumo sacerdote no Santo dos Santos no Dia do Perdão (3: 67a, e no *Zohar Chadash*, 19a). Mesmo nesses escritos que essencialmente continuam a tradição de Abulafia, há pouco da extravagância extática deste último, e o êxtase em si é moderado em *devekut*. Apenas no final do período dourado do movimento chassídico no fim do século XVIII, particularmente no círculo do Maguid de Mezhirech, encontram-se outra vez descrições de abandono extático na literatura do judaísmo. Diversos livros ou seções de livros que lidavam aberta e extensamente com o procedimento a ser seguido para atingir o êxtase e o Espírito Santo, como as obras de Judá Albotoni, *Sulam ha-Aliah* (circa 1500) e a parte final da obra de Chaim Vital *Sha'arei Kedushah*, chamada *Ma'amar Hitbodedut*, "Da meditação solitária" (Manuscrito Ginzburg 691, Museu Britânico 749), foram suprimidos em sua época e preservados apenas em manuscritos. O único desses livros efetivamente publicado foi o *Berit Menuchah* (Amsterdã, 1648), obra de um autor anônimo do século XIV, erroneamente atribuída a Abrahão de Granada. Esse livro, que contém longas descrições de visões de luzes superiores alcançadas a partir da meditação sobre várias vocalizações do Tetragrammaton com o auxílio de um sistema simbólico sem paralelo em qualquer outra parte da Cabala, chega à fronteira entre a "Cabala especulativa" (*kabbalah Iunit*), cujo interesse principal estava na orientação espiritual interna do indivíduo, e a "Cabala prática" (*kabbalah ma'assit*), que se ocupava sobretudo da atividade mágica.

CABALA PRÁTICA

As disciplinas discutidas na seção anterior, embora lidem com instruções práticas para a vida espiritual, não pertencem ao domínio da "Cabala prática" no sentido cabalístico do termo, que se refere antes a um conjunto diferente de preocupações. Em sua maior parte, o domínio da Cabala prática é o da magia de motivação pura ou "branca", especialmente tal como praticada por intermédio de Nomes de Deus e de anjos, sagrados e esotéricos, cuja manipulação pode afetar o mundo físico não menos do que o mundo espiritual. Essas operações mágicas não são consideradas impossíveis na Cabala, nem mesmo categoricamente proibidas, embora diversos escritos cabalísticos enfatizem as proibições contra elas. Em todo caso, apenas os indivíduos mais perfeitamente virtuosos têm permissão de realizá-las, e mesmo assim jamais para proveito próprio, mas apenas em momentos de emergência e necessidade pública. Com exceção desses casos, todo aquele que procurar realizar tais atos o fará sob graves riscos físicos e espirituais. Esses alertas seriam geralmente ignorados, contudo, como se demonstra pela extensa literatura da Cabala prática que sobreviveu. Na prática concreta, além do mais, a fronteira entre a magia física e a "magia" puramente interior da combinação das letras e das *kavanot* nem sempre foi clara e podia ser cruzada facilmente em qualquer direção. Muitos dos primeiros pesquisadores eruditos da Cabala não distinguiam claramente entre os dois conceitos e frequentemente usavam o termo "Cabala prática" para se referir à escola luriânica em oposição a Cordovero e ao Zohar. A origem dessa confusão talvez remonte a Picco della Mirandola, cujo uso do termo é altamente ambíguo e contraditório. Ele considerava a Cabala de Abulafia como pertencente à variedade "prática". O próprio Abulafia, contudo, era bastante consciente da distinção e em muitos de seus livros atacou ferozmente os "mestres dos nomes" (*ba'alei shemot*) que se degradavam com práticas mágicas. O autor anônimo de um texto um dia atribuído a Maimônides (*Meguilat Setarim*, publicado em *Chemdah Guenuzah*, 1 [1856], p. 45-52), que pertencia por sua vez à escola abulafiana, diferencia entre três tipos de Cabala, "Cabala rabínica", "Cabala profética" e "Cabala prática". Esta última é identificada com a teurgia, o uso mágico dos Nomes Sagrados, o que está longe de ser a mesma coisa que a meditação sobre esses nomes. Antes de o termo "Cabala prática" começar a ser usado, o conceito era expresso em hebraico pela expressão *chochmat ha-shimush*, que era uma tradução do termo técnico grego (*práxis*) usado para denotar a atividade mágica. Os cabalistas espanhóis fizeram uma clara distinção entre tradições que lhes chegaram a partir dos "mestres da doutrina das *Sefirot*" (*ba'alei ha-sefirot*) e aquelas derivadas dos mágicos ou "mestres dos nomes". Também eram conhecidas deles certas práticas mágicas que eram referidas como "grande teurgia" (*shimusha raba*) e "pequena teurgia" (*Shimusha zuta*; ver *Tarbiz*, 16 [1945], p. 196-209). Diferentemente de Abulafia, no entanto, Gikatilla, Isaac ha-Kohen e Moisés de Leon todos mencionam esses "mestres do nome" e suas exposições sem censurá-los. Do século XV em diante, a divisão semântica em Cabala "especulativa" e "prática" se tornou predominante, embora não necessariamente em detrimento da última. No geral, contudo, resumos genéricos da doutrina cabalista raramente se referiam a seu lado "prático", exceto incidentalmente, como na angelologia de Cordovero, *Derishot be-Inianei ha-Mal'achim* (no final da obra de R. Margaliot, *Malachei Elion*, 1945).

Historicamente falando, uma grande parte dos conteúdos da Cabala prática antecede consideravelmente os da Cabala especulativa e não depende deles. Na verdade, o que veio a ser considerado Cabala prática constituía um aglomerado de todas as práticas mágicas que se desenvolveram no judaísmo desde o período talmúdico e através da Idade Média. A doutrina das *Sefirot* praticamente nunca desempenhou um papel decisivo nessas práticas, apesar de tentativas ocasionais do século XIII em diante de integrar as duas. A parte principal desse material mágico que foi preservado encontra-se nos escritos dos chassídicos asquenazes, que, em sua maioria, foram expurgados de influências teológicas do cabalismo, tanto nos textos especificamente sobre o assunto, como a obra de Eleazer de Worms, *Sefer ha-Shem*, como nas antologias coligidas. A maioria das obras teúrgicas e mágicas anteriores, como o *Charba de-Moshe* ou o *Sefer ha-Razim*, acabariam sendo assimiladas pela Cabala prática. Diversas ideias e práticas associadas ao conceito de *golem* também assumiram lugar na Cabala prática através de uma combinação de aspectos extraídos do *Sefer Ietsirah* e de uma série de tradições mágicas. As linhas ostensivas traçadas pelos cabalistas para estabelecer os limites da magia permissível foram frequentemente atravessadas e obscurecidas, com a consequente aparição na Cabala prática de um bocado de magia malévola – isto é, a magia que pretendia causar dano a outrem ou que empregava "os nomes profanos" (*shemot ha-tum'ah*, Sanhedrin 91a) de diversos poderes obscuros, demoníacos, bem como a magia usada para ganhos pessoais. A desaprovação declarada da Cabala prática pela maioria dos cabalistas, a ponto de não ser mais simplesmente uma formalidade vazia, referia-se na maioria dos casos a uma reação a esse tipo de práticas. Essa magia malévola abarcava um vasto domínio de demonologia e diversas formas de feitiçaria que tinham o intuito de romper a ordem natural das coisas e criar conexões ilícitas entre coisas que deviam ficar separadas. As atividades desse tipo eram consideradas uma rebelião do homem contra Deus e uma tentativa arrogante de se colocar no lugar de Deus. Segundo o Zohar (1: 36b), a fonte dessas práticas eram "as folhas da Árvore do Conhecimento", e elas existiam entre os homens desde a expulsão do Jardim do Éden. Segundo essa opinião, continuou a existir a antiga tradição, encontrada pela primeira vez no Livro de Enoque, de que os anjos rebeldes que haviam caído do céu eram os instrutores originais das artes mágicas para a humanidade. Até hoje, o Zohar relata (3: 208a, 212a-b), a viagem dos feiticeiros até "as montanhas das trevas", morada dos anjos rebeldes Aza e Azael, para estudar sob orientação deles (uma versão judaica da ideia do final do medievo do "Sabá" das bruxas e feiticeiras). O arquétipo bíblico do feiticeiro é Balaam. Essa magia malévola é chamada na Cabala de "ciência apócrifa" (*chochmah chitsonah*) ou "a ciência dos orientais" (*Chochmat benei kedem*, com base em I Reis 5:10), e embora seja permitido um conhecimento teórico sobre ela – diversos livros cabalísticos tratam dela exaustivamente – sua prática é estritamente proibida. O feiticeiro extrai o espírito de impureza das *klipot* e mistura o limpo e o sujo. No *Tikunei Zohar*, a manipulação dessas forças é considerada justificável sob certas circunstâncias, na medida em que o *sitra achra* deve ser combatido com suas próprias armas.

A oposição dos cabalistas especulativos à magia malévola foi incapaz de impedir uma aglomeração de todos os tipos de prescrições mágicas na literatura da Cabala prática. Muitas vezes a prática de magia branca dos amuletos e talismãs de proteção pode ser encontrada lado a lado com a invocação de demônios, os encantamentos, as fórmulas para ganhos privados (por exemplo, atalhos mágicos, descoberta de tesouros escondidos, imunidade diante dos inimigos etc.) e até mesmo a magia sexual e a necromancia. O caráter internacional da tradição mágica é evidente nessas antologias, nas quais muitos elementos originalmente não judaicos entraram, como a demonologia árabe e a feitiçaria germânica e eslava. Foi essa mistura indiscriminada a responsável pela imagem um tanto grosseira da Cabala prática que existiu no imaginário popular dos judeus e que acabou chegando também ao mundo cristão, onde a distinção teórica cabalista entre práticas mágicas proibidas e permitidas foi, evidentemente, totalmente ignorada. A concepção medieval disseminada do judeu como um poderoso feiticeiro foi também alimentada em grande medida pelas fontes da Cabala prática que ensejaram essa confusão. Desde o período geônico, o título *ba'al shem* ou "mestre do nome" significava um mestre da Cabala prática que era especialista em produzir amuletos para diversos propósitos, invocando anjos ou demônios e exorcizando espíritos malignos que se apossassem de um corpo humano. No geral, essas figuras eram claramente identificadas com a magia branca no imaginário popular, em oposição aos feiticeiros, às bruxas e aos magos.

Entre as primeiras obras cabalistas especialmente ricas em materiais extraídos da Cabala prática estão o Zohar, os escritos de José b. Shalom Ashkenazi e de Menachem Tsioni, e o *Berit Menuchah*, enquanto no período pós-luriânico o *Emek ha-Melech* é extraordinário nesse sentido. As orações mágicas atribuídas a alguns dos principais *tannaim* e *amoraim* já haviam sido compostas muito antes do desenvolvimento da Cabala especulativa e, na verdade, o material mágico preservado em fontes como o *Sefer ha-Razim* e obras posteriores do período gueônico contêm muitas similaridades com papiros mágicos gregos descobertos no Egito. Contemporâneas dessas fontes são diversas versões mágicas da oração *shmoneh esreh*, como o *Tefilat Eliahu* (Manuscrito de Cambridge 505), que já era conhecido por Isaac, o Cego, ou a versão de maldizer da mesma oração, citada a partir dos arquivos de Menachem Recanati no manuscrito completo do *Shosham Sodot*. Quase todas essas composições foram preservadas apenas em manuscritos, exceto pelos empréstimos ocasionais em antologias mais populares. Entre os mais importantes manuscritos conhecidos da Cabala prática, com sua característica mistura de elementos, estão os Manuscritos Sassoon 290;[17] Museu Britânico 752; Cincinnati 35; e Shocken 102. A literatura desse tipo foi extremamente disseminada, contudo, e centenas de manuscritos adicionais também existem. Também são dignas de nota as obras anônimas *Sefer ha-Cheshek*[18] e *Shulchan ha-Sechel* (no Manuscrito Sassoon), e a obra de José ibn Zayyah, *She'erit Iossef* (1549, anteriormente na Biblioteca Judaica de Viena). Em nenhum desses livros, no entanto, há qualquer tentativa séria de uma exposição sistemática do assunto. Em muitas antologias populares, que tiveram ampla circulação, tanto a Cabala prática quanto a medicina popular apareciam combinadas.

Outras obras de destaque da Cabala prática incluem os livros de Joel Ba'al Shem, *Toledot Adam* (1720) e *Mif'alot Elohim* (1727); *Derech ha-Iashar* (Cracóvia, 1646); de Zevi Chotsh, *Derek Iesharah* (Fuerth, 1697); *Ta'alumot Chochmah* (Veneza, 1667); de Zechariah Plongian, *Sefer ha-Zechirah* (Hamburgo, 1709); de Abrahão Hammawi, as antologias *He'ah Nafshenu* (1870), *Davek me-Ah* (1874), *Abi'ah Chidot* (1877), *Lidrosh Elohim* (1879), e *Nifla'im Ma'asecha* (1881); e de Chaim Palache, *Refu'ah ve-Chaim* (1874). Uma boa quantidade de material valioso do domínio da Cabala prática pode ser encontrada em *Mitteilungen der Gesellschaft für jüdische Volkskunde* (1898-1929), e em *Jahrebücher für jüdische Volkskunde*, 1-2 (1923-24). Chaim Vital também compilou uma antologia de Cabala prática misturada com material alquímico (Manuscrito da Coleção Musayof, Jerusalém). Seu filho Samuel compôs um léxico alfabético da Cabala prática chamado *Ta'alumot Chochmah* que se perdeu. O abrangente léxico de Moisés Zacuto, *Shorshei ha-Shemot*, por outro lado, foi preservado em muitas cópias manuscritas (excertos das quais foram publicados em francês por M. Schwab, 1899). Existem provas claras de diversos livros sobre o assunto da Cabala prática escritos por destacados cabalistas, mas esses livros não foram preservados. Entre os grandes mestres da Cabala prática aos olhos da própria tradição cabalista havia figuras como Judá he-Chassid, José Gikatilla, Isaac de Acre, José della Reina, Samson de Ostropol, e Joel Ba'al Shem Tov.

Também pertencem ao domínio da Cabala prática as muitas tradições a respeito da existência de um alfabeto arcangélico especial, o primeiro dos quais foi "o alfabeto de Metatron". Outros desses alfabetos de *kolmossin* ("penas [angelicais]") foram atribuídos a Miguel, Gabriel, Rafael etc. Diversos desses alfabetos que chegaram até nós parecem a escrita cuneiforme, enquanto outros derivam claramente de escritas hebraicas ou samaritanas anteriores. Na literatura cabalista, elas são conhecidas como "escrita de olho" (*ketav einaim*), porque as letras são sempre compostas de linhas e pequenos círculos que parecem olhos. Sob circunstâncias excepcionais, como na escrita do Tetragrammaton ou dos Nomes Divinos Shadai e Elohim, esses alfabetos eram ocasionalmente usados até mesmo em textos escritos em caracteres hebraicos comuns. Essas letras mágicas, que eram principalmente usadas em amuletos, são descendentes dos caracteres mágicos encontrados no grego e no aramaico teúrgicos dos primeiros séculos da era cristã. Com toda probabilidade, seus originadores imitaram a escrita cuneiforme, que ainda podia ser vista em seus meios, mas que havia se tornado indecifrável e havia, portanto, assumido propriedades mágicas a seus olhos.

O conhecido livro medieval Clavícula de Salomão (Clavicula Salomonis), não era originalmente judaico, longe disso, e só no século XVII uma edição hebraica foi trazida a lume, com uma miscelânea de elementos judaicos, cristãos e árabes, na qual o componente cabalístico era praticamente nulo. Nesse sentido, *O livro da Sagrada Magia de Abra-Melin* (Londres, 1898), que se propunha ser uma tradução inglesa de um livro hebraico escrito no século XV por um certo "Abrahão, o Judeu de Worms", e foi amplamente considerado nos círculos ocultistas europeus modernos um texto clássico de Cabala prática, na verdade não foi escrito por um judeu, embora seu autor anônimo do século XVI tivesse um extraordinário domínio do hebraico. O livro foi escrito originalmente em alemão e o manuscrito hebraico encontrado em Oxford (Neubauer 2051) é simplesmente uma tradução ruim. Na verdade, o livro circulou em várias edições em diversas línguas. Essa obra demonstra a influência parcial de ideias judaicas, mas não possui nenhum paralelo estrito na literatura cabalista.

A relação da Cabala com as outras "ciências ocultas" como a astrologia, a alquimia, a fisiognomonia e quiromancia era tênue. A astrologia e alquimia desempenham no máximo um papel marginal no pensamento cabalista. Ao mesmo tempo, a Cabala prática manifestou um interesse na indução mágica dos poderes pneumáticos das estrelas através da ação de talismãs específicos. O uso desses talismãs astrológicos, que claramente derivavam de fontes árabes e latinas, é encontrado no *Sefer ha-Levanah* (Londres, 1912), citado por Nachmanides. Outro texto de magia astrológica é a tradução hebraica do *Picatrix, Tachlit he-Chacham* (original árabe e tradução alemã, 1933 e 1962). Esse gênero de livro mágico também é referido no Zohar (1: 99b), e diversos tratados sobre o assunto foram preservados nos manuscritos da Cabala prática. Uma série de obras cabalistas que tratavam da preparação de círculos mágicos combinam motivos astrológicos com outros extraídos da "ciência da combinação". Um livro dessa mesma linha, que supostamente teria sido revelado divinamente foi preservado no Manuscrito Sassoon 290. O *Sefer ha-Tamar*, que foi atribuído a Abu Aflah Siracusa (edição de G. Scholem, 1927), foi preservado nos círculos da Cabala prática, mas não derivou deles, pois sua fonte é principalmente a magia astrológica árabe. De maneira curiosa, as atitudes cabalistas em relação à magia astrológica foram altamente ambivalentes, e alguns dos principais cabalistas, como Cordovero, na verdade a aprovavam.

A alquimia também teve relativamente pouca influência sobre a Cabala. Na verdade, havia uma divergência simbólica básica entre as duas desde o início, pois enquanto o alquimista considerava o ouro o símbolo da perfeição, para o cabalista o ouro, que simbolizava *Din*, tinha um lugar inferior ao da prata, que simbolizava *Chessed*. Não obstante, foram feitos esforços para harmonizar os dois sistemas e as alusões a isso já podem ser encontradas no Zohar. José Taitazak, que vivia na época da expulsão da Espanha, afirmou a identidade da alquimia com o divino conhecimento da Cabala.[19] Na Itália do século XVII, um texto alquímico cabalista chamado *Esh Metsaref* foi composto em hebraico, mas o original se perdeu; grandes trechos foram conservados em latim, traduzidos na obra de Knorr von Rosenroth, *Kabbalah Denudata*, volume 1 (reunido em inglês por Robert Kelum, *A Short Enquiry Concerning the Hermetick Art*, Londres, 1714, e na nova edição de 1894). Chaim Vital passou dois anos de sua juventude estudando exclusivamente alquimia e compôs um livro sobre práticas alquímicas do qual se arrependeu na velhice. Não se conhece nenhuma versão cabalista de fisiognomonia, mas existem diversas abordagens de quiromancia (ver p. 401), especialmente no Zohar e na tradição da escola luriânica. Alguns cabalistas acreditavam que as linhas da mão e a testa continham indícios das reencarnações anteriores da pessoa.

O exercício da Cabala prática levantou certos problemas a respeito dos fenômenos ocultos (ver seção anterior). Uma série desses problemas podem ser agrupados sob a categoria de *guilui einaim*, por meio dos quais o homem pode receber uma visão de algo que, em termos gerais, apenas raros místicos tinham permissão de ver. Essas visões incluíam vislumbres do "éter safírico" (*ha-avir ha-sapiri*) que cerca todos os homens e no qual seus movimentos ficam registrados, "o livro no qual todos os feitos são expressamente escritos" (especialmente nas obras de Menachem Azariah Fano). O conceito de *tselem* era frequentemente associado a esse éter, segundo fontes luriânicas, assim como a "escrita de olhos" angélica (mencionada acima) e as letras invisíveis que expressavam a natureza secreta dos pensamentos e das ações de cada pessoa, que pairavam sobre a cabeça da pessoa e podiam ser percebidas pelos iniciados. Às vezes, especialmente durante a execução de certos mandamentos, como a circuncisão, o iniciado podia também receber uma visão do Tetragrammaton na forma de letras ígneas que "apareciam e desapareciam em um piscar de olhos". Um *mohel* que também fosse cabalista podia dizer pelo matiz do fogo a sorte de uma criança recém-nascida (*Emek ha-Melech*, 175b). A *agadah* sobre os raios de luz que brilhavam da testa de Moisés (Midrash Ex. R. 47) amparava a noção cabalista de um halo especial sobre a cabeça de todo homem virtuoso (*Sefer Chassidim*, par. 370). Essa crença passou a ser difundida, embora o halo fosse considerado aparente apenas brevemente antes da morte do *tsadik*. As visões dos anjos eram explicadas de maneira similar: a forma do anjo ficava impressa em um éter invisível que não era o mesmo ar comum e podia ser vista por alguns poucos eleitos, não por serem profetas, mas porque Deus abrira seus olhos como recompensa por haverem purificado seus corpos físicos (Cordovero em seu *Derushei Mal'achim*). Feiticeiros que viam demônios constituíam um fenômeno análogo. A escrita automática é mencionada em diversas fontes. Assim, José b. Todros Abulafia, por exemplo, compôs um tratado cabalista sob influência da "escrita do nome" (*Kerem Chemed*, 8, 105). Esses "nomes" que facilitavam o processo da escrita são referidos em uma série de manuscritos da Cabala prática. Ao descrever a "revelação" que lhe foi oferecida, José Taitazak fala do "místico segredo de escrever sem as mãos". A antologia *Shoshan Sodot* (Manuscrito de Oxford, par. 147) menciona a prática da escrita automática, "fazendo marcações [*chakikah*] com a pena", como um método de responder perguntas incômodas ou difíceis. Uma série de outros fenômenos espiritualistas, tanto espontâneos como deliberadamente induzidos, também são mencionados em diversas fontes, entre eles a "mesa levitadora", que se difundiu particularmente na Alemanha a partir do século XVI. Segundo o relato de uma testemunha ocular, a cerimônia era acompanhada pela récita dos Nomes Divinos extraídos da Cabala prática e do canto de salmos e hinos (Wagenseil, *Sota*, 1674, p. 530). Um conhecido de Wagenseil contou (*ibid.*, 1196) ter visto alguns estudantes da *ieshivah* de Würzenburg que haviam estudado em Fürth erguerem uma dessas mesas recorrendo aos Nomes Divinos. Foram preservadas instruções específicas para a levitação de mesas em uma série de manuscritos cabalistas (por exemplo, o Manuscrito de Jerusalém 1070, 8°, p. 220). O uso de varetas divinatórias também é conhecido nessa literatura, a partir do século XV.[20]

Certos nomes mágicos ou *shemot* eram prescritos para certas atividades especiais. O *shem ha-garsi* era invocado no estudo do Talmud ou qualquer outro texto rabínico (*guirssa*); o *shem ha-doresh* era invocado pelo sacerdote (*darsham*).

Havia um "nome da espada" (shem ha-cherev), um "nome de Ogdoad" (shem ha-sheminiyut) e um "nome da asa" (shem ha-kanaf). Algumas dessas invocações foram tomadas de fontes não judaicas, como, por exemplo, o nome "Parakletos Jesus b. Pandera" que era recomendado por um pregador para uso na sinagoga (Bibl. Hebr., 6 1863), 121; G. Sholem, Kitvei Yad be-Kabbalah (1930), 63).

4
AS INFLUÊNCIAS MAIS AMPLAS DA CABALA E SUA PESQUISA

A INFLUÊNCIA DA CABALA NO JUDAÍSMO

Embora tenha sido avaliada diferentemente por diferentes observadores, a influência da Cabala foi grande, pois foi uma das forças mais poderosas que já afetaram o desenvolvimento interno do judaísmo, tanto horizontalmente, quanto em profundidade. Os historiadores judeus do século XIX, embora concedendo à Cabala um papel significativo, consideraram esse papel extraordinariamente danoso e até mesmo catastrófico, mas a avaliação da historiografia judaica do século XX foi mais positiva, sem dúvida devido em parte a profundas transformações do percurso da própria história judaica desde os primórdios da retomada do sionismo. Em décadas recentes, tem havido uma nova disposição em reconhecer a riqueza do simbolismo e do imaginário cabalísticos aportados à vida judaica, além de um reconhecimento do papel colaborador da Cabala no fortalecimento da vida interior dos judeus coletivamente e do indivíduo judeu. A revalorização se fez sentir especialmente nas duas últimas gerações, tanto na literatura quanto nos estudos históricos. Na verdade, algumas vezes, ela assumiu proporções de panegírico, como nas obras de S. A. Horodezky, que pouco fez para promover uma discussão frutífera dos motivos religiosos que encontraram expressão na Cabala com resultados que, em última instância, foram algumas vezes problemáticos.

Como foi indicado no início desta exposição, a Cabala representou uma tentativa teológica, aberta apenas a alguns poucos associados, cujo objetivo era encontrar espaço para uma visão de mundo essencialmente mística no interior da estrutura do judaísmo tradicional e sem alterar os princípios fundamentais e as normas comportamentais deste último. Em que medida essa tentativa foi bem-sucedida, se é que o foi algum dia, permanece uma questão aberta ao debate, mas não pode haver dúvida de que ela alcançou um resultado muito importante, a saber, o de que, durante um período de trezentos anos, grosso modo de 1500 a 1800 (na estimativa mais conservadora), a Cabala foi amplamente considerada *a* verdadeira teologia judaica, comparada com a qual todas as outras abordagens seriam capazes de, no máximo, levar uma existência isolada e atenuada. Ao longo desse período, praticamente não se tem notícia de nenhum ataque aberto e polêmico contra a Cabala e, curiosamente, quando um ataque assim ocorria, era quase sempre disfarçado de crítica a um cabalista mais recente por ter interpretado equivocadamente, corporificando, a filosofia pura de seus predecessores, mais do que uma crítica aberta à Cabala em si. Exemplos dessa tática, ditada pela necessidade, podem ser encontrados na polêmica anônima escrita em Posen em meados do século XVI[21] e nos poemas anticabalísticos de Jacob Frances de Mântua, de meados do século XVII. Quando Mordecai Corcos, por outro lado, quis publicar um livro abertamente contrário à Cabala em si, em Veneza, em 1672, ele foi impedido de fazê-lo pelas autoridades rabínicas italianas.

Na área da *halachah*, que determinou a estrutura da vida judaica de acordo com as leis da Torah, a influência da Cabala foi limitada ainda que não irrelevante. Desde o século XIII, teve início uma tendência a interpretar a *halachah* em termos cabalísticos, sem efetivamente buscar influir com isso sobre as regras ou discussões haláchicas. Em geral essas interpretações cabalísticas tocavam nos motivos místicos dos mandamentos. Às vezes, havia uma inegável tensão entre os cabalistas e os halachistas estritos, que em alguns casos se expressava em parte em manifestações cabalísticas fundadas tanto no sentimento de superioridade natural, que, justificado ou não, é frequentemente encontrado em místicos e espiritualistas (como no caso de Abrahão Abulafia), quanto na ausência de uma certa intensidade religiosa, que os cabalistas acreditavam caracterizar o perfil de alguns dos principais halachistas. Os ataques ao legalismo curto e grosso que pode ser encontrado na obra de Bahia ibn Paquda, *Hovot ha-Levavot* e no *Sefer Chassidim* claramente refletem uma atitude que não existia apenas na imaginação dos místicos e foi responsável pelos polêmicos ataques ferozes dos autores do *Ra'aia Meheimna* e do *Sefer ha-Peli'ah* contra os "talmudistas", isto é, os halachistas. Ditos espirituosos dirigidos contra esses eruditos, como a leitura irônica da palavra *hamor* ("asno") como acrônimo da expressão *chacham mufla ve-rav rabanan* ("grande erudito e rabino dos rabinos"; ver de Judá b. Barzilai, *Sefer Ietsirah*, 161), têm seus ecos no *Ra'aia Meheimna* (3: 275b), cujo autor não evita expressões pejorativas como *chamor de-matnitin* ("asno mishnaico"), e na homilia mística 1: 27b, na passagem pertencente ao *Tikunei Zohar* que se refere à Mishnah com um duplo sentido como "a sepultura de Moisés". Outros discursos semelhantes, como a exegese (*ibid.*) relacionando o versículo de Êxodo 1:14, "Assim que lhes fizeram amargar a vida com dura servidão", com estudos talmúdicos, ou as irritadas descrições de eruditos rabínicos no *Sefer ha-Peli'ah*, revelam um bocado de ressentimento. Por outro lado, não há base histórica para a imagem construída por Graetz de uma campanha abertamente antitalmúdica feita pelos cabalistas, que, na realidade, insistiam em seus próprios escritos em uma observância escrupulosa da lei haláchica, ainda que de uma perspectiva mística. Ao mesmo tempo, no entanto, tendências verdadeiramente antonomianas poderiam facilmente brotar a partir da Cabala quando esta juntou forças com o messianismo, tal como aconteceu no caso do movimento sabateano.

Uma tendência a efetivamente decidir questões haláchicas controversas tratando-as de acordo com princípios cabalísticos aparece pela primeira vez em meados do século XIV, no *Sefer ha-Peli'ah* e especialmente em discussões dos mandamentos no *Sefer ha-Kanah*. Datando do mesmo período ou pouco depois, há uma série de responsas rabínicas de espírito similar que foram atribuídas a José Gikatilla (publicadas pela primeira vez no *Festschrift* por Jacob Freimann [1937], p. 163-70). Todavia, essa escola de pensamento permaneceu minoritária, e a maioria dos cabalistas, na medida em que eram também grandes autoridades na *halachah*, como David b. Zimra, José Caro, Salomão Luria, Mordecai Yaffe e Chaim José David Azulai, deliberadamente evitaram adotar posições haláchicas que entrassem em conflito com a lei talmúdica. A regra aceita entre eles era que as decisões só seriam tomadas com base no Zohar quando não fosse encontrada nenhuma orientação talmúdica clara (*Beit Iossef le-Orah Chaim*, par. 14). A própria questão em si sobre a regra haláchica poder ser adotada com base no Zohar ou em outros textos cabalísticos levou a considerável controvérsia. Um cabalista não menos consumado como David b. Zimra declarou que, além do Zohar, era proibido citar uma obra cabalista em oposição sequer a uma única autoridade haláchica. Uma opinião diferente foi expressa por Benjamin Aaron Selnik, discípulo de Moisés Isserles, em seu volume de responsas, *Mas'at Biniamin* (1633): "Se todos os autores [haláchicos] desde o encerramento do Talmud fossem colocados em um dos pratos da balança, e o autor do Zohar no outro prato, este pesaria mais do que todos aqueles". As leis e as regras que poderiam ser recolhidas do Zohar foram coligidas por Isaachar Baer b. Pethahiah de Kremnitz em seu *Iesh Sachar* (Praga, 1609). José Salomão Delmedigo (1629) reuniu uma grande quantidade de material a respeito das atitudes das autoridades haláchicas diante de diversas inovações cabalísticas (*Matsref le-Chochmah* [1865], p. 66-82). O tremendo crescimento de novos costumes influenciados pela Cabala luriânica levou uma série de cabalistas a buscar elevar o próprio Isaac Luria a um estatuto de autoridade haláchica. Até mesmo Chaim José David Azulai, que geralmente acatava a autoridade das opiniões haláchicas de Joseph Caro, escreveu que as interpretações de Isaac Luria da *halachah* tinham precedência sobre o *Shulchan Aruch* de Caro (*Shiurei Berachah* sobre *Orah Chaim*). A tendência de se referir a fontes cabalísticas em discussões haláchicas foi muito mais proeminente no período pós-luriânico entre os sefaraditas do que entre os asquenazes. A influência da Cabala foi particularmente sentida em associação com a observância das orações, do Shabat, e dos dias santos e foi muito menos pronunciada em assuntos puramente legais. Era uma prática comum comentar os pontos haláchicos delicados a partir de uma perspectiva cabalista sem efetivamente reivindicar para esta uma autoridade haláchica. Exemplos extraordinários disso são o *Mekor Chaim* (1878-79) de Chaim ha-Kohen de Alepo, discípulo de Chaim Vital, e a obra de Jacob Chaim b. Isaac Baruch de Bagdá, *Kaf ha-Chaim* (1912-29), uma volumosa compilação de todos os assuntos cabalísticos associada ao *Orah Chaim* do *Shulchan Aruch*.

No domínio da *agadah*, a Cabala era irrestrita, e muitos cabalistas fizeram uso dessa oportunidade não apenas para compor interpretações ousadas das primeiras *agadot* do Midrash, em que viam a chave para muitas de suas doutrinas místicas, mas também para criar um rico novo conjunto de lendas agádicas de forte caráter mítico. Em geral, eles ficariam muito mais à vontade na expressão agádica do que na exposição sistemática, e é a essa "cabalização" da *agadah* que boa parte da enorme atração do Zohar deve ser creditada. Quanto ao material agádico novo criado pelos próprios cabalistas, consistia em grande medida de uma dramatização mística do *epos* da criação e da interação entre os mundos superiores e inferiores nas vidas dos heróis bíblicos. Estes são retratados em ação diante de um contexto cósmico mais amplo, extraindo sustento de poderes superiores e afetando esses poderes com seus feitos. A clássica antologia de quase 500 anos da *agadah* cabalística é a obra de Reuben Hoeshke de Praga, *Ialkut Re'uveni*, cuja primeira edição (Praga, 1660) foi organizada por tópicos, enquanto a segunda versão aumentada (Wilmersdorf, 1681), modelada a partir da antiga antologia midráshica, *Ialkut Shimoni*, foi editada como um comentário sobre a Torah. Outra abrangente coletânea de *agadot* exotéricas e esotéricas sobre o período da primeira semana da criação até o pecado de Adão é a obra de Nahum Breiner, *Ialkut Nachmani* (1937).

A principal influência da Cabala sobre a vida judaica deve ser buscada nas três áreas da oração, do costume e da ética. Aqui a Cabala teve praticamente liberdade total para exercer sua influência, que se expressou na criação de um amplo conjunto de literatura direcionada a cada lar judaico. De meados do século XVII em diante, os motivos cabalistas entraram nos livros de orações diárias e inspiraram liturgias especiais destinadas a uma série de ocasiões e rituais específicos, muitos dos quais eram essencialmente invenções cabalísticas. Esse desenvolvimento começou na Itália com livros de Aaron Berechiah Modena e Moisés Zacuto, e sobretudo, com a aparição da obra de Nathan Hannover, *Sha'arei Tsion* (Praga, 1662), uma das mais influentes e disseminadas obras cabalistas de todos os tempos. Neste volume de doutrinas luriânicas sobre a missão do homem na terra, sua conexão com os poderes dos mundos superiores, as transmigrações da alma do homem e sua luta para realizar o *tikun* estavam entremeadas nas orações, que podiam ser apreciadas e entendidas por todos, ou pelo menos podiam despertar a imaginação e as emoções de qualquer um. Essas liturgias alcançaram os recantos mais remotos da Diáspora e continuaram populares entre judeus em países muçulmanos muito depois de serem extraídas dos livros de orações pelas comunidades judaicas da Europa Central em consequência do declínio da Cabala nessas comunidades no século XIX. Antologias abrangentes de orações altamente emotivas compostas sob inspiração cabalista foram publicadas principalmente em Livorno, Veneza, Constantinopla e Tessalônica. Especialmente importantes nesse domínio foram as atividades de Judá Samuel Ashkenazi, Abrahão Anakawa e, sobretudo, Abrahão Hammawi, que publicou uma série desses livros em Livorno para os judeus do Norte da África (*Bet Oved, Bet El, Bet ha-Kaporet, Bet ha- Bechirot, Bet Av, Bet Din, Bet ha-Sho'evah, Bet Menuchah*). A antologia litúrgica *Otsar ha-Tefilot* (1914) reflete as últimas influências cabalistas remanescentes nas orações dos judeus do Leste Europeu.

Os costumes populares e a fé popular também foram altamente afetados pela disseminação da Cabala. Muitos conceitos cabalísticos foram absorvidos no nível da crença popular, como a doutrina do pecado original do homem como causa de uma ruptura nos mundos superiores, a crença na transmigração das almas, os ensinamentos cabalísticos sobre o Messias, ou a demonologia da Cabala posterior. Por toda a Diáspora, a quantidade de costumes populares cujas origens eram cabalistas foi enorme; muitos foram tirados diretamente do Zohar e muitos outros da tradição luriânica, cuja observância foi codificada em meados do século XVII por Jacob Tsemach em seu *Shulchan Aruch ha-Ari* (circa 1660; e a melhor edição, Jerusalém, 1961) e no *Naguid u-Metsaveh* (1712). Um guia mais recente dos costumes luriânicos foi a compilação *Ta'amei ha-Minhagim* (1911-12). Esses costumes viriam em geral a satisfazer quatro funções místicas: o estabelecimento de uma harmonia entre as forças restritivas de *Din* e as forças expansivas de *Rachamim*; realizar ou simbolizar o místico "casamento sagrado" (*ha-zivug ha-kadosh*) entre Deus e Sua *Shechinah*; a redenção da *Shechinah* de seu exílio entre as forças do *sitra achra;* e a proteção de si mesmo contra as forças do *sitra achra* e a batalha para superá-las. A ação humana na terra auxilia ou desperta acontecimentos nos mundos superiores, uma interrelação que tem tanto seu lado simbólico quanto seu lado mágico. Na verdade, nesta concepção da cerimônia religiosa como veículo para a atuação de forças divinas, existia um perigo muito real de transformar na prática uma perspectiva essencialmente mística em uma perspectiva essencialmente mágica. Inegavelmente, os efeitos sociais da Cabala sobre os costumes populares e as cerimônias judaicas foram caracterizados por essa ambivalência. Assim como havia uma tendência a uma maior interioridade religiosa e intuitiva, havia a tendência de longa duração a uma demonização total. O notável crescimento desta última tendência às custas da primeira foi indiscutivelmente um dos fatores que, ao reduzir a Cabala ao nível da superstição popular, em última análise ajudou a eliminá-la como força histórica séria (Ver G. Scholem, *The Cabala and its Symbolism* [1965], p. 118-57).

Entre os costumes cabalísticos que se tornaram particularmente difundidos estava a observância das vigílias da meia-noite pelo exílio da *Shechinah*, o tratamento da véspera da lua nova como "pequeno Dia do Perdão" e a prática de vigílias do entardecer até o amanhecer, dedicadas tanto ao estudo comum como ao estudo místico, nas noites de Pentecostes, Hoshanah Rabah e no sétimo dia do Pessach. Todas essas cerimônias, e as liturgias e os textos que as acompanhavam eram referidas como *tikunim* (isto é, "o *tikun* da meia-noite" pelo exílio da *Shechinah* etc.) Uma atmosfera especial de celebração solene cercava o Shabat, que era totalmente impregnado de ideias cabalistas sobre o papel do homem na unificação dos mundos superiores. Sob o aspecto simbólico do "casamento do Rei e da Rainha", o Shabat foi enriquecido por muitos novos costumes que se originaram em Safed, como o canto do hino místico *Lechah Dodi* e a récita do Cântico dos Cânticos e do Capítulo 31 de Provérbios ("Mulher virtuosa, quem a achará?"), vistos como meditações sobre a *Shechinah* em seu aspecto de noiva mística de Deus. Motivos místicos e demoníacos se tornariam particularmente entrelaçados na área da vida sexual e suas práticas, aos quais toda uma literatura foi dedicada, a começar pelo *Igueret ha-Kodesh,* mais tarde erroneamente atribuído a Nachmanides (ver G. Scholem, *in:* KS 21 [1944], p. 179-86; e Monford Harris, *in:* HUCA 33 [1962], p. 197-220), e que continuou até a obra de Nachman de Bratislava, *Tikun ha-Kelali.* Associados a esses motivos também houve uma série de costumes funerários comuns, como andar em círculos em volta do morto e a proibição da presença do filho no funeral do pai. Ideias similares estavam por trás dos jejuns nos meses de Tevet e Shevat pelo *"tikun dos shovevim",* isto é, da progênie demoníaca das poluções noturnas.

Essa penetração dos costumes e das crenças cabalísticos, que não deixou nenhum aspecto da vida judaica intacto, é especialmente bem documentada em dois livros altamente influentes: de Isaías Horowitz, *Shnei Luchot ha-Berit* (Amsterdã, 1648), que ocupou um lugar particularmente proeminente entre os judeus asquenazes, e a obra anônima *Chemdat Iamim* (Esmirna, 1731), escrita por um sabateano moderado no início do século XVIII. O primeiro livro circulou também antes na Polônia, mas quando seu caráter sabateano passou a ser atacado, sua influência se resumiu praticamente ao mundo sefaradita, onde gerou toda uma literatura de breviários e textos de estudo para ocasiões especiais. Apesar de volumosas, a força expressiva e os ricos conteúdos de ambas converteram essas duas obras em clássicos de seu gênero. Entre os exemplos mais recentes desse tipo de literatura merece menção a obra de Mordecai de Bagdá, *Davar be-Ito* (1862-64). Um costume que se tornou particularmente difundido entre os sefaraditas foi a récita do Zohar em voz alta, sem prestar atenção ao conteúdo, simplesmente por ser "salutar para a alma".

A maioria das obras éticas populares da literatura *mussar*, especialmente as mais proeminentes delas, trazem a marca da influência cabalista desde a década de 1570 até o início do século XIX, e até o final deste último no mundo sefaradita. As obras pioneiras sobre esse assunto foram, de Eliezer Azikri, *Sefer Charedim* (Veneza, 1601), e, de Elias de Vidas, *Reshit Chochmah* (Veneza, 1579), um volume abrangente e exaustivo sobre todos os aspectos éticos da vida judaica que serviam de vínculo entre os motivos agádicos medievais, a literatura *mussar* e o novo mundo da Cabala popular. A literatura homilética da época, boa parte da qual também se dedicava à instrução ética, também continha fortes elementos cabalísticos, que seriam mais reforçados com a difusão de crenças luriânicas. As doutrinas luriânicas do *tikun*, a transmigração das almas e a luta contra o *sitra achra* foram submetidas a tratamentos populares especialmente intensos. Essas obras exortativas, como o *Sha'arei Kedushah* (Constantinopla, 1734), de Chaim Vital, o *Kav ha-Iashar* (Frankfurt, 1705), de Tsevi Hirsch Kaidanover, o *Shevet Musar* (Constantinopla, 1712) de Elias ha-Kohen e muitas outras, até chegar ao *Nefesh ha-Chaim* de Chaim de Volozhin, discípulo do Gaon de Vilna, manifestam seu tributo às fontes cabalistas em cada página. Até mesmo a maior obra-prima desse tipo de literatura ética, de Moisés Chaim Luzzatto, *Mesilat Iesharim* (Amsterdã, 1740), foi basicamente inspirada por uma concepção de educação ética do judeu como um estágio no caminho da comunhão mística com Deus, apesar do uso restrito de citações e símbolos cabalísticos. Outras obras similares de exortação ética compostas na Polônia em meados do século XVIII são altamente carregadas de atitudes e ideias que claramente serviram de prelúdio ao início do chassidismo. Exemplos desses livros são, de Moisés b. Jacob de Satanov, *Mishmeret ha-Chodesh* (Zolkiew, 1746), o *Bet Perez* (Zolkiew, 1759), de Perez b. Moisés, que era um cabalista do *klaus* de Brody, e de Simchah de Zalosicz, *Lev Simchah* e *Neti'ah shel Simchah* (Zolkiew, 1757 e 1763). No século XX, a profunda influência da literatura cabalista *mussar* ainda pode ser sentida nas obras de R. Abrahão Kook. De modo semelhante, em meados do século XIX, encontramos R. Judá Alkalai de Belgrado, um dos primeiros arautos do sionismo, ainda totalmente imerso no mundo ético da Cabala (ver seus escritos reunidos em hebraico, Manuscrito de Jerusalém, 1944).

A CABALA CRISTÃ

Do século XV em diante, em certos círculos cristãos de persuasão mística e teosófica, começou a se desenvolver um movimento com o objetivo de harmonizar doutrinas cabalistas com o cristianismo e, sobretudo, de demonstrar que o verdadeiro significado oculto dos ensinamentos da Cabala apontaria para uma direção cristã. Naturalmente, essas opiniões não tiveram recepção amistosa da parte dos próprios cabalistas, que expressaram puro desdém diante dos equívocos e das distorções da doutrina cabalista de que a Cabala cristã estava cheia; mas esta inegavelmente obteve sucesso em despertar o interesse e o debate em círculos espiritualistas no Ocidente até pelo menos meados do século XVIII. Historicamente, a Cabala cristã se originou de duas fontes. A primeira delas são as especulações cristológicas de uma série de judeus convertidos de que temos notícia a partir do final do século XIII até o período da expulsão da Espanha (G. Scholem, in *Essays Presented to Leo Baeack* [1954], p. 158-93), como Abner de Burgos (Itzchak Baer, *Tarbiz* 27 [1958], p. 152-63), e Paulo de Heredia, que sob pseudônimo escreveu diversos textos da Cabala cristã intitulados *Igueret ha-Sodot* e *Galei Rezaia,* como Judá ha-Nassi e outros *tanaim.* Outro desses tratados publicados por judeus convertidos na Espanha até o final do século XV e escritos com imitações dos estilos da *agadah* e do Zohar, circulou na Itália. Essas composições tiveram pouco efeito sobre espiritualistas cristãos sérios, e seus propósitos clara e tendenciosamente missionários não visavam conquistar leitores. No entanto, um caso inteiramente distinto foi a especulação cristã sobre a Cabala que se desenvolveu a princípio em torno da Academia Platônica patrocinada pelos Medicis em Florença e que procedeu em íntima relação com os novos horizontes abertos pelo Renascimento em geral. Esses círculos florentinos acreditavam haver descoberto na Cabala uma revelação divina original para a humanidade que havia se perdido e agora seria restaurada, com o auxílio da qual era possível não só compreender os ensinamentos de Pitágoras, de Platão e dos órficos, que eles admiravam muito, mas também os segredos da fé católica. O fundador dessa escola cristã de Cabala foi o famoso prodígio florentino Giovanni Pico della Mirandola (1463-94), que teve acesso a um considerável acervo de literatura cabalística traduzida a seu pedido para o latim pelo eruditíssimo judeu convertido Samuel ben Nissim Albufaraj, mais tarde Raymond Moncada, também conhecido como Flavius Mithridates. Pico iniciou seus estudos cabalísticos em 1486 e, quando expôs suas famosas 900 teses para o debate público em Roma, incluiu entre elas 47 proposições tiradas diretamente de fontes cabalísticas, sendo a maioria delas extraídas do comentário de Recanati sobre a Torah, além de 72 proposições que representavam suas próprias conclusões a partir de sua pesquisa cabalística.

As teses, especialmente a ousada afirmação de que "nenhuma ciência é tão capaz de nos convencer da divindade de Jesus Cristo quanto a magia e a Cabala", trouxeram pela primeira vez a Cabala à atenção de muitos cristãos. As autoridades eclesiásticas rejeitaram ferozmente esta e outras proposições de Pico, e seguiu-se o primeiro verdadeiro debate sobre o assunto da Cabala ocorrido na história dos círculos humanistas e clericais. O próprio Pico acreditou que seria capaz de provar os dogmas da Trindade e da Encarnação com base em axiomas cabalísticos. A súbita descoberta de uma tradição judaica esotérica que até então era completamente desconhecida causou sensação no mundo intelectual cristão, e os escritos subsequentes de Pico sobre a Cabala ajudaram a aumentar ainda mais o interesse dos platonistas cristãos pelas fontes recém-descobertas, particularmente na Itália, na Alemanha e na França. Sob influência de Pico, o grande hebraísta cristão Johannes Reuchlin (1455-1522) também adotou o estudo da Cabala e publicou dois livros em latim sobre o assunto, o primeiro jamais escrito por um não judeu, *De Verbo Mirifico* ("Do nome milagroso", 1494), e *De Arte Cabalistica* ("Da Ciência da Cabala", 1517). Os anos entre essas duas datas também testemunharam a aparição de uma série de obras do erudito judeu convertido Paulus Ricius, médico particular do imperador Maximiliano, que adotou as conclusões de Pico e Reuchlin e acrescentou uma síntese original de fontes cabalistas e cristãs. A principal contribuição do próprio Reuchlin foi associar o dogma da Encarnação a uma série de ousadas especulações sobre a doutrina cabalista dos Nomes Divinos de Deus. A história humana, segundo Reuchlin, podia ser dividida em três períodos. No primeiro ou período natural, Deus revelou a Si mesmo aos patriarcas através do nome de três letras Shadai (שדי). No período da Torah, Ele revelou a Si mesmo a Moisés através do nome de quatro letras do Tetragrammaton. Mas, no período da graça e da redenção, Ele revelou a Si mesmo através de cinco letras, a saber, o Tetragrammaton com o acréscimo da letra *shin*, significando o Logos, assim soletrando Iehoshua (יהושה) ou Jesus. No nome de Jesus, que é o verdadeiro Nome Milagroso, o nome até então proibido de Deus agora se tornava pronunciável. No arranjo esquemático de Reuchlin, apoiado na abreviação comum para Jesus nos manuscritos medievais, JHS, crenças judaicas nas três eras do mundo (Caos, Torah, Messias) mesclavam-se à divisão tripartite cristã da escola milenarista de Joaquim de Fiore em um reino do Pai, um reino do Filho e um reino do Espírito Santo.

Os escritos de Pico e de Reuchlin, que colocaram a Cabala no contexto de alguns dos principais desenvolvimentos intelectuais da época, atraíram ampla atenção. Eles levaram, por um lado, a um considerável interesse pela doutrina dos Nomes Divinos e pela Cabala prática e, por outro, a mais tentativas especulativas de se chegar a uma síntese entre motivos cabalistas e teologia cristã. O lugar de honra concedido à Cabala prática no vasto compêndio *De Occulta Philosophia* (1531), de Cornelius Agrippa de Nettesheim, que era um eruditíssimo resumo de todas as ciências ocultas da época, foi em grande medida responsável pela associação equivocada da Cabala no mundo cristão com a numerologia e a bruxaria. Diversos cabalistas cristãos do século XVI fizeram um esforço considerável para dominar as fontes da Cabala mais profundamente, tanto em hebraico quanto em traduções latinas preparadas para eles, ampliando assim o fundamento para suas tentativas de descobrir um terreno comum entre a Cabala e o cristianismo. Dentre essas figuras mais proeminentes estavam o cardeal Egídio de Viterbo (1465-1532), cuja *Shechinah* (edição de F. Secret, 1959) e *Libellus de Litteris Hebraicis* tiveram influência das ideias do Zohar e do *Sefer ha-Temunah*, e o franciscano Francesco Giorgio de Veneza (1460-1541), autor de dois livros longos e na época muito lidos, *De Harmonia Mundi* (1525) e *Problemata* (1536), nos quais a Cabala assumia um lugar central e nos quais foram extensamente utilizados materiais do Zohar pela primeira vez em uma obra cristã. Ele também ofereceu a seus discípulos um elaborado comentário sobre as teses cabalistas de Pico (Manuscrito de Jerusalém), mais tarde plagiado por seu pupilo Archangelo de Burgonovo (em duas partes; 1564 e 1569). A admiração desses autores cristãos pela Cabala despertou uma furiosa reação em alguns setores, que os acusaram de disseminar a visão de que todo cabalista judeu podia se gabar de ser mais cristão que um católico ortodoxo. Um pensador místico mais original que também era mais familiarizado com fontes judaicas foi o famoso francês Guillaume Postel (1510-1581), uma das personalidades mais extraordinárias do Renascimento. Postel traduziu o Zohar e o *Sefer Ietsirah* para o latim antes mesmo que essas obras tivessem sido impressas no original, e fez acompanhar sua tradução de uma longa exposição teosófica de suas próprias opiniões. Em 1584, ele publicou um comentário cabalístico em tradução latina sobre o significado místico da *menorah* e também uma edição posterior em hebraico. Esses autores tinham muitas conexões em círculos judaicos.

Durante esse período, a Cabala cristã se dedicava fundamentalmente ao desenvolvimento de certas ideias religiosas e filosóficas para si mesma, mais do que ao desejo de evangelizar entre os judeus, ainda que esta última atividade fosse muitas vezes enfatizada para justificar uma empreitada que era em geral suspeita aos olhos de muitos. Um dos mais dedicados desses cabalistas cristãos foi Johann Albrecht Widmanstetter (Widmanstadius; 1560-1577), cujo entusiasmo pela Cabala o levou a coligir muitos manuscritos cabalísticos que existem até hoje em Munique. Muitos de seus contemporâneos, contudo, contentaram-se em especular no domínio da Cabala cristã sem nenhum conhecimento em primeira mão das fontes. De fato, ao longo do tempo, o conhecimento das fontes judaicas diminuiu entre cabalistas cristãos e, con-

250

sequentemente, o elemento judaico de seus livros se tornou progressivamente mais tênue, seu lugar sendo ocupado pelas especulações esotéricas cristãs, cujas conexões com motivos judaicos eram remotas. A retomada luriânica em Safed não teve efeito sobre esses círculos. Seu compromisso com o trabalho missionário aumentou, embora o número de judeus convertidos ao cristianismo por razões cabalistas ou daqueles que alegavam retrospectivamente tais razões, permaneceu desproporcionalmente pequeno entre os convertidos em geral. Não existe nenhuma evidência clara nos escritos desses teósofos cristãos que indique se eles acreditavam ou não que os cabalistas judeus fossem no fundo cristãos secretos ou inconscientes. De todo modo, a Cabala cristã ocupou um lugar de honra no século XVI, especialmente na Itália e na França, e no século XVII, quando seu centro se deslocou para a Alemanha e a Inglaterra.

No século XVII, a Cabala cristã recebeu dois grandes impulsos, sendo um deles os escritos filosóficos de Jacob Boehme e o outro, o vasto compêndio cabalista de Christian Knorr von Rosenroth, *Kabbalah Denudata* (1677-84), que pela primeira vez tornou acessível a leitores cristãos interessados, a maioria dos quais sem dúvida tinham inclinações místicas, não apenas seções importantes do Zohar, mas também excertos relevantes da Cabala luriânica. Nessa obra e nos escritos do erudito jesuíta Athanasius Kircher, pela primeira vez, é traçado um paralelo entre a doutrina cabalista do *Adão Kadmon* e o conceito do Jesus como homem primordial na teologia cristã. Essa analogia se expressa particularmente no ensaio intitulado "Adumbratio Kabbalae Christinae", que aparece no final de *Kabbalah Denudata* (tradução francesa, Paris, 1899). Seu autor anônimo era na verdade o conhecido teósofo holandês Franciscus Mercurius van Helmont, cujas obras estão todas permeadas de ideias cabalistas. Foi Van Helmont que serviu de vínculo entre a Cabala e os platonistas de Cambridge, liderados por Henry More e Ralph Cudworth, que fizeram uso de motivos cabalistas para seus próprios propósitos especulativos originais, especialmente More. Um pouco antes, alunos (assim como adversários) de Jacob Boehme haviam descoberto a forte afinidade entre seu sistema teosófico e o da Cabala, embora aparentemente não houvesse nenhuma conexão histórica entre eles. Em certos círculos, particularmente na Alemanha, na Holanda e na Inglaterra, a Cabala cristã adotaria doravante um aspecto boehmiano. Em 1673, foi construído um painel na igreja protestante em Teinach (sul da Alemanha), cujo propósito era apresentar uma espécie de resumo visual dessa escola da Cabala cristã. Diversas interpretações diferentes foram dadas a essa pintura.

Desde o final do século XVI, emergiu uma tendência pronunciada no sentido de permear a Cabala cristã com o simbolismo alquímico, dando assim a ela um caráter estranhamente original em seus estágios finais de desenvolvimento nos séculos XVII e XVIII. Essa mescla de elementos tipifica as obras de Heinrich Khunrat, *Amphitheatrum Sapientiae Aeternae* (1609), Blaise de Vigenère, *Traité du Feu* (1617), Abraham von Frankenberg (1593-1652), Robert Fludd (1574-1637) e Thomas Vaughan (1622-1666), e atinge seu apogeu com a obra de Georg von Welling, *Opus Mago-Cabbalisticum* (1735) e os muitos livros de F. C. Oetinger (1702-1782), cuja influência é discernível nas obras de grandes figuras da filosofia do idealismo alemão como Hegel e Schelling. Ainda em outra forma essa mistura reaparece nos sistemas teosóficos da Maçonaria na segunda metade do século XVIII. Uma fase tardia da Cabala cristã é representada por Martinès de Pasqually (1727-1774) em seu *Traité de la réintégration des êtres*, que teve grande influência nas correntes teosóficas na França. O discípulo do autor era o famoso místico Louis Claude de St. Martin. O próprio Pasqually, durante um período de sua vida, viveu sob a suspeita de ser judeu em segredo, e estudos modernos na verdade estabeleceram que ele era de origem marrana. As fontes de sua ascendência intelectual, contudo, ainda precisam ser esclarecidas. A coroação e a realização final da Cabala cristã foi a obra de Franz Josef Molitor (1799-1861), a abrangente *Philosophie der Geschichte oder Über die Tradition*, que combinava profundas especulações de veio cabalista cristão com pesquisas altamente sugestivas de ideias da própria Cabala. Molitor também continuaria vinculado a uma visão fundamentalmente cristológica da Cabala, cuja evolução histórica ele ignorava totalmente e, no entanto, ao mesmo tempo revelaria uma apreensão da doutrina cabalista e uma intuição do mundo da Cabala muito superior à da maioria dos estudiosos judeus de seu tempo.

ERUDIÇÃO E CABALA

Como foi sugerido acima, os primórdios da pesquisa erudita da Cabala estavam ligados aos interesses da Cabala cristã e a seu zelo missionário.

Uma série de cabalistas cristãos foi levada a estudar a literatura da Cabala em primeira mão, sendo Reuchlin um dos primeiros que recorreu principalmente às obras de Gikatilla e a uma grande coleção dos primeiros escritos cabalísticos conservados no Manuscrito Halberstamm 444 (no Jewish Theological Seminary em Nova York). Embora um número significativo de obras cabalistas tenha sido traduzido em meados do século XVI, apenas algumas dessas traduções, como uma tradução da obra de Gikatilla, *Sha'arei Orah* (1516), haviam sido publicadas, enquanto a maior parte permaneceu em manuscritos que pouco fizeram para estimular outras pesquisas. Além disso, os pressupostos teológicos dos cabalistas cristãos excluíam qualquer tipo de perspectiva histórica, sem falar de perspectivas críticas em relação a si mesmos. Um ponto crucial de inflexão foi a publicação da obra de Knorr von Rosenroth, *Kabbalah Denudata* apesar das muitas traduções errôneas que seriam ainda mais agravadas em retraduções de algumas partes para o inglês e para o francês (ver MGWJ 75 [1932], p. 444-8). A aparição desse livro despertou o interesse de diversos estudiosos que não tinham nenhuma ligação anterior com a Cabala cristã, como Leibniz. Em completa divergência com essas premissas estava o estudo de Johan Georg Wachter das tendências spinozianas no judaísmo, *Der Spinozismus im Jüdenthumb* [sic!] (Amsterdã, 1699), que foi a primeira obra a interpretar a teologia da Cabala de maneira panteísta e a defender que os cabalistas não eram cristãos disfarçados, mas ateus disfarçados. O livro de Wachter teve grande influência nas discussões sobre o assunto ao longo de todo o século XVIII. No início do século XVIII, J. P. Buddeus propôs a teoria de uma íntima conexão entre os primeiros gnósticos e a Cabala em sua *Introdução à História da Filosofia dos Judeus* (em latim, Halle, 1720), que era em grande medida dedicada à Cabala. J. K. Schramm também, em sua *Introdução à Dialética dos Cabalistas* (Braunschweig, 1703), buscou discutir o tema em termos científicos e filosóficos, enquanto G. Sommer, em *Specimen Theologiae Soharicae* (Gotha, 1734) apresentou uma antologia de todas as passagens do Zohar que eram, segundo o autor, próximas da doutrina cristã. Um livro particularmente valioso, embora hoje totalmente esquecido, foi a obra de Hermann von der Hardt, *Aenigmata Judaeorum Religiosissima* (Helmstadt, 1705), que tratava da Cabala prática. J. P. Kleuker publicou um estudo em 1786 no qual defende o caso de uma influência persa decisiva sobre a doutrina cabalista da emanação. Comum a todos esses primeiros estudiosos era a crença de que a Cabala em essência não era judaica, mas antes cristã, grega ou persa.

As pesquisas eruditas da Cabala feitas por judeus também a princípio serviam a um propósito tendencioso, a saber, polemizar contra o que era sentido como uma influência nociva da Cabala na vida judaica. A primeira obra crítica escrita nesse espírito foi o livro altamente influente de Jacob Emden, *Mitpachat Sefarim* (Altona, 1768), que surgiu da disputa de uma vida inteira contra o sabateanismo e pretendia enfraquecer a autoridade do Zohar provando que muitas de suas passagens seriam interpolações posteriores. No século XIX, também a maior parte da erudição judaica a respeito da Cabala continha um caráter principalmente direcionado contra as influências cabalísticas tal como apareciam no chassidismo. A maior parte desses eruditos também considerava que a Cabala teria sido uma presença essencialmente estrangeira na vida judaica. Na época, a bem dizer, a Cabala ainda era uma espécie de filha adotiva no campo da erudição judaica cujas fontes literárias concretas eram lidas apenas por alguns poucos estudiosos. Mesmo dessa perspectiva limitada, contudo, foram feitas importantes contribuições à investigação da Cabala por Samuel David Luzzatto, Adolphe Franck, H. D. Joel, Sachs Senior, Aaron Jellinek, Isaac Meises, Graetz, Ignatz Stern e M. Steinschneider. As obras do único erudito judeu desse período a dedicar estudos aprofundados ao Zohar e a outros importantes textos cabalísticos, Eliakim Milsahagi (Samiler), permaneceriam quase completamente inéditas e acabariam sendo esquecidas e, em grande parte, perdidas. A única coisa que foi preservada de suas obras é a análise do Zohar (Manuscrito de Jerusalém 4º 121) e o *Sefer Raziel*. Obras sobre a Cabala durante o período Haskalah são quase todas praticamente irrelevantes, como os muitos tratados e livros de Salomão Rubin. Os únicos dois estudiosos da época a abordarem a Cabala por uma simpatia fundamental, e até por afinidade com seus ensinamentos, foram o cristão F. J. Molitor em Frankfurt e o judeu Elia Benamozegh em Livorno. Os muitos livros escritos sobre o assunto nos séculos XIX e XX por diversos teósofos e místicos não contêm nenhum conhecimento básico das fontes e muito raramente contribuíram para esse campo, e, por vezes, até atrasaram o desenvolvimento de uma abordagem histórica. De maneira similar, as atividades dos ocultistas franceses e ingleses não contribuíram em nada e serviram apenas para criar uma confusão considerável entre os ensinamentos da Cabala e suas próprias invenções totalmente desconexas com o assunto, como a suposta origem cabalística das cartas do Tarot. A esta categoria suprema do charlatanismo pertencem os livros, muitos e muito lidos, de Éliphas Lévi (na verdade Alphonse Louis Constant; 1810-1875), Papus (Gérard Encausse; 1868-1916) e Frater Perdurabo (Aleister Crowley; 1875-1946), todos donos de conhecimentos ínfimos da Cabala, o que não lhes impediu de recorrer livremente às próprias imaginações. As abrangentes obras de A. E. Waite (*The Holy Kabbalah*, 1929), S. Karppe e P. Vulliaud, por outro lado, eram essencialmente compilações um tanto confusas feitas a partir de fontes de segunda mão.

A abordagem profundamente alterada da história judaica que se seguiu no rastro da retomada sionista e o movimento pelo renascimento nacional levaram, particularmente depois da Primeira Guerra Mundial, a uma renovação no interesse pela Cabala como expressão vital da existência judaica. Uma nova tentativa foi feita de entender, independentemente de todas as posições polêmicas ou apologéticas, a gênese, o desenvolvimento, o papel histórico e a influência social e intelectual da Cabala no contexto total das forças internas e externas que determinaram a forma da história judaica. Os pioneiros dessa nova abordagem foram S. A. Horodezky, Ernst Müller e G. Scholem. Nos anos que se seguiram a 1925, um centro internacional de pesquisas cabalísticas passou a funcionar na Universidade Hebraica de Jerusalém. Entre os mais importantes representantes da escola de crítica histórica que se desenvolveu lá estavam G. Scholem, I. Tishby, E. Gottlieb, J. Dan, Rivka Schatz e J. Ben-Shlomo. Outras contribuições importantes à erudição cabalista também foram dadas, particularmente, por G. Vajda, A. Altmann e François Secret. Com o desenvolvimento de novas perspectivas nos anos recentes, a investigação erudita da Cabala está só agora saindo da infância. Pela frente há um grande espaço para uma expansão frutífera que ainda há de abordar a literatura cabalista em toda sua riqueza e suas muitas implicações em relação à história, ao pensamento e à vida do povo judeu.

BIBLIOGRAFIA

Para as edições de traduções inglesas de obras individuais, ver as seções respectivas.

Bibliografia e Fontes

J. C. Wolf, *Bibliotheca Hebraea*, 2 (1721), 1191-1247; 4 (1733), 734 ff.; Steinschneider, Cat. Bod; idem, *Die hebraeischen Handschriften der k. Hof-und Staatsbibliothek in München* (1897); Neubauer, Cat., 537 ff.; Margoliouth, Cat. 3 (1909), 1-155; G. Scholem, *Bibliographia Kabbalistica* (1927); idem, *Kitvei Iad be-Kabbalah ha-Nimtsa'im be-Bet ha-Sefarim ha-Leummi ve-ha-Universita'i be-Jerushalaim* (1930); Shunami, Bibl., 739-48; C. Knorr von Rosenroth, *Kabbalah Denudata*, 2 vols. (1677-84; trad. ing. de S. L. MacGregor Mathers, 1887, reed. 1962).

Geral

Scholem, Misticismo; idem, *Perakim le-Toledot Sifrut ha-Kabbalah* (1931); idem, *Von der mystischen Gestalt der Gottheit* (1962); idem, *Ursprung und Anfaenge der Kabbala* (1962; *Les Origines de la Kabbale*, 1966); idem, *On the Kabbalah and its Symbolism* (1965); idem, *Über einige Grundbegriffe des Judentums* (1970); idem, *Judaica III, Studien zur jüdischen Mystik* (1973); D. Kahana, *Toledot ha-Mekubalim, ha-Shabbeta'im ve-ha-Chassidim*, 2 vols. (1913); M. D. G. Langer, *Die Erotik der Kabbala* (1923); P. Vulliaud, *La Kabbale juive*, 2 vols. (1923); S. A. Horodezky, *Ha-Mistorin be-Israel*, 3 vols. (1931-52); idem, *Iahadut ha-Sechel ve- Iahadut ha-Regesh*, 2 vols. (1947); idem, *Kivshono shel Olam* (1950); Chaim ben Shelomo Araki (org.), *Emunat ha-Shem* (1937); H. Sérouya, *La Kabbale: ses origines, sa psychologie mystique, sa metaphysique* (1947); L. Schaya, *The Universal Meaning of the Kabbalah* (1970); H. Zeitlin, *Be-Fardes ha-Chassidut ve-ha-Kabalah* (1960); A. Safran, *La Cabale* (1960); G. Fajda, *Recherches sur la philosophie et la Kabbale dans la pensée juive du moyen-âge* (1962); B. Dinur, *Israel ba-Golah*, 2, parte 4 (1969), 275-435; parte 6 (1972), 258-77; I. Weinstock, *Be-Ma'aglei ha-Nigleh ve-ha-Nistar* (1969); I. Tishby, *Netivei Emunah u-Minut* (1964); I. Baeck, *Jewish Mysticism*, in: JJS, 2 (1950), 3-16.

Primórdios

N. I. Weinstein, *Zur Genesis der Agada*, 2 (1901); M. Friedländer, *Die reigiösen Bewegungen innerhalb des Judentums im Zeitalter Jesu* (1905); E. Bischoff, *Babylonisch-astrales in*

Weltbilde des Thalmud und Midrasch (1907); J. Abelson, *Immanence of God in Rabbinical Literature* (1912); W. Schencke, *Die Chokma (Sophia) in der jüdischen Hypostasenspekulation* (1913); B. J. Bamberger, *Fallen Angels* (1952); H. J. Franken, *Mystical Communion with JHWH in the Book of Psalms* (1954); C. F. Montefiore, *Mystic Passages in the Psalms*, *in*: JQR, 1 (1889), 143-61; D. Castelli, *Gli antecedenti della Cabbala nella Bibbia nella letteratura talmudica*, *in*: *Actes du XIIème Congrès des Orientalistes*, 3 (1899), 57-109; G. F. Moore, *Intermediaries in Jewish Theology*, *in*: HTR, 15 (1922), 41-85; J. Hertz, *Mystic Currents in Ancient Israel*, *in*: *Jews at the Close of Bible Age* (1926), 126-56; J. Lindblom, *Die Religion der Propheten und die Mystik*, *in*: ZAW, 57 (1939), 65-74; R. Marcus, *On Biblical Hypostases of Wisdom*, *in*: HUCA, 23 (1950-51), 157-71; I. Efros, *Holiness and Glory in the Bible*, *in*: JQR, 41 (1950-51), 363-77; I. F. Baer, *Le-Berurah shel Torat Acharit ha-Iamim bi-Iemei ha-Bait ha-Sheni*, *in*: Zion, 23-24 (1958-59), 3-34, 141-65.

Esoterismo apocalíptico e Misticismo da Merkavah

M. D. Hoffman, Toledot Elisha ben Avuya (1880); H. Kraus, Begriff und *Form der Hëresie nach Talmud und Midrasch* (1896); A. Jellinek, Elischa ben Abuja-Acher (1891); M. Buttenwiese, *Outline of Neo-Hebraic Apocalyptic Literature* (1901); H. Bietenhard, *Die himmlische Welt im Urchristentum un Spätjuden*tum (1951); J. Maier, *Vom Kultus zur Gnosis* (1964); M.J. Bin-Gorion, *Erech "Acher"*, *in*: Ha-Goren, 8 (1912), 76-83; V. Aptowitzer, *Bet ha-Mikdash shel Ma' alah al Pi ha-Agadah*, *in*: Tarbiz, 2 (1931), 137-85; A. Buechler, *Die Erlösung Elisa b. Abujahs aus dem Hoellenfeuer*, *in*: MGWJ, 76 (1932), 412-56; H. Hirschberg, *Once Again – the Minim*, *in*: JBL, 67 (1948), 305-18; A. Neher, *Le voyage mystique des quatre*, *in*: RHR, 140 (1951), 59-82; J. Strugnell, *The Angelic Liturgy at Qumran 4Q, Serek Sirot 'Olat Hassabbat*, *in*: suplemento a VT, 7 (1960), 318-45; W. C. van Unnik, *Die jüdische Komponente in der Entstehung der Gnosis*, *in*: Vigilaie Christinae, 15 (1961), 65-82; E. Haenchen, *Gab es eine vorchristliche Gnosis?* *in*: Gott und Mensch (1965), 265 ss.; E. E. Urbach, Ha-Massorot al Torat ha-Sod bi-Tekufat ha-Tana' im, *in*: Mechkarim... G. Scholem (1967), 1-28.

Literatura esotérica

B. Jacob, Im Namen Gottes (1903); J. A. Montgomery, *Aramaic Incantation Texts from Nippur* (1913); A. Ravenna, *I sette santuari* (Hekhalot) (1964); G. Scholem, *Jewish Gnosticism, Merkavah Mysticism and Talmudic Tradition* (1965²); C. Gordon, *Five Papers on Magic Bowls and Incantations* (Jewish and Mandaean), *in*: Archiv Orientalni, 6 (1934),

319-34, 466-74; 9 (1937), 84-106; 18 (1949), 336-41; 20 (1951), 306-15; A. Altmann, *Gnostic Themes in Rabbinic Cosmology, in*: Essays... J.H. Hertz (1943), 19-32; idem, *A Note on the Rabbinic Doctrine of Creation, in*: JJS, 7 (1956), 195-206; E. R. Goodenough, *A Jewish-Gnostic Amulet of the Roman Period, in*: Greek and Byzantine Studies (1958), 71-81; B. Z. Bokser, *The Thread of Blue, in*: PAAJR, 31 (1963), 1-32; J. Maier, *in*: Kairos, 5 (1963), 18-40 (alemão); N. Séd, *Une Cosmologie juive du haut Moyen-Age, la Berayta du Ma'aseh Beresit, in*: REJ, 123 (1964), 259-305; 124 (1965), 23-123; idem, *Les hymnes sur le Paradis de Saint Ephrem et les traditions juives in*: Le Muséon, 81 (1968), 455-501; R. Loewe, *The Divine Garment and Shi'ur Qomah, in*: HTR, 58 (1965), 153-60; I. Gruenwald, *Piutei Iannai ve-Sifrut ha-Merkavah, in*: Tarbiz, 36 (1967), 257-77.

Gnose judaica e *Sefer Ietsirah*

H. Graetz, *Gnosticismus und Judenthum* (1846); M. Friedländer, Ben Dosa und seine Zeit (1872); idem, *Der vorchristliche jüdische Gnosticismus* (1898); U. Bianchi (org.), *Le origini dello gnosticismo* (Colloquio de Messina) (1967); A. Epstein, *Recherches sur le Séfer Yecira, in*: REJ, 28 (1894), 94-108; 29 (1894), 61-78; P. Mordell, *The Origin of Letters and Numerals According to the Sefer Yezirah, in*: JQR, 2 (1911-12); 3 (1912-13); A. M. Habermann, *Avanim le-Heker Sefer Yezirah, in*: Sinai, 20 (1946), 241-65; G. Vajda, *Le commentaire kairouanis sur le 'Livre de la Création', in*: REJ, 107 (1947), 5-62; 110 (1949-50), 67-92; 112 (1953), 5-33; idem; *Nouveaux fragments arabes du commentaire de Dunash b. Tamim sur le Livre de la Création*, ibid., 113 (1954); ibid., idem, Notes et Mélanges 122 (1963), 149-66; idem, *Sa'adya Commentateur du Livre de la Création, in*: Ecole Pratique des Hautes Etudes, Seção de Ciências da Religião, Extrait de l'Annuaire 1959-1960, 1-35; idem, *Les lettres et les sons de la langue arabe d'après Abu Hatim Al-Razi, in*: Arabica, 18 (1961), 113-30; K. Schubert, *Der gegenwärtige Stand der Erforschung der in Palästina neu gefundenen hebräischen Handschriften, 25; Der Sektenkanon von En Fescha und die Anfänge der jüdischen Gnosis, in*: Theologische Literaturzeitung, 8-9 (1953), 496-506; G. Quispel, *Christliche Gnosis und jüdische Heterodoxie, in*: Evangelische Theologie (1954), 1-11; S. Löwenstamm, *Mah le-Ma'alah u-Mah le-Matah, Mah le-Fanim u-Mah le-Achor, in*: Sefer ha-Iovel, le-Iechezkel Kaufmann (1960), 112-22; S. Morag, Sheva Kefulot Begad Kafrat, *in*: Sefer Tur-Sinai (1960), 207-42; J. Neusner, *Massa al Ma'asseh Merkavah, in*: Ha-Eshnav (1961); M. Smith, *Observations on Hekhalot Rabbati, in*: Brandeis University, Studies and Texts, 1 (1963), 142-60; P. Merlan, *Zur Zahlenlehre in Platonismus (Neuplatonismus) und in Sefer Yezira, in*: Journal of the History of Philosophy, 3 (1965), 167-81; N.

Séd, *Le Memar samaritain, Le Séfer Yesira et les trente-deux sentiers de la Sagesse, in*: RHR, 170 (1966), 159-84; E. Rosh-Pinnah (Ettisch), *in*: JQR, 57 (1967), 217-26; I. Gruenwald, *A Preliminary Critical Edition of S. Yezira, in*: Israel Oriental Studies I (1971), 132-77; I. Weinstock, *in*: *Temirin*, 1 (1972), 9-61; N. Aloni, ibid., 63-99.

Período gueônico

E. E. Hildesheimer, *Mystik und Agada im Urteile der Gaonen R. Schrira und R. Hai* (1931); I. Weinstock, *Otsar Razim Kadmon ve-Guilgula, in*: Shanah be-Shanah 5723 (1962), 345-58; idem, *Demut Acharon ha-Bavli bi-Meguilat Achima'az*, ibid., 5724 (1963), 242-65; idem, *Guilui Izavon ha-Sodot shel Abu Aharon ha-Bavli, in*: Tarbiz, 32 (1962-63), 153-9; idem, *Otsar ha-Sodot shel Abu Aharon – Dimion o Metsi'ut, in*: Sinai, 54 (1963), 226-59; G. Scholem, *Ha-Im nitgaleh Izavon ha-Sodot shel Abu Aharon ha-Bavli?, in*: Tarbiz, 32 (1963), 252-65.

Movimentos chassídicos na Europa e no Egito

J. Freimann, *Mavo le-Sefer Chassidim* (1924); J. Dan, *Torat ha-Sod shel Chassidut Ashkenaz* (1968); idem, *Sefer ha-Chochmah le-R. Eleazar mi-Worms u-Mashma'uto le-Toledot Toratah ve-Sifrutah shel Chassidut Ashkenaz, in*: Zion, 29 (1964), 16-81; idem, *Sefer ha-Navon, in*: Kovez al Yad, 16 (1966), 201-23; idem, *Beginnings of Jewish Mysticism in Europe, in*: C. Roth (org.), *World History of the Jewish People*, vol. 2, Dark Ages (1966), 282-90, 455-6; idem, *Chug ha-Kruv ha-Meiuchad bi-Tenu'at Chassidut Ashkenaz, in*: Tarbiz, 35 (1966), 349-72; idem, *Chochmat Ha-Egoz, Its Origin and Development, in*: JJS, 17 (1966), 73-82; A. Epstein, *Le-Korot ha-Kabbalah ha-Ashkenazit, in*: Ha-Hoker, 2 (1894), 37-48; idem, *R. Shemu'el he-Chassid ben R. Kalonimus ha-Zaken, in*: Ha-Goren, 4 (1903), 81-101; G. Vajda, *The Mystical Doctrine of Rabbi Obadyah, Grandson of Moses Maimonides, in*: JJS, 6 (1955), 213-25; idem, *Perusho ha-Rishon shel Rabi Elchanan Itzchak ben Iakar mi-London le-Sefer Ietsirah, in*: Kovets al Iad, 16 (1966), 147-97; A. Altmann, *Eleazar of Worms' Hokhmath ha-Egoz, in*: JJS, 11 (1960), 101-13; A. Rubin, *Concept of Repentance among the Hasidey Ashkenaz, in*: JJS, 16 (1965), 161-76; R. Edelmann, *Das Buch der Frommen als Ausdruck des volkstümlichen Geisteslebens der deutschen Juden im Mittelalter, in*: Miscellanea Mediaevalia (1966), 55-71; S. D. Goitein, *A Treatise in Defence of the Pietists* by Abraham Maimonides, *in*: JJS, 17 (1966), 105-14; idem, *Abraham Maimonides and his Pietist Circle, in*: Jewish Medieval and Renaissance Studies (1967), 145-64; I. F. Baer, *Shenei Perakim shel Torat ha-Hashgachah be-Sefer Chassidim, in*: Mehkarim... G. Scholem (1967), 47-62.

Cabala na Provença

G. Scholem, *Te'udah Chadashah le-Toledot Reshit ha-Kabalah, in*: Sefer Bialik (1934), 141-62; Ch. Wirszubski, *Akdamot le-Bikoret ha-Nussach shel Perush Sefer Ietsirah le-R. Itzchak Sagi-Nahor, in*: Tarbiz, 27 (1958), 257-64; E. Werner, *Die Entstehung der Kabbala und die... Katharer, in*: Forschungen und Fortschritte, 37 (1963), 86-89.

Em Girona

G. Scholem, *Ursprung und Anfänge der Kabbala* (1962), 324-419; G. Vajda, *Le commentaire d'Ezra de Gérone sur le cantique des cantiques* (1969); I. Tishby, *Kitvei ha-Mekubalim R. Ezra ve-R. Azriel mi-Gerona, in*: Sinai, 16 (1945), 159-78; idem, *Ha-Mekubalim R. Ezra ve-R. Azriel u-Mekomam be-Chug Gerona, in*: Zion, 9 (1944), 178-85; A. Altmann, *The Motif of the Shells in Azriel of Gerona, in*: JJS, 9 (1958), 73-80; G. Séd-Rajna, *De quelques commentaires kabbalistiques sur le rituel dans les manuscrits de la Bibliothèque nationale de Paris, in*: REJ, 124 (1965), 307-51; E. Gottlieb, *Mashma'utam u-megamatam shel Perushei Ma'asseh Bereshit be-Reshit ha-Kabbalah, in*: Tarbiz, 37 (1968), 294-317; N. Séd, *Le Sefer ha-Temunah et la doctrine des cycles cosmiques, in*: REJ, 126 (1967), 399-415.

Outras correntes

S. O. Heller-Wilensky, *Sha'ar ha-Shamaim, in*: Tarbiz, 32 (1963), 277-95; idem, *Isaac Ibn Latif – Philosopher or Kabbalist?, in*: Jewish Medieval and Renaissance Studies, organizado por A. Altmann (1967), 185-223; idem, *in*: Fourth World Congress of Jewish Studies (1968), 317-26. M. H. Landauer, Vorläufiger Bericht... *in*: Literaturblatt des Orients, 6 (1845), 322 ss.; A. Jellinek, *Philosophie und Kabbala* (1854); Scholem, *Mysticism*, cap. 4; A. Berger, *in*: *Essays in Honor of S. W. Baron* (1959), 55-61; Ch. Wirszubski, *Liber Redemptionis, in*: Israel Academy of Sciences and Humanities, Proceedings (série em hebraico), 3 (1969), 135-49; G. Scholem, *Kabalot R. Ya'akov ve-R. Itzchak Kohen* (1927); idem, *Ha-Kabbalah shel Sefer ha-Temunah ve-shel Abraham Abulafia* (1965); idem, *Le-Cheker Kabalat R. Itzchak ben Ia'akov ha-Kohen, in*: Tarbiz, 2 (1931), 188-217, 415-42; 3 (1932), 33-66, 258-86; 4 (1933), 54-77, 207-25; 5 (1934), 50-60, 180-98, 305-28; I. Tishby, *Mishnat ha-Zohar*, 1 (1949, 1957², com F. Lachower); 2 (1961); Baer, *Espanha*, 1 (1961), cap. 6; E. Gottlieb, *Ha-Kabalah be-Kitvei Rabenu Bahia ben Asher* (1970); G. Vajda, *Le traite Pseudo-Maimonidien – Neuf chapitres sur l'unité du Dieu, in*: Archives d'Histoire Doctrinale et Litteraire du Moyen Age (1953), 83-98; J. Finkel, *The Alexandrian Tradition and the Midrash ha-Ne'elam, in*: Leo Jung Jubilee Volume (1962),

77-103; S. O. Heller-Wilensky, Le-she'elat Mechabro shel Sefer Sha'ar ha-Shamaim ha-Meiuchas le-Avraham ibn Ezra, *in*: Tarbiz, 32 (1963), 277-95; A. Altmann, *Li--She'elat Ba'aluto shel Sefer Ta'amei ha-Mitsvot ha-Meiuchás le-R. Itzchak ibn Farhi, in* KS, 40 (1965), 256-412; idem, *Midrash al Pi Derech ha-Kabalah ha-Penimit al Bereshit 24, in: Sefer ha-Iovel Tiferet Israel... Brodie* (1966), 57-65; M. H. Weiler, *Iyunim ba-Terminologuiah ha-Kabbalit shel R. Iossef Gikatilla ve-Iachassó la-Rambam, in*: HUCA, 37 (1966), em hebraico, 13-44; idem, *in*: Temirin, 1 (1972), 157-86; I. Gruenwald, *Shenei Shirim shel ha-Mekubal Iossef Gikatilla, in*: Tarbiz, 36 (1967), 73-89; E. Gottlieb, *Berurim be-Kitvei R. Iossef Gikatilla, in*: Tarbiz, 39 (1969-70), 62-89.

Século XIV

G. Scholem, *Seridei Sifro shel R. Shem Tov ibn Gaon al Iessodot Torah ha-Sefirot, in*: KS, 8 (1931-32), 397-408, 534-42; 9 (1932-33), 126-33; idem, *Perusho shel R. Itzchak de-min Ako le-Ferek Rishon shel Sefer Ietsirah, in*: KS, 31 (1955-56), 379-96; idem, *Li-Iedi'at ha--Kabalah bi-Sefarad Erev he-Guerush, in*: Tarbiz, 24 (1954-55), 167-206; G. Vajda, *Les observations critiques d'Isaac d'Acco sur les ouvrages de Juda ben Nissim ibn Malka, in*: REJ, 115 (1956), 25-71; idem, *Un chapitre anti-intellectualiste de Joseph ben Shalom Ashkenazi de Catalogne, in*: Archives d'Histoire Doctrinale et Litteraire du Moyen Age (1956), 45-144; idem, *Deux chapitres du Guide des Egares repenses par un Kabbaliste, in*: Mélanges... Etienne Gilson (1959), 651-9; idem, *Recherches sur la synthèse philosophico-kabbalistique de Samuel ibn Motot, in*: Archives d'Histoire Doctrinale et Litteraire du Moyen Age (1960), 29-63; D. S. Lewinger, R. Shemtov b. Abraham b. Gaon, *in*: Sefunot, 7 (1963), 9-29.

Após a expulsão da Espanha – o novo centro em Safed

P. Bloch, *Die Kabalah auf ihren Höhenpunkt und ihre Meister* (1905); A. Ben-Israel, Alumot (1952); Moses Cordovero, *Palm Tree of Deborah*, tradução de L. Jacobs (1960); R. J. Z. Werblowsky, *Joseph Karo, Lawyer and Mystic* (1962); M. Benayahu, Toledot ha-Ari (1967); idem, *R. Iehudah b. R. Mosheh Botini ve-Sifro "Iessod Mishneh Torah", in*: Sinai (1955), 240-74; idem, *Hanhagot Mekubalei Zefat be-Meron, in*: Sefunot, 6 (1962), 11-40; D. Tamar, *Mecharim be-Toledot ha-Iehudim be-Erets Israel u-ve-Italiah* (1970); S. Assaf, *La-Pulmus al Hadpassat Sifrei ha-Kabalah, in*: Sinai, 5 (1939-40), 360-5; G. Scholem, *Shtar ha-Hitkashrut shel Talmidei ha-Ari, in*: Zion, 5 (1940), 133-60; idem, *Israel Sarug – Talmid ha-Ari?*; ibid., 214-41; J. Dan, R. Yosef Karo – *Ba'al Halachah u-Mistikan* le-R. J. Z. Werblowsky, *in*: Tarbiz, 33 (1964), 86-96; G. Séd-Rajna, *Le rôle de la Kabbale...* selon H. Vital, *in*: RHR, 167 (1965), 177-96.

Tempos posteriores

M. Wiener, *Die Lyrik der Kabbalah: eine Anthologie* (1920); A. Bension, *Sar Shalom Sharabi* (1930); Y. Kafah, *Sefer Milchamot ha-Shem* (1931); F. Lachower, *Al Guevul ha-Iashan ve-ha-Chadash* (1951); S. Ratner, Le-Or ha-Kabbalah (1962); H. Weiner, *Nine and One Half Mystics: the Kabbalah Today* (1969); E. Tcherikower, *Di Komune fun Yerushaylayimer Mekubolim Ahavas Shalom un Mitn dem 18ten Yohrundert, in*: Historishe Shriftn fun YIVO, 2 (1937), 115-39; I. Gruenwald, *Le-Toledot ha-Mekubalim be-Ungariah, in*: Sinai, 24 (1949), 2-22; G. Scholem, *Die letzten Kabbalisten in Deutschland, in*: Judaica III (1973), 218-46.

Cabala luriânica

I.Tishby, Torat ha-Ra ve-ha-Klippah be-Kabalat ha-Ari (1942); S.A. Horodezky, *Torat ha-Kabalah shel Rabi Itzchak Ashkenazi ve-Rabi Chaim Vital* (1947); L.I. Karkovsky, *Kabbalah: The Light of Redemption* (1950); J. von Kempski, *Zimzum: Die Schöpfung aus dem Nichts, in*: Merkur, 14 (1960), 1107-26; Moisés Chaim Luzzatto, *General Principles of the Kabalah* (Nova York, 1970).

Cabala e panteísmo

M.S. Freystadt, *Philosophia cabbalistica et Pantheismus* (1832); J. Ben-Shlomo, Torat ha-Elohut shel R. Moshe Cordovero (1965).

Homem e alma

M.D.G Langer, *Die Erotik der Kabbala* (1923).

Exílio e redenção

G. Scholem, *The Messianic Idea in Judaism and Other Essays* (1971); I. Klausner, *Kol Mevasser le-Rabi Iehudah Alkalay, in*: Shivat Tsion, 2 (1953), 42-62; H.H. Ben-Sasson, *in: Sefer Iovel le-Itzchak Baer* (1960), 216-27.

A Torah e seu significado

G. Scholem, *The Meaning of the Torah in Jewish Mysticism, in: On the Kabbalah and its Symbolism* (1965), 32-86; E. Lipiner, Idiyalogiya fun Yidishn Alef-Beis (1967).

O caminho místico

Dov Baer de Lubavitch, *Tract on Ecstasy*, tradução de L. Jacobs (1963); A. J. Heschel,

Al Ru'ach ha-Kodesh bi-Iemei ha-Beinaim, in: Sefer ha-Iovel... A. Marx (1950), 175-208; G. Vajda, *Continence, mariage et vie mystique selon doctrine du Judaisme, in:* Mystique et Continence, Etudes Carmélitaines (1952), 82-92; R.J.Z. Werblowsky, *Tikun Tefilot le-Rabi Shelomoh ha-Levi ibn Alkabets, in:* Sefunot, 6 (1962), 137-82.

Cabala prática

G. Brecher, *Das Transcendentale, Magie und magische Heilarten im Talmud* (1850); D. Joel, *Der Aberglaube und die Stellung des Judenthums zu demselben,* 2 vols. (1881-83); L. Blau, *Das altüdische Zauberwesen* (1898); J. Guenzig, *Die Wundermänner im jüdischen Vokle* (1921); G. Scholem, *Alchemie und Kabbalah, in:* MGWJ, 69 (1925), 13-30, 95-110, 371-74; 70 (1926), 202-9; J. Trachtenberg, *Jewish Magic and Superstition* (1939); T. Schrire, *Hebrew Amulets: Their Decipherment and Interpretation* (1966); J. Dan, *Sipurim Dimonologuim mi-Kitvei R. Iehuda he-Chassid, in:* Tarbiz, 30 (1961), 273-89; idem, Sa-rei Kos ve-Sarei Bohen, ibid., 32 (1963), 359-69; I.Shahar, *The Feuchtwanger Collection of Jewish* Tradition and Art (em hebraico, 1971), 227-305 (amuletos).

Influência da Cabala no judaísmo

G. Scholem, *On the Kabbalah and its Symbolism* (1965), 118-57; I.Weinstock, *Be-Ma'aglei ha-Nigleh ve-ha-Nistar* (1969), 249-69; I.D. Wilhelm, *Sidrei Tikunim, in:* Alei Ain (1948-52), 125-46; J.L. Avida, *Ha-Malachim ha-Memunim al ha-Shofar ha-Ma'alim et ha-Tekiot, in:* Sinai, 33 (1953), 3-23; M. Benayahu, *Hanhagot Mekubalei Tsefat be-Meron, in:* Sefunot, 6 (1962), 11-40; A. Yaari, *Toledot ha-Hilula be-Meron, in:* Tarbiz, 31 (1962), 71-101.

Cabala cristã

Johannes Pistorius, *Artis Cabalisticae Scriptores,* 1 (Basileia, 1587); Johann Steudner, *Jü-dische ABC Schul vom Geheimnuss dess dreyeiningen wahren Gottes...* (Augsburgo, 1665); F.C. Ötinger, *Offentliches Denckmal der Lehrtafel der Prinzessin Antonia* (Tübingen, 1763); D. Saurat, *Literature and Occult Tradition: Studies in Philosophical Poetry* (1930); E. Anagnine, *G. Picco della Mirandola: sincretismo religioso-filosofico 1463-1494 (1937);* J.L. Blau, *The Christian Interpretation of the Cabala in the Renaissance* (1944); F. Secret, *Le Zôhar chez les Kabbalistes chrétiens de la Renaissance* (1958); idem, *in: Bibliothèque d'Humanisme et Renaissance,* 17 (1955), 292-5; 20 (1958), 547-55; idem, *Les debuts du kabbalisme chrétien en Espagne et son histoire à la Renaissance, in:* Sefarad, 17 (1957), 36-

48; idem, *Le symbolisme de la kabbala chrétienne dans la Schechina de Egidio da Viterbo, in*: Archivo di Filosofia (1958), 131-54; idem, *Pedro Ciruel: Critique de la Kabbale et de son usage par les chrétiens, in*: Sefarad, 19 (1959), 48-77; idem, *in*: Rinascimento 11 (1960), 169-92; 14 (1963), 251-68; idem, *L'hermeneutique de G. Postel, in*: Archivo di Filosofia (1963), 91-117; idem, *Le soleil chez les Kabbalistes chrétiens, in*: Le Soleil à la Renaissance (1965), 213-40; idem, *Nouvelles précisions sur Flavius Mithridates maitre de Pic de la Mirandole et traducteur de commentaires de Kabbale, in*: L'opera e il pensiero di G. Pico della Mirandola, 2 (1965), 169-87; idem, *L'ensis Pauli de Paulus de Heredia, in*: Sefarad, 26 (1966), 79-102, 253-71, idem, La Revelacion de Sant Pablo, ibid., 28 (1968), 45-67; E. Benz, *Die christliche Kabbala: Ein Stiefkind der Theologie* (1958); Ch. Wirszubski, *Sermo de passione Domini* (1963); idem, *Giovanni Pico's Companion to Kabbalistic Symbolism, in*: Studies.... G. Scholem (1967), 353-62; idem, *in*: Journal of the Warburg and Courtauld institutes, 32 (1969), 177-99; idem, *Mors Osculi, Poetic Theology and Kabbala in Renaissance Thought, in*: Proceedings of the Israel Academy of Sciences and Humanities (1971); M. Brod, *Johannes Reuchlin und sein Kampf* (1965); G. Scholem, *Zur Geschichte der Anfänge des christlichen Kabbala, in*: Essays... Leo Bäck (1954), 158-93; R.J.Z. Werblowsky, *Milton and the Conjectura Cabbalistica, in*: Journal of the Warburg and Courtauld institutes, 18 (1955), 90-113; W.A. Schulze, *Schelling und die Kabbala, in*: Judaica, 13 (1957), 65-98, 143-70, 210-232; idem, *Der Einfluss der Kabbala auf die Cambridger Platoniker Cudworth und More*, ibid., 23 (1967), 75-126, 136-60, 193-240; I.Sonne, *Mekomah shel ha-Kabalah bi-Fe'ulat ha-Hassatah shel ha-Kenessiah ba-Me'ah ha--Sheva-Esreh, in*: Bitzaron, 36 (1957), 7-12, 57-66; I.F. Baer, *Torat ha-Kabalah be-Mishnato ha-Kristologuit shel Avner mi-Burgos, in*: Tarbiz, 27 (1958), 278-89; R. T. Lewellyn, *Jacob Böehmes Kosmogonie in ihrer Beziehung zur Kabbala, in*: Antaios, 5 (1963), 237-50; F. Häussermann, *in*: Blätter für Würtembergische Kirchengeschichte, 66-67 (1966-67), 65-153; 68-69 (1968-69), 207-346.

Pesquisa sobre Cabala

G. Scholem, *Die Erforschung der Kabbala von Reuchlin biz zur Gegenwart* (1969); G. Kressel, *Kitvei Eliakim ha-Milzahagui, in*: KS, 17 (1940), 87-94; G. Vajda, *Les origines et le dévelopement de la Kabbale juive d'après quelques travaux récents, in*: RHR, 134 (1948), 120-67; idem, *Recherches recentes sur l'ésotérisme juif* (1947-1953; 1954-1962), *in*: RHR, 147 (1955), 62-92; 164 (1963), 191-212.

PARTE DOIS
TÓPICOS

1

O ZOHAR

O Zohar (do hebraico זֹהַר, "[O Livro do] Esplendor") é a obra central na literatura da Cabala. Em algumas partes do livro o nome "Zohar" é mencionado como título da obra. Ele também é citado pelos cabalistas espanhóis sob outros nomes, como *Mechilta de-R. Shimon b. Iochai*, em imitação do título de um dos Midrashim haláchicos, no *Sefer ha-Guevul* de David b. Judá he-Chassid; como *Midrash de-R. Shimon b. Iochai*, em diversos livros que datam do período dos alunos de Salomão b. Abrahão Adret, no *Livnat ha-Sapir* de José Angelino, as homilias de Ioshua ibn Shu'ayb, e os livros de Meir ibn Gabai; como *Midrash ha-Zohar*, de acordo com Isaac b. José ibn Munir;[1] como *Midrash Iehi Or* no *Menorat ha-Ma'or* de Israel al-Nakawa, aparentemente porque ele tinha um manuscrito do Zohar que começava com um comentário sobre o versículo "Haja luz" (Gênesis 1:3). Manuscritos desse tipo foram conservados. Diversas afirmações do Zohar foram citadas na primeira geração após seu aparecimento, sob o título geral de *Ierushalmi*, nos escritos, por exemplo, de Isaac b. Sahula, Moisés de Leon e David b. Judá he-Chassid e nas (fictícias) *responsas* de Rav Hai na coletânea *Sha'arei Teshuvah*.

A FORMA LITERÁRIA DO ZOHAR

Em sua forma literária, o Zohar é uma coletânea de diversos livros ou seções que incluem breves afirmações midráshicas, homilias mais longas, e discussões sobre vários assuntos. A maior parte delas se propõe ser frases ditas pelo *tana* Simeon b. Iochai e por seus companheiros mais íntimos (*cha-vraia*), mas há também longas seções anônimas. Não se trata de um único livro no sentido mais aceito do termo, mas todo um corpo literário completo que foi unificado sob um título abrangente. Nas edições impressas, o Zohar é composto por cinco volumes. De acordo com a divisão da maioria das edições, três deles aparecem sob o título *Sefer ha-Zohar al ha-Torah*; um volume traz o título *Tikunei ha-Zohar*; o quinto, intitulado *Zohar Chadash*, é uma coleção de dizeres e textos encontrados nos manuscritos dos cabalistas de Safed após a impressão da maior parte do Zohar e reunidos por Abrahão b. Eliezer ha-Levi Berukhim. A numeração das páginas da maioria das edições comuns do Zohar e nas edições dos *Tikunim* é geralmente uniforme.

As referências ao *Zohar Chadash* (ZH) aqui citadas são da edição de Jerusalém de 1953. Algumas edições do livro existem separadamente em manuscrito. As seções que compõem o Zohar em sentido mais amplo são essencialmente:

(1) A parte principal do Zohar, organizada de acordo com as porções semanais da Torah, até a porção *Pinchas*, inclusive. Do Deuteronômio, há apenas *Va-Etchannan*, um pouco sobre *Va-Ielech* e *Ha'azinu*. Basicamente, trata-se de um Midrash cabalístico sobre a Torah, mesclado a breves afirmações, longas exposições e narrativas a respeito de Simão b. Iochai e seus companheiros. Parte dele consiste também de lendas comuns. O número de versículos interpretados em cada porção é relativamente pequeno. Muitas vezes a exposição digressiona para outros assuntos muito divergentes do texto concreto da porção, e algumas partes são muito habilmente construídas. As exposições são precedidas por *petichot* ("introduções") que geralmente se baseiam em versículos dos Profetas e dos Hagiógrafos, especialmente dos Salmos, e que terminam com uma transição para o assunto tratado na porção. Muitas histórias funcionam como molduras para as homilias dos companheiros, por exemplo, conversas durante uma viagem ou quando eles descansam à noite. A língua é o aramaico, assim como na maior parte das outras seções da obra (exceto quando indicado). Antes da porção do *Bereshit* há um *hakdamah* ("prefácio") que aparentemente seria uma típica coleção de escritos e não propriamente um prefácio, a não ser talvez que a intenção fosse introduzir o leitor no clima espiritual do livro. Muitas exposições são encontradas em diversos

manuscritos em lugares diferentes e às vezes há certa ambiguidade quanto à porção exata a que realmente pertencem. Há também discursos recorrentes em contextos distintos em dois ou três lugares. Aaron Zelig b. Moisés em *Amudei Sheva* (Cracóvia, 1635) listou cerca de 40 dessas passagens que são encontradas em edições paralelas do Zohar. Algumas poucas exposições nas edições impressas são interrompidas no meio, e a continuação é impressa exclusivamente no *Zohar Chadash.* Nas edições posteriores, a começar pela de Amsterdã de 1715, essas continuações são impressas como *hashmatot* ("omissões") ao final de cada volume;

(2) Zohar ao Cântico dos Cânticos (impresso em ZH fols. 61d – 75b); estende-se apenas à maior parte do primeiro capítulo e, assim como (1), consiste de exposições cabalistas;

(3) *Sifra de-Tseni'uta* ("Livro do Ocultamento"), uma espécie de comentário fragmentário sobre a porção *Bereshit,* em breves sentenças obscuras, como uma Mishnah anônima, em cinco capítulos, impresso ao final da porção *Terumah* (2: 176b-179a). Em diversos manuscritos e na edição de Cremona (1559-60), encontra-se na porção *Bereshit;*

(4) *Idra Raba* ("Assembleia Maior"), uma descrição das reuniões de Simeon b. Iochai e seus companheiros, em que os mistérios mais profundos são expostos a respeito da revelação do Divino na forma de *Adão Kadmon* ("Homem Primordial"). Trata-se de uma construção literária superior e o discurso mais sistemático encontrado no Zohar. Cada um dos companheiros diz sua parte e Simão b. Iochai completa seus pronunciamentos. Ao final dessa assembleia solene, três dos dez participantes morrem extasiados. Entre os primeiros cabalistas, era chamada de *Idra de-Nasso* e é impressa na porção *Nasso* (3: 127b-145a). É, de certa forma, uma espécie de Guemara à Mishnah do *Sifra de-Tseni'uta;*

(5) *Idra Zuta* ("Assembleia Menor"), uma descrição da morte de Simeon b. Iochai e suas últimas palavras a seus seguidores antes de morrer, uma espécie de paralelo cabalístico à morte de Moisés. Contém um discurso que acompanha o discurso do *Idra Raba,* com muitos acréscimos. Entre os primeiros cabalistas, chamava-se *Idra de-Ha'azinu.* Esta porção conclui o Zohar (3: 287b-96b);

(6) *Idra de-Vei Mashkena,* uma seção de estudos conduzida por Simeon b. Iochai com alguns de seus alunos a respeito da exposição de certos ver-

sículos na seção que trata do tabernáculo. A maior parte dela trata dos mistérios das orações. Encontra-se no início de *Terumah* (2: 127a-146b). A nota em edições posteriores de que a seção 2: 122b-3b é o *Idra de-Vei Mashkena* é um equívoco. Esta parte é mencionada no início do *Idra Raba;*

(7) *Heichalot*, duas descrições dos sete palácios no jardim celestial do Éden em que as almas se deliciam quando a oração ascende e também depois de sua partida deste mundo. Uma versão é curta e está inserida na porção *Bereshit* (1: 38a-48b). A outra versão é muito longa, porque se estende a respeito dos mistérios da oração e da angelologia. Encontra-se no final da porção *Pekudei* (2: 244b-62b). Ao final da versão longa, há uma seção adicional sobre os "sete palácios da impureza", que é uma descrição das moradas infernais (2: 262b-8b). Na literatura cabalista, chama-se *Heichalot de-R. Shimon b. Iochai;*

(8) *Raza de-Razin* ("O Segredo dos Segredos"), uma peça anônima de fisiognomonia e quiromancia, baseada em Êxodo 18:21, na porção *Itro* (2: 70a-75a). Sua continuação é encontrada nas omissões e no *Zohar Chadash* (56c-60a). A segunda seção sobre o mesmo assunto, vazada em forma diferente, foi inserida em uma coluna paralela na parte principal do Zohar (2: 70a-78a);

(9) *Sava de-Mishpatim* ("Discurso do Velho"), um relato do encontro dos companheiros com R. Ieiva, um velho e grande cabalista, que se disfarça sob a aparência de um mendigo condutor de burricos, que faz um discurso extenso e belamente construído sobre a doutrina da alma, baseado em uma interpretação mística das leis de escravidão na Torah. Está inserido na parte principal do Zohar na porção *Mishpatim* (2: 94b-114a);

(10) *Ianuka* ("A Criança"), a história de uma criança prodígio, o filho do velho Rav Hamnuna, que ensina aos companheiros interpretações profundas da Graça após as Refeições e outros assuntos, quando eles estão hospedados na casa de sua mãe. Histórias sobre outras crianças como esta são encontradas em outras partes do Zohar. Em alguns manuscritos, esta história constitui a seção do Zohar sobre a porção *Devarim.* Na edição impressa, encontra-se na porção *Balak* (3: 186a-92a);

(11) *Rav Metivta* ("Chefe da Academia"), um relato sobre uma viagem visionária feita por Simão b. Iochai e seus alunos ao Jardim do Éden, e uma longa exposição feita por um dos chefes da academia celestial sobre o mundo futuro e os mistérios da alma. É impresso como parte da porção

Shelach Lecha (3: 161b-174a). Falta-lhe o trecho inicial, assim como certas partes do meio e do fim;

(12) *Kav ha-Midah* ("O Padrão de Medida"), uma explicação dos detalhes dos mistérios da emanação em uma interpretação do *Shema*, na forma de um discurso de Simão b. Iochai a seu filho, impresso no *Zohar Chadash* (56d-58d);

(13) *Sitrei Otiot* ("Segredos das Letras"), um discurso de Simão b. Iochai sobre as letras dos Nomes Divinos e os mistérios da emanação, impresso no *Zohar Chadash* (37c-41b);

(14) Uma interpretação da visão da carruagem em Ezequiel, capítulo 1, impressa sem título no *Zohar Chadash* (1b-10d);

(15) *Matnitin* e *Tosefta*, numerosas peças curtas, escritas em estilo altissonante e obscuro, que servem como uma espécie de *Mishnah* ao Talmud do Zohar. A conexão entre essas peças e as exposições nas porções do Zohar é ora clara, ora tênue. A maioria das peças aparece na forma de pronunciamentos de uma voz celestial que é ouvida pelos companheiros e que os exorta a abrir seus corações para um entendimento dos mistérios. Muitas delas contêm um resumo da ideia de emanação e outros princípios fundamentais do ensinamento do Zohar, expressos em um estilo enigmático. Essas peças estão espalhadas por todo o Zohar. Segundo Abrahão Galante em seu *Zoharei Chamah* (Veneza, 1650), 33b, "quando o editor do Zohar via uma exposição que pertencia a uma argumentação em uma determinada exposição de *mishnaiot* e *tossafot*, ele punha em ordem essas peças para dar à exposição a força adicional da *Tossefta* e da *Mishnah*";

(16) *Sitrei Torah* ("Segredos da Torah"), certas peças sobre versículos do Livro do Gênesis que foram impressas em colunas separadas, paralelas ao texto principal do Zohar, nas porções *No'ach*, *Lech Lecha*, *Va-Iera*, e *Va-Ietse*, e no *Zohar Chadash* sobre as porções *Toledot* e *Va-Ieshev*. Há diversas peças intituladas *Sitrei Torah* nas edições impressas – por exemplo, *Sitrei Torah* à porção *Achahrei* no *Zohar Chadash* – mas não se sabe ao certo se elas realmente pertenciam ao *Sitrei Torah*. De modo similar, há manuscritos que designam a interpretação sistemática da criação em 1: 15a-22a como o *Sitrei Torah* para esta seção. No entanto, seu caráter é distinto de outros exemplos de *Sitrei Torah*, que contêm principalmente explicações alegóricas de versículos sobre

os mistérios da alma, enquanto esta peça explica a teoria da emanação (em um discurso anônimo) no estilo da parte principal do Zohar e dos *Matnitin;*

(17) *Midrash ha-Ne'lam* ("Midrash Esotérico") sobre a Torah. Para as seções *Bereshit, No'ach, Lech Lecha* no *Zohar Chadash;* para *Va-Iera, Chaiei Sarah,* e *Toledot* na parte principal do Zohar, em colunas paralelas; e para *Va-Ietse* no *Zohar Chadash.* O início da seção *Va-Iehi* nas edições impressas, 1: 211-6, é marcado em algumas fontes como o *Midrash ha-Ne'lam* para esta porção, mas há motivos para acreditar, de acordo com diversos cabalistas, que essas páginas sejam um acréscimo posterior. Por seu caráter literário e pela evidência de diversos manuscritos, as páginas 2: 4a-5b, e particularmente 14a – 22a, pertencem ao *Midrash ha-Ne'lam* para a porção *Shemot,* e 2: 35b-40b ao *Midrash ha-Ne'lam* para a porção *Bo.* Deste ponto em diante, ocorrem apenas algumas poucas peças breves separadas no *Zohar Chadash,* para as porções *Be-Shallach* e *Ki Tetse.* Diversas peças, muito próximas em espírito ao *Midrash ha-Ne'lam,* são encontradas aqui e ali na parte principal do Zohar, por exemplo, na exposição de Rav Huna diante dos rabinos, na porção *Terumah,* 2: 174b-175a. Também é possível que as páginas na porção *Bo* sejam deste tipo. A língua nesta parte é uma mistura de hebraico e aramaico. Muitos rabinos são mencionados aqui e, em contraste com as longas exposições das partes anteriores, encontramos nesta basicamente peças curtas similares aos Midrashim agádicos originais. Aqui e ali podemos reconhecer a transição para um método expositivo mais extenso, mas não há exposições artisticamente construídas ou exaustivas. Quanto ao conteúdo, o material se concentra principalmente em discussões sobre a criação, a alma, e o mundo por vir, com algumas poucas discussões sobre a natureza de Deus e da emanação. A maioria das seções, depois da porção *Bereshit,* expõem narrativas bíblicas, especialmente os feitos dos patriarcas, como alegorias do destino da alma;

(18) *Midrash ha-Ne'lam* para o livro de Rute, semelhante em estilo e em conteúdo ao precedente. É impresso no *Zohar Chadash* e foi originalmente impresso como obra separada chamada *Tapuchei Zahav* ou *Iessod Shirim* em Tiengen em 1559. Existe em muitos manuscritos como livro independente;

(19) O início do *Midrash ha-Ne'lam* para o Cântico dos Cânticos. É impresso no *Zohar Chadash* e se trata de mero preâmbulo expositivo do livro, sem nenhuma continuação;

(20) *Ta Chazei* ("Venha e Veja"), outra interpretação da porção *Bereshit* em breves comentários anônimos, a maioria dos quais começando com as palavras *ta hazei* e escritos com tintas obviamente cabalistas. A primeira parte é encontrada no *Zohar Chadash*, 7a, depois do *Sitrei Otiot*, e o restante foi impresso pela primeira vez na edição de Cremona, 55–75, continuando nas *hashmatot* do Zohar, ao final do volume I. Em alguns manuscritos (como Vaticano 206, fols. 274-86), as duas seções estão unidas, mas na maioria deles estão totalmente ausentes;

(21) *Ra'aia Meheimna* ("O Pastor Fiel") – a referência é a Moisés – um livro separado sobre o significado cabalístico dos mandamentos. Encontra-se em alguns manuscritos como obra independente e nas edições impressas está espalhado em pedaços entre as seções nas quais um determinado mandamento é mencionado e impresso em colunas separadas. A maior parte ocorre em porções de Números e do Deuteronômio, e particularmente em *Pinchas*, *Ekev* e *Ki Tetse*. Nele, Simão b. Iochai e seus companheiros, aparentemente através de uma revelação visionária, encontram Moisés, "o pastor fiel", assim como *tanaim* e *amoraim* e outras figuras do mundo celestial, que lhes aparecem e conversam com eles sobre os mistérios dos mandamentos, como se uma academia do alto tivesse descido à terra. Esta obra é muito claramente dependente do Zohar, uma vez que o Zohar é citado diversas vezes como "o livro anterior [ou primeiro]", particularmente na porção *Pinchas*. A enumeração dos mandamentos, que existe em diversos lugares e que aponta para uma ordem original, tornou-se confusa (ver adiante as seções "A Unidade da Obra" e "Ordem da Composição");

(22) *Tikunei Zohar*, também um livro independente cujo cenário é similar ao do *Ra'aia Meheimna*. Abrange um comentário à porção *Bereshit*, cada seção (*tikun*) começando com uma nova interpretação da palavra *bereshit* ("no princípio"). O livro foi organizado para conter 70 *tikunim* correspondentes aos "70 aspectos da Torah", mas na verdade existem mais e alguns deles foram impressos como acréscimos ao final do livro. Dois arranjos completamente diferentes são encontrados nos manuscritos, e estes arranjos se refletem nas diferentes edições de Mântua (1558) e da edição de Orta Koj (1719). As edições posteriores seguem Orta Koj. As exposições no livro digressionam bastante a partir do assunto da porção e abordam tópicos muito distintos que

não são discutidos na parte principal do Zohar, como os mistérios dos pontos vocálicos e dos acentos, mistérios sobre questões haláchicas, orações, e assim por diante. As páginas do Zohar 1: 22a-29a pertencem a este livro e ocorrem em manuscritos como partes do *tikun* nº 70. Aqui e ali, há uma mudança na estrutura narrativa, quando passa a imitar a estrutura da parte principal do Zohar e, às vezes, aparentemente, continuando a discussão, é como se se passasse na academia celestial. O livro tem também um prefácio (*hakdamah*) nos moldes do prefácio do Zohar. Longas exposições adicionais, paralelas às seções de abertura do livro e misturadas com outras interpretações no mesmo padrão, são impressas no final do *Zohar Chadash* (93-123) e geralmente são introduzidas como *tikunim* do *Zohar Chadash*. Muitas delas foram feitas para servir de prefácio ao livro de *Tikunim*;

(23) Uma obra sem título sobre a porção *Itro*, uma redação, no espírito dos *tikunim*, da fisiognomonia encontrada no *Raza de-Razin*, impressa no *Zohar Chadash* (31a-35b);

(24) Alguns poucos tratados impressos no *Zohar Chadash*, como o "Zohar para a porção *Tissa*" (43d-46b), e a peça anônima impressa como a porção *Chukat* no *Zohar Chadash* (50a-53b). Estas peças devem ser tomadas como imitações do Zohar, mas foram escritas sem dúvida muito pouco depois da aparição do livro e este já é citado no *Livnat ha-Sapir*, que foi escrito em 1328 (Jerusalém, 1914, 86d);

Em acréscimo a essas seções havia outras conhecidas de vários cabalistas que não seriam incluídas nas edições impressas, e algumas delas se perderam completamente. Uma continuação do *Sefer ha-Tikunim* sobre outras porções, conhecida do autor do *Livnat ha-Sapir* (95b-100a), era uma longa peça sobre o cálculo do tempo da redenção. As peças, que foram impressas no *Tikunei Zohar Chadash* (117b-121b) e interpretam vários versículos a respeito de Abraão e Jacó parecem pertencer a essa continuação. Os "dizeres de *Ze'ira*" ("o pequeno"), que são mencionados no *Shem ha-Guedolim* como "homilias quase midráshicas", constam do Manuscrito Paris 782 e foram incluídos por Chaim Vital em uma antologia ainda existente. O Zohar para a porção *Ve-Zot ha-Berachah* está preservado no mesmo manuscrito de Paris (fols. 239-42) e é uma mistura de fragmentos do Midrash sobre Rute e peças desconhecidas. Ao que parece, Moisés Cordovero teria visto um *Midrash Meguilat Esther* do

Zohar, segundo *Or Ne'erav* (Veneza, 1587, 21b). Seu aluno Abrahão Galante, em seu comentário ao *Sava de-Mishpatim*, cita um texto chamado *Pessikta*, de um Zohar manuscrito, mas seu conteúdo é desconhecido. Não existe nenhuma conexão direta entre a literatura do Zohar e as imitações literárias posteriores que não foram incluídas nos manuscritos, como o Zohar sobre Rute, que foi impresso sob o título *Har Adonai* (Amsterdã, 1712). Esta peça foi composta na Polônia no século XVII.

A opinião dos próprios cabalistas a respeito da composição e da edição do Zohar foi formada após a circulação do livro. A princípio, a opinião amplamente defendida era a de que o Zohar era o livro escrito por Simão b. Iochai enquanto se escondia na caverna, ou ao menos durante sua vida, ou no máximo na geração seguinte. Entre os cabalistas de Safed, que geralmente acreditavam na antiguidade do Zohar como um todo, Abrahão Galante, em seu comentário sobre a porção *Va-Ishlach* no Zohar, pensava que a obra inteira foi reunida nos tempos gueônicos a partir dos escritos de R. Aba, que era escriba de Simão b. Iochai, e que o livro não havia recebido sua forma atual antes daquele período. Essa opinião, que tenta explicar uma série de dificuldades óbvias na cronologia dos rabinos mencionados no Zohar, também ocorre no *Netiv Mitsvotecha* de Isaac Eisik Safrim de Komamo. No século XVI, cresceu a lenda de que o atual Zohar, que contém cerca de 2000 páginas impressas em letras pequenas, seria apenas um minúsculo resquício da obra original, que teria o peso de cerca de 40 cargas de camelos (no *Ketem Paz*, 102a). Essas ideias não se sustentam em um exame crítico do Zohar.

A UNIDADE DA OBRA

A literatura contida no Zohar pode ser divida basicamente em três extratos, que devem ser distintos uns dos outros: (a) a parte principal do Zohar, abrangendo os itens (1)-(15) da lista acima; (b) o extrato do *Midrash ha-Ne'lam* e do *Sitrei Torah*, isto é, os itens (16)-(19); e (c) o extrato do *Ra'aia Meheimna* e dos *Tikunim*, isto é, (21)-(23). Os itens (20) e (24) são ambíguos quanto à relação literária entre eles e talvez pertençam ao material que foi acrescentado depois da aparição do Zohar no século XIV. Existem, sem dúvida, vínculos definidos entre os diferentes extratos que estabelecem uma ordem cronológica, mas uma investigação detalhada mostra muito claramente que cada extrato possui uma unidade definida própria. A questão da unidade da parte principal do Zohar é particularmente importante. As diferenças aparentes são meramente externas e literárias, isto é, a escolha de um estilo lacônico e enigmático às vezes, e, outras, o uso de um estilo mais expansivo e eventualmente mais verboso.

Estilo

A unidade é evidente em três áreas; estilo literário, língua e ideias. Desde o início da crítica histórica do Zohar, sempre houve opiniões que consideram o Zohar uma combinação de textos antigos e posteriores, que foram reunidos apenas na época da aparição do Zohar. No mínimo, o livro contém um protótipo homilético, uma criação de muitas gerações que não pode ser atribuída essencialmente a um único autor. Essa opinião foi defendida, por exemplo, por Eliakim Milsahagi, Hillel Zeitlin, Ernst Müller e Paul Vulliaud, mas eles se contentaram com uma conclusão geral ou com uma alegação de que o *Sifra di-Tseni'uta*, o *Matnitin* ou o *Idrot* seriam fontes antigas desse tipo. O único estudioso que tentou investigar os primeiros extratos nas exposições das outras partes do Zohar foi I. Stern. Um exame detalhado de seus argumentos, e também dos argumentos gerais, mostra que são extremamente fracos. Em particular, não há nenhuma evidência de que o *Sifra de-Tseni'uta* difere das outras partes do corpo do Zohar exceto pelo estilo alusivo em que foi originalmente escrito. Na verdade concreta, as conexões literárias entre as diferentes partes do Zohar são extremamente íntimas. Muitas das seções são construídas com grande habilidade literária e as diferentes partes são relacionadas umas com as outras. Não existe nenhuma distinção real, seja na linguagem, seja no pensamento, entre as peças breves em genuíno estilo midráshico e as exposições mais longas que seguem os métodos dos pregadores medievais, que costumavam entrelaçar diferentes ideias em um mesmo tecido, que começa com um versículo em particular, expande-se e estende-se e, então, finalmente volta ao ponto de partida. Praticamente todas as seções são construídas a partir de um método idêntico de composição, desenvolvendo-se a partir de variações de diferentes formas literárias. Do ponto de vista da construção, não há diferença tampouco entre as diversas estruturas narrativas, como a transmissão de exposições que se originaram durante as viagens dos companheiros de uma cidade para outra na Palestina, especialmente na Galileia, ou o tipo de composição dramática que se encontra no *Idrot*, no *Sava* e no *Ianuka*. A divisão do material em uma conversa entre companheiros, ou em um monólogo expositivo, não altera basicamente o assunto da composição em si. Mesmo nos monólogos, diversas opiniões que dizem respeito a um versículo específico são mencionadas lado a lado, enquanto em outras partes as diferentes opiniões são divididas e atribuídas a diferentes enunciadores. Citações ou referências a exposições em outras partes do Zohar ocorrem ao longo de toda a parte principal do livro. Alguns assuntos discutidos muito brevemente em um lugar são tratados de forma mais completa em outra exposição. O Zohar, diferentemente do Midrash, ama a alusão a uma discussão anterior ou a um assunto que será tratado mais adiante, e isso é típico dos homiliastas medievais. Um exame dessas referências cruzadas, seja de citações verbais exatas ou seja

de um assunto sem citação específica, mostra que a parte principal do Zohar é uma construção literária íntegra, apesar das variações superficiais. Há algumas afirmações ou ideias que não estão refletidas em mais de um lugar, mas são muito poucas e muito esparsas. Mesmo as seções que têm um assunto particularmente característico, como aquela que trata da fisiognomonia na porção *Itro*, são conectadas em muitos aspectos com outras seções do Zohar, que tratam mais completamente de tópicos apenas brevemente mencionados na primeira. Sobre a relação do *Midrash ha-Ne'lam* com a parte principal do Zohar, veremos a seguir.

Um elemento da unidade construtiva do Zohar é o cenário e os personagens dramáticos. O Zohar pressupõe a existência de um grupo organizado de "companheiros" (*chavraia*), que, sem dúvida, originalmente seriam em número de dez, mas a maioria dos quais não passam de figuras obscuras. Esses dez companheiros são Simão b. Iochai, seu filho Eleazar, Aba, Judá, Iose, Isaac, Hezekiah, Chiya, Ieisa e Acha. Diversos deles são *amoraim* que foram transferidos pelo autor à época dos *tanaim*, como Aba, Hezekiah, Chiya e Acha. O que se narra sobre eles aqui e ali mostra que o autor utilizou histórias de fontes talmúdicas que diziam respeito a *amoraim* com esses nomes e estes não são, portanto, figuras históricas desconhecidas. Esses personagens básicos são acompanhados por alguns outros rabinos, que geralmente aparecem indiretamente, ou como figuras da geração que precedeu a de Simão b. Iochai. A esse respeito, um erro em particular do Zohar é muito importante. Em diversas histórias, o livro repetidamente converte Pinchas b. Jair, genro de Simão b. Iochai (segundo Shab. 33b), em seu sogro. De maneira similar, o sogro de Eleazar, filho de Simão, é chamado de Iose b. Simão b. Lekonya, em vez de Simão b. Iose b. Lekonya. Além dos companheiros regulares, aparecem eventualmente outros personagens que a designação *sava* ("velho") coloca na geração anterior, por exemplo, Nehorai Sava, Ieisa Sava, Hamnuna Sava e Judá Sava. Há uma tendência reconhecível à criação de uma estrutura ficcional na qual os problemas de anacronismo e confusões cronológicas não apareçam. Por outro lado, nem Akiva, nem Ishmael b. Elisha são mencionados como mestres da tradição mística, ao passo que ambos aparecem nos *Heichalot* e na literatura da Merkavah. Akiva é apresentado apenas nas histórias e citações que vêm do Talmud.

O cenário palestino do livro é também ficcional e, no geral, não possui base factual. O Zohar se baseia em ideias geográficas e topográficas sobre a Palestina tiradas de literatura mais antiga. Às vezes, o autor não entendia suas fontes e criava lugares que nunca existiram, por exemplo, Kapotkeia, como o nome de uma aldeia próxima a Seforis, com base em uma afirmação do Talmud palestino (Shev. 9:5), que ele combinou com outra afirmação no Tosefta, *Ievamot* 4. Ele cria uma aldeia na Galileia com o nome de Kefar Tarsh que identifica com Mata Mechasia e conta, nesse contexto, sobre o rito de circuncisão que se baseia em um material citado na literatura gueônica em relação à Mata Mechasia na Babilônia. Eventualmente, o nome de um lugar se baseia em corruptelas do manuscrito medieval do Talmud, por exemplo, Migdal Zor no início do *Sava de-Mishpatim*. Na questão do cenário e dos personagens, existem diversos vínculos entre a parte principal do Zohar e o extrato do *Midrash ha-Ne'lam*, que segue o mesmo padrão de mencionar lugares que na verdade não existem. Nesta seção, Simão b. Iochai e seus companheiros já constituem uma comunidade muito importante de místicos, mas outros grupos também são mencionados e, particularmente, *amoraim* ou eruditos posteriores com nomes fictícios que não reaparecem no Zohar. Em tempos recentes, diversas tentativas foram feitas de explicar as dificuldades geográficas e dar uma interpretação não literal das afirmações do Talmud e dos Midrashim no intuito de encaixá-las no Zohar, mas elas não foram convincentes. Diversas vezes o Zohar usa a expressão *selik le-hatam* ("ele foi embora de lá"), idiomatismo babilônico para aqueles que iam embora da Babilônia para a Palestina, assim, alterando o cenário da Palestina para a Diáspora – esse "de lá" seria uma expressão impossível se o livro efetivamente fosse escrito na Palestina.

Fontes

Quanto à questão das fontes do Zohar, devemos distinguir entre aquelas que são explicitamente mencionadas e as verdadeiras fontes que são aludidas apenas de maneira genérica ("foi estabelecido por eles", "os companheiros discutiram") ou que não são mencionadas de nenhuma forma. As fontes do primeiro tipo são obras fictícias mencionadas ao longo do Zohar e do *Midrash ha-Ne'lam*, por exemplo, o *Sifra de-Adam*, o *Sifra de-Chanoch*, o *Sifra de-Shelomo Malka*, o *Sifra de-Rav Hamnuna Sava*, o *Sifra de-Rav Ieiva Sava* e, de forma mais enigmática, *Sifrei Kadma'ei* ("livros antigos"), o *Sifra de-Agadeta*, o *Raza de-Razin, Matnita de-Lan* (isto é, a Mishnah mística em diferenciação da Mishnah usual). Com relação ao mistério das letras do alfabeto, o *Atvan Guelifin* ("Letras Gravadas") é citado, ou as "Letras Gravadas de R. Eleazar". Obras de magia também são citadas, por exemplo, o *Sifra de-Ashmedai*, o *Zeini Charshin de-Kasdi'el Kadma'ah* ("Vários Tipos de Feitiços do Antigo Kasdiel"), o *Sifra de-Chochmeta di-Venei Kedem* ("Livro da Sabedoria dos Filhos do Oriente"). Alguns nomes são baseados em fontes anteriores, como o *Sifra de-Adam* e o *Sifra de-Chanoch*, mas os assuntos são referidos por esses nomes que realmente pertencem inteiramente ao Zohar e a seu mundo de ideias. Em contraste com essa biblioteca fictícia, que é claramente enfatizada, as fontes literárias reais do Zohar estão escondidas. Essas fontes abrangem uma grande quantidade de livros, do Talmud aos Midrashim, passando pelas obras cabalistas compostas no século XIII. Uma abordagem única no uso dessas fontes pode ser detectada, tanto nas seções do Zohar em si quanto no *Midrash ha-Ne'lam*. O autor possuía conhecimento especializado sobre os primeiros materiais e passou a usá-lo como fundamento de suas exposições, agregando variações próprias. Suas principais fontes foram o Talmud babilônico, a totalidade do

Midrash Rabah, o *Midrash Tanchuma*, os dois *Pessiktot*, o Midrash sobre Salmos, o *Pirkei de-Rabi Eliezer* e o *Targum Onkelos*. De modo geral, essas fontes não são citadas com exatidão, mas traduzidas ao estilo peculiar do Zohar e resumidas. Se existe um tema em particular em diversas versões paralelas na literatura anterior, muitas vezes não é possível estabelecer a fonte precisa. Mas, por outro lado, há muitas afirmações que são citadas de uma forma que existe apenas em uma única dessas fontes. Utilizam-se menos os Midrashim haláchicos, o Talmud palestino e os outros Targuns, e Midrashim como o *Agadat Shir ha-Shirim*, o Midrash sobre Provérbios, e o *Alfabet de-R. Akiva*. Não fica claro se o autor usou o *Ialkut Shimoni* ou se ele conhecia as fontes de seus *agadot* separadamente. Dos Midrashim menores, ele usou o *Heichalot Rabati*, o *Alfabeto de Ben Sira*, o *Sefer Zerubabel*, o *Baraita de-Ma'sseh Bereshit*, o *Perek Shirah* em suas descrições de *Gan Eden*, e o tratado *Chibut ha-Kever* e também, eventualmente, o *Sefer ha-Iashar*. Algumas vezes, o autor faz uso de *agadot* que já não existem mais, ou que só existem ainda no *Midrash ha-Gadol*; isto não deve causar espanto porque os Midrashim agádicos como este eram conhecidos por muitos autores medievais, por exemplo, nas homilias de Ioshua ibn Shu'ayb, que escreveu na geração seguinte à aparição do Zohar. O Zohar continua o padrão de pensamento da *agadah* e o transfere para o mundo da Cabala. As referências a paralelos na literatura rabínica que Reuben Margulies cita em seu *Nitsotset Zohar* na edição de Jerusalém do Zohar (1940-48) muitas vezes revela as fontes das exposições.

Da literatura medieval, o autor faz uso, como demonstrou W. Bacher, de comentadores da Bíblia como Rashi, Abrahão ibn Ezra, David Kimhi, e o *Lekach Tov* de Tobiah b. Eliezer. Aparentemente ele também conhecia os comentários dos tossafistas e foi nitidamente influenciado pelos comentadores alegóricos da escola de Maimônides, particularmente no *Midrash ha-Ne'lam*, mas também em algumas exposições na parte principal do Zohar. O último comentador que o autor usou como fonte foi Nachmanides em seus comentários tanto sobre a Torah quanto sobre Jó. Certos usos verbais no Zohar podem ser explicados apenas com referência às definições contidas no *Sefer he-Aruch* e no *Sefer ha-Shorashim* de David Kimhi. Uma exposição importante na seção *Balak* se baseia em uma combinação de três peças do *Kuzari* de Judá Halevi. Em relação a certos costumes, ele se baseia no *Sefer ha-Manhig* de Abrahão b. Natan ha-Iarchi. O comentário de Rashi ao Talmud serve de fundamento para diversas afirmações no Zohar, e não apenas em relação ao Talmud. Das obras de Maimônides, ele usa brevemente o comentário à Mishnah e o *Moreh Nevukchim*, e usa o *Mishneh Torah* mais extensamente. Diversas tentativas de provar que Maimônides conhecia o Zohar e teria feito uso dele em diversas de suas *halachot* (mais recentemente a de R. Marguiles, *Ha-Rambam ve-ha-Zohar*, 1954) apenas servem para mostrar a dependência do Zohar em relação a Maimônides.

As fontes do Zohar entre as obras cabalísticas que o precederam também são imprecisas. O *Sefer Ietsirah* é claramente mencionado apenas no extrato mais tardio. O *Sefer ha-Bahir*, o *Ma'yan ha-Chochmah* atribuído a Moisés, os escritos dos chassídicos asquenazes e particularmente de Eleazar de Worms, o comentário de R. Ezra ao Cântico dos Cânticos, e o comentário da liturgia de Azriel de Girona, todos foram conhecidos pelo autor do Zohar, e ele desenvolve tendências que apareceram pela primeira vez nos escritos do círculo de gnósticos em Castela em meados do século XIII. De maneira similar, a terminologia cabalista do Zohar reflete o desenvolvimento da Cabala a partir do *Sefer ha-Bahir* até José Gikatilla, e o termo *nekudah chada* ("um ponto") no sentido de "centro" é tirado da obra de Gikatilla, *Guinat Egoz*, que foi escrita em 1274. Termos espalhados em diversos lugares, como *Ein-Sof*, *avir kadmon*, *ain* (no sentido místico), *mekora de-chaiei*, *re'uta de machshavah*, *alma de-peiruda*, têm sua fonte no desenvolvimento da Cabala depois de 1200. O termo *haluk* ou *haluka de-Rabanan*, para o traje da alma no Éden, e ideias relacionadas à formação desse traje, é tirado do *Chibur Iafeh min ha-Ieshu'ah* de Nissim b. Jacob (1050). Muitas vezes o autor do Zohar se vale indiretamente dos Midrashim através de comentários sobre eles escritos pelos cabalistas que o precederam.

O ambiente medieval pode ser reconhecido em muitos detalhes do Zohar além daqueles já mencionados. As referências históricas às Cruzadas e ao domínio árabe da Palestina depois das guerras são reunidas com materiais baseados nas leis e nos costumes encontrados no ambiente espanhol do autor. No mesmo sentido, sua diatribe ética dirigida contra certas imoralidades particulares na vida da comunidade pertence a um período específico do tempo, como Itzchak Baer demonstrou. Os costumes comuns são característicos das terras cristãs da era medieval. As ideias do autor sobre medicina se encaixam nesse período particular, que foi dominado pelas opiniões de Galeno. O Zohar não tem ideias precisas a respeito da natureza da idolatria e se vale das opiniões de Maimônides que, por sua vez, se baseavam na "literatura" fictícia da seita dos sabeus em Charan. O pano de fundo cultural e religioso a que se relaciona a maior parte do livro, inclusive suas partes polêmicas, é cristão e monogâmico. Mas eventualmente deparamos com alusões ao Islã e a contatos com muçulmanos, e isso se encaixa com a identificação de Castela como lugar onde o livro foi escrito.

Onde as ideias do Zohar a respeito de Satã e as hierarquias dos poderes da impureza, dos demônios e espíritos malignos, e também à necromancia e a feiticeiros, não são tiradas de fontes talmúdicas, elas trazem a clara marca da Idade Média, por exemplo, o pacto entre o feiticeiro e Satã, e a idolatria de Satã pelos feiticeiros. As referências a esses assuntos estão espalhadas por todo o Zohar, mas elas são de um único e mesmo tipo. A liturgia, que é exposta extensivamente nas seções *Terumah* e *Va-Iachel*, não é a liturgia original da Palestina, mas a versão espanhola e francesa em uso na Idade Média. A forma literária dada a todas essas exposições como se tivessem sido proferidas no período tanaíta é apenas superficial. O autor do terceiro extrato, no *Ra'aia Meheimna* e os *Tikunim*, revela seu ambiente através de um material adicional, e é quase como se ele não quisesse disfarçá-lo. Isso é particularmente nítido no longo tratamento dado à situação social e religiosa das comunidades judaicas de seu tempo, um assunto favorito que recebe um tratamento diferente da parte principal do Zohar. As condições sociais descritas aqui estão longe de serem aquelas das primeiras comunidades da Babilônia e da Palestina, mas se encaixam, em cada detalhe, no que se sabe das condições na Espanha no século XIII. Sua escrita tem um tom distintamente duro e polêmico dirigido contra vários grupos na sociedade judaica, um tom que está ausente das outras partes do Zohar. O que é típico desta parte é o uso da expressão *erev rav* ("multidão misturada") para designar o extrato social nas comunidades judaicas no qual se combinavam todas as máculas que o autor observava em seus próprios contemporâneos. O autor também tinha consciência da acalorada controvérsia entre os cabalistas, chamados naquelas partes apenas de *marei kabbalah* ("mestres da cabala"), e seus oponentes, que negavam a alegação de que existiam mistérios na Torah e o conhecimento a respeito deles.

Língua

Se todas as esperanças de descobrir camadas primitivas no Zohar através de uma análise histórica e literária de suas diversas partes foram em vão, ficarão igualmente frustradas quando passarmos à crítica linguística. A língua do Zohar pode ser dividida em três tipos: (1) o hebraico do *Midrash ha-Ne'lam*; (2) o aramaico aqui e ali na parte principal do Zohar; e (3) a imitação de (2) no *Ra'aia Meheimna* e nos *Tikunim*. O hebraico utilizado é, na verdade, uma imitação do estilo agádico, mas sempre que diverge das fontes literárias vê-se que é um hebraico medieval pertencente a uma época em que a terminologia filosófica era amplamente difundida. O autor usa muito abertamente termos filosóficos tardios, particularmente nas primeiras seções e no Midrash sobre Rute. Ao mesmo tempo, a transição desse hebraico para o aramaico do *Midrash ha-Ne'lam* em si e da parte principal do Zohar que, linguisticamente falando, são o mesmo, pode ser claramente distinta. O hebraico natural do autor é aqui traduzido para um aramaico artificial. Embora seu hebraico tenha contrapartidas na literatura medieval, os idiomatismos aramaicos do Zohar não têm nenhum paralelo linguístico, uma vez que é composto de todos os idiomatismos aramaicos que o autor conhecia e que usou como fundamento para sua construção artificial. O próprio uso da palavra *targum* (1: 89a) para a língua aramaica, em vez de *leshon Arami*, que era usado no Talmud e no Midrash, era uma prática medieval. Os idiomatismos aramaicos são principalmente a língua do Talmud babilônico e do *Targum Onkelos*, assim como o aramaico da Galileia dos outros Targuns, mas incluem raríssimos idiomatismos do Talmud da Palestina. Tipos diferentes de idiomatismos são usados lado a lado indiscriminadamente, até numa mesma passagem. Diferenças similares podem ser vistas nos pronomes, tanto subjetivos quanto possessivos, demonstrativos e interrogativos, e também na conjugação verbal. O Zohar usa os pronomes indistinta e muito livremente. Às vezes o Zohar adota o uso babilônico de uma forma particular, por exemplo, as formas do presente perfeito precedidas de *ka* (*ka'amar*) ou a forma da conjugação da terceira pessoa do imperfeito (*leima*). Outras vezes as formas targúmicas correspondentes são preferidas. Com o substantivo, não existe mais nenhuma distinção entre as formas que possuem o sufixo definido *alef* e as que não possuem, e há uma confusão completa. Até uma forma como *tikla chada* ("uma balança de dois pratos") é possível aqui. O caso construto é quase inexistente e quase sempre é substituído pelo uso de *di*. Além do vocabulário usual, novas palavras são cunhadas por analogia com formações já existentes em outras palavras. Assim, palavras como *nehiru*, *netsitsu*, *ketatu* ganham existência (para novas palavras no vocabulário, ver adiante). Quanto aos advérbios, o livro usa indiscriminadamente palavras do aramaico bíblico e do aramaico babilônico, e traduções de termos medievais, como *lefum sha'ata* ou *kedein*, em imitação do uso de *az* para juntar diferentes partes de uma sentença no hebraico medieval. Mesmo com toda a confusão dessas formas, existe, não obstante, algum tipo de sistema e de coerência. Uma espécie de língua unificada é criada, uma língua que é comum ao longo de todas as partes mencionadas acima. Além das formas básicas extraídas dos idiomatismos aramaicos existem muitas características que são peculiares à língua do Zohar. O Zohar mistura as conjunções do verbo, usando *pe'al* em vez de *pa'el* e *af'el* (*lemizkei* em vez de *lezaka'ah*, *lemei'al* em vez de *le'a'ala'ah*, *lemchdei* em vez de *lechada'ah*) e também *af'el* em vez de *pe'al*, por exemplo, *olifna* em vez de *ialfinan* (entre as palavras mais comuns do Zohar). O livro usa formas incorretas do *itpa'al* ou *etpe'el* (as duas formas do verbo são indistinguíveis), por exemplo, *itsaddar* ou *itsedar*, *itzaiar* ou *itseiar*, *itzakei* ou *tzekei*, *itserif* etc. Em diversos casos, embora apenas com certos verbos, o livro usa o *itpa'al* ou o *etpe'el* (as duas formas do verbo são indistinguíveis) como verbo transitivo, por exemplo, *it'arna milei*, *le-istamara* ou *le-istemara orchoi*, *le-itdabaka* ou *le-itdebaka* no sentido de "atingir". O livro dá novos significados às palavras, segundo seu uso medieval: por exemplo, *istalak* com relação à morte dos virtuosos; *it'ar*, através da influência de *hitorer*, que na Idade Média era usado no sentido de "discutir determinado assunto"; *adbakuta* no sentido de "percepção intelectual"; *ashgahuta* no sentido no sentido de "providência"; *shorsha* no sentido de "princípio básico". A expressão conjuntiva *imkol da* usada em todo o livro no sentido de "não obstante" (*be-chol zot*) é influenciada pelos tradutores do árabe, assim como o uso da palavra *remez* como termo para alegoria.

Um grande número de erros e de traduções emprestadas recorrem constantemente no Zohar. A palavra *pelatarin* é considerada uma forma plural e *galgalei iama*, uma forma plural de *galei ha-iam* ("ondas do mar"). O autor escreve *bar-anan* em vez de *bar-minan* e dá a tradução artificial "membro" para *shaifa* através de uma suposição equivocada na interpretação de uma passagem em *Makot* 11b. Do verbo *gamar*, significando "aprender", ele formula o mesmo significado para o verbo *chatam* (*le-mechtam oraita*), e há muitos exemplos desse tipo. Existem diversas palavras, cujos significados nas fontes originais o autor do Zohar não conhecia, e que recebem significados novos e incorretos: por exemplo, o verbo *ta'an* recebe o significado de "guiar um asno por trás" (um arabismo extraído do *Sefer ha-Shorashim* de David Kimhi) ou *taia'a*, "o judeu que guia o asno". *Tukpa* no sentido de "colo" se baseia em uma incompreensão de uma passagem do *Targum Onkelos* (Números 11:12); *botsina de-kardinuta* como "uma luz muito poderosa" é baseado em uma incompreensão de uma passagem em *Pesahim* 7a. Há uma série de palavras, especialmente substantivos, que não possuem uma fonte conhecida e cujo significado é muitas vezes impreciso. É possível que derivem de corruptelas de leitura dos manuscritos da literatura rabínica, ou que sejam palavras cunhadas pelo autor por imitação de palavras estrangeiras que ocorrem naquela literatura. A maioria delas começa com a letra *kof* e as letras *zain, samech, pe* e *resh* são predominantes, por exemplo, *sospita, kaftira, kospita, kirta, kozpira*. A influência árabe aparece apenas em algumas poucas palavras, mas a influência espanhola é nítida no vocabulário, nos idiomatismos e no uso de preposições particulares. A palavra *gardinim* no sentido de "guardiões", derivada do espanhol *guardianes*, ocorre em todas as partes do Zohar; o verbo *besam* no sentido de "amaciar" é uma tradução literal do verbo espanhol *endulzar*; daí também a expressão comum *hamtakat ha-din*, que vem do Zohar. As traduções emprestadas de *chakal,* no sentido de "campo de batalha" e de *kos,* no sentido de "corola de flor", mostram a influência do uso românico. Idiomatismos como *lakechin derech acheret, kaiama bi-she'elta, istekem al iedoi* (em vez de *askem*), *ossim simchah, iateva be-reikania* (no sentido de "estar vazio") são traduções emprestadas do espanhol. No *Tikunei Zohar* há, além disso, o uso de *esh nogah* para "sinagoga" (em espanhol, *esnoga = sinagoga*). A expressão *egoz ha-keshet* como termo militar tem sua fonte nas línguas românicas medievais (*nuez de ballesta*). Há muitos exemplos do uso da preposição *min* ("desde") em vez de *shel* ("de"); *be* ("dentro") em vez de *im* ("com"); *legabei* ("em referência a") em vez de *el* ("para") – todas resultando da influência de construções espanholas.

A unidade linguística do Zohar aparece também em peculiaridades linguísticas particulares que não são encontradas em nenhum outro lugar na literatura rabínica ou que têm um significado completamente diferente em outros contextos. Elas ocorrem em todas as partes do Zohar, particularmente no *Midrash ha-Ne'lam*, e na parte principal do Zohar. Exemplos disso são o uso de formas do padrão "ativo e não ativo" – não no sentido rabínico de "semiativo", mas com o significado de atividade espiritual cuja profundidade é insondável; a combinação de palavras com terminação *de-chola*, por exemplo, *amika de-chola, nishmeta de-chola, maftecha de-chola*; formas hiperbólicas do tipo *raza de-razin, temira de-temirin, chedvah de-chol chedvan, tushbachta de-chol tushbechin*; a descrição de uma ação, cujos detalhes não devem ser revelados, através do uso da forma "ele fez o que fez"; a divisão de um determinado assunto em certas categorias pelo uso de *it... ve-it*, por exemplo, *it iain ve-it iain, it kaits ve-it kaits*; o uso de hendíades (dois termos para o mesmo objeto), por exemplo, *chotama de-gushpanka* ("selo de um selo"), *botsinai di-sheraga* ("luz de uma luz"). Quanto à sintaxe, nota-se o uso do infinitivo no início da oração subordinada, mesmo quando o sujeito é diferente daquele da oração principal; por exemplo, *tsadikim re'uim le-hitiashev ha-olam mehem; ihu heichala di-rechimu le-idebaka dachora be-nubka*. Isso ocorre particularmente no caso de orações relativas ou finais. Outra característica sintática é o uso de *az* ou *kedein* no início de orações subordinadas. Todas essas características são típicas do uso medieval, e particularmente do hebraico dos judeus espanhóis sob influência do estilo filosófico, e o autor do Zohar as utilizar sem nenhuma preocupação com o fato de serem um desenvolvimento tardio. A linguagem dialética da argumentação dos rabinos é extraída quase exclusivamente do Talmud babilônico, com o acréscimo de alguns termos do estilo homilético medieval, por exemplo, *it le-istakala, it le'it'ara*. No contexto da unidade linguística, o Zohar usa recursos estilísticos diferentes com grande liberdade. Algumas vezes trata de uma exposição ou segue um argumento longamente; outras vezes é lacônico e enigmático, ou adota um estilo solene quase ritmado.

Em contraste com a linguagem usada nas outras partes do Zohar, a linguagem do *Ra'aia Meheimna* e dos *Tikunim* é pobre do ponto de vista tanto do vocabulário quanto da sintaxe. O escritor aqui já está imitando o próprio Zohar, mas sem a habilidade literária de seu autor. A quantidade de palavras hebraicas transmutadas em aramaicas é muito maior aqui do que no Zohar.

O objetivo literário do autor da parte principal do Zohar é muito diferente do objetivo deste autor que escreve em um hebraico medieval quase indisfarçável; é muito claro que ele jamais pretendeu que sua obra fosse uma criação tanaíta. Os termos "Cabala" e *"Sefirot"*, que não são usados nenhuma vez na parte principal do Zohar, nem no *Midrash ha-Ne'lam*, e que na verdade são evitados pelo uso de todo tipo de idiomatismo parafrástico, aqui são mencionados irrestritamente.

Ordem de composição

Um exame do Zohar que siga os critérios acima revela a ordem de composição dos principais extratos da obra. As partes mais antigas, relativamente falando, são as seções do *Midrash ha-Ne'lam*, de *Bereshit* até *Lech Lecha*, e o *Midrash ha-Ne'lam* para Rute. Elas já haviam sido escritas de acordo com um padrão literário diferente, que, no entanto, não atribuía tudo ao círculo de Simão b. Iochai apenas, mas que estabelecia também Eliezer b. Hyrcanus, segundo os *Heichalot* e o *Pirkei de-Rabi Eliezer*, como um dos principais heróis do pensamento místico. Essa seção contém a base de muitas passagens do corpo principal do Zohar, que cita afirmações encontradas apenas ali e desenvolve seus temas, suas histórias e suas ideias mais expansivamente. O contrário não pode ser afirmado. Nessas seções mais antigas, não há assuntos cuja compreensão dependa de uma referência ao Zohar em si, ao passo que todas as partes do corpo do Zohar, incluindo o *Idra Raba* e o *Idra Zuta*, estão repletas de citações e alusões a assuntos encontrados apenas no *Midrash ha-Ne'lam*. As contradições que ocorrem aqui e ali entre os dois extratos a respeito de determinados pontos, particularmente em assuntos relativos à alma, podem ser explicadas, à luz da unidade que existe entre eles, como indicativas de um desenvolvimento das ideias de um autor cuja obra escrita emergira de uma profunda agitação espiritual. Certos vislumbres da imaginação criativa do autor e desses desenvolvimentos foram possíveis pela descoberta de uma nova seção sobre o versículo "Haja luminares no firmamento do céu", que estabelece um paralelo com outra seção nas edições impressas e na maioria dos manuscritos, mas que difere dela na concepção extraordinariamente imaginativa do autor, e parece ser uma primeira versão daquela que seria impressa em tom consideravelmente mais baixo. Essa nova seção só existe no mais antigo manuscrito do Zohar até então conhecido,[2] mas fornece a primeira citação de escritos zoháricos já encontrada na literatura hebraica. Nas duas últimas seções do *Midrash ha-Ne'lam*, há duas referências a questões que são encontradas apenas no corpo principal do Zohar, cuja escrita parece, portanto, ter sido iniciada nessa época. Na composição da parte principal do Zohar, ocorrem mudanças na técnica literária, e na transição para o uso exclusivo do aramaico, e particularmente na decisão de tratar de modo mais expansivo as ideias cabalistas do autor e daqueles de seu círculo. A ordem de composição das várias seções que compõem o segundo extrato básico não pode ser precisamente determinada. Há tantas referências cruzadas, e não se sabe se essas referências foram inseridas na redação final ou se estavam ali desde o início, tanto se referindo a algo já escrito quanto a algo que o autor ainda pretendia escrever depois. De todo modo, a maior parte do material foi escrita como resultado de um profundo entusiasmo criativo e ao longo de um período de tempo relativamente curto, de modo que a questão da ordem da composição dessa seção não é de importância vital. Mesmo depois que o autor parou de trabalhar no *Midrash ha-Ne'lam*, que nunca foi terminado, ele eventualmente continuou a escrever passagens dentro do mesmo espírito e a encaixá-las na estrutura da parte principal do Zohar. O entrelaçamento de uma camada com a outra, apesar das óbvias diferenças entre elas, também ocorre entre a parte principal do Zohar e o extrato posterior, cuja composição começa com o *Ra'aia Meheimna*. As diferenças aqui são tão grandes que é impossível supor que o mesmo autor tenha escrito os dois extratos mais antigos e este último. Mas existe um vínculo entre eles. O autor da parte principal do Zohar começou, aparentemente, a compor uma obra literária que era anônima e não estava associada a nenhuma estrutura literária ou narrativa em particular e que pretendia ser uma interpretação dos motivos dos mandamentos segundo sua opinião. Ele não terminou essa obra, e os resquícios dela não sobreviveram em nenhuma cópia manuscrita em particular. No entanto, o autor do *Ra'aia Meheimna*, que era provavelmente aluno do primeiro escritor, conheceu e usou essa obra como ponto de partida de seus comentários sobre diversos dos mandamentos, acrescentando suas próprias intuições individuais e novos cenários. As diferenças de aspecto e estilo entre esses fragmentos – que, quando ocorrem, estão sempre no início da discussão dos mandamentos – e as partes principais do *Ra'aia Meheimna* são muito grandes. É quase sempre possível determinar precisamente o ponto de transição entre os fragmentos do texto original, que pode ser atribuído ao próprio Zohar, e o *Ra'aia Meheimna*, que lhe foi acrescentado.

Os próprios cabalistas parecem ter reconhecido essa distinção. Por exemplo, os impressores da edição de Cremona do Zohar fizeram uma divisão na página de rosto entre duas seções, chamadas *Pekuda* e *Ra'aia Meheimna*. As páginas do *Pekuda* pertencem sob todos os pontos de vista à parte principal do Zohar. O autor do extrato posterior tinha ideias muito diferentes daquelas do autor do extrato anterior. Ele não expressa suas ideias exaustivamente como os homiliastas, mas vincula as coisas por associação, sem explicar seu princípio básico, e avança por meio de associações, especialmente no *Sefer ha-Tikunim*.

O autor do *Midrash ha-Ne'lam* e a parte principal do Zohar visava desde o início criar uma literatura variada sob a aparência dos primeiros materiais rabínicos, e não se contentou em unir as diversas seções que hoje fazem parte do Zohar, mas ampliou sua tela. Ele editou uma versão de uma coletânea de responsas gueônicas, particularmente aquelas de Hai Gaon, e acrescentou materiais cabalísticos no estilo do Zohar, usando idiomatismos particulares do aramaico zohárico e também no estilo do *Midrash ha-Ne'lam*, intitulando a todos *Iersuhalmi* ou "versão *Iersuhalmi*". Essa versão editada começou a circular por volta da mesma época que o próprio Zohar, no intuito de servir como uma espécie de indicação de que a nova obra era na verdade conhecida dos antigos rabinos. Ela foi em seguida impressa com o título de uma responsa, *Sha'arei Teshuvah* e confundiu não apenas cabalistas dos séculos XV e XVI, mas também estudiosos do século XIX, que a usaram como prova da antiguidade do Zohar. Um dos primeiros foi David Luria em seu *Ma'amar Kadmut Sefer ha-Zohar*.

De modo similar, o autor do *Midrash ha-Ne'lam* escreveu um livrinho intitulado *Orchot Chaim* ou *Tsava'at R. Eliezer ha-Gadol*, que é todo intimamente conectado ao Zohar. A obra é escrita em hebraico, mas contém todos os ingredientes linguísticos e peculiaridades estilísticas do Zohar. Nesse livro, Eliezer b. Hyrcanus, antes de sua morte, que é descrita longamente de acordo com o Midrash tardio *Pirkei de-R. Eliezer*, revela os caminhos da virtude e da boa conduta em estilo epigramático e, na segunda parte, acrescenta uma descrição das delícias da alma do jardim do Éden depois da morte. Essas descrições são realmente muito próximas de partes específicas do Midrash sobre Rute e das porções *Va Iakhel, Shelach Lecha, Balak*, entre outras partes do Zohar. O livro era conhecido a princípio apenas nos círculos cabalistas. Foi impresso em Constantinopla em 1521, e geralmente cada uma das duas partes era impressa separadamente – a descrição da morte e as prescrições éticas em uma, e a descrição do jardim do Éden na outra. A segunda parte está incluída no livro de A. Jellinek, *Beit ha-Midrash* (3 [1938], p. 131-40). A primeira parte foi interpretada longamente nas edições do *Orchot Chaim* por dois rabinos poloneses, Abraham Mordecai Vernikovsky (*Perush Dammesek Eliezer*, Varsóvia, 1888) e Gershon Enoch Leiner (Lublin, 1903), que tentaram provar a antiguidade do livro pelo fato de se basear inteiramente no Zohar, e na verdade acabaram provando que as duas obras foram compostas pelo mesmo autor. Existem ainda alguns motivos para pensar que o autor do Zohar pretendia escrever um *Sefer Chanoch* sobre o jardim do Éden e outros tópicos cabalísticos, e uma longa descrição disso aparece citada no *Mishkan ha-Edut* de Moisés de Leon.

Data da composição

Os cálculos do tempo da redenção, que são encontrados em diversas seções do Zohar, confirmam as conclusões a respeito da data de sua composição. Esses cálculos garantem, de várias formas, e por meio de diferentes interpretações e conjecturas, que a redenção começará no ano 1300, e expõem os diferentes estágios de redenção chegando até a ressurreição. Existem variações nos detalhes das datas precisas, dependendo do tipo de tema exposto. Segundo o Zohar, haviam se passado 1200 anos desde a destruição do Templo – um século para cada tribo de Israel. Israel então estaria no período de transição que precedia o início da redenção. Segundo essas datas (1: 116-9, 139b; 2: 9b; ver A. H. Silver, *A History of Messianic Speculation in Israel* (1927), 90-92), deve-se considerar que a parte principal do Zohar e o *Midrash ha-Ne'lam* foram escritos entre 1270 e 1300. Cálculos similares são encontrados no *Ra'aia Meheimna* e nos *Tikunim*. A data fundamental é sempre 1268. Depois disso, "as dores do parto do Messias" começarão, e Moisés aparecerá e revelará o Zohar conforme se aproxima o final dos tempos. O período de transição prosseguirá até sofrer uma pausa no ano 1312, e então os diversos estágios da redenção em si começarão. Moisés, em sua aparição final, não é o Messias, mas o precursor do Messias – o filho de José e o filho de Davi. Ele será um homem pobre, mas rico em Torah cabalística. O período de transição é um período de perturbações e tormentos para o grupo sagrado do povo de Israel, representado pelos cabalistas, que unirão forças em um conflito ferrenho com seus oponentes e detratores. O próprio Zohar é um símbolo da arca de Noé, através da qual eles foram salvos da destruição no Dilúvio. Deus revelou a Si mesmo ao Moisés original através do fogo da profecia, mas para o Moisés tardio da última geração Ele será revelado nas chamas da Torah, isto é, através da revelação dos mistérios da Cabala. Algo de Moisés brilha sobre todo sábio ou virtuoso que se ocupa em sua geração da Torah, mas no final dos tempos ele aparecerá de forma concreta como o revelador do Zohar. Alusões desse tipo existem em todas as seções do extrato mais recente.

O AUTOR

De acordo com o claro testemunho de Isaac b. Samuel de Acre, que reuniu informações contraditórias sobre a aparição e a natureza do Zohar nos primeiros anos do século XIV, o livro foi publicado, parte por parte, não todo de uma vez, pelo cabalista espanhol Moisés b. Shem Tov de Leon, que morreu em 1305, depois de conhecer Isaac de Acre. Esse cabalista escreveu muitos livros em hebraico levando seu nome de 1286 até depois de 1293. Ele teve contato com diversos cabalistas de sua época, entre os quais Todros Abulafia e seu filho José em Toledo, um dos líderes dos judeus castelhanos, que apoiavam Moisés de Leon. Por tudo o que foi dito, o Zohar, com seus vários extratos, foi sem dúvida composto nos anos que antecederam imediatamente sua publicação, uma vez que é impossível descobrir alguma seção que tenha sido escrita antes de 1270. Na verdade, alguns colegas de Isaac de Acre consideravam Moisés de Leon o verdadeiro autor do Zohar. Quando fez algumas investigações em Ávila, a última cidade em que Moisés de Leon viveu, Isaac ficou sabendo de um homem rico que havia proposto casar seu filho com a filha da viúva de Moisés, desde que ela lhe desse o antigo manuscrito original a partir do qual, segundo ele, seu falecido marido copiara os textos que havia publicado. No entanto, tanto a mãe quanto a filha teriam alegado que tal manuscrito antigo não existia, e que Moisés de Leon havia escrito a obra inteira por sua própria iniciativa. Desde então as opiniões têm se dividido quanto ao valor dessa importante evidência, e mesmo a atitude do próprio Isaac de Acre, cuja história, preservada no livro de Abraham Zacuto, *Sefer ha-Iuchassim*, é interrompida no meio, não fica muito clara, pois ele cita o Zohar em alguns poucos lugares de seus livros sem se valer dele longamente ou em muitos pontos. Uma análise do Zohar não comprova a opinião de que Moisés de Leon teria editado textos e fragmentos de obras antigas que lhe teriam chegado vindas do Oriente. A questão, portanto, é se o próprio Moisés de Leon foi autor, editor e divulgador, ou se um cabalista espanhol associado a ele escreveu o livro e lhe entregou para editar. A decisão só pode ser tomada com base em uma comparação das partes do Zohar com os escritos hebraicos de Moisés de Leon e com base em informações como as primeiras citações existentes do Zohar. As pesquisas sobre essas questões levam a conclusões definidas. Nas obras existentes de Moisés de Leon, e também nas primeiras citações do Zohar feitas por cabalistas espanhóis entre 1280 e 1310, não há nenhuma citação do *Ra'aia Meheimna* e dos *Tikunim*. Pode-se, portanto, supor que esses dois últimos não foram compostos nem publicados por Moisés de Leon. Pesa particularmente nessa relação o fato de que Moisés de Leon escreveu uma longa obra sobre os motivos dos mandamentos, mas não há nenhuma similaridade de nenhum tipo entre seu *Sefer ha-Rimmon* e o *Ra'aia Meheimna*. Em contraste total com isso, todos os seus escritos são extraordinariamente repletos de exposições, ideias, usos linguísticos e outros assuntos encontrados no Zohar, do extrato do *Midrash ha-Ne'lam* e da parte principal do Zohar, inclusive os fragmentos em particular designados acima, que constituem o *Pekuda* no início de algumas seções do *Ra'aia Meheimna*. Muitas vezes seções longas como essas, escritas aqui em hebraico, não contêm nenhuma menção ao fato de serem derivadas de uma determinada fonte, e o autor muitas vezes se orgulha de ser o originador de ideias, não obstante já existirem todas elas no Zohar. Peças breves em meio a uma seção mais longa são introduzidas de várias maneiras que demonstram que sua verdadeira referência é ao Zohar: "está exposto nos Midrashim internos"; "dizem nos segredos da Torah"; "os pilares do mundo discutiram os segredos de suas palavras"; "vi uma questão profunda nos escritos dos antigos"; "vi no *Ierushalmi*"; "vi nos segredos profundos da sabedoria"; e assim por diante. Abundam citações como essas em seus escritos, e algumas delas já estão presentes na versão aramaica do Zohar. Existem também algumas poucas passagens que não ocorrem no Zohar existente, seja porque esses textos em particular não sobreviveram, seja por não terem sido finalmente publicados. A opinião de I. Tishby é de que diversos desses textos foram introduzidos apenas como indicações para algo que o autor pretendia escrever, mas ele não chegou a escrever sobre essas questões mais longamente. Mas o mais provável é que a maior parte do Zohar fosse acessível para ele quando escreveu seus livros hebraicos.

O estilo do hebraico de Moisés de Leon revela em muitos aspectos as idiossincrasias do aramaico do Zohar indicadas acima, e encontramos especialmente aqueles equívocos e erros do uso que são característicos do Zohar e não são encontrados nas obras de nenhum outro escritor. Moisés de Leon escreve nesse estilo até mesmo quando sua escrita não reflete as exposições concretas do Zohar, mas expressam suas próprias ideias ou acrescentam uma nova dimensão às ideias contidas no Zohar. Ele tem um domínio completamente ilimitado do material contido no Zohar e o utiliza como um homem fazendo uso de uma propriedade espiritual sua. Ele alinhava exposições de diferentes partes do Zohar, acrescentando combinações de temas e novas exposições, que estão em perfeito acordo com o espírito zohárico e mostram que seu pensamento é idêntico ao do Zohar. Em muitos casos, seus escritos constituem uma interpretação de passagens difíceis do Zohar que cabalistas posteriores não interpretariam literalmente. Sempre que diverge livremente em seus escritos dos assuntos tratados no Zohar, suas variações não constituem nenhuma prova de que ele não compreendia sua "fonte". Às vezes, Moisés de Leon menciona abertamente as verdadeiras fontes literárias que estão ocultas no Zohar. A longa passagem do Livro de Enoque que é citada em seu *Mishkan ha-Edut* é inteiramente escrita em seu estilo próprio de hebraico. Aspectos peculiares ao Zohar, e que o distinguem de qualquer outra obra cabalista de sua época, são recorrentes nas obras de Moisés de Leon. Entre esses aspectos está, particularmente, o uso exagerado do imaginário mítico, o simbolismo sexual desenvolvido quanto às relações entre as *Sefirot*, e o impressionante interesse mostrado pela demonologia e pela bruxaria. Consequentemente, não há motivo para supor que um autor desconhecido tenha escrito o Zohar enquanto Moisés de Leon estava vivo e depois o teria passado para ele. A autoria de Moisés de Leon resolve os problemas suscitados por uma análise do Zohar acompanhada de uma análise das obras dele. Esses livros foram em grande medida escritos no intuito de preparar o terreno para a publicação das partes do Zohar que guardavam correspondências com essas obras. Em particular, o *Mishkan ha-Edut* (1293) é repleto de elogios e louvores às fontes secretas sobre as quais se baseia.

A solução da questão fundamental da identidade do autor do Zohar suscita até hoje questões que se encontram em aberto; por exemplo, a ordem de composição das seções do extrato principal do Zohar; e a edição final do Zohar antes que seus textos fossem publicamente difundidos, se é que houve esse processo de edição, pois aqui existem evidências das duas possibilidades. A principal questão que ainda precisa ser esclarecida é a relação entre Moisés de Leon e José Gikatilla, que aparentemente era muito íntima e recíproca. De maneira similar, ainda precisamos resolver o problema da autoria do *Ra'aia Meheimna*, cujo autor, diferentemente de Moisés de Leon, não deixou nenhum outro livro para identificá-lo. Se outros cabalistas sabiam do plano de Moisés de Leon e o ajudaram de alguma forma a alcançar seu objetivo, não se sabe ao certo. O que se sabe é que muitos cabalistas, depois da aparição da obra, consideraram-se livres para escrever obras no estilo do Zohar e para imitá-lo – uma liberdade que eles não tomariam com os Midrashim cuja autenticidade e antiguidade genuínas estavam fora de questão. Esse fato mostra que eles não levaram a sério a alegação do Zohar de ser aceito como uma fonte antiga, mesmo que vissem nele uma alta expressão de seu próprio mundo espiritual.

MANUSCRITOS E EDIÇÕES

As circunstâncias que cercam o aparecimento do Zohar não são conhecidas em detalhe. Os primeiros textos que circularam entre alguns poucos cabalistas foram os do *Midrash ha-Ne'lam* e as primeiras citações são encontradas em dois livros de Isaac b. Salomão Ibn Sahula, o *Meshal ha-Kadmoni* (Veneza, c. 1546-50) e seu comentário ao Cântico dos Cânticos, que foi escrito

294

em 1281 e 1283 em Guadalajara, onde Moisés de Leon vivia na época. Ele é o único autor que conheceu e citou o *Midrah ha-Ne'lam* antes que o próprio Moisés de Leon começasse a escrever suas obras hebraicas. Todros Abulafia também teve acesso a esses textos e citou-os em seus livros. Partes do corpo principal do Zohar circulavam desde o final da década de 1280. Um exame das citações do Zohar encontradas em escritos dessa época mostra que (1) os autores possuíam apenas partes isoladas, dependendo do que cada um conseguiu obter; (2) eles conheciam algumas poucas exposições ou partes que não aparecem no Zohar que temos hoje; (3) eles fizeram uso do Zohar sem considerá-lo uma autoridade suprema da Cabala. Por volta de 1290, algumas porções do Zohar sobre a Torah chegaram ao conhecimento de Bahia b. Asher, que traduziu diversas passagens, palavra por palavra, em seu comentário sobre a Torah, sem mencionar sua fonte e, de modo geral, usou amplamente o Zohar. Duas vezes, no entanto, ele se refere a passagens muito breves com o título de *Midrash R. Simeon b. Iochai*. Outras seções, incluindo os *Idrot*, estiveram nas mãos de Gikatilla quando ele escreveu o *Sha'arei Orah*, antes de 1293. Do anônimo *Ta'amei ha-Mitsvot*, que foi provavelmente escrito nos anos 1290, parece que algumas passagens eram conhecidas pelo autor. De 1300 em diante, há um aumento no número de citações efetivamente expressas sob o nome específico de Zohar ou *Midrash ha-Ne'lam*, que algumas vezes serviu de título para o Zohar como um todo. Os alunos de Salomão b. Abrahão Adret, que escreveu muitas obras cabalísticas, citam o Zohar muito raramente, e eles claramente o faziam com restrições. Menachem Recanati da Itália também possuía algumas partes isoladas em sua época, e as utilizou amplamente, mencionando sua fonte em seu comentário sobre a Torah e em seu *Ta'amei ha-Mitsvot*. Neste último livro, ele faz uma distinção entre o *Zohar Gadol*, que consistia principalmente do *Idra Raba*, e o *Zohar Mufla*. A origem desta distinção não é clara. Recanati tinha consigo apenas cerca de um décimo do Zohar hoje existente, mas teve acesso a uma exposição do mistério dos sacrifícios que já não existe hoje em dia. Entre os autores de sua época (1310-30) que usaram extensamente o Zohar, estavam José Angelino, o autor do *Livnat ha-Sapir*, e David b. Judá he-Chassid, que escreveu *Marot ha-Tsove'ot*, *Sefer ha-Guevul* e *Or Zaru'a*.

A posição em relação às citações mais antigas é comparável ao nosso conhecimento dos primeiros manuscritos do Zohar. Não circularam manuscritos completos, bem-ordenados, e duvida-se que algum dia tenham existido. Os místicos que se interessavam pelo Zohar fizeram coleções próprias de textos que conseguiam encontrar; daí as grandes diferenças de conteúdo dos primeiros manuscritos. Um exemplo dessas coleções é o Manuscrito Cambridge Add. 1023, o mais antigo manuscrito já encontrado. Ele contém material que serviu para completar outra antologia que hoje está perdida, e inclui aquelas partes do Zohar que o compilador conseguiu obter. Esse manuscrito é do terço final do século XIV e contém uma porção completa, até então desconhecida, do *Midrash ha-Ne'lam*, que Isaac ibn Sahula também conheceu (ver anteriormente). O Manuscrito do Vaticano 202, que é um pouco anterior, contém apenas fragmentos isolados do Zohar. No século XV, manuscritos contendo a maioria das porções de Zohar já haviam sido compilados, mas algumas vezes ainda omitiam seções inteiras, por exemplo, os *Idrot*, o *Sava* etc.[3]

As diferenças entre os manuscritos do Zohar e as edições impressas são principalmente no campo da grafia (as palavras são quase sempre escritas completas, plenas, nos manuscritos e nas primeiras citações), e no número relativamente grande de romanismos, que seriam posteriormente obliterados; no uso mais amplo da preposição *bedil* em vez de *begin*; e na alteração das formas gramaticais do Targum e do Talmud babilônico. Existem muitas diferenças no texto básico, mas elas são relativamente irrelevantes, e geralmente leituras diferentes desse tipo aparecem entre colchetes nas edições impressas posteriores. Existem também manuscritos do século XV do *Sefer Tikunim*, como o Manuscrito Paris 778. O *Ra'aia Meheimna* também existe em manuscritos separados, porém mais recentes. De 1400 em diante, a autoridade do Zohar se tornou mais amplamente reconhecida nos círculos cabalísticos, e as críticas ao Zohar que seriam ouvidas aqui e ali no século XIV (por exemplo, José ibn Waqar que escreveu: "o Zohar contém muitos erros para os quais é preciso ficar atento, para evitar se deixar enganar por eles") desapareceram. Nessa época, a disseminação e a influência do Zohar se limitavam basicamente à Espanha e à Itália, e apenas muito lentamente chegaria às terras asquenazes e ao Oriente. A grande elevação do Zohar a uma posição de santidade e autoridade suprema veio durante e depois do período da expulsão da Espanha, e atingiu o auge nos séculos XVI e XVII.

O Zohar foi impresso em meio a uma feroz controvérsia em meio àqueles que se opuseram à sua publicação, entre os quais alguns importantes cabalistas, e seus defensores (ver o ensaio mais longo, *Cabala*). As duas primeiras edições do Zohar foram publicadas por impressores rivais nas cidades vizinhas de Mântua (1558-60) e Cremona (1559-60). O *Tikunei ha-Zohar* também foi publicado separadamente em Mântua (1558). Os editores dessas duas edições usaram manuscritos diferentes – o que explica as diferenças na ordem e em leituras específicas. Immanuel de Benevento, que estabeleceu o texto de Mântua, usou dez manuscritos, com os quais organizou sua edição, e escolheu o texto que considerava o melhor. Entre os revisores em Cremona estava o apóstata Vittorio Eliano, neto do gramático Elias Levita (Bachur). Eles usaram seis manuscritos. O Zohar de Mântua foi impresso em três volumes compostos em tipos Rashi, enquanto o Zohar de Cremona foi impresso em um único grande volume em tipos hebraicos quadrados. Ambos contêm um grande número de erros de impressão. Ambos incluem o *Ra'aia Maheimna*, mas diferem quanto ao lugar dos diferentes *mitsvot*. De acordo com o tamanho, os cabalistas chamaram essas duas edições de *Zohar Gadol* ("Zohar Grande") e *Zohar Katan* ("Zohar Pequeno"). O *Zohar Gadol* seria impresso em duas outras ocasiões nessa forma, em Lublin, em 1623, e em Sulzbach em 1684. Os cabalistas poloneses e alemães até por volta de 1715 geralmente usavam o *Zohar Gadol*. Todas as outras edições seguem o protótipo da edição de Mântua. Em seu conjunto, o Zohar foi impresso mais de 65 vezes e o *Tikunei Zohar* quase 80 vezes. A maioria das edições vêm da Polônia e da Rússia, mas também há impressões de Constantinopla, Tessalônica, Esmirna, Livorno, Jerusalém e Djerba. Em edições posteriores, seriam acrescentadas variantes de leitura do texto de Cremona e muitos erros tipográficos seriam corrigidos. Também seriam acrescentadas variantes de leitura do manuscrito dos cabalistas de Safed, indicações de fontes bíblicas e introduções. O Zohar foi impresso duas vezes em Livorno com um texto vocalizado (incorretamente). Essas seções nos manuscritos de Safed que não foram encontradas na edição de Mântua seriam, com exceção do *Midrash ha-Ne'lam* para Rute, impressas reunidas em um volume separado em Tessalônica em 1597, que nas edições posteriores seria chamado de *Zohar Chadash*. As melhores dessas edições são a de Veneza, 1658 e a de Munkacs, 1911. Todas as seções do Zohar foram incluídas na edição completa de Iehudah Ashlag, Jerusalém, 1945-58, em 22 volumes, com uma tradução hebraica e variantes textuais das edições anteriores. O *Tikunei ha-Zohar* começou a aparecer em 1960 e ainda não foi completado. Ainda não existe uma edição crítica baseada nos primeiros manuscritos.

COMENTÁRIOS

A importância crucial do Zohar no desenvolvimento da Cabala e na vida da comunidade judaica pode ser vista na vasta literatura exegética e no grande número de manuais compostos para ele. A maioria desses comentários não foram impressos, especialmente o comentário de Moisés Cordovero *Or ha-Iakar*, do qual sete volumes até hoje apareceram (Jerusalém, 1962-73) – uma versão completa disso existe na Biblioteca de Módena em 16 volumes grandes; e os comentários de Elias Loans de Worms, *Aderet Eliyahu*, e *Tsafenat Pa'ne'ah*, que existem em Oxford em quatro grandes volumes escritos à mão pelo próprio autor. Os primeiros comentários sobre o Zohar não sobreviveram. Embora Menachem Recanati mencione seu próprio comentário em seu livro *Ta'amei ha-Mitsvot*, a maioria dos comentários se baseia na Cabala luriânica e não acrescenta muito à nossa compreensão do Zohar em si, por exemplo, o *Zohar Chai* de Isaac Eizik Safrin de Komarno, que foi impresso em 1875-81 em cinco volumes, e o *Dammesek Eliezer* por seu filho Jacob Moses Safrin, que foi impresso em sete volumes em 1902-28. O comentário mais importante para um entendimento mais literal do Zohar é o *Ketem Paz* de Simeon Labi de Trípoli (escrito por volta de 1570), do qual apenas a seção do Gênesis foi impressa (Livorno, 1795), mas também este diverge muitas vezes do significado geral e oferece interpretações fantasiosas. O segundo em importância é o *Or ha-Chamah*, uma compilação feita por Abrahão b. Mordecai Azulai, que inclui um resumo do comentário de Cordovero, o comentário de Chaim Vital que foi escrito em sua maior parte antes de ele ter estudado com Luria, e o *Iare'ach Iakar*, um comentário de Abrahão Galante, um dos alunos de Cordovero. Azulai organizou esses comentários dispondo-os nas páginas correspondentes ao texto do Zohar original. A obra inteira foi impressa com o título *Or ha-Chamah* em quatro volumes em Przemysl em 1896-98. Ela reflete a escola de Cordovero de exposição do Zohar. Um comentário muito conhecido, um

298

tanto literal e outro tanto luriânico, é o *Mikdash Melech* de Shalom Buzaglo, um rabino marroquino do século XVIII, que foi impresso em Amsterdã em 1750, e diversas vezes desde então. A obra foi impressa com o Zohar em si em Livorno em 1858. O comentário, *Ha-Sulam*, na edição de Iehudah Ashlag do Zohar, é em parte uma tradução e em parte uma exposição. Esses comentários não consideram o Zohar em comparação com materiais anteriores da literatura rabínica ou em outras obras cabalística. Os comentários do Gaon Elias de Vilna são importantes, a saber, o *Iahel Or*, e o seu comentário sobre o *Sifra de-Tseni'uta*, que é caracterizado pela abordagem comparativa. Ambos foram impressos conjuntamente em Vilna em 1882. Entre os muitos comentários sobre o *Tikunei Zohar*, o *Kisse Melech* de Shalom Buzaglo deve ser destacado, e também o *Be'er la-Hai Ro'i* de Tsevi Shapira (impresso em Munkacs, 1903-21), do qual três volumes abarcam apenas cerca de metade da obra.

Das leituras de apoio ao estudo do Zohar, as mais úteis são *Iesh Sachar*, uma coleção de leis contidas no Zohar, de Isaachar Baer de Kremnitz (Praga, 1609); *Sha'arei Zohar*, um esclarecimento de afirmações zoháricas por meio de suas relações com o Talmud e o Midrash, organizadas na ordem dos tratados e dos Midrashim, de Reuben Marguiles (Jerusalém, 1956); uma coleção de afirmações zoháricas sobre os Salmos de Moses Gelernter (Varsóvia, 1926); e *Midrashei ha-Zohar Leket Shemu'el* de S. Kipnis, três volumes (Jerusalém, 1957-60), uma coleção de afirmações zoháricas sobre a Bíblia com explanações. Índices por assunto do conteúdo do Zohar são encontrados no *Maftechot ha-Zohar*, organizado por Israel Berechiah Fontanella (Veneza, 1744), e no *Ialkut ha-Zohar* de Isaac Menachem Mendel (Piotrikov, 1912).

TRADUÇÕES

A questão da tradução do Zohar para o hebraico já havia sido levantada entre os cabalistas do século XIV. David b. Judá he-Chassid traduziu para o hebraico a maioria das citações do Zohar que incluiu em seus livros. Segundo Abrahão Azulai, Isaac Luria teve "um livro do Zohar traduzido para a língua sagrada por Israel al-Nakawa", o autor do *Menorat ha-Ma'or* no qual todas as citações do Zohar, sob o nome de *Midrash Iehi Or*, estão em hebraico. Nos Manuscritos do Vaticano do Zohar (números 62 e 186), várias seções foram traduzidas para o hebraico nos séculos XIV e XV. Segundo José Sambari, Judá Mas'ud traduziu o Zohar para o hebraico no século XVI. Uma tradução do Zohar da edição de Cremona, datando de 1602, existe no Manuscrito Oxford 1561, mas as passagens mais esotéricas foram omitidas; o tradutor foi Barkiel Cafman Ashkenazi. A parte referente ao Gênesis dessa obra foi impressa por Obadiah Hadaya (Jerusalém, 1946). No século XVII, Samuel Romner de Lublin traduziu uma grande parte do Zohar sob o título *Devarim Atikim* (Dembitzer, *Kelilat Iofi*, 2 [1960], 25a); esta obra existe no Manuscrito Oxford 1563, com autorizações rabínicas que datam de 1747, mostrando que esses rabinos tinham intenção de imprimi-las. Segundo Eliakim Milsahagi de Brody, por volta de 1830, em seu *Zohorei Raviah* (Manuscrito de Jerusalém), ele traduziu todo o Zohar para o hebraico e, a julgar por seu excelente estilo, essa deve ter sido a melhor tradução feita da obra, mas hoje esse texto está perdido, assim como seus estudos separados sobre o Zohar. No século XX, grandes seções da Torah foram traduzidas por Judah Rosenberg no *Zohar Torah* em cinco volumes; e de maneira similar, no Zohar sobre Salmos e no *Meguilot* em dois volumes (Nova York, 1924-25; Bilgoraj, 1929-30). Essa tradução é desprovida de qualquer qualidade literária. O autor de língua hebraica Hillel Zeitlin começou a traduzir o Zohar, mas não continuou. O prefácio ao Zohar em sua tradução foi impresso em *Metsudah* (Londres, 1 [1943], p. 36-82). Uma tradução completa e extremamente literal (mas com muitos equívocos textuais) está contida na edição do Zohar de Iehudah Ashlag. Muitas peças selecionadas foram traduzidas em um estilo meticuloso e fino por F. Lachover e I. Tishby, *Mishnat ha-Zohar* (2 volumes, 1957-61).

Mesmo antes de o Zohar ser impresso, o místico francês G. Postel havia preparado uma tradução latina do Gênesis e do Midrash sobre Rute, que existe ainda hoje em manuscrito no Museu Britânico e em Munique. O prefácio a essa tradução foi publicado por F. Secret. O místico cristão Chr. Knorr von Rosenroth também fez uma tradução para o latim de partes importantes, particularmente dos *Idrot* e do *Sifra de-Tseni'uta*, em sua longa obra *Kabbalah Denudata* (Sulzbach, 1677; Frankfurt, 1684), e a maior parte das citações do Zohar ou traduções das peças que apareceram em outras línguas europeias foram tiradas daqui, assim como todos os equívocos do tradutor original, por exemplo, as obras de S. L. Mathers, *The Kabbalah Unveiled* (1887); Paul Vulliaud,

Traduction intégrale du Siphra de-Tzeniutha (1930). Uma tradução francesa dos três volumes das edições padronizadas do Zohar foi preparada por Jean de Pauly (nome posteriormente adotado por um judeu batizado da Galícia), mas é cheia de distorções e adulterações e acompanhada de um grande número de referências textuais falsas, muitas vezes a obras que não as contêm ou a livros que nunca existiram. A tradução foi revista por um estudioso judeu que conhecia o Talmud e o Midrash, mas que não corrigiu os erros no campo da Cabala, que ele não compreendia. Essa tradução, *Sepher ha-Zohar (Le Livre de la Splendeur) Doctrine ésotérique de Israélites traduit... par Jean de Pauly*, foi impressa magnificamente em seis volumes em Paris (1906-11). Uma tradução inglesa da parte principal do Zohar, com a omissão das seções que pareceram aos tradutores serem obras separadas ou acréscimos, foi *The Zohar* de Harry Sperling e Maurice Simon, publicado em cinco volumes em Londres (1931-34). A tradução é em bom estilo, mas sofre de entendimentos incompletos ou errôneos de muitas partes da exposição cabalista. Uma antologia alemã de muitas citações características do Zohar foi feita por Ernst Müller, que foi obviamente influenciado pelo ensinamento de Rudolf Steiner (*Der Sohar, das heilige Buch der Kabbala*, 1932).

ERUDIÇÃO

A pesquisa acadêmica sobre o Zohar não começou com os cabalistas, por mais que fosse profundo o interesse deles por seus ensinamentos: eles aceitaram acriticamente o pano de fundo literário romântico do livro como um fato histórico. Os adversários judeus da Cabala expressaram dúvidas quanto à veracidade desse pano de fundo a partir do final do século XV, mas não mergulharam fundo na pesquisa acadêmica sobre o Zohar. O interesse cristão pelo Zohar a princípio não foi acadêmico mas teológico. Muitos acharam que encontrariam apoio para ideias cristãs e desenvolveram uma "Cabala cristã", e a maioria dos escritos até meados do século XVIII refletem esse espírito. Não se pode associar um valor acadêmico a esses esforços. A primeira obra crítica foi o *Ari Nohem* de Leone Modena (1639), que questionava a autenticidade e a antiguidade do Zohar, desde o ponto de vista da língua e de outros assuntos, mas ele não se dedicou a um estudo detalhado.

O livro só foi impresso tardiamente, em 1894 (Leipzig), mas sua circulação em manuscrito despertou a ira dos cabalistas que viam todo tipo de crítica como um ataque contra o sagrado, e eles reagiram a isso, e a livros posteriores escritos no mesmo espírito com um considerável número de obras defendendo o Zohar, mas com pouco valor histórico. A crítica de Leone Modena foi também estimulada por uma polêmica contra certas alegações da Cabala cristã, enquanto a de Jacob Emden estava associada à luta contra os sabateanos, que chegaram a extremos de heresia em suas interpretações do Zohar. No *Mitpachat Sefarim* (Altona, 1768), Emden concluiu, com base em um grande número de erros específicos no Zohar, que muitas seções e particularmente o *Midrash ha-Ne'lam*, eram posteriores, embora ainda supusesse haver um fundamento antigo para a parte principal do livro. Os *maskilim* seguiram-no, especialmente Samuel David Luzzatto em seu *Viku'ah al Chochmat ha-Kabalah ve-al Kadmut Sefer ha-Zohar* ("Argumento a respeito da sabedoria da Cabala e a antiguidade do Zohar" [1827], impresso em Gorizia, 1852). Esses dois livros, o de Emden e o de Luzzatto, provocaram diversas respostas às perguntas que suscitaram, especialmente o *Ben Iochai* de Moses Kunitz (Viena, 1815) e o *Ta'am le-Shad* de Elia Benamozegh (Livorno, 1863). As profundas investigações de Eliakim Milsahagi em diversos livros dedicados ao Zohar teriam ajudado muito a pesquisa histórica se tivessem sido impressas e não simplesmente circulado em manuscritos. Sua estatura era muito superior à de muitos autores que o sucederam. Sobreviveram apenas algumas poucas páginas suas no *Sefer Raviah* (Ofen, 1837) e sua introdução *Zohorei Raviah* (Manuscrito da Biblioteca Nacional de Jerusalém). Os grandes eruditos do judaísmo do século XIX, Zunz, Steinschneider e Graetz, foram além de Jacob Emden e viram o Zohar como um produto do século XIII. M. H. Landauer tentou provar que o Zohar foi produzido por Abrahão Abulafia, e A. Jellinek direcionou a atenção mais uma vez a Moisés de Leon. A. Franck e D. H. Joel discutiram se o ensinamento do Zohar era de origem judaica ou estrangeira, e um eco desse tipo de controvérsia reverberou pela maior parte da literatura dos *maskilim*, cujas conclusões muito gerais não se baseavam em uma íntima atenção aos detalhes e eram comprometidas por muitos argumentos fracos. Devido à falta de pesquisas críticas precisas, os eruditos decidiram resolver os problemas do Zohar de acordo com suas próprias opiniões subjetivas, e a disseminada crença era de que o Zohar seria uma criação de muitas gerações e só foi editado no século XIII. Havia também aqueles que admitiam que Moisés de Leon tivera participação maior ou menor na edição. Os resultados dos muitos estudos de G. Scholem e I. Tishby, que se basearam em pesquisas detalhadas, não confirmaram essas teorias e levaram à opinião resumida acima. Não há dúvida de que a pesquisa acadêmica do Zohar acaba de começar e se desenvolverá detalhadamente em associação com a pesquisa da história da Cabala do século XIII em geral. Na bibliografia abaixo, estão listadas obras que refletem diversos pontos de vista.

BIBLIOGRAFIA

G. Scholem, *Bibliographia Kabbalistica* (1933), 166-210; M. Kunitz, *Ben Iochai* (1815); S. J. Rapoport, *Nahalat Iehudah* (1873); S. Z. Anushinski, *Matsav ha-Iashar* (1881-87); D. Luria, *Kadmut Sefer ha-Zohar* (1887); H. Zeitlin, *Be-Fardes ha-Chassidut ve--ha-Kabalah* (1960), 55-279; D. Neumark, *Toledot ha-Filosofiah be-Israel*, 1 (1921), 204-45, 326-54; H. S. Neuhausen, *Zohorei Zohar* (1929); idem, *in: Otsar ha-Chaim*, 13 (1937), 51-59; J. A. Z. Margaliot, *Midot Rashibi* (1937); idem, *Kocho de-Rashibi* (1948); J. L. Zlotnik, *Midrash ha Melitsah ha-Ivrit* (1938); I. Baer *in: Tsion*, 5 (1940), 1-44; I. Tishby, *Mishnat ha-Zohar* (1957-61); idem, *in: Perakim* (1967-68), 131-82; Scholem, *Misticismo*, 156-243, 385-407; idem, *in: Tsion (Me'assef)*, 1 (1926), 40-56; idem, *in: MGWJ*, 75 (1931), 347-62, 444-48; idem, *in: Tarbiz*, 19 (1948), 160-75; 24 (1955), 290-306; idem, *in Sefer Assaf* (1953), 459-95; idem, *in: Le-Agnon Shai* (1959), 289-305; idem, *On the Cabala and its Symbolism* (1965), 32-86; F. Gottlieb, *Ha-Kabalah be-Khitvei Rabbenu Bahia ben Asher* (1970), 167-93; R. Margulot, *Malachei Elion* (1962); idem, *Sha'arei Zhorar* (1956); S. A. Horodezky, *Ha-Mistorin be-Israel*, 2 (1952), 266-339; P. Sandler, *in: Sefer Urbach* (1955), 222-35; M. Z. Kadari, *Dikduk ha-Lashon ha-Aramit shel ha-Zohar* (1970); idem, *in: Tarbiz*, 27 (1958), 267-77; M. Kasher, *in: Sinai Jubilee Volume* (1958), 40-56; S. Belkin, *in: Sura*, 25-92; 3 (1958), 25-92; A. Franck, *The Cabala: the Religious Philosophy of the Hebrews* (1967); A. E. Waite, *The Secret Doctrine in Israel* (1913); A. Bension, *The Zohar in Moslemand Christian Spain* (1932); R. J. Z. Werblowsky, *in: JJS*, 10 (1959), 25-44, 113-35; D. H. Joel, *Midrash ha-Zohar: Die Religionsphilosophie des Sohar und ihr Verhältnis zur allgemeinen jüdischen Theologie* (1923); A. Jellinek, *Moses b. Schem-Tob de Leon und sein Verhältnis zum Sohar* (1851);

H. Graetz, *Geschichte der Juden* (1874-1908), 7, 430-48; I. Stern, *in: Ben Chananja*, 1-5 (1858-62); W. Bacher, *in: REJ*, 22 (1891), 33-46, 219-9; S. Karpee, *Étude sur les origines et la naturez du Zohar* (1901); E. Müller, *Der Sohar und seine Lehre* (1955); K. Preis, *in: MGWJ*, 72 (1928), 167-84; *Études et Correspondance de Jean de Pauly relatives au Sepher ha-Zohar* (1933); H. Séreouya, *La Kabbale* (1952), 198-395; V. G. Sed Rajna *Manuscripts du Tiqquney Zohar, in* REJ 129 (1970), 161-78.

2
SHABETAI TSEVI E O MOVIMENTO SABATEANO

ANTECEDENTES DO MOVIMENTO

O sabateanismo foi o maior e mais importante movimento messiânico na história subsequente à destruição do Templo e à Revolta Bar Kochba. Os fatores que deram origem a seu apelo extraordinariamente disseminado e profundamente sedimentado são dois. Por um lado, havia a condição geral do povo judeu no exílio, e as esperanças de redenção política e espiritual promovidas pela tradição religiosa judaica e com grande ênfase no pensamento judaico, que em todos os tempos constituíram um terreno fértil para o florescimento dos movimentos que visavam dar início à redenção. Por outro, havia as condições específicas que contribuíram para o ímpeto do movimento que começou em 1665. Política e socialmente, a posição dos judeus nos vários países da Diáspora ainda era basicamente a mesma e, com poucas exceções, eles buscaram seu caminho específico na vida à parte do entorno da sociedade cristã ou muçulmana, enfrentando humilhações e perseguições a cada guinada dos acontecimentos políticos e com a constante consciência de sua insegurança.

A grande onda de perseguições antijudaicas na Polônia e na Rússia que se instalou com os massacres de Chmielnicki em 1648 afetou os judeus asquenazes e teve ampla repercussão, especialmente através do grande número de cativos em muitos países cujo resgate levou a grande agitação. Pouco depois desse desastre, começou a Guerra Russo-Sueca (1655) que também impactou as áreas de assentamentos da comunidade judaica polonesa que não haviam sido destroçadas pelos ataques de Chmielnicki. Mesmo com toda importância que esses fatores tiveram para a irrupção das esperanças messiânicas entre os judeus poloneses, eles não são suficientes para explicar o que efetivamente aconteceu, e sem dúvida as condições locais predominantes em vários lugares da Diáspora contribuíram com sua parte. No entanto, o meio político e os acontecimentos sociais são apenas uma parte da história.

O fator central e unificador por trás do movimento sabateano foi de natureza religiosa, associada à profunda metamorfose no mundo religioso do judaísmo causada pela renovação espiritual centrada em Safed no século XVI. Seu aspecto decisivo foi a ascensão da Cabala a uma posição dominante na vida judaica e, particularmente, naqueles círculos que eram receptivos a novos impulsos religiosos e formavam o setor mais ativo das comunidades judaicas. A nova Cabala que saiu de Safed, especialmente em suas formas luriânicas, casava conceitos impactantes a ideias messiânicas. Ela poderia ser caracterizada pela penetração do misticismo pelo messianismo, introduzindo um novo elemento de tensão na Cabala anterior, que era de natureza muito mais contemplativa. A Cabala luriânica proclamava um vínculo íntimo entre a atividade religiosa do judeu, ao seguir os mandamentos da lei e as meditações para a oração, e a mensagem messiânica. Todo ser estava no exílio desde o início da criação e a tarefa de restaurar tudo a seu lugar apropriado fora dada ao povo judeu, cuja sina e cujo destino histórico simbolizavam o estado do universo em geral. As centelhas da Divindade estão espalhadas em toda parte, assim como as centelhas da alma original de Adão; mas elas estão sendo mantidas em cativeiro pela *klipah*, o poder do mal, e precisam ser resgatadas. Essa redenção final, contudo, não pode ser alcançado por um único ato messiânico, mas será efetivado através de uma longa corrente de atividades que preparam o caminho. O que os cabalistas chamavam de "restauração" (*tikun*) implicava tanto o processo pelo qual os elementos dispersos do mundo seriam restaurados à harmonia – que é a tarefa essencial do povo judeu – quanto o resultado final, o estado de redenção anunciado pelo aparecimento do Messias, que marca o estágio final. A libertação política e tudo que o mito nacional associou a ela eram vistos como se fossem símbolos externos de um processo cósmico que na verdade ocorre nos confins secretos do universo. Nenhum conflito foi previsto entre o tradicional conteúdo nacional e polí-

306

tico da ideia messiânica e o novo tom espiritual e místico que ela adquiriu na Cabala luriânica. Os suscetíveis à teologia cabalista do judaísmo – e havia muitos deles – concentraram sua atividade em apressar a chegada do "mundo do *tikun*" por uma vida ascética que, embora em estrita concordância com as exigências da lei, era virtualmente permeada de messianismo.

Esse messianismo, contudo, não era um anseio abstrato por um futuro distante: o que fez o lurianismo ser um fator dinâmico na história judaica foi sua proclamação de que quase todo o processo da restauração havia sido completado e de que a redenção final estava prestes a acontecer. Faltava apenas atravessar os estágios finais e a redenção seria alcançada.

Conforme ganharam ascendência e dominaram a vida religiosa, ideias como essas se tornaram catalisadores comuns para a precipitação aguda do fervor messiânico. Na verdade, a Cabala luriânica se tornou um fator preponderante apenas por volta dos anos 1630-40 e a ideologia do movimento sabateano está intimamente associada a esse desenvolvimento. O fato de o movimento ter exercido um apelo avassalador sobre diferentes centros da Diáspora, como Iêmen e Pérsia, Turquia e norte da África, os Bálcãs, a Itália e as comunidades asquenazes pode ser explicado apenas pelo fato de que a intensa propaganda do lurianismo criou um clima favorável para a libertação de energias messiânicas despertadas pela vitória da nova Cabala. Eis o motivo pelo qual Amsterdã, Livorno e Tessalônica, onde os judeus viviam relativamente livres de opressão, não obstante, se tornaram crisóis do movimento e centros de atividades sabateanas.

OS PRIMEIROS ANOS E A PERSONALIDADE DE SHABETAI TSEVI

A figura do homem que ocupou o centro do movimento é a mais inesperada e surpreendente. Até hoje, sua biografia é uma das mais completamente documentada de qualquer judeu com papel importante na história judaica. Shabetai Tsevi nasceu em Esmirna (Ismir) no dia nove do mês Av de 1626 (a não ser que a data tenha sido manipulada para coincidir com a tradição de que o Messias nasceria no aniversário da destruição do Templo). Seu pai, Mordecai Tsevi, viera do Peloponeso (Patras?), provavelmente de uma família de origem asquenaze e quando jovem se estabeleceu em Esmirna, onde a princípio foi um modesto vendedor de aves e, mais tarde, se tornou agente de comerciantes holandeses e ingleses. A grande ascensão econômica de Esmirna naqueles anos o tornou rico e os irmãos de Shabetai Tsevi, Elias e José, eram de fato ricos comerciantes. Shabetai Tsevi recebeu uma educação tradicional. Seus dons logo foram reconhecidos e ele foi destinado pela família para se tornar um *chacham*, um membro da elite rabínica. Ele estudou sob a orientação de Isaac de Alba e, mais tarde, do mais ilustre rabino de Esmirna na época, José Escapa, e aparentemente foi ordenado *chacham* quando tinha por volta de 18 anos. Tsevi recebeu uma formação talmúdica completa e mesmo seus mais amargos detratores jamais o acusaram de ser ignorante. Segundo uma fonte, ele deixou a *ieshivah* aos 15 anos, começando uma vida de abstinência, solidão e estudos sem auxílio de professores. Ele era emocionalmente muito ligado à mãe e ainda muito cedo desenvolveu uma intensa vida interior. Iniciando-se no caminho do ascetismo, ele foi assolado por tentações sexuais, sobre as quais sobreviveram algumas referências. Durante os anos da adolescência, Shabetai Tsevi também embarcou no estudo da Cabala, concentrando-se principalmente no Zohar, no *Sefer ha-Kanah* e no *Sefer ha-Peli'ah*. Depois de adquirir considerável proficiência no aprendizado cabalístico, ele atraiu outros jovens contemporâneos que passaram a estudar com ele.

Entre 1642 e 1648, Tsevi viveu semirrecluso. Durante esse período, ele começou a expor um caráter que se conformava em grande medida com o que os manuais de psiquiatria descrevem como um caso extremo de ciclotimia ou de psicose maníaco-depressiva. Períodos de profunda depressão e melancolia se alternavam com espasmos de exaltação e euforia maníaca, separados por intervalos de normalidade. Esses estados, que são ricamente documentados ao longo de toda a sua vida, persistiriam até sua morte. Mais tarde esses estados seriam descritos por seus seguidores, não em termos psicopatológicos, mas teológicos, como "iluminação" e "queda" ou "ocultamento da face" (o estado em que Deus esconde dele Seu rosto). Sua aflição mental destacou um aspecto essencial de seu caráter: em seus períodos de iluminação, ele se sentia impelido a cometer atos contrários à lei religiosa, mais tarde chamados de *ma'assim zarim* ("ações estranhas ou paradoxais"). O conteúdo desses atos se alterou de tempos em tempos, mas uma predileção por rituais estranhos e bizarros e súbitas inovações impregnaria todos eles. Uma coisa era constante nesses estados exaltados – sua inclinação a pronunciar o Nome Inefável de Deus, o Tetragrammaton proibido pela lei rabínica. Nos períodos de melancolia, que tinham duração variável, Tsevi se retirava do convívio humano e buscava a solidão para lutar contra os poderes demoníacos pelos quais se sentia atacado e parcialmente arrebatado. O momento exato em que sua doença se instalou é desconhecido, mas isso se deu no máximo em 1648, quando as notícias dos massacres de Chmielnicki chegaram a Esmirna. Começando a pronunciar o Nome de Deus em público, ele possivelmente também proclamou a si mesmo Messias pela primeira vez. Como nessa altura ele já era conhecido como alguém mentalmente perturbado, ninguém o levou a sério e seu comportamento causou apenas uma comoção temporária. Aparentemente suas extravagâncias despertaram mais compaixão que antagonismo. Entre 1646 e 1650, ele contraiu matrimônio duas vezes em Esmirna, mas, como não foram consumados, terminaram em divórcio. Em sua cidade natal, Tsevi era considerado parcialmente lunático, parcialmente idiota, mas como tinha uma aparência muito simpática e era altamente musical, dotado de uma voz particularmente bela, ele fez amigos, mas não atraiu adesões às suas especulações cabalísticas. O fato de exercer um forte magnetismo pessoal é consenso geral. Nesses anos, ele começou a falar de um "mistério da Divindade" particular que lhe havia sido revelado através de seus conflitos espirituais. Ele costumava falar do "Deus de sua fé", com o qual sentia ter uma relação particularmente íntima e próxima. Não se sabe ao certo se com isso ele se referia apenas à *Sefer Tiferet* (ver Cabala), que ele via como a manifestação essencial de Deus, ou a algum poder superior que se vestia na *Sefirah.* Seja com for, o termo *Elohei Israel* ("o Deus de Israel") assumiu um significado místico especial em seus discursos. Sua compulsão de violar a lei em seus estados iluminados, que eram às vezes acompanhados pela imaginação de experiências de levitação, e suas repetidas alegações de ser o Messias, finalmente levaram os rabinos, inclusive seu professor José Escapa, a intervir: por volta de 1651-54, eles o baniram de Esmirna.

Por vários anos, Shabetai Tsevi perambulou pela Grécia e pela Trácia, ficando por muito tempo em Tessalônica, onde fez muitas amizades. Mas essa estada também terminou em desastre quando, durante um de seus estados exaltados, ele celebrou a cerimônia de um serviço nupcial sob o dossel da

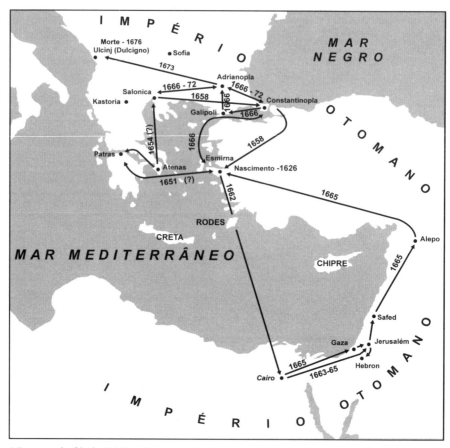

Viagens de Shabetai Tsevi.

Torah, e cometeu outros atos que foram considerados intoleráveis. Expulso pelos rabinos, em 1658, ele foi para Constantinopla, onde passou nove meses. Ali, Tsevi se tornou amigo do famoso cabalista David Chabilo (morto em 1661), emissário da comunidade de Jerusalém.

Durante esse período, ele fez uma primeira tentativa de se livrar de suas obsessões demoníacas através da Cabala prática. Por outro lado, durante um de seus períodos extáticos, Tsevi não só celebrou as três festas de Pessach, Shavuot e Sukot em uma única semana, atitude que despertou hostilidades, mas chegou ao ponto de declarar a abolição dos mandamentos e de pronunciar uma bênção blasfema a "Aquele que permite o proibido". Expulso mais uma vez, ele voltou a Esmirna, onde ficou até 1662, praticamente isolado e passando por um período prolongado de profunda melancolia. Em 1662, ele decidiu se estabelecer em Jerusalém e viajou para lá passando por Rodes e Cairo, onde fez muitos contatos. Ao longo desse período, não há vestígio de nenhuma agitação messiânica em torno dele, e sua atitude simpática e digna durante seu estado normal e sua erudição rabínica e cabalística fizeram dele uma figura respeitada. Ao final de 1662, Tsevi chegou a Jerusalém, ficando lá por cerca de um ano, percorrendo os locais sagrados e as sepulturas de santos antigos. Seus pais morreram por volta dessa época (sua mãe talvez um pouco antes). Aparentemente houve muita discussão sobre seu estranho caráter e ataques ao seu comportamento ofensivo, mas isso foi contrabalançado pelo teor ascético de sua vida. Em uma emergência súbita, no outono de 1663, ele foi enviado ao Egito como emissário de Jerusalém e realizou sua missão com relativo sucesso. Ele ficou no Cairo até a primavera de 1665, tornando-se muito íntimo do círculo de Rafael José Chelebi, o principal líder dos judeus egípcios, que tinha profunda simpatia pelas tendências ascéticas e cabalísticas.

De quando em quando as fantasias messiânicas de Shabetai Tsevi voltavam e é provável que em um desses surtos de iluminação ele tenha decidido se casar com Sarah, uma moça asquenaze de reputação duvidosa, que havia chegado sozinha da Itália ou que havia sido trazida por iniciativa dele ao ouvir rumores sobre ela por parte de visitantes italianos. Ela era órfã dos massacres de 1648 na Podólia e costumava contar histórias curiosas sobre si mesma e sua criação por um nobre polonês. Depois de alguns anos em Amsterdã, ela havia se mudado para a Itália, onde servira a famílias e instituições judaicas em Mântua. Os rumores de que ela era uma mulher de pouca virtude a precederam e se tornaram correntes mais tarde mesmo no círculo pessoal dos admiradores de Shabetai Tsevi. Possivelmente influenciado pelo exemplo do profeta Oseias, que se casou com uma prostituta, Shabetai Tsevi se casou com Sarah no Cairo no dia 31 de março de 1664. No inverno de 1664-5, no entanto, incomodado com as próprias violações da lei, ele tentou exorcizar seus próprios demônios; assim (segundo seu próprio testemunho em uma fonte confiável), ele pediu a Deus que levasse embora todos aqueles estados anormais, e entrou em um longo período de estabilidade.

O INÍCIO DO MOVIMENTO SABATEANO

As peripécias na vida de Shabetai Tsevi começaram com a notícia de que um homem de Deus havia aparecido em Gaza, que revelava a todos a raiz secreta da alma de cada um e podia dar a cada pessoa a fórmula particular do *tikun* de que sua alma necessitava. Quando a história dos poderes de Natan de Gaza (ver p. 557) se espalhou, Shabetai Tsevi "abandonou sua missão e foi para Gaza no intuito de encontrar um *tikun* e a paz para sua alma", nas palavras do primeiro relato que foi conservado sobre os primórdios do movimento. Por volta de meados de abril de 1665, ele chegou a Gaza para visitar o médico da alma; nessa altura este havia tido (em fevereiro de 1665) uma visão extática de Shabetai Tsevi como o Messias, originada sem dúvida de histórias ouvidas sobre ele em Jerusalém, onde Natan estudara em 1663 sob a orientação de Jacob Chagiz. Essas histórias e a figura do homem que Natan, então com vinte anos de idade, vira muitas vezes no bairro judeu de Jerusalém ficaram impressas em sua mente e se cristalizaram em sua nova visão quando fazia o estudo da Cabala em Gaza. Em vez de curar Shabetai Tsevi de sua doença, Natan tentou convencê-lo de que ele era realmente o verdadeiro Messias. A princípio recusando dar ouvidos a tais insistências, Shabetai Tsevi mesmo assim acompanhou Natan em peregrinações a alguns lugares sagrados em Jerusalém e em Hebrom, durante as quais eles discutiram suas visões e sua validade. Natan, um destacado jovem rabino, foi a primeira pessoa a confirmar de forma independente os sonhos messiânicos do próprio Shabetai Tsevi e, além disso, a explicar a hierarquia e a natureza peculiares da alma do Messias no esquema cabalístico da criação. Eles voltaram a Gaza no início do Sivan (meados de maio). Segundo uma versão da história, eles estavam celebrando a noite do Shavuot na casa de Natan com um grupo de rabinos, quando Natan entrou em transe e anunciou a alta hierarquia de Shabetai Tsevi diante de todos; de acordo com outra versão, isso aconteceu na ausência de Shabetai Tsevi, que tivera um de seus ataques de melancolia e não participara. Nessa altura, Natan apresentou um texto apócrifo atribuído a um certo Abrahão he-Chassid, contemporâneo do famoso Judá he-Chassid, que profetizava o aparecimento de Shabetai Tsevi e pressagiava sua vida anterior em termos apocalípticos, proclamando-o redentor de Israel. Quando, alguns dias depois do Shavuot,

Shabetai Tsevi entrou em outro período de iluminação, ele já havia absorvido todos esses novos acontecimentos e, então seguro de si e dos dons proféticos de Natan, retomou sua reivindicação messiânica anterior com força renovada. No dia 17 do Sivan (31 de maio de 1665), em Gaza, ele se autoproclamou o Messias e arrebatou toda comunidade, incluindo seu rabino, Jacob Najara, neto do célebre poeta Israel Najara. Seguiram-se algumas semanas de excitação frenética. Majestosamente montado em um cavalo, Shabetai Tsevi percorreu a comunidade e convocou um grupo de seus seguidores, nomeando-os apóstolos ou representantes das Doze Tribos de Israel.

As notícias messiânicas se espalharam como um incêndio para outras comunidades na Palestina, mas encontraram forte oposição de importantes rabinos de Jerusalém, entre eles Abrahão Amigo, Jacob Chagiz (professor de Natan), Samuel Garmison (Garmizan) e Jacob Tsemach, o famoso cabalista, que se pronunciou contra Shabetai Tsevi. Sendo denunciado ao *cádi* de Jerusalém, ele viajou para lá com uma grande comitiva e conseguiu tranquilizá-los. Não se sabe o que aconteceu exatamente em Jerusalém em junho de 1665. Em trajes reais, Shabetai Tsevi deu sete voltas por Jerusalém montado em seu cavalo, conquistando o apoio de rabinos como Samuel Primo, Matatias Bloch, Israel Benjamin e Moisés Galante (mais tarde o fato da adesão de Galante a Shabetai Tsevi seria suprimido). Seu conflito com a maioria dos rabinos chegou a um extremo e eles o baniram da cidade, mas, depois de informar os rabinos de Constantinopla do que havia acontecido, eles aparentemente não tomaram outras medidas contra a propaganda messiânica, evitando responder às muitas cartas que lhes foram endereçadas sobre os acontecimentos e mantendo um silêncio enigmático durante todo o ano seguinte.

Natan, por outro lado, que agora aparece como profeta e porta-estandarte de Shabetai Tsevi, e o grupo em torno dele foram muito ativos. Ele proclamou a necessidade de um movimento de massas de arrependimento para facilitar a transição para a redenção iminente, medida que certamente conquistou muitos corações e dificilmente enfrentaria a oposição das autoridades rabínicas. Vieram levas de pessoas dos países vizinhos receber penitências individuais ou lhe escreveram pedindo a revelação da raiz de suas almas e que ele lhes dissesse como "restaurá-las". Jejuns excessivos e outros exercícios ascéticos entraram na ordem do dia, mas Natan proclamou a abolição do jejum do dia 17 de Tamuz que, em vez disso, foi celebrado como um dia de alegria em Gaza e em Hebrom. Foram enviadas cartas, primeiro para o Egito e para o círculo de Rafael José, contando sobre os maravilhosos feitos do profeta e sobre o Messias. Um dos novos aspectos impressionantes dessas cartas era o aviso de que nem o profeta nem o Messias seriam obrigados a dar provas de sua missão com a realização de milagres, mas que Israel deveria acreditar na missão de Shabetai Tsevi mesmo sem nenhuma prova externa. A verdadeira história do movimento de massas que se seguiu é caracterizada pela contradição intrínseca entre essa exigência de fé pura como valor redentor e a avassaladora onda de lendas e relatos de milagres que varreu toda a Diáspora. Os primeiros relatos a chegar à Europa foram, curiosamente, não sobre Shabetai Tsevi, mas sobre o aparecimento das Tribos de Israel perdidas, que se dizia estarem marchando sob o comando de um homem de Deus, profeta e santo, sobre o qual se contava todo tipo de histórias milagrosas. Segundo algumas versões da história, eles conquistariam Meca, segundo outras se reuniriam no deserto do Saara, e uma terceira versão que marchavam para a Pérsia. Rumores desse tipo, oriundos de Marrocos, chegariam à Holanda, Inglaterra e Alemanha no verão de 1655, sem nenhum indício do que efetivamente havia ocorrido em Gaza, sem mencionar Shabetai Tsevi ou sequer o aparecimento do Messias. Em contraste, houve um bocado de comoção nas comunidades judaicas orientais, que tinham comunicação mais direta com a Palestina.

Em setembro de 1665, fortalecido por uma nova revelação, Natan escreveu uma longa carta a Rafael José, anunciando na primeira parte as mudanças ocorridas nos mundos ocultos com a chegada da redenção e explicando o que essas mudanças implicavam na prática da devoção cabalística. As *kavanot* ("meditações") de Isaac Luria (ver p. 537) já não teriam validade, porque a estrutura interna do universo havia mudado e não haveria mais nenhuma centelha sagrada sob o domínio dos poderes do mal, as *klipot*. Havia chegado a hora da redenção, e mesmo que alguns se opusessem, ninguém poderia impedir e só causaria mal a si mesmo se tentasse. Shabetai Tsevi teria o poder de esclarecer até o maior pecador, até Jesus, e "qualquer um que tivesse alguma dúvida a seu respeito, mesmo que seja o homem mais virtuoso do mundo, ele [Shabetai Tsevi] poderá castigá-lo com grandes aflições". Na segunda parte da carta, Natan prediz ou antes esboça o curso dos acontecimentos do momento presente até que seja alcançada a mais completa redenção. Shabetai Tsevi tomaria a coroa do rei turco, sem guerra, e o sultão seria seu servo. Depois de quatro ou cinco anos, ele iria ao rio Sambation para trazer de volta as tribos perdidas e para se casar com Rebeca, a filha de 13 anos do Moisés ressuscitado. Durante esse período, ele deixaria o sultão turco no comando, mas este se rebelaria em sua ausência. Esse seria o período das "dores do parto da redenção", um momento de grande atribulação do qual apenas aqueles que moravam em Gaza estariam isentos. O teor geral dessa parte da carta é lendário e mítico. Entre o tempo presente e o início efetivo dos acontecimentos messiânicos haveria um intervalo de um ano e vários meses que deveria ser usado para se fazer penitência em todo o mundo judaico. Com esse intuito, Natan compôs liturgias, um conjunto para o público geral e outro para os iniciados, abarcando *kavanot* e orações místicas para os jejuns estendidos prescritos por ele. Essas liturgias seriam enviadas para a Europa e outros lugares assim como os primeiros longos avisos sobre o advento do Messias no outono de 1665.

SHABETAI TSEVI EM ESMIRNA E CONSTANTINOPLA

Os primeiros relatos sobre Shabetai Tsevi chegaram à Europa no início de outubro de 1665 e, nos dois meses seguintes informes detalhados, profundamente imbuídos de material lendário, chegaram à Itália, Holanda, Alemanha e Polônia. Por que todos os correspondentes de Gaza, Jerusalém e Egito, que haviam sido tão eloquentes desde setembro de 1665, ficaram tão silenciosos nos três meses que se seguiram aos acontecimentos em Gaza é algo ainda inexplicado. Há também uma lacuna considerável entre os acontecimentos na Europa depois que as notícias finalmente chegaram e o que aconteceu naqueles meses com o próprio Shabetai Tsevi. Quando saiu de Jerusalém, sem alarde, provavelmente antes do jejum do dia 17 do Tamuz, ele passou por Safed e foi a Alepo, aonde chegou no dia 8 do Av (20 de julho de 1665) e de onde partiu no dia 12 de agosto. Embora sua fama o precedesse, ele se recusou a aparecer em público como Messias, mas conversou com muitas pessoas em particular, inclusive com Salomão Laniado e outros membros do tribunal rabínico que se tornaram seus entusiasmados defensores. De modo similar, quando chegou a Esmirna pouco antes do Rosh Ha-Shanah (no início de setembro de 1665), ele permaneceu isolado por muito tempo, hospedando-se com seu irmão Elias. Nesse ínterim, uma grande comoção aconteceu em Alepo, onde, em outubro e novembro, surgiram os primeiros fenômenos de profecias sabateanas. Não apenas pessoas iletradas, homens e mulheres, foram arrebatados pela excitação, mas também rabinos e eruditos, como Moisés Galante de Jerusalém que viera como emissário e fora pego pelo alvoroço geral, também seguindo Shabetai Tsevi até Esmirna e Constantinopla. De Alepo veio o primeiro testemunho, fora da Palestina, sobre uma atmosfera revivalista geral, na qual houve relatos de aparições do profeta Elias e um fundo comum foi estabelecido para sustentar os pobres e aqueles que seriam afetados pela interrupção generalizada das atividades comerciais.

Embora a chegada de Shabetai Tsevi a Esmirna tenha sido precedida por todo tipo de cartas e rumores que acabariam precipitando muitas tensões e expectativas, nada de espetacular ocorreu por quase três meses. Os rabinos de Esmirna haviam recebido uma carta do rabinato de Constantinopla sobre a excomunhão de Shabetai Tsevi em Jerusalém, mas nenhuma providência foi tomada contra ele. Apenas quando seu estado de êxtase voltou, no início de dezembro, e ele se tornou freneticamente ativo à sua maneira, começando uma febril comoção e realizando muitos de seus "atos estranhos", os rabinos fizeram uma tentativa de detê-lo; mas já era tarde demais. O entusiasmo e a excitação engendrados por ele arrebataram os judeus de Esmirna. No intervalo de três semanas, a comunidade se lançou em uma rebelião e a intensidade e o caráter público dos procedimentos obtiveram a maior repercussão possível. Havia não apenas vários milhares de judeus, mas também uma colônia considerável de comerciantes ingleses, holandeses e italianos cujos relatos a seus amigos europeus reforçaram as notícias que então começavam a se espalhar a partir de fontes judaicas de Esmirna. Embora Shabetai Tsevi mantivesse correspondência constante com Natan, ele agora agia por conta própria. Os acontecimentos tempestuosos que se seguiram são bem documentados em muitas fontes.

Shabetai Tsevi costumava recitar as orações matinais em uma sinagoga "com voz muito deleitável que agradava imensamente aos que ouviam"; dava esmolas muito generosas; acordava à meia-noite para fazer imersões rituais na água do mar; e não havia nada de bizarro em seu comportamen-

316

to ascético. Mas, em um dos primeiros dias do *Chanukah,* ele apareceu "com aparato real" na sinagoga e causou grande sensação com seu canto extático. Por volta da mesma época, chegou uma delegação de Alepo – Moisés Galante e Daniel Pinto, e dois leigos – que havia feito antes uma visita ao profeta em Gaza e agora queria agradecer oficialmente ao Messias de Israel. Durante a semana de *Chanukah,* Shabetai Tsevi "começou a fazer coisas que pareciam estranhas: ele pronunciou o Nome Inefável, comeu gorduras [proibidas] e fez outras coisas contrárias ao Senhor e Sua Lei, forçando inclusive outras pessoas a fazer o mesmo", atitude característica de seus estados de iluminação. A contagiante presença de crentes instigava-o a manifestações mais radicais. Uma fissura profunda ficou evidente entre a maioria dos "crentes" e uma minoria de "infiéis", e *ma'aminim* e *koferim* se tornaram termos fixos para aqueles que aderiam à fé em Shabetai Tsevi e aqueles que se opunham a ele. A epístola de Natan a Rafael José foi amplamente distribuída e contribuiu para o crescimento das dissidências. Em grande medida, as pessoas comuns se juntavam ao acampamento dos crentes sem inibições ou apreensões teológicas; as boas novas conquistaram seus corações, e o fascínio da personalidade de Shabetai Tsevi, com sua estranha mistura de dignidade solene e licenciosidade irrestrita, contribuíram com sua parte. Centenas de pessoas, a maioria da extração mais pobre da comunidade, acompanhavam-no aonde quer que ele fosse. Mas, desde o início, muitos burgueses, comerciantes ricos e investidores se juntaram ao movimento, assim como rabinos eruditos, entre os quais seus ex-alunos.

Os três membros do tribunal rabínico que ainda se opunham a Shabetai Tsevi deliberaram sobre a prudência de abrir processos contra ele. Proclamando orações públicas em resposta, Shabetai Tsevi mais uma vez se permitiu ceder a seu gosto pela pompa majestosa e se comportou com grande audácia. Na sexta-feira, dia 11 de dezembro, a multidão tentou invadir a casa de Chaim Peña, um dos principais "infiéis" e, no dia seguinte, as coisas chegaram a um extremo. Depois de começar a récita das orações matinais em uma das sinagogas, Shabetai Tsevi parou e, acompanhado por uma grande multidão, dirigiu-se às portas trancadas da congregação portuguesa, o quartel-general de seus adversários. Portando um machado, ele começou a golpear as portas, ao que seus oponentes abriram e deixaram-no entrar. Uma cena espantosa se seguiu. Shabetai Tsevi leu a porção da Torah não do rolo

Gravura representando Shabetai Tsevi, que se acredita ser o único retrato dele feito em sua presença. Retirado de Thomas Coenen, *Ydele Verwachtinge der Joden getoont in der Persoon van Sabethai Zevi*, Amsterdã, 1669.

de costume, mas de um exemplar impresso; ignorando os sacerdotes e levitas presentes, ele convocou para a leitura da Torah seus irmãos e muitos outros homens e mulheres, distribuindo reinos para eles e exigindo que todos pronunciassem o Nome Inefável em suas bênçãos. Em um discurso furioso contra os rabinos descrentes, ele os comparou aos animais impuros mencionados na Bíblia. Ele proclamou que o Messias filho de José, que segundo a tradição agádica devia preceder o advento do filho de Davi, era um certo Abrahão Zalman, que morrera como mártir em 1648, e recitou a prece pelos mortos em sua honra. Então ele se dirigiu à arca, tomou um rolo sagrado nos braços e entoou a antiga canção de amor castelhana sobre "Meliselda, filha do imperador"; nessa canção, conhecida como sua favorita pela vida inteira, ele leu muitos mistérios cabalísticos. Depois de explicá-los para a congregação, Tsevi se autoproclamou o "ungido do Deus de Jacó", o redentor de Israel, fixando a data da redenção para o dia 15 do Sivan de 5426 (18 de junho de 1666). Essa data batia com a data anunciada por Natan em um de seus momentos mais otimistas, quando ele considerou a possibilidade de um advento anterior ao originalmente previsto. Shabetai Tsevi anunciou que dentro em breve ele tomaria a coroa do "grão Turco". Quando Chaim Benveniste, um dos rabinos dissidentes presente, pediu-lhe provas de sua missão, ele teve um acesso de fúria e o excomungou, ao mesmo tempo conclamando alguns dos presentes para dar testemunho de sua fé pronunciando o Nome Inefável. A cena dramática se converteu em um anúncio messiânico público da substituição do judaísmo tradicional e imperfeito por um judaísmo messiânico. Há um testemunho confiável de que, além de outras inovações na lei, ele prometeu às mulheres que as libertaria da maldição de Eva. Imediatamente após esse Shabat, Tsevi enviou um de seus seguidores rabínicos para Constantinopla para preparar sua chegada.

Na onda de excitação, as dúvidas de Benveniste foram desfeitas e no dia seguinte ele se juntou ao grupo. Um acalorado conflito entre ele e outro dos membros do tribunal, Aaron Lapapa, pode ter desempenhado um papel nessa conversão. De todo modo, no dia 5 do Tevet (23 de dezembro), Shabetai Tsevi articulou a expulsão de Lapapa de seu posto e a nomeação de Benveniste como único rabino chefe de Esmirna. Convocado diante do *cádi* mais uma vez para explicar seu comportamento, Shabetai Tsevi mais uma vez conseguiu convencê-lo. Nos dias seguintes, todos os crentes foram convocados para vir beijar a mão do rei messiânico; a maior parte da comunidade assim o fez, inclusive alguns "infiéis" que estavam com medo do crescente terrorismo dos crentes. Imediatamente após essa cerimônia real, Shabetai Tsevi decretou a abolição do jejum do dia 10 do Tevet. Quando esse ato despertou a oposição de alguns rabinos, a multidão furiosa quis atacá-los. Salomão Algazi, um grande erudito e famoso cabalista que persistiu em sua oposição, foi obrigado a fugir para Magnésia e sua casa foi saqueada. Lapapa escondeu-se na casa de um de seus colegas. No Shabat seguinte, o nome do sultão turco foi excluído da oração pelo rei e uma oração formal por Shabetai Tsevi como rei messiânico de Israel foi instituída, costume mais tarde seguido por muitas comunidades por toda a Diáspora. Em vez de seu nome real, a prática começou dessa vez chamando-o pela denominação *amirah*, uma abreviação de *Adoneinu Malkenu iarum hodo* ("nosso Senhor e Rei, que sua majestade seja exaltada") e uma alusão ao termo *emir*. O novo termo foi amplamente utilizado na literatura sabateana até o início do século XIX.

Uma atmosfera festiva de alegria e entusiasmo marcou os dias seguintes. Muitas pessoas de outras comunidades turcas chegaram e se juntaram ao movimento, entre elas Abrahão Yakhini, um famoso pregador e cabalista em Constantinopla, que conhecia Shabetai Tsevi desde 1658 e, então, se tornou um de seus propagandistas mais ativos. Em um surto de histeria em massa, pessoas de todas as classes da sociedade começaram a profetizar sobre Shabetai Tsevi. Homens, mulheres e crianças entraram em transe, proclamando o reconhecimento de Shabetai Tsevi como Messias e passagens bíblicas de natureza messiânica. Quando voltavam a si, essas pessoas não se lembravam de nada. Cerca de 150 "profetas" apareceram em Esmirna, entre os quais a esposa de Shabetai Tsevi e a filha de alguns "infiéis". Alguns tinham visões da coroa de Shabetai Tsevi ou o viam sentado no trono, mas a maioria meramente produzia uma mistura de frases e citações da Bíblia e do livro das orações, repetidas incessantemente. Os negócios e o comércio foram interrompidos; danças e procissões festivas se alternavam com exercícios penitenciais prescritos por Natan. O salmo 21, que recebera uma interpretação sabateana em Gaza, era recitado nos três serviços diários, costume que se espalhou por muitas outras comunidades. Além de distribuir os reinos da terra entre os fiéis,

Shabetai Tsevi nomeou reis equivalentes aos antigos reis israelitas, de Davi a Zorobabel, e diversos deles obtiveram patentes escritas pelo próprio punho do Messias. Os reis nomeados foram seus principais apoiadores em Esmirna, mas incluíam alguns de seus devotos da Palestina, do Egito, de Alepo, de Constantinopla e de Bursa (Brussa). Muitos outros dignitários messiânicos foram nomeados. Depois disso, sua última atividade em Esmirna, Shabetai Tsevi navegou para Constantinopla no dia 30 de dezembro de 1665, acompanhado por alguns de seus "reis". Seu comportamento durante esse período foi consistente com sua mente instável: ele tinha certeza de sua vocação e acreditava que alguma intervenção sobrenatural concretizaria sua missão messiânica. Nesse ínterim, as autoridades turcas na capital haviam ficado alvoroçadas com os relatos alarmantes. As notícias de Gaza e Esmirna já haviam dividido a comunidade e as ondas de excitação cresceram. Cartas de lugares pelos quais Shabetai Tsevi havia passado se combinaram com relatos factuais e histórias cada vez mais fantasiosas e levaram o fervor messiânico às alturas. Mesmo antes de sua chegada um profeta apareceu em Constantinopla, Moisés Serviel ou Suriel, um jovem rabino de Bursa que, diferentemente de outros "profetas", revelou mistérios sabateanos na linguagem do Zohar e foi creditado com carisma particular. A chegada do Messias foi consideravelmente postergada devido ao tempo extremamente tempestuoso e nesse ínterim a atmosfera na capital ficou crítica. Alguns dos líderes da comunidade aparentemente alertaram o governo, que já havia tomado providências para prender Shabetai Tsevi em Esmirna, aonde a ordem chegaria tarde demais, ou em sua chegada a Constantinopla. A população não judaica foi pega pela excitação e canções satíricas sobre o Messias seriam cantadas pelas ruas, enquanto as massas de judeus, certas de que muitos milagres ocorreriam imediatamente após sua chegada, demonstraram notável orgulho diante dos gentios.

A política adotada pelo grão-vizir, Ahmed Köprülü (Kuprilli), um dos mais hábeis estadistas turcos, é notável por sua discrição. As revoltas eram frequentes na Turquia e os rebeldes eram geralmente logo condenados à morte. O fato de isso não ter ocorrido logo após a prisão de Shabetai Tsevi, quando seu barco foi interceptado no Mar de Mármara no dia 6 de fevereiro de 1666, contribuiu muito para fortalecer a crença dos fiéis. Em meio a grande comoção, ele foi trazido para a praia acorrentado na segunda-feira, 8 de fevereiro. Nessa altura, a interrupção da vida normal e do comércio atingiu seu ápice. Um ou dois dias depois de sua prisão, Shabetai Tsevi foi trazido diante do divã, presidido por Köprülü. Como os arquivos turcos sobre esse movimento foram destruídos por um incêndio, nenhum documento turco oficial ou o processo do caso sobreviveu, e os relatos de fontes judaicas e cristãs em Constantinopla são conflitantes. É verdade, no entanto, que o vizir mostrou surpreendentes leniência e paciência, para as quais os indiscutíveis encanto e fascínio da personalidade de Shabetai Tsevi devem ter contribuído. Ele pode ter desejado evitar transformar um Messias em um mártir que, afinal, não havia pegado em armas contra o sultão e simplesmente proclamara uma tomada da coroa irrealista e mística. Shabetai Tsevi foi posto na prisão, a princípio em uma "masmorra escura", porém mais tarde em acomodações bastante confortáveis, e o alto oficial responsável pela polícia e pela prisão, possivelmente depois de aceitar considerável suborno, permitiu que ele recebesse visitas de seus seguidores. Dizia-se que Tsevi poderia ter sido libertado mediante um grande suborno que seus seguidores estavam dispostos a pagar, mas que ele havia se recusado, aumentando assim ainda mais sua reputação. Ele continuava muito seguro de si e durante esse período, havia voltado a um estado normal, levando uma vida ascética, pregando o arrependimento e sem reivindicar privilégios especiais. Os rabinos da capital que o visitaram na prisão encontraram um erudito digno que suportava o sofrimento com ar de nobreza, mais do que um pecador que se colocava acima da Lei e da tradição. Os rabinos se dividiram, alguns dos mais destacados, entre os quais Abrahão Al-Nakawa, ficando ao lado dele. Um novo conjunto de milagres foi relatado nas cartas escritas em Constantinopla durante aqueles meses, provando que o entusiasmo continuava inabalável. Quando o sultão e o vizir partiram para a guerra contra Creta, foi dada a ordem de transferência de Shabetai Tsevi para a fortaleza de Galípoli, onde importantes presos políticos ficaram detidos, do lado europeu do estreito de Dardanelos. A transferência foi feita no dia 19 de abril, um dia antes do Pessach. Mais uma vez tomado por um estado de iluminação, Shabetai Tsevi sacrificou um cordeiro de Pessach e o assou com a própria gordura, induzindo seus companheiros a comer seu alimento proibido e abençoando-o com a nova bênção de costume de "Aquele que permite o proibido". Por meio de subornos, os crentes logo converteram sua prisão em um honroso confinamento, e a fortaleza ficaria conhecida como *Migdal Oz* ("torre da força"), em referência a Provérbios 18:10.

O MOVIMENTO NA DIÁSPORA

As cartas chegando a todas as partes da Diáspora, vindas da Palestina, do Egito e de Alepo em outubro e novembro de 1665, e as últimas enviadas de Esmirna e Constantinopla, produziram uma tremenda excitação, e a similaridade das reações por toda parte indica que as causas daquela reação iam muito além de fatores locais. O fervor messiânico tomou conta de comunidades que não tinham experiência imediata de perseguições e banhos de sangue, assim como daquelas que tinham. Os fatores sociais e religiosos sem dúvida seriam inextricavelmente combinados no momento da explosão. A pobreza e a perseguição engendraram esperanças de Utopia, mas o povo judeu como um todo forneceu um pano de fundo relevante. Embora a doutrina luriânica do *tikun* e da redenção também expressasse uma situação social, seu conteúdo real era essencialmente religioso. É esse emaranhado de vários elementos na composição histórica do movimento sabateano que explica sua dinâmica e seu conteúdo explosivo. Mais tarde o movimento seria apresentado em uma luz diferente, em uma tentativa vigorosa de minimizar a parte representada pelos extratos superiores da sociedade judaica e pelos líderes espirituais e de atribuir a veemência da explosão ao entusiasmo cego do povo e dos pobres, mas isso não se sustenta em nenhuma evidência da época. A reação não demonstrou uma uniformidade fundada nas condições de classe. Muitos ricos foram figuras de proa da difusão da propaganda messiânica, embora não faltassem aqueles que, como se dizia na época, "estavam mais interessados em grandes lucros do que em grandes profetas".

Cinco fatores contribuíram para o arrebatador sucesso do despertar messiânico: (1) O chamado messiânico veio da Terra Santa, do centro considerado sinônimo de espiritualidade pura em seu grau mais intenso. Uma mensagem de lá seria recebida na Pérsia, no Curdistão ou no Iêmen com um respeito que dificilmente teria se chegasse da Polônia ou da Itália. O tremendo prestígio da nova Cabala que emanava de Safed também desempenhou um papel. (2) A renovação da profecia com a notável figura de Natan, um brilhante erudito e um asceta severo convertido em profeta, ajudou a obscurecer os aspectos mais dúbios da personalidade de Shabetai Tsevi, que, de fato, tiveram pouco ou nenhum efeito na consciência da massa dos crentes. (3) A eficácia das crenças apocalípticas tradicionais e populares, cujos elementos não eram abandonados, mas reinterpretados, teve seu papel. As antigas visões escatológicas foram conservadas, mas muitos elementos novos foram absorvidos. A concepção de futuro seria, ao longo de 1666, completamente conservadora. Ao mesmo tempo, contudo, a propaganda também era dirigida a um grupo disseminado de cabalistas, para os quais ela apresentava um sistema de símbolos ambíguos. O simbolismo de Natan satisfazia seus leitores com sua terminologia tradicional, e a aparente continuidade permitiu a existência dos elementos novos, despercebidos, sob o manto do cabalismo anterior. (4) O chamado do profeta ao arrependimento teve um papel decisivo, apelando aos anseios mais nobres do coração de todo judeu. Quem, mesmo entre os adversários do movimento, poderia condenar a única exigência que o profeta e o Messias faziam em público? (5) Até então não havia diferença entre os vários elementos participantes do movimento. Mentes conservadoras, reagindo a essa noção de continuidade ininterrupta, viram nisso a promessa da realização de expectativas tradicionais. Ao mesmo tempo a mensagem de redenção exercia apelo junto aos utopistas, que ansiavam por uma nova era e que não derramariam lágrimas pelo fim da velha ordem. O caráter nacional do movimento obscureceu esses contrastes na composição emocional de seus participantes.

Como as principais explosões de massa do movimento ocorreram em lugares distantes do cenário das atividades do próprio Shabetai Tsevi, e Natan, o profeta, nunca saiu efetivamente da Palestina durante o auge dos acontecimentos, as pessoas dependiam de cartas e outros meios de comunicação que apresentariam uma estranha mistura de fatos e fantasias, estas últimas não menos atraentes para a emoção e a imaginação que os primeiros. Em grande medida, o movimento se desenvolveu a partir de seus próprios impulsos, adaptando novos aspectos a tradições e concepções mais antigas. Não há nenhuma surpresa na similaridade dos fenômenos em lugares muito distantes; elas correspondem à similaridade básica da situação dos judeus e da reação tradicional a essa situação, e à uniformidade da propaganda vinda dos crentes na Turquia. De certa importância na Europa foram os muitos relatos de fontes cristãs, que evidentemente dependiam basicamente de informantes judeus, mas acrescentavam exageros e distorções de sua própria lavra. Os muitos volantes e panfletos que apareceram ao longo de 1666 em inglês, holandês, alemão e italiano foram avidamente lidos pelos judeus e muitas vezes considerados fontes independentes que confirmavam suas próprias notícias. Um fator secundário foi a solidariedade demonstrada ao movimento pelos círculos milenaristas na Inglaterra, na Holanda e na Alemanha, uma vez que parecia confirmar a crença disseminada nesses grupos de que a segunda vinda de Cristo ocorreria em 1666. Peter Serrarius em Amsterdã, um dos principais milenaristas, fez muito para difundir a propaganda sabateana entre seus muitos correspondentes cristãos. Não existe, contudo, fundamento para se supor que a explosão do movimento em si se deveu à influência de comerciantes cristãos milenaristas sobre Shabetai Tsevi durante seus anos em Esmirna.

Embora a maioria das pessoas daquelas comunidades das quais temos conhecimento em primeira mão, e naquelas influenciadas por elas, tenha se juntado ao entusiasmo geral, levadas em qualquer direção por um grupo de crentes devotados e determinados, houve também muitos casos de amargas disputas e desavenças com os "infiéis". Uma onda crescente de terrorismo messiânico ameaçava aqueles que falavam derrisoriamente de Shabetai Tsevi e se recusavam a tomar parte na excitação geral. Uma série de rabinos influentes, que no fundo eram céticos quanto à rebelião como um todo (como Samuel Aboab em Veneza), tomaram o cuidado de não se indisporem com suas comunidades, e os casos de oposição rabínica declarada foram um tanto raros. Esses adversários obstinados foram José ha-Levi, o pregador da comunidade em Livorno, e Jacob Sasportas, que não ocupava nenhum posto na época, e estava em Hamburgo como refugiado da peste em Londres. Um epistológrafo altamente articulado e erudito, ele manteria uma vívida correspondência com amigos e conhecidos, e até com desconhecidos, para apurar a verdade dos acontecimentos e formular cuidadosamente sua oposição aos crentes, embora usando palavras mais fortes de condenação para aqueles que compartilhavam de sua opinião. Mais tarde (em 1669) ele reuniria (e editaria pesadamente) grande parte dessa correspondência no *Tsitsat Novel Tsevi*.

O arrependimento alternado com manifestações públicas de alegria e entusiasmo estava na ordem do dia, e relatos detalhados de muitas partes da Diáspora descrevem os excessos cometidos pelos penitentes. Jejuns e repetidos banhos rituais, mortificações frequentemente de caráter extremo e generosas doações seriam praticados em toda parte. Muitas pessoas jejuavam a semana inteira: aqueles que não conseguiam jejuavam por dois ou três dias consecutivos todas as semanas, e as mulheres e as crianças, ao menos toda segunda e toda quinta-feira. "Os banhos rituais ficavam tão lotados que era quase impossível entrar." As devoções diárias para o dia e para a noite organizadas por Natan eram recitadas, e muitas edições delas foram publicadas em Amsterdã, Frankfurt, Praga, Mântua e Constantinopla. À noite, as pessoas se deitavam nuas na neve por meia hora e se flagelavam com espinhos e urtigas. O comércio estagnou em toda parte. Muitos venderam suas casas e propriedades para obterem dinheiro para a viagem à Terra Santa, enquanto outros não fizeram esses preparativos, convencidos de que seriam transportados nas nuvens. Alguns crentes ricos mais realistas tomaram providências para alugar barcos para transportar os pobres para a Palestina. Relatos de pequenas cidades e vilarejos na Alemanha provam que a retomada messiânica não se limitava aos grandes centros. De muitos lugares, partiam delegações para visitar Shabetai Tsevi, levando pergaminhos assinados pelos líderes da comunidade que o reconheciam como o Messias e rei de Israel. Uma nova era foi inaugurada: cartas e até alguns livros publicados datariam do "primeiro ano da renovação da profecia e do reino". Pregadores exortavam o povo a devolver todos os seus ganhos mal adquiridos, mas não há registro de que tenha ocorrido efetivamente algum caso dessa restituição. As pessoas aguardavam avidamente cartas da Terra Santa, de Esmirna e de Constantinopla que muitas vezes eram lidas em público, dando origem a grande excitação e frequentemente a discussões violentas. Quase não havia diferença nas reações de judeus asquenazes, sefaraditas, italianos e orientais. Em congregações compostas por uma maioria de antigos marranos – como as comunidades "portuguesas" em Amsterdã, Hamburgo e Tessalônica – o fervor messiânico era particularmente forte. No norte da África, onde o movimento fincou raízes profundas, um antigo marrano, o médico Abrahão Miguel Cardozo em Trípoli, tornou-se um de seus mais ativos protagonistas. Outros apoiadores ativos foram os rabinos de Marrocos, muitos dos quais conheciam bem Elisha Chaim b. Jacob Ashkenazi, o pai do profeta Natan, durante suas visitas ao país deles como emissário de Jerusalém. Poemas em homenagem a Shabetai Tsevi e Natan foram compostos no Iêmen, no Curdistão, em Constantinopla, Tessalônica, Veneza, Ancona, Amsterdã, e em muitos outros lugares, mas ao mesmo tempo um dos mais destacados adversários do movimento na Itália, o poeta Jacob Frances em Mântua, com ajuda de seu irmão Imanuel, compôs um conjunto apaixonado de versos denunciando o movimento, seus heróis e seguidores (*Tsevi Mudach*). Mas essas eram vozes solitárias no deserto; que as comunidades italianas estavam arrebatadas é nitidamente revelado no caderno de um judeu de Casale que viajou pelo norte da Itália no final de 1665 e nos primeiros meses de 1666, refletindo suas descrições espontâneas da atmosfera predominante por lá (*Tsion*, 10 [1945], p. 55-56). Moisés Zacuto, o mais estimado cabalista da Itália, demonstrou um apoio um tanto relutante ao movimento. Alguns judeus que haviam se estabelecido na Terra Santa enviavam relatos gloriosos sobre o despertar de seus contemporâneos na Diáspora, mas pode-se dizer que em geral as correspondências eram recíprocas e todo mundo se correspondia com todo mundo. Até a esposa de um pobre coitado de Hamburgo que estava preso em Oslo fielmente escrevia em ídiche ao marido sobre as últimas notícias recebidas em Hamburgo. No outro extremo, Abrahão Pereira, que diziam ser o judeu mais rico de Amsterdã e certamente um homem profundamente devoto, emprestou seu enorme prestígio à causa e, depois de publicar um abrangente livro de moral para pecadores arrependidos (*La Certeza del Camino*, 1666), partiu com uma comitiva para o Levante, embora tenha sido detido em Livorno. Na Polônia e na Rússia, predominaria o entusiasmo ilimitado. Pregadores incentivavam o movimento do arrependimento, que adquiriu modos de expressão ainda mais extravagantes. Não há registro de oposição da parte dos rabinos. Nas procissões públicas de alegria, os judeus levavam retratos de Shabetai Tsevi tirados de panfletos cristãos, provocando muitos tumultos em lugares como Pinsk, Vilna e Lublin, até que no início de maio de 1666 o rei polonês proibiu tais manifestações de orgulho judaico. A memória viva dos massacres de 1648 a 1655 deu ao movimento um apelo popular avassalador.

A notícia da prisão de Shabetai Tsevi em Galípoli não diminuiu em nada o entusiasmo; pelo contrário, o fato dele não ter sido executado e aparentemente ter sido mantido em um lugar honroso apenas serviu para confirmar sua missão. Samuel Primo, que Shabetai Tsevi empregou como seu secretário (escriba), era um antigo mestre da frase majestosa e bombástica, e suas cartas transmitiam uma aura de grandiosidade imperial. Shabetai Tsevi assinava esses pronunciamentos como "filho primogênito de Deus", "seu pai Israel", "o noivo da Torah" e outros títulos altissonantes; mesmo quando começou a assinar algumas de suas cartas com "eu sou o Senhor seu Deus Shabetai Tsevi" apenas alguns poucos crentes parecem ter ficado chocados. Moisés Galante mais tarde alegaria tê-lo abandonado por isso. Nenhum relato confiável da conduta de Shabetai Tsevi durante o primeiro período de sua prisão em Galípoli foi preservado, mas há indícios de que ele teve períodos frequentes de melancolia. Quando entrou novamente em elevado estado de iluminação, as pessoas foram em grande número visitá-lo e a prisão, com a ajuda de suborno, converteu-se em uma espécie de tribunal real. O "rei", que não escondia sua reivindicação messiânica, impressionou profundamente os visitantes. Uma carta oficial dos rabinos de Constantinopla ao rabinato em Jerusalém, pedindo que formassem uma comissão de investigação com quatro representantes de Jerusalém, Safed e Hebrom, ficou sem resposta. Quando em março de 1666, os rabinos de Veneza perguntaram a opinião do rabinato de Constantinopla, eles obtiveram uma resposta positiva disfarçada de comunicado comercial sobre a qualidade das peles de cabra "que Rabi Israel de Jerusalém trouxe". Eles escreveram: "Olhamos o material e examinamos a mercadoria de Rabi Israel, pois seus bens estão aqui expostos diante dos nossos olhos. Nós chegamos à conclusão de que são muito valiosos... mas precisaremos esperar chegar o dia da grande feira." Centenas de profetas surgiram na capital e a excitação chegou a um ápice febril. Conforme os jejuns de 17 de Tamuz e 9 de Av se aproximavam, a euforia de Shabetai Tsevi só fez aumentar; ele não só proclamou a abolição dos jejuns como instituiu novas festividades em seu lugar. O dia 17 de Tamuz se tornou o "dia da renovação do espírito de Shabetai Tsevi" e, permitindo-se prescrever os mínimos detalhes da liturgia a ser recitada nessa ocasião, ele transformou o dia 9 de Av em uma festa de seu aniversário. Na Turquia, onde a notícia rapidamente se espalhou, quase todo mundo seguiu suas instruções e o dia foi celebrado como um feriado santo. Uma delegação da Polônia, que tinha entre seus membros o filho e o genro de R. David ha-Levi de Lvov, a maior autoridade rabínica de seu país, visitou-o durante a semana seguinte ao 17 de Tamuz e encontrou-o em estado de espírito extático. Sua dignidade e sua atitude majestosa conquistaram os corações deles.

Muitos peregrinos acreditavam que a prisão do Messias não passava de uma encenação simbólica, externa, uma crença defendida em um tratado cabalístico escrito por Natan, "Uma disquisição sobre os dragões", escrito no verão de 1666. Nessa obra, a psicologia particular de Shabetai Tsevi era explicada em termos de uma biografia metafísica da alma do Messias e suas lutas com os poderes demoníacos desde o momento da criação até sua encarnação terrena. Essas lutas deixaram sua marca nele e se dizia que explicavam as alternâncias entre o tempo em que ele foi mantido prisioneiro pelas *klipot* e seus períodos de iluminação, quando a luz suprema brilhava sobre ele. Mesmo no distante Iêmen, onde a excitação era alta, os detalhes da biografia de Shabetai Tsevi (baseada em uma mistura de fato e lenda) seriam expostos à maneira cabalista pelo autor anônimo de um apocalipse, "O vale da visão" (*Gei Chizaion*), escrito no final de 1666. Já em julho, os delegados da Polônia receberam um tratado cabalístico explicando os acontecimentos de sua vida com base em profundos mistérios. Mesmo na Palestina e no Egito, onde as cartas que aboliam o jejum do dia 9 de Av não foram recebidas a tempo, a iniciativa da abolição foi tomada por Natan de Gaza e seus seguidores, entre os quais Matatias Bloch, que era um dos mais ativos no Egito. O próprio Natan planejou mais de uma vez encontrar Shabetai Tsevi, mas na verdade nunca saiu de Gaza. Havia também uma minoria de "infiéis" no Egito, incluindo alguns importantes rabinos palestinos que haviam se estabelecido lá, mas diante do entusiasmo geral eles agiram com muita cautela. Na Argélia e em Marrocos, o movimento não encontrou nenhuma oposição séria da parte dos rabinos e das lideranças da comunidade.

A APOSTASIA DE SHABETAI TSEVI

O movimento atingiu seu clímax em julho e agosto de 1666 quando todos esperavam com muita expectativa que grandes acontecimentos viessem a ocorrer. O ponto de inflexão veio de maneira inesperada. Um cabalista polonês, Nehemiah ha-Kohen de Lvov ou da região, veio visitar Shabetai Tsevi, aparentemente em nome de algumas comunidades polonesas. Os relatos desse encontro são conflitantes e em parte claramente lendários. Segundo uma fonte, Nehemiah argumentava mais como um porta-voz da tradição apocalíptica tradicional, que ele interpretava de maneira estritamente literal, do que com base cabalística. Ele não via nenhuma correspondência entre as atividades de Shabetai Tsevi e as previsões de escritos agádicos anteriores sobre o Messias. Insatisfeito com as reinterpretações cabalísticas, ele enfatizou a ausência de um Messias ben José visível que deveria ter precedido Shabetai Tsevi. Outras fontes defendem que o argumento era o papel do próprio Nehemiah, uma vez que ele alegava ser o Messias b. José, alegação rejeitada por seu anfitrião. Seja como for, o debate ácido terminou em desastre. Nehemiah subitamente declarou, na presença dos guardas turcos, sua intenção de se converter ao Islã e foi levado a Adrianópolis, onde denunciou Shabetai Tsevi por fomentar a sedição. Sem dúvida as massas de judeus culparam Nehemiah pelos acontecimentos que se seguiram, e mesmo depois de sua reconversão ao judaísmo na Polônia, ele seria perseguido pelo resto da vida por ter entregado o Messias aos turcos. No entanto, é bem possível que a ação de Nehemiah fosse simplesmente um pretexto e que as autoridades turcas àquela altura já estivessem preocupadas com os acontecimentos ocorridos em seu país. Há indícios de diversas queixas contra Shabetai Tsevi, inclusive acusações de comportamento imoral. A agitação e a exuberância em Galípoli tiveram fim quando, a 12 ou 13 de setembro, chegaram mensageiros de Adrianópolis e levaram o prisioneiro no dia 15 de setembro.

No dia seguinte, ele foi trazido diante do divã, na presença do sultão, que assistiu ao julgamento em uma alcova separada com janela de treliça. Mais uma vez, os relatos sobre o que aconteceu no tribunal são contraditórios. Os crentes reportam que Tsevi estava em um de seus estados melancólicos e, agindo com total passividade, permitiu que os acontecimentos seguissem o rumo imposto por seus acusadores. Os crentes descrevem sua apostasia como um ato que lhe foi imposto, do qual ele efetivamente não tomou parte. Os fatos certamente foram diferentes, mesmo que Shabetai Tsevi estivesse em um de seus estados depressivos no momento. Ele foi questionado pelo tribunal ou pelo conselho privado e negou – como havia feito antes em circunstâncias similares – jamais ter feito qualquer reivindicação messiânica. Segundo alguns, ele chegou a fazer até um longo discurso sobre isso. Enfim lhe foi concedida a opção entre ser condenado imediatamente à morte ou converter-se ao Islã. Segundo uma fonte, Kassim Paxá, um dos mais altos oficiais que em breve seria cunhado do sultão, conduziu o diálogo decisivo, "manipulando-o até ele se dar por satisfeito em virar turco". Mas todas as outras fontes concordam que esse papel foi desempenhado pelo médico do sultão, Mustafá Hayatizadé, um judeu apóstata. Ele convenceu Shabetai Tsevi a aceitar a proposta do tribunal, que aparentemente havia sido decidida antes do início do julgamento. O médico atuou principalmente como intérprete, pois na época Shabetai Tsevi não dominava a língua turca. O sultão Mehmed IV, um homem profundamente religioso, provavelmente viu com bons olhos a possibilidade de uma personalidade judaica tão destacada induzir muitos de seus seguidores a tomar a mesma atitude, e a decisão do conselho certamente também foi influenciada por considerações táticas. Ao concordar com a apostasia e vestindo o turbante, Shabetai Tsevi adotou o nome Aziz Mehamed Effendi. Sendo considerado um importante convertido, ele recebeu o título honorário de *Kapici Bashi* ("guardião dos portões do palácio"). Uma pensão de 150 piastras por dia foi acrescentada à nomeação. Vários crentes que o haviam acompanhado seguiram-no na apostasia, assim como sua esposa quando foi trazida a Galípoli algum tempo depois. A data de sua conversão, 15 de setembro de 1666, é confirmada por muitas fontes. O estado de espírito de Shabetai Tsevi depois da apostasia foi de profunda depressão, como é evidenciado por uma carta escrita uma semana depois para seu irmão Elias.

DA APOSTASIA ATÉ A MORTE DE SHABETAI TSEVI

A apostasia produziu um choque profundo, paralisando tanto lideranças quanto seguidores. Em grandes círculos, simplesmente não se acreditou na apostasia e demorou algum tempo até a verdade ser aceita. As ondas de excitação haviam sido altas, mas sentimentos mais profundos estavam envolvidos: para muitos crentes, a experiência da retomada messiânica assumira dimensões de uma nova realidade espiritual. A tremenda rebelião de um ano inteiro os havia levado a associar sua experiência emocional com uma realidade externa que parecia confirmá-la. Então eles se depararam com um dilema cruel: admitir que sua crença havia sido inteiramente vã e que seu redentor era um impostor, ou agarrar-se à crença e à sua experiência interior diante da realidade externa hostil e procurar uma explicação e uma justificativa para o que havia acontecido. O fato de muitos terem aceitado a segunda alternativa e de terem se recusado a dar o braço a torcer prova a profundidade do movimento. Por causa disso, o movimento não teve um final abrupto com a apostasia, um ato que em qualquer outra circunstância teria sido motivo para extingui-lo automaticamente. Quem teria sonhado com um Messias que renegaria sua lealdade ao judaísmo? Por outro lado, os rabinos e líderes comunitários, particularmente na Turquia, agiram com grande prudência. A política deles foi abafar o caso, acalmar a excitação fingindo que não havia acontecido grande coisa efetivamente e restaurar a vida judaica ao estado de exílio "normal", para o que o melhor método era ignorar todos os acontecimentos e deixar que o tempo e o esquecimento curassem as feridas. Essa política foi amplamente seguida em outros países. Mesmo que alguns se perguntassem como todo um povo se permitiu alimentar esperanças tão altas para ser enganado no final, não se permitiria nenhum questionamento dos desígnios inescrutáveis de Deus. Também havia a apreensão, particularmente na Turquia, de que as autoridades pudessem tomar medidas contra os líderes judeus que haviam permitido os preparativos para uma revolta messiânica, e aparentemente as autoridades turcas desistiram de tomar tais medidas apenas depois de considerável hesitação. Na Itália, as páginas dos registros da comunidade que dão testemunho dos acontecimentos foram removidas e destruídas por ordem dos rabinos. O silêncio oficial também desceu sobre a literatura publicada em hebraico por muitos anos. Apenas ecos pálidos de processos legais associados a isso e outras alusões ao movimento do arrependimento apareceriam aqui e ali.

Os fatos, contudo, foram diferentes. Mais uma vez, Natan de Gaza desempenhou um papel decisivo, embora permaneça uma questão em aberto se a iniciativa de uma explicação "teológica" da apostasia foi tomada por ele ou por Shabetai Tsevi depois de ter se recuperado de seu estupor. Quando Natan recebeu a notícia enviada pelo círculo de Shabetai Tsevi no início de novembro de 1666, ele imediatamente anunciou que aquilo era tudo um mistério profundo que se resolveria no tempo devido. Ele partiu de Gaza com uma grande comitiva para se encontrar com Shabetai Tsevi, que àquela altura já havia recebido uma formação religiosa no Islã. Os rabinos de Constantinopla, a maioria dos quais já havia abandonado sua crença, tomaram medidas para impedir esse encontro. Viajando primeiro para Esmirna, onde um grupo considerável de crentes persistia em sua fé, Natan ficou por lá de março a abril; embora muito reservado em todas as suas relações com desconhecidos, ele começou a defender a apostasia e a continuidade da missão messiânica de Shabetai Tsevi para os crentes. O ponto central de seu argumento era que a apostasia havia sido, na verdade, a realização de uma missão de elevar as centelhas sagradas que estavam dispersas até mesmo entre os gentios e agora se concentravam no Islã. Enquanto a tarefa dos judeus era restaurar as centelhas de suas próprias almas no processo do *tikun* segundo as exigências da Torah, havia centelhas que apenas o Messias era capaz de redimir e, para isso, ele precisava descer até o domínio da *klipah* e se submeter exteriormente a seu poder mas, na verdade, realizando a parte final e mais difícil de sua missão, ao conquistar a *klipah* por dentro. Agindo assim ele seria como um espião enviado para o acampamento inimigo. Natan associou essa exposição à explicação metafísica anterior da biografia de Shabetai Tsevi como uma luta com o domínio do mal, algo que suas "atitudes estranhas" comprovavam desde o início de sua vida terrena. A apostasia seria simplesmente o caso mais extremo dessas atitudes estranhas. Tsevi precisara tomar para si a vergonha de ser chamado de traidor de seu próprio povo como último passo antes de se revelar em toda sua glória no cenário histórico. Ao colocar o paradoxo de um Messias apóstata, um trágico, porém legítimo redentor, no centro de uma nova teologia sabateana em desenvolvimento, Natan lançou as bases para a ideologia dos crentes pelos 100 anos seguintes. Ele, e muitos outros depois dele, buscaram na Bíblia, no Talmud, no Midrash e na literatura cabalista referências para esse paradoxo fundamental e obtiveram uma boa safra de interpretações ousadas, audaciosas, e muitas vezes totalmente heréticas de textos sagrados antigos. Uma vez admitido o paradoxo fundamental, tudo parecia fazer sentido. Todos os atos censuráveis dos heróis bíblicos, estranhas histórias da *agadah* (*agadot shel dofi*) e passagens enigmáticas do Zohar – tudo parecia apontar, em exegese tipológica, para o comportamento escandaloso do Messias. Com a concordância do próprio Shabetai Tsevi, essas ideias seriam adotadas pelos líderes dos crentes e teriam grande circulação. Os rabinos proibiram a discussão dessas ideias heréticas, que seriam refutadas justamente por seu próprio caráter paradoxal. Nesse ínterim, eles simplesmente as ignoraram.

Entre 1667 e 1668, a excitação foi baixando lentamente. Quando Natan tentou encontrar Shabetai Tsevi em Adrianópolis, ele foi abordado em Ipsala por uma delegação de rabinos que o obrigaram a assinar uma promessa de que desistiria de seu propósito (31 de maio de 1667). Apesar disso, ele visitou Shabetai Tsevi e continuou a visitá-lo de quando em quando e a proclamá-lo o verdadeiro Messias, anunciando diversas datas para a esperada revelação final. Por ordem de Shabetai Tsevi, ele foi a Roma para realizar um ritual mágico secreto destinado a acelerar a queda do representante da cristandade. Seu aparecimento em Veneza no Pessach de 1668 causou grande sensação. Os rabinos publicaram um panfleto resumindo os interrogatórios em Ipsala e Veneza, e alegando que Natan havia reconhecido seus erros. Natan repudiou todas essas declarações e foi obviamente apoiado por um número considerável de crentes. Ele completou sua missão em Roma e voltou para os Bálcãs, onde passaria o resto da vida, alternando entre Adrianópolis, Sofia, Kastoria e Tessalônica, todos centros de forte contingente sabateano.

O próprio Shabetai Tsevi viveu em Adrianópolis e, por algum tempo, em Constantinopla até 1672, conseguindo permissão para levar uma vida dupla, realizando seus deveres de muçulmano, mas também observando grande parte dos rituais judaicos. Os turcos esperavam que ele agisse como missionário, mas os 200 chefes de família que ele atraiu para o Islã eram todos crentes secretos que ele aconselhou a permanecerem unidos como um grupo de combatentes secretos contra a *klipah*. Os períodos de iluminação e de depressão continuariam se alternando, e algumas vezes em períodos longos de iluminação Tsevi agiria da mesma maneira de antes: instituiu novas festividades, confirmou sua missão mística e persuadiu pessoas a segui-lo na conversão ao Islã, que nessa época foi chamado de "a Torah da graça", em oposição ao judaísmo, "a Torah da verdade". Diversos relatos sobre sua libertinagem durante a "iluminação" parecem ser bem fundamentados. Em um desses períodos, em abril de 1671, ele se divorciou da esposa, mas aceitou-a de volta quando a iluminação passou, embora já tivesse tomado providências para se casar de novo. Uma crônica em hebraico escrita por um de seus visitantes, Jacob Najara, descreve em detalhes seu comportamento extraordinário. Revelações de agentes celestiais, das quais alguns relatos foram preservados, eram frequentes em seu círculo social. Primo, Yakhini e Natan visitavam-no com frequência, mas jamais foram convidados a adotar o Islã, e foram aceitos pelos crentes na Turquia como seus legítimos porta-vozes. Embora ainda fossem muito fortes nos Bálcãs e na Turquia asiática, os sabateanos foram aos poucos se concentrando em uma posição marginal, mas não foram efetivamente excomungados. A fronteira entre os apóstatas e aqueles que continuaram judeus às vezes era indefinida, embora estes últimos fossem geralmente identificados por seu modo de vida extremamente devoto e ascético. O próprio Shabetai Tsevi, que gozava do favor do sultão, estabeleceu conexões com alguns místicos muçulmanos das ordens dos dervixes. Cartas trocadas entre seu grupo e os crentes do norte da África, da Itália, e outros lugares, espalharam a nova teologia e ajudaram a criar um espírito cada vez mais sectário. Após a denúncia por parte de alguns judeus e muçulmanos da duplicidade de sua atitude e de sua licenciosidade sexual, aceita mediante um alto suborno, Shabetai Tsevi foi preso em Constantinopla em agosto de 1672. O grão-vizir hesitou entre executá-lo e deportá-lo, mas por fim resolveu exilá-lo, em janeiro de 1673, em Dulcigo (em turco, Ulkün) na Albânia, que os sabateanos chamavam de Alkum em conformidade com Provérbios 30:31. Embora desfrutasse de relativa liberdade, ele desapareceu da atenção pública, mas alguns de seus principais apoiadores continuaram com suas peregrinações, aparentemente disfarçados de muçulmanos. Em 1674, sua esposa, Sarah, morreu e ele se casou com Esther (em outras fontes chamada de Iocheved), a filha de José Filosof, um respeitado rabino de Tessalônica e um de seus principais apoiadores. De tempos em tempos, durante suas "iluminações", Tsevi ainda vislumbraria o retorno ao seu estado anterior e consideraria outra vez a iminência da redenção final.

Durante os dez últimos anos de sua vida, especialmente em Adrianópolis, Tsevi costumava revelar aos escolhidos – frequentemente, antes ele exigia sua submissão à "apostasia mística" – sua versão especial do "mistério da Divindade". Segundo esta última, o "Deus de Israel" não era a causa primeira do *Ein-Sof*, mas "uma causa segunda, habitando o interior da *Sefirah Tiferet*", isto é, manifestando-se através dessa *Sefirah* sem ser idêntica a ela.

Os dois pontos principais dessa doutrina, que foram de crucial importância no desenvolvimento posterior do sabateanismo, eram: (1) A distinção entre a causa primeira e o Deus de Israel, implicando – e essa tese seria defendida em diferentes versões pelos radicais no movimento – que a causa primeira não toma nenhuma providência sobre a criação, que é exercida apenas pelo Deus de Israel que passou a existir apenas depois do ato do *tsimtsum*: essa doutrina despertou repulsa especial no campo ortodoxo e foi considerada altamente perigosa e herética; (2) O caráter distintamente gnóstico da divisão, embora com a diferença de que a avaliação religiosa dos dois elementos nesse dualismo é revertida: os gnósticos do século II pensavam que o Deus oculto era o verdadeiro Deus, considerando o "Deus dos Judeus" um ser inferior e até mesmo detestável. Shabetai Tsevi, Natan e Cardozo, contudo, viraram a ordem dos valores de cabeça para baixo: o Deus de Israel, embora emanado da causa primeira, era o verdadeiro Deus da religião, ao passo que a causa primeira era essencialmente irrelevante do ponto de vista religioso. Algum tempo antes de sua morte, Shabetai Tsevi ditou uma versão mais longa dessa doutrina para um de seus visitantes eruditos, ou ao menos convenceu-o a redigi-la. Esse texto, mais tarde conhecido como *Raza di-Meheimanuta* ("O Mistério da Verdadeira Fé"), instituiu uma espécie de trindade cabalística, chamada em termos zoháricos de "três vínculos da fé". Essa trindade consistia do Antigo Sagrado (*Atika kadisha*), do Rei Sagrado (*Malka kadisha*), também chamado Rei de Israel, e sua *Shechinah*. Nenhuma menção era feita ao Messias e a sua hierarquia, ou a sua relação a essas hipóstases. Essa doutrina diferia consideravelmente do sistema anteriormente desenvolvido por Natan de Gaza em seu *Sefer Beri'ah* ("Livro da Criação"). Ambos os textos tiveram uma profunda influência na doutrina sabateana subsequente e seus ecos são audíveis nos hinos cantados pelos seguidores posteriores em Tessalônica que estão preservados até a hoje.

Uma série de cartas dos últimos anos de Shabetai Tsevi comprovam a continuidade de sua crença em si mesmo, ao menos durante seus períodos de iluminação. Sua última carta, escrita cerca de seis semanas antes de sua morte, pede para seus amigos na comunidade judaica mais próxima de Berat na Albânia lhe enviarem um livro de orações para o Ano Novo e o Dia do Perdão. Ele morreu muito subitamente dois meses depois de seu aniversário de 50 anos, no Dia do Perdão, 17 de setembro de 1676. Natan propagou a ideia de que a morte de Shabetai Tsevi foi meramente uma "ocultação" e de que ele efetivamente havia ascendido e sido absorvido pelas "luzes supremas". Tal teoria da apoteose era condizente com as especulações anteriores de Natan sobre a deificação gradual do Messias, mas deixava em aberto a questão de quem então representaria o Messias na terra. O próprio Natan morreu pouco depois, a 11 de janeiro de 1680, em Skopje, na Macedônia. Durante o ano anterior, um de seus discípulos, Israel Chazan de Castória, escreveu longas homilias sobre alguns salmos refletindo o estado de espírito do círculo mais íntimo de Shabetai Tsevi e a construção gradual de uma doutrina herética e sectária.

A CABALA SABATEANA

Como o próprio Shabetai Tsevi não era um pensador sistemático e falava principalmente por alusões e metáforas, Natan de Gaza deve ser considerado o principal criador de um sistema um tanto elaborado que combinava uma nova versão da Cabala luriânica com ideias originais sobre a posição do Messias nessa nova ordem. Suas ideias tiveram ampla circulação e sua influência pode ser detectada em muitos tratados cabalísticos aparentemente ortodoxos nas duas gerações seguintes.

Natan aceita a doutrina luriânica do *tsimtsum* (ver p. 165), mas acrescenta uma nova camada mais profunda a sua concepção da Divindade. Desde o princípio existem no *Ein-Sof* dois tipos de luz ou aspectos – que poderiam ser chamados de "atributos" no sentido de Spinoza – a "luz reflexiva" e a "luz irreflexiva". A primeira abrange tudo que se concentra no propósito da criação. Mas, na infinita riqueza do *Ein-Sof*, há forças ou princípios que não visam à criação e cujo único propósito é continuar a ser o que são, estando onde estão. São "irreflexivas" no sentido de serem desprovidas de qualquer ideia direcionada à criação. O ato do *tsimtsum*, que ocorria no intuito de realizar um cosmo, só ocorria no interior da "luz reflexiva". Por esse ato, era criada a possibilidade para a luz reflexiva de realizar seu pensamento, projetá-lo no espaço primordial, o *tehiru*, e ali erigir as estruturas da criação. Mas, quando essa luz se retirou, permaneceu no *tehiru* a luz irreflexiva, que não havia participado da criação e, por sua própria natureza, resistia a toda mudança criativa. Na dialética da criação, essa luz irreflexiva, portanto, se tornou um poder positivamente hostil e destrutivo. O que se chamou de poder do mal, a *klipah*, está em última instância radicado nessa luz não criativa no interior do próprio Deus. A dualidade entre forma e matéria assume um novo aspecto: ambas estão fundamentadas no *Ein-Sof*. A luz irreflexiva não é o mal em si, mas assume esse aspecto porque se opõe à existência de qualquer coisa que não seja o *Ein-Sof* e, portanto, se põe a destruir as estruturas produzidas pela luz reflexiva. O *tehiru* que está cheio de luz irreflexiva, mesclada com algum resíduo da luz reflexiva que permaneceu ali mesmo depois do *tsimtsum*, se chama *golem*, a matéria primordial informe. O processo da criação como um todo se desenvolve, portanto, através de uma dialética entre as duas luzes; em outras palavras, através de uma dialética baseada no próprio ser do *Ein-Sof*.

Quando, depois do *tsimtsum*, a luz reflexiva jorrou em linha reta (*kav ha-iosher*) de volta para o *teheru*, começando ali processos que são muito similares, mas não idênticos, aos descritos na Cabala luriânica, ela penetrou apenas a metade superior do espaço primordial, pois estava superando a luz irreflexiva e a transformando, portanto, construindo o mundo de seu pensamento original. Mas ela não chegou à metade inferior do *tehiru*, descrito como "as profundezas do grande abismo". Todas as afirmações da ontologia luriânica e a doutrina da restauração cósmica do *tikun* que Israel deve alcançar através da força da Torah se referem apenas à parte de cima do *tehiru*. A parte inferior persiste em sua condição informe e não restaurada até o advento do Messias, o único capaz de aperfeiçoá-la, fazendo sua penetração e sua transformação através da luz reflexiva. Na verdade, as luzes irreflexivas também constroem estruturas próprias – os mundos demoníacos das *klipot*, cujo único intuito é destruir o que a luz reflexiva produziu. Essas forças são chamadas de "serpentes que vivem no grande abismo". Os poderes satânicos, chamados no Zohar de *sitra achra* ("o outro lado"), não são outra coisa senão o outro lado do próprio *Ein-Sof*, na medida em que, por sua própria resistência, ele se envolve no processo da criação. Natan desenvolveu uma nova teoria sobre os processos ocorridos no *tehiru* mesmo antes do raio do *Ein-Sof* penetrá-lo, sendo ocasionado pelas interações entre o resíduo da luz reflexiva e as forças do *golem*. Esses processos produziram modos do ser conectados com as primeiras configurações das letras que iriam formar a Torah e o roteiro cósmico. Apenas em um estágio posterior, depois que a linha reta brilhou e penetrou o *tehiru*, essas primeiras estruturas, chamadas de obra da criação primeva (*ma'asseh bereshit*), transformaram-se em estruturas mais substanciais (*ma'asseh merkavah*). Todos os processos luriânicos associados à ruptura dos vasos e ao *tikun* foram então adaptados para a dialética das duas luzes.

Nesta concepção, a criação da figura do Messias desempenha um papel central desde o início. Desde o *tsimtsum*, a alma do Messias havia sido submergida na metade inferior do *tehiru*; isto é, desde o início dos tempos, ela ficou no domínio das *klipot*, sendo uma daquelas centelhas da luz reflexiva que haviam permanecido no *tehiru* ou que, de alguma forma, haviam sido sequestradas pelas *klipot*. Essa alma, invadida pelo influxo da luz irreflexiva e submetida à sua dominação, vem lutando desde o começo do mundo, em meio a indescritível sofrimento, para se libertar e partir em sua grande tarefa: abrir a parte inferior do *tehiru* à penetração da luz reflexiva e trazer a redenção e o *tikun* às *klipot*. Com essa transformação final, um equilíbrio e uma unidade utópicos seriam produzidos entre os dois aspectos do *Ein-Sof*. A "linha reta" não pode avançar para dentro do abismo enquanto o Messias não conseguir escapar do domínio das *klipot*. O Messias é essencialmente diferente de todas aquelas almas que desempenham seu papel nos processos de *tikun*. Na verdade, ele nunca ficou sob a autoridade da Torah, que é o instrumento místico usado pelo poder da luz reflexiva e pelas almas conectadas por ela. O Messias representa algo inteiramente novo, uma autoridade que não está sujeita às leis impostas pelo estado de exílio cósmico e histórico. O Messias não pode ser medido pelos conceitos comuns de bem e mal e deve agir de acordo com sua própria lei, que pode se tornar a lei utópica de um mundo redimido. Tanto a pré-história do Messias quanto sua tarefa especial explicam sua atitude depois de se libertar da prisão da *klipah*.

Essa doutrina permitiu a Natan defender todos e cada um dos "atos estranhos" do Messias, inclusive sua apostasia e seus surtos antinomianos. O Messias é a contrapartida mística da novilha vermelha (Números 19): ele purifica o impuro, mas no processo é como se também ele se tornasse impuro. O Messias é a "serpente sagrada" que domina as serpentes do abismo, o valor numérico da palavra hebraica *mashi'ach* sendo igual ao de *nachash*.

De certo modo, toda alma é composta das duas luzes e por natureza tende predominantemente para a luz irreflexiva que visa à destruição, e a luta entre as duas luzes se repete incessantemente em toda alma. Mas as almas sagradas são ajudadas pela lei da Torah, ao passo que o Messias é deixado completamente a mercê de seus próprios recursos. Essas ideias foram desenvolvidas na nova Cabala herética em grande detalhe e em diferentes versões, revelando um raro pendor para formular princípios de fé paradoxais. Elas reagiam precisamente à situação particular daqueles que acreditavam na missão de um Messias apóstata, e a considerável força dialética com que essas ideias foram apresentadas não deixaram de impressionar as mentes mais suscetíveis. A combinação de imagens mitológicas e argumentação dialética intensificou a atração exercida pelos escritos de Natan.

O MOVIMENTO SABATEANO, 1680–1700

Fora dos círculos dos crentes, a morte de Shabetai Tsevi passou despercebida pelo mundo judaico. Entre os crentes, sua morte causou muitas indagações profundas; alguns de seus seguidores aparentemente desertaram assim que ele morreu. Até mesmo seu irmão, Elias, que se juntara a ele em Adrianópolis e que se convertera ao Islã, voltou para Esmirna e para o judaísmo. As atividades dos grupos sabateanos se concentrariam principalmente em três países, Turquia, Itália e Polônia (particularmente a Lituânia), onde líderes vigorosos e diversos profetas e pretendentes à sucessão de Shabetai Tsevi apareceram. Embora houvesse muitos crentes em outras partes da Diáspora, como no Curdistão e em Marrocos, esses três centros eram os mais importantes. Os maiores grupos na Turquia estavam em Tessalônica, Esmirna e Constantinopla, mas na maioria das comunidades balcânicas o sabateanismo sobreviveu e, não raro, membros dos tribunais rabínicos eram apoiadores secretos. Em Constantinopla, seu chefe era Abrahão Yakhini, que morreu em 1682. Um grupo de rabinos e cabalistas continuou encorajando os fiéis mais iletrados de Esmirna, embora os ortodoxos tenham retomado o controle também lá. De 1675 a 1680, Cardozo (ver p. 505) ocupou o lugar principal entre os sabateanos de Esmirna depois de ter sido obrigado a deixar Trípoli por volta de 1673 e, depois, também Túnis e Livorno. Em Esmirna,

Cardozo encontrou muitos seguidores, os mais importantes dos quais foram o jovem Rabi Elias b. Salomão Abrahão ha-Kohen Itamari (morto em 1727), que se tornou um dos autores e pregadores morais mais prolíficos das duas gerações seguintes e que jamais aparentemente abandonou suas convicções básicas, e o *chazan* Daniel b. Israel Bonafoux, que alegava ter poderes mediúnicos, especialmente em seus anos finais.

Durante esses anos, Cardozo começou uma prolífica produção literária, compondo numerosos livros e tratados grandes e pequenos nos quais expôs sua própria variedade de teologia sabateana. Começando pelo *Boker Avraham* (1672), ele propagou a teoria de que existe uma diferença de princípio entre a causa primeira, que é o Deus dos filósofos e dos pagãos, e o Deus de Israel, que se revelou aos Patriarcas e ao povo de Israel. A confusão entre os dois seria a principal falha de Israel na era do exílio. O povo estaria sendo enganado particularmente pelos filósofos do judaísmo, Saadia Gaon, Maimônides, e todos os outros. Apenas os professores do Talmud e os cabalistas haviam mantido a chama da verdadeira religião secretamente acesa. Com a aproximação da redenção, algumas poucas almas eleitas captariam o verdadeiro significado da fé de Israel, isto é, a revelação contra a filosofia, e o Messias (como profetizado em um dito midráshico) alcançaria a conhecimento do verdadeiro Deus, o "mistério da Divindade" de Shabetai Tsevi, por seus próprios esforços racionais. Nesse ínterim, essa opinião paradoxal poderia ser apoiada por uma verdadeira interpretação de textos tradicionais mesmo que os rabinos cegos considerassem isso uma heresia. Cardozo não utilizou as novas ideias da Cabala de Natan, mas construiu um sistema próprio com considerável poder dialético. Na maioria de seus escritos, ele evitou a questão da missão de Shabetai Tsevi, embora a defendesse em diversas epístolas escritas em diferentes períodos de sua vida. Durante um número considerável de anos, ao menos, ele se viu como o Messias b. José, que, como revelador da verdadeira fé e como sofredor de perseguição por parte dos rabinos, devia preceder o advento final de Shabetai Tsevi, a partir do qual todos os paradoxos da crença sabateana seriam resolvidos. Entre 1680 e 1697, Cardozo viveu em Constantinopla, Rodosto e Adrianópolis, não só despertando muita controvérsia por seus ensinamentos, mas também causando grande agitação através de suas profecias sobre o iminente fim messiânico, especialmente em 1682. Ele foi finalmente obrigado a partir dessas cidades e passou os últimos anos de sua vida principalmente em Cândia (Creta), Quios e, depois de tentar em vão se estabelecer em Jerusalém, no Egito. Destacado defensor da adesão estrita à tradição rabínica na prática, uma vez que Shabetai Tsevi ainda não havia voltado, Cardozo lutou coerentemente contra as tendências antinomianas, embora ele também previsse uma mudança completa na manifestação da Torah e de sua prática no tempo da redenção. A influência de Cardozo ficaria atrás apenas da de Natan; seus escritos seriam copiados em muitos países e ele manteria íntima relação com lideranças sabateanas em toda parte. Muitas de suas polêmicas foram dirigidas contra Samuel Primo por um lado e os sabateanos radicais de Tessalônica, por outro. Primo (morto em 1708), que mais tarde se tornaria o rabino-chefe de Adrianópolis, opunha-se a qualquer atividade expressamente sabateana e revelava sua crença inabalável e suas ideias heréticas apenas em conclaves secretos.

Em Tessalônica, a situação era diferente. O número de crentes ainda era muito grande e a família da última esposa de Shabetai Tsevi, liderada pelo pai dela, José Filosof, e pelo irmão, Jacob Querido, expunham suas convicções abertamente. Natan teve importantes seguidores entre os rabinos, inclusive pregadores altamente respeitados e até mesmo autoridades haláchicas. O estado contínuo de agitação, especialmente depois da morte de Natan, produziu uma nova onda de excitação e de novas revelações. Visões de Shabetai Tsevi eram muito comuns em muitos círculos de crentes, mas aqui, em 1683, elas levaram à apostasia em massa de cerca de 300 famílias, que consideraram seu dever seguir os passos do Messias, em oposição aos sabateanos que defendiam, como Cardozo, que era da essência do Messias que seus atos não poderiam ser imitados ou seguidos por mais ninguém. Ao lado dos primeiros apóstatas contemporâneos de Shabetai Tsevi, o novo grupo, liderado por Filosof e Salomão Florentin, formou a seita dos Doenmeh, marranos voluntários, que publicamente professavam e praticavam o Islã, mas secretamente aderiam a uma mistura de judaísmo tradicional e herético. Casando-se apenas entre eles, logo foram identificados como um grupo separado tanto pelos turcos como pelos judeus, e se desenvolveram à sua própria maneira, formando três subseitas (ver p. 413). Uma certa dose de antinomianismo era comum a todos esses grupos, mas essa tendência teve proeminência na subseita liderada por Baruchiah Russo (Osman Baba) que, nos primeiros anos do século XVIII, criou outro cisma ao ensinar que a nova Torah espiritual ou messiânica (*Torah de-Atsilut*) implicava uma reversão completa dos valores, simbolizada pela transformação das 36 proibições da Torah, chamadas *kritot* (que significa algo punível com o desenraizamento da alma e sua aniquilação), em mandamentos positivos. Estavam aí incluídas todas as uniões sexuais proibidas e o incesto. Aparentemente esse grupo também desenvolveu a doutrina da divindade de Shabetai Tsevi e mais tarde do próprio Baruchiah, que morreu em 1721. Essa doutrina da encarnação seria depois erroneamente atribuída a todos os sabateanos e criaria muita confusão nos relatos a seu respeito. O grupo de Baruchiah se tornou o setor mais radical do submundo sabateano. A maioria dos crentes, contudo, não seguiu o exemplo dos Doenmeh e permaneceu no interior da congregação judaica, mesmo em Tessalônica, de onde desapareceriam apenas depois de um tempo considerável. Diversos rabinos famosos de Tessalônica e de Esmirna no século XVIII, como José b. David, Meir Bikayam e Abrahão Miranda, ainda tinham uma simpatia secreta pelos ensinamentos e crenças sabateanos. Eruditos que estudaram com Natan ou seus alunos em Tessalônica, como Salomão Ayllon e Elias Mojajon, que mais tarde se tornaram rabinos de importantes comunidades como Amsterdã, Londres e Ancona, espalharam os ensinamentos do setor moderado do sabateanismo aderente ao judaísmo e que até tendia a um pietismo excessivo. Entre 1680 e 1740, muitos emissários da Palestina, especialmente de Hebrom e Safed, estavam "contaminados" com sabateanismo e aparentemente também serviram de elos entre os vários grupos de crentes na Diáspora.

O segundo centro existiu na Itália, primeiro em Livorno, onde Moisés Pinheiro, Meir Rofe, Samuel de Paz e Judá Sharaf (no final de sua vida) foram ativos, e depois em Módena. Abrahão Rovigo em Módena era um apaixonado devoto de um sabateanismo com características nitidamente pietistas e, sendo um erudito e um cabalista de vasta reputação, além de membro de uma família muito rica, tornou-se o homem para o qual todos os "crentes" se voltaram, particularmente os visitantes de passagem pela Itália, vindos da Terra de Israel, da Polônia e dos Bálcãs. As convicções de Rovigo eram compartilhadas com seu amigo íntimo Benjamin b. Eliezer ha-Kohen, o rabino de Reggio, Chaim Segré de Vercelli, e outros. Eles viviam atentos a todo sinal de um novo impulso e relatavam uns para os outros as notícias recebidas de seus visitantes e correspondentes. Revelações de *maguidim* celestiais, que confirmavam a hierarquia superior e a legitimidade da missão de Shabetai Tsevi, e que também agregavam novas interpretações do Zohar e de outras questões cabalísticas, foram comuns nessa época. Os papéis de Rovigo, muitos dos quais sobreviveram, mostram a ampla distribuição da propaganda sabateana entre 1680 e 1700. Benjamin Kohen – um rabino que tinha um retrato de Shabetai Tsevi na parede de sua casa! – ousou até publicar um comentário sobre Lamentações que tratava em detalhe do aforismo de Natan de que na era messiânica esse livro bíblico seria lido como uma coleção de hinos de júbilo (*Allon Bakhut*, Veneza, 1712). Baruch de Arezzo, do grupo de Rovigo, compôs em 1682-85, provavelmente em Módena, uma hagiografia de Shabetai Tsevi, *Zikhron le-Veit Israel*, a mais antiga biografia desse tipo existente hoje em dia. Os escritos de Natan foram copiados e ardorosamente estudados nesses círculos, e iluminados que reivindicavam inspiração divina como Issachar Baer Perlhefter e Mordecai (Mokhi'ah) Eisenstadt de Praga (entre 1677 e 1681) e, mais tarde (1696-1701), Mordecai Ashkenazi de Zholkva (Zolkiev), foram recebidos de braços abertos e apoiados por Rovigo. Quando Rovigo realizou seu plano de se estabelecer em Jerusalém em 1701, a maioria dos membros da *ieshivah* que ele encontrou por lá eram sabateanos. Antes de sair da Europa, Rovigo foi com seu discípulo Mordecai Ashkenazi até Fürth, onde fez imprimir um volumoso fólio, *Eshel Avraham*, escrito por este último e baseado na nova interpretação do Zohar que ele havia recebido do céu. Sendo devotados seguidores da tradição rabínica, indivíduos da variedade rovigueana de sabateanismo desviavam-se da prática haláchica apenas celebrando secretamente o 9 de Av como uma festa. Até mesmo essa prática seria abandonada algumas vezes. Em geral, fora do círculo um tanto restrito dos Doenmeh, os seguidores de Shabetai Tsevi não se diferenciavam muito dos outros judeus em sua atitude positiva em relação à prática haláchica, e as diferenças entre eles e a "ortodoxia" permaneciam no campo da especulação teológica. Esta última, evidentemente, sem dúvida teve implicações muito mais abrangentes para a consciência judaica dos crentes que não pode ser subestimada. A questão da posição da Torah na era messiânica, que já era objeto de sérias discussões no próprio círculo de Shabetai Tsevi e nos escritos de Cardozo, especialmente em seu *Maguen Avraham* (1668), não poderia mais ser tratada como abstrata. Mas não há nenhum indício de que antes de 1700 práticas heréticas, em oposição a ideias, fossem características do sabateanismo.

Tudo isso também é verdade para o movimento entre os judeus asquenazes. Quase imediatamente após a morte de Shabetai Tsevi, surgiram especulações se ele não teria sido o sofrido Messias b. José e não o redentor final. Quem assumiu essa posição em Praga em 1677 foi Mordecai Eisenstadt, um pregador ascético que atrairia um grande séquito durante os cinco anos seguintes. Ao lado de seu irmão, que provavelmente foi o mais tarde famoso rabino Meir Eisenstadt, Mordecai viajou pela Boêmia, pelo sul da Alemanha e pelo norte da Itália, exortando o povo a não perder a fé na redenção iminente. Rabinos eruditos como Baer Perlhefter de Praga, que passou muitos anos em Módena, defendiam suas reivindicações, embora Baer mais tarde tenha deixado de defendê-lo, e talvez até o sabateanismo como um todo. Até mesmo onde Shabetai Tsevi era reverenciado como o verdadeiro Messias, como era o caso da maioria dos grupos, não faltaram pretendentes ao papel de Messias b. José que preencheria o interregno entre a "primeira manifestação" de Shabetai Tsevi e a segunda. Ainda durante o exílio deste na Albânia, um pretendente já havia aparecido na pessoa de José ibn Zur em Meknès (Marrocos), um ignorante convertido em profeta que provocou grande agitação em muitas comunidades ao proclamar que a redenção final seria no Pessach de 1675. Sua morte súbita pôs fim à rebelião, mas não à fé profundamente arraigada em Shabetai Tsevi no Marrocos. Mais duradoura foi a impressão causada por outro profeta desse tipo em Vilna, o mestre prateiro Ioshua Heshel b. Iossef, geralmente chamado de Heshel Tsoref (ver p. 581). Originalmente um artesão iletrado, ele se tornou o eminente profeta do movimento sabateano na Polônia. Ao longo de um período de mais de trinta anos, ele compôs o *Sefer ha-Tsoref*, dividido em cinco partes, e disse que representava algo como a futura Torah do Messias. Na verdade, suas mil páginas, baseadas em explicações místicas e numerológicas do *Shema Israel*, proclamavam-no Messias b. José e Shabetai Tsevi, Messias b. Davi. A atitude da obra em relação à tradição rabínica continua completamente conservadora. Diversas partes dessas revelações estão preservadas; algumas delas, curiosamente, vieram parar nas mãos de Israel b. Eliezer Ba'al Shem Tov, o fundador do chassidismo posterior, e foram muitíssimo estimadas por ele e por seu círculo. Em seus anos finais, Heshel Zoref se mudou para

345

Cracóvia e encorajou o novo movimento do chassidismo sabateano.

Outro profeta desse tipo, um destilador de conhaque chamado Zadok, apareceu em 1694-96 em Grodno [Hrodna]. A agitação criada por esses homens reverberou até à Itália, e Rovigo e seus amigos cuidadosamente coletaram testemunhos sobre esses acontecimentos a partir de visitantes poloneses. Um deles foi o sabateano polonês Chaim b. Salomão, conhecido como Chaim Malach (ver p. 549), um homem muito erudito e aparentemente uma personalidade poderosa. Em 1691, ele encontrou na Itália escritos de Natan que ainda não haviam circulado na Polônia e, após voltar, ele propagou esses ensinamentos entre os rabinos poloneses. Mais tarde Chaim Malach foi para Adrianópolis e, sob a influência de Primo, abandonou os moderados e se tornou um porta-voz de uma variedade mais radical do movimento. Ele juntou forças com Judá Chassid de Shidlov, um famoso pregador do arrependimento e aparentemente líder dos moderados. Entre 1696 e 1700, eles se tornaram os espíritos motores da "sagrada sociedade do Rabi Judá Chassid", um grupo composto por muitas centenas de pessoas, a maioria sabateanos, que se entregavam ao extremo ascetismo e se preparavam para emigrar para a Palestina, para esperar por lá a segunda manifestação de Shabetai Tsevi. Grupos deles percorreram muitas comunidades na Polônia e na Alemanha despertando grande entusiasmo. Embora eles jamais se declarassem abertamente sabateanos, resta pouca dúvida quanto a isso. Diversos rabinos em grandes comunidades que sabiam do verdadeiro caráter desses chassidim tentaram sem sucesso impedir a propaganda. Ao final de 1698, um conselho de líderes sabateanos do chassidismo ocorreu em Mikulov (Nikolsburg; Morávia) e contou também com a presença de Heshel Zoref.

SABATEANISMO NO SÉCULO XVIII E SUA DESINTEGRAÇÃO

A *aliah* do chassidismo para Jerusalém em 1700 representou um apogeu da atividade e das expectativas sabateanas, e a grande decepção com seu fracasso, como depois do fracasso anterior de Shabetai Tsevi, fez com que diversos de seus seguidores adotassem o cristianismo ou o Islã. Judá Chassid morreu quase imediatamente depois de sua chegada a Jerusalém em outubro de 1700, e as condições em Jerusalém esfacelaram o movimento. Começaram as dissidências entre os moderados, alguns dos quais pareciam ter enterrado de vez suas convicções sabateanas, e os elementos mais radicais liderados por Malach. Ele e sua facção foram expulsos, mas mesmo os moderados não conseguiriam manter sua base na Terra Santa, e a maioria deles voltou para a Alemanha, para a Áustria ou para a Polônia. Um influente sabateano que permaneceu foi Jacob Wilna, um cabalista de grande renome. Muitos crentes haviam proclamado 1706 o ano da volta de Shabetai Tsevi e a decepção enfraqueceu um movimento que havia perdido seu ímpeto ativo. O movimento foi levado à completa clandestinidade, um processo apressado pela difusão de rumores sobre ensinamentos extremistas antinomianos e niilistas de Baruchiah. Cada vez mais, ainda que erroneamente, os sabateanos passaram a ser identificados com esse setor extremista, cujos seguidores não se satisfaziam com teorias místicas e experiências visionárias, mas tiravam consequências em sua adesão pessoal à Lei. Malach foi para Tessalônica, depois espalhou o evangelho do antinomianismo secreto na Podólia, onde encontrou terreno fértil especialmente nas comunidades menores. A informação existente sobre outras partes da Europa é insuficiente para permitir uma clara diferenciação entre as várias frações do movimento clandestino. É óbvio, contudo, que o lema antinomiano propagado pelo setor radical de que "a anulação da Torah era sua verdadeira realização", e de que, como o grão que morre na terra, os feitos do homem devem de alguma forma "apodrecer" no intuito de ocasionar o fruto da redenção, tinha um forte apelo emocional até para alguns talmudistas e cabalistas, embora essencialmente representasse uma revolta antirrabínica no judaísmo. O fato de isso ter preocupado as autoridades rabínicas, que consideravam bastardos os filhos desses sectários e, portanto, não os admitiam mais na congregação, foi simplesmente lógico. Por outro lado, há evidências de que não poucos dos mais influentes pregadores morais e autores da literatura moral de inclinação ascética eram sabateanos secretos do setor moderado e chassídico. Muitos dos livros de moral (*mussar*) mais influentes desse período pertencem a essa categoria, como o *Shevet Mussar* de Elias Kohen Itamari (1712), *Tohorat ha-Kodesh* de um autor anônimo que escreveu na primeira década do século (1717), e o *Shem Ia'akov* de Jacob Segal de Zlatova (1716). Alguns cabalistas que também escreveram tratados morais em ídiche pertencem a este campo, como Zevi Hirsch b. Ierachmiel Chotsh e Iechiel Michael Epstein.

A propaganda sabateana assim se polarizou em torno de dois centros diferentes. Os moderados que se conformavam à prática tradicional e até a exageravam poderiam produzir uma literatura que, evitando a declaração aberta de sua fé messiânica, atingiria um público amplo inconsciente das convicções dos autores. Não poucos livros homiléticos, morais, cabalísticos e litúrgicos foram publicados cujos autores aludiam de modo tortuoso a sua crença secreta. Os radicais, que se tornaram particularmente ativos entre 1715 e 1725, depois que Baruchiah foi proclamado "Señor Santo" e uma encarnação da versão sabateana do "Deus de Israel", precisariam ser mais cuidadosos. Eles trabalhavam através de emissários de Tessalônica e Podólia e faziam circular manuscritos e cartas que expunham sua "nova Cabala". Os círculos conhecidos anteriormente na Polônia como chassídicos antes do advento do Ba'al Shem Tov, que praticava formas extremas de devoção ascética, continham um forte elemento de sabateanismo, especialmente na Podólia. Na Morávia, Judá b. Jacob, comumente chamado Löbele Prossnitz (ver p. 565), provocou uma rebelião depois de seu "despertar" como profeta sabateano, viajando pelas comunidades da Morávia e da Silésia e encontrando muitos seguidores, alguns dos quais persistiriam mesmo depois que suas práticas "mágicas" fraudulentas foram desmascaradas e ele foi banido (1703-6). Meir Eisenstadt, que, como uma série de outros rabinos importantes, havia simpatizado com o movimento e então oficiava em Prossnitz, abandonou-o e voltou-se contra ele; mas Prossnitz continuou sendo um centro de um considerável grupo sabateano por todo o século XVIII. Um pouco mais tarde, 1708-25, outro centro de sabateanismo se cristalizou em Mannheim, onde alguns membros da sociedade de Judá Chassid, entre eles seu genro Isaías Chassid de Zbarazh, encontraram refúgio no recém-estabelecido *bet ha-midrash*. Por volta da mesma época, Elias Taragon, um dos alunos de Cardozo, fez uma tentativa malsucedida de publicar a obra de seu mestre, *Boker Avraham* em Amsterdã (1712).

Embora todos esses desenvolvimentos tivessem ocorrido principalmente em uma atmosfera crepuscular ou clandestina e recebido pouca atenção geral, o grande escândalo público estourou quando outro iluminado sabateano, dessa vez um muito erudito, conseguiu publicar o único grande texto de teologia sabateana impresso no século XVIII. Nehemiah Chiya Hayon (ver p. 527) havia sido educado em Jerusalém, servira como rabino em sua cidade natal, e estava em contato com os sectários em Tessalônica e com o círculo de Cardozo antes deste voltar para Eretz Israel. Lá, ele compôs um elaborado comentário duplo sobre o *Raza di-Meheimanuta*, a última exposição de Shabetai Tsevi do mistério da Divindade, que Hayon então alegou ter recebido de um anjo, ou, em outras ocasiões, tê-la encontrado em um exemplar do Zohar. Obrigado a sair de Eretz Israel devido a suas atividades sabateanas, Hayon ficou vários anos na Turquia, onde fez igualmente amigos e inimigos, e, por volta de 1710, chegou a Veneza, talvez por iniciativa própria, talvez como emissário. Com o apoio de alguns simpatizantes secretos, mas em geral posicionando-se como um cabalista ortodoxo, ele conseguiu obter aprovação das autoridades rabínicas para publicar seus três livros: *Raza di-Ihuda* (Veneza, 1711), *Oz le-Elohim* (Berlim, 1713) e *Divrei Nechemiah* (*ibid.*, 1713). Dentre estes, *Oz le-Elohim* era a obra principal, contendo os mencionados comentários sobre o texto de Shabetai Tsevi, cujo título ele alterou para *Meheimanuta de-Cholla*. Em meio às polêmicas contra Cardozo, Hayon expôs sua própria versão da doutrina a respeito dos "três vínculos de fé", a trindade sabateana do *Ein-Sof*, o Deus de Israel e a *Shechinah*. Ele evitou cuidadosamente associar isso a Shabetai Tsevi, cujo nome jamais é mencionado em nenhum desses livros, embora o *Divrei Nechemiah* contenha uma homilia extremamente ambígua atacando e ao mesmo tempo defendendo os apóstatas pelo bem do Deus de Israel, isto é, os Doenmeh. Apenas quando Hayon chegou a Amsterdã no final de 1713, onde gozou da proteção de Salomão Ayllon, anteriormente também adepto secreto do sabateanismo, o caráter herético de seus livros e especialmente do *Oz le-Elohim* foi reconhecido por Tsevi Hirsch Ashkenazi, o rabino da comunidade asquenaze de Amsterdã. Na violenta disputa que se seguiu entre os rabinos sefaraditas e os asquenazes de Amsterdã, que produziu uma animada literatura polêmica, a teologia sabateana foi pela primeira vez discutida em público, sendo atacada por rabinos como David Nieto, José Ergas e Moisés Chagiz, e uma hoste de outros participantes na luta contra a heresia. Hayon defendeu sua doutrina "cabalista" vigorosamente, mas futilmente negou o caráter sabateano. Por volta de 120 cartas sobre essa controvérsia foram publicadas em várias fontes. Diversos rabinos que eram suspeitos de sabateanismo secreto recusaram-se a participar dos banimentos pronunciados contra Hayon, que, ao final de 1715, foi obrigado a deixar a Europa. Na tentativa de se defender através dos rabinos da Turquia, ele só recebeu um apoio indeciso.

Quando voltou para a Europa em 1725, a chegada de Hayon coincidiu com outro escândalo sabateano e inutilizou seus esforços. Esta última rebelião estava associada à propaganda cada vez mais forte dos seguidores extremistas de Baruchiah que conquistaram uma praça forte na Podólia, na Morávia e especialmente na *ieshivah* de Praga, onde o jovem e já famoso Jonathan Eybeschütz (ver p. 517) era considerado seu maior apoiador. De 1724 em diante circularam vários manuscritos de Praga que continham explanações cabalísticas vazadas em linguagem ambígua e obscura, cujo cerne era a defesa da doutrina do "Deus de Israel", sua residência em *Tiferet* e sua íntima conexão com o Messias, sem mencionar explicitamente, contudo, seu caráter de encarnação divina. O testemunho que aponta para Eybeschütz como autor, particularmente do manuscrito cabalístico, mas sem dúvida herético, *Va-Avo ha-Iom el ha-Ain*, é avassalador. Quando este e muitos outros escritos sabateanos da seita de Baruchiah foram descobertos, em Frankfurt em 1725, na bagagem de Moisés Meir de Kamenka (Kamionka), um emissário sabateano em Mannheim vindo da Podólia, um grande escândalo se seguiu. Toda uma rede de propaganda e conexões entre diversos grupos foi revelada, mas a considerável reputação de Eybeschütz como um gênio dos ensinamentos rabínicos impediu uma ação contra ele, particularmente quando se colocou como chefe daqueles que publicamente condenavam Shabetai Tsevi e seus sectários em uma proclamação de excomunhão datada de 16 de setembro de 1725. Em muitas outras comunidades polonesas, alemãs e austríacas, proclamações similares foram publicadas na imprensa, também exigindo de todos que as ouviam que denunciassem sabateanos secretos às autoridades rabínicas. A atmosfera de perseguição que então predominava levou o restante dos sabateanos a passar à clandestinidade total pelos trinta anos seguintes, especialmente na Polônia.

Depois desses acontecimentos, a figura de Jonathan Eybeschütz permaneceu à sombra e na verdade colocaria um problema psicológico difícil, se é que (como pode ser evidenciado através de um estudo dos textos e dos documentos pertinentes) ele pode de fato ser considerado autor do mencionado manuscrito. Quando, após uma gloriosa carreira como grande professor, pregador e autoridade rabínica em Praga, Metz e Hamburgo, descobriu-se em 1751 que uma quantidade considerável de amuletos que Eybeschütz dera em Metz, Hamburgo e Altona eram na verdade de caráter sabateano, seguiu-se outra rebelião, que envolveu muitas pessoas na Alemanha, na Áustria e na Polônia, em uma controvérsia acalorada. Seu principal adversário foi Jacob Emden, filho do inimigo de Hayon em Amsterdã e incansável combatente contra todos os grupos e personalidades sabateanos sobreviventes. Seus muitos escritos polêmicos publicados entre 1752 e 1769 muitas vezes miravam acima de seu alvo, como no caso de Moisés Chaim Luzzatto, mas contêm muita informação valiosa sobre o sabateanismo no século XVIII. A defesa dos amuletos de Eybeschütz foi particularmente fraca e em grande medida contraproducente. Ele argumentou que o texto dos amuletos consistia apenas de Nomes Sagrados místicos que tinham suas raízes nos livros cabalísticos e não podiam ser decifrados como um texto contínuo. A comparação dos amuletos, contudo, prova o contrário. Os criptogramas usados diferiam de um item para o outro, mas sempre continham uma afirmação da missão messiânica de Shabetai Tsevi e uma referência às opiniões sabateanas sobre o "Deus de Israel".

O sabateanos secretos da Europa central viam Eybeschütz como sua figura mais proeminente, ao passo que os ortodoxos ficavam profundamente chocados com a possibilidade de um importante representante da espiritualidade rabínica e cabalística apresentar um pendor para ideias heréticas. Muitos deles se recusaram a considerar essa possibilidade e permaneceram do seu lado. A confusão até no campo dos cabalistas ortodoxos era considerável e eles também ficaram divididos. A questão que estava sendo discutida era complicada enormemente por fatores pessoais e irrelevantes, mas o conflito demonstrava o quão profundamente arraigadas eram as apreensões quanto à penetração dos sabateanos em muitas comunidades. Isso também é confirmado por numerosos testemunhos de muitas fontes registradas entre 1708 e 1750, mesmo antes da controvérsia entre Eybeschütz e Emden. Os escritos de Natan de Gaza ainda eram estudados, não apenas na Turquia, mas no Marrocos, na Itália e entre os asquenazes. Diversos autores descrevem o método da propaganda sabateana entre aqueles que só tinham uma formação talmúdica modesta ou nula, mas eram atraídos pelo estudo da *agadah* que os sectários sabiam usar e explicar à sua própria maneira. Esse método de atrair pessoas e depois lentamente iniciá-las nos princípios dos sectários foi persistentemente usado por mais de 80 anos na Polônia, na Morávia, na Boêmia e na Alemanha. Muita ambiguidade seria permitida pelo difundido princípio herético de que o verdadeiro crente não deve aparentar ser o que realmente é e de que a dissimulação era legítima em um período em que a redenção já começara no coração secreto do mundo, mas não ainda no domínio da natureza e da história. As pessoas tinham permissão para negar sua fé verdadeira em público no intuito de ocultar a conservação da "fé sagrada". Isso chegou tão longe que uma obra apresentando um resumo da teologia sabateana, como a obra de Jacob Koppel Lifschütz, *Sha'arei Gan Eden* escrita nos primeiros anos do século XVIII em Volínia, viria precedida de um prefácio que denunciava veementemente a heresia sabateana! A duplicidade dessa atitude passou a ser vista como um traço característico dos sectários, que, desde o início do século XVIII, passaram a ser conhecidos em ídiche como *Shebsel* ou *Shabsazviniks*, com a conotação de "hipócritas". Há provas cabais de um grande número de homens de grande erudição talmúdica, e até rabinos oficiantes, que se juntaram a esses grupos e julgaram ser possível viver em um estado de alta tensão entre a ortodoxia exterior e o antinomianismo interior que forçosamente destruía a unidade de sua identidade judaica. Em lugares como Praga, uma série de famílias altamente respeitáveis formava um núcleo de crentes secretos, e há evidências de que em alguns lugares membros influentes do tribunal judaico protegeram os sectários ou eram membros da seita. Muitos sabateanos da Morávia tinham posições de poder econômico. Há também evidências sobre rituais secretos realizados nesses grupos, especialmente na Podólia, onde os seguidores de Baruchiah se concentraram em lugares como Buchach (Buczacz), Busk, Glinyany, Gorodenka, Zolkiew, Nadvornaya, Podgaitsy (Podhajce), Rogatin (Rohatyn) e Satanov. A ingestão de gordura proibida (*helev*) ou transgressões graves de proibições sexuais eram consideradas ritos de iniciação. Alguns cabalistas e *ba'alei shem* (ver p. 389) de Podhajce que se tornaram conhecidos na Alemanha e na Inglaterra entre 1748 e 1780, como Chaim Samuel Jacob Falk, o "Ba'al Shem de Londres", e Moisés David Podheitser, íntimo colaborador de Eybeschütz em Hamburgo, vieram desses círculos.

A acalorada controvérsia sobre as revelações de Moisés Chaim Luzzatto em Pádua, que começou em 1727, e as tendências messiânicas de seu grupo despertaram muita atenção nos dez anos seguintes. Embora mesmo em seus escritos secretos Luzzatto, Moisés David Valle, e seus companheiros repudiassem as alegações de Shabetai Tsevi e seus seguidores, eles foram sem dúvida profundamente influenciados por alguns ensinamentos paradoxais da Cabala sabateana, especialmente aqueles a respeito da pré-história metafísica da alma do Messias no domínio das *klipot*. Luzzatto formulou essas ideias de tal maneira que removia os elementos obviamente heréticos, mas que ainda refletia, mesmo nas polêmicas contra os sabateanos, muito de seu universo espiritual. Ele tentou até encontrar um lugar para Shabetai Tsevi, ainda que não messiânico, em seu esquema de coisas. A ideia de um Messias apóstata era totalmente inaceitável para ele, assim como as consequências antinomianas extraídas pelos Doenmeh e seus simpatizantes, mas sua alegação de inspiração celestial e de novas revelações cabalísticas, vindas imediatamente após a excomunhão dos sectários em 1725 e 1726, despertaram graves apreensões na Itália e em alguns lugares na Alemanha que tiveram experiências especiais com o sabateanismo. De maneira similar, uma geração depois, os primeiros antagonistas do chassidismo polonês dos últimos dias desconfiavam que este não passava de um novo ramo do sabateanismo. Em ambos os casos, as suspeitas estavam erradas, mas tinham algum fundamento nos ensinamentos e no comportamento dos recém-chegados. Mais complicado é o caso da volumosa obra *Chemdat Iamim*, publicada pela primeira vez em Esmirna em 1731, depois diversas vezes em Zolkiew e duas vezes na Itália. Essa obra anônima descrevia em detalhes a vida e os rituais judaicos desde o ponto de vista da Cabala luriânica, mas era permeada do espírito de um sabateanismo estritamente ascético, tal como era promovido em Jerusalém e Esmirna por cabalistas como Jacob Wilna e Meir Bikayan. Adotando várias inovações sabateanas, o texto incluía até mesmo hinos escritos por Natan de Gaza e todo um ritual para a véspera da lua nova cujo caráter sabateano é óbvio. Embora simulando uma origem anterior, a obra provavelmente foi composta entre 1710 e 1730, supostamente em Jerusalém, mas provavelmente em outra cidade. Seu estilo muito atraente e o rico conteúdo garantiram um público amplo, e na Turquia a obra foi aceita como um clássico, posição que o livro manteve. No entanto, não muito depois de sua publicação na Podólia em 1742, a obra foi denunciada por Jacob Emden como tendo sido composta por Natan de Gaza (erroneamente) e como propaganda de opiniões sabateanas (acertadamente). Apesar da oposição, a obra ainda foi frequentemente citada mas recolhida da circulação pública na Polônia e na Alemanha.

Independentemente do caso Eybeschütz, uma intensa explosão de sabateanismo em seu estágio final ocorreu em 1756 na Podólia com o aparecimento de Jacob Frank (1726-91) como novo líder do setor extremista. Imbuído das principais ideias dos sectários baruchianos em Tessalônica, ele voltou a seu ambiente natural depois de passar muitos anos principalmente da infância e da adolescência na Turquia. Ele já era então considerado um novo líder, profeta e reencarnação de Shabetai Tsevi (para mais detalhes do movimento instigado por ele, ver p. 359).

Nos anos tempestuosos entre 1756 e 1760, uma grande parte dos seguidores de Frank se converteu ao catolicismo, constituindo uma espécie de Doenmeh na Polônia, mas sob disfarce católico. Esses acontecimentos, e especialmente a vontade dos frankistas de servir aos interesses do clero católico ao defender publicamente libelos de sangue na disputa ocorrida em Lvov (1759) agitaram e despertaram profundamente a comunidade judaica na Polônia e tiveram ampla repercussão mesmo fora da Polônia. A maioria dos sabateanos, mesmos os sectários do próprio Frank, não foi com ele para a Igreja, e grupos de frankistas continuaram na congregação judaica na Polônia, na Hungria, na Morávia, na Boêmia e na Alemanha. A principal contribuição de Frank teve aspecto tríplice. (1) Ele retirou do sabateanismo sua teologia cabalística e as abstrusas especulações metafísicas e os termos em que era vestida, substituindo por uma versão muito mais popular e colorida, revestida de imagens mitológicas. O desconhecido e até então inacessível "Bom Deus", o "Irmão Mais Velho" (também chamado de "Aquele Que Está Diante de Deus"), e a matrona ou virgem, ou simplesmente "ela" – um amálgama da *Shechinah* e da Virgem Maria – constituem a trindade frankista. Frank via Shabetai Tsevi, Baruchiach e, finalmente, a si mesmo como emissários e, de alguma forma, encarnações do "Irmão Mais Velho", cuja missão seria completada pelo aparecimento de uma encarnação do elemento feminino dessa trindade. A tendência de Frank a jogar fora os "velhos livros" contrastava agudamente com a continuada predileção de seus seguidores por estudá-los, especialmente aqueles que continuaram judeus. (2) Sua versão do sabateanismo assumiu um caráter declaradamente niilista. Sob o "fardo do silêncio", o verdadeiro crente, que tem Deus em seu coração secreto, deveria passar por todas as religiões, todos os ritos e ordens estabelecidas sem aceitar nenhuma e na verdade aniquilado todas por dentro e, portanto, estabelecendo a verdadeira liberdade. A religião organizada seria apenas um manto para vestir e depois jogar fora no caminho para o "conhecimento sagrado", a gnose do lugar onde todos os valores tradicionais são destruídos no fluxo da "vida". (3) Ele propagou essa religião niilista como o "caminho de Esaú" ou "Edom", encorajando a assimilação sem realmente acreditar nela, na esperança de uma renovação miraculosa de um judaísmo messiânico e niilista, através das dores do parto de uma revolta universal. Essa concepção abriu o caminho para a formação de um amálgama entre esse último estágio do messianismo sabateano e o misticismo por um lado, e o esclarecimento contemporâneo e tendências seculares e anticlericais, por outro. A maçonaria, o liberalismo e até o jacobinismo podiam ser vistos como meios igualmente válidos para tais fins. Não causa espanto que, onde quer que esses grupos tenham existido, as comunidades judaicas os combateram veementemente, mesmo que apenas vagos rumores sobre os ensinamentos secretos de Frank tivessem chegado até elas.

Os frankistas na Europa Central juntaram forças com grupos sabateanos mais antigos, inclusive admiradores de Eybeschütz, e alguns dos próprios filhos e netos de Eybeschütz juntaram-se ao campo frankista. Na década de 1760, ainda havia uma propaganda sabateana ativa nas *ieshivot* de Altona e Pressburg. Um emissário, Aaron b. Moisés Teomim de Gorodenka, propagou o sabateanismo no norte e no sul da Alemanha e, em 1767, tentou arregimentar o apoio de simpatizantes cristãos, alegando ter iniciado sua missão a pedido do príncipe polonês Radziwill, um notório protetor dos frankistas. Os judeus e os apóstatas frankistas continuaram em contato, particularmente através de seus encontros no "tribunal" de Frank em Brno e mais tarde em Offenbach. Mesmo profundamente impressionados pelos ditos e epístolas de Frank, suas atividades jamais se igualaram à ferocidade das visões subversivas e niilistas dele. Durante as primeiras décadas do século XIX, o sabateanismo se desintegrou até mesmo enquanto seita difusamente organizada e, além daqueles que retornaram ao judaísmo tradicional, desapareceu no campo do liberalismo judaico e, em muitos casos, na indiferença. Os grupos sectários do Doenmeh na Turquia e os católicos frankistas na Polônia, especialmente em Varsóvia, sobreviveram muito mais, os primeiros só desaparecendo em meados do século XX e os segundos provavelmente só depois de 1860.

BIBLIOGRAFIA

Fontes

J. Sasportas, *Zizat Novel Zevi*, organizado por I. Tishby (1954); J. Emden, *Torat ha-Kena'ot* (1752); idem, *Sefer Hitabbekut ISH* (1762); J. Eybeschüetz, *Luhot Edut* (Altona, 1775); N. Bruell (org.), *Toledot Shabbetai Zevi* (1879); A. Freimann, *Inyenei Shabbetai Zevi* (1912); A. M. Habermann, *"Le-Toledot ha-Pulmus Neged ha-Shabbeta'ut"*, in: *Kovez al Yad*, n. s. 3 pt. 2 (1940), 185-215; G. Scholem, *"Gei Hizzayon, Apokalipsah Shabbeta'it mi-Teiman"*, ibid., n. s. 4 (1946), 103-42; idem, *Be-Ikvot Mashi'ah* (1944; escritos coligidos de Nathan); M. Attias e G. Scholem (orgs.), *Shirot ve-Tishbahot she! ha-Shabbeta'im* (1958); *Sefunot*, 3-4 (1959-60; *Mekharim u-Mekorot le-Toledot ha-Tenu'ah ha-Shabbeta'it Mukdashim le-Shneur Zalman Shazar*); J. Frances, *Kol Shirei...*, organizado por P. Naveh (1969).

Estudos

(obras de G. Scholem), *Sabbatai Sevi: the Mystical Messiah* (Princeton, 1973) inclui extensa bibliografia, versão atualizada do hebraico, *Shabbetai Zevi...* (1957); *Messianic Idea in Judaism and Other Essays* (1971); *Halamotav shel ha-Shabbeta'i R. Mordekhai Ashkenazi* (1938); KS, 166 (1939-40), 320-38 (sobre a controvérsia Emden-Eybeschüetz); *"Te'udah Hadashah me-Reshit ha-Tenu'ah ha-Shabbeta'it"*, ibid., 33 (1958), 532-40; *Zion*, 9 (1944), 27-38, 84-88 (sobre sabateanismo na literatura missionária); *Sefer Dinaburg* (1948), 235-62 (sobre Mordecai Eisenstadt); *Alexander Marx Jubilee volume* (em hebraico, 1950), 451-70 (sobre Elias Kohen Itamari e o sabateanismo); *"Le mouvement sabbataïste en Pologne"*, in: RHR, 143-4 (1953-55); *Behinot*, 8 (1955), 79-95; 9 (1956), 80-84 (sobre o livro *Hemdat Yamim*); *"Perush Mizmorei Tehillim me-Hugo She! Shabbetai Zevi be-Adrianopol"*, in: Alei Ayin, *Minhat Devarim li-Shelomo Zalman Shocken* (1952), 157-211; *Eretz Israel*, 4 (1956), 188-94 (sobre dois manuscritos sobre sabateanismo na coleção Adler); *"Iggeret Nathan ha-Azzati al Shabbetai Zevi ve-Hamarato"*, in: *Kovez al Yad*, n.s. 6 (1966), 419-56; H. Graetz, *Geschichte der Juden*, 7 (1896), 428-524; C. Anton, *Kurze Nachricht von dem falschen Messias Sabbathai Zebbi* (1752); *Nachlese zu seiner letztern Nachricht* (1753); A. Danon, *Études Sabbatiennes* (1910); A. Galanté, *Nouveaux Documents sur Sabbetaï Sevi* (Istambul, 1935); D. Kahana, *Toledot ha-Mekubbalim, ha-Shabbeta'im ve-ha-Hasidim*, 2 vols. (1913-14); D. Kaufman, in MGWJ, 41 (1897), 700-8 (uma carta de Benjamin Cohen, datada de 1691; M. Freudenthal, *"R. Michel*

Chasid und die Sabbatianer", ibid., 76 (1932), 370-85; A. Epstein, *"Une lettre d'Abraham Ha-Yakhini à Nathan Gazati"*, *in*: REJ 26 (1893), 209-19; A. Amarillo, *"Te'udot Shabbeta'ut be-Italyah"*, *in*: D. Frankel (org.), *Sefer Yovel le-Alexander Marx* (1943), 89-103; *"Overim ve-Shavim be-Veito shel Avraham Rovigo"*, ibid., 5 (1961), 275-96; M. Friedman, *"Iggerot be-Farashat Pulmus Nehemyah Hiyya Hayon"*, ibid., 10 (1966), 483-619; S. Z. Shazar, *Sofero shel Mashi'ah* (1970; reimpresso a partir de *Ha-Shilo'ah*, 29 (1913); idem, *"Ma'aseh Yosef Dela Reina ba-Masoret ha-Shabbeta'it"*, *in*: *Eder ha-Yakar, Sefer Yovel... S. A. Horodezky* (1947), 97-118; idem, *Ha-Tikvah li-Shenat HaTak* (1970; sobre I.V. Cantarini); M. Benayahu, *"Yedi'ot me-Italyah u-me-Holland al Reshitah shel ha-Shabbeta'ut"*, *in*: *Eretz Israel*, 4 (1956), 194-205; idem, *in*: *Sinai*, 46 (1960), 33-52 (sobre responsa relativa ao movimento sabateano); idem, *"Mafte'ah le-Havanat ha-Te'udot al ha-Tenu'ah ha-Shabbeta'it bi-Yurushalayim"*, *in*: *Studies in honor of G. Scholem* (1968), 35-45; *"Shemu'ot Shabbeta'iyyot* (do grupo italiano), *in*: *Michael I* (1973), 9-77; H. Wirshubski, *"Ha-Te'ologyag ha-Shabbeta'it shel Natan ha-Azzati"*, *in*: *Kenesset*, 8 (1944), 210-46; M. Perlmuter, *R. Yonatan Eybeschüetz ve-Yahaso el ha-Shabbeta'ut* (1947); incluí sumário em inglês); A. Z. Aescoly, *"Itton Flandri al Odot Tenuat Shabbatai Zevi"*, *in*: *Sefer Dinaburg* (1950), 215-36; M. Wilensky, *"Arba'ah Kunteresim Angliyyim al ha-Tenu'ah ha--Shabbeta'it"*, *in*: *Zion*, 17 (1952), 157-72; A. Yaari, *Ta'alumat Sefer* (1954; sobre *Hemdat Yamim*); idem, *"Mi Hayah ha-Navi ha-Shabbeta'i R. Mattityahu Bloch?"*, *in*: K. S., 36 (1961), 525-34; S. Hurwitz, *"Shabbatai Zwi"*, *in*: *Studien zur Analystischen Psychologie C. G. Jung*, 2 (1955), 239-63; R. Schatz, *in*: *Behinot*, 10 (1956), 50-66 (sobre Sasportas, Zizat Novel Zevi); S. Simonsohn, *"A Christian Report from Constantinopla Regardin Shabbetai Zebi"*, *in*: *JJS*, 12 (1961), 33-85; Y. Tishby, *Netivei Emmunah u-Minut* (1964), A. Rubinstein, *"Bein Hasidut le-Shabbeta'ut"*, *in*: *Bar-Ilan*, 4-5 (1965), 324-39; H. P. Salomon, *"Midrash, Messianism and Heresy in Spanish-Jewish Hymns"*, *in*: *Studia Rosenthaliana*, 4, n. 2 (1970), 169-80; D. Tamar, *"Mahloket R. Hayyim Benveniste we-R. Aharon Lapapa"*, *in*: *Tarbiz*, 41 (1972), 411-23.

3
JACOB FRANK E OS FRANKISTAS

Jacob Frank (1726-1791) foi o fundador e a figura central de uma seita judaica nomeada a partir dele, os frankistas, que compreendiam o estágio final no desenvolvimento do movimento sabateano. Ele nasceu Jacob b. Judá Leib em Korolowka (Korolevo), uma pequena cidade na Podólia. Sua família era de classe média, e seu pai era empreiteiro e comerciante, aparentemente muito respeitado. Seu avô havia vivido algum tempo em Kalisz, e sua mãe viera de Rzesow. Embora não se fundamente a alegação de Frank de que seu pai antes da Inquisição havia sido rabino, há motivos para acreditar que ele tenha dirigido os serviços em Czernowitz, para onde se mudou no início da década de 1730. Seu pai é descrito como um judeu escrupulosamente religioso. Ao mesmo tempo, é muito provável que ele já tivesse certas conexões com a seita sabateana, que havia lançado raízes em muitas comunidades na Podólia, na Bucovina e na Valáquia. Frank foi educado em Czernowitz e Sniatyn, e viveu por muitos anos em Bucareste. Embora tenha frequentado o *cheder*, ele não obteve nenhum conhecimento do Talmud, e anos mais tarde se gabaria dessa ignorância e das qualidades que possuía como *prostak* ("homem simples"). Sua autocaracterização como ignorante (*am ha-arez*) deve ser vista nesse contexto do uso da palavra na época para se referir a um homem que conhecia a Bíblia e as *agadah*, mas que não tinha habilidades na *Guemara*. Em suas memórias, Frank se vale das muitas travessuras e aventuras arriscadas de sua infância e adolescência. Em Bucareste, ele começou a ganhar a vida como comerciante de tecidos, de pedras preciosas e de qualquer coisa que estivesse à mão. Entre 1745 e 1755 sua atividade comercial o levou a percorrer os Bálcãs e chegar até Esmirna.

PRIMEIRAS ASSOCIAÇÕES COM OS SABATEANOS

Os relatos de Frank sobre suas primeiras associações com os sabateanos são repletos de contradições, mas não há dúvida de que esses contatos remontam à sua juventude. Aparentemente, seu professor em Czernowitz pertencia à seita e havia prometido que Frank seria iniciado naquela fé depois de se casar, como era costume entre os sabateanos. Ele começou a estudar o Zohar, ganhando fama nos círculos sabateanos de ser um homem possuído por poderes e inspirações especiais. Quando em 1752 se casou com Hannah, filha de um respeitado comerciante asquenaze em Nikopol (Bulgária), dois emissários sabateanos da Podólia estavam presentes na cerimônia. Alguns eruditos sabateanos como esses, alguns dos quais Frank menciona em suas histórias, acompanhavam-no em suas viagens e o iniciaram nos mistérios "da fé". Não há duvida de que esses homens eram representantes da ala extremista formada pelos discípulos de Baruchiah Russo (morto em 1720), um dos líderes dos Doenmeh em Tessalônica. Foi na companhia desses professores, eles mesmos asquenazes, que Frank visitou Tessalônica pela primeira vez em 1753 e se envolveu com o grupo de Baruchiah dos Doenmeh, mas seguiu a prática dos discípulos poloneses e não se converteu ao Islã. Depois que se casou, aparentemente o comércio se tornou secundário em relação a seu papel de "profeta" sabateano e, como parte de sua missão, ele viajou até a sepultura de Natan de Gaza em Escópia, até Adrianópolis e Esmirna, e novamente passou um bocado de tempo em Tessalônica em 1755. Através de suas cartas, seus professores e companheiros sabateanos da Polônia difundiram a notícia da emergência de um novo líder na Podólia, e finalmente o persuadiram a voltar para seu lar anterior. Frank, que era um homem de ambição desmedida, dominador a ponto de ser despótico, tinha uma visão desfavorável da seita de Baruchiah de seu tempo em Tessalônica, chamando-a de "uma casa vazia"; ao passo que, como líder dos sabateanos na Polônia, vislumbrava um grande futuro para si mesmo. Embora no círculo de seus amigos mais íntimos ele recebesse o tratamento sefaradita de *Chacham Ia'akov*, ao mesmo tempo era

360

considerado uma nova transmigração ou uma reencarnação da alma divina que anteriormente residira em Shabetai Tsevi e em Baruchiah, aos quais Frank costumava se referir como o "Primeiro" e o "Segundo". No final do século XVIII, a história de que Frank tinha ido à Polônia em uma missão explícita da seita de Baruchiah ainda circulava nos grupos dos Doenmeh em Tessalônica. Nos primeiros anos de sua atividade, ele de fato seguiu os princípios básicos dessa seita, tanto nos ensinamentos, quanto nos costumes.

FRANK NA PODÓLIA

No dia 3 de dezembro de 1755, Frank, acompanhado de R. Mordecai e R. Nachman, atravessaram o rio Dnieper e passaram algum tempo com seus parentes em Korolevo. Depois disso, ele percorreu solenemente as comunidades da Podólia que continham núcleos sabateanos e foi recebido com entusiasmo pelos "crentes", e na comunidade judaica em geral se espalhou a notícia do aparecimento de um suposto *frenk*, que era o termo ídiche usual para um sefaradita. Frank, que havia passado cerca de 25 anos nos Bálcãs e era considerado súdito da Turquia, na prática agia como sefaradita e falava ladino quando aparecia em público. Em seguida, ele adotou a denominação "Frank" como sobrenome. Seu aparecimento em Lanskroun (Landskron) ao final de janeiro de 1756 causou grande escândalo quando se descobriu que ele vinha conduzindo um ritual sabateano com seus seguidores em uma casa fechada. Os adversários dos sabateanos alegaram ter surpreendido os sectários no meio de uma orgia religiosa herética, similar aos ritos que efetivamente eram praticados por membros da seita de Baruchiah, especialmente na Podólia. Mais tarde, Frank alegou que havia deliberadamente aberto as janelas da casa no intuito de obrigar os "crentes" a se mostrarem publicamente em vez de ocultar suas atitudes como haviam feito durante décadas. Os seguidores de Frank foram presos, mas ele mesmo se safou porque as autoridades locais acreditavam que ele fosse cidadão turco. A pedido dos rabinos, um inquérito foi aberto no tribunal rabínico em Satanow, a sede do rabinato distrital da Podólia, que examinou as práticas e os princípios dos sabateanos. Frank atravessou a fronteira turca, voltando mais uma vez para seu séquito, tendo sido preso em março de 1756 em Kopyczynce (Kopychintsy), mas foi novamente libertado. Depois disso, Frank ficou quase três anos na Turquia, primeiro em Khotin, no Dniester e, em seguida, principalmente em Giorgievo, no Danúbio. Lá, no início de 1757, ele se tornou oficialmente um convertido ao Islã, e foi muito honrado por isso pelas autoridades turcas. Em junho e agosto de 1757, ele fez visitas secretas a Rohatyn, na Podólia, no intuito de se consultar com seus seguidores. Durante esse período, ele foi a Tessalônica diversas vezes e também visitou uma vez Constantinopla.

Quando Frank apareceu na Polônia, ele se tornou a figura central para a vasta maioria dos sabateanos, particularmente os da Galícia, da Ucrânia e da Hungria. Aparentemente, a maioria dos sabateanos da Morávia também reconhecia sua liderança. A investigação do tribunal rabínico em Satanow em grande medida havia posto a descoberto a rede sabateana de seguidores de Baruchiah, que existia clandestinamente na Podólia. Uma porção considerável das descobertas de Satanow foi publicada por Jacob Emden. A partir disso, fica claro que as suspeitas sobre o caráter antinomiano da seita eram justificadas, e que "os crentes", que externamente se conformavam aos preceitos legais judaicos, na verdade transgrediam esses preceitos, inclusive as proibições sexuais da Torah, com a declarada intenção de defender a forma mais elevada da Torah, que eles chamavam de *Torah de-atsilut* ("a Torah da emanação"), significando a Torah espiritual em oposição à Torah concreta da *halachah*, que era chamada de *Torah de-beri'ah* ("a Torah da criação"). Os resultados dessa investigação foram expostos diante de uma assembleia de rabinos em Brody em junho de 1756 e confirmados em uma sessão do Conselho das Quatro Terras, reunido em Konstantynow em setembro. Em Brody, um *cherem* ("excomunhão") foi proclamado contra os membros da seita, que os deixou expostos à perseguição e também buscou proibir o estudo do Zohar e da Cabala antes de uma certa idade (40 anos no caso dos escritos de Isaac Luria).

Depois de impresso e enviado para todas as comunidades, o *cherem* provocou uma onda de perseguições contra os membros da seita, particularmente na Podólia. Os rabinos poloneses recorreram a Jacob Emden, famoso antagonista dos sabateanos, que os aconselhou a procurar ajuda das autoridades eclesiásticas católicas, argumentando que a fé sabateana, como uma mistura dos princípios de todas as outras religiões, constituía uma nova religião e, como tal, era proibida pela lei canônica. No entanto, os resultados desse conselho foram o contrário do que ele pretendia, pois os seguidores de Frank, que haviam sido severamente assediados, adotaram a estratégia de se colocar sob a proteção do bispo Dembowski de Kamieniec-Podolski, em cuja diocese muitas das comunidades sabateanas se concentravam. Se anteriormente haviam agido com duplicidade em relação ao judaísmo, aparentando externamente serem ortodoxos, mas sendo internamente heréticos, eles então decidiram, aparentemente aconselhados por Frank, enfatizar e até exagerar as crenças que tinham em comum com os princípios básicos do cristianismo, no intuito de gozar do favor dos padres católicos, embora na verdade sua fé sabateana secreta não houvesse se alterado em nada. Proclamando-se "contratalmudistas", eles buscaram a proteção da Igreja contra seus perseguidores, que, segundo eles, haviam se enfurecido justamente devido à simpatia mostrada pelos "crentes" por alguns princípios importantes do cristianismo. Essa manobra extremamente bem-sucedida lhes permitiu encontrar refúgio junto às autoridades eclesiásticas, que viram neles potenciais candidatos para conversões em massa de judeus em cristãos. Nesse ínterim, contudo, alguns membros da seita foram sendo constantemente impelidos contra a própria vontade por seus protetores a ajudar na preparação de propaganda antijudaicas, e a formular declarações que visassem à destruição total dos judeus poloneses. Esses desenvolvimentos fortaleceriam a hostilidade recíproca e teriam terríveis consequências. Ao longo desses acontecimentos, Frank tomou o cuidado de não chamar muita atenção para si mesmo e só aparecer como um guia espiritual, mostrando a seus seguidores o caminho, na verdade, da aproximação do cristianismo. Deve-se notar que o termo "frankista" não era usado na época, tornando-se corrente apenas no início do século XIX. No tocante à massa dos judeus e dos rabinos, não havia diferença nenhuma entre os primeiros sabateanos e os sabateanos nessa nova roupagem, e continuaram a chamá-los de "a seita de Shabetai Tsevi". Até mesmo os seguidores de Frank, entre si, continuariam a se referir a si mesmos usualmente como *ma'aminim* ("crentes").

DISPUTAS

Nos acontecimentos que se seguiram, é difícil diferenciar precisamente os passos dados pelos apoiadores de Frank das atitudes daqueles que foram iniciados pela Igreja e resultaram de coerção eclesiástica, embora não haja dúvida de que M. Balaban (ver bibliografia) está correto ao enfatizar fortemente este último fator. Pouco depois do *cherem* em Brody, os frankistas pediram ao bispo Dembowski que fizesse outro inquérito sobre o caso Lanskroun e solicitaram uma disputa pública entre eles e os rabinos. No dia 2 de agosto de 1756, eles apresentaram nove princípios de sua fé para o debate. Formulados da maneira mais ambígua, sua declaração de fé afirmava sumariamente: (1) a crença na Torah de Moisés; (2) que a Torah e os Profetas eram livros obscuros, que deviam ser interpretados com a ajuda da luz de Deus vinda do alto, e não simplesmente à luz da inteligência humana; (3) que a interpretação da Torah encontrada no Talmud continha absurdos e falsidades, hostis à Torah do Senhor; (4) a crença de que Deus é um e que todos os mundos foram criados por Ele; (5) a crença na trindade das três "faces" iguais no interior do Deus único, sem que houvesse nenhuma divisão no interior d'Ele; (6) que Deus manifestava a Si mesmo em forma corpórea, como outros seres humanos, mas sem pecado; (7) que Jerusalém não seria reconstruída antes do final dos tempos; (8) que os judeus haviam esperado em vão pela vinda de um Messias que os elevasse acima do mundo inteiro; e (9) que, em vez disso, Deus viria Ele mesmo vestido na forma humana e redimiria todos os pecados pelos quais o mundo havia sido amaldiçoado, e que nessa vinda d'Ele o mundo seria perdoado e limpo de toda iniquidade. Esses princípios refletiam a fé dos seguidores antinomianos de Baruchiah, mas foram formulados de tal maneira que pareciam se referir a Jesus de Nazaré em vez de a Shabetai Tsevi e Baruchiah. Esses princípios constituíam um plano descarado de enganar a Igreja, que os padres não entenderam, e que, muito naturalmente, não estavam interessados em entender.

Os rabinos conseguiram evitar responder ao convite da disputa por quase um ano. No entanto, depois de grande pressão do bispo, a disputa finalmente ocorreu em Kamieniec, de 20 a 28 de junho de 1757. Dezenove adversários do Talmud (então chamados de zoharistas) participaram, além de alguns rabinos das comunidades da região. Os porta-vozes dos sabateanos também eram eruditos, alguns deles rabinos oficiantes que secretamente tinham tendências sabateanas. A argumentação da acusação e da defesa dos rabinos foi apresentada por escrito e foi mais tarde publicada em Lvov em 1758, em um protocolo, em latim. No dia 17 de outubro de 1757, o bispo Dembowski pronunciou sua decisão em favor dos frankistas, impondo uma série de penalidades aos rabinos, a principal delas sendo uma condenação do Talmud como obra sem valor e corrompida, e a ordem de que fosse queimada em praça pública. Todos os lares judaicos seriam revistados em busca de exemplares do Talmud. Segundo alguns relatos da época, pilhas e pilhas de Talmudes foram de fato queimadas em Kamieniec, Lvov, Brody, Zolkiew e em outras cidades. A "queima da Torah" teve um efeito esmagador sobre a comunidade judaica e os rabinos declararam jejum em memória do acontecimento. Os judeus que tinham influência junto às autoridades tentaram impedir essas queimas, que ocorreram principalmente em novembro de 1757.

Um súbito revés da sorte, em favor dos "talmudistas" e em detrimento dos sectários, resultou da morte inesperada do bispo Dembowski no dia 9 de novembro, em plena queima dos Talmudes. A notícia de sua morte, em que os judeus viram o dedo de Deus, espalhou-se como um incêndio. As perseguições à seita foram renovadas com veemência ainda maior, e muitos deles atravessaram o Dniester e fugiram para a Turquia. Lá diversos deles se converteram ao Islã, e um grupo até chegou a se juntar aos Doenmeh em Tessalônica, onde ficariam conhecidos como "os polacos". Nesse ínterim, os porta-vozes dos "contratalmudistas" recorreram às autoridades políticas e eclesiásticas e buscaram implementar os privilégios que lhes haviam sido prometidos por Dembowski, que havia lhes permitido seguir sua própria fé. Eles também reivindicaram a devolução de suas propriedades saqueadas e a permissão aos refugiados de voltar para casa. Depois de alguns desentendimentos internos entre as autoridades polonesas, o rei Augusto III promulgou o privilégio no dia 16 de junho de 1758, que garantia aos sectários proteção real como homens "que estavam próximos do reconhecimento [cristão] de Deus". A maioria dos refugiados voltou a Podólia no final de setembro e se reuniu principalmente na pequena cidade de Iwanie e em seus arredores (perto de Khotin). Em dezembro, ou no início de janeiro de 1759, o próprio Frank também deixou a Turquia e chegou a Iwanie. Muitos dos "crentes" dispersos pelo leste da Galícia se reuniriam ali.

IWANIE

Na verdade, os frankistas se constituíram em uma seita especial com um caráter distinto apenas durante aqueles meses em que os "crentes" viveram em Iwanie, episódio gravado em suas memórias como um acontecimento quase revelatório. Foi aqui que finalmente Frank se revelou como encarnação viva do poder de Deus que viera completar a missão de Shabetai Tsevi e Baruchiah e como o "verdadeiro Jacó", comparando-se ao patriarca Jacó que havia completado a obra de seus predecessores Abraão e Isaac. Foi aqui que ele desenvolveu seus ensinamentos diante de seus seguidores na forma de breves afirmações e parábolas, e introduziu uma ordem específica no ritual da seita. Não há dúvida também de ter sido esse o momento em que Frank os preparou para enfrentar a necessidade de adotar externamente o cristianismo, no intuito de conservar sua verdadeira fé secretamente, assim como os Doenmeh fizeram em relação ao Islã. Ele declarou que todas as religiões eram apenas estágios através dos quais os "crentes" precisavam passar – como um homem vestindo roupas diferentes – para depois descartá-las como sem valor se comparadas com a verdadeira fé oculta. A originalidade de Frank dessa vez consistiu em sua ousada recusa da teologia sabateana que era bem conhecida entre os "crentes" a partir dos escritos de Natan de Gaza e nos escritos baseados na versão extremista da Cabala sabateana de Baruchiah. Ele pediu que esquecessem tudo isso, propondo no lugar uma espécie de mitologia livre de todos os vestígios da terminologia cabalística, embora na verdade não passasse de uma reelaboração popular e homilética dos ensinamentos cabalísticos. No lugar da trindade sabateana de antes dos "três nós da fé", isto é, *Atika Kadisha, Malka Kadisha* e a *Shechinah*, que estão todos unidos na Divindade, Frank chegou ao ponto de dizer que o verdadeiro e bom Deus era oculto e desprovido de qualquer vínculo com a criação e, particularmente, com este mundo insignificante. É Ele quem Se esconde atrás do "Rei dos Reis", a quem Frank chama também de "Irmão Mais Velho" ou "Aquele que está diante de Deus". Ele é o Deus da verdadeira fé de quem deveríamos tentar nos aproximar e, ao fazê-lo, interromper a dominação dos três "líderes do mundo", que dominavam a terra naquele momento, impondo a ela um sistema de leis inadequado. A posição do "Irmão Mais Velho" está de alguma forma ligada à *Shechinah*, que se torna na terminologia de Frank a "donzela" (*almah*) ou "virgem" (*betulah*). É óbvio que ele tentou conscientemente fazer esse conceito se conformar o máximo possível do conceito cristão da virgem. Assim como os extremistas sabateanos da seita de Baruchiah viam em Shabetai Tsevi e em Baruchiah uma encarnação de *Malka Kadisha*, que é o "Deus de Israel", também Frank se referia a si mesmo como o "Irmão Mais Velho". Segundo ele, todos os grandes líderes religiosos, dos patriarcas a Shabetai Tsevi e Baruchiah, haviam tentado encontrar o caminho para seu Deus, mas não haviam conseguido.

Para que Deus e a virgem fossem revelados, seria necessário embarcar em uma estrada completamente nova, jamais palmilhada pelo povo de Israel: Frank chamou essa estrada de "caminho de Esaú". Nesse contexto, Esaú ou Edom simboliza o fluxo desgovernado da vida que liberta o homem, porque sua força e seu poder não estão submetidos a nenhuma lei. O patriarca Jacó prometeu (Gênesis 33:14) visitar seu irmão Esaú em Seir, mas as Escrituras não mencionam se a promessa foi cumprida, porque o caminho foi muito difícil para ele. Agora chegou o momento de seguir por esse caminho, que leva à "verdadeira vida", uma ideia central que no sistema de Frank carrega consigo uma conotação específica de liberdade e licenciosidade. Esse caminho seria a trilha para uma anarquia religiosa coerente: "O lugar para onde estamos indo não está sujeito a nenhuma lei, porque tudo isso está do lado da morte; mas nós estamos indo na direção da vida". No intuito de alcançar esse objetivo, era necessário abolir e destruir as leis, os ensinamentos e as práticas que constrangiam o poder da vida, mas isso devia ser feito secretamente; para fazê-lo, era essencial adotar externamente a roupagem do Edom corpóreo, isto é, o cristianismo. Os "crentes", ou ao menos a vanguarda dos crentes, já haviam passado pelo judaísmo e pelo Islã, e agora precisariam completar sua jornada adotando a fé cristã, usando-a e usando suas ideias para ocultar o verdadeiro cerne de sua crença em Frank como verdadeiro Messias e Deus vivo a quem suas alegações cristãs no fundo se referiam.

O lema que Frank adotou aqui foi *massa dumah* (a partir de Isaías 21:11), no sentido de "o fardo do silêncio"; isto é, era necessário suportar o fardo da fé oculta no processo da abolição de toda a lei em total silêncio, e era proibido revelar qualquer coisa a quem não pertencesse à congregação. Jesus de Nazaré não passaria de uma casca, que antecedia e escondia o fruto, que

Jacob Frank, pseudomessias e fundador da seita frankista.

seria o próprio Frank. Embora fosse necessário garantir uma demonstração exterior de lealdade cristã, era proibido se misturar com os cristãos ou se casar com eles, pois em última análise a visão de Frank era de um futuro judaico, ainda que sob forma rebelde e revolucionária, apresentado aqui como um sonho messiânico.

Os conceitos empregados por Frank eram populares e anedóticos, e a rejeição da terminologia simbólica cabalista tradicional, que ficava além da compreensão do povo mais singelo, recorreu à faculdade imaginativa. Frank, portanto, preparou seus seguidores em Iwanie para aceitar o batismo como passo final, que abriria diante deles, em um sentido físico real, o caminho para Esaú, para o mundo dos gentios. Até mesmo na organização de sua seita Frank imitou a tradição evangélica: ele nomeou em Iwanie doze emissários (apóstolos) ou "irmãos", que eram considerados seus principais discípulos. Mas ao mesmo tempo nomeou doze "irmãs", cuja maior distinção era servir como concubinas de Frank. Dando continuidade à seita de Baruchiah, Frank também instituiu licenciosas práticas sexuais entre os "crentes", ao menos entre os mais íntimos de seus "irmãos" e "irmãs". Seus seguidores que haviam sido usados dessa maneira não viam nada de reprovável nisso, mas não gostaram de seu pedido de erradicar todos os livros cabalísticos, substituídos pelos ensinamentos de Frank, e muitos continuaram usando ideias da Cabala sabateana, misturando-as em seus escritos com os novos símbolos de Frank.

Esse grupo continuou em Iwanie por vários meses até a primavera de 1759. Frank estabeleceu lá um fundo comum, aparentemente imitando o relato do Novo Testamento sobre a comunidade cristã primitiva. Nesse período, quando eles entraram em contato íntimo com Frank, as pessoas foram arrebatadas e dominadas por sua poderosa personalidade, que era composta por uma ambição e uma astúcia desmedidas, associada a uma facilidade de expressão e uma notável capacidade imaginativa que tinha até mesmo tintas poéticas. Talvez se possa dizer que Frank era uma mistura de rei despótico, profeta popular e impostor astuto.

A DISPUTA EM LVOV

Conforme os acontecimentos se desenrolaram, manifestou-se uma mescla de duas tendências. Por um lado, ficou claro para Frank e seus discípulos que eles não poderiam continuar divididos entre judaísmo e cristianismo. Se quisessem restaurar sua posição depois das severas perseguições sofridas, o batismo era o único caminho aberto para eles. Eles estariam dispostos até a fazer uma demonstração pública da conversão ao cristianismo, como os padres exigiam, como preço de sua proteção. Por outro lado, havia interesses muito diferentes, mas paralelos, entre setores importantes da Igreja na Polônia que originalmente não se associaram com a causa frankista.

Nessa época, houve vários casos de libelos de sangue na Polônia, que foram apoiados por alguns bispos influentes e clérigos importantes. O Conselho das Quatro Terras, a autoridade judaica suprema dos judeus poloneses, estava tentando agir indiretamente através de diferentes mediadores junto às autoridades eclesiásticas em Roma, lançando graves acusações de falsidade e insolência contra os responsáveis pela promulgação dos libelos de sangue. Suas palavras não passaram despercebidas em Roma. Aparentemente alguns padres nos bispados de Kamieniec e Lvov viram aí uma boa oportunidade de fortalecer sua posição em relação à questão do libelo de sangue, se judeus que representavam todo um grupo pudessem se pronunciar e verificar essa acusação infundada. No final de 1759, quando sua posição em Iwanie estava no auge, os discípulos de Frank solicitaram uma audiência na Igreja com o arcebispo Lubienski em Lvov, alegando falar em nome dos "judeus da Polônia, Hungria, Turquia, Moldávia, Itália etc.". Eles pediram que lhes concedessem uma segunda oportunidade de disputar publicamente com os judeus rabínicos, devotos do Talmud, e prometeram demonstrar a verdade não só dos princípios cristãos mas também dos libelos de sangue. Sem dúvida, o texto dessa solicitação foi composto após conferências com círculos sacerdotais e formulado pelo nobre polonês Moliwda (Ignacy Kossakowski, outrora líder da seita philippoviana), que foi conselheiro de Frank em todas essas negociações, até o batismo efetivamente. O próprio Lubienski não foi capaz de lidar com o caso, uma vez que foi nomeado arcebispo de Gniezno e primado da Igreja polonesa. Ele entregou a condução do caso ao administrador em Lvov, Mikulski, um padre que se tornou extremamente ativo na preparação da grande disputa em Lvov, que estava planejada para terminar em um batismo em massa e na verificação do libelo de sangue.

Nos meses que se seguiram, os frankistas continuaram a enviar diversas petições ao rei da Polônia e às autoridades eclesiásticas no intuito de esclarecer suas intenções e pedir favores específicos mesmo depois da conversão. Eles alegaram que 5.000 de seus apoiadores estavam prontos para aceitar o batismo, mas ao mesmo tempo exigiam permissão para levar uma existência à parte como cristãos de identidade judaica: eles não deveriam ser obrigados a raspar as "costeletas" (pe'ot); eles deveriam ter permissão para usar trajes tradicionais judaicos mesmo depois da conversão e para se chamarem com nomes judaicos além de seus novos nomes cristãos; eles não deveriam ser obrigados a comer porco; eles deveriam ter permissão para repousar no sábado e no domingo; e eles teriam permissão de conservar os livros do Zohar e outros escritos cabalísticos. Além de tudo isso, eles deveriam ter permissão para se casar apenas entre eles e com mais ninguém. Em troca da permissão de constituir essa quase unidade judaica, eles expressaram sua disposição de se submeter a outras exigências da Igreja. Em outras petições, eles acrescentaram a exigência de uma área especialmente designada de assentamento na Galícia Oriental, incluindo as cidades de Busk e

Glinyany, onde a maioria dos judeus era, segundo eles, de membros da seita. Nesse território, eles prometeram manter a vida de sua própria comunidade e estabelecer sua própria vida comunal, criando uma "produtivização" na estrutura econômica da comunidade judaica usual. Algumas dessas petições, traduzidas pelos padres em Lvov em 1795, circularam amplamente e foram traduzidas do polonês para o francês, espanhol, latim e português; elas também foram reimpressas na Espanha e no México e tiveram diversas edições por lá. A própria apresentação dessas exigências prova que os seguidores de Frank não tinham intenção de se assimilar ou de se misturar com verdadeiros cristãos, mas buscavam obter para si mesmos uma posição especial reconhecida, como a dos Doenmeh em Tessalônica, sob a proteção tanto da Igreja quanto do Estado. É óbvio que eles viam a si mesmos como um novo tipo de judeu e não tinham intenção nenhuma de renunciar a sua identidade nacional judaica. Essas petições também demonstram que os pronunciamentos mais extremistas de Frank no interior dos círculos fechados de seus seguidores não haviam se arraigado profundamente em seus corações e que eles não estavam dispostos a segui-lo em todos os detalhes. A proibição do casamento com gentios reitera as próprias palavras de Frank em Iwanie, ainda que sobre outros assuntos aparentemente houvesse vivas disputas entre Frank e seus seguidores. No entanto, essas exigências isoladas constituiriam apenas um estágio transitório na luta que precedeu a disputa em Lvov; e os porta-vozes da seita receberam uma resposta negativa. A exigência da Igreja era o batismo sem nenhuma condição prévia, embora nessa altura os padres estivessem convencidos de que a intenção dos frankistas era sincera, uma vez que eles não davam ouvidos aos representantes judeus que continuamente os alertavam sobre as crenças secretas sabateanas daqueles que se ofereciam ao batismo. A enorme publicidade dada a esses acontecimentos depois da disputa em Kamieniec estimulou a atividade missionária da parte de alguns grupos protestantes. O conde Zinzendorf, chefe da "União dos Irmãos" (mais tarde Igreja dos Irmãos Morávios) na Alemanha, enviou o convertido David Kirchhof em 1758 em uma missão especial até "os crentes" na Podólia, para pregar a eles sua versão do "cristianismo puro" (*Judaica*, 19 [1963], p. 140). Entre a massa dos judeus, espalhou-se a ideia de que Frank era na verdade um grande feiticeiro com poderes demoníacos de grande alcance, suscitando a disseminação de várias lendas, que tiveram ampla repercussão, a respeito de seus feitos mágicos e de seu sucesso.

Os frankistas tentaram postergar a disputa até janeiro de 1760, quando muitos nobres e comerciantes se reuniriam para as cerimônias religiosas e para a grande feira de Lvov. Aparentemente, eles esperavam contar com considerável ajuda financeira, pois sua situação econômica havia sofrido muito com as perseguições. As autoridades em Roma e em Varsóvia não viram favoravelmente a disputa proposta e, por motivos próprios, tomaram o partido dos argumentos judaicos contra a disputa, especialmente uma disputa que provavelmente provocaria distúrbios e revolta como resultado da seção que tratava do libelo de sangue. A abordagem dessa questão, com todo o risco inerente de incitação organizada e desgovernada contra o judaísmo rabínico, certamente também mergulharia as autoridades judaicas polonesas em profunda angústia. Nesse conflito de interesses entre as altas autoridades, que queriam a simples conversão dos seguidores de Frank sem nenhuma disputa, e aqueles grupos que se preocupavam principalmente com o sucesso do libelo de sangue, Mikulski agiu de acordo com suas próprias opiniões e tomou partido destes últimos. Ele, portanto, fixou uma data próxima para a disputa, 16 de julho de 1759, a ser realizada na Catedral de Lvov, e obrigou os rabinos de sua diocese a comparecer.

A disputa foi aberta no dia 17 de julho, presenciada por multidões de poloneses, e foi conduzida intermitentemente em diversas sessões até 10 de setembro. Os argumentos de ambos os lados, as teses dos "contratalmudistas" e as respostas dos rabinos, foram apresentados por escrito, mas veementes disputas orais também ocorreram. Cerca de 30 homens apareceram em defesa dos rabinos, e entre 10 e 20 a favor dos sectários. No entanto, o número de participantes efetivos foi menor. O principal porta-voz, e o homem com a maior responsabilidade do lado dos judeus, foi R. Chaim Kohen Rapoport, o rabino chefe de Lvov, um homem altamente respeitado de grande estatura espiritual. Apoiando-o estavam os rabinos de Bohorodczany e Stanislowow. A tradição que se originou dos relatos populares que circularam anos mais tarde, de que Israel b. Eliezer Ba'al Shem Tov, o fundador do chassidismo, também foi participante, não tem qualquer fundamento histórico. O próprio Frank só participou da última sessão da disputa quando a questão do libelo de sangue foi debatida. Os porta-vozes da seita foram três eruditos que anteriormente haviam sido ativos na Podólia entre os seguidores de Baruchiah: Leib b. Natan Krisa de Madvornaya, R. Nachman de Krzywcze e Salomão b. Elisha Shor de Rohatyn. Depois de cada sessão, ocorriam consultas entre os rabinos e os *parnasim*, que esboçavam respostas escritas. Eles foram acompanhados por um comerciante de vinhos de Lvov, Baer Birkenthal de Bolechov, que, ao contrário dos rabinos, falava polonês fluentemente e preparou o texto polonês de suas respostas. Suas memórias dessa disputa em *Sefer Divrei Binah* fornecem o contexto do protocolo oficial que foi escrito em polonês pelo padre Gaudenty Pilulski e impresso em Lvov em 1760 com o título Ztosc Zydowska ("A ira judaica"). Em Lvov, os argumentos frankistas foram apresentados de forma mais conciliadora possível com os dogmas do cristianismo, e ainda em maior medida do que na disputa anterior. No entanto, mesmo assim, eles evitaram qualquer referência explícita a Jesus de Nazaré, e não há dúvida de que esse silêncio serviu para expressar o propósito de harmonizar sua fé secreta em Frank como Deus e Messias em uma forma corpórea com seu apoio oficial do cristianismo. Na verdade, segundo o próprio Frank, o cristianismo era simplesmente uma cortina (*pargod*) atrás da qual estaria oculta a fé verdadeira, que ele proclamava ser "a religião sagrada de Edom".

Sete propostas principais foram discutidas: (1) todas as profecias bíblicas a respeito da vinda do Messias foram realizadas; (2) o Messias é o verdadeiro Deus que se tornou encarnado na forma humana no intuito de sofrer pelo bem da nossa redenção; (3) desde o advento do verdadeiro Messias, os sacrifícios e as leis cerimoniais da Torah foram abolidos; (4) todos devem seguir a religião do Messias e seus ensinamentos, pois nela está a salvação da alma; (5) a cruz é o sinal da divina trindade e o selo do Messias; (6) apenas através do batismo o homem pode chegar à verdadeira fé no Messias; e (7) o Talmud ensina que os judeus precisam do sangue cristão, e quem acredita no Talmud é obrigado a usá-lo.

Os rabinos se recusaram a responder a algumas dessas teses por receio de serem ofensivos à fé cristã em suas respostas. A disputa começou a pedido dos frankistas com uma declaração de seu protetor Moliwda Kossadowski. Os rabinos responderam apenas ao primeiro e ao segundo argumentos teológicos. Ficou óbvio desde o início que a atenção principal se concentraria na sétima proposição, cujos efeitos potencialmente seriam muito arriscados para todos os judeus. Esse argumento em particular havia surgido no debate em 27 de agosto. Nas semanas anteriores, Frank havia saído de Iwanie e passara pelas cidades da Galícia, visitando seus seguidores. Ele então aguardou por muito tempo em Busk, perto de Lvov, onde encontraria a esposa e os filhos. Os argumentos frankistas em defesa do libelo de sangue são uma mistura de citações de livros de apóstatas poloneses anteriores, e argumentos absurdos e desconexos baseados em afirmações extraídas da literatura rabínica que continham apenas brevíssimas menções a "sangue" e "vermelho". Segundo Baer Birkenthal, os rabinos também não evitaram usar estratagemas literários no intuito de fortalecer a impressão que suas respostas teriam sobre os padres católicos, e nos debates orais eles rejeitaram todas as traduções para o polonês da literatura talmúdica e rabínica sem exceção, o que resultou em algumas violentas altercações verbais. Nos bastidores da disputa, continuaram os contatos entre os representantes dos rabinos com Mikulski, que começou a hesitar, tanto devido à oposição das altas autoridades da Igreja ao libelo de sangue, quanto como resultado dos argumentos rabínicos a respeito da duplicidade frankista. O debate sobre esse ponto continuaria na última sessão em 10 de setembro, quando o rabino Rapoport fez um incisivo ataque ao libelo de sangue. Ao final da disputa, um dos frankistas se aproximou do rabino e disse: "Você acaba de declarar nosso sangue permitido – este é o seu 'sangue por sangue'." Os raciocínios confusos dos frankistas não obtiveram o efeito desejado, e, no final, Mikulski decidiu pedir aos rabinos uma resposta detalhada por escrito em polonês às acusações frankistas. Contudo, o momento de sua resposta foi postergado até depois do final da disputa. Nesse ínterim, nada de concreto emergiu de toda a agitação em torno do libelo de sangue.

Por outro lado, a conversão de muitos frankistas efetivamente aconteceu. O próprio Frank foi recebido com honras extraordinárias em Lvov e enviou seu rebanho para a pia batismal. Ele mesmo foi o primeiro a ser batizado no dia 17 de setembro de 1759. Há discordâncias quanto ao número de sectários que foram convertidos. Só em Lvov mais de 500 frankistas (incluindo mulheres e crianças) haviam sido batizados ao final de 1760, quase todos da Podólia, mas alguns da Hungria e das províncias europeias da Turquia. O número exato de convertidos em outros lugares não é conhecido, mas há detalhes de um número considerável de batismos em Varsóvia, onde Frank e sua esposa foram batizados uma segunda vez, sob a proteção do rei da Polônia, em uma cerimônia, no dia 18 de novembro de 1759; desta data em diante, ele se chamaria Josef Frank nos documentos oficiais. Segundo a tradição oral nas famílias frankistas na Polônia, o número de convertidos foi muito maior do que o atestado nos documentos oficiais, chegando a vários milhares. Por outro lado, sabe-se que a maioria dos sectários da Podólia e de outros países, não seguiram Frank até o final, mas permaneceram na congregação judaica, embora ainda reconhecessem sua liderança. Aparentemente todos os seus seguidores na Boêmia e na Morávia, e a maioria deles na Hungria e na Romênia, continuaram sendo judeus e levando vida dupla, externamente judeus e secretamente "crentes". Até na Galícia continuaram existindo muitas células de "crentes" em um número apreciável de comunidades, de Podhajce (Podgaytsy) no leste à Cracóvia no oeste.

A ESTRUTURA SOCIAL DA SEITA

Há evidências contraditórias a respeito da constituição social e espiritual dos sectários, tanto dos apóstatas quanto daqueles que permaneceram na congregação judaica, mas talvez os dois tipos de evidências sejam na verdade complementares. Muitas fontes, particularmente do lado judaico, mostram que uma porção substantiva deles eram cultos e letrados, e até mesmo rabinos em pequenas comunidades. Os associados mais íntimos de Frank entre os apóstatas sem dúvida pertenciam a esta categoria. Em relação a sua posição social, alguns eram ricos e donos de propriedades, comerciantes e artesãos de prata e ouro; alguns eram filhos de líderes de suas comunidades. Por outro lado, um número considerável deles eram donos de alambiques e estalagens, gente simples e membros das classes mais pobres. Na Morávia e na Boêmia, incluíam uma série de famílias ricas e aristocráticas, importantes comerciantes e concessionários de monopólios estatais, embora nas *responsas* dos rabinos da época (e também no *Shivchei ha-Besht* chassídico) sejam relatados incidentes envolvendo escribas e *shohatim* que também eram membros da seita. Em Sziget, na Hungria, um "juiz dos judeus" (*Judenrichter*) aparece entre eles, assim como diversos membros importantes da comunidade.

A exposição da seita, que até então havia operado em sigilo, e a apostasia em massa que ocorrera em diversas comunidades polonesas, receberam ampla publicidade e tiveram várias repercussões. A atitude dos líderes espirituais judeus não foi uniforme, com muitos rabinos adotando a opinião de que sua separação da comunidade judaica e sua defecção para o cristianismo eram na verdade desejáveis pelo bem do povo judeu como um todo (A. Yaari em *Sinai*, 35 [1954], p. 170-82). Eles prefeririam que todos os membros da seita deixassem a congregação judaica, mas suas esperanças não se realizaram. Uma opinião diferente foi expressa por Israel Ba'al Shem Tov depois da disputa em Lvov, a saber, que "a *Shechinah* lastima a seita dos apóstatas, pois se o membro está unido ao corpo ainda há esperança de cura, mas assim que o membro é amputado, não há remédio possível, pois cada judeu é um membro da *Shechinah*". Nachman de Bratislava, bisneto do Ba'al Shem Tov, disse que seu bisavô havia morrido da tristeza infligida pela seita e sua apostasia. Em muitas comunidades polonesas foram preservadas as tradições a respeito das famílias frankistas que não haviam se convertido, enquanto aqueles que buscavam preservar a honra familiar tomavam o cuidado de não se casar com essas famílias devido à suspeita de serem ilegítimas que se associara a elas através de suas transgressões de proibições sexuais.

A PRISÃO DE FRANK

A viagem de Frank para Varsóvia, com grande pompa, em outubro de 1759, provocou uma série de incidentes escandalosos, particularmente em Lublin. Mesmo depois da apostasia, os seguidores de Frank foram continuamente vigiados pelos padres que tinham dúvida quanto à confiabilidade e à sinceridade de sua conversão. Há variações nos registros de evidências fornecidas às autoridades eclesiásticas quanto à sua verdadeira fé, e é possível que essas variações derivem de fontes diferentes. Foi G. Pikulski em particular que, em dezembro de 1759, obteve confissões separadas de seis dos "irmãos" que haviam permanecido em Lvov, e ficou evidente a partir deles que o verdadeiro objeto de sua devoção era Frank, enquanto encarnação viva de Deus. Quando essa informação chegou a Varsóvia, Frank foi preso, no dia 6 de fevereiro de 1760, e durante três semanas foi submetido a uma investigação detalhada pelo tribunal eclesiástico, que também o confrontou com muitos dos "crentes" que o haviam acompanhado a Varsóvia. O testemunho de Frank diante do processo foi uma mistura de mentiras e meias-verdades. A decisão do tribunal foi exilá-lo durante período indeterminado na fortaleza de Czestochowa, que ficava sob jurisdição da Igreja, "no intuito de impedir que ele tivesse qualquer influência possível na opinião de seus seguidores". Estes foram libertados e obrigados a adotar verdadeiramente o cristianismo e a abandonar seu líder – resultado que não seria alcançado. Não obstante, a "traição" de seus seguidores ao revelar sua verdadeira fé seria amargada por Frank até o final de seus dias. O tribunal emitiu também uma proclamação impressa sobre os resultados do inquérito. Ao final de fevereiro, Frank foi exilado e permaneceu em "honroso" cativeiro durante 13 anos. A princípio, ele foi totalmente abandonado, mas rapidamente conseguiu restabelecer contato com seu "campo". Dessa vez os apóstatas foram dispersos em diversas pequenas cidades e em terras de propriedade da nobreza. Eles sofreriam um bocado até finalmente se estabelecer, principalmente em Varsóvia, com o restante deles em outras cidades polonesas como Cracóvia e Krasnystaw, e se organizar em sociedades sectárias secretas, cujos membros tomavam o cuidado de observar externamente todos os dogmas da fé católica. Eles também tiraram vantagem da situação política instável na Polônia ao final de sua independência, e muitas das famílias mais importantes exigiram para si mesmas títulos de nobreza, com algum grau de sucesso, com base em antigos estatutos que concediam tais privilégios a judeus convertidos.

FRANK EM CZESTOCHOWA

Desde o final de 1760, emissários enviados pelos "crentes" começaram a visitar Frank e a transmitir suas instruções. Em seguida, eles se tornaram mais uma vez envolvidos em um caso de libelo de sangue na cidade de Wojslawiec em 1761, em decorrência do qual muitos judeus foram massacrados. Sua reaparição como acusadores do povo judeu despertou a ira entre os judeus da Polônia, que viram nisso um novo ato de vingança. As condições do cativeiro de Frank foram gradualmente sendo relaxadas e, a partir de 1762, sua esposa pôde se juntar a ele, enquanto todo um grupo de seus principais seguidores, homens e mulheres, tiveram permissão de se instalar próximo à fortaleza e até mesmo de praticar ritos religiosos secretos de natureza tipicamente sexual orgiástica no interior da fortaleza. Quando falava sobre esse círculo, Frank acrescentava uma interpretação especificamente cristã à sua opinião sobre a virgem como a *Shechinah*, sob influência do culto da virgem que, na Polônia, era concentrado em Czestochowa.

Em 1765, quando ficou claro que o país estava prestes a se dividir, Frank tentou forjar vínculos com a Igreja Ortodoxa Russa e com o governo russo através do embaixador russo na Polônia, o príncipe Repnin. Uma delegação frankista foi a Smolensk e a Moscou no final do ano e prometeu instigar agitações pró-russas entre os judeus, mas não se sabe mais detalhes. É possível que vínculos clandestinos entre o campo frankista e as autoridades russas datem desse período. Esses planos se tornaram conhecidos dos judeus de Varsóvia, e em 1767 uma contradelegação foi enviada a São Petersburgo para informar os russos do verdadeiro caráter dos frankistas. A partir desse momento, a propaganda frankista se espalhou mais uma vez através das comunidades da Galícia, da Hungria, da Morávia e da Boêmia, por meio de cartas e emissários escolhidos entre os membros mais cultos da seita. Foram também formados vínculos com sabateanos secretos na Alemanha. Um desses emissários, Aaron Isaac Teomim de Horodenka, apareceu em Altona em 1764. Em 1768-69, havia dois agentes frankistas em Praga e em Prossnitz, o centro sabateano da Morávia, e lá eles tiveram até permissão de pregar na sinagoga. No início de 1770, a esposa de Frank morreu, e dali em diante o culto da "senhora" (*guevirah*), que lhe fora prestado em vida, foi transferido para a filha de Frank, Eva (anteriormente Raquel), que continuaria com ele mesmo quando praticamente todos os seus "crentes" deixaram a fortaleza e se mudaram para Varsóvia. Quando Czestochowa foi capturada pelos russos em agosto de 1772, depois da primeira divisão da Polônia, Frank foi libertado pelo comandante russo e deixou a cidade no início de 1773, partindo com a filha para Varsóvia. De lá, em março de 1773, ele viajou com outros 18 de seus seguidores disfarçados de empregados de um rico comerciante para Brün (Brno) na Morávia, para a casa de sua prima Schöndel Dobruschka, esposa de um judeu rico e influente.

FRANK EM BRÜN E OFFENBACH

Frank permaneceria em Brün até 1786, obtendo proteção das autoridades, tanto enquanto respeitável homem de posses e com muitos contatos, como enquanto alguém empenhado em trabalhar pela propagação do cristianismo entre seus numerosos seguidores nas comunidades da Morávia. Ele estabeleceria um regime semimilitar em seu séquito, no qual os homens usavam uniformes militares e passavam por um determinado treinamento. A corte de Frank atraiu muitos sabateanos na Morávia, cujas famílias preservaram por muitas gerações as espadas que haviam usado ao servir à corte. Frank foi com a filha para Viena em março de 1775 e foi recebido em audiência pela imperatriz e seu filho, mais tarde coroado José II. Há quem defenda que Frank prometeu à imperatriz o auxílio de seus seguidores na campanha para conquistar partes da Turquia, e na verdade durante um certo período de tempo, diversos emissários frankistas foram enviados à Turquia, trabalhando intimamente com o Doenmeh e talvez como agentes políticos ou espiões a serviço do governo austríaco. Durante esse período, Frank falou um bocado sobre uma revolução geral que derrubaria reinados, e a Igreja católica em particular, e também sonhou com a conquista de um território nas guerras do final dos tempos onde seria o domínio frankista. Para isso, o treinamento militar seria uma preparação lenta e cuidadosa. A forma de Frank obter o dinheiro para manter sua corte era uma fonte constante de especulação e preocupação e essa questão jamais foi resolvida; sem dúvida foi organizado um sistema de taxação entre os membros da seita. Circularam histórias sobre a chegada de barris de ouro enviados, segundo alguns, por seus seguidores, mas segundo outros, pelos políticos estrangeiros que o "empregavam". Em um determinado período, houve várias centenas de sectários sem profissão ou ofício, e cujo único mestre absoluto era Frank, que reinava com mão de ferro. Em 1784, seus recursos financeiros acabaram temporariamente e ele se viu em grandes apuros, mas sua situação melhorou depois. Durante sua estada em Brün, a maior parte de seus ensinamentos, suas recordações e suas histórias foram anotados por seus principais colaboradores. Em 1786 ou 1787, Frank saiu de Brün e, depois de barganhar com o príncipe de Isenburg, estabeleceu-se em Offenbach, perto de Frankfurt.

Em Brün e Offenbach, Frank e seus três filhos desempenharam um papel que foi por longo tempo de um sucesso incomum, no intuito de iludir os moradores e as autoridades. Embora alegassem seguir as práticas da Igreja católica, ao mesmo tempo encenavam um espetáculo de práticas estranhas, deliberadamente "orientais" por natureza, no intuito de enfatizar seu caráter exótico. Em seus últimos anos de vida, Frank começou a difundir entre seus colaboradores mais íntimos a noção de que sua filha Eva era na realidade filha ilegítima da imperatriz Catarina da casa dos Romanov, e que ele era apenas seu guardião. Externamente, os frankistas evitavam o contato social com os judeus, tanto que muitos daqueles que tinham negócios ou outras relações com eles se recusavam absolutamente a acreditar nas acusações feitas pelos judeus sobre a verdadeira natureza da comunidade como uma seita judaica secreta. Até mesmo na proclamação impressa lançada em Offenbach, os filhos de Frank basearam sua autoridade nos fortes vínculos com a casa real russa. Existem evidências confiáveis que mostram que mesmo a administração do príncipe de Isenburg acreditava que Eva devia ser considerada uma princesa Romanov.

O último centro da seita foi estabelecido em Offenbach, aonde os membros enviavam seus filhos e filhas para servir na corte, seguindo o padrão que havia se estabelecido em Brün. Frank teria vários surtos de apoplexia, morrendo no dia 10 de dezembro de 1791. Seu funeral foi organizado como uma gloriosa demonstração por centenas de seus "crentes". Frank preservou até o fim sua vida dupla e conservou a lendária atmosfera oriental de que sua vida foi imbuída tanto aos olhos dos judeus como aos olhos dos cristãos.

No período entre a apostasia de Frank e sua morte, os convertidos fortaleceram sua posição econômica, particularmente em Varsóvia, onde muitos deles construíram fábricas e eram também ativos em organizações maçônicas. Um grupo de cerca de cinquenta famílias frankistas, lideradas por Anton Czerniewski, um dos principais discípulos de Frank, estabeleceu-se em Bucovina depois que ele morreu, e ficaram conhecidas lá como a seita dos abrahamitas; seus descendentes continuariam vivendo uma vida separada ali cerca de 125 anos depois. Várias famílias na Morávia e na Boêmia que haviam permanecido na congregação judaica também melhoraram sua posição social, tinham íntimas relações com o movimento Haskalah e começaram a combinar ideias cabalísticas místicas revolucionárias com a visão racionalista do Iluminismo. Alguns desses convertidos nesses países sob influência de Frank seriam aceitos nos altos escalões da administração e da aristocracia austríaca, mas conservariam alguns poucos costumes e tradições frankistas, de tal modo que se criou um extrato em que os limites entre judaísmo e cristianismo eram tênues, tanto nos casos de membros convertidos quanto nos casos de membros que conservaram vínculos com o judaísmo.

Apenas muito raramente grupos inteiros de frankistas se converteriam ao cristianismo, como em Prossnitz em 1773, mas uma proporção considerável de membros mais jovens que foram enviados a Offenbach fora batizada lá. Exemplos esclarecedores de histórias familiares do extrato médio mencionado acima são as famílias Hönig e Dobruschka na Áustria. Alguns dos membros da família Hönig permaneceram judeus frankistas mesmo depois de sua nobilitação, e alguns deles eram relacionados com a alta burguesia e com os altos escalões da administração austríaca (as famílias Von Hönigsberg, Von Hönigstein, Von Bienefeld), enquanto membros da família Dobruschka se converteram praticamente em bloco e vários deles serviram como oficiais no exército. Moisés, filho de Schöndel Dobruschka, primo de Frank, que era conhecido em muitos círculos como seu sobrinho, foi a figura mais proeminente da última geração dos frankistas, sendo conhecido também como Franz Thomas von Schönfeld (escritor alemão e organizador de uma ordem mística de caráter cabalístico cristão e judaico, os "Irmãos Asiáticos") e mais tarde como Junius Frey (um revolucionário jacobino na França). Aparentemente, a ele foi oferecida a liderança da seita após a morte de Frank, e, quando ele recusou, Eva, assim como seus dois irmãos menores, Josef e Rochus, assumiu a responsabilidade pela direção da corte. Muitas pessoas continuaram indo a Offenbach, até a *Gottes Haus* como diziam os "crentes". No entanto, a filha de Frank e os irmãos não tinham a estatura ou a força da personalidade necessárias, e suas fortunas declinaram rapidamente. A única atividade independente que surgiu em Offenbach foi o envio das "Cartas Vermelhas" a centenas de comunidades judaicas na Europa em 1799 que tratavam do início do século XIX. Nessas cartas os judeus eram convocados pela última vez a entrar para "A sagrada religião de Edom". Em 1803, Offenbach foi quase completamente abandonada pelo grupo dos "crentes", centenas dos quais retornaram à Polônia, enquanto os filhos de Frank ficaram reduzidos à pobreza. Josef e Rochus morreram em 1807 e 1813 respectivamente, sem herdeiros, e Eva Frank morreu em 1816, deixando enormes dívidas. Nos últimos anos de Eva, alguns poucos membros das famílias mais respeitadas da seita, que eram sustentados a partir de Varsóvia, permaneceram com ela. Nos últimos quinze anos de sua vida, ela agiu como se fosse uma princesa real da casa dos Romanov, e diversos círculos sociais tendiam a acreditar nas histórias que circulavam e fundamentavam essa crença.

A organização exclusiva da seita continuou a sobreviver nesse período através de agentes que iam de cidade em cidade, através de encontros secretos e ritos religiosos separados, e através da difusão da literatura especificamente frankista. Os "crentes" conseguiram se casar apenas entre eles, e uma ampla rede de relações interfamiliares foi criada entre os frankistas, envolvendo também aqueles que haviam permanecido na congregação judaica. Mais tarde, o frankismo seria em grande medida a religião das famílias que deram aos filhos uma educação apropriada. Os frankistas da Alemanha, da Boêmia e da Morávia geralmente fazia reuniões secretas em Carlsbad no verão, por volta do dia 9 de Av.

LITERATURA FRANKISTA

A atividade literária da seita começou no final da vida de Frank e se concentrou a princípio em Offenbach pelas mãos de três "anciãos" eruditos, que estavam entre seus principais discípulos: os dois irmãos Franciszek e Michael Wolowski (da conhecidíssima família de rabinos Shor) e Andreas Dembowski (Ieruham Lippmann de Czernowitz). No final do século XVIII, eles compilaram uma coleção de ensinamentos e reminiscências de Frank, contendo cerca de 2.300 ditos e histórias, reunidas no livro *Slowa Panskie* ("As palavras do mestre"; em hebraico, *Divrei ha-Adon*), que foi enviado aos círculos dos crentes. O livro aparentemente foi composto originalmente em hebraico, pois seria citado nessa língua pelos frankistas de Praga. No intuito de satisfazer as necessidades dos convertidos na Polônia, cujos filhos não aprendiam mais hebraico, a obra foi traduzida, aparentemente em Offenbach, para um polonês muito ruim, que precisaria de revisões posteriores para lhe dar um estilo mais polido. Esse livro abrangente ilumina o verdadeiro mundo espiritual de Frank, assim como sua relação com o judaísmo, com o cristianismo e com os membros de sua seita. Alguns poucos manuscritos completos foram preservados por uma série de famílias na Polônia, e alguns foram adquiridos por bibliotecas públicas e consultados pelos historiadores Kraushar e Balaban. Esses manuscritos foram destruídos ou perdidos durante o Holocausto, e hoje só dois manuscritos imperfeitos na Biblioteca da Universidade de Cracóvia são conhecidos, abarcando cerca de dois terços do texto completo. Também em Offenbach, foi compilada uma crônica detalhada dos acontecimentos da vida de Frank, que fornece muito mais informação confiável do que qualquer outro documento, na qual Frank tampouco se abstém de contar mentiras. Essa obra também continha uma descrição detalhada e indisfarçada dos ritos sexuais praticados por Frank. Esse manuscrito foi emprestado a Kraushar por uma família frankista, mas desde então desapareceu sem deixar vestígios. A obra de um frankista anônimo, escrita em polonês por volta de 1800 e chamada *A Profecia de Isaías*, que usa metáforas do livro bíblico com propósitos frankistas, fornece um registro confiável das expectativas revolucionárias e utópicas dos membros da seita. Esse manuscrito, do qual foram publicados trechos no livro de Kraushar, ficou na biblioteca da comunidade judaica de Varsóvia até o Holocausto. Foi registrado um livro em Offenbach que listava sonhos e revelações atribuídas a Eva Frank e seus irmãos, mas quando dois jovens membros da família Porges em Praga, que haviam sido levados à corte e se decepcionaram com o que viram, fugiram de Offenbach, eles levaram o livro consigo e entregaram ao tribunal rabínico em Fürth, que aparentemente o destruiu.

OS FRANKISTAS EM PRAGA

Outro centro de intensa atividade literária emergiu em Praga, onde um importante grupo frankista havia se estabelecido. Em sua direção, havia vários membros das distintas famílias Wehle e Bondi, cujos antepassados pertenceram ao movimento secreto sabateano havia algumas gerações. Eles tinham fortes conexões com "os crentes" de outras comunidades na Boêmia e na Morávia. Seu líder espiritual, Jonas Wehle (1752-1823), era auxiliado pelos irmãos, que eram frankistas fervorosos, e seu genro Löw von Hönigsberg (morto em 1811), que se encarregou de escrever muitos ensinamentos do círculo. Esse grupo agiu com grande prudência por muito tempo, particularmente durante a vida de R. Ezekiel Landau, e seus membros negaram em sua presença que pertencessem à seita. No entanto, depois de sua morte, eles se tornaram mais indiscretos. Em 1799, R. Eleazar Fleckeles, sucessor de Landau, proferiu sermões ferozmente polêmicos contra eles, causando distúrbios ruidosos na sinagoga de Praga e levando à publicação de virulentos ataques ao grupo, assim como às denúncias e à defesa de seus membros diante das autoridades civis. Muitas evidências, extraídas de membros "arrependidos" da seita em Kolin e em outros lugares, ainda existem sobre esse período. A importante documentação dos frankistas nos arquivos da comunidade de Praga foi removida pelo presidente da congregação no final do século XIX, em respeito às famílias implicadas naqueles documentos. Os distúrbios associados ao aparecimento das "Cartas Vermelhas" (escritas em tinta vermelha, como um símbolo da religião de Edom) ajudaram a manter um grupo pequeno e distinto de frankistas em Praga durante anos, e alguns de seus membros, e seus filhos, seriam mais tarde os fundadores do primeiro templo reformista em Praga (*c.* 1832). Um grupo distinto como esse existiu por muito tempo em Prossnitz. Parte da literatura do círculo de Praga sobreviveu, a saber, um comentário sobre as *agadot* coligidas na obra *Ein Ia'akov* e uma grande coleção de cartas sobre detalhes da fé, assim como comentários sobre várias passagens bíblicas, escritos em alemão misturado com ídiche e hebraico, por Löw Hönigsberg no início do século XIX. Aaron Jellinek possuía vários escritos frankistas em alemão, mas eles desapareceram após sua morte.

Com a morte de Eva Frank, a organização enfraqueceu, embora em 1823 Elias Kaplinski, membro da família da esposa de Frank, ainda tenha tentado organizar uma conferência dos sectários, que ocorreu em Carlsbad. Depois disso a seita se desfez, e foram enviados mensageiros para coligir os vários escritos junto às famílias dispersas. O ocultamento deliberado da literatura frankista é um dos principais motivos da ignorância a respeito de sua história interna, associado à decidida relutância da maioria dos descendentes dos sectários em promover qualquer investigação sobre esse assunto envolvendo seus antepassados. O único dos "crentes" a deixar algum tipo de memória de seus primeiros tempos foi Moisés Porges (mais tarde, Von Portheim). Essas memórias, ele as registraria na velhice. Todo um grupo de famílias frankistas da Boêmia e da Morávia migrou para os Estados Unidos em 1848-49. Em seu testamento e como seu último desejo, Gottlieb Wehle de Nova York, em 1867, sobrinho de Jonas Wehle, expressaria um profundo sentimento de identidade com seus antepassados frankistas, que lhe pareciam ter sido os primeiros combatentes pelo progresso no gueto, uma opinião defendida por muitos dos descendentes dos "crentes". A conexão entre a Cabala herética dos frankistas e as ideias do novo Iluminismo é evidente tanto nos manuscritos de Praga que sobreviveram, quanto nas tradições de algumas dessas famílias na Boêmia e na Morávia (onde havia membros da seita, fora de Praga, em lugares como Kolin, Horschitz [Horice], Holleschau [Holesov] e Kojetin).

Continuariam existindo fortes vínculos entre as famílias neófitas na Polônia, que haviam subido consideravelmente na escala social no século XIX, e pode ter existido algum tipo de organização entre elas. Nas três primeiras gerações que se seguiram à apostasia de 1759-60, a maioria delas se casaram apenas entre si, preservando seu caráter judaico de diversas maneiras, e houve apenas alguns casos raros de casamentos com verdadeiros católicos. Exemplares das *Palavras do Mestre* ainda seriam produzidos na década de 1820, e aparentemente encontraram seus leitores. Os frankistas foram ativos como fervorosos patriotas poloneses e participaram das rebeliões de 1793, 1830 e 1863. Não obstante, todo esse tempo, eles estiveram sob suspeita de separatismo judaico sectário. Em Varsóvia, na década de 1830, a maioria dos advogados eram descendentes dos frankistas, muitos dos quais eram também homens de negócios, escritores e músicos. Apenas em meados do século XIX os casamentos mistos aumentaram entre eles e os poloneses, e mais tarde a maioria deles se afastaram do setor liberal da sociedade polonesa para o setor nacionalista conservador. Contudo, uma série de famílias continuou se casando apenas entre si. Durante muito tempo, esse círculo manteve contatos secretos com os Doenmeh em Tessalônica. Uma controvérsia jamais resolvida ainda existe a respeito da afiliação frankista de Adam Mickiewicz, o maior poeta polonês. Há claras evidências disso a partir do próprio poeta (da parte de sua mãe), mas na Polônia essas evidências são decididamente mal interpretadas. As origens frankistas de Mickiewicz eram bem conhecidas da comunidade judaica de Varsóvia desde 1838 (segundo evidências no AZDJ daquele ano, p. 363). Os pais da esposa do poeta também vinham de famílias frankistas.

A cristalização da seita frankista é um dos mais nítidos indícios da crise que abateu a sociedade judaica em meados do século XVIII. A personalidade de Frank revela claros sinais do aventureiro motivado por uma mescla de impulso religioso e sede de poder. Em contraste, seus "crentes" eram em geral homens de profunda fé e integridade moral, contanto que isso não entrasse em conflito com as exigências perversas que Frank lhes fazia. De tudo o que sobrevive de sua literatura original, seja em alemão, polonês ou hebraico, não há absolutamente nenhuma referência a essas questões, como o libelo de sangue, que tanto alvoroçaram a comunidade judaica contra eles. Eles eram fascinados pelas palavras de seu líder e por sua visão de uma fusão única entre o judaísmo e o cristianismo, mas facilmente combinavam esse fascínio com esperanças mais modestas, que os levaram a se tornar protagonistas de ideais liberais burgueses. Sua fé sabateana niilista serviu de transição a um novo mundo além do gueto. Eles rapidamente esqueceram suas práticas licenciosas e adquiriram uma reputação de serem homens da conduta moral mais elevada. Muitas famílias frankistas tinham em casa uma miniatura de Eva Frank que costumavam ser enviadas às famílias mais proeminentes, e até hoje algumas famílias a homenageiam como uma mulher santa que foi falsamente insultada.

BIBLIOGRAFIA

J. Emden, *Sefer Shimush* (Altona, 1762); idem, *Meguilat Sefer* (1896); E. Fleckeles, *Ahavat David* (Praga, 1800); M. Balaban, *Le-Toledot ha-Tenu'ah ha-Frankit* (1934); idem, in: *Livre d'hommage à... S. Poznanski* (1927), 25-75; N.M. Gelber, in: *Yivo Historishe Shriftn*, 1 (1929); idem, in: *Tsion*, 2 (1937), 326-32; G. Scholem, ibid., 35 (1920-21); idem, in: *Kenesset*, 2 (1937), 347-92; idem, in: *Sefer Iovel le-Itzhak Baer* (1960), 409-30; idem, in: *RHR*, 144 (1953-54), 42-77; idem, *The Messianic Idea in Judaism, and Other Essays* (1971); idem, in: Zeugnisse T. W. Adorno *zum Geburstag* (1963), 20-32; idem, in: *Max Brod Gedenkbuch* (1969), 77-92; idem, in: *Tsion* 35 (1970), 127-81 (sobre Moisés Dobruschka); idem, in: *Commentary*, 51 (janeiro de 1971), 41-70; A. Yaari, in: *Sinai*, 35 (1954), 120-82; 42 (1958), 294-306; A. J. Brawer, *Galitaiah vi-Ihudeha* (1966),

197-275; P. Beer, *Geschichte der religiösen Sekten der Juden*, 2 (1923); H. Graetz, *Frank und die Frankisten* (1868); idem, *in: MGWJ*, 22 (1873); S. Back, ibid., 26 (1877); A.G. Schenk-Rink, *Die Polen in Offenbach* (1866-69); A. Kraushar, *Frank i frankisci polscy* (1895); T. Jeske-Choinski, *Neofici polscy* (1904), 46-107; M. Wischnitzer, *in: Mémoires de l'Académie... de St. Pétersbourg*, série 8, seção de História e Filosofia, 12, n. 3 (1914); F. Mauthner, *Lebenserinnerungen* (1918), 295-307; C. Seligman, *in: Frankfurter Israelitisches Gemeinde Blatt*, 10 (1932), 121-23, 150-2; M. Mieses, *Polacy-chrze Scijanie Pochdozenia zydowskiego*, JQR 75th Anniversary Volume (1967), 429-45; P. Arnsberg, *Von Podolien nach Offenbach* (1965); R. Kestenberg-Gladstein, *Neuere Geschichte der Juden in den böhmischen Ländern*, 1 (1969), 123-91; A.G. Duker, *in: JSOS*, 25 (1963), 287-333; idem, *in: Joshua Starr Memorial Volume* (1963), 191-201.

4
BA'AL SHEM

Ba'al Shem (do hebraico בַּעַל שֵׁם, "Mestre do Nome Divino", literalmente "Possuidor do Nome") era o título dado popularmente e na literatura judaica, especialmente em obras cabalistas e chassídicas, da Idade Média em diante, a alguém que possuía o conhecimento secreto do Tetragrammaton e de outros "Nomes Sagrados" e que sabia como operar milagres através do poder desses nomes. A designação *ba'al shem* não se originou com os cabalistas, pois já era conhecida dos últimos *gueonim* babilônicos. Em uma responsa, Hai Gaon afirmou: "Eles testemunharam haver visto um certo homem, um dos muito conhecidos *ba'alei shem*, na véspera do Shabat em um lugar, e que ao mesmo tempo ele foi visto em outro lugar, longe dali vários dias de viagem". Foi nesse sentido que Judá Halevi criticou as atividades dos *ba'alei shem* (*Kuzari*, 3:53). Na tradição chassídica alemã medieval, esse título foi concedido a diversos poetas litúrgicos, por exemplo, Shefatiah e seu filho Amitai, do sul da Itália (em Abrahão b. Azriel, *Arugat ha-Bosem*, 2 [1947], p. 181). Os cabalistas espanhóis usavam a expressão *ba'alei sefirot*, os cabalistas teóricos, e os *ba'alei shemot*, os mágicos, em seus ensinamentos cabalísticos. Isaac b. Jacob ha-Kohen, Todros ha-Levi Abulafia e Moisés de Leon, todos mencionam essa tendência entre os cabalistas sem qualquer censura, ao passo que Abrahão Abulafia escreveu depreciativamente sobre os *ba'alei shem*. Desde o final do século XIII, o termo *ba'al shem* também era usado para escritores de amuletos baseados em Nomes Sagrados (*Otsar Nechmad*, vol. 2, p. 133). Existiu um grande número de *ba'alei shem*, particularmente na Alemanha e na Polônia, desde o século

XVI. Alguns deles foram rabinos importantes e talmudistas eruditos, como Elias Loans de Frankfurt e Worms, Elias Ba'al Shem de Chelm, e Sekel Isaac Löeb Wormser (o *ba'al shem* de Michelstadt). Outros eram eruditos que se dedicaram inteiramente ao estudo da Cabala, como Joel Ba'al Shem de Zamosc e Elchanan "Ba'al ha-Kabalah" de Viena (ambos do século XVII), Benjamin Beinisch ha-Kohen de Krotoszyn (início do século XVIII) e Samuel Essingen. Nos séculos XVII e XVIII, o número de *ba'alei shem* que estavam longe de serem talmudistas eruditos aumentou. Mas eles atrairiam um séquito através de seus poderes reais ou imaginários de curar os doentes. Esse tipo de *ba'al shem* era muitas vezes uma combinação de cabalista prático, que exercia suas curas mediante orações, amuletos e encantamentos, e um espírito de um curandeiro popular com *segulot* ("remédios") preparados a partir de materiais animais, vegetais e minerais. A literatura desse período está repleta de histórias e testemunhos sobre *ba'alei shem* desse tipo, alguns dos quais, no entanto, foram escritos como críticas ao seu caráter e aos seus feitos. A opinião geral era de que os *ba'alei shem* eram eficazes sobretudo no tratamento de distúrbios mentais e no exorcismo de espíritos malignos. Existe uma variação do título *ba'al shem* que ficou conhecida como *"ba'al shem tov"*. O fundador do chassidismo, Israel b. Eliezer Ba'al Shem Tov, geralmente referido pelas iniciais "BeShT", é o mais famoso e praticamente único portador desse título. O título *"ba'al shem tov"* existia antes, mas não designava uma qualidade especial ou uma distinção entre os portadores desse título e os *ba'alei shem*. Exemplos são Elchanan Ba'al Shem Tov, que morreu em 1651; Benjamin Krotoschin, que se autodenominou assim em seu livro *Shem Tov Katan* (Sulzbach, 1706); e Joel Ba'al Shem I, que efetivamente assinava *"BeShT"*, da mesma forma que o fundador do chassidismo. No século XVIII, Samuel Jacob Chaim Falk, o *"ba'al shem* de Londres"*, alcançou considerável proeminência. Ele era chamado de "Doutor Falk" pelos cristãos. A teoria proposta por vários estudiosos de que esses *ba'alei shem* andarilhos foram responsáveis pela difusão do sabateanismo ainda não foi provada, embora alguns deles fossem de fato membros da seita. Diversos livros desses *ba'alei shem* foram publicados a respeito da Cabala prática, *segulot* ("remédios") e *refu'ot* ("curas"). Entre eles, incluem-se: *Toledot Adam* (1720) e *Mifalot Elohim* (1727), editado por Joel Ba'al Shem e baseado nas obras de seu avô Joel Ba'al Shem I, *Shem Tov Katan* (1706) e *Amtahat Bi-*

390

niamin (1716). Os feitos dos *ba'alei shem* tornaram-se lendários. Personagens fictícios do mesmo tipo foram algumas vezes inventados, como Adam Ba'al Shem de Bingen, herói de uma série de histórias miraculosas em ídiche que foram impressas desde o século XVII. A lenda chassídica subsequentemente criou uma conexão imaginária entre esse personagem e Israel Ba'al Shem Tov. Os líderes do movimento Haskalah geralmente consideravam os *ba'alei shem* charlatães e aventureiros.

BIBLIOGRAFIA

N. Prilutski, *Zamelbikher far Yidischen Folklor*, 2 (1917), 40-42; J. Günzig, *Die "Wundermänner" im jüdischen Volke* (1921); B. Segel, in *Globus* 62 (1892); H. Adler, *in:* JHSET, 5 (1908), 148-73; G. Scholem, *in Tsion*, 20 (1955); C. Roth, *Essays and Portraits in Anglo-Jewish History* (1962), 139-64.

5
SEFER HA-BAHIR

O *Sefer ha-Bahir* (do hebraico סֵפֶר הַבָּהִיר, "Livro de Bahir") é a primeira obra da literatura cabalista, isto é, o primeiro livro que adota a abordagem específica e a estrutura simbólica característica do ensinamento cabalístico.

TÍTULOS

Entre os cabalistas espanhóis medievais, o *Sefer ha-Bahir* era conhecido por dois nomes, ambos baseados nas frases de abertura do livro: (1) *Midrash R. Nehunia ben ha-Kanah* ("R. Nechunia b. ha-Kanah disse", que abre a primeira seção); e (2) *Sefer ha-Bahir* com base na afirmação: "Diz um versículo: 'Ninguém pode olhar para o fulgor (*bahir*) do sol nos céus quando o vento os clareia" (Jó 37:21). Embora o segundo título seja mais antigo, o primeiro se tornou popular devido ao uso feito por Nachmanides em seu comentário sobre o Pentateuco. Não há evidência interna que sustente a atribuição feita pelos cabalistas da obra a R. Nechunia. O livro é um Midrash no sentido estritamente literário do termo: uma antologia de várias afirmações, a maioria breves, atribuídas a diferentes *tanaim* e *amoraim*. Os personagens principais do livro são chamados "R. Amora" (ou "Amorai") e "R. Rachmai" (ou "Rechumai"). O primeiro nome é fictício, enquanto o segundo parece ter sido formulado como imitação do *amora* Rechumi. Existem também afirmações atribuídas a R. Berechiah, R. Johanan, R. Bun, e outros que são conhecidos da literatura midráshica. No entanto, apenas algumas poucas dessas afirmações se originam efetivamente dessas fontes, e todas elas foram atribuídas a rabinos mencionados em Midrashim posteriores, que tinham o costume de atribuir ditos agádicos a rabinos anteriores (por exemplo, *Pirkei de-R. Eliezer, Otiot de-R. Akiva*, entre outras obras similares). Existem também no *Sefer ha-Bahir* muitos parágrafos que não mencionam nenhum nome próprio.

CONTEÚDO

Ideias e tradições sobre muitos assuntos são transmitidas na forma de explicações de versículos bíblicos, breves discussões entre diferentes falantes, ou afirmações desprovidas de qualquer fundamento nas Escrituras. Além de dizeres agádicos familiares (que são muito poucos numericamente), há comentários sobre o significado místico de determinados versículos; sobre as formas de diversas letras do alfabeto; sobre os sinais de vocalização e cantilação; sobre afirmações do *Sefer Ietsirah* (ver p. 19) e sobre os nomes sagrados e seu uso mágico. A interpretação de alguns versículos contém explicações dos significados esotéricos de alguns mandamentos (por exemplo, *tefilin, tsitsit, terumot,* "deixarás livremente ir a mãe" [ver Deuteronômio 22:6, 7], *lulav, etrog* e outros). Aparentemente não existe uma ordem definida no livro. Às vezes se pode detectar uma certa linha de raciocínio no arranjo das diversas passagens, mas o fio logo se rompe, e a lógica muitas vezes salta inexplicavelmente de um assunto para outro. Além disso, há afirmações reunidas devido a alguma associação estranha, sem nenhuma sequência definida de pensamento. Tudo isso dá ao *Sefer ha-Bahir* a aparência de um Midrash, ou uma coleção de dizeres extraídos de diversas fontes. Não obstante, é possível distinguir certas seções que parecem ter uma unidade literária. São elas principalmente: (1) a série de afirmações que se baseiam no *Sefer Ietsirah* e que desenvolvem o conteúdo daquele livro em novo espírito; e (2) a lista ordenada que é fornecida, ainda que com frequentes interrupções, das dez *Sefirot* ("Emanações Divinas"), aqui chamadas de dez *ma'amarot* ("dizeres"), através das quais o mundo foi criado.

IDEIAS

O livro, tal como sobreviveu, confirma a tradição dos cabalistas do século XIII de que o *Sefer ha-Bahir* lhes foi entregue de forma extremamente mutilada, como restos de rolos, panfletos e tradições. Ele contém seções interrompidas no meio de uma frase e que não se conectam com o que se segue. Há discussões que começam, mas não se completam. O material adicional interrompendo a sequência do argumento encontra-se em maior proporção justamente nas sequências que parecem possuir uma coerência interna. Em sua forma atual, o livro é muito curto, contendo cerca de 12.000 palavras. A estrutura é extremamente solta, sendo o livro simplesmente uma coletânea de material reunido em uma determinada sequência, sem qualquer engenhosidade literária ou editorial. A língua da obra é uma mistura de hebraico e aramaico. O estilo é frequentemente muito difícil, e, mesmo desconsiderando os numerosos erros nas edições impressas, o livro é difícil de entender e linguisticamente pouco claro. Há diversas parábolas, por vezes encarnando a própria essência de uma ideia que não pode ser expressa de nenhuma outra forma, ou servindo de resposta a questões colocadas pelos falantes. Alguns desses dizeres são meras adaptações de afirmações talmúdicas e midráshicas anteriores, mas a maioria não tem qualquer paralelo nessas obras.

A grande importância do *Bahir* está no uso da linguagem simbólica. Trata-se da primeira fonte a lidar com o domínio dos atributos divinos (*Sefirot*; *"logoi"*, "belos vasos", "reis", "vozes" e "coroas"), e a interpretar as Escrituras como se estivesse preocupado não apenas com o que aconteceu no mundo criado, mas também com acontecimentos no domínio divino e com a ação dos atributos de Deus. Esses atributos recebem pela primeira vez nomes simbólicos, derivados do vocabulário dos versículos interpretados. Os princípios em que o simbolismo do livro se baseia não são explicados sistematicamente em nenhuma parte da obra, e os falantes utilizam esses princípios como se fossem algo dado. Apenas na lista acima mencionada, das dez *ma'amarot* apresentei alguns poucos nomes simbólicos, dados a cada *ma'amar* (*logos*).

As *Sefirot*, mencionadas pela primeira vez no *Sefer Ietsirah* como correspondentes aos dez números básicos, tornaram-se no *Sefer ha-Bahir* atributos divinos, luzes e poderes, cada um correspondendo a uma função específica na obra da criação. Esse domínio divino, que só pode ser descrito em linguagem altamente simbólica, é o cerne fundamental do livro. Até mesmo as *ta'amei ha-mitsvot* (motivos para as *mitsvot*) estão relacionadas a esse domínio superior: o cumprimento de um determinado mandamento significando a atividade de uma *Sefirah* ou de um atributo divino (ou a atividade combinada de várias delas).

O *Bahir* segue a opinião do *Sefer Ietsirah* de que existem dez *Sefirot*, e chega à conclusão geral de que o atributo de cada *Sefirah* é aludido ora nas Escrituras, ora nos escritos rabínicos, por uma grande quantidade de nomes e símbolos que dão alguma ideia de sua natureza. As descrições do domínio desses atributos são às vezes revestidas apenas por termos alusivos, que são muitas vezes descritos no estilo pictórico que dá ao livro um caráter fortemente mitológico. Os poderes divinos constituem "a árvore secreta" a partir da qual brotam as almas. Mas esses poderes são também a soma das "formas sagradas" que são unificadas na figura do homem superior. Tudo no mundo inferior, particularmente tudo que possui santidade, contém uma referência a algo no mundo dos atributos divinos. Deus é o Senhor de todos os poderes, e Sua natureza gloriosa, única, pode ser percebida em diversos lugares. Não obstante, não fica claro se aqueles que redigiram a lista das dez *ma'amarot* O diferenciam da primeira *Sefirah* (*Keter Elion*, "a coroa suprema"), ou se para eles a própria *Keter Elion* é Deus. O livro enfatiza o conceito do "pensamento" de Deus em lugar da "vontade" de Deus. O termo técnico *Ein-Sof* ("O Infinito") como epíteto de Deus ainda não aparece no livro.

LUGAR NA CABALA

De modo geral, o *Sefer ha-Bahir* representa um estágio no desenvolvimento da Cabala, com grandes variações de detalhes em relação ao material encontrado em muitas obras posteriores. Isso também torna a compreensão da obra mais difícil. Uma grande distância separa o *Sefer ha-Bahir* da Cabala de Isaac, o Cego, a quem alguns estudiosos modernos atribuíram o livro. O *Sefer ha-Bahir* foi de máxima importância na medida em que é a única fonte existente sobre o estado da Cabala tal como ela veio a ser conhecida por um público mais amplo, e sobre os primeiros estágios de seu desenvolvimento antes de sua disseminação para além de alguns círculos restritos. Existe uma impressionante afinidade entre o simbolismo do *Sefer ha-Bahir*, por um lado, e as especulações dos gnósticos e sua teoria dos "éons", pelo outro. O problema fundamental no estudo do livro é: será que essa afinidade se baseia em algum vínculo histórico ainda não conhecido entre o gnosticismo da era mishnáica e talmúdica e as fontes das quais se deriva o material do *Sefer ha-Bahir*? Ou essa afinidade poderia ser vista como um fenômeno puramente psicológico, isto é, uma irrupção espontânea desde as profundezas da imaginação da alma, sem qualquer continuidade histórica?

O *Sefer ha-Bahir* apareceu no final do século XII no sul da França, mas as circunstâncias de seu aparecimento são desconhecidas. Existem várias razões que sustentam a teoria de que o livro foi na verdade compilado por volta dessa época. Algumas afirmações do livro mostram muito claramente a influência dos escritos de Abrahão b. Chiya. Será que os compiladores tinham diante de si manuscritos mais antigos contendo fragmentos, escritos em hebraico, de caráter gnóstico, que os inspiraram na elaboração do novo arranjo simbólico que aparece no *Sefer ha-Bahir*? Teria o livro como um todo, em sua forma atual, ou em forma mais completa, sido composto pouco antes de seu aparecimento e no próprio sul da França? Essas perguntas ficaram em grande medida sem resposta até que recentemente se provou que ao menos parte do *Sefer ha-Bahir* era meramente uma adaptação literária de um livro muito anterior, o *Sefer Raza Raba*, que é mencionado nas responsas dos *gueonim* mas que se perdeu, embora fragmentos importantes apareçam em um dos livros dos chassídicos asquenazes. Uma comparação dos textos paralelos do *Raza Raba* e do *Sefer ha-Bahir* demonstra o vínculo entre eles. Mas a elaboração do *Sefer ha-Bahir* agrega elementos fundamentais de caráter gnóstico que não são encontrados na fonte original. Por conseguinte, devemos supor que, se existe um vínculo histórico entre o simbolismo do *Sefer ha-Bahir* e o gnosticismo, esse vínculo foi estabelecido através de fontes adicionais que não são conhecidas hoje em dia. A tradição difundida entre os cabalistas de que partes do *Sefer ha-Bahir* chegaram até eles vindas da Alemanha foi consideravelmente fortalecida pela descoberta de fragmentos do *Raza Raba*. Mas o problema da autoria coletiva da obra, se era criação de um círculo de místicos do século XII, ou se se tratava de uma nova compilação de materiais muito anteriores, ainda não foi suficientemente esclarecida. A completa ausência de qualquer tentativa de justificar opiniões que contradizem as tradições judaicas aceitas pode se explicar mais facilmente se adotarmos a segunda teoria. Não existe nenhum tipo de indício no livro de que a ideia da transmigração das almas que ele defende tivesse sido rejeitada por todos os filósofos judeus até o aparecimento do *Sefer ha-Bahir*. Todas as interpretações místicas e a elucidação dos motivos dos mandamentos aparecem sem qualquer tom apologético. Vários parágrafos apontam para um ambiente oriental e um conhecimento do árabe. É difícil supor que o livro tenha sido compilado ou composto por círculos sem qualquer erudição, sem conhecimento das ideias correntes na literatura da época ou que escrevessem com independência absoluta. Uma análise das fontes da obra não permite sustentar essa teoria, e assim o enigma literário da primeira obra cabalística escrita permanece em grande medida sem solução.

INFLUÊNCIA

Nos círculos cabalistas espanhóis, o *Sefer ha-Bahir* foi aceito como uma fonte antiga e autorizada, "composto pelos sábios místicos do Talmud" (Jacob b. Jacob ha-Kohen). A obra teve grande influência no desenvolvimento dos ensinamentos desses cabalistas. A ausência de uma formulação ideológica clara no livro significou que homens com opiniões completamente opostas podiam encontrar nele suas próprias fundamentações. Desde esse ponto de vista, não houve obra igual até o aparecimento do Zohar. Por outro lado, o livro não foi aceito sem protesto da parte daqueles que se opunham à Cabala. Meir b. Simão de Narbona escreveu palavras muito ásperas sobre a obra e considerou-a uma obra herética atribuída a Nehunia b. ha-Kanah. No entanto, este último era "um homem virtuoso que não transgrediu nesse caso, e não deve ser contado entre os pecadores" (*c.* 1240).

EDIÇÕES E COMENTÁRIOS

Entre os muitos manuscritos do livro, existe uma versão que é superior à edição impressa em grande número de detalhes, mas não contém nenhum material novo, Manuscrito Munique 209. Em 1331, Meir b. Salomão

Ibn-Sahula, aluno de Salomão b. Abrahão Adret, escreveu um comentário sobre o *Sefer ha-Bahir* que foi publicado anonimamente em Vilna e em Jerusalém sob o título *Or ha-Ganuz* ("A luz oculta"). Fragmentos de um comentário filosófico de Elias b. Eliezer de Cândia existem em manuscrito (Manuscrito do Vaticano 431). David Habillo (morto em 1661; Manuscrito Gaster 966) e Meir Poppers (em Jerusalém), ambos seguidores da Cabala luriânica, escreveram comentários sobre o *Sefer ha-Bahir* que foram conservados. Vale notar que as várias edições do livro diferem no modo como a obra se divide em seções.

A primeira edição do *Sefer ha-Bahir* foi impressa em Amsterdã em 1651 (por um erudito cristão anônimo). A edição mais recente, preparada por R. Margaliot com acréscimo de notas e material paralelo, foi publicada em Jerusalém em 1951. O livro foi traduzido para o alemão por G. Scholem (1970).[2]

BIBLIOGRAFIA

G. Scholem, *Ursprung und Anfänge der Cabala* (1962), 33-174; L. Bäck, *Aus drei Jahrtausenden* (1939), 398-415; Israel Weinstock, *in: Sinai* (49) (1962), 370-78; 50 (1962), 28-35, 441-52; in *Sefer Iovel... Ch. Albeck* (1963), 188-210; Sh. Shahar, *in: Tarbiz* 10 (1971), 483-507 (Elementos comuns às escrituras cátaras e o *Bahir*).

400

6
QUIROMANCIA

A quiromancia é a arte de determinar o caráter de um homem e, frequentemente, seu destino e seu futuro, a partir de linhas e outras marcas na palma da mão e nos dedos e foi uma das artes mânticas desenvolvidas no Oriente Próximo, aparentemente no período helenístico. Nenhuma fonte quiromântica desse período foi preservada, nem em grego, nem em latim, embora elas tenham existido. A quiromancia se espalhou, em forma muito mais plena, nas literaturas árabe e grega bizantina medievais, a partir das quais penetrou na cultura latina. Aparentemente, desde o início, havia duas tradições. A primeira ligava intimamente a quiromancia com a astrologia e assim produziu uma estrutura quase sistemática para suas referências e predições. A segunda não estava ligada à astrologia de nenhum modo, mas com a intuição, cujos princípios metodológicos não são claros. Na Idade Média, os quiromantes cristãos encontraram uma base escritural para a quiromancia em Jó 37:7: "Ele sela as mãos de todo homem, para que todo homem possa conhecer sua obra", que poderia ser interpretada como se significasse que as marcas das mãos são feitas por Deus com o propósito da quiromancia. Esse versículo só começa a ser citado na tradição judaica a partir do século XVI.

A quiromancia aparece primeiro no judaísmo nos círculos do misticismo da Merkavah. Os fragmentos dessa literatura incluem um capítulo intitulado *Hakarat Panim le-Rabi Ishma'el*, escrito em hebraico mishnáico ou midráshico antigo. Esse capítulo é a primeira fonte literária da quiromancia encontrada até hoje. Ele é compreensível apenas parcialmente porque se baseia em símbolos e alusões que ainda são obscuros, mas não possui qualquer conexão com o método astrológico. O texto usa o termo *sirtutim* para designar as linhas das mãos. Uma tradução alemã desse capítulo foi publicada por G. Scholem.[1] Outro fragmento do mesmo período, descoberto na Guenizah, já apresenta uma mistura de astrologia com quiromancia e fisiognomonia.[2] A partir de uma responsa de Hai Gaon (*Otsar ha-Gue'onim* sobre o tratado *Chaguigah*, seção da responsa, página 12), fica claro que os místicos da Merkavah usavam a quiromancia e a fisiognomonia helenística no intuito de determinar se um homem estava apto para receber ensinamentos esotéricos. Eles citavam como fundamento escritural para essas ciências o versículo de Gênesis 5:1-2: "Este é o livro das gerações do homem" (os *Toledot* hebraicos interpretaram isso como "o livro do caráter e do destino do homem") e "homem e mulher Ele os criou", que implica que a predição quiromântica varia de acordo com o sexo, a mão direita sendo o fator determinante para o homem, e a mão esquerda para a mulher.

Além do capítulo mencionado acima, circularam durante longos períodos uma série de traduções de uma fonte quiromântica árabe na época não identificada, *Re'iat ha-Iadaim le-Echad me-Chachmei Hodu* ("Leitura das mãos segundo um sábio indiano"). O sábio é chamado nos manuscritos hebraicos de Nidarnar. Dessa fonte, foram preservadas duas traduções e várias adaptações e a obra se tornou conhecida em hebraico ainda antes do século XIII. Uma das adaptações foi impressa sob o título *Sefer ha-Atidot* na coletânea *Urim ve-Tumim* (1700). No final do século XIII, o cabalista Menachem Recanati obteve uma cópia desse texto, que se baseava inteiramente nos princípios do método astrológico da quiromancia, relacionando as principais linhas da palma da mão e as diversas partes da mão aos sete planetas e suas influências. O autor já era familiarizado com a terminologia quiromântica básica comum na literatura não judaica. Sua obra lida não apenas com o significado das linhas, ou *charitsim*, mas também dos *Otiot*, isto é, as várias marcas da mão.

Evidências da tradição quiromântica entre os primeiros cabalistas são fornecidas por Asher b. Saul, irmão de Jacob Nazir, no *Sefer ha-Minhagot* (*c.* 1215):[3] "[na conclusão do Shabat] eles costumavam examinar as linhas das palmas das mãos, porque através das linhas das mãos os sábios saberiam o destino de um homem e as coisas boas que a vida ainda lhe reservava". No Manuscrito Munique 288 (fol. 116 ss.), há um longo tratado sobre quiromancia baseado em uma revelação recebida por um chassídico na Inglaterra no século XIII. Este tratado não se diferencia em conteúdo da quiromancia astrológica, corrente entre os cristãos da época e sua terminologia é idêntica. Uma mão com indicações quirománticas pode ser encontrada em um manuscrito em hebraico de cerca de 1280 na França (Museu Britânico Add. 11639, fol. 115b).

Nas várias partes do Zohar há passagens, algumas delas longas, que tratam das linhas tanto da mão quanto da testa. Uma disciplina era dedicada a isso, que correspondia à quiromancia e na Idade Média se chamava de metoposcopia. Duas versões diferentes desse assunto são incluídas na porção de Jetro e se baseiam em Êxodo 18:21, a primeira na parte principal do Zohar (2: 70a-77a) e a segunda, um tratado independente chamado *Raza de-Razin* que foi impresso em colunas paralelas à primeira e continuava nos adendos da segunda parte do Zohar (fol. 272a-275a). Aqui as linhas da testa são discutidas em detalhe. Um terceiro relato dedicado às linhas da mão é encontrado em Zohar 2: 77a-78a, e consiste de três capítulos. Embora o Zohar traga o paralelo entre o movimento dos corpos celestes e a direção das linhas da mão, a influência da quiromancia astrológica não aparece nos detalhes da exposição, que depende de modo obscuro de cinco letras do alfabeto hebraico (ר פ ס ה ז – *zain, he, samech, pe* e *resh*). Essas letras são usadas como símbolos místicos aparentemente se referindo a tipos particulares de caráter. Em uma elaboração posterior da quiromancia no *tikun* número 70 (perto do final) do *Tikunei Zohar*, uma relação é estabelecida entre as linhas da mão e da testa do homem e as transmigrações de sua alma. Uma interpretação dessas páginas na porção de Jetro se encontra em *Or ha-chamah* de Abrahão Azulai, e foi impressa separadamente sob o título *Machazeh Avraham* (1800). Com a difusão do conhecimento do Zohar, diversos cabalistas tentaram associar a quiromancia novamente aos mistérios da Cabala; especialmente José ibn Saiach, no início do *Even ha-Shoham*, escrito em Jerusalém em 1538 (Jerusalém, JNUL, Manuscrito 8º, 416); e Israel Sarug em *Limudei Atsilut* (1897, p. 17). Guedaliah ibn Iachia diz no *Shalshelet ha-Kabalah* (Amsterdã, 1697), 53a, que ele mesmo escreveu um livro (1570) sobre o tema da quiromancia sob o título *Sefer Chanoch* (ou *Chinuch*).

Desde o início do século XVI, diversos livros hebraicos foram impressos resumindo a quiromancia de acordo com fontes árabes, latinas e alemãs; no entanto, a quiromancia cabalística recebeu apenas atenção incidental. Desses, devem ser mencionados *Toledot Adam* (Constantinopla, 1515) de Elias b. Moisés Gallena, e *Shoshanat Ia'akov* (Amsterdã, 1706) de Jacob b. Mordecai de Fulda, ambos reimpressos diversas vezes. Também apareceriam traduções para o ídiche desses livros. Abrahão Hammawi incluiu um tratado intitulado *Sefer ha-Atidot* sobre quiromancia em seu livro *Davek me-Ach* (1874, fols. 74 ff.). Entre os alunos de Isaac Luria, difundiu-se a tradição de que seu mestre era um especialista em quiromancia, e muitas tradições apontam para o fato de que vários cabalistas eram versados quiromantes. No século XIX, R. Chaim Palache menciona (em *Zechirah le-Chaim*, 1880, p. 20) que os rabinos marroquinos da época eram hábeis na quiromancia.

Em livros hebraicos sobre quiromancia astrológica, as principais linhas da mão recebem os seguintes nomes: (1) *Kav ha-Chaim* ("a linha da vida"; em latim, *Linea Saturnia*); (2) *Kav ha-Chochmah* ("a linha da sabedoria"; *Linea Sapientiae*); (3) *Kav ha-Shulchan* ("a linha da mesa"; *Linea Martialis*); (4) *Kav ha-Mazal* ("a linha do destino") ou *Kav ha-Bri'ut* ("a linha da saúde"; *Linea Mercurii*). A expressão idiomática encontrada na literatura posterior, *eineni be-kav ha-bri'ut* ("Não estou na linha da saúde"), significando "não estou bem de saúde", deriva da terminologia quiromântica.

BIBLIOGRAFIA

Steinschneider, Cat Bod, 939 f., 1239, J. Praetorious, *Thesaurus Chiromantiae* (Jena, 1661); F. Boll, *Catalogus Codicum Astrologicorum*, 7 (1908), 236; F. Böhm, *Handwörterbuch des deutschen Aberglaubenns*, 2 (1930), 37-53, s.v. *Chiromantie*; G. Scholem, *in*: *Sefer Assaf* (1953), 459-95.

7
DEMONOLOGIA NA CABALA

Os cabalistas fizeram uso de todos os motivos correntes no Talmud e no Midrash no desenvolvimento de seu sistema de demonologia.[1] Novos elementos foram desenvolvidos ou acrescentados, principalmente em duas direções: (1) os cabalistas tentaram sistematizar a demonologia de modo que ela se encaixasse em seu entendimento do mundo e, assim, explicar a demonologia em termos derivados de seu entendimento da realidade; (2) novos e variados elementos foram agregados a partir de fontes externas, principalmente da demonologia árabe medieval, da demonologia cristã, e de crenças populares alemãs e eslavas. Às vezes, esses elementos eram ligados, mais ou menos logicamente, à demonologia judaica e eram assim "judaizados" em certa medida. No entanto, frequentemente, o vínculo era apenas externo; os materiais foram incorporados à demonologia judaica quase sem nenhuma adaptação judaica explícita. Isso é particularmente verdadeiro em relação às fontes da Cabala prática. Ali, crenças cabalísticas reais se mesclaram com crenças populares que na verdade originalmente não tinham nenhuma relação com as crenças dos cabalistas. Essa combinação confere à demonologia judaica posterior seu caráter marcadamente sincrético. O material pertencente a esse tipo de demonologia pode ser encontrado em inúmeras fontes, muitas delas ainda em manuscrito. Uma pesquisa mais abrangente nesse campo e seu desenvolvimento são importantes aspirações dos estudos judaicos.

As obras dos cabalistas também contêm conceitos contraditórios sobre demônios. As tradições do passado, assim como o ambiente cultural

Detalhe de um amuleto feito em pergaminho mostrando a demônia Lilith. Acima dela, estão retratados Sanoi, Sansanoi e Samnaglof.

e o perfil intelectual de cada cabalista individualmente contribuíram para a diversificação de suas crenças. As ideias dos primeiros cabalistas espanhóis sobre o tema foram formuladas claramente no comentário de Nachmanides sobre Levítico 17:7 e sua influência é visível em toda a literatura posterior. Na opinião de Nachmanides, os demônios (*shedim*) são encontrados em lugares devastados (*shedudim*), arruinados e frios como no norte. Eles não eram criados a partir dos quatro elementos, mas apenas do fogo e do ar. Eles têm corpos sutis, imperceptíveis pelos sentidos humanos, e esses corpos sutis lhes permitem voar através do fogo e do ar. Por serem compostos de elementos diferentes, eles se submetem às leis da criação e entram em decadência e morrem como os seres humanos. Seu sustento deriva da água e do fogo, dos odores e das seivas; por isso, os necromantes queimavam incenso para os demônios. Apesar do elemento de fogo sutil que eles contêm, eles são cercados por uma frieza que espanta os exorcistas (esse detalhe é destacado apenas em fontes posteriores). Voando pelo ar, eles são capazes de se aproximar dos "príncipes" do zodíaco, que vivem na atmosfera e assim ouvem predições sobre o futuro próximo, mas não sobre o futuro distante.

Nachmanides também sugere (Comentário sobre Levítico 16:8) que os demônios pertencem à descendência de Samael, que é "a alma do planeta Marte e Esaú é seu súdito entre as nações" (o anjo de Edom ou o cristianismo).

Os cabalistas de Castela, Isaac b. Jacob ha-Kohen, Moisés de Burgos e Moisés de Leon (em suas obras hebraicas e no Zohar) associaram a existência de demônios aos últimos graus dos poderes da emanação do "lado esquerdo" (o *sitra achra*, "outro lado", do Zohar), que corresponde em suas dez *Sefirot* do mal às dez *Sefirot* sagradas. Seus escritos contêm descrições detalhadas do modo como esses poderes emanaram e explicam os nomes dos comandantes de suas hostes. Suas ideias são principalmente baseadas no desenvolvimento interno dos círculos cabalistas. Nas várias fontes são dados nomes inteiramente distintos aos graus superiores desses poderes demoníacos ou satânicos. No entanto, todos concordam em associar as hostes de demônios no mundo sublunar, isto é, na terra, ao domínio de Samael e Lilith, que aparecem pela primeira vez nessas fontes como um casal. Diversos detalhes sobre essas "emanações escuras" são encontrados no *Amud ha-Semali* de Moisés de Burgos.[2]

Em contraste, o Zohar, seguindo uma lenda talmúdica, enfatiza a origem de certas classes de demônios no intercurso sexual entre humanos e poderes demoníacos. Alguns demônios, como Lilith, foram criados durante os seis dias da Criação, e em particular na véspera do Shabat ao crepúsculo, como espíritos desencarnados. Eles buscam assumir a forma de um corpo através da associação com os humanos, a princípio com Adão, quando ele se separou de Eva e depois com todos os descendentes dele. No entanto, os demônios que foram criados a partir dessas uniões também anseiam por esse tipo de intercurso. O elemento sexual na relação entre homens e demônios apresenta lugar de destaque na demonologia do Zohar, assim como em diversas obras cabalísticas posteriores. Toda emissão de sêmen dá origem a demônios. Os detalhes dessas relações são marcadamente semelhantes às crenças correntes na demonologia cristã medieval sobre súcubos e íncubos. Elas se baseiam na suposição (contrária à opinião talmúdica) de que esses demônios não possuem capacidade reprodutiva própria e precisam do sêmen humano para se multiplicar. Na Cabala posterior, encontra-se que os demônios nascidos do homem a partir dessas uniões são considerados seus filhos bastardos; eles eram chamados de *banim shovanim* ("filhos travessos"). Na morte e no funeral, eles vêm acompanhar o homem morto, para pranteá-lo e para reivindicar sua parte da herança; eles também ofendiam os filhos legítimos. Daí o costume de circular em volta do morto no cemitério para expulsar esses demônios e também o costume (que data do século XVII) em uma série de comunidades de não permitir que os filhos acompanhem o corpo do pai ao cemitério no intuito de evitar que eles sejam incomodados por seus meios-irmãos bastardos.

Os termos *shedim* e *mazikim* (demônios perigosos, *Poltergeister*) foram usados muitas vezes como sinônimos, mas em algumas fontes há uma certa diferenciação entre eles. No Zohar, considera-se que os espíritos dos homens maus se tornam *mazikim* depois da morte. No entanto, há também demônios bons que são preparados para ajudar e fazer favores aos homens. Isso supostamente é particularmente verdadeiro quanto aos demônios comandados por Ashmedai (Asmodeus), que aceitam a Torah e são considerados "demônios judeus". Sua existência é mencionada pelos chassídicos asquenazes e também no Zohar. Segundo a lenda, Caim e Abel, que contêm parte da impureza da serpente que tivera relações sexuais com Eva, possuem um certo elemento demoníaco, e vários demônios se originaram deles. Mas, na verdade, o cruzamento de demônios femininos com humanos masculinos e de demônios masculinos com humanas femininas continuaria ao longo da história. Esses demônios são mortais, mas seus reis e suas rainhas vivem mais do que os seres humanos e alguns deles, particularmente Lilith e Naamah, existirão até o dia do Juízo Final (Zohar 1: 55a). Várias especulações foram feitas sobre a morte dos reis dos demônios, em particular de Ashmedai.[3] Existe uma tradição de que ele morreu mártir com os judeus de Mainz em 1096. Outra opinião cabalística é de que Ashmedai seria apenas o título do posto de rei dos demônios, assim como Faraó é o título do posto de rei do Egito, e "todo rei dos demônios se chama Ashmedai", assim como a palavra Ashmedai em *guematria* é numericamente equivalente a Faraó. Longas genealogias de demônios e suas famílias se encontram na demonologia judeo-arábica.

Aparentemente, o autor do Zohar distingue entre espíritos que foram emanados a partir do "lado esquerdo" e receberam funções definidas nos "palácios da impureza" e demônios no sentido exato de seres que pairam no ar. Segundo fontes posteriores, estes enchem com suas hostes o espaço do céu entre a terra e a esfera da lua. Sua atividade se dá principalmente à noite, antes da meia-noite. Os demônios nascidos das poluções noturnas são chamados de "os açoites dos filhos dos homens" (II Samuel 7:14; ver Zohar 1: 54b). Às vezes, os demônios zombam dos homens. Contam-lhes mentiras sobre o futuro e misturam verdade e mentira nos sonhos. Os pés dos demônios são disformes

(Zohar 3: 229b). Em diversas fontes, quatro mães de demônios são menciona-das: Lilith, Naamah, Agrath e Mahalath (que algumas vezes é substituída por Rahab). Os demônios sob seu comando saem em suas hostes em determina-dos momentos e constituem um perigo para o mundo. Algumas vezes, elas se reúnem em uma determinada montanha, "perto das montanhas das trevas onde têm intercurso sexual com Samael". Isso é uma reminiscência do Sabá das Bruxas da demonologia cristã. Bruxos e bruxas também se reúnem nesse local, dedicam-se a tarefas similares e aprendem a arte da bruxaria diretamente dos arquidemônios, que aqui são idênticos aos anjos rebeldes que caíram do céu (Zohar 3: 194b, 212a). O autor do *Ra'aia Meheimna* no Zohar (3: 253a) distingue entre três tipos de demônios: (1) semelhantes a anjos; (2) que parecem huma-nos e são chamados *shedim Iehudim* ("demônios judeus") e submissos à Torah e (3) que não têm nenhum temor a Deus e são como animais. A distinção entre os demônios de acordo com as três principais religiões encontra-se também na demonologia árabe, assim como em fontes da Cabala prática; ela é mencionada no texto completo e sem censuras de uma seção do *Midrash Rut ha-Ne'lam* no Zohar. Outra divisão distingue entre demônios segundo os vários extratos do ar em que comandam – uma opinião comum ao Zohar e a Isaac ha-Kohen, que menciona detalhes a esse respeito. Por outro lado, o Zohar menciona *nukba di-tehoma raba*, "o buraco do grande abismo", como o local para onde os demô-nios retornam no Shabat, quando eles não têm nenhum poder sobre o mundo. Segundo Bahia b. Asher, os demônios também se refugiaram na Arca de Noé, de outro modo eles não teriam sobrevivido ao Dilúvio.

Os reis dos demônios receberam nomes, mas não os membros de suas hostes, que são conhecidas pelo nome do rei: "Samael e sua hos-te", "Ashmedai e sua hoste" etc. Ashmedai é geralmente considerado filho de Na'amah, a irmã de Tubal-Caim, mas às vezes é filho do rei Davi com Agrath, a rainha dos demônios. Diversos nomes de demônios vieram da tra-dição árabe. Entre eles, deve-se mencionar Bilar (também Bilad ou Bilid), o terceiro rei a suceder Ashmedai. Bilar é meramente uma corruptela do nome de Satã, "Beliar", em diversos apocalipses e na literatura cristã anterior, que assim retornou à tradição judaica através de fontes estrangeiras. Ele desem-penha um papel importante na literatura "cabalística prática" e, através dela, disfarçado de Bileth, entrou na literatura mágica alemã associado à história do Doutor Fausto. O selo desse rei é descrito em detalhes no livro *Berit Menuchah* (Amsterdã, 1648, 39b). Os outros demônios também têm selos, e aqueles que os conhecem podem fazê-los aparecer mesmo contra a vontade. Seus desenhos estão preservados em manuscritos da Cabala prática. Os nomes de sete reis dos demônios encarregados dos sete dias da semana, muito populares na demonologia judaica posterior, derivaram da tradição árabe. Os mais proeminentes entre eles são Maimon, o Negro, e Shemurish, juiz dos demônios. Outros sistemas originados na Cabala espanhola colocam os três reis Halama, Samael e Kafkafuni à frente dos outros demônios (*Sefer ha-Cheshek*, Manuscrito do Museu Britânico).[4]

Outros sistemas de demonologia são associados às listas dos anjos e demônios encarregados das horas da noite dos sete dias da semana, ou à interpretação demonológica de doenças como a epilepsia. Essas fontes são o *Seder Goral ha-Choleh* e o *Sefer ha-Ne'elavim*.[5] Esses sistemas não são necessariamente conectados com ideias cabalísticas e alguns deles obviamente são anteriores a elas. Um sistema completo da demonologia cabalística foi apresentado, depois do período do Zohar, no *Sibat Ma'asseh ha-Egel ve-Inian ha--Shedim* (Manuscrito Sassoon 56), que desenvolve motivos judaicos internos. Uma combinação do Zohar e fontes árabes caracteriza o livro *Tsefunei Tsioni*, de Menachem Tsioni de Colônia (fim do século XIV; em parte em Manuscrito de Oxford); ele enumera uma longa lista de demônios importantes e suas funções, preservando seus nomes árabes. Esse livro foi um dos canais através dos quais elementos árabes chegaram aos cabalistas práticos entre os judeus da Alemanha e da Polônia, e eles são recorrentes muitas vezes, ainda que com erros, nas coletâneas asquenazes de demonologia em hebraico e em ídiche. Uma das mais importantes dessas coletâneas é o Manuscrito Schocken 102, que data do final do século XVIII. Entre os judeus do norte da África e do Oriente Próximo, elementos de demonologia cabalística e árabe se combinaram até mesmo sem intermediação literária; de particular interesse é a coletânea *Shushan Iessod Olam*, no Manuscrito Sassoon 290. As coletâneas de remédios e amuletos compostos por eruditos sefaraditas abundam desse tipo de material. Um exemplo notável dessa completa mistura de elementos judeus, árabes e cristão encontra-se nos encantamentos do livro *Mafte'ach Shelomo* ou *Clavícula de Salomão (Clavicula Salomonis)*, uma coletânea do século XVII publicada

410

em fac-símile por H. Gollancz em 1914. O rei Zauba'a e a rainha Zumzu-mit também pertencem ao patrimônio árabe. Um rico patrimônio alemão no campo da demonologia foi preservado nos escritos de Judá he-Chassid e seus discípulos, e no comentário de Menachem Tsioni sobre a Torah. Segundo o testemunho de Nachmanides, era costume dos judeus asquenazes "envolver-se em questões de demônios, elaborar encantamentos e enviá-los, e se valem deles em diversos casos" (Responsa de Ibn Adret, atribuída a Nachmanides, n. 283). O *Ma'asseh Buch* (em ídiche; tradução para o inglês de M. Gaster, 1934) lista diversos detalhes sobre essa demonologia judaica-asquenaze do final da Idade Média. Além das crenças populares da época, elementos originados na literatura mágica erudita, assim como os nomes dos demônios cujas origens estavam na magia cristã foram introduzidos a partir da demonologia cristã. Esses nomes se espalharam, antes do século XV, entre os judeus da Alemanha. Demônios como Astarot, Beelzebub (em muitas formas), e seus semelhantes, tornaram-se recorrentes nos encantamentos e nas listas de demônios. Um sistema cabalístico detalhado de demonologia encontra-se na época da ex-pulsão da Espanha na obra de José Taitazak, *Malach ha-Meshiv.* Nesse sistema, a hierarquia dos demônios é chefiada por Samael, o padroeiro de Edom, e Amon de No (Alexandria), padroeiro do Egito, que também representa o Islã. O nome Amon de No é recorrente em diversas fontes desse período.

Chaim Vital conta de demônios que são compostos apenas por um dos quatro elementos, em contraste com a opinião de Nachmanides mencionada aci-ma. Essa opinião provavelmente tem origem na demonologia europeia do Renas-cimento. A Cabala de Isaac Luria menciona muitas vezes várias *klipot* ("conchas") que precisam ser derrotadas através da observância da Torah e das *mitsvot*, mas geralmente não fornece nomes próprios a elas ou as considera demônios como tais. Esse processo atinge o ápice no *Sefer Karnaim* (Zolkiew, 1709) de Samson de Ostropol, que dá a muitas *klipot* nomes que não apareciam em nenhuma fonte anterior. Esse livro é o último texto original da demonologia cabalística.

Alguns detalhes: segundo Isaac de Acre, os demônios têm apenas quatro dedos e não têm polegar. O livro *Emek ha-Melech* (Amsterdã, 1648) menciona demônios chamados de *kessilim* (espíritos "brincalhões") que fazem o homem se desviar do caminho e zombam dele. Daí provavelmente a deno-minação *letsim* ("bufões") que ocorre na literatura posterior e no uso popular para se referir ao tipo mais inferior de demônios, aqueles que atiram no chão objetos da casa e coisas afins (*poltergeist*). A partir do início do século XVII, o demônio chamado *Sh. D.* (שׁ"ד) é mencionado, isto é, *Shomer Dapim* ("guardião das páginas"); ele ofende a pessoa que deixa um livro sagrado aberto. Segundo uma crença popular dos judeus alemães, as quatro rainhas dos demônios comandam as quatro estações do ano. A cada três meses, na mudança de estação, seu sangue menstrual cai nas águas e as envenena, e dizem que esse é o motivo do costume antigo (gueônico) que proíbe beber água na mudança da estação. Um lugar especial na demonologia é oferecido à Rainha de Sabá, que era considerada uma das rainhas dos demônios e é às vezes identificada com Lilith – pela primeira vez no Targum (Jó, capítulo 1), e mais tarde no Zohar e na literatura posterior.[6] O motivo da batalha entre o príncipe e o dragão, ou réptil demoníaco, representando o poder da *klipah* que aprisionou a princesa, é difundido de várias formas na demonologia do Zohar. Dragão é o nome do rei dos demônios também mencionado no *Sefer Chassidim*. Segundo Chaim Vital, quatro rainhas dos demônios comandam Roma (Lilith), Salamanca (Agrath), Egito (Rahab) e Damasco (Na'amah). Segundo Abrahão Galante, até a confusão das línguas só existiam duas línguas: a língua sagrada (isto é, o hebraico) e a língua dos demônios. A crença em demônios permaneceu uma superstição popular entre alguns judeus em certos países até hoje. A rica demonologia incluída nas histórias de I. Bashevis Singer reflete o sincretismo de elementos eslavos e judaicos no folclore judaico polonês.

BIBLIOGRAFIA

J. Trachtenberg, *Jewish Magic and Superstition* (1934); R. Margaliot, *Malachei Elion* (1945), 201-94; G. Scholem, *in: Madde'ei ha-Iahadut*, 1 (1926), 112-27; idem, *in*: KS, 10 (1933-34), 68-73; idem, *in: Tarbiz*, vols. 3-5 (1932-34); idem, *in*: JJS, 16 (1965), 1-13; I. Tishby, *Mishnat ha-Zohar*, 1 (1957), 361-77: J. A. Eisenmenger, *Das entdeckte Judenthum*, 2 (1700), 408-68 (uma mistura de ideias talmúdicas e cabalísticas), P. W. Hirsch, *Megalleh Tekufot... oder das schädliche Blut, welches über die Juden viermal des Jahrs kommt* (1717); *Mitteilugen für jüdsiche Volkskunde* (1898-1926), especialmente M. Grunwald, *in* vols. de 1900, 1906, 1907: *Jahrbuch für Jüdische Volkskunde* (1923 e 1925); M. Weinreich, *in: Landau-Bukh* (1926), 217-38.

8
OS DOENMEH

Os Doenmeh (Dönme) eram a seita de apoiadores de Shabetai Tsevi que adotaram o Islã em consequência do fracasso do levante messiânico sabateano na Turquia. Depois que Shabetai Tsevi se converteu ao Islã em setembro de 1666, um grande contingente de seus discípulos interpretou sua apostasia como uma missão secreta, deliberadamente assumida com um propósito místico particular em mente. A esmagadora maioria de seus apoiadores, que se chamavam de *ma'aminim* ("crentes"), permaneceu no interior da congregação judaica. No entanto, mesmo enquanto Shabetai Tsevi estava vivo, diversos líderes dos *ma'aminim* julgaram essencial seguir os passos de seu messias e se tornarem muçulmanos, sem, segundo eles, renunciar ao judaísmo, que eles interpretariam segundo novos princípios. Até a morte de Shabetai Tsevi em 1676, o grupo que a princípio se concentrava principalmente em Adrianópolis (Edirne) chegou a ter cerca de 200 famílias. Eles vinham principalmente dos Bálcãs, mas também havia apoiadores de Constantinopla, Izmir, Brusa, e outros lugares. Havia alguns poucos eruditos e cabalistas de destaque entre eles, cujas famílias depois receberiam um lugar especial entre os Doenmeh como descendentes da comunidade original da seita. Mesmo entre sabateanos que não se converteram ao Islã, como Natan de Gaza, esse grupo desfrutou de uma reputação honorável e uma importante missão foi atribuída a ele. Claras evidências disso estão preservadas no comentário sobre os Salmos (escrito por volta de 1679) de Israel Chazan de Castoria.

A maior parte da comunidade se tornou convertida como resultado direto das pregações e da persuasão de Shabetai Tsevi. Eles eram externamente muçulmanos fervorosos e privadamente *ma'aminim* sabateanos que praticavam um tipo de judaísmo messiânico, baseado desde a década de 1670 ou 1680 sobre "os 18 preceitos" que eram atribuídos a Shabetai Tsevi pelas comunidades dos Doenmeh (o texto completo foi publicado em inglês por G. Scholem, *in: Essays... Abba Hillel Silver* (1963), 368-86). Esses preceitos contêm uma versão paralela dos Dez Mandamentos. No entanto, eles são diferenciados por uma formulação extraordinariamente ambígua do mandamento "Não cometerás adultério", que se aproxima mais de uma recomendação para se acautelar do que de uma proibição. Os mandamentos adicionais determinam a relação dos *ma'aminim* com os judeus e os turcos. Os casamentos com verdadeiros muçulmanos são estrita e enfaticamente proibidos.

Depois da morte de Shabetai Tsevi, o centro de atividades da comunidade mudou-se para Tessalônica e permaneceu lá até 1924. A última esposa de Shabetai, Iochebed (no Islã, Ayisha), era filha de José Filosof, um dos rabinos de Tessalônica, e voltou da Albânia para lá, após uma breve temporada em Adrianópolis. Mais tarde, ela proclamou seu irmão mais novo Jacob Filosof, conhecido tradicionalmente como Jacob Querido, como a reencarnação da alma de Shabetai Tsevi. Existem tantas tradições diferentes e contraditórias sobre a profunda agitação que afetou os *ma'aminim* de Tessalônica por volta de 1680 e depois disso, que, por algum tempo, é impossível dizer qual é a mais confiável. Todas concordam que havia uma tensão considerável entre a comunidade dos Doenmeh original e os seguidores de Jacob Querido, entre os quais havia diversos rabinos de Tessalônica. Como resultado de sua propaganda, entre duzentas e trezentas famílias, sob a liderança de dois rabinos, Salomão Florentin e José Filosof e seu filho, passaram por uma conversão em massa ao Islã. Existem dois relatos contraditórios sobre essa conversão. Um deles estabelece a conversão no ano 1683, e outro no final de 1686. É possível que tenha havido duas conversões em massa, uma depois da outra. Muitas "revelações" místicas foram então relatadas em Tessalônica, e diversos tratados foram escritos refletindo as tendências espirituais dos vários grupos. Com o passar do tempo, quase todas as famílias apóstatas de outras cidades da Turquia migraram para Tessalônica e a seita foi organizada com uma base mais institucional. Ao longo do século XVIII, juntaram-se à seita outros grupos sabateanos, particularmente da Polônia. Jacob Querido demonstrou sua lealdade externa ao Islã ao fazer a peregrinação até Meca com diversos de seus seguidores – uma decisão à qual a comunidade dos Doenmeh original se opôs. Ele morreu na volta dessa viagem em 1690 ou 1695, provavelmente em Alexandria.

Conflitos internos causaram uma dissidência na organização e resultaram na formação de duas subsseitas: uma, seguindo a tradição dos Doenmeh, foi chamada *Izmirlis* (*Izmirim*) e consistia de membros da comunidade original, e a outra ficou conhecida como os *Jacobitas*, ou em turco *Jakoblar*. Alguns anos depois da morte de Querido, outra dissidência ocorreu entre os *Izmirlis*, quando por volta de 1700 um novo líder jovem, Baruchiah Russo, apareceu entre eles e foi proclamado por seus discípulos a reencarnação de Shabetai Tsevi. Em 1716, seus discípulos proclamaram-no a Divina Encarnação. Russo aparentemente era judeu de nascimento e filho de um dos primeiros seguidores de Shabetai Tsevi. Depois de sua conversão, ele passou a se chamar "Osman Baba". Uma terceira subsseita se organizou em torno dele. Seus membros eram chamados de *Konyosos* (em ladino) ou *Karakashlar* (em turco). Estes foram considerados o grupo mais extremista da comunidade dos Doenmeh. Eles tinham a reputação de terem fundado uma nova fé com uma tendência ao niilismo religioso. Seus apoiadores embarcaram em uma nova campanha missionária pelas principais cidades da Diáspora. Foram enviados representantes à Polônia, à Alemanha e à Áustria, onde eles seriam motivo de considerável excitação entre 1720 e 1726. Setores dessa seita, dos quais mais tarde emergiriam os frankistas, estabeleceram-se em diversos lugares. Baruchiah Russo morreu em 1720 ainda moço e sua sepultura seria destino de peregrinação dos membros da seita até recentemente. Seu filho, que se tornou líder dessa seita, morreu em 1781. Durante o período da Revolução Francesa, um poderoso líder de uma dessas seitas (os *Izmirim* ou a seita de Baruchiah), conhecido como "Dervixe Efêndi", tornou-se proeminente. Ele talvez deva ser identificado com o pregador e poeta dos Doenmeh, Judá Levi Tovah, cujos poemas e homilias cabalísticas em ladino foram preservados em manuscritos pertencentes aos Doenmeh e estão hoje em uma série de coleções públicas.

Logo ficou claro para as autoridades turcas que aqueles apóstatas, que supostamente deveriam encorajar os judeus a se converterem ao Islã, não tinham nenhuma intenção de se assimilar, mas estavam decididos a continuar a levar uma existência sectária fechada, embora externamente observassem estritamente as práticas islâmicas e fossem politicamente cidadãos leais. A partir do início do século XVIII, eles passaram a ser chamados de Doenmeh, que significa (em turco) tanto "convertidos" como "apóstatas". No entanto, não fica claro se isso é uma referência à sua conversão do judaísmo ou ao fato de eles não serem verdadeiros muçulmanos. Os judeus chamam-nos de *Minim* ("sectários") e, entre os escritos dos rabinos de Tessalônica, há várias *responsas* lidando com os problemas de como eles deviam ser tratados e se deviam ser considerados judeus ou não. Eles se estabeleceram em bairros específicos de Tessalônica, e seus líderes tinham relações amistosas com os círculos sufis e com as ordens dervixes entre os turcos, particularmente os Baktashi. Ao mesmo tempo, eles mantiveram vínculos secretos não apenas com aqueles sabateanos que não haviam se convertido, mas também com vários rabinos em Tessalônica, os quais, quando o conhecimento da Torah diminuiu entre os Doenmeh, eram pagos para estabelecer secretamente certos pontos da lei para eles. Essas relações só seriam interrompidas em meados do século XIX. Esse comportamento dúplice se tornou claro apenas quando a atitude ambígua diante do judaísmo tradicional foi levada em conta. Em um nível, eles consideravam essa Torah vazia, seu lugar sendo assumido por uma Torah mais elevada, mais espiritual, chamada *Torah de-Atsilut* ("Torah da Emanação"). Mas em outro nível persistiriam certas áreas em que eles se conduziriam de acordo com a Torah concreta da tradição talmúdica, chamada *Torah di Beri'ah* ("Torah da Criação").

A dimensão demográfica dos Doenmeh é apenas aproximadamente conhecida. Segundo o viajante dinamarquês Carsten Niebuhr, cerca de 600 famílias viviam em Tessalônica em 1774, e elas só se casavam entre si. Antes da Primeira Guerra Mundial, o número estimado era entre 10.000 e 15.000 indivíduos, divididos mais ou menos igualmente entre as três subseitas, sendo os *Konyosos* ligeiramente mais numerosos. A princípio, o conhecimento do hebraico era comum entre os Doenmeh e sua liturgia foi originalmente padronizada em hebraico. Isso pode ser visto na parte de seu livro de orações que ainda se conservou (Scholem, *in*: KS, vols. 18 e 19). No entanto, com o passar do tempo o uso do ladino se acentuou e tanto sua literatura homilética quanto sua poética foram escritas nessa língua. Eles continuariam a falar ladino entre si até por volta de 1870 e só mais tarde o turco substituiu o ladino como língua falada no cotidiano.

Do ponto de vista da estrutura social, havia distinções claras entre as três subsseitas que se desenvolveram aparentemente entre 1750 e 1850. Os aristocratas da sociedade dos Doenmeh eram os *Izmirlis*, que eram chamados de *Cavalleros* em ladino ou *Kapanjilar* em turco. Esses incluíam os grandes comerciantes e as classes médias, assim como boa parte da *intelligentsia* dos Doenmeh. Eles foram também os primeiros a mostrar, a partir do final do século XIX, uma marcada tendência para a assimilação com os turcos. A comunidade de jacobitas dos *Jakoblar* incluía um grande número de oficiais turcos de classes baixas ou médias, enquanto o terceiro e mais numeroso grupo, os *Konyosos* (segundo alguns poucos relatos disponíveis) consistiriam, com o passar do tempo principalmente nas classes proletárias e nos artesãos, por exemplo, porteiros, sapateiros, barbeiros e açougueiros. Alguns dizem que por muito tempo, praticamente todos os barbeiros de Tessalônica pertenciam a esse grupo. Cada Doenmeh tinha um nome turco e um nome hebraico (para usar nas sociedades turca e dos Doenmeh, respectivamente). Além disso, eles preservaram os sobrenomes familiares sefaraditas, que só aparecem mencionados em poemas compostos em honra dos mortos; muitos desses poemas sobreviveram em manuscritos. Os cemitérios dos Doenmeh eram usados em comum por todas as subsseitas. Em contraste, cada seita tinha sua sinagoga particular (chamada *Kahal* – "congregação") no centro de seu próprio quarteirão, longe dos olhos de desconhecidos.

Suas liturgias foram escritas em formato muito pequeno de modo que pudessem ser facilmente escondidas. Todas as seitas ocultaram seus assuntos internos dos judeus e dos turcos com tanto sucesso que por muito tempo o conhecimento sobre elas se baseou apenas em rumores e relatos de leigos. Manuscritos dos Doenmeh revelando detalhes de suas ideias sabateanas foram trazidos à luz e examinados apenas depois que várias famílias dos Doenmeh decidiram se assimilar completamente à sociedade turca e transmitiram seus documentos a amigos entre os judeus de Tessalônica e Esmirna. Enquanto os Doenmeh se concentraram em Tessalônica, a estrutura institucional da seita permaneceu intacta, embora diversos membros dos Doenmeh fossem ativos no movimento dos Jovens Turcos que se originou naquela cidade. A primeira administração a assumir o poder depois da Revolução dos Jovens Turcos (1909) incluiria três ministros de origem entre os Doenmeh, entre eles o ministro das finanças, Djavid Bey, que era descendente da família de Baruchiah Russo e que servira como um dos líderes de sua seita. Uma afirmação comumente feita por muitos judeus de Tessalônica (negada, contudo, pelo governo turco) era de que Kemal Ataturk fosse de origem Doenmeh. Essa opinião foi avidamente adotada por muitos adversários religiosos de Ataturk na Anatólia.

Com as migrações populacionais que se seguiram à Guerra Greco-Turca de 1924, os Doenmeh foram obrigados a deixar Tessalônica. A maioria se estabeleceu em Istambul, e alguns poucos em outras cidades turcas como Izmir e Ancara. Na imprensa turca da época, houve um acalorado debate sobre o caráter judaico dos Doenmeh e sua assimilação. Quando eles foram arrancados do grande centro judaico de Tessalônica, a assimilação começou a se espalhar amplamente. Não obstante, há evidências confiáveis de que a estrutura organizacional da seita dos *Konyosos* sobreviveu, e em 1970 muitas famílias ainda pertenciam a essa organização. Na *intelligentsia* turca, um dos professores da Universidade de Istambul era geralmente considerado o líder dos Doenmeh. Tentativas de persuadi-los a voltar para o judaísmo e a migrar para Israel deram pouco resultado. Apenas algumas famílias dos Doenmeh isoladamente estariam entre os imigrantes turcos para Israel.

Quase não havia diferenças de opinião religiosa entre os Doenmeh e as outras seitas que acreditavam em Shabetai Tsevi. Em sua literatura, até onde se sabe, quase não há menção a seu pertencimento à congregação islâmica. A alegação que eles faziam de serem a verdadeira comunidade judaica não difere da alegação dos primeiros cristãos e da igreja cristã primitiva. Eles preservaram sua fé em Shabetai Tsevi, que havia renegado os mandamentos práticos da Torah material e aberto "a Torah espiritual" do mundo superior em seu lugar. O princípio da divindade de Shabetai Tsevi foi firmemente desenvolvido e aceito pela seita, assim como a natureza tríplice das forças superiores da emanação, chamadas *telat rishrei de-meheimanuta* ("os três vínculos da fé"). Além da recusa dos mandamentos práticos e da crença trinitária mística, um fator em particular suscitou grande oposição entre seus contemporâneos. Esse fator era sua óbvia inclinação para permitir casamentos halachicamente proibidos e para conduzir cerimônias religiosas que envolviam a troca de esposas e que, portanto, degradavam sua finalidade segundo a lei judaica. Acusações de licenciosidade sexual foram feitas desde o início do século XVIII, e embora muitas tenham tentado diminuir sua importância não há dúvida de que a promiscuidade sexual existiu por muitas gerações. O longo sermão de Judá Levi Tovah (publicado por I. R. Molcho e R. Schatz, em *Sefunot*, 3-4 [1960], p. 395-521) contém uma entusiasmada defesa da anulação das proibições sexuais escritas na "Torah da Criação" material. De fato, ocorreram cerimônias orgiásticas principalmente na festa dos Doenmeh, o *Chag ha-Keves* ("Festa do Cordeiro") que caía no dia 22 de Adar, e era reconhecida como a celebração do início da primavera. Além disso, eles celebravam outras festas, ligadas à vida de Shabetai Tsevi e a acontecimentos particulares associados à própria apostasia. Eles não se abstinham de trabalhar em suas festas no intuito de não despertar a curiosidade alheia e se contentavam com rituais realizados nas vésperas das festas. A liturgia dos Doenmeh para o dia 9 de Av, o aniversário de Shabetai Tsevi, chamado de *Chag ha-Samachot* ("Festa do Júbilo), foi preservada em hebraico e contém adaptações sabateanas de algumas das orações do Grande Dia Santo, com acréscimo de uma declaração solene de seu credo sabateano, consistindo de oito parágrafos (KS, 18 [1947], p. 309-10).

BIBLIOGRAFIA

Scholem, *The Messianic Idea in Judaism* (1971), 142-66; idem, *in*: *Numen*, 7 (1960), 93-122 (com bibliografia; idem, *in*: *Sefunot*, 9 (1965), 195-207, idem, *in*: D. J. Silver (org.), *In the Time of Harvest* (1963), 368-86; I. Ben-Zvi, *The Exiled and the Redeemed* (1957), 131-53; idem, *in*: *Sefunot*, 3-4 (1960), 349-94; G. Attias e G. Scholem, *Shirot ve-Tishbachot shel ha-Shabeta'im* (1948).

9
ESCATOLOGIA

INTRODUÇÃO

Além das ideias básicas sobre recompensa e castigo, vida após a morte, Messias, redenção e ressurreição, praticamente não existe uma crença comum entre os judeus a respeito de detalhes escatológicos. Essa lacuna forneceu uma oportunidade óbvia para a livre atuação dos imaginativos, dos visionários e dos supersticiosos, e assim se tornou o campo em que os cabalistas deixaram sua marca: pois eles tratavam exaustiva e exclusivamente desses assuntos. É compreensível que com tal escopo eles jamais tenham chegado a uma decisão aceitável para todos, e assim se desenvolveram várias tendências. A partir de um início bastante singelo, os ensinamentos escatológicos se desenvolveram no Zohar e nas obras cabalísticas que se seguiram a ele, e tiveram muitas ramificações.

VIDA APÓS A MORTE

De grande importância aqui são as opiniões de Nachmanides no *Sha'ar ha-Gemul*, do Zohar e da escola luriânica, tais como estão cristalizadas no grande resumo de Aaron Berechiah b. Moisés de Módena, *Ma'avar Iabok* (Mântua, 1623). De modo geral, eles enfatizam, depois da época de Nachmanides, os diferentes destinos das três partes da alma, que são separadas umas das outras depois da morte. A *nefesh* (a parte inferior) permanece embaixo na sepultura e sofre castigo pelas transgressões depois do primeiro julgamento, que se chama *chibut ha-kever* ("castigo da sepultura") ou *din ha-kever* ("julgamento da sepultura"). A *ru'ach* também é punida por seus pecados, mas depois de 12 meses, ela penetra o Jardim do Éden terreno, ou "o Jardim do Éden de baixo". A *neshamah* volta para sua fonte no "Jardim do Éden de cima"; pois, segundo o Zohar, a *neshamah* não é passível de pecar, e o castigo só recai sobre a *nefesh* e a *ru'ach* (embora existam outras opiniões na Cabala mais antiga). Em certos casos, as *nefashot* ascendem à categoria de *ruchot*, e *ruchot* à categoria de *neshamot*. O *Tseror ha-Chaim* ("o vínculo da vida"), no qual as *neshamot* ficam guardadas, é interpretado de várias maneiras. Ele é o Éden oculto, preparado para o gozo das *neshamot*; é o "tesouro" embaixo do trono da glória no qual as *neshamot* ficam guardadas até a ressurreição; ou ele é uma das *sefirot*, ou mesmo a totalidade das *sefirot*, onde a *neshamah* é reunida quando está em comunhão e união com Deus. Há um grande número de descrições na literatura cabalística dos detalhes dos vários graus de castigo nos domínios do *Guehinom*, e dos prazeres no Jardim do Éden e seus diversos padrões. Tratavam de problemas como saber se as *ruchot* ou as *neshamot* podiam ter alguma experiência sem faculdades físicas; que tipo de traje as *ruchot* vestiam, e o método de sua sobrevivência. (Segundo alguns, o traje das *ruchot* era tecido a partir dos mandamentos e dos bons atos, e era chamado de *chaluka de-ra'banan* ("o traje dos rabinos"). Nachmanides chamava o domínio do prazer depois da morte de *olam ha-neshamot* ("o mundo das almas"), e o distinguia absolutamente do *olam ha-ba* ("o mundo por vir"), que seria posterior à ressurreição. Essa distinção foi geralmente aceita pela Cabala. No "mundo das almas", as *neshamot* não são incorporadas ao Divino, mas preservam sua existência individual. A ideia de castigo no *Guehinom* (que era imaginado como um fogo espiritual sutil que queimava e purificava as almas) conflitava com a ideia de reparação através da transmigração (ver p. 435). Não havia uma opinião estabelecida sobre quais pecados eram puníveis pelo *Guehinom* e quais pela transmigração. A única coisa que se pode dizer é que, com o desenvolvimento da Cabala, a transmigração passou a ter um papel ainda mais importante nesse contexto. Tanto o Jardim do Éden quanto o *Guehinom* ficavam além deste mundo, e nas fronteiras deste mundo, ao passo que a teoria da transmigração garantia a recompensa e o castigo em grande medida neste mesmo mundo. Os cabalistas procuraram diversas formas de conciliar esses dois caminhos, mas não chegaram a um acordo.

Também foram feitas tentativas de suprimir o *Guehinom* como um todo de seu sentido literal e interpretá-lo ora segundo a visão de Maimônides, ora metaforicamente, como se referindo à transmigração. A escatologia da Cabala, e particularmente a do Zohar, foi muito influenciada pela ideia da pré-existência das almas. A existência da alma no "mundo das almas" é simplesmente seu retorno à sua existência original antes de sua descida para o corpo.

O MESSIAS E A REDENÇÃO

O Messias recebe uma emanação especial da *sefirah Malkhut* ("reino"), a última das *sefirot*. No entanto, não há nenhum sinal do conceito da divindade do Messias. A imagem pessoal do Messias é pálida e sombria e não acrescenta muito à descrição do Messias nos Midrashim da redenção que foram compostos antes do crescimento da Cabala. No Zohar, há poucos elementos novos. Segundo o Zohar, o Messias mora no Jardim do Éden em um palácio especial, chamado *ken tsipor* ("o ninho do pássaro"), e será revelado primeiramente na Alta Galileia. Alguns acreditavam que a alma do Messias não havia sofrido transmigração, mas era "nova" enquanto outros defendiam que era a alma de Adão que havia anteriormente transmigrado para o rei Davi. As letras de *Adão* (*alef, dalet, mem*) referem-se a Adão, Davi e Messias – um *notarikon* encontrado a partir do final do século XIII. Existe possivelmente alguma influência cristã aqui porque, segundo Paulo, Adão, o primeiro homem, corresponde a Jesus, "o último homem" (Romanos 5:17). As descrições da redenção no Zohar seguem de perto os passos dos Midrashim, com o acréscimo de alguns pontos e certas mudanças no tema. A redenção será um milagre, e tudo que a acompanhará, milagroso (as estrelas cintilando e caindo, as guerras do final dos tempos, a queda do papa, que é chamado simbolicamente no Zohar de "o sacerdote de On"). A ideia das dores do parto da redenção é muito enfatizada, e a situação de Israel na véspera da redenção é retratada em termos que refletem as condições históricas do século XIII. As descrições da redenção se tornariam mais numerosas nos tempos de crise, e particularmente depois da expulsão da Espanha. Contudo, na Cabala posterior (Moisés Cordovero e Isaac Luria), sua importância declinou. Por outro lado, a base mística da redenção foi enfatizada – a base que se desenvolveu a partir da época de

Nachmanides e sua escola e que se concentrava na opinião midráshica de que a redenção seria um retorno àquela perfeição que fora maculada pelo pecado de Adão e Eva. Ela não seria algo inteiramente novo, mas uma restauração, ou uma renovação. A criação no momento da redenção assumiria a forma que havia sido pretendida desde o início pela mente divina. Apenas na redenção haveria uma revelação da natureza original da Criação que havia sido obscurecida ou atenuada neste mundo. Daí o caráter extremamente utópico dessas ideias. No domínio do Divino, o estado de redenção é expresso como o fim do "exílio da *Shechinah*", a restauração da unidade divina através de todas as áreas da existência ("Nesse dia o Senhor será Um, e Seu nome Um" – daí a opinião de que a verdadeira unidade de Deus será revelada apenas no tempo por vir, enquanto durante os anos de exílio é como se o pecado houvesse deixado Sua unidade imperfeita). No momento da redenção, haverá uma união contínua do rei e da rainha, ou das *sefirot Tiferet* e *Shechinah*; isto é, haverá um influxo divino incessante através de todos os mundos, e isso os unirá eternamente. Os segredos ocultos da Torah serão revelados, e a Cabala será o sentido literal da Torah. A era messiânica duraria aproximadamente mil anos, mas muitos acreditavam que esses anos não seriam idênticos aos anos humanos, pois os planetas e as estrelas se moveriam mais devagar, de modo que o tempo seria prolongado (essa opinião era particularmente corrente no círculo do *Sefer ha-Temunah*, e tem sua origem nos livros Apócrifos). É óbvio, com base nessas teorias, que os cabalistas acreditavam que a ordem natural se alteraria na era messiânica (diferentemente da opinião de Maimônides). Quanto a saber se a redenção seria um milagre ou o resultado lógico de um processo já imanente, as opiniões cabalísticas se dividiram. Depois da expulsão da Espanha, tornou-se gradualmente predominante a opinião de que o Messias seria um acontecimento simbólico. A redenção dependeria dos feitos de Israel, e no cumprimento de seu destino histórico. A vinda do redentor atestaria a conclusão da "restauração", mas não seria sua causa.

RESSURREIÇÃO NO FIM DO MUNDO

A Cabala não lança nenhuma dúvida quanto à ressurreição física dos mortos, que ocorrerá no final dos dias da redenção, "no grande dia do juízo".

As novas exposições dos cabalistas se davam em torno da questão do destino daqueles que seriam ressuscitados. Nachmanides ensinava que depois de uma vida física normal, o corpo ressuscitado seria purificado, e vestido com *malachut* ("os trajes dos anjos") e, portanto, passaria para o mundo espiritual futuro, que passaria a existir após a destruição deste mundo; esse novo mundo apareceria depois da ressureição. No mundo por vir, as almas e seus corpos "espiritualizados" se reuniriam nas fileiras das *sefirot*, no verdadeiro "vínculo da vida". Segundo Nachmanides, as almas, mesmo neste estado, preservariam suas identidades individuais. Porém, mais tarde, emergiriam outras opiniões. O autor do Zohar fala em "corpos sagrados" depois da ressurreição, mas não declara sua opinião específica sobre o futuro desses corpos, exceto por alusões. Uma opinião muito difundida identificava o mundo por vir com a *sefirah Binah* e suas manifestações. Depois da vida de beatitude experimentada pelos ressurectos, este mundo seria destruído, e alguns dizem que voltaria ao caos ("desolado e vazio") no intuito de ser recriado em uma nova forma. Talvez o mundo por vir fosse a criação de outro elo na corrente de "criações", ou *shemitot* ("sabáticos": segundo a opinião do autor do *Sefer ha-Temunah*) ou mesmo a criação de uma existência espiritual através da qual todas as coisas existentes ascenderiam ao alcance do mundo das *sefirot*, e retornariam a seu ser primordial, ou a sua "fonte mais elevada". No "Grande Jubileu, depois de 50.000 anos, tudo retornará ao seio da *Sefirah Binah*, que também é chamada "mãe do mundo". Mesmo as outras *sefirot*, através das quais Deus conduz a criação, serão destruídas com a destruição da criação. A contradição de haver dois juízos quanto ao destino do homem, um depois da morte, e outro após a ressurreição, com um deles sendo aparentemente supérfluo, fez com que alguns cabalistas limitassem o grande Dia do Juízo às nações do mundo, enquanto as almas de Israel, segundo eles, seriam julgadas imediatamente após a morte.

10
GUEMATRIA

A *guematria* (do grego γεωμετρία) é uma das regras hermenêuticas agádicas para a interpretação da Torah (na *Baraita de 32 Regras* número 29). Ela consiste em explicar uma palavra ou um grupo de palavras segundo o valor numérico das letras, ou em substituir outras letras do alfabeto segundo um sistema estabelecido. Embora a palavra seja normalmente empregada nesse sentido da manipulação segundo o valor numérico, ela às vezes é encontrada com o sentido de "cálculos" (Avot 3:18). De modo similar, enquanto se lê nas edições atuais do Talmud que Jonathan b. Zakai conheceu "as revoluções celestiais e as *guematriot*", em uma fonte paralela lê-se "as revoluções celestiais e os cálculos" (Suk. 28a; BB 134a; Ch. Albeck, *Shishah Sidrei Mishnah* 4 [1959], p. 497).

O uso das letras para significar números era conhecido dos babilônicos e dos gregos. O primeiro uso da *guematria* ocorre em uma inscrição de Sargão II (727-707 a. C.) que afirma que o rei construiu a muralha de Khorsbad com 16.283 cúbitos de comprimento para corresponder ao valor numérico de seu nome. O uso da *guematria* (τὸ ισόψηφον) era difundido na literatura dos Magos e entre intérpretes de sonhos no mundo helênico. Os gnósticos equalizavam os dois nomes sagrados, Abrazas (Ἀβράξας) e Mithras (Μίθρας), com base no valor numérico equivalente de suas letras (365, correspondendo aos dias do ano solar). Seu uso foi aparentemente introduzido em Israel durante o período do Segundo Templo, até mesmo no próprio Templo, usando letras gregas para indicar números (Shek. 3:2).

Na literatura rabínica, a *guematria* numérica aparece pela primeira vez em afirmações dos *tanaim* do segundo século. Ela é usada para embasar evidências e como recurso mnemônico por R. Natan. Ele afirma que a expressão *Eleh ha-devarim* ("Estas são as palavras"), que ocorre em Êxodo 35:1, alude às 39 categorias de trabalho proibidas no Shabat, uma vez que o plural *devarim* indica o número dois, o artigo adicional, o três, enquanto o equivalente numérico de *eleh* é 36, resultando em um total de 39 (Shab. 70a). R. Judá inferiu do versículo "Desde as aves dos céus até os animais andaram vagueando e fugiram" (Jeremias 9:10) que, durante 52 anos nenhum viajante passou pela Judeia, uma vez que o valor numérico de *behemah* ("animal") é 52. A *Baraita de 32 Regras* cita como exemplo de *guematria* a interpretação de que 318 homens referidos em Gênesis 14:14 eram na verdade apenas Eliezer, o servo de Abrahão, sendo o valor numérico de seu nome 318. Essa interpretação, que ocorre em outros lugares (Ned. 32a; Gen. R. 43:2) em nome de Bar Kapara, também pode ser uma resposta à interpretação cristã na Epístola de Barnabé que pretende encontrar nas letras gregas τιη, cujo valor numérico é 318, uma referência à cruz e às duas primeiras letras do nome de Jesus, através das quais Abraão conquistou sua vitória; o homiliasta judeu usaria o mesmo método para refutar a interpretação cristã.

A forma de *guematria* que consiste em alterar as letras do alfabeto de acordo com a *atbash*, isto é: a última letra, ת (*tav*), é substituída pela primeira, א (*alef*); a penúltima, ש (*shin*), pela segunda, ב (*bet*) etc., já ocorre nas Escrituras: Sheshach (Jer. 25:26; 51:41) correspondendo a Bavel ("Babilônia"). A *Baraita das 32 Regras* chama atenção para um segundo exemplo: *lev kamai* (Jer. 51:1) sendo idêntico, segundo esse sistema, a Kasdim ("caldeus"). Outra *guematria* alfabética é formada pelo sistema *atbach*, isto é: א (*alef*) é substituído por ט (*tet*), ב (*bet*) por ח (*het*) etc., e é chamado de "alfabeto de Chiya" (Suk. 52b). Rav, aluno de Chiya, explicou que Belshazar e seus homens não poderiam ler a escrita cifrada porque estava escrita em *guematria*, isto é, de acordo com *atbach* (Sanh. 22a; cf. Shab. 104a).

A *guematria* tem pouca relevância para a *halachah*. Onde ela ocorre, é como alusão ou como recurso mnemônico. A regra de que, quando o homem faz um voto de nazirita por um período indeterminado, esse período é considerado de 30 dias, deriva da palavra *ihieh* ("será") em Números 6:5, cujo valor numérico é 30 (Naz. 5a). Mesmo na *agadah*, ao menos entre os primeiros *amoraim*, a *guematria* não é usada como fonte de ideias de homilias, mas apenas para expressá-las da forma mais concisa possível. As afirmações de que Noé teria sido salvo não por si mesmo, mas apenas em benefício de Moisés (Gen. R. 26:6), de que Rebeca mereceu ter dado à luz as 12 tribos (ibid. 63:6), e de que a escada de Jacó simboliza a revelação no monte Sinai (ibid. 68:12), não dependem das *guematriot* ali fornecidas. Essas homilias são derivadas de outras considerações e é certo que precederam as *guematriot*.

As *guematriot*, contudo, ocupam um lugar importante naqueles Midrashim cujo principal propósito é a interpretação das letras, tais como o *Midrash Chasserot vi-Iterot*, e também nos Midrashim agádicos posteriores (particularmente aqueles cujos autores se valeram da obra de Moisés b. Isaac ha-Darshan), tais como *Números Rabah* (in *Midrash Agadah*, publicado por S. Buber, 1894) e *Genesis Rabati* (publicado por H. Albeck, 1940; ver introdução, p. 13-18). Rashi também cita algumas *guematriot* que "foram estabelecidas por Moisés ha-Darsham" (Num. 7:18) e algumas *guematriot* fornecidas por ele vieram dessa fonte mesmo que ele não mencione isso explicitamente (Gênesis 32:5, por exemplo, "Habitei em casa de Labão" – o valor da *guematria de* "Habitei" é 613, isto é, "Habitei em casa do cruel Labão mas observei os 613 preceitos", é a interpretação de Moisés ha-Darshan, *Genesis Rabati*, 145). Joseph Bekhor Shor, um dos grandes exegetas franceses da Torah, fez extenso uso de *guematriot*, e quase todos os tossafistas seguiram-no a esse respeito em seus comentários sobre a Torah (S. Poznanski, *Mavo al Chachmei Tsarfat Mefareshei ha-Mikra*, 73). Uma grande quantidade de *guematriot* ocorre no *Pa'ne'ach Raza*, o comentário de Isaac b. Judá ha-Levi (final do século XIII), e no *Ba'al ha-Turim*, o comentário bíblico de Jacob b. Asher. As doutrinas esotéricas dos chassídicos asquenazes também trouxeram à baila a introdução de *guematriot* na *halachah*. Em seu *Ha-Roke'ach*, Eleazar de Worms usa *guematriot* para encontrar diversas alusões e fundamentos para as leis e os costumes existentes; com ele, a *guematria* por vezes abarca frases inteiras. Assim ele estabelece por *guematria* a partir de Êxodo 23:15 que o trabalho que pode ser postergado até o encerramento da festa não pode ser realizado durante os dias intermediários (*Ha-Roke'ach*, n. 307). As *guematriot* dos chassídicos asquenazes ocupam um lugar proeminente em seus comentários sobre a liturgia e sobre *piutim*. Abrahão b. Azriel incorporou os ensinamentos de Judá he-Chassid e de Eleazar de Worms em seu *Arugat ha-Bossem*, e seguiu a orientação deles. Essas *guematriot*, que faziam parte da Cabala dos chassídicos asquenazes, estabeleceram o texto definitivo das orações, que passaram a ser considerados sacrossantos. Algumas autoridades proibiram que esse texto fosse alterado mesmo quando não se conformava com as regras da gramática.

NA CABALA

É possível que tradições de *guematriot* dos Nomes Sagrados e dos anjos sejam de data anterior, mas elas foram coligidas e consideravelmente elaboradas apenas no período acima mencionado. Mesmo entre os místicos, a *guematria* não é geralmente um sistema para a descoberta de novos pensamentos: quase sempre a ideia precede a invenção da *guematria*, que serve apenas como "uma *asmachta* alusiva". Uma exceção é a *guematria* sobre os Nomes Sagrados, que são em si mesmos incompreensíveis, ou a *guematria* sobre os nomes dos anjos cujo significado e cujo aspecto especial os chassídicos alemães tentaram determinar através da *guematria*. Muitas vezes a *guematria* serviu de recurso mnemônico. As obras clássicas de *guematria* nesse círculo são os escritos de Eleazar de Worms, cujas *guematriot* se baseiam – de todo modo parcialmente – na tradição de seus professores. Eleazar descobriu através de *guematria* as meditações místicas sobre orações que podem ser evocadas durante a efetiva repetição das palavras. Seus comentários sobre livros da Bíblia se baseiam em sua maior parte nesse sistema, incluindo alguns que se associam a lendas midráshicas com palavras dos versículos bíblicos através de *guematria* e alguns que revelam os mistérios do mundo da Merkavah ("carruagem flamejante") e dos anjos, dessa maneira. Nessa interpretação, a *guematria* de versículos bíblicos inteiros ou partes de versículos ocupa um lugar mais destacado do que a *guematria* baseada em uma contagem de palavras individuais. Por exemplo, o valor numérico da soma das letras do versículo "Desci ao bosque das nogueiras" (Cântico dos Cânticos 6:11) em *guematria* é equivalente ao versículo "Esta é a profundidade da carruagem" (*merkavah*). Diversas obras extensas de interpretação através de *guematria* escritas pelos discípulos de Eleazar de Worms estão preservadas em manuscrito.

Nos primórdios da Cabala espanhola, a *guematria* ocupava um lugar muito limitado. Os discípulos de Abrahão b. Isaac de Narbona e os cabalistas de Girona raramente a utilizavam e seu impacto não foi considerável na maior parte do Zohar e nos escritos hebraicos de Moisés b. Shem Tov de Leon. Apenas aquelas correntes influenciadas pela tradição dos chassídicos asquenazes trouxeram a *guematria* para o interior da literatura cabalística da segunda metade do século XIII, principalmente nas obras de Jacob b. Jacob ha-Kohen e de Abrahão Abulafia e seus discípulos. As obras de Abulafia se baseiam no uso extensivo e extremo de *guematria.* Seus livros requerem a decifração prévia de todas as associações das *guematriot* para que sejam entendidos. Ele recomenda o sistema do desenvolvimento do poder da associação da *guematria* no intuito de descobrir novas verdades, e esses métodos foram desenvolvidos por aqueles que o sucederam. Um discípulo de Abulafia, José Gikatilla, usava *guematria* extensivamente como um dos fundamentos da Cabala no *Guinat Egoz* (Hanau, 1615; as letras *guimel, nun, tav* do título *Ginnat* são as iniciais de *guematria, notarikon* e *temurah* – a troca das letras segundo certas regras sistemáticas). Essa obra teve influência visível sobre a literatura posterior sobre o Zohar, no *Ra'aia Meheimna* e no *Tikunei Zohar.*

Duas escolas emergiram conforme a Cabala se desenvolveu: uma, daqueles que favoreciam a *guematria* e outra, daqueles que a usavam menos frequentemente. Em geral, pode-se dizer que novas ideias sempre se desenvolveram fora do domínio da *guematria*; no entanto, sempre houve estudiosos que encontravam provas e conexões abrangentes através da *guematria*, e inquestionavelmente atribuíam a suas descobertas um valor positivo mais alto do que o de uma mera alusão. Moisés Cordovero apresentou seu sistema completo sem recorrer à *guematria* e explicou questões de *guematria* apenas perto do final de sua obra básica sobre a Cabala (*Pardes Rimonim*). Uma retomada do uso de *guematria* encontra-se na Cabala luriânica, mas ele é mais disseminado nas obras cabalísticas de Israel Sarug e seus discípulos (principalmente Menachem Azariah de Fano e Naftali Bacharach, autor do *Emek ha-Melech*) do que nas obras de Isaac Luria e Chaim Vital. A obra clássica a usar *guematria* como meio de pensamento e um desenvolvimento das ideias de comentário na Cabala do século XVII é o *Megaleh Amukot* de Natan Nata b. Salomão Spira, que serviu de modelo para toda uma literatura, especialmente na Polônia. A princípio apenas a parte sobre Deuteronômio 3:12 ss.

foi publicada (Cracóvia, 1637), que explica essas passagens de 252 maneiras diferentes. Seu comentário sobre a Torah como um todo (também chamado *Megaleh Amukot*) foi publicado em Lemberg em 1795. Aparentemente, Natan possuía um sentido altamente desenvolvido para números, que encontrou expressão em complexas estruturas de *guematria* (J. Ginsburg, *Ha-Tekufah* 25 [1929], p. 448-97). Na literatura cabalística posterior (nos séculos XVIII e XIX), a importância dos métodos de comentário através de *guematria* é bem conhecida e muitas obras foram escritas cujo conteúdo principal é *guematria*, por exemplo, o *Tiferet Israel* de Israel Harif de Satanov (Lemberg, 1865), o *Berit Kehunnat Olam* de Isaac Eisik ha-Kohen (Lemberg, 1796; edição completa com comentários sobre as *guematriot*, 1950), e todas as obras de Abraham b. Jehiel Michal ha-Kohen de Lask (fim do século XVIII).

No movimento sabateano, as *guematriot* ocuparam considerável proeminência como provas do messianismo de Shabetai Zevi. Abrahão Yakhini escreveu uma grande obra sabateana de *guematriot* sobre um único versículo da Torah (*Vavei ha-Amudim*, Manuscrito de Oxford), e a principal obra do profeta sabateano Heshel Zoref de Vilna e Cracóvia, *Sefer ha-Tsoref*, baseia-se inteiramente em uma elaboração das *guematriot* em torno do versículo *Shema Israel* ("Ouve, Israel"; Deuteronômio 6:4). Na literatura chassídica, a *guematria* apareceu pela primeira vez apenas como subproduto, porém mais tarde houve diversos rabinos chassídicos, cujos cernes de suas obras são *guematriot*, por exemplo, *Igra de-Chalah* de Tsevi Elimelech Shapira de Dynow (1868), *Maguen Avraham*, de Abrahão, o Maguid de Turisk (1866), e o *Sefer Imrei No'am* de Meir Horowitz de Dzikov (1877). Na literatura dos judeus orientais e norte-africanos desde 1700 a *guematria* desempenhou um papel considerável.

Os sistemas de *guematria* se tornaram complicados ao longo do tempo. Além do valor numérico da palavra, diferentes métodos de *guematria* foram usados. No Manuscrito Oxford 1822, f. 141-46, um breve tratado especial lista 72 formas diferentes de *guematriot*. Moisés Cordovero (*Pardes Rimonim*, parte 30, capítulo 8) lista nove tipos diferentes de *guematriot*. Os mais importantes são:

(1) O valor numérico de uma palavra (sendo a soma dos valores numéricos de todas as suas letras) é igual ao de outra palavra (por exemplo, גבורה, *guevurah* = 216 = אריה, *arieh*).

(2) Um "número pequeno" que não leva em conta dezenas ou centenas (4 = ת; 2 = כ).

(3) O número elevado ao quadrado em que as letras da palavra são calculadas segundo seu valor numérico elevado ao quadrado. O Tetragrammaton יהוה = $10^2 + 5^2 + 6^2 + 5^2$ = 186 = מקום ("lugar"), outro nome de Deus.

(4) O acréscimo do valor de todas as letras precedentes em uma série aritmética (ד, *dalet* = 1 + 2 + 3 + 4 = 10). Esse tipo de cálculo é importante em *guematriot* complexas que chegam à casa dos milhares.

(5) O "preenchimento" (do hebraico *milui*); o valor numérico de cada letra em si não é calculado, mas os valores numéricos de todas as letras que compõem os nomes de cada letra são calculados (בי"ת = 412; דל"ת = 434, יו"ד= 20). As letras ה e ו têm "preenchimentos" diferentes – ואו, וו e הא, ה, הו, יוי; *milui de-alfin* ("preenchimento" *alef*), *milui de-he'in*, "preenchimento" *he*), ou *milui de-iudin* ("preenchimento" *iod*), respectivamente. Esses "preenchimentos" são importantes na Cabala em relação ao valor numérico do Nome de Deus (יהוה), o Tetragrammaton, que varia de acordo com quatro diferentes "preenchimentos": יוד, הא, ואו, הא (= 45, em *guematria* אָדָם, Adão, simbolizando o Nome de Deus de 45 letras); יוד, הה, וו, הה (= 52, em *guematria* בּ"ן, representando o Nome Sagrado de 52 letras); יוד, הי, ואו, הי (= 63, em *guematria* ס"ג, o Nome de 63 letras); יוד, הי, ויו, ה' (= 72, em *guematria* ע"ב, representando o Nome de 72 letras, coexistindo com um "Nome de 72 Nomes" tirado de três versículos de Êxodos 14:19-21, cada um contendo 72 letras).

Outros cálculos de *guematria* envolvem um "preenchimento" do "preenchimento", ou um segundo "preenchimento". A *guematria* da palavra em si é chamada *ikar* ou *shoresh*, enquanto o resto da palavra (os "preenchimentos") é chamado de *ne'elam* ("parte oculta"). O *ne'elam* da letra י é וד = 10; o *ne'elam* de שד"י é ין, לת e וד = 500.

(6) Existe também um "número grande" que conta as letras finais do alfabeto como uma continuação do alfabeto (500 = ם; 600 = ן; 700 = ץ; 800 = ף; 900 = ך). No entanto, existe um cálculo segundo a ordem usual do alfabeto por meio do qual os valores numéricos das letras finais são os seguintes: ך = 500, ם = 600, ן = 700, etc.

(7) A adição do número de letras na palavra ao valor numérico da palavra em si, ou a adição do número "um" ao valor numérico total da palavra.

A crítica ao uso de *guematria* como meio justificável de comentários foi expressa pela primeira vez por Abrahão ibn Ezra (em seu comentário sobre Gênesis 14:14) e, mais tarde, pelos adversários da Cabala (no *Ari Nohem*, capítulo 10). Mas também diversos cabalistas alertaram contra o uso exagerado da *guematria*. Nachmanides, por outro lado, tentou limitar o uso arbitrário das *guematriot* e estabeleceu uma regra de que "ninguém poderá calcular uma *guematria* no intuito de deduzir disso algo que ocorra consigo. Nossos rabinos, os santos sábios do Talmud, tinham uma tradição de que determinadas *guematriot* foram transmitidas a Moisés para servir de recurso mnemônico para algo que havia sido transmitido oralmente com o restante da Lei Oral... assim como o *guezerah shavah*, sobre o qual eles diziam que ninguém pode estabelecer um *guezerah shavah* por si próprio" (*Sefer ha-Ge'ulah*, organizado por J. M. Aronson [1959], *Shu'ar* 4; ver seu comentário sobre Deuteronômio 4:25). José Salomão Delmedigo fala de *guematriot* falsas no intuito de abolir o valor desse sistema. Quando os crentes em Shabetai Tsevi começaram a aplicar amplamente as *guematriot* ao nome dele e ao "preenchimento" do nome de Deus *Shadai* (ambos iguais a 814), aqueles que o rejeitavam usaram *guematriot* de escárnio (*ru'ah sheker* = ["espírito falso"] = 814). Apesar disso, o uso de *guematria* foi difundido em muitos círculos e entre pregadores não apenas na Polônia, mas também entre os sefaraditas.

BIBLIOGRAFIA

W. Bacher, *Exegetische Terminologie...*, 1 (1899), 125-8; 2 (1905), 124; F. Dornseiff, *Das Alphabet in Mystik und Magie* (1925²), 91-118; A. Berliner, *Ketavim Nivcharim*, 1 (1945), 34-37; S. Lieberman, *Hellenism in Jewish Palestine* (1950), 69-74; H. Waton, *Key to the Bible* (1952); Z. Ch. Zalb, *Guematria ve-Notarikon* (Heb., 1955); T. Wechsler, *Tsefunot be-Massoret Israel* (1968); Scholem, Mysticism, index; S. A. Horodezky, *in*: EJ, 7 (1931), 170-9.

11

GUILGUL

Guilgul (גִּלְגּוּל) é o termo hebraico para "transmigração de almas", "reencarnação" ou "metempsicose". Não existe uma prova definitiva da existência da doutrina do *guilgul* no judaísmo durante o período do Segundo Templo. No Talmud, não há referência a isso (embora, por meio de interpretações alegóricas, autoridades posteriores encontraram alusões e sugestões da transmigração nas afirmações de rabinos do período talmúdico). Alguns eruditos interpretam as afirmações de Josefo em suas *Antiguidades*, 18:1, 3, e em *Guerras judaicas* 2:8, 14, sobre os corpos santos que os virtuosos mereciam, segundo a crença dos fariseus, como indício da doutrina da metempsicose e não da ressurreição dos mortos, como a maioria dos estudiosos acredita. No período pós-talmúdico, Anan b. David, o fundador do caraísmo, defendia essa doutrina, e em algumas de suas afirmações há um eco e uma continuação de antigas tradições sectárias. A doutrina da transmigração foi predominante a partir do século II entre algumas seitas gnósticas e, especialmente, entre os maniqueus, e foi sustentada em diversos círculos da Igreja Cristã (talvez até por Orígenes). Não é impossível que essa doutrina tenha se tornado corrente em alguns círculos judaicos, que podem tê-la recebido a partir de filosofias indianas, através do maniqueísmo, ou ainda a partir de ensinamentos platônicos, neoplatônicos ou órficos.

Os argumentos de Anan em defesa do *guilgul*, que não foram aceitos pelos caraítas, seriam refutados por Kirkisani (século X) em um capítulo especial de seu "Livro das Luzes", publicado pela primeira vez por Poznanski; um de seus pontos principais era a morte de bebês inocentes. Alguns judeus, seguindo a seita islâmica dos mutazilitas e atraídos por seus princípios filosóficos, aceitaram a doutrina da transmigração. Os principais filósofos judeus medievais rejeitaram essa doutrina (Saadia Gaon, *O livro das crenças e opiniões*, tratado 6, capítulo 7; Abrahão ibn Daud, *Emunah Ramah*, tratado 1, capítulo 7; José Albo, *Ikarim*, tratado 4, capítulo 29). Abrahão b. Chiya cita a doutrina a partir de fontes neoplatônicas, mas a rejeita (*Meditação da alma triste*, 46-7; *Meguilat ha-Megaleh*, 50-1). Judá Ha-Levi e Maimônides não mencionam a doutrina, e Abrahão b. Moisés b. Maimon, que a ela se refere, rejeita-a completamente.

NOS PRIMÓRDIOS DA CABALA

Em contraste com a declarada oposição da filosofia judaica, a transmigração é dada como fato na Cabala desde sua primeira expressão literária no *Sefer ha-Bahir* (final do século XII; ver p. 393). A ausência de uma apologia especial dessa doutrina, que é exposta pelo *Bahir* em diversas parábolas, prova que a ideia cresceu ou se desenvolveu nos círculos dos primeiros cabalistas sem nenhuma afinidade com a discussão filosófica sobre a transmigração. Os versículos bíblicos (por exemplo, "Uma geração vai, uma geração vem" [Eclesiastes 1:4], entendido como se a geração que vai é a geração que vem) e as *agadot* e parábolas talmúdicas eram explicados em termos de transmigração. Não fica claro se havia alguma conexão entre o aparecimento da doutrina da metempsicose nos círculos cabalísticos do sul da França e seu aparecimento entre os cátaros da época, que também viviam ali. Na verdade, estes últimos, como a maioria dos crentes na transmigração, ensinavam que a alma também passava para os corpos dos animais, ao passo que no *Bahir* ela é mencionada apenas em relação aos corpos dos humanos.

Depois do *Bahir*, a doutrina do *guilgul* se desenvolveu em diversas direções e se tornou uma das principais doutrinas da Cabala, embora os cabalistas discordassem bastante quanto aos detalhes. No século XIII, a transmigração era vista como uma doutrina esotérica e era apenas aludida, mas no século XIV muitos escritos detalhados e explícitos sobre ela apareceram. Na literatura filosófica, o termo *ha'atakah* ("transferência") era geralmente usado para se referir ao *guilgul*; na literatura cabalística, o termo *guilgul* aparece apenas a partir do *Sefer ha-Temurah*; ambos são traduções do termo árabe *tanasukh*. Os primeiros cabalistas, como os discípulos de Isaac, o Cego, e os cabalistas de Girona, falavam sobre "o segredo do *ibur*" ("impregnação"). Apenas no final do século XIII ou XIV os termos *guilgul* e *ibur* começaram a se diferenciar. Os termos *hitchalefut* ("troca") e *din benei chalof* (a partir de Provérbios 31:8) também ocorrem. Do período do Zohar em diante, onde é usado livremente, o termo *guilgul* se tornou predominante na literatura hebraica e começou a aparecer também em obras filosóficas.

Os versículos bíblicos e os mandamentos foram interpretados em termos de *guilgul*. As primeiras seitas de Anan viam as leis de sacrifício ritual (*shechitah*) como provas bíblicas da transmigração de acordo com sua crença na transmigração entre animais. Para os cabalistas, o ponto de separação e a prova do *guilgul* era o mandamento do casamento por levirato: o irmão do falecido sem filhos substitui o marido falecido de modo que ele possa merecer filhos em seu segundo *guilgul*. Mais tarde, outras *mitsvot* também foram interpretadas com base na transmigração. A crença também serviu de pretexto racional para a aparente ausência de justiça no mundo e como resposta para o problema do sofrimento dos virtuosos e da prosperidade dos ímpios: o homem virtuoso, por exemplo, é castigado por seus pecados de um *guilgul* anterior. O livro de Jó como um todo e a resolução do mistério de seu sofrimento, especialmente como afirmado nas palavras de Elihu, foram interpretados em termos de transmigração (por exemplo, no comentário de Nachmanides sobre Jó, e em toda a literatura cabalística subsequente). A maioria dos primeiros cabalistas (até o autor do Zohar) não considerava a transmigração uma lei universal que governaria todas as criaturas (como é o caso da crença indiana) e nem mesmo governando todos os seres humanos, mas a viam antes essencialmente conectada com ofensas contra a procriação e contra transgressões sexuais. A transmigração é vista como um castigo muito severo para a alma que deve passar por ela. Ao mesmo tempo, contudo, trata-se de uma expressão da compaixão do Criador, "de quem ninguém está apartado para sempre"; mesmo para aqueles que deveriam ser punidos com a "extinção da alma" (*karet*), o *guilgul* fornece uma oportunidade de reparação. Embora alguns tenham enfatizado fortemente o aspecto da justiça na transmigração, e alguns o da compaixão, seu propósito único sempre foi a purificação da alma e a oportunidade, em um novo processo, de melhorar seus feitos. A morte de bebês é um dos modos pelo qual transgressões anteriores seriam punidas.

No *Bahir*, afirma-se que a transmigração pode continuar por 1.000 gerações, mas a opinião mais comum entre os cabalistas espanhóis é de que no intuito de reparar os próprios pecados, a alma transmigra mais três vezes depois de entrar em seu corpo original (de acordo com Jó 33:29: "Deus faz dessas coisas ao homem, duas ou três vezes"). No entanto, o virtuoso transmigra infinitamente em benefício do universo, não em benefício próprio. Como em todos os pontos dessa doutrina, também existem opiniões opostas na literatura cabalística: o virtuoso transmigra até três vezes, o ímpio até mil! O sepultamento é uma condição para um novo *guilgul* da alma, daí o motivo do sepultamento no dia da morte. Às vezes uma alma masculina entra em um corpo feminino, resultando em esterilidade. A transmigração em corpos de mulheres e de gentios era considerada possível por diversos cabalistas, em oposição à opinião da maioria dos cabalistas de Safed. O *Sefer Peli'ah* via os prosélitos como almas de judeus que haviam passado para corpos de gentios, e voltavam para seu estado anterior.

Guilgul e castigo

A relação entre transmigração e inferno é também uma questão disputada. Bahia b. Asher propôs que a transmigração ocorria apenas depois da aceitação do castigo no inferno, mas a opinião oposta é encontrada no *Ra'aia Meheimna*, no Zohar, e entre a maioria dos cabalistas. Como os conceitos de metempsicose e castigo infernal são mutuamente exclusivos, não poderia haver nenhuma conciliação entre eles. José de Hamadã, na Pérsia, que viveu na Espanha no século XIV, interpretou a questão do inferno como um todo como a transmigração entre animais. As transmigrações de almas começaram depois do assassinato de Abel (alguns defendem que na geração do Dilúvio), e cessarão apenas com a ressurreição dos mortos. Nesse momento, os corpos de todos aqueles que passaram por transmigrações serão revividos e as centelhas (*nitsotsot*) da alma original se espalharão dentro deles. Mas também houve outras respostas a essa questão, especialmente no século XIII. A expansão da noção de transmigração de castigo limitado para pecados específicos em princípio geral contribuiu para o aumento da crença na transmigração em animais e até em plantas e em matéria inorgânica. Essa opinião, a que se opuseram muitos cabalistas, contudo, não se tornou comum antes de 1400. A transmigração em corpos de animais é mencionada pela primeira vez no *Sefer ha-Temunah*, que se originou em um círculo associado aos cabalistas de Girona. No próprio Zohar, essa ideia não é encontrada, mas alguns dizeres do *Tikunei Zohar* tentam explicar esse conceito de forma exegética, indicando que essa doutrina já era conhecida do autor da obra. O *Ta'amei ha-Mitsvot* (*c.* 1290-1300), uma obra anônima sobre os motivos dos mandamentos, registra muitos detalhes (parcialmente citado por Menachem Recanati) sobre a transmigração de almas humanas em corpos de animais, a grande maioria dos quais castigos por atos de intercurso sexual proibidos pela Torah.

NA CABALA POSTERIOR E NA CABALA DE SAFED

Uma elaboração mais geral do conceito como um todo aparece nas obras de José b. Shalom Ashkenazi e seus seguidores (início do século XIV). Eles defendiam que a transmigração ocorre em todas as formas de existência, a partir das *Sefirot* ("emanações") e os anjos, até a matéria inorgânica, e é chamada de *din benei chalof* ou *sod ha-shelach*. Segundo essa visão, tudo no mundo está constantemente mudando de forma, descendo até a forma mais inferior e ascendendo novamente até a mais elevada. O conceito preciso da transmigração da alma em sua forma particular em uma existência diferente de sua existência original é assim obscurecido e substituído pela lei da mudança de forma. Talvez essa versão da doutrina do *guilgul* deva ser vista como uma resposta à crítica filosófica baseada na definição aristotélica da alma como a "forma" do corpo que, consequentemente, não podia se tornar a forma de outro corpo. O mistério do verdadeiro *guilgul* nessa nova versão foi algumas vezes introduzido em lugar do ensinamento cabalístico tradicional, tal como se encontra no *Massoret ha-Berit* (1936) de David b. Abrahão ha-Lavan (*c.* 1300). Os cabalistas de Safed aceitaram a doutrina da transmigração em todas as formas da natureza e, através deles, esse ensinamento se tornou uma crença popular muito difundida.

Em Safed, especialmente na Cabala luriânica, a ideia mais antiga de *nitsotsot ha-neshamot* ("centelhas das almas") foi altamente desenvolvida. Cada alma "principal" é construída segundo a estrutura espiritual dos "membros místicos" (paralelos aos membros do corpo), a partir dos quais se espalham muitas centelhas, que podem servir como alma ou como vida em um corpo humano. Os *guilgulim* de todas as centelhas juntas visam à reparação da estrutura espiritual oculta da "raiz" da alma principal; é possível para um homem possuir diversas centelhas diferentes pertencentes a uma "raiz". Todas as raízes das almas estavam de fato contidas na alma de Adão, mas elas caíram e foram espalhadas com o primeiro pecado; as almas devem ser reunidas no processo de seus *guilgulim*, pelos quais elas e suas centelhas passam e através dos quais elas recebem a oportunidade de restituir sua estrutura verdadeira e original. A Cabala posterior desenvolveu muito mais a ideia de afinidade daquelas almas que pertenciam a uma raiz comum. Nos comentários cabalísticos sobre a Bíblia, muitos acontecimentos foram explicados através dessa história oculta da transmigração de várias almas que voltavam em um *guilgul* posterior a uma situação similar à do estado anterior, no intuito de consertar danos causados anteriormente. A Cabala anterior fornece a base dessa ideia: lá Moisés e Jetro, por exemplo, são considerados reencarnações de Abel e Caim; Davi, Betsabá e Urias de Adão, Eva e a serpente; e Jó, de Terá, o pai de Abraão. O anônimo *Galei Razaia* (escrito em 1552; publicado parcialmente em Mohilev, 1812), e o *Sefer ha-Guilgulim* (Frankfurt, 1684) e o *Sha'ar ha-Guilgulim* (1875, 1912), de Chaim Vital, apresentam longamente explicações das histórias de personagens bíblicos à luz de seus *guilgulim* anteriores. Luria e Vital expandiram a estrutura para incluir figuras talmúdicas. As transmigrações de muitas figuras são explicadas, de acordo com o ensinamento de Israel Sarug, no *Guilgulei Neshamot* de Menachem Azariah de Fano (edição com comentários, 1907). Muitos cabalistas trataram em detalhe da função cumprida pelos diversos *guilgulim* da alma de Adão; eles também explicaram seu nome como uma abreviatura de Adão, Davi e Messias (mencionada pela primeira vez por Moisés b. Shem-Tov de Leon).

IBUR

Além da doutrina do *guilgul*, a doutrina do *ibur* ("impregnação") desenvolveu-se a partir da segunda metade do século XIII. *Ibur*, como algo distinto do *guilgul*, significa a entrada de uma outra alma em um homem, não durante a gestação, nem no nascimento, mas durante sua vida. Em geral, essa alma adicional reside em um homem apenas por um período limitado de tempo, com o propósito de realizar certos atos ou mandamentos. No Zohar, afirma-se que as almas de Nadav e Abihu foram temporariamente agregadas à alma de Pinchas em seu zelo pelo ato de Zimri, e que a alma de Judá esteve presente em Boaz quando ele gerou Obed. Essa doutrina ocupou um lugar importante nos ensinamentos dos cabalistas de Safed, especialmente na escola luriânica: um homem virtuoso que cumpriu quase todas as 613 *mitsvot*, mas não teve oportunidade de cumprir uma *mitsvah* em particular era temporariamente reencarnado em um homem que teria a oportunidade de cumpri-la. Assim as almas dos homens virtuosos reencarnariam em benefício do universo e de sua geração. O *ibur* de um homem ímpio na alma de outro homem seria chamado de *dibuk* no uso popular posterior (ver adiante). A predominância da crença no *guilgul* nos séculos XVI e XVII também causou novas disputas entre seus defensores e seus detratores. Um debate detalhado sobre a doutrina da transmigração ocorreu por volta de 1460 entre dois estudiosos em Cândia (Manuscrito do Vaticano 254). Abrahão ha-Levi ibn Migash escreveu contra a doutrina do *guilgul* em todas as suas manifestações (*Kevod Elohim*, 2, 10-14, Constantinopla, 1585) e Leone Modena escreveu seu tratado *Ben David* contra a transmigração (publicado na coletânea *Ta'am Zekenim*, 1885, p. 61-64). Em defesa da transmigração, Manasseh Ben Israel escreveu *Nishmat Chaim* (Amsterdã, 1652). Obras dos cabalistas posteriores sobre esse assunto são o *Midrash Talpiot,* sub voce *Guilgul* (Esmirna, 1736) de Elias ha-Kohen ha-Itamari e o *Golel Or* (Esmirna, 1737) de Meir Bikayam.

DIBUK (DYBBUK)

No folclore e na crença popular judaicos, um espírito maligno ou uma alma condenada que entra em uma pessoa viva, adere a sua alma, provoca adoecimento mental, fala através de sua boca, e representa uma personalidade separada e alheia é chamado de *dibuk*. O termo não aparece nem na literatura talmúdica, nem na Cabala, em que esse fenômeno é sempre chamado de "espírito maligno" ou "*ibur* maligno". (Na literatura talmúdica, ele é às vezes chamado de *ru'ah tezazit*, e no Novo Testamento de "espírito impuro"). O termo foi introduzido na literatura apenas no século XVII a partir da língua oral dos judeus alemães e poloneses. Trata-se de uma abreviação de *dibuk me-ru'ah ra'ah* ("a adesão de um espírito maligno"), ou *dibuk min ha-chitsonim* ("*dibuk* do lado demoníaco"), que é encontrado em um homem. O ato da adesão do espírito ao corpo se tornaria o nome do espírito em si. No entanto, o verbo *davok* ("aderir") é encontrado em toda a literatura cabalística, onde denota as relações entre o espírito maligno e o corpo, *mitdabeket bo* ("isso se adere a ele"). Trata-se assim do equivalente da possessão (Scholem, in *Leshonenu* 6 [1934], p. 40-1).

Histórias sobre *dibukim* são comuns na época do Segundo Templo e no período talmúdico, particularmente nos Evangelhos; essas histórias não são tão proeminentes na literatura medieval. A princípio, o *dibuk* era considerado um demônio ou um diabo que entrava no corpo de uma pessoa doente. Mais tarde, uma explicação comum entre outros povos foi acrescentada, a saber, de que alguns *dibukim* são os espíritos de pessoas mortas que não haviam sido sepultadas e assim se tornavam demônios. Essa ideia (também comum no cristianismo medieval) combinou-se com a doutrina do *guilgul* ("transmigração da alma") no século XVI e se tornou difundida e foi aceita por grandes setores da população judaica, ao lado da crença nos *dibukim*. Elas eram geralmente consideradas almas que, devido à enormidade de seus pecados, não podiam sequer transmigrar e como "espíritos nus" buscavam refúgio nos corpos de pessoas vivas. A entrada de um *dibuk* em uma pessoa era um sinal de que essa pessoa cometeu um pecado secreto que abriu a porta para o *dibuk*. Uma combinação de crenças correntes no ambiente não judaico e crenças judaicas populares influenciadas pela Cabala forma essas concepções. A literatura cabalística dos discípulos de Luria contém muitas histórias e "protocolos" sobre o exorcismo dos *dibukim*. Diversos manuscritos apresentam instruções detalhadas sobre o modo de exorcizá-los. O poder de exorcizar *dibukim* era dado aos *ba'alei shem* ou a chassídicos consumados. Eles exorcizavam o *dibuk* do corpo que estava tomado e simultaneamente redimiam a alma providenciando-lhe um *tikun* ("restauração"), ora pela transmigração, ora fazendo com que o *dibuk* entrasse no inferno.

A partir de 1560, diversos relatos detalhados em hebraico e em ídiche sobre os feitos dos *dibukim* e seus testemunhos sobre si mesmos foram preservados e publicados. Um rico material de histórias verídicas sobre *di-*

bukim está reunido na obra de Samuel Vital, *Sha'ar ha-Guilgulim* (Przemysl, 1875, f. 8-17), na obra de Chaim Vital, *Sefer ha-Chezionot*, no *Nishmat Chaim* de Manasseh Ben Israel (livro 3, capítulos 10 e 14), no *Minchat Eliyahu* (capítulos 4 e 5) de Elias ha-Kohen de Esmirna, e no *Minchat Iehudah* de Judá Moisés Fetya de Bagdá (1933, p. 41-59). Este último exorcizou Shabetai Tsevi e seu profeta Natan de Gaza, que apareceram como *dibukim* nos corpos de homens e mulheres em Bagdá em 1903. Panfletos específicos descreveram famosos casos de exorcismo, como em Korets (em ídiche, no final do século XVII), em Nikolsburg (1696), em Detmold (1743), novamente em Nikolsburg (1783) e em Stolowitz (1848, publicado em 1911). O último protocolo desse tipo, publicado em Jerusalém em 1904, trata de um *dibuk* que entrou no corpo de uma mulher e foi exorcizado por Ben-Tsion Hazan. Os fenômenos associados com as crenças em *dibukim* e histórias de *dibukim* geralmente têm seus panos de fundo factuais em casos de histeria e às vezes até em manifestações de esquizofrenia.

BIBLIOGRAFIA

S. Rubin, *Guilgulei Neshamot* (1899); S. Pushinski, *in: Iaveneh*1 (1939), 137-53; G. Scholem, *in: Tarbiz*, 16 (1945), 135-40; S. A. Horodezki, *Torat ha-Cabala shel ha-Ari ve-Chaim Vital* (1947), 245-52; S. Poznanski, *in: Semitic Studies in Memory of A. Kohut* (1897), 435-56; N. E. David, *Karma and Reincarnation in Israelitism* (1908); M. Weinreich, *Bilder fun der yidisher Literatur Geshikhte* (1928), 254-61; G. Scholem, *Von der mystischen Gestalt der Gottheit* (1962), 193-247; 297-306; E. Gottlieb, *in: Sefunot*, 11 (1969), 43-66.

12
GOLEM

O *golem* é uma criatura, particularmente um ser humano, feito de modo artificial por virtude de um ato mágico, através do uso de nomes sagrados. A ideia de que é possível criar seres vivos dessa maneira é difundida na magia de muitos povos. Especialmente famosos são os ídolos e imagens aos quais os antigos alegavam ter dado o poder da fala. Entre os gregos e os árabes, essas atividades são às vezes associadas a especulações astrológicas relacionadas à possibilidade de "atrair a espiritualidade dos astros" para seres inferiores. O desenvolvimento da ideia do *golem* no judaísmo, contudo, é muito distante da astrologia; ela está associada antes à exegese mágica do *Sefer Ietsirah* (ver p. 19) e com as ideias do poder criativo da fala e das letras.

A palavra *"golem"* aparece apenas uma vez na Bíblia (Salmo 139:16) e a partir daí se originou o uso talmúdico do termo – algo informe e imperfeito. No uso filosófico medieval, é a matéria sem forma. Adão é chamado de *golem*, no sentido de corpo sem alma, em uma lenda talmúdica sobre as primeiras 12 horas de sua existência (Sanh. 38b). No entanto, mesmo nesse estado, ele recebeu uma visão de todas as gerações futuras (Gen. R. 24:2), como se houvesse no *golem* um poder oculto de captar ou enxergar, ligado ao elemento de terra a partir do qual ele foi gerado. O motivo do *golem* tal como aparece nas lendas medievais se origina na lenda talmúdica (Sanh. 65b): "Rava criou um homem e o mandou para R. Zera. Este falou com ele, mas ele não respondeu. Zera perguntou: 'Você é [feito por] um dos companheiros? Retorne ao pó'". De maneira semelhante, conta-se que dois *amoraim* se ocuparam na véspera de todo Shabat com o *Sefer Ietsirah* (ou em outra versão, do *Hilchot Ietsirah*) e fizeram um boi e o comeram. Essas lendas são apresentadas como evidências de que "Se os homens virtuosos quisessem, eles poderiam criar um mundo". Elas são associadas aparentemente à crença no poder criativo das letras do Nome de Deus e as letras da Torah em geral (Ber. 551; Mid. Ps. 3). Há discordâncias quanto a ser o *Sefer Ietsirah* ou o *Hilchot Ietsirah*, mencionados no Talmud, o mesmo livro chamado com dois títulos que hoje conhecemos. A maior parte desse livro é de natureza especulativa, mas sua afinidade com ideias mágicas sobre a criação por meio de letras é óbvia. O que se diz na parte principal do livro sobre a atividade de Deus durante a criação é atribuído no final do livro ao patriarca Abraão. As várias transformações e combinações de letras constituem um conhecimento misterioso da interioridade da criação. Durante a Idade Média, o *Sefer Ietsirah* foi interpretado em alguns círculos na França e na Alemanha como um guia para uso mágico. Lendas posteriores nesse sentido foram encontradas pela primeira vez no final do comentário sobre o *Sefer Ietsirah* de Judá b. Barzilai (início do século XII). Ali as lendas do Talmud seriam interpretadas de uma nova maneira: na conclusão de um profundo estudo dos mistérios do *Sefer Ietsirah* sobre a construção do cosmos, os sábios (como o patriarca Abraão) adquiriram o poder de criar seres vivos, mas o propósito dessa criação era puramente simbólico e contemplativo, e quando os sábios quiseram comer o boi criado pelo poder de sua "contemplação" do livro, eles esqueceram tudo o que haviam aprendido. A partir dessas lendas tardias, desenvolveu-se entre os chassídicos asquenazes nos séculos XII e XIII a ideia da criação do *golem* como um ritual místico, que era usado, aparentemente, para simbolizar o nível de sua realização na conclusão de seus estudos. Nesse círculo, o termo *golem* tem, pela primeira vez, o significado fixado para indicar tal criatura.

Em nenhuma das fontes anteriores há qualquer menção a qualquer benefício prático a ser extraído de um *golem* desse tipo. Na opinião dos místicos, a criação do *golem* não tinha um significado real, mas apenas simbólico; isto é, tratava-se de uma experiência extática que se seguia a um rito festivo. Aqueles que participavam do "ato da criação" pegavam terra do solo virgem e faziam um *golem* com essa terra (ou, segundo outra fonte, eles enterravam esse *golem* no solo), e caminhavam em volta do *golem* "como uma dança", combinando as letras do alfabeto e o Nome de Deus secreto de acordo com detalhados conjuntos de instruções (diversas das quais foram preservadas). Como resultado desse ato de combinações, o *golem* se levantava e passava a viver, e quando eles caminhavam na direção oposta e diziam a mesma combinação de letras na ordem contrária, a vitalidade do *golem* era anulada e ele afundava ou caía. Segundo outras lendas, a palavra *emet* (אמת; "verdade"; "o selo do Uno Sagrado", Shab. 55a; Sanh. 64b) era escrita na testa dele, e quando a letra *alef* era apagada permanecia a palavra *met* ("morto"). Existem lendas a respeito da criação desse tipo de *golem* pelo profeta Jeremias e seu suposto "filho", Ben Sira, e também pelos discípulos de R. Ishmael, a figura central da literatura das *Heichalot*. As instruções técnicas sobre o modo de articular as combinações, além de tudo envolvido no ritual, prova que a criação do *golem* está associada aqui com experiências espirituais extáticas (final do comentário sobre o *Sefer Ietsirah* por Eleazar de Worms; o capítulo *Sha'ashu'ei ha-Melekh* na obra de N. Bacharach, *Emek ha-Melech* [Amsterdã, 1648]; e no comentário sobre o *Sefer Ietsirah* [1562, fol. 87-101], atribuído a Saadia b. José Gaon). Nas lendas sobre o *golem* de Ben Sira, há também um paralelo com as lendas sobre imagens usadas em cultos de ídolos que ganham vida por intermédio de um nome; o *golem* expressa um alerta sobre isso (idolatria) e exige sua própria morte. É dito em várias fontes que o *golem* não possui alma intelectual, e, portanto, lhe falta o poder da fala, mas opiniões opostas também são encontradas, que atribuem esse poder a ele. As opiniões dos cabalistas a respeito da natureza da criação do *golem* variam. Moisés Cordovero achava que o homem tem o poder de conceder apenas "vitalidade", *chiut*, ao *golem*, mas não vida (*nefesh*), espírito (*ru'ach*) ou alma propriamente (*neshamah*).

Na lenda popular, que adornaria as figuras dos líderes do movimento dos chassídicos asquenazes com uma coroa de maravilhas, o *golem* se tornou uma criatura real que servia a seus criadores e cumpria tarefas que eles lhe impunham. Lendas como essas começaram a aparecer entre judeus alemães antes do século XV e se espalharam amplamente, tanto que no século XVII eram "contadas por todos" (segundo José Salomão Delmedigo). No desenvolvimento da lenda posterior do *golem*, há três pontos marcantes: (1) A lenda está vinculada a histórias mais antigas sobre a ressurreição dos mortos através da inserção do nome de Deus em suas bocas ou em seus braços, e pela remoção do pergaminho contendo o nome escrito ao contrário e assim causando sua morte. Essas lendas foram difundidas na Itália a partir do século X (no *Meguilat Achima'az*). (2) Ela está relacionada a ideias correntes em círculos não-judaicos a respeito da criação de um homem alquímico (o "homúnculo" de Parcelso). (3) O *golem*, que é o servo de seu criador, desenvolve poderes naturais perigosos; ele cresce diariamente e, no intuito de evitar que sobrepuje os membros da casa, ele deve ser devolvido ao pó com a remoção ou o apagamento do *alef* de sua testa. Aqui, a ideia do *golem* é acompanhada pelo motivo novo do poder irrestrito dos elementos que é capaz de causar destruição e devastação. Lendas desse tipo apareceram a princípio em relação a Elias, rabino de Chelm (morto em 1583). Zevi Hirsch Ashkenazi e seu filho Jacob Emden, que eram seus descendentes, discutiram em suas responsas se era ou não permitido incluir um *golem* desse tipo em uma *minian* (eles o proibiram). Elias Gaon de Vilna contou a seu discípulo Chaim b. Isaac de Volozhin que, quando era menino, ele também havia tentado fazer um *golem*, mas teve uma visão que lhe fez desistir dos preparativos.

A última e mais conhecida forma de lenda popular é ligada a Judá Loew b. Bezalel de Praga. Essa lenda não tem base histórica na vida de Loew ou na época aproximada em que ele viveu. Ela foi transmitida por R. Elias de Chelm a R. Loew apenas em uma data muito posterior, aparentemente durante a segunda metade do século XVIII. Como lenda local de Praga, ela se associa à sinagoga Altneuschul e à explicação de práticas especiais nas orações da congregação de Praga. Segundo essas lendas, R. Loew criou o *golem* para que lhe servisse, mas foi obrigado a devolvê-lo ao pó quando o *golem* começou a correr descontroladamente e ameaçar a vida das pessoas.

NAS ARTES

As lendas a respeito do *golem*, especialmente em suas formas posteriores, serviram de tema literário favorito, a princípio na literatura alemã – tanto de judeus, quanto de não judeus – no século XIX, e depois nas literaturas modernas em hebraico e em ídiche. Ao domínio das belas letras também pertence o livro *Nifla'ot Maharal im ha-Golem* ("Os feitos miraculosos do rabino Loew com o Golem", 1909), que foi publicado por Judah Rosenberg como um manuscrito antigo, mas na verdade escrito apenas depois dos libelos de sangue da década de 1890, especialmente o caso Hilsner em Polna (Tchecoslováquia, 1899). A correlação entre o *golem* e a luta contra as acusações de assassinato ritual é inteiramente uma invenção literária moderna. Nessa literatura, são discutidas questões que não tinham lugar nas lendas populares (por exemplo, o amor do *golem* por uma mulher), e interpretações simbólicas do significado do *golem* foram suscitadas (o homem não redimido, informe; o povo judeu; a classe trabalhadora aspirando à sua libertação).

O interesse pela lenda do *golem* entre os escritores, artistas e músicos se tornou evidente no início do século XX. O *golem* foi quase invariavelmente o robô benevolente da tradição posterior de Praga e capturou a imaginação de escritores atuantes na Áustria, na Tchecoslováquia e na Alemanha. Duas das primeiras obras sobre o assunto foram o volume de contos do dramaturgo austríaco Rudolph Lothar intitulado *Der Golem. Phantasien und Historien* (1900, 1904[2]) e a peça em três atos do romancista alemão Arthur Holitscher, *Der Golem* (1908). O poeta de Praga de língua alemã Hugo Salus publicou poemas sobre "Der hohe Rabbi Loew" e na Primeira Guerra Mundial o tema ganhou popularidade disseminada. A mais notável obra sobre o *golem* foi o romance intitulado *Der Golem* (1915; traduzido para o inglês em 1928) do escritor vienense Gustav Meyrink (1868-1932), que passou seus primeiros anos em Praga. O livro de Meyrink, notável por sua detalhada descrição e sua atmosfera de pesadelo, era uma terrível alegoria da luta do artista para encontrar a si mesmo. Outras obras sobre o tema incluem, de Johannes Hess, *Der Rabiner von Prag (Reb Loeb)...* (1914), um "drama cabalístico" em quatro atos de Chayim Bloch, *Der Prager Golem: von seiner "Geburt" bis zu seinem "Tod"* (1917; *The Golem. Legends of the Ghetto of Prague*, 1925); e "Ha-Golem" (1909), um conto escrito em hebraico de David Frischmann, que mais tarde apareceu em sua coletânea *Ba-Midbar* (1923). A peça ídiche *Der Golem* (1921; traduzido para o inglês em 1928), do dramaturgo H. Levick, baseada no livro de Rosenberg, foi encenada primeiramente em Moscou em hebraico pelo teatro Habimah. Interpretações artísticas e musicais do tema se basearam nessas principais obras literárias. Hugo Steiner-Prag produziu litografias para acompanhar o romance de Meyrink (*Der Golem: Prager Phantasien*, 1915), o livro em si inspirando um filme clássico do cinema mudo alemão dirigido por

Paul Wegener e Henrik Galeen (1920), e uma refilmagem posterior do francês Julien Duvivier (1936). O roteiro para um filme tcheco posterior à Segunda Guerra Mundial sobre o *golem* foi escrito por Arnold Lustig. A música para a peça de Leivick foi escrita por Moses Milner; e a ópera de Eugen d'Albert, *Der Golem*, com liberto de F. Lion, estreou em Frankfurt em 1926, mas não sobreviveu no repertório operístico. Uma obra orquestral mais duradoura seria a *Golem Suite* de Joseph Achron, composta sob influência da produção do teatro Habimah. A última peça dessa suíte foi escrita como imagem musical reversa exata do primeiro movimento, para simbolizar a desintegração do homúnculo. *Der Golem*, um balé de Francis Burt com coreografia de Erika Hanka, foi produzido em Viena em 1962.

BIBLIOGRAFIA

Ch. Bloch, *The Golem* (1925); H. L. Held, *Das Gespenst des Golems* (1927); B. Rosenfeld, *Die Golemsage und ihre Verwertung in der deutschen Literatur* (1934); G. Scholem, *A Cabala e Seu Simbolismo* (1965), 158-204; F. Thierberger, *The Great Rabbi Loew of Prague: his Life and Work and the Legend of the Golem* (1954).

13
LILITH

Lilith é um demônio feminino ao qual se atribuiu posição central na demonologia judaica. A figura pode remontar à demonologia babilônica (possivelmente até suméria), que identifica espíritos masculinos e femininos similares – Lilu e Lilitu respectivamente – que não possuem relação etimológica com a palavra hebraica *lailah* ("noite"). Essas *mazikim* ("espiritos daninhos") têm vários papéis: um deles – de Ardat-Lilith – ataca os homens, enquanto outras ameaçam mulheres em trabalho de parto e seus filhos. Um exemplo deste último tipo é Lamashtu (a princípio decifrada como Labartu) contra quem foram preservadas fórmulas encantatórias em assírio. Demônios femininos alados que estrangulam crianças são conhecidos a partir de uma inscrição em hebraico ou canaanita encontrada em Arslan-Tash, no norte da Síria, datada de por volta dos séculos VII ou VIII a. C. Se Lilith é mencionada ou não nesse encantamento, que adverte os estranguladores para não entrar na casa, é uma questão discutível, que depende do acréscimo de uma consoante ausente: "Aquela que voa em ambientes de escuridão – passa depressa, depressa, Lil[ith]". Nas Escrituras, há apenas uma única referência a Lilith (Isaías 34:14), entre os animais de rapina e os espíritos que devastarão a terra no dia da vingança. Em fontes que datam de séculos anteriores, as tradições sobre o demônio feminino que ameaça mulheres no parto e que assume muitos disfarces e nomes são distintas da tradição explícita sobre Lilith registrada no Talmud. Enquanto o Lilu babilônico é mencionado como uma espécie de demônio masculino sem função definida, Lilith aparece como um demônio feminino com rosto de mulher, cabelos longos e

Amuleto para proteção de recém-nascido contra Lilith, Pérsia, século XVIII. Lilith é representada com os braços estendidos e presa por grilhões. Em seu corpo está escrito, "Proteja este recém-nascido de todo mal". De cada lado dela, há os nomes de Adão e Eva e dos patriarcas e das matriarcas, enquanto acima dela há as iniciais de uma passagem de Números 6:22-27 e abaixo dela do Salmo 121.

asas (Er. 100b; Nid. 24b). Um homem dormindo sozinho em uma casa pode ser capturado por Lilith (Shab. 151b); enquanto o demônio Hormiz, ou Ormuzd, é mencionado como um de seus filhos (BB 73b). Não existe fundamento para os comentários posteriores que identificam Lilith com a diaba Agrath, filha de Mahalath, que sai à noite com 180.000 anjos perniciosos (Pes. 112b). Não obstante, um demônio feminino que se diz ser conhecida por dezenas de milhares de nomes e se move pelo mundo à noite, visitando mulheres no parto e tentando estrangular seus bebês, é mencionada no *Testamento de Salomão*, uma obra em grego do século III, aproximadamente. Embora preservada em uma versão cristã, essa obra é certamente baseada na magia judeo-helenista. Aqui o demônio feminino é chamado de Obizoth, e relata-se que um dos nomes místicos do anjo Rafael inscrito em um amuleto evita que Obizoth inflija qualquer dano.

A literatura midráshica expande a lenda, dizendo que Adão, depois de se separar da esposa, quando foram obrigados a morrer, gerou demônios a partir de espíritos que haviam aderido a ele. Conta-se que "ele foi encontrado por uma Lilith chamada Piznai, que, arrebatada pela beleza dele, deitou-se com ele e gerou demônios masculinos e femininos". O filho primogênito dessa união demoníaca foi Agrimas (ver o Midrash publicado em *Ha-Goren*, 9 [1914], p. 66-68; *Dvir*, 1 [1923], p. 138; e L. Ginzberg, *Legends of the Jews*, 5 [1925], p. 166). A progênie dessa Lilith povoou o mundo. Uma versão transmutada dessa lenda aparece no *Alfabeto de-Ben Sira*, uma obra do período gueônico que se dispõe a explicar o já difundido costume de escrever amuletos contra Lilith. Aqui ela é identificada com a "primeira Eva", que foi criada a partir da terra ao mesmo tempo que Adão e que, por não querer abrir mão de sua igualdade, disputou com ele a maneira de seu intercurso. Proferindo o Nome Inefável, ela saiu voando pelo ar. A pedido de Adão, o Todo-poderoso mandou atrás dela os três anjos Snwy, Snsnwy e Smnglf; encontrando-a no Mar Vermelho, os anjos ameaçaram dizendo que se ela não voltasse, 100 de seus filhos morreriam a cada dia. Ela se recusou, alegando ter sido criada expressamente para causar dano a bebês recém-nascidos. No entanto, ela teve de jurar que sempre que visse a imagem daqueles anjos em um amuleto, ela perderia seu poder sobre o recém-nascido. Aqui a lenda sobre a esposa de Adão que precedeu a criação de Eva (Gênesis 2) se funde com a lenda anterior de Lilith como um demônio que mata bebês e ameaça mulheres no parto. Esta última versão do mito tem muitos paralelos na literatura cristã do período bizantino (que provavelmente são anteriores) e de períodos posteriores. O demônio feminino é conhecido por diferentes nomes, muitos dos quais reaparecem na mesma forma ou ligeiramente alterados na literatura da Cabala prática (como, por exemplo, o nome Obizoth do *Testamento de Salomão*), e o lugar dos anjos é assumido por três santos – Sines, Sisinnios e Synodoros. A lenda também penetraria na demonologia árabe, onde Lilith é conhecida como Karina, Tabi'a, ou "a mãe dos bebês". A personificação de Lilith como estranguladora de bebês já é clara nos encantamentos judaicos, escritos em aramaico babilônico, que antecedem o *Alfabeto de-Ben Sira*. Um Midrash tardio (*Numbers R.*, final do capítulo 16) também a menciona no seguinte sentido: "Quando Lilith não encontra nenhuma criança nascida, ela se volta para as suas próprias" – motivo que a relaciona à Lamashtu babilônica.

A partir dessas tradições antigas, a imagem de Lilith foi fixada na demonologia cabalística. Aqui também ela tem dois papéis principais: a estranguladora de crianças (às vezes substituída no Zohar por Na'amah) e a sedutora de homens, cujas emissões noturnas ela usa para gerar um número infinito de filhos demoníacos. Neste último papel, ela aparece conduzindo uma vasta hoste que participa de suas atividades. No Zohar, como em outras fontes, ela é conhecida por epítetos como Lilith, a meretriz, a ímpia, a falsa, ou a negra. (A combinação de motivos mencionada acima aparece no Zohar: 1: 14b, 54b, 2: 96a, 111a; 3: 19, 76b.) Ela é geralmente contada entre as quatro mães dos demônios, as outras sendo Agrat, Mahalath e Na'amah. Inteiramente novo no conceito cabalístico de Lilith é sua aparência como parceira permanente de Samael, como rainha do domínio das forças do mal (o *sitra achra*). Naquele mundo (o mundo das *klipot*), ela cumpre uma função paralela à da *Shechinah* ("Presença Divina") no mundo da santidade: assim como a *Shechinah* é a mãe da Casa de Israel, também Lilith é a mãe dos profanos que constituem a "multidão misturada" (o *erev-rav*) e reinava sobre tudo que é impuro. Essa concepção é encontrada pela primeira vez nas fontes usadas por Isaac b. Jacob ha-Kohen e depois no *Amud ha-Semali* de seu discípulo Moisés b. Salomão b. Simeon de Burgos. Aqui e mais tarde no *Tikunei Zohar*, está cristalizada a concepção dos vários graus de Lilith, internos e externos. Da mesma forma, encontramos Lilith mais velha, a esposa de Samael, e a Lilith mais jovem, a esposa de Asmodeus (ver *Tarbiz*, 4 [1932-33], p. 72) nos escritos de Isaac ha-Kohen e, desde então, nos escritos da maioria dos cabalistas e em muitos encantamentos. Alguns deles identificam as duas meretrizes que aparecem no julgamento diante de Salomão com Lilith e Na'amah ou Lilith e Agrath, uma ideia já sugerida no Zohar e em escritos de seus contemporâneos (ver *Tarbiz*, 19 [1947-48], p. 172-5).

Também difundida é a identificação de Lilith com a Rainha de Sabá – uma ideia com muitas ramificações no folclore judaico. Ela se origina no Targum para Jó 1:15, baseado em um mito judaico e árabe de que a Rainha de Sabá seria na verdade um *jinn*, metade humana, metade demônio. Essa opinião era conhecida por Moisés b. Shem Tov de Leon e também é mencionada no Zohar. No *Livnat ha-Sapir*, José Angelino defende que os enigmas que a Rainha de Sabá propôs a Salomão são uma repetição das palavras de sedução que a primeira Lilith falou a Adão. No folclore asquenaze, essa figura se fundiu à imagem popular de Helena de Tróia ou da Frau Venus da mitologia alemã. Até gerações recentes, a Rainha de Sabá era popularmente representada como uma sequestradora de crianças e uma bruxa demoníaca. É provável que exista um resíduo da imagem de Lilith como parceira de Satã nas ideias populares do final da Idade Média europeia de concubina ou esposa de Satã no folclore inglês – "Devil's Dame" – e da avó de Satã no folclore alemão. No drama alemão sobre a papisa Jutta (Johanna), impresso em 1565 (mas, segundo o impressor, escrito em 1480), o nome da avó é Lilith. Aqui ela é descrita como uma dançarina sedutora, motivo comum encontrado nos encantamentos dos judeus asquenazes envolvendo a Rainha de Sabá. Nos escritos de Chaim Vital (*Sefer ha-Likum* [1913], 6b), Lilith às vezes aparece para as pessoas na forma de gato, ganso ou de outra criatura, exercendo controle não apenas por oito dias no caso de um menino recém-nascido e vinte dias no caso de menina (como registrado no *Alfabeto de-Ben Sira*), mas por 40 e 60 dias respectivamente. Na Cabala, influenciada pela astrologia, Lilith é relacionada ao planeta Saturno, e todos aqueles de disposição melancólica – de um "humor negro" – são filhos dela (Zohar, *Ra'aia Meheimna*, 3: 227b). Desde o século XVI, era comum acreditar que se o bebê ria durante o sono isso era indício de que Lilith estava brincando com ele, e era, portanto, aconselhável dar um tapinha no nariz do bebê para evitar o perigo (H. Vital, *Sefer ha-Likutim* [1913], 78c; *Emek ha-Melech*, 130b).

Era muito comum proteger mulheres em trabalho de parto contra o poder de Lilith afixando amuletos sobre a cama ou nas quatro paredes do quarto. As primeiras formas desses amuletos, em aramaico, estão incluídas na coletânea de Montgomery (ver bibliografia). A primeira versão hebraica aparece no *Alfabeto de-Ben Sira*, que afirma que o amuleto deve conter não apenas os nomes dos três anjos que prevalecem sobre Lilith, mas também "suas formas, asas, mãos e pernas". Essa versão ganhou ampla aceitação, e amuletos desse tipo seriam impressos até o século XVIII. Segundo o *Shimushei Tehilim*, um livro datado do período gueônico, os amuletos escritos para mulheres que costumavam perder os filhos geralmente incluíam o Salmo 126 (mais tarde substituído pelo Salmo 121) e os nomes desses três anjos. No Oriente, também eram comuns amuletos representando a própria Lilith "presa por correntes". Muitos amuletos incluem a história do profeta Elias encontrando Lilith a caminho da casa de uma mulher em trabalho de parto "para lhe dar o sono da morte, para levar seu filho e beber o sangue, para sugar o tutano dos ossos e devorar a carne do bebê" (em outras versões: "para deixar a carne do bebê"). Elias excomungava Lilith, ao que ela se comprometia a não prejudicar mulheres em trabalho de parto sempre que visse ou ouvisse seus nomes. Esta versão sem dúvida é retirada de uma fórmula cristã bizantina contra o demônio feminino Gyllo, que foi exorcizado pelos três santos mencionados acima. A transferência da versão grega para a hebraica é vista claramente na fórmula do encantamento hebraico do século XV de Cândia, que foi publicada por Cassuto (RSO, 15 [1935], p. 260), na qual não é Elias mas o arcanjo Miguel quem, vindo do Sinai, encontra Lilith. Embora os nomes gregos fossem progressivamente corrompidos com o passar do tempo, no século XIV novos nomes gregos para o "séquito de Lilith" aparecem em um manuscrito da Cabala prática que inclui material de data muito anterior (Manuscrito Adicional do Museu Britânico 15299, fol. 84b). A história de Elias e Lilith incluída na segunda edição da obra de David Lida, *Sod ha-Shem* (Berlim, 1710, p. 20a) é encontrada na maioria dos amuletos posteriores contra Lilith, sendo Striga um de seus nomes – uma encantatriz, ora mulher, ora demônio – ou Astriga. Em uma de suas mutações, este nome aparece como o anjo Astaribo, a quem Elias também encontrou; em muitos encantamentos, ele assume o lugar de Lilith, uma substituição encontrada em uma versão em ídiche da história datada de 1695. Também foram preservadas versões do encantamento em que Lilith é substituída pelo Olho Maligno, a estrela Margalia, ou o demônio familiar da literatura judaica e árabe, Maimon, o Negro. Nas belas letras europeias, a história de Lilith em diversas versões foi um frutífero tema narrativo.

BIBLIOGRAFIA

G. Scholem, *in*: KS, 10 (1934-35), 68-73; idem, *in*: *Tarbiz*, 19 (1947-48), 165-75; idem, *Jewish Gnosticism* (1965²), 72-4; R. Margaliot, *Malachei Elion* (1945), 235-41; Y. Schacher, *Ossef Feuchtwanger – Masoret ve-Omanut Iehudit* (1971); H. Von der Hardt, *Aenigmata Judaeorum religiosissima* (Helmstedt, 1705), 7-21; J. A. Eisenmenger, *Entdecktes*

Judentum, 2 (1700), 413-21; J. Montgomery, *Aramaic Incantation Texts from Nippur* (1913); R. Dow e A. Freidus, *in*: *Bulletin of the Brooklyn Entomological Society*, 12 (1917), 1-12 (bibliografia sobre Samael e Lilith); I. Lévi, *in*: REJ, 67 (1914), 15-21; D. Myhrmann, *Die Labartu-Texte* (1902); Ch. McCown, *The Testament of Solomon* (1922); M. Gaster, *Studies and Texts*, 2 (1925-28), 1005-38, 1252-65; F. Perles, *in*: *Orientalistische Literaturzeitung*, 18 (1925), 179-80; I. Zoller, *Rivista di Antropologia*, 27 (1926); Ginzberg, *Legends of the Jews*, 5 (1955), 87f.; H. Winkler, *Salomo und die Karina* (1931); J. Trachterberg, *Jewish Magic and Superstition* (1939), 36f., 277f.; Th. Gaster, *in*: *Orientalia*, 12 (1942), 41-79; H. Torczyner (Tur-Sinai), *in*: *Journal of Near Eastern Studies*, 6 (1947), 18-29; M. Rudwin, *The Devil in Legend and Literature* (1931), 94-107; T. Schrire, *Hebrew Amulets* (1966); E. Yamauchi, *Mandaic Incantation Texts* (1967); A. Chastel, *in*: RHR, 119-20 (1939), 160-74; A. M. Killen, *Revue de littérature*, 12 (1932), 277-311.

14

MAGUEN DAVID

O *maguen David* (do hebraico מָגֵן דָּוִד, "escudo de David") é um hexagrama, ou estrela de seis pontas, formada por dois triângulos equiláteros que possuem o mesmo centro e são posicionados em direções opostas.

Desde a Idade do Bronze, ele foi usado – possivelmente como ornamento e possivelmente como sinal mágico – em muitas civilizações e em regiões tão afastadas quanto a Mesopotâmia e a Inglaterra. São conhecidos exemplos da Idade do Ferro na Índia e da Península Ibérica anteriores à conquista romana. Ocasionalmente, ele aparece em artefatos judaicos, como lamparinas e selos, mas sem qualquer significação especial reconhecível. O exemplo indiscutivelmente mais antigo ocorre em um selo do século V a. C encontrado em Sidon e pertencente a um certo Joshua b. Asayahu. No período do Segundo Templo, o hexagrama era frequentemente usado por judeus e não-judeus assim como o pentagrama (a estrela de cinco pontas), e na sinagoga de Cafarnaum (século II ou III) ele é encontrado lado a lado com o pentagrama e a suástica em um friso. Não há motivo para se acreditar que fosse usado com outro propósito além de decorativo. As teorias que o interpretam como um sinal planetário de Saturno e que o conectam com a pedra sagrada no santuário pré-davídico em Jerusalém[1] são puramente especulativas. O hexagrama não aparece nem em papiros mágicos, nem nas fontes mais antigas de magia judaica, mas começou a figurar como sinal mágico a partir do início da Idade Média. Entre os emblemas judaicos do período helenístico (discutido na obra de E. Goodenough, *Jewish Symbols in the Greco-Roman Period*) tanto o hexagrama quanto o pentagrama são ausentes.

Uma *maguen David* feita a partir do Salmo 121 em um amuleto de uma mulher em trabalho de parto, Alemanha, século XVIII.

O uso ornamental do hexagrama continuou na Idade Média, especialmente em países muçulmanos e cristãos. Os reis de Navarra usavam-no em seus selos (séculos X e XI) e (como o pentagrama) ele era frequentemente empregado em sinetes notariais na Espanha, França, Dinamarca e Alemanha, por notários cristãos e judeus indistintamente. Às vezes desenhado com linhas ligeiramente curvas, ele aparece nas primeiras igrejas bizantinas e em muitas igrejas medievais, como em uma pedra de uma igreja em Tibérias (preservada no Museu Municipal) e na entrada das catedrais de Burgos, Valência e Lerida. São encontrados exemplos também em objetos usados em igrejas, às vezes em posição inclinada, como no trono de mármore do bispo (*c.* 1266) da Catedral de Anagni. Provavelmente imitando o uso da igreja – e certamente não como símbolo especificamente judaico

– o hexagrama é encontrado em algumas sinagogas do final da Idade Média, por exemplo, em Hameln (Alemanha, *c.* 1280) e em Budweis (Boêmia, provavelmente do século XIV). Em fontes árabes, o hexagrama, ao lado de outros ornamentos geométricos, foi amplamente usado sob a designação "selo de Salomão", um termo que também seria adotado por muitos grupos judaicos. Esse nome conecta o hexagrama com os primórdios da magia cristã, possivelmente judaico-cristã, como na obra grega de magia *O Testamento de Salomão.* Não se sabe ao certo em que período o hexagrama foi gravado no selo ou anel de Salomão, mencionado no Talmud (Git. 68a-b) como sinal de seu domínio sobre os demônios, em vez do nome de Deus, que originalmente aparecia nele. No entanto, isso aconteceu em círculos cristãos onde os amuletos bizantinos do século VI já utilizavam "selo de Salomão" como nome do hexagrama. Em muitos manuscritos hebraicos medievais, são encontrados desenhos elaborados do hexagrama, sem lhes dar um nome. A origem desse uso claramente remonta aos manuscritos bíblicos de países muçulmanos (um exemplo aparece na obra de Gunzburg e Stassof, *L'ornement hébraïque* [1905], prancha 8, 15). Do século XIII em diante, ele é encontrado em manuscritos bíblicos hebraicos da Alemanha e da Espanha. Às vezes, partes da *massorah* são escritas na forma de um hexagrama; às vezes, ele é usado simplesmente, de forma mais ou menos elaborada, como ornamento. Exemplos ricamente adornados dos manuscritos de Oxford e Paris foram reproduzidos por C. Roth, *Sefarad*, 12, 1952, p. 356, prancha II, e no catálogo da exposição "Synagoga", Recklinghausen, 1960, prancha B. 4

Na magia árabe, o "selo de Salomão" foi amplamente utilizado, mas a princípio seu uso em círculos judaicos era restrito a casos relativamente raros. Mesmo assim, o hexagrama e o pentagrama eram geralmente intercambiáveis e o nome era aplicado a ambas figuras. Como talismã, ele era comum em muitas versões mágicas da *mezuzah* que foram difundidas entre os séculos X e XIV. Frequentemente, os acréscimos mágicos ao texto tradicional da *mezuzah* continham versões do hexagrama, às vezes, até doze. Em manuscritos mágicos hebraicos do final da Idade Média, o hexagrama era usado para determinados amuletos, entre os quais o amuleto para apagar incêndios alcançou grande popularidade.[2]

O *maguen David* é usado como desenho básico em um escritório cabalístico da Itália, século XVIII.

A noção de um "escudo de Davi" com poderes mágicos originalmente não estava vinculada ao sinal. É difícil dizer se essa noção surgiu no Islã, em que o Corão vê Davi como o primeiro a fazer armas de proteção, ou a partir de tradições internas da magia judaica. Dos períodos anteriores, apenas um caso conecta o hexagrama ao nome de Davi, em uma lápide do século VI de Tarento, no sul da Itália. Aparentemente havia um motivo especial para se colocar o hexagrama antes do nome do morto. O texto mais antigo a mencionar o escudo de Davi está contido em uma explicação de um "alfabeto do anjo Metatron" que se origina no período gueônico e foi corrente entre os

462

Maguen David usado como insígnia do impressor no *Seder Tefillot*, o primeiro livro hebraico publicado na Europa Central, Praga, 1512. Extraído de A. Yaari, *Hebrew Printers' Marks from the Beginning of Hebrew Printing to the End of 19th Century*, Jerusalém, 1943.

chassídicos asquenazes do século XII. Mas aqui ele era o Nome Sagrado de 72 letras (tirado de Êxodo 14:19-21, onde cada versículo tem 72 letras) que se dizia ter sido gravado nesse escudo protetor, ao lado do nome MKBY. Em fontes cognatas, essa tradição seria muito rebuscada. O nome do anjo Taftafiah, um dos nomes de Metatron, foi acrescentado aos 72 nomes sagrados, e de fato um amuleto na forma de um hexagrama com esse nome se tornou um dos mais difundidos artefatos protetores em muitos manuscritos medievais e posteriores. (De 1500 em diante, o nome *Shadai* foi muitas vezes substituído pelo nome puramente mágico). Isso deve ter ensejado a transição para o uso do termo *"maguen David"* para o sinal. O que causou a substituição da figura em lugar do "grande nome de 72 nomes" não é claro, mas no século XVI ainda são encontradas instruções afirmando que o escudo de Davi não devia ser desenhado com linhas simples, mas devia ser composto de certos nomes sagrados e suas combinações, segundo o padrão daqueles manuscritos bíblicos em que as linhas eram compostas do texto da masorah. O testemunho mais antigo do uso do termo é o cabalístico *Sefer ha-Guevul,* escrito por um neto de Nachmanides no início do século XIV. O hexagrama ocorre ali duas vezes, ambas se referindo ao *"maguen David"* e contendo o mesmo nome mágico como no amuleto mencionado acima, demonstrando sua conexão direta com a tradição da magia. Segundo outras tradições, mencionadas na obra de Isaac Arama, *Akedat Itzchak* (século XV), o emblema do escudo de Davi não era a imagem conhecida por esse nome hoje em dia, mas o Salmo 67 escrito na forma da *menorah.* Isso se tornou um costume difundido e o "Salmo da *menorah"* era considerado um talismã de grande poder. Um livreto do século XVI diz: "O rei Davi costumava usar esse salmo inscrito, desenhado e gravado em seu escudo, na forma da *menorah,* quando ia para uma batalha, e ele meditaria sobre seu mistério e triunfaria".

Entre 1300 e 1700, os dois termos, escudo de Davi e selo de Salomão, são usados indiscriminadamente, predominantemente em textos mágicos, mas lentamente o primeiro ganhou ascendência. Ele também seria usado, a partir de 1492, como marca do impressor, especialmente em livros impressos em Praga na primeira metade do século XVI e nos livros impressos pela família Foa na Itália e na Holanda, que o incorporou em seu brasão (por exemplo, na página de rosto do *Guia dos Perplexos* de Maimônides, Sabbioneta, 1553). Diversas famílias judias italianas seguiriam seu exemplo entre 1660 e 1770. Todos esses usos ainda não possuíam nenhuma conotação judaica geral. O primeiro uso oficial do escudo de Davi se deu em Praga, de onde se espalhou nos séculos XVII e XVIII através da Morávia e da Áustria e, mais tarde, para o sul da Alemanha e para a Holanda. Em 1354, Carlos IV concedeu à comunidade de Praga o privilégio de ostentar bandeira própria – mais tarde chamada em documentos de "bandeira do rei Davi" – na qual o hexagrama estava representado. Assim ele se tornou um emblema oficial, provavelmente escolhido por seu significado como símbolo dos dias de outrora quando o rei Davi, na verdade, escreveu-o em seu escudo. Isso explica seu amplo uso em Praga, nas sinagogas, no selo oficial da comunidade, nos livros impressos e em outros objetos. Aqui ele era sempre chamado de *maguen David.* Seu uso na lápide (1613) de David Gans, o astrônomo e historiador, ainda seria um caso excepcional, obviamente em referência ao título de sua última obra, *Maguen David.* Com exceção de uma lápide em Bordéus

464

(*c*. 1726), não se tem nenhuma notícia de ter sido usado em lápides antes do final do século XVIII. Um paralelo curioso do desenvolvimento em Praga é o caso único de uma representação da Sinagoga como figura alegórica, portando uma bandeira com o *maguen David* em um manuscrito catalão do século XIV do *Breviar d'amor* de Matfre d'Ermengaud.[3]

O símbolo logo se deslocou para outras comunidades. Seu uso em Budweis foi mencionado acima, e a comunidade de Viena utilizou-o em seu selo em 1655. No ano seguinte, ele é encontrado ao lado da cruz em uma pedra marcando os limites entre os bairros judeu e cristão em Viena (segundo P. Diamant) ou entre o bairro judeu e o monastério das carmelitas (segundo Max Grunwald). Aparentemente, eram ambos símbolos oficialmente reconhecidos. Quando os judeus de Viena foram expulsos em 1670, eles levaram o símbolo a muitos de seus novos ambientes, especialmente na Morávia, mas também para a comunidade asquenaze de Amsterdã, onde seria usado a partir de 1671, primeiramente em um medalhão que permitia o acesso ao cemitério. Mais tarde, ele se tornaria parte do selo da comunidade. Curiosamente, sua migração oriental foi muito mais lenta. O símbolo jamais aparece em selos oficiais, mas aqui e ali ao longo dos séculos XVII e XVIII como ornamento em objetos utilizados nas sinagogas e esculpido em madeira sobre o santuário da Torah (primeiramente em Volpa, perto de Grodno, 1643).

O uso do hexagrama como símbolo alquímico denotando a harmonia entre os elementos antagônicos da água e do fogo se tornou corrente no final do século XVII, mas isso não teve nenhuma influência nos círculos judaicos. Muitos alquimistas também começaram a chamá-lo de escudo de Davi (comprovadamente desde 1724). Mas outro simbolismo emergiu nos círculos cabalísticos, em que o "escudo de Davi" se tornou o "escudo do filho de Davi", o Messias. Não se sabe ao certo se esse uso também era corrente em círculos ortodoxos, embora isso não seja impossível. Os dois cabalistas que tratam disso, Isaiah, filho de Joel Ba'al Shem[4] e Abrahão Chaim Kohen de Nikolsburg, combinam as duas interpretações. Mas não há dúvida de que essa interpretação messiânica do sinal era corrente entre os seguidores de Shabetai Tsevi. Os famosos amuletos dados por Jonathan Eybeschütz em Metz e Hamburgo, que não têm nenhuma interpretação convincente além da sabateana, tinham todos um escudo de Davi designado como "selo de MBD" (Messiah b. David), "selo do Deus de Israel" etc. O escudo de Davi foi transformado em um símbolo secreto da visão sabateana da redenção, embora essa tenha permanecido uma interpretação esotérica, que não devia ser divulgada.

O principal motivo por trás da ampla difusão do sinal no século XIX foi o desejo de imitar o cristianismo. Os judeus procuravam um sinal marcante e simples que simbolizasse o judaísmo da mesma maneira que a cruz simbolizava o cristianismo. Isso levou à ascendência do *maguen David* no uso oficial, em objetos ritualísticos e de muitas outras maneiras. A partir da Europa Central e Ocidental, ele penetrou na Europa Oriental e entre os judeus orientais. Quase toda sinagoga o utilizava; inúmeras comunidades, e organizações privadas e de caridade estampavam-no em seus selos e documentos oficiais. Enquanto no século XVIII seu uso em objetos ritualísticos ainda era muito restrito – um bom exemplo é um prato para *matsot* (1770), reproduzido na página de rosto de *Monumenta Judaica*, catálogo de uma exposição judaica em Colônia, 1963 – ele agora se tornaria muito popular. Em 1799, o *maguen David* já apareceria como sinal especificamente judaico em uma gravura satírica antissemita;[5] em 1822, ele foi usado no brasão da família Rothschild, quando eles foram nobilitados pelo imperador austríaco; e a partir de 1840, Heinrich Heine passou a assinar sua correspondência de Paris no *Augsburger Allgemeine Zeitung* com um *maguen David* em vez de com seu próprio nome, notável indício de sua identificação judaica, apesar de sua conversão. O primeiro número do jornal sionista *Die Welt*, de Herzl, trazia-o como emblema. O *maguen David* se tornou o símbolo de novas esperanças e de um novo futuro para o povo judeu, e Franz Rosenzweig também o interpretou em *Der Stern der Elösung* (1921) como um resumo de suas ideias filosóficas sobre o significado do judaísmo e das relações entre Deus, homem e o mundo. Quando os nazistas utilizaram-no como insígnia da vergonha que acompanharia milhões a caminho da morte, o símbolo assumiu uma nova dimensão de profundidade, unindo sofrimento e esperança. Embora o Estado de Israel, em sua busca por uma autenticidade judaica, tenha escolhido com emblema a *menorah*, um símbolo judaico muito mais antigo, o *maguen David* foi mantido na bandeira nacional (anteriormente, bandeira sionista), e ele é amplamente usado na vida judaica.

BIBLIOGRAFIA

G. Scholem, *in*: *The Messianic Idea in Judaism and Other Essays* (1971), 257-81; J. Leite de Vasconcellos, *Signum Salomonis* (em português, 1918); Mayer, *Bibliography of Jewish Art*, index. s. v. *Maguen David*; M. Avi-Yonah, *in*: *Quarterly of the Department of Antiquities in Palestine*, vol. 14, p. 64-5, prancha 23; P. Diamant, *in*: *Reshumot*, 5 (1953), 93-103; I. Feivelson, *in*: *Ha-Levanon, Me'assef Sifruti* (Varsóvia, 1912), 53-6; E. Goodenough, *Jewish Symbols in the Greco-Roman Period*, 7 (1958), 198-200; J. L. Gordon, *Igrot J. L. Gordon*, 2 (1894), 36-7; M. Grunwald, *in*: HJ, 9 (1947), 178-88; J. M. Millás Vallicrosa, *in*: *Sefarad*, 17 (1957), 375-8; T. Nussenblat, *in*: *YIVO-Bleter*, 13 (1938), 460-76, n. 583-4; P. Perdrizet, *in*: *Revue des Etudes Grecques*, 16 (1903), 42-61; E. Peterson, *Heis Theos* (Göttingen, 1926), 121; J. Reifman, *in*: *Ha-Shahar*, 2 (1872), 435-7; C. Roth, *in*: *Scritti in Memoria di Leone Carpi* (1967), 165-84; A. Scheiber, *in*: *Israelitisches Wochenblatt für die Schweiz*, 66, n. 3 (21 de janeiro de 1966), 33-5; Vajda, *in*: *Mitteilungen zur jüdischen Volkskunde* (1918), 33-42; Wolf, *Biblioteca Hebraea*, 3 (1727), 997, 1214.

15
MEDITAÇÃO

O termo meditação (do hebraico *Hitbonenut*) aparece pela primeira vez na literatura cabalística a partir de meados do século XIII, referindo-se à prolongada concentração do pensamento em luzes supremas do mundo divino e dos mundos espirituais em geral. Muitas fontes, no entanto, em relação a isso usam os termos *kavanah* ("intenção") ou *devekut* ("adesão") do pensamento sobre um determinado assunto, e "contemplação da mente". Os cabalistas não distinguiam entre os termos meditação e contemplação – uma distinção predominante no misticismo cristão. Na opinião cabalista, a contemplação era tanto o mergulho concentrado nas profundezas de um determinado assunto na tentativa de compreendê-lo sob todos os seus aspectos, como também a suspensão do pensamento no intuito de não mudar de assunto. A suspensão e o mergulho na contemplação espiritual não servem, portanto, para estimular o intelecto contemplativo a avançar e passar para níveis mais elevados, mas primeiramente para se abrir ao máximo à situação dada; apenas depois de permanecer nesse estado por um período prolongado, o intelecto se desloca para um degrau mais alto. Isso, então, é a contemplação do intelecto, cujos objetos não são imagens nem visões, porém materiais não-sensoriais como palavras, nomes ou pensamentos.

Na história da Cabala, uma contemplação diferente precedia esta outra: a visão contemplativa da Merkavah, pela qual se esforçavam os antigos místicos da Merkavah dos períodos tanaítas e amoraítas, e que foi descrita no *Heichalot Rabati* da literatura dos *Heichalot*. Aqui a referência é a uma visão concreta do mundo da carruagem que se revela diante dos olhos do visionário. Portanto o termo *histaklut* é usado aqui no sentido exato do termo latino *contemplatio* ou do grego *theoria*. A contemplação dos místicos da Merkavah, no primeiro período do misticismo judaico, forneceu a chave, na opinião deles, para um entendimento correto dos seres celestiais na carruagem celeste. Essa contemplação também poderia ser alcançada através de estágios preparatórios que treinariam aqueles que "desciam até a Merkavah" para captar a visão e passar de uma coisa para outra sem ser ameaçados pela audácia de seu assalto ao mundo mais elevado. Mesmo nesse estágio, a visão da Merkavah envolve a imunização dos sentidos dos místicos contra a absorção de impressões externas e a concentração através de uma visão interior.

Na Cabala, a concepção das dez *Sefirot*, que revelam a ação do Divino e compreendem o mundo da emanação, foi sobreposta ao mundo da Merkavah. Essa contemplação de materiais divinos não tem fim, segundo a Cabala, onde a visão dos místicos da Merkavah terminava, mas é capaz de ascender a alturas mais elevadas, que já não são mais os objetos das imagens e da visão. A concentração sobre o mundo das *Sefirot* não se limita às visões, mas é exclusivamente matéria para o intelecto preparado para ascender de nível em nível e para meditar sobre as qualidades únicas de cada nível. Se a meditação, a princípio, ativa a faculdade da imaginação, ela continua estimulando a faculdade do intelecto. As próprias *Sefirot* são concebidas como luzes intelectuais que só podem ser percebidas pela meditação. Os cabalistas espanhóis no século XIII conheciam dois tipos de meditação: uma que produz visões similares no tipo, ainda que não nos detalhes, às visões dos místicos da Merkavah, e uma segunda, que leva à comunhão da mente meditativa com suas fontes superiores no próprio mundo da emanação. Moisés b. Shem Tov de Leon descreve em um de seus livros como uma intuição da terceira *Sefirah* (*Binah*) lampeja na mente através da meditação. Ele compara isso à luz que lampeja quando os raios do sol brincam na superfície de uma bacia com água (MGWJ, 1927, 119).

As instruções sobre os métodos a serem empregados na realização da meditação fazem parte dos ensinamentos ocultos e secretos dos cabalistas, que, além de algumas regras gerais, não eram divulgados. Os cabalistas de Girona mencionam isso em relação à descrição da *kavanah* mística na oração, que é descrita como uma meditação concentrada em cada palavra da oração no intuito de abrir caminho para as luzes interiores que iluminam cada palavra. A oração, segundo essa ideia de meditação, não é apenas uma recitação de palavras ou mesmo a concentração sobre os conteúdos das palavras de acordo com seu significado simples; é a adesão da mente humana às luzes espirituais e a passagem da mente para o interior desses mundos. O adorador usa as palavras fixas como um corrimão, durante sua meditação, ao qual se agarra em sua trilha ascendente, de modo a não se confundir nem se distrair. Essa meditação resulta na união do pensamento humano ao pensamento divino ou à vontade divina – uma ligação que chega ao fim ou é "negada". A hora da oração é, mais do que qualquer outro momento, propícia para a meditação. Azriel de Girona disse: "O pensamento se expande e ascende até sua origem, de modo que quando a alcança, ele termina e não pode ascender mais... portanto os homens piedosos de outrora elevavam seu pensamento para sua origem enquanto pronunciavam os preceitos e as palavras da oração. Como resultado desse procedimento e do estado de adesão (*devekut*) que seu pensamento atingia, suas palavras se tornavam abençoadas, multiplicadas, cheias de influxo [divino] proveniente do estágio chamado de 'nada do pensamento', assim como as águas de um açude extravasam por todos os lados quando o homem as liberta" (*Perush ha-Agadot*, 1943, 39-40). Nessa meditação, que progride de um estágio para outro, também havia um certo elemento mágico, como pode ser claramente deduzido da detalhada descrição em outra obra de Azriel chamada *Sha'ar ha-Kavanah la-Mekubalim ha-Rishonim*. No entanto, esse elemento mágico era oculto ou completamente silenciado.

Uma elaboração detalhada da doutrina da meditação pode ser encontrada particularmente nos ensinamentos de Abrahão Abulafia. Sua obra *Chochmat ha-Tseruf* (ciência da comunicação) foi inteiramente pensada, segundo ele, para ensinar uma abordagem duradoura e segura da meditação. Ela consiste principalmente de instruções a respeito da meditação sobre os Nomes Sagrados de Deus e, em sentido mais amplo, da meditação sobre os mistérios do alfabeto hebraico. Essa meditação, que não depende da oração, foi descrita em seus manuais mais importantes como uma atividade separada da mente à qual o homem se dedica em isolamento em determinados horários e com orientação regular de um professor iniciado. Aqui novamente o ponto de divergência é a mortificação da atividade dos sentidos e o apagamento das imagens naturais que se prendem à alma. A meditação sobre as letras e os nomes sagrados engendra formas espirituais puras na alma, em resultado do que o homem se torna capaz de compreender as verdades elevadas. Em certos estágios dessa meditação, aparecem visões concretas, como as descritas na obra *Chaiei ha-Olam ha-Ba*, por exemplo, mas estas são apenas estágios intermediários na trilha para a contemplação pura da mente. Abulafia nega desde o início o elemento mágico que era originalmente atribuído a essa meditação.

A diferença entre as doutrinas cristã e cabalista da meditação reside no fato de que no misticismo cristão um tema figurativo e concreto, como o sofrimento de Cristo e tudo associado a isso, é dado a quem medita, enquanto na Cabala, o tema dado é abstrato e não pode ser visualizado, como o Tetragrammaton e suas combinações.

As instruções do método da meditação foram difundidas nas obras dos primeiros cabalistas e esses métodos continuariam sendo encontrados após a expulsão da Espanha entre diversos cabalistas que haviam sido influenciados por Abulafia. Um discípulo anônimo de Abulafia deixou (no *Sha'arei Zedek*, escrito em 1295) uma descrição impressionante de sua experiência no estudo dessa meditação. As obras *Berit Menunah* (século XIV) e *Sulam ha-Alia* de Judá Albotini, um dos exilados da Espanha que se estabeleceu em Jerusalém, também foram escritas no mesmo espírito.

O mais detalhado manual de meditação sobre o mistério das *Sefirot* é o *Even ha-Sholam* de José ibn Saiach de Damasco, escrito em Jerusalém em 1538 (Manuscrito da Biblioteca Nacional e da Universidade de Jerusalém: ver G. Scholem, *Kitvei Iad be-Kabalah* [1930], p. 90-1). Os cabalistas de Safed prestavam muita atenção à meditação, como é evidente no *Sefer Haredim* (Veneza, 1601) de Eliezer Azikri, no capítulo 30 da obra de Moisés Cordovero, *Pardes Rimonim* (Cracóvia, 1592) e o *Sha'arei Kedushah* de Chaim Vital, parte 3, capítulos 5-8, propõe sua doutrina sobre o assunto. Aqui o aspecto mágico ligado à meditação é mais uma vez enfatizado, mesmo que o autor o explique em um sentido restrito. Os últimos passos dessa ascensão da mente meditativa que busca trazer o influxo das luzes supremas para a terra exigem atividades meditativas de natureza mágica, que são conhecidas como *Ichudim* ("Unificações"). A importância prática dessas doutrinas, cuja influência pode ser reconhecida em toda a literatura cabalística posterior, não deve ser subestimada. As doutrinas da adesão (*devekut*) e a meditação no chassidismo do século XVIII também se baseiam na forma dada a elas em Safed. Essa doutrina não se encontra inteiramente redigida nos escritos dos discípulos de Isaac Luria e a maior parte dela foi preservada oralmente. Na *ieshivah* cabalista Bet El de Jerusalém, a orientação prática sobre meditação foi transmitida oralmente por cerca de 200 anos e os iniciados nessa forma de Cabala se recusaram a tornar de conhecimento público os detalhes de sua prática.

BIBLIOGRAFIA

G. Scholem, *Kitvei Iad be-Kabalah* (1930), 24-30, 225-30; idem, *Reshit ha-Kabalah* (1948), 142-6; idem, *in*: KS, 1 (1924), 127-39; 22 (1946), 161-71; idem, *in*: MGWJ, 78 (1934), 492-518; J. Weiss, in HUCA 31 (1960), 137-47; R. J. Z. Werblowsky, *in*: *History of Religions*, 1 (1961), 9-36.

16
MISTICISMO DA MERKAVAH

O misticismo da Merkavah, ou *ma'asseh merkavah*, foi o nome dado no Mishnah *Chaguigah*, 2:1, ao primeiro capítulo de Ezequiel. O termo era usado pelos rabinos para designar o complexo das especulações, homilias e visões associadas com o Trono da Glória, a carruagem (*merkavah*) que o carrega e tudo o que está incorporado a esse mundo divino. O termo, que não aparece em Ezequiel, é derivado de 1 Crônicas 28:18 e é encontrado pela primeira vez com o significado de misticismo da Merkavah no final de Eclesiástico 49:10: "Foi Ezequiel quem teve essa visão gloriosa", descrevendo as diferentes ordens do carro dos querubins. A expressão hebraica *zanei merkavah* poderia ser interpretada como os diferentes aspectos da visão da carruagem em Ezequiel, capítulos 1, 8 e 10,[1] ou como as diferentes partes da carruagem, que mais tarde viriam a ser chamadas de "as câmaras da carruagem" (*Chadrei merkavah*). Foi sugerido[2] que o texto deveria ser corrigido para *razei merkavah* ("segredos da carruagem"). A carruagem divina também absorveu a seita dos Qumran; um fragmento fala em anjos louvando "o padrão do Trono da carruagem".[3] Em círculos fariseus e tanaíticos, o misticismo da Merkavah se tornou uma tradição esotérica da qual diferentes fragmentos estavam espalhados pelo Talmud e pelo Midrash, interpretando *Chaguigah* 2:1. Esse seria um estudo cercado por uma certa atmosfera sagrada e de um certo perigo. Uma *baraita* em *Chaguigah* 13a, atribuída ao século I, relata a história de "Uma criança que estava lendo na casa de seu professor o Livro de Ezequiel e apreendeu o que era *Chashmal* [ver Ezequiel 1:27, JPS "*electrum*"], ao que um fogo surgiu

475

de *Chashmal* e o consumiu". Portanto os rabinos buscavam ocultá-lo, isto é, retiraram da circulação geral, ou do cânone bíblico, o Livro de Ezequiel.

Muitas tradições relatam o envolvimento de Iochanan b. Zakai e, mais tarde, de Akiva nesse estudo. Em geral, os detalhes sobre a conduta dos rabinos no estudo da Merkavah são encontrados no Talmud palestino, *Chaguigah*, 2, e no Talmud babilônico, *Chaguigah* f. 12-15 e *Shabat* 80b. De acordo com o manuscrito desta última fonte, a proibição de palestrar para um grupo nem sempre era observada e a tradição acrescenta que um transgressor, um galileu que veio à Babilônia, foi castigado por isso e morreu. No Talmud babilônico, *Sukah* 28a, o misticismo da Merkavah foi enfatizado como um tema maior (*davar gadol*), em contraste com o tema relativamente menor da casuística rabínica. As tradições desse tipo são Genesis *Rabah*, *Tanchuma*, *Midrash Tehilim*, *Midrash Rabah* sobre Levítico, Cântico dos Cânticos e Eclesiastes. Diversas tradições estão preservadas em *Seder Eliahu Rabah* e em breves tratados, tais como *Avot de-Rabi Natan* e *Massechet Derech Erets*. Em contraste com os fragmentos dispersos dessas tradições em fontes, foram escritos livros e tratados exotéricos, coletando e desenvolvendo *Ma'asseh Merkavah* de acordo com tendências predominantes em diferentes círculos místicos do século IV em diante. Muitos desses tratados incluem materiais anteriores, mas numerosos acréscimos refletem estágios posteriores. O *Re'uiot Iechezkiel*, a maior parte do qual foi encontrado na *Guenizah*[4] do Cairo, descreve personalidades históricas, e o contexto é o de um Midrash do século IV. Foram encontrados trechos de um Midrash do século II ou III sobre o *Ma'asseh Merkavah* nas páginas dos fragmentos da *Guenizah* (Manuscritos Sassoon 522, cat. *Ohel Dawid*, p. 48). Essas fontes ainda não mostram nenhum sinal da pseudoepigrafia predominante na maioria das fontes sobreviventes; nessas fontes, a maior parte é formalizada, e a maioria das afirmações é atribuída a Akiva ou a Ishmael. Vários desses textos são escritos em aramaico, mas a maioria está em hebraico, no estilo usado pelos rabinos. Uma grande quantidade de material desse tipo foi publicada (principalmente a partir de manuscritos) em coleções de Midrashim menores, como as obras de A. Jellinek, *Beit ha-Midrash* (1853-78), de S. A. Wertheimer, *Batei Midrashot*, de E. Gruenhut, *Sefer ha-Likutim (1898-1904)*, e de H.M. Horowitz, *Beit Eked ha-Agadot(1881-84)*. *Merkavah Shelemah* (1921) inclui materiais importantes da coleção de manuscritos de Solomon Musajoff. Alguns dos textos incluídos nessas antologias são idênticos, e muitos estão corrompidos.

Os mais importantes são: (1) *Heichalot Zutrati* ("*Heichalot* menor") ou *Heichalot R. Akiva*, do qual apenas fragmentos foram publicados, principalmente sem ser identificados como pertencentes ao texto. A maior parte disso está em um aramaico muito difícil, e parte está incluída no *Merkavah Shelemah* como "*Tefilat Keter Nora*"; (2) *Heichalot Rabati* ("*Heichalot* maior", no *Batei Midrashot*, 1 [1950²], p. 135-63), isto é, o *Heichalot* do Rabino Ishmael, em hebraico. Em fontes medievais e manuscritos antigos, os dois livros são às vezes chamados de *Hilchot Heichalot*. A divisão do *Heichalot Rabati* em *halachot* ("leis") ainda está preservado em diversos manuscritos, a maioria dos quais divididos em 30 capítulos. Os capítulos 27-30 incluem um breve tratado especial encontrado em diversos manuscritos sob o título *Sar Torah*, que foi composto muito mais tarde do que a parte principal da obra. Na Idade Média, o livro foi amplamente conhecido como *Pirkei Heichalot*. A edição publicada por Wertheimer inclui acréscimos posteriores, alguns deles sabateanos.[5] A versão de Jellinek (em *Beit ha-Midrash*, 3, 1938²) é livre de acréscimos, mas sofre de muitos trechos adulterados. Em termos relativos, o melhor texto parece ser o do Manuscrito Kaufmann 238, n. 6 (Budapeste); (3) *Merkavah Rabah*, parte do qual se encontra no *Merkavah Shelemah*, principalmente atribuído a Ishmael e parcialmente, a Akiva. Talvez essa obra contenha a mais antiga redação do *Shi'ur Komah* ("a medida do corpo de Deus"), que mais tarde foi copiada em manuscritos como obra separada que se desenvolveu no *Sefer ha-Komah*, popular na Idade Média (ver G. Scholem, *Jewis Gnosticism...* [1965], p. 36-42); (4) Uma versão de *Heichalot* que não tem nome e seria referida na Idade Média como *Ma'asseh Merkavah* (G. Scholem, ibid., p. 103-17). Aqui se alternam afirmações de Ishmael e Akiva; (5) Outro tratado elaborado sobre o padrão do *Heichalot Rabati*, mas com novos detalhes diferentes e parcialmente desconhecidos: fragmentos foram publicados a partir da *Guenizah* do Cairo por I. Greenwald, *Tarbiz*, 38 (1969), p. 354-72 (acréscimos, *ibid.*, 39 [1970], p. 216-7); (6) *Heichalot*, publicado por Jellinek (em *Beit ha-Midrash* [vol. 1938²]), e mais tarde como *III Enoch or the Hebrew Book of Enoch* (organizado e traduzido por H. Odeberg, 1928). Infelizmente, Odeberg escolheu um texto posterior e muito adulterado como base para esse livro, que ele pretendia constituir em uma edição crítica. O enunciador é R. Ishmael e a obra é em grande medida composta por revelações sobre Enoque, que se tornou o anjo Metatron, e a hoste dos anjos celestiais. Esse livro representa uma tendência muito diferente daquelas contidas no *Heichalot Rabati* e *Heichalot Zutrati*; (7) O tratado de *Heichalot* ou *Ma'asseh Merkavah* em *Batei Midrashot* (1 [1950²], p. 51-62) é uma elaboração relativamente tardia, em sete capítulos, das descrições do trono e da carruagem. Nas últimas três obras, foi feita uma adaptação literária deliberadamente para erradicar os elementos mágicos, comuns em outras fontes listadas acima. Aparentemente, elas deveriam ser lidas antes com propósitos edificantes, do que visando o uso prático daqueles que "mergulhavam na Merkavah"; (8) A Tosefta ao Targum do primeiro capítulo de Ezequiel (*Batei Midrashot*, 2 [1953²], 135-40) também pertence a essa literatura.

Uma mistura de materiais sobre a carruagem e a criação é encontrada em diversas fontes adicionais, principalmente no *Baraita de-Ma'asseh Bereshit* e no *Otiot de-Rabi Akiva*, ambos aparecendo em diversas versões. O *Seder Rabah de-Bereshit* foi publicado no *Batei Midrashot* (1 [1950²], p. 3-48), e em outra versão de N. Séd, com uma tradução francesa (em REJ, 3-4 [1964], p. 23-123, p. 259-305). Aqui a doutrina da Merkavah está ligada à cosmologia e à doutrina dos sete céus e as profundezas. Esse vínculo também é perceptível no *Otiot de-Rabi Akiva*, mas apenas a versão mais longa contém as tradições sobre a criação e o misticismo da Merkavah. Ambas versões existentes, com um importante suplemento intitulado *Midrash Alfa-Betot*, foram publicadas em *Batei Midrashot* (2 [1953²], p. 333-465). Mordecai Margaliot descobriu seções adicionais e extensas do *Midrash Alfa-Betot* em diversos manuscritos não publicados. Mais uma vez, essas obras foram organizadas mais com propósitos especulativos e de leitura do que visando ao uso prático pelos místicos. A doutrina dos sete céus e suas hostes angelicais, tal como foi desenvolvida no misticismo e na cosmologia da Merkavah, possui também contextos mágicos definidos, que são elaborados na versão completa do *Sefer ha-Razim* (organizado por M. Margalioth, 1967), cuja data ainda é um tema controverso.

No século II, os judeus convertidos ao cristianismo aparentemente transmitiram aspectos diferentes do misticismo da Merkavah aos gnósticos cristãos. Na literatura gnóstica, havia muitas adulterações desses elementos, mas o caráter judaico desse material ainda é evidente, especialmente entre os ofitas, na escola de Valentinus, e em diversos textos gnósticos e coptas descobertos nos últimos cinquenta anos. Na Idade Média, o termo *Ma'asseh Merkavah* seria usado tanto por filósofos quanto por cabalistas para designar os conteúdos de seus ensinamentos, mas com significados completamente diferentes – metafísicos para os primeiros, e místicos para os últimos.

BIBLIOGRAFIA

Scholem, Mysticism, 40-70; idem, *Jewish Gnosticism, Merkavah Mysticism and Talmudic Tradition* (1965); P. Bloch, *in*: MGWJ, 37 (1893); idem, *in*: *Festschrift J. Guttmann* (1915), 113-24; Néher, *in*: RHR, 140 (1951), 59-82; J. Neusner, *Life of Rabban Yohanan ben Zakkai* (1962), 97-105; M. Smith, *in*: A. Altmann (org.), *Biblical and Other Studies* (1963), 142-60; B. Bokser, *in*: PAAJR, 31 (1965), 1-32; J. Maier, *Vom Kultus zur Gnosis* (1964), 112-48; E. E. Urbach, *in*: *Studies in Mysticism and Religion presented to G. G. Scholem* (1968), 1-28 (seção hebraica).

17
METATRON

O anjo Metatron (ou Matatron) recebeu uma posição especial na doutrina esotérica do período tanaítico em diante. A angelologia da literatura apocalíptica menciona um grupo de anjos que contempla a face de seu rei e são chamados de "Príncipes do Semblante" (*Livro de Enoque* etíope, capítulo 40 *et al.*). Assim que a personalidade de Metatron assume uma forma mais definitiva na literatura, ele passa a ser referido simplesmente como "o Príncipe do Semblante".

No Talmud babilônico, Metatron é mencionado apenas em três lugares (Hag. 15a; Sanh. 38b; e Av. Zar. 3b). As primeiras duas referências são importantes por sua conexão com as polêmicas conduzidas contra os hereges. No *Chaguigah* se diz que o *tanna* Elisha b. Avuyah viu Metatron sentado e disse: "talvez existam dois poderes", como se indicasse o próprio Metatron como uma segunda deidade. O Talmud explica que Metatron tinha permissão para sentar apenas por ser o escriba celeste registrando os bons feitos de Israel. Além disso, o Talmud afirma, foi provado para Elisha que Metatron não podia ser uma segunda deidade pelo fato de Metatron receber 60 "golpes de açoites ardentes" para demonstrar que Metatron não era um deus, mas um anjo, e podia ser castigado. Essa imagem retorna frequentemente em diferentes contextos na literatura gnóstica e é associada a várias figuras do domínio celestial. No entanto, considera-se que o aparecimento de Metatron para Elisha b. Avuyah levou-o a acreditar nesse dualismo.

A história em *Sanhedrin* também confere a Metatron um estatuto sobrenatural. Ele é o anjo do Senhor mencionado em Êxodo 23:21, de quem se diz "... e ouvi a sua voz; porque ele não perdoará vossa rebeldia... porque o Meu nome está nele". Quando um dos hereges perguntou a R. Idi por que está escrito em Êxodo 24:1: "E depois Ele disse a Moisés 'Sobe ao Senhor'", em vez de "Sobe até Mim", o *amora* respondeu que versículo se refere a Metatron, "cujo nome é igual o de seu Senhor". Quando o herege argumentou que, se fosse assim, Metatron deveria ser cultuado como uma divindade, R. Idi explicou que o versículo "não perdoará vossa rebeldia (תמר)" devia ser entendido como "não troquem (תמירני) a Mim por ele". R. Idi agregou que Metatron não devia ser aceito nesse sentido nem em sua capacidade de mensageiro celeste. Por trás dessas disputas, estava o temor de que as especulações sobre Metatron pudessem levar a um terreno perigoso. O caraíta Kirkisani leu seu texto do Talmud em uma versão ainda mais extrema: "Esse é Metatron, que é o YHVH menor". É muito provável que essa versão tenha sido removida propositalmente dos manuscritos.

O epíteto "YHVH menor" é sem dúvida intrigante, e dificilmente seria uma surpresa que os caraítas encontrassem vasto terreno para atacar os rabanitas por sua aparição frequente na literatura que eles haviam herdado. Os caraítas viam nisso um sinal de heresia e de desvio do monoteísmo. O uso desse epíteto era quase certamente comum antes que a figura de Metatron se cristalizasse. As explicações desse epíteto fornecidas em fases posteriores da literatura de *Heichalot* (*Livro de Enoque* hebraico, capítulo 12) estão longe de ser satisfatórias, e é óbvio que são uma tentativa de esclarecer uma tradição anterior, então já não mais compreensível apropriadamente. Essa tradição tinha conexão com o anjo Jahoel, mencionado no *Apocalipse de Abraão* (datando do início do século II), em que se diz (capítulo 10) que o Nome Divino (Tetragrama) da deidade deve ser encontrada nele. Todos os atributos relacionados a Jahoel aqui foram depois transferidos a Metatron. Sobre Jahoel, é de fato apropriado dizer, sem explicações forjadas, que seu nome é igual ao de seu Senhor: o nome Jahoel contém as letras do Nome Divino, isto portanto significa que Jahoel possui um poder que excede o de todos os outros seres similares. Aparentemente, a designação "o YHVH menor" (יהוה הקטן) ou "o Senhor menor" (אדני הקטן) foi aplicada pela primeira vez a Jahoel. Mesmo antes de Jahoel ser identificado com Metatron, designações como "o Jaho maior" ou "o Jaho menor" passaram para o uso gnóstico e são mencionadas em vários contextos nas literaturas gnóstica, copta e mandaica, nenhuma delas mencionando Metatron. O nome *Yorba* (יורבא) em mandaico na verdade significa "o Jaho maior", mas ali ele recebeu um estatuto inferior como é característico dessa literatura no tratamento de conceitos judaicos tradicionais.

Duas tradições diferentes foram combinadas na figura de Metatron. Uma se relaciona a um anjo celestial que foi criado com a criação do mundo, ou mesmo antes, e faz dele responsável por executar as tarefas mais elevadas no reino dos céus. Essa tradição continuou sendo aplicada depois que Jahoel foi identificado com Metatron. Segundo essa tradição, a nova figura assumiu muitos deveres específicos do anjo Miguel, uma ideia conservada em certas seções da literatura *Heichalot* até a Cabala, cuja literatura se refere ao Metatron primordial algumas vezes como Metatron Raba.

Uma tradição diferente associa Metatron a Enoque, que "andou com Deus" (Gênesis 5:22) e que ascendeu ao céu e foi transformado de ser humano em anjo – além disso, ele também se tornou o grande escriba que registrava os feitos dos homens. Esse papel já era designado a Enoque no Livro dos Jubileus (4:23). Sua transmutação e sua ascensão ao céu foram discutidas pelos círculos que seguiram essa tradição e elaboraram a partir dela. A associação com Enoque pode ser vista particularmente no *Livro de Heichalot*, algumas vezes chamado de *Livro de Enoque*, de R. Ishmael Kohen ha-Gadol, ou de *Livro de Enoque* hebraico (a edição de H. Odeberg [ver bibliografia] inclui uma tradução inglesa e uma introdução detalhada). O autor vincula duas tradições e tentativas de reconciliá-las. Mas é claro que os capítulos 9-13 aludem ao Metatron primordial, como destaca Odeberg.

A ausência da segunda tradição no Talmud ou nos mais importantes Midrashim é evidentemente associada à relutância dos talmudistas em considerar Enoque como um todo sob uma luz favorável, e em particular a história de sua ascensão ao céu, uma relutância que ainda recebe proeminência no Midrash *Genesis Rabah*. O Targum palestino (Gênesis 5:24) e outros Midrashim conservaram alusões a Metatron nessa tradição. Em vez de seu papel de escriba celeste, ele às vezes aparece como advogado celeste, defendendo Israel no tribunal celeste. Essa transposição de suas funções é muito característica (Lam. R. 24; Tanh. *Va-Etchannan*; Num. R. 12, 15). Uma série de dizeres dos sábios, em particular em *Sifrei*, porção *Ha'azinu*, 338, e Gen. R. 5, 2, foram explicados por comentaristas medievais como se referindo a Metatron com base em uma leitura truncada de "*Metatron*" em vez de *metator* ("guia").

Em determinados lugares da literatura da Merkavah, Metatron desaparece completamente e é mencionado apenas nos adendos que não fazem parte da exposição original, como no *Heichalot Rabati*. As descrições da hierarquia celestial no *Massechet Heichalot* e no *Sefer ha-Razim* também não fazem menção a Metatron. Por outro lado, Metatron é uma figura evidente no *Livro das Visões de Ezequiel* (século IV) embora seja mencionado sem qualquer referência à tradição de Enoque. Essa fonte menciona uma série de outros nomes secretos de Metatron, listas que mais tarde aparecem em comentários especiais ou que foram acrescentados ao *Livro de Enoque* hebraico (capítulo 48). As explicações desses nomes de acordo com a tradição dos chassídicos asquenazes são dadas no livro *Beit Din* de Abrahão Hammawi (1858, 196 ss.), e em outra versão no *Sefer ha-Cheshek* (1865). Segundo as tradições de alguns místicos da Merkavah, Metatron assume o lugar de Miguel como sumo sacerdote que serve no Templo celestial, tal como é enfatizado particularmente na segunda parte do *Shi'ur Komah* (em *Merkavah Shelemah* [1921], 39 ss.).

Pode-se, assim, detectar diferentes aspectos das funções de Metatron. Em um lugar, ele é descrito servindo diante do trono celeste e ministrando conforme as necessidades do trono, enquanto em outra ele aparece como serviçal (*na'ar*, "jovem") em seu próprio tabernáculo especial ou no Templo celestial. (O título *na'ar* no sentido de serviçal se baseia no uso bíblico). No período amoraico, o dever do "príncipe do mundo" anteriormente atribuído a Miguel foi transferido para ele (Ievamot 16b). Essa concepção do papel de Metatron como príncipe do mundo desde sua criação contradiz o conceito de Metatron como Enoque que teria sido levado ao céu apenas depois da criação do mundo.

Já se observava no *Shi'ur Komah* que o nome Metatron possui duas formas, "escrito com seis letras e com sete letras", isto é, מיטטרון e מטטרון. O motivo original dessa distinção não é conhecido. Nos primeiros manuscritos, o nome é quase sempre escrito com a letra *iod*. Os cabalistas consideravam as diferentes formas significativas de dois protótipos de Metatron. Eles reintroduziram a distinção entre os vários componentes que haviam sido combinados no *Livro de Enoque* hebraico de que dispunham. Eles identificaram o Metatron de sete letras com a Suprema emanação da *Shechinah*, residindo desde então no mundo celestial, enquanto o Metatron de seis letras seria Enoque, que ascendeu depois ao céu e possuía apenas parte do esplendor e do poder do Metatron primordial. Essa distinção já é subjacente à explicação dada por R. Abrahão b. David ao *Berakhot* (ver G. Scholem, *Reshit ha-Kabalah* [1948], p. 74-77).

A origem do nome Metatron é obscura, e talvez não se possa dar uma explicação etimológica. É possível que tenha surgido como um nome secreto e que não tivesse nenhum significado concreto, talvez oriundo de meditações subconscientes, ou como resultado de glossolalia. Para sustentar esta última suposição, existe uma série de exemplos similares de nomes com o sufixo *on*: Sandalfon (סנדלפון), Adiriron (אדירירון) etc., enquanto a duplicação da letra *t* (טט) é característica dos nomes encontrados na literatura da Merkavah, por exemplo, em um acréscimo ao *Heichalot Rabati*, 26:8. Entre as diversas derivações etimológicas oferecidas (ver Odeberg, 125-42), deve-se mencionar: a partir de *matara* (מטרא), encarregado da vigília; a partir de *metator* (מיטטור), um guia ou mensageiro (mencionado no *Sefer he-Aruch* e nos escritos de muitos cabalistas); a partir da combinação de duas palavras gregas, *meta* e *thronos*, como *meta thronos* (μετὰ θρόνος), no sentido de "aquele que serve atrás do trono". No entanto, o dever de servir ao trono celeste seria associado a Metatron apenas em um estágio posterior e não está de acordo com as tradições anteriores. É altamente duvidoso que o "anjo do Semblante" entrando "para elevar e arrumar o trono de modo adequado", mencionado no *Heichalot Rabati* (capítulo 12), possa ser na verdade Metatron, que não é mencionado nenhuma vez nesse contexto. A palavra grega *thronos* não aparece na literatura talmúdica. A origem da palavra, portanto, permanece desconhecida.

Em contraste com a longa descrição de Metatron encontrada no *Livro de Enoque* hebraico, na literatura posterior o material relacionado a ele é esparso, ao passo que quase não há dever no domínio celeste e no domínio de um único anjo entre os anjos que não esteja associado a Metatron. Isso se aplica particularmente à literatura cabalística (Odeberg, 111-25). Extensos materiais do Zohar e da literatura cabalística foram reunidos por R. Margaliot em sua obra angelológica *Malachei Elion* (1945, 73-108). Em livros que tratam da

Cabala prática, quase não existem encantamentos de Metatron, embora seu nome seja frequentemente mencionado em outros encantamentos. Apenas o emissário sabateano Nehemiah Hayon confirmadamente se gabaria de ter conjurado Metatron (REJ 36 [1898], p. 274).

BIBLIOGRAFIA

H. Odeberg, *III Enoch or the Hebrew Book of Enoch* (1928); Scholem, Mysticism, 67-70; idem, *Jewish Gnosticism* (1965), 43-55; idem, *Les Origines de la Kabbale* (1966), 132-5, 225-31, 263.

18
PROVIDÊNCIA

A questão da providência divina quase nunca aparece na Cabala como um problema separado, e, portanto, há poucas discussões detalhadas e específicas dedicadas a ela. A ideia de providência é identificada na Cabala com a suposição de que existe um sistema organizado e contínuo de governo do cosmos, desempenhado pelas Potências Divinas – as *Sefirot* – que são reveladas nesse governo. A Cabala não faz mais do que explicar o modo como o sistema opera, enquanto sua existência concreta jamais é questionada. O mundo não é governado pelo acaso, mas pela incessante providência divina, que é o significado secreto da ordem oculta de todos os planos da criação, especialmente no mundo do homem. Aquele que entende o modo de ação das *Sefirot* também entende os princípios da providência divina que são manifestados através dessa ação. A ideia de providência divina é entremeada de modo misterioso com a limitação da área de atuação da causalidade no mundo. Pois, embora a maioria dos acontecimentos ocorridos com as criaturas vivas, e especialmente com os homens, pareça ocorrer de modo natural, que é o das causas e efeitos, na realidade esses acontecimentos contêm manifestações individuais da providência divina que é responsável por tudo o que acontece ao homem, até o mais mínimo detalhe. Nesse sentido, a regra da providência divina é, na opinião de Nachmanides, uma das "maravilhas ocultas" da criação. As obras da natureza ("Eu vos darei as chuvas a seu tempo", Levítico 26:4 e outras semelhantes) são coordenadas de maneira oculta, com a causalidade moral determinada pelo bem e pelo mal nas ações do homem.

Em suas discussões sobre a providência divina, os primeiros cabalistas enfatizaram a atividade da décima *Sefirah*, uma vez que o domínio sobre o mundo inferior está principalmente em suas mãos. Essa *Sefirah* é a *Shechinah*, a presença da potência divina no mundo em todos os tempos. Essa presença é responsável pela providência de Deus em favor de Suas criaturas; mas, segundo algumas opiniões, a origem da providência divina está concretamente nas *Sefirot* superiores. A expressão simbólica é dada a essa ideia, particularmente no Zohar, na descrição dos olhos na imagem do *Adão Kadmon* ("Homem Primordial"), em suas duas manifestações, como *Arich Anpin* (literalmente, "A Face Longa", mas significando "Aquele que sofreu longamente" ou "O Paciente) ou *Atikah Kadishah* ("O Antigo Sagrado") e como *Ze'eir Anpin* ("A Face Curta", indicando "O Impaciente"). Na descrição dos órgãos na cabeça do *Atikah Kadishah*, o olho que está sempre aberto é considerado um símbolo supremo da existência da providência divina, cuja origem está na primeira *Sefirah*. Essa providência superior consiste exclusivamente de compaixão, sem nenhuma mescla de juízos duros. Apenas na segunda manifestação, que é a representação de Deus na imagem do *Ze'eir Anpin*, a atividade do juízo também é encontrada na providência divina. Pois "... os olhos do Senhor... percorrem a terra toda sem cessar" (Zacarias 4:10), e eles transmitem sua providência a todo lugar, tanto para o juízo quanto para a compaixão. A imagem figurativa, "o olho da providência", é aqui entendida como expressão simbólica que sugere um certo elemento da própria ordem divina. O autor do Zohar está refutando aqueles que negam a providência divina e a substituem pelo acaso como causa importante nos acontecimentos do cosmos. Ele considera tolos aqueles que não estão aptos a contemplar as profundezas da sabedoria da providência divina e que se rebaixam ao nível dos animais (Zohar 3: 157b). O autor do Zohar não distingue entre a providência geral (de todas as criaturas) e a providência individual (de seres humanos individuais). Estes últimos são, evidentemente, mais importantes para ele. Através da atividade da providência divina, uma abundância de bênçãos desce sobre as criaturas, mas esse despertar do poder da providência depende dos feitos dos seres criados, do "despertar de baixo para cima". Uma consideração detalhada da questão da providência é proposta por Moisés Cordovero no *Shi'ur Komah* ("Medida do Corpo"). Ele também concorda com os filósofos que a providência individual existe apenas em relação ao homem, enquanto em relação ao resto do mundo criado, a providência é apenas dirigida para as essências genéricas. Mas ele amplia a categoria da providência individual e estabelece que a "providência divina se aplica às criaturas inferiores, até aos animais, em favor de seu bem-estar e em sua morte, e isso não em benefício dos animais em si, mas em benefício do homem", isto é, na medida em que as vidas dos animais estão ligadas às vidas dos homens, a providência individual se aplica a eles também. "A providência individual não se aplica a nenhum boi ou cordeiro, mas às espécies inteiras em conjunto... mas se a providência divina se aplica a um homem, ela abarcará até seu jarro, caso se quebre, e seu prato, caso rache, e todas as suas posses – se ele será castigado ou não" (p. 113). Cordovero distingue dez tipos de providência, a partir das quais é possível entender os diversos modos de ação da providência individual entre os gentios e Israel. Esses modos de ação estão ligados aos vários papéis das *Sefirot* e a seus canais que transmitem abundância (de bênçãos) para todos os mundos, de acordo com o despertar especial das criaturas inferiores. Cordovero inclui entre elas dois tipos de providência que indicam a possibilidade da limitação da providência divina em determinados casos, ou mesmo sua completa negação. Também na opinião dele, as coisas podem acontecer a um homem sem a orientação da providência, e pode até acontecer de os pecados de um homem fazerem com que ele seja deixado "à natureza e ao acaso", que é o aspecto de Deus escondendo sua face do homem. Na verdade, não se sabe, a cada momento, se um acontecimento particular em uma vida individual corresponde a este último caso ou se é um resultado da providência divina: "E ele não terá certeza – pois quem lhe dirá se ele está entre aqueles de quem se disse: 'O homem virtuoso é seguro como um leão' – talvez Deus tenha ocultado Sua face dele, devido a alguma transgressão, e ele fica deixado ao acaso" (p. 120).

Apenas na Cabala sabateana a providência divina é vista mais uma vez como um problema sério. Entre os discípulos de Shabetai Tsevi foi transmitido seu ensinamento oral de que a Causa das Causas, o *Ein-Sof* ("o Infinito") "não influencia e não supervisiona o mundo inferior, e ele fez com que a *Sefirah Keter* passasse a existir para ser Deus e a *Sefirah Tiferet* para ser Rei" (ver Scholem, *Sabbatai Sevi*, p. 862). Essa negação da providência do *Ein-Sof* foi considerada um segredo profundo entre os crentes, e o sabateano Abrahão

Cardozo, que se opunha a essa doutrina, escreveu que a ênfase dada à natureza secreta desse ensinamento surgiu do conhecimento sabateano de que essa era a opinião de Epicuro, o grego. A "retirada" (*netilah*) da providência do *Ein-Sof* (que é designado nesses círculos também por outros termos) é encontrada em diversas escolas sabateanas de pensamento, como na Cabala de Baruchiah de Tessalônica, no *Va-Avo ha-Iom el ha-Ain*, que foi severamente atacado pela proeminência que deu a essa opinião, e no *Shem Olam* (Viena, 1891) de Jonathan Eybeschütz. Esta última obra dedicava várias páginas de casuística a essa questão no intuito de provar que a providência não se origina efetivamente na Causa Primeira, mas no Deus de Israel, que é emanado dela, e que é chamado, por Eybeschütz, de "imagem das dez *Sefirot*". Essa suposição "herética", de que a Causa Primeira (ou o elemento mais elevado da Divindade) não orienta de nenhuma maneira o mundo inferior foi uma das principais inovações da doutrina sabateana que enfureceu os sábios daquele período. Os cabalistas ortodoxos viam nessa suposição a prova de que os sabateanos haviam abandonado a fé na unidade absoluta da Divindade, que não permite, em questões relativas à providência divina, diferenciação entre o *Ein-Sof* emanador e as *Sefirot* emanadas. Embora o *Ein-Sof* efetive a atividade da providência divina através das *Sefirot*, o *Ein-Sof* em si seria o autor da verdadeira providência. Nos ensinamentos dos sabateanos, contudo, essa qualidade de Causa Primeira do *Ein-Sof* é apagada ou posta em dúvida.

BIBLIOGRAFIA

I. Tishby, *Mishnat ha-Zohar*, 1 (1957²), 265-8; M. Cordovero, *Shi'ur Komah* (1883), 113-20; Scholem, Sabbatai Sevi, 861, 862; M. A. Perlmutter, *R. Yehonatan Eybeschütz ve-Iachasso el ha-Shabata'ut* (1947), 133-41, 190-1.

19
SAMAEL

Do período amoraico em diante, Samael é o principal nome de Satã no judaísmo. O nome aparece pela primeira vez no relato da queda dos anjos no 6º Livro de Enoque etíope, que inclui o nome, embora não no lugar mais importante, na lista dos líderes dos anjos que se rebelaram contra Deus. As versões gregas do texto hebraico perdido contêm as formas Σαμμανή (Sammane) e Σεμιέλ (Semiel). Esta última forma assume o lugar do nome Samael na obra em grego do Pai da Igreja Irineu, em seu relato sobre a seita gnóstica dos ofitas (ver adiante; edição de Harvey, I, 236). Segundo Irineu, os ofitas davam à serpente um nome duplo: Miguel e Samael, que, na obra em grego do Pai da Igreja Teodoreto, aparece como Σαμμανή (Sammane). A versão grega de Enoque usada pelo Sincelo bizantino conservou a forma Σαμιέλ (Samiel). Essa forma ainda conserva o significado original derivado da palavra *sami* (סמי), que significa cego, uma etimologia que foi preservada em várias fontes judaicas e não judaicas até a Idade Média. Além de Samiel, as formas Samael e Sammuel datam da antiguidade. Essa terceira versão está preservada no Apocalipse grego de Baruch 4:9 (do período tanaítico), que afirma que o anjo Sammuel plantou a videira que causou a queda de Adão e, portanto, Sammuel foi amaldiçoado e se tornou Satã. A mesma fonte relata no capítulo 9, em uma antiga versão da lenda da diminuição da lua, que Samael assumira a forma de uma serpente no intuito de tentar Adão, uma ideia que foi omitida nas versões talmúdicas posteriores da lenda.

Na obra apocalíptica *A ascensão de Isaías*, que contém uma mescla de elementos judaicos e cristãos primitivos, os nomes Beliar (isto é, Belial) e Samael ocorrem lado a lado com nomes e sinônimos de Satã. O que é recontado sobre Samael em uma passagem é afirmado em outra sobre Beliar. Por exemplo, Samael dominou o Rei Manassés e "abraçou-o", assim assumindo a forma de Manassés (capítulo 2). No capítulo 7, Samael e suas forças, afirma-se, estão embaixo do primeiro firmamento, uma opinião que não concorda com sua posição de chefe dos demônios. Samael é mencionado entre os "anjos do juízo" nos Oráculos Sibilinos 2:215. Nos períodos tanaítico e amoraico, Samael é mencionado como estando fora do alinhamento das hostes da Merkavah. Valendo-se da tradição judaica, diversas obras gnósticas se referem a Samael como "o deus cego" e como idêntico a Jaldabaoth, que ocupava um lugar importante nas especulações gnósticas como um dos líderes ou o líder das forças do mal. Essa tradição aparentemente chegou através dos ofitas ("adoradores da serpente"), uma seita judaica sincrética.[1] Tradições parcialmente eclesiásticas desse período, como as versões pseudoepigráficas dos Atos de André e Mateus 24, conservam o nome Samael para Satã, reconhecendo sua cegueira. Ele é mencionado como líder dos demônios no mágico Testamento de Salomão (*Testamentum Salomonis*), que é essencialmente uma adaptação cristã superficial de um texto demonológico judaico desse período.[2] Sem dúvida, Simael, "o demônio encarregado da cegueira", mencionado em obras mandaicas,[3] é simplesmente uma variação de Samael.

Na tradição rabínica, o nome ocorre primeiramente em afirmações de Iose (talvez b. Chalafta ou o *amora* Iose) de que durante o êxodo do Egito "Miguel e Samael ficaram diante da *Shechinah*", aparentemente como acusador e defensor (Ex. R. 18:5). A tarefa deles é semelhante à de Samael e Gabriel na história de Tamar (Sot. 10b), na afirmação de Eleazar b. Pedat, Samael conserva o papel de acusador no relato de Hama b. Hanina (*c.* 260 d. C.; Ex. R. 21:7), que aparentemente foi o primeiro a identificar Samael com o anjo da guarda de Esaú durante a luta entre Jacó e o anjo. Seu nome, contudo, não aparece no *Genesis Rabah* (edição de Theodor [1965], p. 912), mas ele é mencionado na antiga verão do *Tanhuma, Va-Ishlach* 8. Na versão paralela em *Cântico dos Cânticos Rabah* 3:6, o *amora* mostra Jacó dizendo a Esaú: "seu semblante lembra aquele de seu anjo da guarda", segundo a versão do *Matanot Kehunnah* (edição de Theodor). Surpreendentemente, na seção do *Midrash*

Ielamedenu sobre Êxodo 14:25, Samael cumpre uma função positiva durante a abertura do Mar Vermelho, detendo as rodas das carruagens dos egípcios. Na *guematria*, Samael é o equivalente numérico da palavra *ofan* ("roda"; no Manuscrito do Museu Britânico 752, 136b; e no *Midrash Ha-Chefets ha-Teimani*, que é citado no *Torah Shelemah*, 14 [1941] sobre esse versículo).

A menção a Samael como anjo da morte ocorre primeiramente no *Targum Jonathan* sobre Gênesis 3:6, e essa identificação frequentemente aparece em *agadot* posteriores, especialmente nas lendas sobre a morte de Moisés no final de *Deuteronômio Rabah*, no final de *Avot de-Rabi Natan* (edição de Schechter [1945], 156). No *Deuteronômio Rabah* 11, Samael é chamado de "Samael o ímpio, o líder de todos os demônios". O nome "Samael o ímpio" é repetido coerentemente no *Heichalot Rabati* (1948), capítulo 5, uma fonte apocalíptica. O Enoque hebraico 14:2 o reconhece como "chefe dos tentadores", "maior do que todos os reinos celestes". Esse texto diferencia Satã e Samael, este último não sendo outro senão o anjo da guarda de Roma (*ibid.*, 6:26). Em tradições sobre a rebelião dos anjos no céu (PdRE 13-14 [1852]), ele é o líder dos exércitos rebeldes. Antes de sua derrota, ele tinha 12 asas e seu lugar era mais elevado que o dos *chaiot* ("criaturas sagradas celestiais") e os serafins. Diversas tarefas são atribuídas a ele: Samael é encarregado de todos os países, mas não tem nenhum poder sobre Israel, exceto no Dia do Perdão, quando o bode expiatório serve de suborno para ele (*ibid.*, 46). No *Midrash Avkir*, um dos menores Midrashim, Samael e Miguel estavam ativos no momento do nascimento de Jacó e Esaú e no processo do *Akedah* (sacrifício) de Isaac, Samael interveio como acusador (Gen. R. 56:4). A guerra entre ele e Miguel, o anjo da guarda de Israel, não será completa até o final dos tempos, quando Samael será entregue a Israel em grilhões de ferro (Gen. R., edição de Albeck, 166, seguindo Mak. 12a, e de modo similar nos capítulos messiânicos (*pirkei mashiach*) em A. Jellinek, *Beit ha-Midrash* 3 [1938], 66f.).

Alguns motivos particulares sobre Samael em *agadot* posteriores incluem os seguintes: Samael não sabe o caminho para a árvore da vida, muito embora voe através do ar (Targ. Jó 28:7); ele tem um cabelo comprido no umbigo, e enquanto esse cabelo continuar intacto seu reinado continuará. Na era messiânica, contudo, o cabelo será dobrado como resultado do grande som do *shofar*, e então Samael também cairá (*Midrash* citado em um comentário sobre

Piutim, Manuscrito Munique 346 91b). Em fontes astrológicas judaicas, que com o tempo influenciariam as de outros grupos, Samael era considerado o anjo encarregado de Marte. Essa ideia é recorrente a princípio entre os sabeus em Charan, que o chamavam de Mara Samia, "o arconte cego",[4] e mais tarde na literatura mágica e astrológica cristã medieval. Ele aparece como o anjo encarregado da terça-feira no *Sefer Razi'el* (Amsterdã, 1701), 34b; no *Chochmat ha-Kasdim* (edição de M. Gaster, *Studies and Texts*, 1 [1925], p. 350); no comentário de Judah b. Barzilai sobre o *Sefer Ietsirah* (1885), 247, e em muitas outras obras. Em fontes demonológicas conhecidas dos irmãos Isaac e Jacob b. Jacob ha-Kohen, os cabalistas espanhóis de meados do século XIII, um eco da antiga etimologia ainda é conservado e Samael é chamado de Sar Suma ("anjo cego").

Na literatura posterior, Samael costuma aparecer como o anjo que trouxe o veneno da morte para o mundo. Essas mesmas fontes demonológicas contêm as primeiras referências a Samael e Lilith como um casal no reino da impureza.[5] Essas fontes são repletas de tradições contraditórias sobre os papéis de Samael e a guerra contra Asmodeu, considerado em sua fonte um anjo da guarda de Ismael. Diferentes sistemas foram construídos com a hierarquia dos líderes dos demônios e suas consortes (*Tarbiz*, 4 [1932-3], p. 72). Segundo uma opinião, Samael teve duas noivas,[6] uma ideia que também aparece no *Tikunei Zohar* (Mântua, 1558). O casal Samael e Lilith é mencionado muitas vezes no Zohar, principalmente sem mencionar especificamente o nome de Lilith (por exemplo, "Samael e sua esposa"), como os líderes do *sitra achra* ("o outro lado", isto é, o mal). No *Amud ha-Semali* de Moisés b. Salomão b. Simeon de Burgos, um contemporâneo do autor do Zohar, Samael e Lilith constituem apenas a oitava e a décima *Sefirot* da emanação esquerda (mal).[7] No Zohar, a serpente se tornou o símbolo de Lilith, e Samael monta sobre ela e tem intercurso sexual com ela. Samael é estrábico e moreno (*Zohar Chadash* 31, 4) e possui chifres (*Tikunei Zohar* em *Zohar Chadash* 101, 3), talvez por influência da ideia cristã sobre os chifres de Satã. No entanto, a imagem de Satã é associada ao bode no *Targum Jonathan* para Levítico 9:3. A comitiva, as hostes e carruagens de Samael são mencionadas no Zohar parte 2, 111b; parte 3, 29a. Diferentes classes de demônios, todos chamados Samael, eram conhecidos do autor do *Tikunei Zohar* (publicado na parte principal do Zohar 1: 29a). "Há Samael e Samael e eles não são o mesmo."

494

Conjurações de Samael costumam aparecer na literatura mágica e na Cabala prática. Na Espanha do século XV, foi desenvolvido um sistema no qual os líderes dos demônios eram Samael, o representante de Edom, e seu assistente Amon de No, representando Ismael. Uma lenda sobre sua queda nas mãos de José della Reina aparece em diversas fontes.[8] Depois que Isaac Luria introduziu a prática de não pronunciar o nome de Satã, o costume de chamá-lo de *Samech Mem* se tornou difundido (*Sha'ar ha-Mitsvot* [Tessalônica, 1852], Êxodo; *Sha'ar ha-Kavanot* [Tessalônica, 1852], *Derushei ha-Laylah* 1).

BIBLIOGRAFIA

R. Margaliot, *Malachei Elion* (1945), 248-70; M. Schwab, *Vocabulaire de l'angélologie* (1897), 199; H. L. Strack e P. Billerbeck, *Kommentar zum Neuen Testament aus Talmud und Midrasch* (1922), 136-49; E. Peterson, *in: Rheinisches Museum*, 75 (1926), 413-5; J. Doresse, *The Secret Books of the Egyptian Gnostics* (1960), índice; G. Scholem, *Origenes de la Kabbale* (1966), 311-4; idem, *Jaldabaoth reconsidered, in: Mélanges H. Ch. Puech* (1973).

PARTE TRÊS
PERSONALIDADES

1
AZRIEL DE GIRONA

Azriel, que viveu no início do século XIII, não deve ser confundido com seu contemporâneo mais velho, Ezra b. Salomão, também de Girona, na Espanha; esse equívoco foi repetidamente cometido do século XIV em diante. A opinião de Graetz, de que, em se tratando da Cabala, os dois devem ser considerados a mesma pessoa, perdeu sua validade depois que as obras dos dois autores foram estudadas mais atentamente. Nenhum detalhe de sua vida é conhecido. Em uma carta enviada a Girona que foi conservada, seu professor, Isaac, o Cego, aparentemente se opusera a essa propagação aberta das doutrinas cabalísticas em círculos mais amplos (*Sefer Bialik* [1934], p. 143-8). O poeta Meshullam Dapiera de Girona em vários poemas o saudou como líder dos cabalistas em Girona e como seu professor. Um manuscrito de Oxford encontrado por S. Sachs contendo suas supostas discussões com adversários filosóficos da Cabala é um plágio de um manuscrito genuíno de Azriel, feito por um autor anônimo cerca de um século mais tarde, que o prefaciou com sua própria autobiografia.

A clara separação das obras de Ezra das obras de Azriel é em grande medida uma realização de I. Tishby. As obras de Azriel possuem um estilo característico e uma terminologia distinta. Todas, sem exceção, tratam de temas cabalísticos. Elas incluem: (1) *Sha'ar ha-Sho'el* ("O Portão do Inquiridor"), uma explicação da doutrina das dez *Sefirot* ("Emanações Divinas") na forma de perguntas e respostas, com o acréscimo de uma espécie de comentário feito pelo próprio autor. A obra foi impressa pela primeira vez em Berlim, como introdução de um livro de Meir ibn Gabai, *Derech Emunah*, "O Caminho da Crença" (1850). (2) O comentário sobre o *Sefer Ietsirah* impresso nas edições desse livro, mas atribuído a Nachmanides. (3) Um comentário sobre os *agadot* talmúdicos, que teve uma edição crítica publicada por Tishby em Jerusalém em 1943. Esse comentário representa uma revisão e, parcialmente, uma importante expansão (em questões especulativas) do comentário de Ezra b. Salomão, que particularmente esclarece as diferenças em relação à versão de seu colega mais velho. (4) Um comentário sobre a liturgia; na verdade, uma coletânea de instruções para meditações místicas sobre as orações mais importantes; que geralmente aparece atribuído a Ezra nos manuscritos que foram conservados. Longas seções da obra são citadas com atribuição a Azriel no livro de orações de Naftali Hirz Treves (Thiengen, 1560). (5) Uma longa carta enviada por Azriel de Girona a Burgos, na Espanha, tratando de problemas cabalísticos básicos. Em alguns manuscritos, essa carta é erroneamente atribuída a Jacob b. Jacob ha-Kohen de Soria; ela foi publicada por Scholem em *Mada'ei ha-Iahadut*, 2 (1927), 233-40. (6) Uma série de tratados mais breves, dos quais o mais importante é uma longa seção de uma obra parcialmente preservada, *Derech ha-Emunah ve-Derech ha-Kefirah* ("O Caminho da Crença e o Caminho da Heresia"), assim como peças curtas sobre o misticismo da oração (publicadas por Scholem em *Studies in memory of A. Gulak and S. Klein* (1942), 201-22), assim como o tratado ainda não publicado sobre o significado místico do sacrifício, *Sod ha-Korban*, e o anônimo *Sha'ar ha-Kavanah*, "um capítulo sobre o significado da intenção mística", atribuído no manuscrito "aos cabalistas de outrora" (Scholem, in MGWJ 78 [1934], p. 492-518).

Azriel é um dos mais profundos pensadores especulativos no misticismo cabalístico. Sua obra reflete da forma mais clara o processo pelo qual o pensamento neoplatônico penetrou na tradição cabalista original, quando esta chegou à Provença no *Sefer ha-Bahir*. Ele era familiarizado com várias fontes da literatura neoplatônica, da qual ele cita diretamente algumas passagens. Ainda é impossível dizer como ele entrou em contato com conceitos pertencentes à filosofia de Salomão ibn Gabirol e com o pensamento neoplatônico cristão de João Escoto Erígena; mas, de alguma forma, Azriel deve ter entrado em contato com o modo de pensar de ambos. O mais significativo é que o estatuto e a importância da vontade de Deus como mais alta potência da deidade, ultrapassando todos os outros atributos, intimamente associada a Deus, mas não idêntica a Ele, correspondem à doutrina de Gabirol. Outros pontos, como a coincidência dos opostos na unidade divina, que desempenha um papel especial na obra de Azriel, parecem advir da tradição neoplatônica cristã. Azriel enfatiza particularmente a disparidade entre a ideia neoplatônica de Deus, que só pode ser formulada a partir de negativas, e a ideia do Deus bíblico, sobre o qual é possível fazer asserções positivas e ao qual podem ser feitas atribuições. O primeiro é o *Ein-Sof*, o Infinito; o outro é representado pelo mundo das *Sefirot*, que em várias emanações revela o movimento criativo da unidade divina. A lógica, segundo a qual Azriel estabeleceu a necessidade de supor que a existência das *Sefirot* é uma emanação do poder divino, é inteiramente neoplatônica. No entanto, em contraste com a doutrina de Plotino, essas emanações são vistas como processos que ocorrem no interior da divindade, e não como passos extradivinos intermediários entre Deus e a criação divina. Mais do que isso, o processo começa em Deus em Si, a saber, entre Seu ser oculto, sobre o qual de fato nada pode ser dito, e Sua aparição como Criador tal como atestado pela Bíblia. Sondando os mistérios desse mundo das *Sefirot*, Azriel demonstra grande ousadia. A mesma ousadia é demonstrada nas especulações teosóficas que ele lê na *agadah* talmúdica. A Cabala de Azriel não reconhece uma criação verdadeira a partir do nada, embora ele use essa fórmula enfaticamente. No entanto, ele altera inteiramente seu significado: "o nada" a partir do qual tudo foi criado é aqui (assim como em Erígena) apenas uma designação simbólica do Ser Divino, que ultrapassa tudo o que é compreensível para o homem, ou da Vontade Divina, que em si mesma não tem princípio.

BIBLIOGRAFIA

I. Tishby, *in*: *Tsion* 9 (1944), 178-85; idem, in, *in*: *Sinai* (1945), 159-78; idem, *in*: *Minhah li-Ihuda (Zlotnick)* (1950, volume do jubileu... J. L. Zlotnik), 170-4; G. Scholem, *Ursprung und Anfänge der Kabbalah* (1962), capítulo 4; G. Sed-Rajna, *Le commentaire d'Azriel de Gérone sur les prières* (1973)

2
NAFTALI BACHARACH

Bacharach nasceu em Frankfurt (a data de seu nascimento – assim como de sua morte – é desconhecida), mas também passou alguns anos na Polônia com os cabalistas antes de voltar para sua cidade natal. Em 1648 Bacharach publicou seu abrangente livro *Emek ha-Melech* ("O Vale do Rei"), uma das mais importantes obras cabalísticas com uma ampla e sistemática apresentação da teologia de acordo com a Cabala luriânica. A obra se baseava em diversas autoridades, mas se valia principalmente da versão de Israel Sarug apresentada em seu livro *Limudei Atsilut* (1897), que Bacharach incluiu quase inteiro em seu próprio livro praticamente sem admitir esse fato. As alegações de Bacharach de ser responsável por levar as fontes da Cabala de Luria de volta para Eretz Israel, onde supostamente ele viveu por algum tempo, não merecem crédito. Bacharach também acusou José Salomão Delmedigo, que ele alegava ter sido seu aluno, de transcrever manuscritos cabalísticos que estariam com Bacharach e depois publicá-los, com nítidas distorções, em seus livros *Ta'alumot Chochmah* (1629) e *Novelot Chochmah* (1631). No entanto, o contrário parece muito mais provável; que foi Bacharach quem tomou da obra de Delmedigo, assim como de muitas outras fontes sem lhes dar o crédito. Enquanto o interesse de Delmedigo se concentra no aspecto filosófico abstrato da Cabala, que ele tentava explicar para si mesmo, Bacharach aparece como um cabalista entusiasmado e fanático, com um pendor especial para os aspectos místicos e não filosóficos da Cabala – tanto da Cabala de Isaac Luria como também da Cabala dos primeiros cabalistas. Isso explica a forte ênfase dada a elementos como a doutrina do *sitra achra* ("outro lado" – o Mal) e a demonologia. Ele alinhavou temas cabalísticos antigos e novos em um estilo elaboradamente detalhado. Sem se referir a Sarug, que é sua fonte mais importante, Bacharach alega derivar seus ensinamentos dos livros de Chaim Vital, embora importantes capítulos de sua doutrina, tais como sua versão da doutrina do *tsimtsum* ("contração") e tudo o que isso implica, sejam completamente estranhos aos escritos de Vital. A fusão dessas duas tradições caracteriza esse livro escrito com talento e clareza. Bacharach também tomou livremente emprestado de certas partes do *Shefa Tal* de R. Shabetai Sheftel Horowitz (1612). Seu estilo é impregnado de uma tensão messiânica. O livro *Emek ha-Melech* teve grande impacto sobre o desenvolvimento da Cabala posterior. Foi amplamente reconhecido como fonte autorizada sobre a doutrina de Isaac Luria e cabalistas de muitos países, especialmente asquenazes, o grande Chabad Chassidim e a escola do Gaon Elias b. Salomão Zalman de Vilna citam-no longamente. Sua influência também é nítida na literatura sabateana, no sistema da Cabala de Moisés Chaim Luzzatto e no livro *Kelach* [= 138] *Pitchei Chochmah*. Por outro lado, fortes críticas ao livro logo foram expressas. Já em 1655, Chaim ha-Kohen de Alepo, um discípulo de Chaim Vital, na introdução de seu *Mekor Chaim* (1655), protestaria contra a alegação de Bacharach de que ele seria o verdadeiro intérprete da doutrina de Luria. Os protestos de Benjamin ha-Levi em sua aprovação do *Zot Chukat ha-Torah* de Abrahão Chazkuni (1659), e do pregador Berechiah Berach, em sua introdução ao *Zera Berach* (2ª parte, 1662), contra representações equivocadas da Cabala luriânica, também se dirigiam a Bacharach. Moisés Chagiz diz no *Shever Poshe'im* (1714) que o *Emek ha-Melech* é chamado de *Emek ha-Bacha* ("Vale do Pranto"). Isaiah Bassan se queixa a M. H. Luzzatto da tradução de muitos capítulos do *Emek ha-Melech* para o latim, referindo-se à *Kabbalah Denudata* de Knorr von Rosenroth dizendo "que estão entre os motivos mais importantes do prolongamento de nosso exílio" (*Igarot Shadal*, 29). H. J. D. Azulai também escreveu: "Ouvi dizer que nenhum escrito genuíno chegou às mãos dele (Bacharach)... portanto os iniciados evitam lê-lo ou o *Novelot Chochmah*". No *Emek ha-Melech* há referência a muitos outros livros de Bacharach sobre aspectos da doutrina cabalista. Desses livros, apenas uma parte do *Gan ha-Melech* sobre o Zohar foi conservada, em um manuscrito de Oxford.

BIBLIOGRAFIA

Azulai, 2 (1852), 115, n. 406; G. Scholem, *in*: KS 30 (1954-5), 413; Scholem, Sabbatai Sevi, *passim*; M. Horowitz, *Frankfurter Rabinen*, 2 (1883), 41-45.

3
ABRAHÃO MIGUEL CARDOZO

Cardozo nasceu em Rio Seco, Espanha, de uma família marrana em 1626. Ele estudou medicina na Universidade de Salamanca e, de acordo com seu próprio testemunho, também dois anos de teologia. Ele viveu por algum tempo com seu irmão Isaac em Madri e, em 1648, os dois deixaram a Espanha e foram para Veneza. Em Livorno, ele retornou ao judaísmo e mais tarde continuou seus estudos em medicina e obteve considerável conhecimento rabínico, estudando sob a orientação dos rabinos de Veneza. Aparentemente, ele ganhou a vida como médico e tinha a confiança também de não judeus. Mesmo durante sua estada na Itália, ele foi assaltado por dúvidas religiosas e mergulhou em especulações teológicas sobre o significado do monoteísmo judaico. A maior parte de seu período italiano foi passada em Veneza e Livorno. Por volta de 1659, ele iniciou uma vida de andarilho, marcada pela instabilidade, por perseguições e intensas atividades. Segundo uma tradição, Cardozo se estabeleceu primeiramente em Trípoli, como médico do *bei* (*Merivat Kadesh*, 9), mas segundo seu próprio testemunho, ele teria ido primeiramente ao Egito e vivido lá por cinco anos, principalmente no Cairo, onde teria começado a estudar a Cabala luriânica. Em 1663 ou 1664, Cardozo teria chegado a Trípoli, e lá ele começou a ter revelações através de visões e sonhos. Em Trípoli, Cardozo era respeitado como líder religioso por muitos na comunidade, embora tivesse também muitos adversários. Supostamente, ele ficou ali por quase dez anos. Quando as informações sobre o aparecimento de Shabetai Tsevi e Natan de Gaza começaram a ser recebidas,

Cardozo se tornou, a partir de 1665, um dos apoiadores mais fervorosos do novo "messias" e deu início a amplas atividades de propaganda em nome "da fé". Ele conta sobre suas muitas visões da redenção e do messias e persistiria em sua crença mesmo depois da apostasia de Shabetai Tsevi, que ele justificou, embora se opusesse à apostasia dos demais sabateanos. Algumas das longas cartas que Cardozo escreveu em defesa das alegações messiânicas de Shabetai Tsevi entre 1668 e 1707 foram conservadas; entre elas, cartas dirigidas a seu irmão, a seu cunhado, Baruch Enriques em Amsterdã, e aos rabinos de Esmirna (J. Sasportas, *Tsitsat Novel Tsevi* [1954], p. 361-8; *Tsion*, 19 [1954], p. 1-22) A mais importante dessas argumentações em defesa da apostasia do Messias é o *Igueret Maguen Avraham* (publicado por G. Scholem em *Kovets al-Iad* 12 [1938], p. 121-55). O breve tratado atribuído em um manuscrito a Abrahão Perez de Tessalônica, um discípulo de Natan de Gaza, hoje está definitivamente provado ser obra de Cardozo. (Uma análise do tratado é apresentada em G. Scholem, *Sabbatai Sevi* [1973], p. 814-20). Durante aqueles anos, Cardozo se correspondeu com os outros líderes do movimento, particularmente com Natan de Gaza, Abrahão Iakhini e com o próprio Shabetai Tsevi. No início de 1673, Cardozo enviou a Shabetai Tsevi sua primeira obra teológica sobre sua nova interpretação do monoteísmo, *Boker Avraham*. Essa obra fora completada em Trípoli no final de 1672, e está preservada em muitos manuscritos. Cardozo nela expõe a nova doutrina de que deveria ser feita uma distinção entre a Causa Primeira, que não teria nenhuma conexão com os seres criados, e o Deus de Israel, que seria o Deus da religião e da revelação, a quem se deveria cultuar através do estudo da Torah e do cumprimento das *mitsvot*, embora Ele mesmo emane da causa primeira.

Durante mais de trinta anos, Cardozo compôs muitos livros, panfletos e tratados defendendo essa teologia paradoxal, que despertou tempestuosas controvérsias. Em 1668, quando os rabinos de Esmirna o acusaram de má conduta em relação à observância das *mitsvot*, os *daianim* de Trípoli o defenderam em um manifesto confirmando sua integridade religiosa (Manuscrito Hamburgo 312). Não obstante, Cardozo foi banido de Trípoli no início de 1673. Ele ficou em Túnis até 1674, sob a proteção do regente local, a quem serviu como médico pessoal. Cartas de excomunhão, emitidas pelos rabinos de Veneza e Esmirna, seguiram-no também até Túnis. No outono de

1674, Cardozo chegou a Livorno, mas também lá o conselho da comunidade exigiu que ele ficasse isolado da comunidade e, no final de maio de 1675, ele partiu para Esmirna. Apesar disso, Cardozo manteve uma relação próxima com o grupo sabateano em Livorno, liderado por Moisés Pinheiro. Em Esmirna, Cardozo encontrou muitos sabateanos e teve muitos discípulos entre eles. O mais destacado deles seria o famoso pregador e autor Elias ha-Kohen ha-Itamari, então jovem, e o *chazan* Daniel Bonafoux. Esse grupo liderado por Cardozo levaria uma vida sectária marcada por diversas visões e revelações nas quais um *maguid* confirmava as teorias teológicas gerais e sabateanas de Cardozo. Os rabinos de Esmirna aparentemente foram impotentes diante da influência de Cardozo e sua contínua perseguição só chegou ao ponto de sua expulsão de Esmirna na primavera de 1681. Durante esses anos, Cardozo começou a se referir a si mesmo como "Messias ben José". Ele também fez essa reivindicação em alguns de seus livros, embora no final da vida tenha retirado a alegação, e até negado algum dia tê-la feito. De Esmirna ele viajou para Brusa, onde passou uma quinzena e onde os estudiosos da cidade se tornaram seus seguidores. Dali ele passou a Constantinopla. Cardozo alega que durante sua estada em Rodosto, junto ao Mar de Mármara, para onde ele se mudou ao deixar Constantinopla, ele teria recebido cartas da viúva de Shabetai Tsevi, em que ela propunha se casar com ele como "líder dos crentes", e também teria se encontrado com ela. Foi uma época de profunda efervescência religiosa entre os sabateanos, e Cardozo profetizou com forte convicção que a redenção viria no Pessach de 1682. Depois que essa profecia fracassou, Cardozo foi obrigado a deixar Constantinopla em desgraça e se estabeleceu durante quatro anos em Galípoli. Durante esse período, ocorreram apostasias em massa em Tessalônica, ocasionando o nascimento da seita dos Doenmeh. Cardozo se opôs a essa seita e polemizou contra ela em alguns de seus escritos (*Sion*, 7 [1942], p. 14-20). Estranhamente, não obstante esse fato, a literatura dos Doenmeh, tanto nas homilias quanto na poesia, é repleta de louvores a Cardozo e se refere a ele como uma autoridade. Naqueles anos, Cardozo começou a discordar também dos novos cabalistas e do sistema sabateano de Natan de Gaza, contrapondo seu próprio sistema sobre a verdadeira natureza de Deus, que, segundo ele, só era compreendida corretamente por Shabetai Tsevi e por ele mesmo. Ele chama esse ensinamento secreto de *Sod ha-Elohut* ("Segredo da

Divindade"). Durante o mesmo período, ele visitou pela primeira vez Adrianópolis. Em 1686, Cardozo voltou a Constantinopla, onde viveu até 1696, sob a proteção alguns eminentes diplomatas cristãos, apesar da hostilidade dos rabinos da cidade, que o perseguiram e aos seus discípulos. Durante a estada em Esmirna e em Constantinopla, Cardozo foi acometido de muitos infortúnios pessoais e quase todos os seus filhos morreram de praga. Seus adversários acusaram-no de manter relações ilícitas com várias mulheres e de ser pai de filhos ilegítimos. Aparentemente, ele foi obrigado a deixar Constantinopla quando sua relação com aqueles cônsules que lhe davam proteção se deteriorou. Cardozo, então, ficou por algum tempo em Rodosto, onde teve acesso ao breve tratado *Raza de-Meheimanuta* ("O Mistério da Fé"), que foi ditado por Shabetai Tsevi no final de sua vida a um erudito sabateano, que por sua vez passou o texto para os discípulos de Cardozo em Constantinopla. Esse tratado, que Cardozo viu como um forte apoio para seu novo sistema cabalístico, figuraria com destaque na maioria de seus escritos posteriores. De Rodosto, Cardozo tentou se mudar para Adrianópolis, mas não conseguiu, devido à oposição de Samuel Primo, que provocou sua expulsão da cidade depois de três meses. Durante essa visita, houve algumas discussões tempestuosas entre Cardozo e Primo e seus seguidores. Há afirmações conflitantes sobre a data dessa visita nos escritos de Cardozo. Ele voltou a Rodosto e então viajou para a ilha de Chios e mais tarde, de 1698 ou 1699 em diante, passou alguns anos em Cândia, Creta. Durante vários anos, Cardozo se correspondeu com líderes sabateanos poloneses, como o profeta Heshel Tsoref, e comentou também sobre a imigração para Eretz Israel em 1700 de Judá Chassid e Chaim Malach e seu grupo. Cardozo tinha consciência do caráter sabateano dessa imigração, mas a oposição dos discípulos de Chaim Malach a seu sistema o incomodava. Em Cândia, Cardozo escreveu alguns documentos de importância autobiográfica específica, como a homilia *Ani ha-Mechuneh*, publicada por C. Bernheimer, e as cartas publicadas por I. R. Molcho e S. Amarillo.

Uma tentativa de voltar a Constantinopla fracassou. Cardozo era partidário da crença de que Shabetai Tsevi reapareceria 40 anos depois de sua apostasia, em 1706, então, tentou se estabelecer em Eretz Israel. Ele foi a Jaffa (*c.* 1703), mas os líderes espirituais tanto de Jerusalém como de Safed não lhe deram um lugar em suas comunidades. Segundo o testemunho de

Abrahão Itzchaki (Jacob Emden, *Torat ha-Kena'ot*, 66), Cardozo encontrou Nehemiah Chayon, que na época vivia em Safed. Cardozo prosseguiu rumo a Alexandria, e lá ficou por cerca de três anos. Em 1706, Cardozo foi morto pelo sobrinho durante uma briga de família.

Entre os líderes sabateanos do último terço do século XVII, Cardozo se destaca por sua originalidade e pela eloquência de seu pensamento. Seu caráter era errático, e embora as linhas principais de seu pensamento sejam coesas e coerentes, seus escritos demonstram muitas contradições e inconsistências quanto aos detalhes. Um pendor para visões e todo tipo de rituais secretos se combina com uma preocupação incrivelmente profunda com o pensamento teológico. Sua obra literária alterna entre esses extremos. Além de muitas cartas, quase todas tratando da doutrina messiânica e das alegações de Shabetai Tsevi (duas delas em espanhol; Manuscrito Oxford 2481) e algumas sobre sua própria vida, ele escreveu muitos *derushim* ("investigações"), que não são homilias, mas estudos teológicos, nos quais ele desenvolveu seu sistema de teologia, baseado em um certo dualismo gnóstico com avaliação invertida. Enquanto os gnósticos do século II consideravam o Deus Oculto o Verdadeiro Deus e desprezavam o valor do Demiurgo ou Criador (*Iotser Bereshit*), isto é, o Deus de Israel, Cardozo despreza o valor da Causa Primeira oculta e substitui pelo supremo significado religioso positivo do Deus de Israel como Deus da Revelação. Seus escritos são repletos de polêmicas anticristãs. Cardozo via a doutrina da Trindade como uma distorção da verdadeira doutrina cabalística. Sua polêmica anticristã se baseava em sólidos conhecimentos dos dogmas católicos. Ele também atacou a doutrina da Encarnação do Messias, que foi aceita por grupos sabateanos extremistas. Na prática, Cardozo aderiu à tradição rabínica e se opôs ao antinomianismo religioso. Não obstante, seus adversários interpretaram seu sistema como em claro conflito com princípios fundamentais da teologia judaica tradicional, mesmo em sua forma cabalística. A impressão de seus livros foi proibida e, em alguns lugares, foram até queimados, por exemplo, em Esmirna e em Adrianópolis. Uma tentativa, feita por um de seus discípulos, Elias Taragon, de publicar o principal livro de Cardozo, o *Boker Avraham*, em Amsterdã, pouco depois da morte de Cardozo, fracassou devido à intervenção dos rabinos de Esmirna. Por outro lado, muitos exemplares de seus escritos circularam e mais de 30 manuscritos contendo compilações de seus *derushim* foram preservados. Ele teve discípulos e admiradores influentes mesmo em países que nunca visitou, como Marrocos e Inglaterra, e se correspondeu com muitos de seus seguidores, inclusive alguns em Jerusalém, entre 1680 e 1703.

Entre suas obras teológicas, deve-se mencionar a grande coletânea de escritos (Manuscrito Adler 1653), hoje em Nova York, o extenso *Sod Adonai li-Yre'av*, com 24 capítulos (Instituto Ben-Zvi, Manuscrito 2269), e *Raza de-Razin* (Manuscrito inard 351 em Nova York) escrito contra Samuel Primo. Nesse livro, Cardozo menciona ter escrito 60 *derushim*. Excertos de seus escritos, assim como tratados completos, foram publicados por A. Jellinek (*"Derush ha-Ketav"* no *Bet ha-Midrash* de Is. H. Weiss, 1865); Bernheimer (JQR, 18 1927-28, 97-127); G. Scholem (*Abhandlungen zur Erinnerung an H. P. Chajes* (Viena, 1933), 324-50; *Tsion*, 7 (12-28); e *Sefunot*, 3-4 (1960), 245-300); e I. R. Molcho e S. A. Amarillo (*ibid.*, 183-241).

Pouco depois da morte de Cardozo, um de seus adversários, Elias Cohen de Constantinopla (que não deve ser confundido com o famoso rabino de mesmo nome em Esmirna) escreveu uma biografia hostil de Cardozo, *Merivat Kadesh* que contém muitos documentos importantes (publicados em *Inienei Shabetai Tsevi* (1912), 1-40).

BIBLIOGRAFIA

H. Graetz, *Geschizhte der Juden*, 10 (1897[3]), 4; G. Scholem, *Judaica* 1 (em alemão, 1963), 119-46; Y. H. Yerushalmi, *Isaac Cardoso* (1971), 313-43.

4

MOISÉS CORDOVERO
(ESCRITO POR J. BEN-SHLOMO)

Moisés Cordovero nasceu em 1522. O local de seu nascimento é desconhecido, mas seu nome atesta as origens espanholas da família. Ele viveu em Safed e foi discípulo de José Caro e de Salomão Alkabez, e professor de Isaac Luria. Sua primeira obra sistemática de fôlego é o *Pardes Rimonim*, que Cordovero completou na idade de 27 anos. Dez anos depois, ele terminou seu segundo livro sistemático, o *Elimah Rabati*, e também escreveu um longo comentário sobre todas as partes do Zohar, que foi preservado em manuscrito em Módena. Ele morreu em 1570.

A doutrina de Cordovero é um resumo e um desenvolvimento das diferentes tendências na Cabala até sua época, e toda a sua obra é uma grande tentativa de sintetizar e construir um sistema cabalístico especulativo. Isso é feito especialmente em sua teologia, que se baseia no Zohar, e em particular no *Tikunei Zohar* e no *Ra'aia Meheimna*. Como Cordovero considerava esses dois textos escritos por um mesmo autor, ele se sentiu obrigado a harmonizar suas concepções diferentes e às vezes até opostas. Cordovero segue o *Tikunei Zohar* em sua concepção de Deus como um ser transcendente. Deus é a Causa Primeira, um Ser Necessário, essencialmente diferente de qualquer outro ser. Nesse conceito de Deus, Cordovero está obviamente se valendo das fontes da filosofia medieval (especialmente de Maimônides). De acordo com os filósofos, Cordovero defende que nenhum atributo positivo pode se aplicar ao Deus transcendente. Em sua opinião, os filósofos haviam alcançado uma importante realização ao purificar o conceito de Deus de seus antropo-

Página de rosto da obra cabalística de Moses Cordovero, *Pardes Rimmonim*, Cracóvia, 1592.

morfismos. No entanto, Cordovero enfatiza que a diferença essencial entre a Cabala e a filosofia está na solução do problema da ponte entre Deus e o mundo. Essa ligação é possibilitada pela estrutura das *Sefirot* ("Emanações") emanadas a partir de Deus.

Nesse sentido, Cordovero tenta unificar o conceito de Deus como Ser transcendente com o conceito pessoal. Assim, o problema central de sua teologia é a relação entre o *Ein-Sof* (o Deus transcendente) e a questão da natureza das *Sefirot*: serão elas a substância de Deus ou apenas *kelim* ("instrumentos" ou "vasos")? A resposta de Cordovero a essa questão é uma espécie de conciliação entre o Zohar e o *Tikunei Zohar* – as *Sefirot* são substância e *kelim* ao mesmo tempo. Elas são seres emanados exteriormente a partir de Deus, mas Sua substância é imanente às *Sefirot*. Cordovero descreveu as *Sefirot* como instrumentos ou ferramentas com as quais Deus desempenha Suas várias atividades no mundo e como vasos contendo a substância Divina, que os permeia e lhes dá vida, como a alma dá vida ao corpo. Por meio dessa atitude, Cordovero quer preservar, por um lado, o conceito do Deus simples e imutável e, por outro, manter a providência Divina no mundo. Embora essa providência seja às vezes descrita como uma imanência substancial de Deus através de todos os mundos, Cordovero tem reservas sobre isso. No *Pardes Rimonim*, há uma distinção entre o Deus transcendente, que não passa por nenhum processo, e a luz emanada a partir d'Ele, espalhando-se através das *Sefirot*. Essa expansão emanada não é de uma existência necessária, mas é ativada pela vontade espontânea de Deus. Isso equivale ao envolvimento da vontade em cada ato Divino – o Deus ativo é o Deus unido em Sua própria vontade.

É bastante compreensível, portanto, por que a vontade de Deus tem um lugar tão decisivo no sistema de Cordovero. Mais uma vez aqui, surge a mesma questão: qual é a relação entre Deus e Sua vontade? A resposta de Cordovero é de caráter dialético. Por si, a vontade é uma emanação, mas ela se origina a partir de Deus em uma sucessão de vontades que se aproximam assintoticamente da substância de Deus.

O processo de emanação das *Sefirot* é descrito por Cordovero como dialético. No intuito de ser revelado, Deus precisa ocultar a Si mesmo. Esse ocultamento é em si o vir a ser das *Sefirot*. Apenas as *Sefirot* revelam Deus, e é por isso que "a revelação é a causa do ocultamento e o ocultamento é a causa da revelação". O processo de emanação em si ocorre através de uma dinâmica constante de aspectos no interior das *Sefirot*. Esses aspectos formam um processo reflexivo no interior de cada *Sefirah*, que se reflete em suas diferentes qualidades; esses aspectos também têm uma função no processo da emanação, de serem os graus internos que derivam, de um para o outro, de acordo com o princípio da causação. Apenas esse processo interno, que não é senão uma hipóstase dos aspectos reflexivos, habilita a emanação das *Sefirot*, também a partir uma da outra. Esses processos internos são de especial importância em relação à primeira *Sefirah* – a vontade. Depois da série de vontades, que são os aspectos de *Keter* ("coroa") no interior de *Keter*, aparece em *Chochmah* ("sabedoria") em "*Keter*" aspectos que expressam o pensamento potencial de todo o Ser que não está ainda atualizado. Cordovero chama esses pensamentos: "Os reis de Edom que morreram antes do reino de um rei em Israel". Essa ideia aparece no Zohar, mas Cordovero inverte seu sentido. No Zohar, trata-se de uma descrição mitológica das forças do juízo austero (*din*) concebidas no Pensamento Divino e que, devido à sua extrema severidade, foram abolidas e morreram, enquanto para Cordovero esses pensamentos foram abolidos porque não continham juízo (*din*) suficiente. Cordovero concebe o juízo (*din*) como uma condição necessária para a sobrevivência de qualquer existência. Aquilo que está próximo demais da abundância da compaixão infinita de Deus não pode existir, e, portanto, os pensamentos mais elevados foram abolidos, de modo que as *Sefirot* poderiam ser formadas apenas quando a emanação chegou à *Sefirah Binah* ("inteligência"), que já contém o juízo (*din*).

O mundo da emanação como um todo é construído e consolidado por um processo duplo, o processo de *or iashar* ("luz direta") – as emanações descendentes, e *or chozer* ("luz refletida") – a reflexão do mesmo processo ascendentemente. Esse movimento refletido é também a origem do *din*.

A transição do mundo da emanação para o mundo inferior é contínua. Assim, o problema da criação *ex nihilo* não existe em relação ao nosso mundo, mas pertence apenas à transição do "Nada" (*ain*) divino para o primeiro Ser – os aspectos mais elevados da primeira *Sefirah*. Apesar das tentativas de Cordovero de obliterar essa transição, sua posição é teísta: a primeira *Sefirah* fica fora da substância de Deus. Isso proíbe qualquer interpretação panteísta do sistema de Cordovero. A imanência da substância divina nas *Se-*

firot e em todos os mundos é da mesma forma trajada sempre no primeiro vaso, muito embora Cordovero aluda várias vezes a uma experiência mística na qual a imanência de Deus em Si no mundo é revelada. Nesse sentido esotérico, o sistema de Cordovero pode talvez ser definido como panteísta.

Além de seus dois livros sistemáticos principais, *Pardes Rimonim* (Cracóvia, 1592) e *Elimah Rabati* (Lvov, 1881), as seguintes partes de seu comentário sobre o Zohar foram publicadas separadamente: a introdução ao comentário sobre os *Idrot* no Zohar, *Shi'ur Komah* (Varsóvia, 1883); e uma introdução ao Zohar do "Cântico dos Cânticos", *Derishot be-Inianei Malachim* (Jerusalém, 1945). A publicação do comentário completo começou em Jerusalém; sete volumes haviam aparecido até 1973.

Outras obras publicadas são: *Or Ne'erav* (Veneza, 1587); *Sefer Guerushim* (Veneza, *circa* 1602); *Tefilah le-Moshe* (Przemysl, 1892); *Zivchei Shelamim* (Lublin, 1613), *Perush Seder Avodat Iom ha-Kipurim* (Veneza, 1587); *Tomer Devorah* (Veneza, 1589; traduzido por L. Jacobs, *Palm Tree of Deborah*, 1960). Nessa obra, Cordovero lança as bases da literatura ética cabalista, que proliferou nos séculos XVI-XVIII. Em seus capítulos breves, ele orienta todo judeu para o caminho certo a seguir, no intuito de se aproximar e se identificar espiritualmente com cada uma das dez *Sefirot*. Esse breve tratado influenciou muitos moralistas cabalísticos posteriores em Safed e na Europa Oriental. Existem dois resumos do *Pardes Rimonim*: o *Pelach ha-Rimon* (Veneza, 1600), de Menachem Azariah de Fano, e o *Asis Rimonim* (Veneza, 1601) de Samuel Gallico.

BIBLIOGRAFIA

S. A. Horodezky, *Torat ha-Kabalah shel Rabi Moshe… Cordovero* (1924); J. Ben-Shlomo, *Torah ha-Elohut shel R. Moshe Cordovero* (1965).

5
JONATHAN EYBESCHÜTZ

Eybeschütz, uma criança prodígio, estudou na Polônia, na Morávia e em Praga. Em sua juventude, depois da morte do pai, ele estudou em Prossnitz sob a orientação de Meir Eisenstadt e de Eliezer ha-Levi Ettinger, seu tio, e em Viena, sob a orientação de Samson Wertheimer. Ele se casou com a filha de Isaac Spira, o *av bet din* de Bunzlau. Depois de viajar por algum tempo, Eybeschütz se estabeleceu em Praga em 1715, e com o tempo veio a ser líder da *ieshivah* e um famoso pregador. Quando viveu em Praga, ele teve muito contato com padres e com a *intelligentsia*, com quem debateu tópicos religiosos e questões de fé. Ele se tornou amigo do cardeal Hasselbauer, com quem também discutiu questões religiosas. Graças à ajuda do cardeal, Eybeschütz recebeu permissão de imprimir o Talmud com a omissão de todas as passagens que contradiziam os princípios do cristianismo. Enfurecido com isso, David Oppenheim e os rabinos de Frankfurt conseguiram revogar a licença de impressão.

Os judeus em Praga tinham Eybeschütz em alta conta e ele era considerado atrás apenas de David Oppenheim. Em 1725, ele estava entre os rabinos de Praga que excomungaram a seita sabateana. Depois da morte de David Oppenheim (1736), ele foi nomeado *daiian* de Praga. Eleito rabino de Metz em 1741, Eybeschütz em seguida se tornaria rabino das "Três Comunidades", Altona, Hamburgo e Wandsbek (1750). Tanto em Metz quanto em Altona ele teve muitos discípulos e era considerado um grande pregador.

Sua posição nas Três Comunidades, contudo, foi enfraquecida quando estourou a disputa quanto a suas suspeitas tendências sabateanas.

Jonathan Eybeschütz, cabalista do século XVIII.

Essa controvérsia acompanharia Eyebeschütz por toda a sua vida, e o debate teria repercussões em todas as comunidades da Holanda à Polônia. Seu principal adversário era Jacob Emden, também famoso talmudista e seu rival na candidatura ao rabinato das Três Comunidades. O debate se desenvolveu em uma grande discussão pública que dividiu os rabinos da época. Enquanto a maioria dos rabinos alemães se opunha a Eybeschütz, seu apoio vinha dos rabinos da Polônia e da Morávia. Uma tentativa fracassada de mediação foi feita por Ezequiel Landau, rabino de Praga. A maior parte da comunidade do próprio Eybeschütz foi fiel a ele e confiantemente aceitaram sua refutação das acusações feitas por seu adversário, mas a discordância chegou a tal ponto que ambos os lados recorreram às autoridades em Hamburgo e ao governo da Dinamarca para uma decisão judicial. O rei favoreceu Eybeschütz e ordenou que se fizessem novas eleições, que resultaram em sua retomada do cargo. No entanto, a polêmica literária continuou, estimulando diversos eruditos cristãos a participar, alguns dos quais, julgando que Eybeschütz fosse secretamente cristão, vieram em sua defesa. Depois de sua reeleição como rabino das Três Comunidades, alguns rabinos de Frankfurt, Amsterdã e Metz o desafiaram a aparecer diante deles para responder sobre as suspeitas levantadas contra ele. Eybeschütz se recusou, e quando a questão foi levada ao Conselho das Quatro Terras em 1753, o conselho emitiu uma decisão a seu favor. Em 1760, a disputa explodiu mais uma vez quando alguns elementos sabateanos foram encontrados entre os alunos da *ieshivah* de Eybeschütz. Ao mesmo tempo, seu filho mais novo, Wolf, apresentou-se como um profeta sabateano, o que resultou no fechamento da *ieshivah*. Quando Moses Mendelssohn estava em Hamburgo em 1761, Eybeschütz tratou-o com grande respeito, chegando a publicar uma carta sobre ele (*Kerem Hemed* 3 [1838], p. 224-5), inconfundível testemunho de que Eybeschütz tinha consciência da abordagem ideológica de Mendelssohn. Eybeschütz morreu em 1764, por volta dos 70 anos.

Eybeschütz foi considerado não apenas um dos maiores pregadores de seu tempo, mas também um dos gigantes do Talmud, aclamado por sua perspicácia e particularmente por seu intelecto incisivo. Trinta de suas obras no campo da *halachah* foram publicadas. Seu método de ensino despertou grande entusiasmo entre os pilpulistas, e suas obras, *Urim ve-Tumim* sobre o *Hoshen Mishpat* (1775-7), *Kereti u-Feleti* sobre o *Ioreh De'ah* (1763), e *Benei Ahuvah* sobre Maimônides (1819), foram consideradas obras primas da literatura pilpulista. Até hoje elas são consideradas obras clássicas por estudantes do Talmud. Elas são únicas no fato de que muitos *pilpulim* que incluem serem na maioria dos casos baseados em princípios claros, lógicos, que lhes conferem valor permanente. Suas obras homiléticas, *Ahavat Ionatan* (1766), *Ia'arot Devash* (1799-82), *Tiferet Ionatan* (1819), também encontraram muitos admiradores. Em sucessivas gerações, sua reputação foi sustentada por essas obras. Uma vez que (com exceção do *Kereti u-Feleti*) suas obras não foram impressas enquanto ele estava vivo, é claro que sua grande influência entre seus contemporâneos deve ter derivado do poder de seus ensinamentos orais e de sua personalidade, ambos altamente elogiados por muitos autores. De seus livros sobre a Cabala, apenas um foi impresso, *Shem Olam* (1891), mas durante sua vida Eybeschütz foi considerado um grande cabalista.

As opiniões ainda se dividiam quanto à avaliação de sua impressionante personalidade, seus defensores e detratores disputando com extraordinária intensidade. A grande acidez cercando a controvérsia quanto à questão de sua relação secreta com os sabateanos nasce justamente do fato de Eybeschütz ser reconhecido como um verdadeiro mestre da Torah. Era difícil acreditar que um homem que assinara um *cherem* contra os sabateanos pudesse secretamente defender suas crenças. Foram levantadas suspeitas contra ele em duas ocasiões: a primeira delas em 1724, com o aparecimento de um manuscrito intitulado *Va-Avo ha-Iom el ha-Ain*, que os sabateanos, e também diversos de seus próprios alunos, atribuíram a ele. Mesmo depois que ele assinou o *cherem* contra os sabateanos, as suspeitas não foram atenuadas e aparentemente evitaram sua eleição para o rabinato de Praga. Em 1751, a disputa se tornou mais virulenta quando alguns amuletos escritos por Eybeschütz em Metz e Altona foram abertos. Jacob Emden decifrou-os e descobriu que continham fórmulas inconfundivelmente sabateanas (*Sefat Emet*, 1752). Eybeschütz negou que os amuletos tivessem qualquer significado lógico contínuo, defendendo que consistiam simplesmente de "Nomes Sagrados" (*Luhot Edut*, 1755), e até arriscando uma interpretação deles baseada em seu sistema. Seus adversários contestaram que a verdadeira interpretação dos amuletos poderia ser descoberta a partir da obra atribuída a ele, *Va-Avo ha-Iom el ha-Ain*, e que eles podiam e deviam ser interpretados como dotados de conteúdo significativo. A pesquisa histórica erudita revelou três opiniões a respeito da relação de Eybeschütz com o sabateanismo: que ele nunca foi sabateano e que a suspeita de que fosse era completamente infundada (Zinz, Mortimer Cohen, Klemperer); que ele havia sido sabateano na juventude, mas dera as costas à seita por volta da época do *cherem* de 1725 (Bernhard Baer, Saul Pinhas Rabinowitz); que ele foi um criptossabateano desde a época em que estudou em Prossnitz e Praga até o final de sua vida (Graetz, David Kahana, Scholem, Perlmutter). Uma interpretação de suas crenças cabalísticas deve também depender de sua relação com o sabateanismo. Alguns acreditam que o livro *Shem Olam*, que trata da explicação filosófica da natureza de Deus, é uma obra cujos ensinamentos cabalísticos apenas confirmam ensinamentos cabalísticos geralmente aceitos (Mieses); outros consideram que o livro é indiscutivelmente sabateano em sua concepção de Deus (Perlmutter). Outros ainda acreditam que a obra é uma falsificação ou que foi erroneamente atribuída a Eybeschütz (Margulies). Pesquisas mais recentes demonstraram uma íntima relação entre o *Shem Olam* e o *Va-Avo ha-Iom el ha-Ain*.

BIBLIOGRAFIA

B. Brilling, *in*: HUCA, 34 (1963), 217-28; 35 (1964), 255-73; D. L. Zinz, *Guedulat Iehonatan* (1930); M. J. Cohen, *Jacob Emden, a Man of Controversy* (1937); G. Scholem, *in*: KS, 16 (1939-40), 320-38; idem, *in*: *Tsion*, 6 (1940-1), 96-100; idem, *Leket Margaliot* (1941); R. Margulies, *Sibat Hitnahaguto shel Rabenu Ia'akov me-Emden le-Rabenu Iehonatan Eybeschütz* (1941); A. Ha-Shiloni (I. Raphael), *La-Pulmus ha-Mechudash al Shabata'uto shel R. Iehonatan Eybeschütz* (1942); M. A. Perlmutter, *R. Iehonatan Eybeschütz ve-Iachasso la-Shabeta'ut* 1947); Mifael ha-Bibliografyah ha-Ivrit, *Choveret le-Dugmah* (1964), 13-24.

6
JOSÉ GIKATILLA

José Gikatilla (ou Chiquatilla), que nasceu em Medinaceli, Castela, em 1248, viveu por muitos anos em Segovia. Entre 1272 e 1274, ele estudou sob a orientação de Abrahão Abulafia, que o elogia como seu aluno de maior sucesso. Gikatilla, que a princípio foi muito influenciado pelo sistema de cabalismo extático, profético de Abulafia, logo demonstrou uma afinidade maior pela filosofia.

Sua primeira obra conservada, o *Guinat Egoz* (1615), escrito em 1274, é uma introdução ao simbolismo místico do alfabeto, dos pontos vocálicos, e dos Nomes Divinos. O título deriva das letras iniciais dos elementos cabalísticos, *guematria* ("numerologia"), *notarikon* ("acrósticos"), *temurá* ("permutação"). Em comum com seu mentor, Gikatilla também vincula esse conhecimento místico ao sistema praticado por Maimônides. Essa obra não faz sugestões da doutrina teosófica das *Sefirot* mais tarde adotada por Gikatilla. As *Sefirot* aqui são identificadas com o termo filosófico "inteligências". Por outro lado, o autor se mostra familiarizado com as revelações teosóficas de Jacob b. Jacob ha-Kohen de Segovia, embora este último não seja nominalmente mencionado. Diversos outros escritos de Gikatilla também tratam da teoria da combinação das letras e do misticismo alfabético. No entanto, na década de 1280, Gikatilla aparentemente entrou em contato com Moisés b. Shem Tov de Leon, e dali em diante os dois exerceram influência mútua sobre o desenvolvimento cabalístico um do outro.

Antes de escrever o *Guinat Egoz*, Gikatilla havia escrito um comentário sobre o Cântico dos Cânticos (mas não aquele do Manuscrito Paris 790, que alega que Gikatilla o escreveu em 1300 em Segovia). Essa obra adota a doutrina das *Shemitot*, uma teoria dos ciclos cósmicos, tal como exposta no *Sefer ha-Temunah*. Gikatilla também compilou o *Kelalei ha-Mitsvot*, explicando as *mitsvot* através de uma interpretação literal da *halachah* (Manuscrito Paris 713); uma série de *piutim* (Habermann, in *Mizrah u-Ma'arav*, 5 (1932), 351; Grünwald, in *Tarbiz* 36 (1966-7), 73-89), alguns dos quais dedicados a temas cabalísticos; e o *Sefer ha-Meshalim*, um livro de parábolas às quais ele acrescentou seu próprio comentário, cujos preceitos éticos eram próximos de princípios cabalísticos. (As parábolas sozinhas foram publicadas por I. Davidson, no *Sefer ha-Iovel shel "Hadoar"* (1927), 116-22; o livro com o comentário está no Manuscrito Oxford 1267). Embora Gikatilla tenha escrito muitas obras sobre a Cabala, muitas outras lhe foram atribuídas erroneamente. A. Altmann, por exemplo, mostrou que Gikatilla não foi o autor do extenso *Sefer Ta'amei ha-Mitsvot*. Escrito por um cabalista anônimo por volta de 1300 e também atribuído a Isaac ibn Farhi, o livro teve ampla circulação. Uma série de tratados atribuídos a Gikatilla espera esclarecimentos quanto à autoria.

A obra cabalística mais influente de Gikatilla, escrita antes de 1293, é seu *Sha'arei Orah* (1559, nova edição de J. Ben-Shlomo, Jerusalém, 1970), uma detalhada explicação do simbolismo cabalístico e a designação das dez *Sefirot*, começando pela última e subindo até a mais alta. Ele adotaria um sistema intermediário entre aquele dos cabalistas da escola de Girona e o sistema do Zohar. Trata-se de um dos primeiros escritos a revelar conhecimento sobre porções do Zohar, embora se afaste da abordagem do Zohar em diversos aspectos fundamentais.

O *Sha'arei Tsedek* (1559) fornece outra explicação da teoria das *Sefirot*, seguindo sua ordem normal. Outras obras publicadas de Gikatilla são: *Sha'ar ha-Nikud* (1601), um tratado místico sobre o significado das vogais; o *Perush Hagadah shel Pesah*, um comentário cabalístico sobre o Pessach *Hagadah* (1602); uma série de ensaios sobre temas variados (publicado no *Sefer Erez ba-Levanon*, edição de Isaac Perlov, Vilna, 1899); obras cabalísticas ainda em manuscrito são: tratados místicos sobre certas *mitsvot*; um comentário sobre a Visão da Carruagem de Ezequiel (diversos manuscritos); e consideráveis porções de um comentário bíblico, continuando o sistema seguido no

Guinat Egoz (manuscrito, em JTS, Nova York, Deinard 451). Uma obra sobre a Cabala prática foi conservada no século XVII (José Delmedigo, *Sefer Novelot Chochmah* (1631), 195a). Uma coletânea de responsas cabalísticas sobre pontos da *halachah* da segunda metade do século XIV foi erroneamente atribuída a Gikatilla. José Caro fez uso delas em seu *Beit Iossef*. Problemas cabalísticos propostos a Ioshua b. Meir ha-Levi por Gikatilla estão em manuscritos, Oxford, 1565. Também foi conservada uma série de orações, como *Tefilat ha-Ichud, Me'ah Pessukim* ("100 Versículos", sobre as *Sefirot*), e *Pessukim al-Shem ben Arba'im u-Shetaim Otiot* ("Versículos sobre o Nome Divino de 42 Letras"). Comentários sobre o *Sha'arei Orah* foram escritos por um cabalista anônimo do século XIV (G. Scholem, *Kitvei Iad be-Kabalah* (1930), 80-83) e por Matatias Delacrut (incluído na maioria das edições). Um resumo foi traduzido para o latim pelo apóstata Paulus Ricius (1516).

Gikatilla, que morreu por volta de 1325, fez uma tentativa original de fornecer uma exposição detalhada, mas lúcida e sistemática do cabalismo. Ele foi considerado por muitos o principal representante da doutrina que identificava o infinito *Ein-Sof* com a primeira das dez *Sefirot*. Essa concepção seria rejeitada pela maioria dos cabalistas do século XVI em diante, mas suas obras continuariam a ser altamente estimadas e publicadas em muitas edições.

BIBLIOGRAFIA

S. Sachs, *Ha-Ionah* (1850), 80-81; G. Scholem, *Kitvei Iad ba-Kabalah* (1930), 218-25; idem, *in*: *Sefer ha-Iovel le-Ia'akov Freimann* (1937), 163-70 (seção em hebraico); Altamnn, *in*: KS, 40 (1965), 256-76, 405-12; idem, *in*: *Sefer ha-Iovel le-Israel Brodie* (1967), 57-65; Weiler, *in*: HUCA, 37 (1966), 13-44 (seção em hebraico); Steinschneider, Cat Bod, 1461-70; A. Jellinek, *Beiträge zur Geschichte der Kabbala*, 2 (1852), 57-64; Scholem, Mysticism, 194-5, 405-6; Werblowsky, *in*: *Zeitschrift für Religion und Geistgeschichte*, 8 (1956), 164-9; E. Gottlieb, *Ha-Cabala be-Kitvei Rabbenu Bahia ben Asher* (1970), 148-66; idem, *in*: *Tarbiz* 39 (1970), 62-89.

7
NEHEMIAH HAYON

Devido às amargas disputas em torno de Hayon, a informação sobre sua vida é repleta de contradições e deve ser filtrada criticamente. Seus ancestrais vinham de Sarajevo, Bósnia. De lá, seu pai se mudou para Eretz Israel depois de passar vários anos no Egito, onde, segundo seu próprio testemunho, Hayon nasceu (*c.* 1655). Quando criança, ele foi levado para Jerusalém, cresceu em Shechem (Nablus) e em Jerusalém, e estudou sob a orientação de Chaim Abulafia. Aos 18 anos, ele voltou a Sarajevo com o pai e ali se casou. Seus inimigos alegariam que desde essa época ele ficaria conhecido por suas aventuras. Ele viajou muito pelos Bálcãs e passou vários anos em Belgrado até a cidade ser ocupada pela Áustria em 1688. Ele pode ter acompanhado o pai como emissário até a Itália para resgatar prisioneiros de Belgrado. Segundo o testemunho de Judá Brieli, Hayon estava em Livorno em 1691. Mais tarde, ele serviu por um breve período no rabinato de Skopje (Üsküb), Macedônia, por recomendação de um dos grandes rabinos de Tessalônica.

Hayon voltou a Eretz Israel por volta de 1695 e viveu lá por vários anos em Shechem (Nablus). Após a morte da primeira esposa, ele se casou com a filha de um dos eruditos de Safed. Hayon era muito versado em conhecimentos exotéricos e esotéricos. Desde a juventude, ele foi atraído pela Cabala e conheceu intimamente grupos sabateanos. Sua doutrina cabalística evita a questão da alegação messiânica de Shabetai Tsevi, mas se baseia em princípios comuns ao sabateanismo. Quando recebeu o breve tratado *Raza de Meheimanuta* ("O Mistério da Verdadeira Fé"), atribuído a Shabetai Tsevi por seus sectários, Hayon alegou ser o autor e que a obra lhe fora revelada por Elias ou pelo anjo Metatron. Mudando seu nome para *Meheimanuta de-Cholla*, ele começou a escrever um comentário detalhado. Nesse ínterim, Hayon viveu brevemente em Rosetta, Egito, e desde essa época ele se tornou conhecido como alguém envolvido na Cabala prática. Quando voltou a Jerusalém (*circa* 1702-5), surgiram hostilidades entre ele e R. Abrahão Itzchaki, que por muitos anos dirigiu acusações contra Hayon (mas jamais o acusando diretamente de sabateanismo). Mais tarde, Hayon voltou para Safed e de lá foi a Esmirna, aparentemente no intuito de publicar seu longo comentário ao *Meheimanut de-Cholla* e encontrar apoiadores para uma *ieshivah*, que ele desejava abrir em Jerusalém. Na volta a Jerusalém, os rabinos começaram a assediá-lo e ele foi obrigado a deixar Eretz Israel, indo para a Itália através do Egito (1710-11). Segundo o testemunho de José Ergas, em Livorno (o neto de um famoso sabateano, Moisés Pinheiro), Hayon revelou a ele sua crença em Shabetai Tsevi. Em 1711, em Veneza, Hayon publicou um pequeno livro, *Raza dei-Ichuda* sobre o significado do versículo sobre a unidade de Deus, *Shema Israel*, como um resumo de sua obra mais longa à qual ele acrescentaria, nesse ínterim, um segundo comentário. Os rabinos de Veneza concederam aprovação ao folheto sem compreender sua intenção. A obra não despertou controvérsia. Mais tarde, Hayon se mudou para Praga onde foi recebido com grandes honras nos círculos eruditos e obteve aprovação para sua obra principal, hoje chamada de *Oz le-Elohim*, e para o *Divrei Nehemiah*, um livro de sermões. David Oppenheim aprovou o *Divrei Nehemiah*, e Hayon alterou a aprovação para incluir também o cabalístico *Oz le-Elohim*. R. Naftali Cohen, que a princípio fez amizade com Hayon, manteve-se afastado dele após um rumor que o associava aos Doenmeh (ver p. 413), em Tessalônica. Hayon viajou através da Morávia e da Silésia até Berlim, onde, em 1713, apoiado por membros ricos da comunidade, ele conseguiu publicar o *Oz le-Elohim*. Foi uma ousadia de Hayon publicar um texto que em muitos manuscritos circulava na época como obra de Shabetai Tsevi. Com grande perspicácia, ele tentou provar em seus dois comentários que essa doutrina era firmemente baseada nos textos clássicos da Cabala. Em algumas passagens, ele criticava os ensinamentos de Natan de Gaza e de Abrahão Miguel Cardozo, apesar de sua doutrina ser basicamente próxima da de Cardozo. As inovações de Hayon seriam uma nova formulação dos princípios que regiam o início da Emanação e a diferença entre a Causa Primeira, que ele chama de *Nishmata de-Kol Chaiei* ("Alma de Todos os Seres Vivos"), e o *Ein-Sof* ("O Ser Infinito"). O que os cabalistas chamam de *Ein-Sof,* na opinião dele, é apenas a extensão da Essência (de Deus) ou o *Shoresh ha-Ne'lam* ("A Raiz Oculta", isto é, Deus), mas paradoxalmente para ele, a Essência é finita e possui uma estrutura definida, *Shi'ur Komah* ("Medida do Corpo de Deus"). Hayon pensava que a doutrina do *tsimtsum* ("contração") de Isaac Luria devia ser entendida literalmente e não alegoricamente. Sua doutrina dos três *partsufim* superiores ("aspectos, ou configurações, de Deus"), *atika kadisha, malka kadisha* e *Shechinah,* difere das teorias de outros sabateanos apenas em detalhes e na terminologia. Seu livro pode ser definido como uma estranha mistura de uma teologia basicamente sabateana e perspicácia exegética, com a qual ele lê a nova tese no Zohar e nos escritos luriânicos. Ele prefaciou seu livro com um longo ensaio no qual defende, aparentemente aludindo às fontes não ortodoxas de seu pensamento, que é lícito aprender a Cabala a partir de todos, não apenas daqueles que se conformam a critérios ortodoxos tradicionais. O *Divrei Nehemiah* continha um longo sermão ambíguo no qual era possível ver uma defesa indireta da apostasia da seita dos Doenmeh em Tessalônica, mas que também podia ser interpretado como uma crítica a eles. Em junho de 1773, Hayon trocou Berlim por Amsterdã. Aparentemente, ele sabia da tendência sabateana oculta de Salomão Aylon, rabino da congregação sefaradita. Na verdade, Hayon seria patrocinado por Aylon, pelo *bet din* e pelos *parnassim* da comunidade. No entanto, desenvolveu-se uma disputa amarga e complexa entre os apoiadores de Hayon e os de Tsevi Ashkenazi, o rabino da comunidade asquenaze, e de Moisés Chagiz, que tinham conhecimento das disputas anteriores de Hayon em Eretz Israel e reconheceram a "heresia" sabateana em suas opiniões quando investigaram seu livro. Nessa controvérsia, fatores relevantes (as verdadeiras opiniões de Hayon e seu sabateanismo) e fatores pessoais (a atitude arrogante de Tsevi Ashkenazi e antagonismos pessoais) se misturam. Essencialmente, os acusadores de Hayon estavam certos, mas de um ponto de vista formal e processual, o *bet din* sefaradita estava certo. A disputa despertou fortes emoções, a princípio em Amsterdã, no verão e no inverno de 1713, e rapidamente se espalhou por outros países. Naftali Cohen pediu desculpas pela aprovação dada anteriormente a Hayon e excomungou-o. Assim também fizeram os rabinos italianos a quem ambos os lados recorreram pedindo apoio. Os líderes eram Judá Brieli de Mântua e Sansão Morpurgo de Ancona. Mas a maioria dos participantes da controvérsia não haviam realmente sequer visto os livros de Hayon e confiavam apenas nas cartas de ambas as partes. Os principais panfletos contra Hayon são: *Le-Einei Kol Israel* (a decisão judicial de Tsevi Ashkenazi e as cartas dele e de Naftali Cohen; Amsterdã, 1713); *Edut le-Israel* (*ibid.*, 1714); obras de Moisés Chagiz incluindo *Milhamah la-Adonai ve-Cherev la-Adonai*, também incluindo as cartas de muitos rabinos italianos (Amsterdã, 1714); *Shever Poshe'im* (Londres, 1714); *Igueret ha-Kena'ot* (Amsterdã, 1714); *Tokhachat Megulah ve-ha-tsad Nahash* de José Ergas (Londres, 1715); e o *Esh Dat* de David Nieto (Londres, 1715). Esse livro e diversos panfletos também apareceram em espanhol. O *bet din* dos sefaraditas publicou em hebraico e em espanhol o *Kosht Imrei Emet* (Amsterdã, 1713; em espanhol, *Manifesto*). Hayon respondeu a seus críticos em diversos livros e panfletos nos quais defendeu suas opiniões, mas negou que contivessem qualquer doutrina sabateana. Eles incluem o *Ha-Zad Tsev Ashkenazi* (Amsterdã, 1714); *Moda'a Raba* (1714, incluindo sua biografia); *Shal'hevet Iah* (contra Ergas), também incluindo o panfleto *Pitkah min Shemaia, Ketovet Ka'aka*, e o *Igueret Shevukin* (1714). Sua polêmica contra o livro de Ergas, *Ha-tsad Nachash*, chamada de *Nachash Nechoshet*, é encontrada na caligrafia do próprio Hayon (Manuscrito Oxford 1900). Devido à controvérsia que despertou, Hayon não conseguiu publicar sua segunda obra abrangente sobre a Cabala, *Sefer Ta'atsumot.* Um manuscrito completo da obra está conservado na biblioteca do *bet din*, anteriormente biblioteca do *bet ha-midrash*, em Londres (62).

Tsevi Ashkenazi e Moisés Chagiz foram obrigados a sair de Amsterdã. No entanto, a intervenção dos rabinos de Esmirna e Constantinopla, que excomungaram Hayon e condenaram suas obras em 1714, decidiu a luta contra Hayon, cujos apoiadores o aconselharam a voltar para a Turquia no intuito de obter a anulação da excomunhão. Hayon voltou e tentou conseguir essa anulação, mas teve sucesso apenas parcial. Com a idade avançada, ele voltou para a Europa onde, no panfleto *Ha-Kolot Iechdalum* (1725), publicou alguns documentos a seu favor. Sua viagem foi malsucedida porque Moisés Chagiz novamente o atacou no panfleto *Lechishat Saraf* (Hanau, 1726), onde lançava suspeita sobre vários desses documentos, ou sobre as circunstâncias em que foram assinados. A maior parte das comunidades não lhe permitiu acesso e mesmo Aylon se recusou a recebê-lo em Amsterdã. Hayon perambulou pelo norte da África e aparentemente morreu por lá antes de 1730. Segundo Chagiz, o filho de Hayon se converteu ao catolicismo no intuito de se vingar dos perseguidores do pai e teria sido atuante na Itália, mas jamais se encontrou evidências disso.

BIBLIOGRAFIA

Graetz, *History of the Jews* 5 (1949), 215-31; D. Kahana (Kogan), *Toledot ha-Mekuba-lim, Shabeta'im, ve-ha-Chassidim* (1913), 123-7; Kauffmann, *in*: *Ha-Choker*, 2 (1894), 11-15; Scholem, *in*: *Tsion*, 3 (1929), 172-9; Sonne, *in*: *Kobez al jad*, 2 (1937), 157-96; Herling, *in*: *Amanah*, 1 (1939), 259-74; idem, *in*: KS, 14 (1939), 130-5; Kahana, *in*: *Sinai*, 21 (1947), 328-34; A. Freimann (org.), *Inianei Shabetai Tsevi* (1912), 117-38; I. S. Emmanuel, *in*: *Sefunot* 9 (1965), 209-46; M. Friedmann, *in*: *Sefunot*, 10 (1966) 489-618; G. Levi, *in*: RI, 8 (1911), 169-85; 9 (1912), 5-29.

8
CHRISTIAN KNORR VON ROSENROTH

Filho de um ministro protestante da Silésia, Knorr viajou pela Europa Ocidental por muitos anos. Durante suas viagens, ele entrou em contato com círculos interessados em misticismo e foi profundamente influenciado pelos escritos de Jacob Boehme. Na volta, ele se estabeleceu em Sulzbach, no norte da Bavária, e de 1688 até sua morte em 1689 foi um conselheiro íntimo e oficial veterano a serviço do príncipe Christian August, que compartilhava de seus pendores místicos. Knorr se tornou conhecido como poeta inspirado, alguns de seus poemas sendo considerados entre as maiores realizações da poesia religiosa alemã. Enquanto esteve na Holanda, ele adquiriu um interesse pela Cabala, envolvendo-se no estudo do material das fontes no original. Durante algum tempo, ele estudou com rabinos como Meir Stern em Amsterdã, e adquiriu exemplares manuscritos dos escritos de Isaac Luria, acoplando essas investigações com seu interesse pelo misticismo cristão. Ele esteve em contato próximo com o filósofo de Cambridge, Henry More, e com o místico belga Franciscus (Frans) Mercurius Van Helmont, ambos igualmente atraídos pela Cabala como sistema teosófico de grande significado tanto para a filosofia quanto para a teologia. Ao longo de sua vida, Knorr foi considerado o mais profundo erudito cristão da Cabala. Seus estudos foram resumidos nos dois grossos volumes de sua principal obra, *Kabbalah Denudata*, "A Cabala Desvelada, ou Os Ensinamentos Transcendentais, Metafísicos e Teológicos dos Judeus" (Sulzbach, em latim, 1677-84). Essa obra, que teve ampla influência, era superior a tudo o que já havia sido publicado sobre a Cabala em outra língua além do hebraico. Ela dava a leitores não judeus uma vasta visão das primeiras fontes a serem traduzidas para o latim e que vinha acompanhada de notas explicativas. Aqui também apareciam longas investigações de More e Van Helmont sobre temas cabalísticos (algumas delas anônimas), com as respostas de Knorr a elas. Em suas traduções, Knorr visou a precisão, às vezes a ponto de o significado ficar obscuro para aqueles que não fossem familiarizados com o original. Embora o livro contenha muitos erros e equívocos de tradução, particularmente em passagens zoháricas difíceis, não há justificativa para as alegações judaicas contemporâneas de que o autor representasse erroneamente a Cabala.

Seu livro, que serviu como principal fonte para toda a literatura não judaica sobre a Cabala até o final do século XIX, abre com uma "Chave para os Nomes Divinos da Cabala", um extenso glossário do simbolismo cabalístico de acordo com o Zohar, com a obra de Gikatilla, *Sha'arei Orah*, e com a obra de Cordovero, *Pardes Rimonim*, e alguns escritos de Isaac Luria. Ele também fez uso de uma obra italiana sobre alquimia e Cabala, *Esh Metsaref*, cujo original hebraico não foi preservado e só se conservou nos extratos traduzidos por Knorr. Esse material era seguido por traduções de alguns escritos de Luria, do capítulo sobre a alma no *Pardes Rimonim*, seleções da obra de Naftali Bacharach, *Emek ha-Melech*, de uma tradução resumida do *Sha'ar ha-Shamaim* de Abrahão Kohen de Herrera, e de uma detalhada explicação da "Árvore" cabalista de acordo com os ensinamentos de Luria, à maneira de Israel Sarug. A "Árvore" em si (que ele possuía na forma de manuscrito) ele imprimiu separadamente em 16 páginas. A esse material, foram acrescentadas diversas refutações de Henry More. A primeira parte do segundo volume abre com uma tradução do *Mareh Kohen* de Issachar Berman b. Naftali ha-Kohen (Amsterdã, 1673), seguida de uma tradução das primeiras 25 folhas do *Emek ha-Melech* sobre a doutrina do *tsimtsum* e do mundo primordial do caos (*tohu*), "uma introdução para uma melhor compreensão do Zohar". A segunda parte inclui traduções do *Idrot* do Zohar, do *Sifra de-Tseni'uta* e o comentário correspondente feito por Chaim Vital extraído de um manuscrito, os capítulos sobre angelologia e demonologia do *Beit Elohim* de Abrahão Kohen de Herrera, e uma tradução do *Sefer ha-Guilgulim* extraído de um manuscrito "dos escritos de Isaac Luria". Esse manuscrito inclui precisamente o que foi publicado no

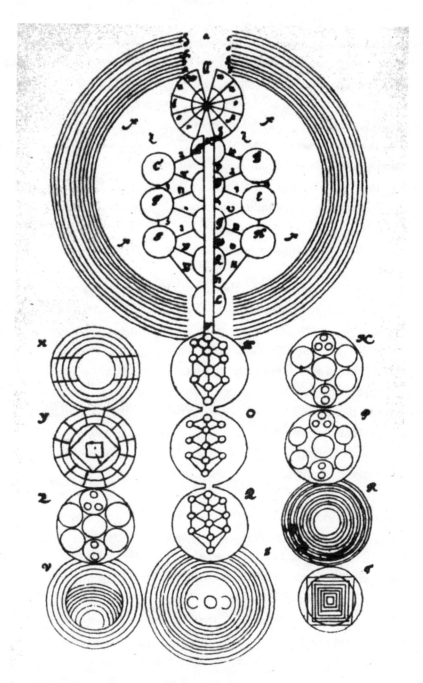

Tabela mostrando o desenvolvimento gradual das *Sefirot* em suas diversas estruturas, de acordo com a kabbalah luriânica. Extraído de Knorr von Rosenroth, *Kabbalah Denudata*, Frankfurt on the Main, século XVII.

mesmo ano, 1684, por David Grünhut em Frankfurt. O volume se encerra com uma obra separada – *Adumbratio Kabbalae Christianae* – um resumo da Cabala cristã; embora fosse publicada anonimamente, o autor era Van Helmont. Além da tradução do *Beit Elohim*, todos os textos da segunda parte do segundo volume foram traduzidos para o inglês ou para o francês: o *Idrot* e o *Sifra de-Tseni'uta* por S. L. M. Mathers (*The Kabbalah Unveiled*, 1887, quinta reimpressão em 1962), o *Sefer ha-Guilgulim* por E. Jégut (Paris, 1905), e o *Adumbratio* por Gilly de Givry (Paris, 1899). A principal antologia de Knorr em grande medida determinou a imagem da Cabala aos olhos dos historiadores da filosofia até o final do século XIX. O filósofo Leibniz, impressionado com a publicação de Knorr, visitou-o em 1687 e discutiu assuntos cabalísticos com ele.

Tarde na vida, Knorr trabalhou em um grande livro sobre a infância de Jesus, baseado em fontes rabínicas e cabalísticas. O manuscrito chegou até seu amigo Van Helmont, que prometeu publicá-lo em Amsterdã; o projeto, contudo, não foi realizado, e essa extensa obra, o *Messias Puer*, se perdeu. Durante sua vida, Knorr ajudou a fundar uma editora de obras em hebraico em Sulzbach, e participou da edição do Zohar que apareceu em 1684. Essa edição inclui uma dedicatória latina anônima ao príncipe Christian August, cujo autor sem dúvida era Knorr. Da mesma forma, ele desempenharia um papel na publicação do *Chessed le-Avraham* de Abrahão Azulai (Amsterdã, 1685), que é basicamente um resumo da Cabala de Cordovero.

BIBLIOGRAFIA

Wolf, *Bibliotheca Hebraea* I (1715), 1140-43; 2 (1721), 1232-35; 3 (1727), 677-8; K. Salecker, *Christian Knorr von Rosenroth* (em alemão, 1931); Scholem, *Bibliographia Kabbalistica* (1927), 86-8; F. Kemp, *in: Neue Zürcher Zeitung* (9 de maio de 1971), 51-2.

9
ISAAC LURIA

Luria é muitas vezes referido como *Ha-Ari* (האֲרִי, "o leão [sagrado]", a partir das iniciais de האלוהי רבי יצחק, *Ha-Elohi Rabi Itzchak*, "o divino [no sentido de teólogo especulativo ou místico] rabino Isaac"). Esse codinome esteve em uso no final do século XVI, aparentemente a princípio nos círculos cabalísticos na Itália, mas contemporâneos de Luria em Safed se referiam a ele como R. Isaac Ashkenazi (הרֽיא״ש), R. Isaac Ashkenaki Luria (הרֽיא״ל) e também como De Luria. Os sefaraditas grafavam o sobrenome familiar como Loria. Seu pai, um membro da família asquenaze dos Luria, veio da Alemanha ou da Polônia, emigrou para Jerusalém e aparentemente lá se casou com uma mulher da família sefaradita dos Frances. Isaac nasceu em 1534. Seu pai morreu quando Isaac era criança e a viúva levou o menino para o Egito, onde ele foi criado, na casa do irmão mais novo dela, Mordecai Frances, um rico coletor de impostos. As tradições sobre a juventude de Luria, sua estada no Egito e sua introdução na Cabala são cobertas de lendas, e os verdadeiros fatos são difíceis de estabelecer. Contradizendo a crença amplamente aceita de que ele veio do Egito aos sete anos está o testemunho do próprio Luria ao lembrar uma tradição cabalística que ele aprendeu em Jerusalém a partir de um cabalista polonês, Kalonymus (ver *Sha'ar he-Pessukim*, porção *Be-Ha'alotecha*).

No Egito, Luria estudou sob a orientação de David b. Salomão ibn Abi Zimra e seu sucessor, Bezael Ashkenazi. Luria colaborou com este último na escrita de obras haláchicas como o *Shitah Mekubetset* sobre o tratado *Zevachim*, que segundo Chaim José David Azulai foi queimado em Esmirna em 1735. As anotações feitas por eles de algumas obras de Isaac Alfasi foram impressas no *Tumat Iesharim* (Veneza, 1622). M. Benayahu conjecturou que os comentários sobre passagens do tratado *Chulin* e outros tratados talmúdicos, existentes em manuscrito escrito no Egito antes de 1655 na academia de um *chacham* chamado Mohariel, derivariam de notas feitas pelos alunos da *ieshivah* de Luria no Egito. No entanto, não se sabe ao certo se isso é verdade porque o manuscrito menciona o *Sefer Pessakim*, uma coletânea de decisões haláchicas do mesmo autor, e não há evidência que indique que Luria fosse o autor de tal livro, certamente não antes de completar 20 anos de idade. É certo, todavia, que Luria era familiarizado com a literatura rabínica e acreditava-se que ele fosse notável no estudo não místico da lei. Além dos estudos religiosos, ele também se envolveu com o comércio enquanto esteve no Egito, tal como atestam documentos na *Guenizah* do Cairo. Um documento relatando seus negócios com pimenta em 1559 foi publicado por E. J. Worman (REJ, 57 [1909], p. 281-2), e um segundo, relacionado a grãos, por S. Assaf (*Mekorot u-Mechkarim* [1946], p. 204). Assaf associa esse documento à temporada de Luria em Safed, mas não há dúvida de que foi escrito no Egito. O documento inteiro está escrito com a caligrafia de Luria, o único exemplo existente encontrado até hoje. Esse material sustenta a evidência de Iedidiah Galante (no livro de Leone Modena, *Sefer Ari Nohem*, edição de S. Rosenthal; Leipzig, 1840) de que, como muitos dos eruditos de Safed, Luria também fazia negócios na cidade; três dias antes de sua morte, ele acertou suas contas com seus clientes.

Enquanto ainda estava no Egito, Luria começou seus estudos esotéricos e se retirou em uma vida de isolamento na ilha de Jazirat al-Rawda, no Nilo, perto do Cairo. Essa ilha era propriedade de seu tio, que nessa época havia se tornado também seu sogro. Está longe de ser claro se esse isolamento, que se diz ter durado sete anos, teria ocorrido em sua juventude no início dos anos 1550 ou quando já estava mais velho. A data, segundo a lenda, seria consideravelmente anterior. Em 1558, Luria apoiou uma decisão haláchica conjunta ao lado de Bezalel Ashkenazi e Simão Castellazzo. Em seu estudo místico, ele se concentrou no Zohar e nas obras dos primeiros cabalistas e, das obras de seus contemporâneos, realizou um estudo particular de Moisés Cordovero. Segundo evidências datadas do final do século XVI, foi durante esse período inicial de estudos cabalísticos que ele escreveu sua única obra, um comentário sobre o *Sifra di-Tseni'uta* ("Livro do Ocultamento"), uma breve, porém importante, seção do Zohar (publicada no livro de Vital, *Sha'ar Ma'amarei Rashbi*). Esse livro ainda não sugere o sistema cabalístico original que Luria exporia no final de sua vida, e mostra a nítida influência de Cordovero. No Egito, ele conheceu Samuel ibn Fodeila, um cabalista a quem Luria escreveu uma longa carta sobre tópicos cabalísticos. Aqui, ele se refere a seu próprio livro e pede que ibn Fodeila o examine na casa de seu irmão, evidentemente no Egito. Luria pode ter feito uma peregrinação a Meron antes de se estabelecer em Safed, uma vez que há referências à sua presença na festa de Lag ba-Omer em Meron. Em 1569, e talvez no início de 1570, ele se estabeleceu em Safed com sua família e estudou a Cabala com Cordovero por um breve período. Algumas de suas glosas a passagens do Zohar foram evidentemente escritas enquanto Cordovero ainda estava vivo e algumas depois que ele morreu, uma vez que Luria se refere a ele ora como "nosso professor, cuja luz possa ser prolongada", ora como "meu falecido professor". Por outro lado, ele já havia começado a propor seu sistema cabalístico original a uma série de discípulos em Safed, entre os quais havia eruditos de destaque. Após a morte de Cordovero no outono de 1570, Chaim Vital passou a ficar particularmente próximo de Luria, tornando-se seu principal e mais famoso discípulo.

Luria pode ter reunido à sua volta em Safed um círculo esotérico cujos membros se dedicavam a estudos exotéricos e esotéricos. Os nomes de cerca de 30 desses discípulos são conhecidos. Vital confirma (no manuscrito hológrafo sobre Cabala prática na coleção Musajoff, Jerusalém) que, uma semana antes da morte do mestre, eles estavam estudando o tratado *Ievamot*. Ele também fornece alguma informação sobre o sistema de estudo de Luria das partes não místicas da lei. Luria ocasionalmente fazia homilias na sinagoga asquenaze em Safed, mas geralmente evitava fazer ensinamentos religiosos em público. Por outro lado, ele costumava fazer longas caminhadas com seus discípulos mais próximos nos arredores de Safed, mostrando-lhes sepulturas, até então desconhecidas, de personagens santos que ele descobria por meio de intuições e revelações espirituais. Nesse período, Luria já se tornara famoso como alguém que possuía o "espírito sagrado" ou a quem fora concedida a "revelação de Elias". Ele ensinava oralmente a seus discípulos, orientando-os em seu sistema original da Cabala teórica e também sobre um modo de entrar em comunhão com as almas dos virtuosos (*tsadikim*). Isso se realizava através da "unificação" das *Sefirot* e de exercícios de concentração sobre certos nomes divinos e suas combinações, e especialmente por meio da *kavanah*, isto é, da reflexão ou meditação mística no ato da oração e do cumprimento dos preceitos religiosos. Ele mesmo escreveu pouco sobre seus ensinamentos, além de uma tentativa de fornecer um comentário detalhado sobre as primeiras páginas do Zohar e glosas de passagens isoladas. Esses materiais seriam coligidos a partir de seus textos autógrafos por Vital e reunidos em um livro especial, do qual sobreviveram alguns exemplares escritos à mão.

Luria admitiria sua incapacidade de apresentar seus ensinamentos por escrito, uma vez que o transbordamento de suas ideias não se prestava à sistematização. Tampouco ele selecionou os diversos assuntos para o estudo de sua doutrina em uma sequência lógica, mas aleatoriamente. Ele guardou o segredo de seu sistema e não permitiu sua propagação durante sua vida, tornando-se, portanto, celebrado a princípio principalmente por sua conduta e qualidades santas. Alguns que se candidatavam a estudar com ele eram rejeitados, inclusive Moisés Alshech e José Caro. Sua relação com os eruditos era amistosa; uma consulta haláchica enviada por ele a José Caro aparece na *responsa* intitulada *Avkat Rochel* (nº 136). Luria indiscutivelmente se considerava um inovador, proeminente entre cabalistas da época. Certas alusões feitas a seus discípulos sugerem que ele acreditava ser "o Messias, o filho de José", destinado a morrer no cumprimento de sua missão. O período de sua atividade em Safed foi breve, pois ele morreu em uma epidemia a 15 de julho de 1572. Sua sepultura em Safed foi e continua sendo um local de peregrinação de sucessivas gerações.

Tanto nas descrições entusiasmadas feitas por seus discípulos e os alunos deles, escritas na década seguinte à sua morte, quanto na cuidadosa preservação e na reunião de seus ensinamentos e na fiel representação de seus traços pessoais, a impressionante personalidade de Luria é atestada. Os detalhes relevantes estão dispersos pelos escritos de seus discípulos, particularmente os de Vital. Alguns deles foram reunidos em livro, como o *Shulhan Aruch shel R. Itzchak Luria*, compilado a partir dos escritos de Jacob Tsemach e publicado diversas vezes (primeiro na Polônia, 1660-70), o *Orchot Tsadikim*, sobre os preceitos de Luria a partir dos escritos de Vital (volume

540

2, Tessalônica, 1770), e no *Patora de Abba* (Jerusalém, 1905). Além disso, um rico material lendário se acumulou em torno de sua personalidade, com recordações históricas e fatos autênticos se mesclando com pronunciamentos visionários e anedotas de outros homens santos. Esses elementos míticos já apareceriam em obras escritas vinte anos depois da morte de Luria, como o *Sefer Charedim* de Eleazer Azikri, o *Reshit Chochmah* de Elias de Vidas e os livros de Abrahão Galante. A lenda se cristalizou em dois documentos importantes, cuja ordem de escritura é uma questão controversa. Um deles é a coleção de três cartas escritas em Safed entre 1602 e 1609 por Salomão (Shlomel) Dresnitz, imigrante da Morávia, a seu amigo em Cracóvia. Essas cartas foram publicadas pela primeira vez em 1629 no *Ta'alumot Chochmah* de José Salomão Delmedigo, e circularam desde o final do século XVIII sob o título *Shivchei ha-Ari* ("Os Tributos do Ha-Ari"). O segundo documento, *Toledot ha-Ari* ("Biografia do Ha-Ari"), aparece em diversos manuscritos do século XVII; uma versão está publicada sob o título *Ma'assei Nissim* ("Milagres") embora no interior seja chamada de *Shivchei ha-Ari*; ela apareceria no início do *Sefer ha-Kavanot* (Constantinopla, 1720). Essa versão da lenda seria geralmente considerada a mais tardia, baseada nas cartas de Safed. No entanto, M. Benayahu publicou uma edição completa dessa recensão (1967) e defendeu que ela servira de fonte para as cartas de Dresnitz. Benayahu considera que o livro foi compilado entre 1590 e 1600 por um dos eruditos de Safed, e suas diversas recensões circularam amplamente no Oriente e na Itália. Esta, a primeira hagiografia cabalística, mistura fato e imaginação em seu relato biográfico da vida do santo homem.

Não há dúvida de que a lenda do Ari foi disseminada e circulou antes das fontes escritas que tratavam dos ensinamentos cabalísticos. Essas composições formam uma extensa literatura. Embora frequentemente descritos pelos cabalistas como *Kitvei ha-Ari*, "os escritos de Luria", são na verdade obras dos discípulos dele e dos discípulos desses, editadas e, às vezes, condensadas. Embora a maior parte tenha permanecido em manuscrito, algumas poucas foram publicadas entre 1572 e 1650. Movido por inspiração mística, Luria expôs suas ideias com muitas variantes. Seus ouvintes aparentemente anotaram alguns de seus ensinamentos durante sua vida, mas principalmente os transmitiram de memória depois de sua morte, frequentemente aumentando-os e sobrepondo suas próprias interpretações. O conventículo dos discípulos de Luria incluía alguns importantes cabalistas que se tinham em alta conta e se consideravam fiéis depositários da doutrina de seu mestre. Conflitos e rivalidades não deixaram de surgir. Nos anais da Cabala, Chaim Vital conquistou os louros de principal discípulo de Luria; as obras de seus associados e rivais foram passadas adiante erroneamente atribuídas ao próprio Vital, motivo pelo qual elas adquiriam a reputação de fontes autorizadas dos ensinamentos de Luria. Na verdade, diferentes versões dessas obras foram preservadas, que, no geral, não são independentes, mas representam tradições independentes registradas por seus discípulos, inclusive uma que deve ser considerada espúria. Existem quatro tradições principais:

(1) A de Moisés Jonah de Safed, cristalizada no *Kanfei Ionah*. O texto autêntico completo está conservado em diversos manuscritos, particularmente (não identificado) no Manuscrito Sassoon 993, copiado pelo próprio autor em Constantinopla em 1582. Uma edição imprecisa foi compilada por Menachem Azariah de Fano em Mântua (impressa pela primeira vez em Korzec, 1786). Essa é uma fonte importante para o estudo da Cabala luriânica e, no entanto, nenhuma avaliação satisfatória dela foi tentada. O autor omitiu alguns ensinamentos de Luria, como a doutrina do *tsimtsum* (ver p. 165), embora, comparada com a versão de Vital, sua exposição de outros ensinamentos de Luria se destaca pela clareza;

(2) A de José ibn Tabul, que, depois da morte de Luria, ensinou a Cabala luriânica a diversos alunos, entre os quais Sansão Bacchi, um cabalista italiano. Ibn Tabul compilou uma exposição sistemática da Cabala luriânica dividida em *derushim* ("investigações"), com uma série de suplementos. As investigações foram preservadas em manuscritos e por muito tempo foram atribuídas a Vital sob o título *Derush Cheftsi-Bah* e também foram publicadas em seu nome (1921, no início do *Simchat Kohen* de Masud ha-Kohen al-Haddad). Esse texto é muito importante pela versão da doutrina do *tsimtsum* que inclui partes que haviam sido suprimidas por Vital;

(3) A de Chaim Vital. Em contraste com o escopo relativamente limitado dos discípulos precedentes, Vital descreveu os ensinamentos de seu preceptor em detalhes. Ele aumenta as palavras que cita especificamente como sendo de Luria, ou propostas de acordo com o que ele ouviu, com diversos

542

acréscimos de sua própria lavra. Ele também escreveu suas primeiras versões imediatamente após a morte de Luria, embora confirme que certas exposições foram apenas brevemente anotadas depois de ouvidas. Os ensinamentos de Luria, em um livro que ele chama de *Ets Chaim* ("A Árvore da Vida"), foram escritos principalmente entre 1573 e 1576. No entanto, ele algumas vezes acrescenta uma versão diferente dos capítulos, de modo que ocasionalmente nada menos que quatro variantes do mesmo tema são encontradas. A existência dessas diferentes recensões introduziu considerável confusão nos escritos de Vital. A sequência original do *Ets Chaim* se compõe de oito partes (chamadas "Portões"): (a) todo o material escrito de próprio punho por Luria coletado por Vital; (b) *Sha'ar ha-Derushim*, uma apresentação sistemática da doutrina teosófica de Luria; (c) *Sha'ar ha-Pessukim*, explicações de passagens bíblicas, organizadas em uma sequência que segue a Bíblia; (d) *Sha'ar ha-Guilgulim*, a doutrina mística da metempsicose, *guilgul*; (e) *Sha'ar ha-Kavanot*, sobre as intenções e meditações místicas exigidas para a oração (*kavanot ha-tefilah*); (f) *Sha'ar ha-Mitsvot*, os motivos dos preceitos religiosos; (g) a doutrina da reparação dos pecados (*Tikunei avonot*); (h) instruções para "unificações" (*ichudim*) místicas, que Luria transmitia individualmente a cada discípulo. Essa versão do *Ets Chaim* permanece em manuscrito. Utilizando-a, o filho de Chaim Vital, Samuel Vital, compilou outros oito "portões" nos quais a herança literária do próprio Luria é distribuída de acordo com seus conteúdos. São eles: (a) *Sha'ar ha-Hakdamot*; (b) *Sha'ar Ma'amarei Rashbi*; (c) *Sha'ar Ma'amarei Razal*; (d) *Sha'ar ha-Pessukim*; (e) *Sha'ar ha-Mitsvot*; (f) *Sha'ar ha-Kavanot*; (g) *Sha'ar Ru'ah ha-Kodesh*; (h) *Sha'ar ha-Guilgulim*. A primeira edição dessa compilação, *Shemonah She'arim*, foi publicada, sem o título *Ets Chaim*, na sequência acima em Jerusalém (1850-98; nova edição, 1960-63). Muitos cabalistas, em particular entre os sefaraditas, reconheceriam apenas essa versão como autorizada e rejeitariam o resto dos escritos de Luria, inclusive livros que foram reunidos a partir de recensões posteriores feitas por Vital. Como "os oito portões" permaneceram na casa de Vital e de seu filho e apenas raramente foram copiados por outros antes de 1650, os cabalistas que desejassem estudar a Cabala luriânica usavam outras recensões dos livros de Vital e antologias ecléticas do cabalismo luriânico que circulavam desde 1586. Várias dessas obras, compiladas na própria Safed, foram conservadas (como o Manuscrito Schocken 97 de 1586 em Jerusalém, na caligrafia de Moisés Jonah), e o manuscrito de 1588 (coleção Enelow 683, no Jewish Theological Seminary, Nova York). Cópias dos escritos de Vital que permaneceram em Jerusalém, onde ele viveu por vários anos na década de 1590, também estariam em circulação a partir de meados do século XVII, e várias coletâneas foram compiladas a partir delas: *Sefer ha-Derushim*, *Sefer ha-Kavanot* e *Sefer ha-Likutim* (preservados apenas em manuscritos). Apenas no final do século XVII uma recensão abrangente dos escritos de Vital relacionados à Cabala luriânica foi feita. Esta seria compilada em Jerusalém por Meir Poppers de Cracóvia com alguns poucos acréscimos de outros associados de Luria. Poppers dividiu sua recensão em *Derech Ets Chaim*, *Pri Ets Chaim* e *Nof Ets Chaim*, que na verdade inclui todos os temas cobertos pelo *Shemonah She'arim*. Foi nessa recensão que os escritos de Vital foram amplamente difundidos, especialmente na Europa, e se tornaram familiares muito antes que a maior parte deles fosse publicada em Korzec em 1784. O livro impresso desde então intitulado *Ets Chaim* é, na verdade, o *Derech Ets Chaim* da recensão de Poppers. Uma série de livros originados a partir de tradições compiladas por Vital foi publicada em seu nome, como o *Mevo She'arim* (Korzec, 1784); *Otsrot Chaim* (*ibid.*, 1783), ambos similares em conteúdo ao *Derech Ets Chaim*, e o *Arba Me'ot Shekel Kesef* (*ibid.*, 1804), parte do qual é indiscutivelmente uma falsificação.

(4) Sobreposta ao emaranhado das três tradições precedentes e suas formas mutuamente mescladas há uma quarta, derivada das obras de Israel Sarug (Saruk), que propagou a Cabala luriânica na Itália e em diversos outros países europeus depois de 1590. Ele é na verdade o autor do *Limudei Atsilut* ("Doutrinas da Emanação"), publicado sob o nome de Vital (Munkacs, 1897), que contém uma interpretação inteiramente diferente da doutrina do *tsimtsum* e da origem da emanação divina. Como Sarug foi o primeiro a difundir esses ensinamentos na Itália, sua versão foi aceita em círculos mais amplos, embora não haja dúvida de que ele acrescentou especulações originais próprias. Sarug não foi um dos discípulos de Luria em Safed, mas baseou sua reconstrução nas obras dos principais discípulos de Luria que chegaram até suas mãos. Ele pode ter conhecido Luria pessoalmente no Egito, uma vez que há indícios de que ele tenha nascido lá e sua assinatura consta de um manuscrito cabalístico escrito no Egito em 1565 (Museu Britânico, Almanzi 29) para Isaac Sarug (seu

pai?). A inovação em sua versão em particular causou considerável impressão, e por muito tempo foi a única aceita como autorizada, fornecendo a base para a maioria das primeiras obras sobre a Cabala luriânica; por exemplo, o *Ta'alumot Chochmah* e o *Novelot Chochmah* de José Salomão Delmedigo (Basiléia, 1629-30), o *Emek ha-Melech* de Naftali Bacharach (Amsterdã, 1648), e o *Ma'aian ha-Chochmah* (*ibid.*, 1652) – que é na verdade o *Hathalot ha-Chochmah*, um tratado surgido no círculo de Sarug. A Cabala luriânica, portanto, conquistou adesões no século XVII através da propagação de uma versão muito distante de seus ensinamentos originais. As incoerências nas diferentes versões e as contradições nas descrições do próprio Vital deram origem a uma literatura exegética que floresceu particularmente entre os cabalistas na Itália, no norte da África e na Turquia. Ao longo de todas essas metamorfoses, contudo, o sistema luriânico permaneceu o fator crucial para o desenvolvimento da Cabala posterior. Além dessas variantes, há também uma série de tratados e ensaios que foram conservados em manuscritos, escritos por outros discípulos de Luria, como José Arzin, Judá Mish'an, Guedaliah ha-Levi e Moisés Najara.

Antes que os ensinamentos teóricos de Luria se tornassem conhecidos, ele conquistou fama como poeta. Uma série de seus hinos litúrgicos, apenas alguns poucos de conteúdo místico, foi publicada na coletânea *Iefeh Nof* (Veneza, 1575-80). Os mais conhecidos de seus poemas místicos são três hinos para as refeições do Shabat que foram incluídos na maioria dos livros de orações posteriores. Escritos na linguagem do Zohar, eles descrevem, com simbolismo cabalístico, o significado do Shabat e a relação especial entre o homem e o mundo superior nesse dia. Também foi publicado em Veneza em 1595 seu *Tikunei Teshuvah*, "rituais de penitência" (intitulados *Marpe le-Nefesh*) e, em 1620, seu *Sefer ha-Kavanot*, uma coletânea de meditações místicas sobre orações e regras de comportamento. Existe uma contradição característica entre a Cabala teórica de Luria, com suas diversas inovações ousadas na doutrina teosófica e o conceito de criação que mudou a face da Cabala, e sua nítida tendência ao conservadorismo extremo na interpretação dos costumes rituais e populares judaicos. Ele defendia todos os usos tradicionais, lendo neles um significado místico. Ele ensinava que cada uma das tribos de Israel podia ser considerada como tendo garantida sua entrada especial no céu, o que resultou em diferenças nos costumes e nas liturgias, de modo que nenhum uso particular poderia ser considerado superior aos outros. No entanto, Luria preferia a liturgia sefaradita, e as meditações místicas sobre a oração em que ele orientava seus discípulos se baseava no rito sefaradita. Por isso apenas os cabalistas e chassídicos entre os asquenazes aceitaram a liturgia sefaradita na oração, assim como adotaram muitas de suas outras observâncias.

O próprio Luria tentou esclarecer sua posição em relação à Cabala de Moisés Cordovero, e a questão ocupou uma série de outros cabalistas. Respondendo perguntas sobre a diferença entre os dois cabalistas, ele disse que Cordovero tratou do *olam ha-tohu*, "o mundo da confusão", enquanto seus próprios ensinamentos tratavam do *olam ha-tikun*, "o mundo da restituição" – isto é, cada um deles estava preocupado com planos e estados do ser inteiramente distintos no domínio espiritual da emanação e, assim, o campo de Cordovero não interferia no de Luria. A maioria dos cabalistas evitou tentar misturar ou combinar os dois sistemas cabalísticos. Inclusive Vital, que a princípio fora discípulo de Cordovero, escreveu que este pavimentara "o caminho plano [*derech ha-peshat*] para os iniciantes em sua sabedoria", enquanto Luria traçara "o caminho interior, o mais importante" (afirmado em um sonho em 1573 registrado no livro de Vital, *Sefer ha-Chezionot*). Em resposta à questão de Vital (segundo o testemunho no *Sha'ar Ru'ah ha-Kodesh*) do porquê de ele ter penetrado mais profundamente nos mistérios do que Cordovero, Luria teria dito que isso não aconteceu pela confiança na revelação divina ou outros fenômenos similares, mas porque "ele se dera a mais trabalho do que o resto de seus contemporâneos".

Não existe justificativa para a teoria, amplamente defendida por historiadores modernos, de que os princípios introduzidos por Luria se baseariam em tradições e na doutrina ética dos chassídicos asquenazes. Nem a Cabala luriânica deveria ser vista como a epítome da Cabala "prática" em contraste com a Cabala "teórica" ou especulativa. Os aspectos teóricos e práticos estão mesclados em todos os sistemas cabalísticos, particularmente naqueles seguidos pelos eruditos de Safed. A originalidade de Luria não está na ênfase dada aos aspectos práticos da adesão do homem a seu Criador ou no desempenho de bons atos, mas em sua pioneira concepção do aspecto teórico da Cabala.

BIBLIOGRAFIA

Azulai, 1 (1852), s. v. *Itzchak Luria*; D. Kahana (Kogan), *Toldot ha-Mekubalim ha-Shabeta'im ve-ha-Chassidim*, 1 (1913), 22-42; Kaufmann, *in: Ierushalaim* (edição de A. M. Luncz), 2 (1887), 144-7; S. A. Horodezky, *Torat ha-Kabalah shel Rabi Itzchak Ashkenazi ve-Rabi Chaim Vital* (1947); idem, *in:* EJ, 10 (1934), 1198-1212; I. Tishby, *Torat ha-Ra ve-ha-Klipah be-Kabalat ha-Ari* (1942); Scholem, Misticismo, 244-86, 407-15; Scholem, Sabbatai Sevi, capítulo 1; idem, *Kitvei Iad ba-Kabalah* (1930), 103-6, 115-43; idem, *in: Tsion*, 5 (1940), 133-60, 214-43; idem, *in:* KS, 19 (1953-54), 184-99; 26 (1860-61), 185-94; R. Margulies, *ibid.* 17 (1951-52), 248, 423; M. Benayahu, *Sefer Toldot ha-Ari* (1967); idem, *in: Sefer ha-Iovel le-Hanoch Albeck* (1963), 71-80; idem, *in: Aresheth*, 3 (1961), 144-65; idem, *in: Sefunot*, 10 (1966), 213-98; D. Tamar, *Mechkharim be-Toledot ha-Iehudim* (1969); J. Liebes, *in: Molad*, nº 233 (fevereiro de 1972), 540-55 (sobre os três hinos do Shabat); P. Bloch, *Die Kabbala auf ihrem Hohepunkt und ihre Meister* (1905); S. Schechter, *Studies in Judaism*, 2ª série (1908), 202-306, 317-28; Rosanes, Togarmah, 2 (1938), 198-203.

10
CHAIM MALACH

Malach nasceu em Kalish entre 1650 e 1660. Nada se sabe sobre o início de sua trajetória, mas ele se tornaria um erudito rabínico, cabalista e pregador altamente respeitado. Ele foi logo atraído pelo movimento sabateano e se tornou intimamente associado ao profeta sabateano Heshel Tsoref em Vilna. Em 1690, Malach foi para a Itália, provavelmente em uma missão em nome do movimento, ficando lá vários meses com Abrahão Rovigo e Benjamin Cohen, os líderes dos sabateanos italianos. Eles estudaram os escritos de Isaac Luria e de Natan de Gaza, e Chaim Malach recebeu as tradições secretas a respeito de Shabetai Tsevi. De 1692 a 1694, ele voltou à Polônia, onde atuou como missionário sabateano entre os círculos rabínicos. Um de seus alunos (por volta de 1693) foi o famoso talmudista Mordecai Suskind Rotenburg, rabino de Lublin. Durante esse período, ele despertou a atenção de R. Tsevi Ashkenazi, o pai de Jacob Emden, que se tornaria ferrenho adversário de Malach. Possivelmente devido a um banimento por sua atividade herética ou possivelmente devido a suas próprias dúvidas quanto à teologia sabateana, Malach foi para a Turquia. Ele viveu lá por dois ou três anos com Samuel Primo em Adrianópolis, tornando-se seu fervoroso seguidor e recebendo as tradições e os segredos do círculo dos discípulos pessoais de Shabetai Tsevi. Ele viajou a Bursa (Turquia), onde viviam alguns destacados sabateanos e, ao final de sua estada, teve uma visão que o fez voltar à Polônia e se juntar a outro líder sabateano, Judá Chassid. No final de 1696, Malach chegou a Zolkiew, onde ficou algum tempo, encontrando muitos seguidores influentes. De Zolkiew, ele enviou uma carta a seus mestres italianos informando que estava deixando seu campo, pois encontrara um autêntico florescimento dos ensinamentos sabateanos na Turquia. É muito possível que ele tenha voltado à Turquia em 1697, onde aparentemente teria encontrado Abrahão Cardozo em Adrianópolis. Malach tomou o partido de Primo nas discussões com Cardozo, cujas dissertações especulativas ele se recusou a ler. Não se sabe se nessa época ou pouco depois ele entrou em contato com o jovem líder da facção mais radical da seita dos Doenmeh em Tessalônica, Baruchiah Russo (Osman Baba), de quem diversos dizeres foram citados por Malach a um de seus alunos (em um caderno sabateano, provavelmente escrito em Damasco, hoje na Columbia University Library).

Depois de seu retorno, Malach se tornaria um dos fundadores da nova "Sociedade dos Chassidim", que defendia uma imigração de ascetas eruditos para Jerusalém para esperar a vinda iminente do Messias. Privadamente, esse Messias era entendido como sendo Shabetai Tsevi, cujo retorno em 1706, quarenta anos depois de sua apostasia, havia sido previsto por Malach. Aparentemente, durante esses anos, Malach adquiriu a alcunha Malach, "o anjo". Ele seria geralmente conhecido por esse epíteto a partir do final da década de 1690; não se sabe se o motivo eram seus dons como pregador ou seu ascetismo. Certamente, Malach era considerado o principal cabalista do grupo. Em relação à propaganda "chassídica", que atraiu muitos sabateanos secretos à Polônia, à Alemanha e ao Império Habsburgo, ele passou algum tempo na Alemanha e na Morávia, onde, ao final de 1698, ele participou de um conselho de líderes sabateanos dos chassídicos em Nikolsburg (Mikulov), sobre o qual foi preservado um relato de uma testemunha. Malach também foi a Viena e anunciou que discutiria a crença e os ensinamentos sabateanos com qualquer cabalista iniciado propriamente. Abrahão Broda, o rabino de Praga, enviou seus alunos Moisés Chassid e Jonah Landsofer, mas a disputa, que durou duas semanas, terminou sem uma conclusão. Malach então foi para Eretz Israel, onde, após a súbita morte de Judá he-Chassid em outubro de 1700, uma facção dos chassídicos o escolheu como seu líder. O que aconteceu exatamente no círculo sabateano de Jerusalém não se sabe, ou ficou indefinido por relatos enviesados ou semilendários. De qualquer maneira, dissensões internas entre sabateanos moderados e radicais contribuíram para a dissolução do grupo,

550

mas a data precisa da expulsão de Malach de Eretz Israel é desconhecida. É provável que ele tenha ido a Constantinopla e novamente a Tessalônica, encontrando-se com Baruchiach. Desde esse encontro, Malach adquiriu a reputação de ser um emissário do setor antinomiano do sabateanismo. Isso levou à sua prolongada perseguição por parte das autoridades rabínicas. Uma circular dos rabinos de Constantinopla, escrita em 1710, denunciou-o veementemente. Ele voltou à Polônia, onde fundou a seita radical, em Podólia, da qual surgiria o movimento frankista, mas também serviu de emissário para alguns grupos asquenazes em Eretz Israel. Como tal, ele é mencionado nos registros da comunidade de Tiktin (Tykocin) em 1708. Em público, Malach negaria qualquer conexão sabateana, preferindo divulgar sua doutrina privadamente. Obrigado a deixar a Polônia, ele perambulou através da Alemanha e da Holanda. Em 1715, ele estava em Amsterdã, onde uma carta de expulsão chegou pouco depois de sua partida. Malach morreu pouco depois desse retorno à Polônia, em 1716 ou 1717. Ele foi geralmente considerado um especialista na Cabala e um orador persuasivo a favor do movimento sabateano depois de ser forçado à clandestinidade. Nenhum de seus escritos sobreviveu.

BIBLIOGRAFIA

J. Emden, *Torat ha-Kena'ot* (1871), 50, 70-71; D. Kahana, *Toldot ha-Mekubalim, ha-Shabeta'im ve-ha-Chassidim*, 2 (1913), 175-80; C. Bernheimer, *in*: JQR, 18 (1927-28), 125; G. Scholem, *in*: *Tsion*, 6 (1941), 123-4; 11 (1946), 168-74; idem, *in*: RHR, 143 (1953), 209-20; M. Benayahu, *in*: *Sefer Hida* (1957), 73-4; idem, *in*: *Sefunot*, 3-4 (1960), 136-8; idem, *in*: *Eretz-Israel*, 10 (1971).

11
MOISÉS BEN SHEM TOV DE LEON

Moisés aparentemente nasceu por volta de 1240 em Leon, perto de Castela – ele também se chamava de Moisés "livre da cidade de Leon" em seu *Shekel ha-Kodesh*. Nada se sabe sobre seus professores e seus primeiros estudos. Além do estudo religioso, ele também foi atraído pela filosofia; o *Guia dos Perplexos* de Maimônides foi copiado para ele em 1264 (Moscou, Manuscrito Günzburg 771). Moisés em seguida se voltou para a Cabala, e quando perambulou pelas comunidades de Castela, ele se tornou amigo dos cabalistas de lá. Ele mergulhou no conhecimento da escola de Girona de cabalistas e nas tradições do círculo gnóstico de Moisés de Burgos e Todros Abulafia, e nos anos entre 1270 e 1280, tornou-se particularmente próximo de José Gikatilla. Movido por um entusiasmo incomum, combinado com a urgência de se contrapor à influência das tendências racionalistas dominantes, Moisés compôs diversos escritos até o final dos anos 1270. Apresentados sob o disfarce de escritos pseudoepigráficos, eles seriam destinados a propagar a doutrina do cabalismo no padrão em que se cristalizara em seu próprio pensamento. Completados antes de 1286, eles formam o *Midrash ha-Ne'lam*, ou "Midrash Místico", e são a principal substância do Zohar. O extrato posterior dessa obra composta foi escrito por outro cabalista. A maior parte desses escritos está em aramaico, mas Moisés também compôs obras pseudoepigráficas em hebraico sobre ética e escatologia da alma. O "Testamento de R. Eliezer, o Grande", também chamado de *Orhot Chaim*, contém evidência das hesitações do autor ao escolher entre os *tanaim* Eliezer b. Hyrcanus e Simão b. Iochai como heróis de sua construção pseudoepigráfica. Moisés também pretendia escrever um novo Livro de Enoque, do qual ele inclui algumas partes em seu *Mishkan ha-Edut.*

Durante alguns anos, durante a composição do Zohar e ao menos até 1291, Moisés residiu em Guadalajara, fazendo circular a partir de sua casa as primeiras partes do Zohar, que incluíam uma versão parcialmente diferente do *Midrash ha-Ne'lam* (G. Scholem, no *Sefer ha-Iovel... L. Ginzberg* [1946], p. 425-46, seção em hebraico). Em Guadalajara, ele se associou a Isaac ibn Sahulah, que é o primeiro a citar o *Midrash ha-Ne'lam* e, em Toledo, dedicou alguns de seus livros a José b. Todros Abulafia. Depois de 1292, Moisés levou vida de andarilho até, anos depois, estabelecer-se em Ávila, e então provavelmente se dedicou quase exclusivamente à circulação de cópias do Zohar. Conhecendo Isaac b. Samuel de Acre em Valladolid em 1305, ele o convidou para ir a Ávila para ver o antigo manuscrito original do Zohar em sua casa. No entanto, no caminho de volta, Moisés adoeceu e morreu em Arévalo em 1305 (*Sefer Iuchassin*, edição de H. Filipowski, 88). Sua viúva negaria a existência de tal manuscrito. Os escritos em hebraico que levam seu nome se baseiam nas mesmas fontes utilizadas no Zohar e frequentemente fazem alusões veladas sem especificá-lo nominalmente. Esses escritos e as porções do Zohar compostas por Moisés frequentemente servem para esclarecer uns aos outros; os primeiros podem ser considerados autênticas exegeses da doutrina contida no Zohar (ver p. 267).

Numerosas cópias de diversas de suas obras foram feitas nas sucessivas gerações, e aparentemente o próprio Moisés fez circular textos em diferentes versões. Segundo Abrahão b. Salomão de Torrutiel (Neubauer, Crônicas, 1 [1887], p. 105), Moisés foi autor de 24 livros. Aqueles que foram conservados integral ou parcialmente são Shoshan Edut (1286), que Moisés menciona como seu primeiro trabalho (Cambridge, Manuscrito Adicional 505, inclui cerca de metade da obra); *Sefer ha-Rimon* (1287), uma exposição dos motivos cabalísticos das *mitsvot*, inteiramente elaborado a partir de fundamentos zoháricos (diversos Manuscritos, por exemplo, Oxford, Bodleiana, Manuscrito Opp. 344); *Or Zaru'a* (1288-89), sobre o ato da Criação (Oxford, Bodleiana, Manuscrito Poc. 296, outras partes no Manuscrito do Vaticano 428, 80-90); isso foi aparentemente expandido por outro cabalista para cobrir toda a seção *Bereshit*, Gênesis 1-6 (Manuscrito do Vaticano 212); *Ha-Nefesh ha-Chachamah,*

554

escrito em 1290 para seu aluno Jacob, a quem Isaac de Acre conheceu depois da morte de Moisés: um texto com passagens adulteradas foi publicado em 1608, contendo numerosos adendos a partir da obra de um cabalista espanhol da época; um longo comentário sem título sobre as dez *Sefirot* e penitências (uma grande parte no Manuscrito Munique 47); o *Shekel ha-Kodesh* (1292; publicado em 1912; um texto melhor está em Oxford, Bodleiana, Manuscrito Opp. 563); o *Mishkhan ha-Edut* (1293), sobre o destino da alma depois da morte, com um comentário sobre a visão de Ezequiel aparecendo em diversos manuscritos (Berlim, Vaticano, *et al.*) como livro independente: tanto aqui quanto em sua introdução ao *Or Zaru'a*, Moisés divulga os motivos de suas atividades literárias; o *Maskiot Kesef* (escrito depois de 1293), um comentário sobre as orações, uma sequência da obra perdida *Tapuchei Zahav* (Manuscrito Adler, 1577); *responsas* sobre pontos da Cabala (edição de Tishby, *in*: *Kovets al Iad*, volume 5, 1951); um tratado sobre vários temas místicos (Biblioteca de Schocken, Manuscrito Kab. 14, 78-99; Manuscrito do Vaticano 428); outro comentário sobre as dez *Sefirot*, o *Sod Eser Sefirot Belimah...* (Madri, Escorial, Manuscrito G III 14). Moisés também escreveu: *Sefer Pardes* ("Livro do Paraíso"); *Sha'arei Tsedek* sobre Eclesiastes; *Mashal ha-Kadmoni* (a partir do título da obra de seu amigo Isaac ibn Sahula); *responsa* sobre questões relativas a Elias; um comentário sobre o Cântico dos Cânticos; e uma polêmica dirigida contra os saduceus (ou caraítas), mencionada por Abner de Burgos (REJ, 18 [1889], p. 62). O *Sefer ha-Shem* (publicado no *Heichal ha-Shem*, Veneza, *circa* 1601) sobre a desintegração das *Sefirot*, atribuído a Moisés do século XV em diante, foi escrito por outro cabalista chamado Moisés em meados do século XIV.

BIBLIOGRAFIA

Scholem, Mysticism, capítulo 5; idem, *in*: KS, 1 (1924), 45-52; idem, *in*: *Mada'ei ha--Iahadut*, 1 (1926), 16-29; idem, *in*: MGWJ, 71 (1927), 109-23; S. D. Luzzatto, *Igrot Shadal* (1891), 259; Steinschneider, Cat Bod, 1847-56; idem, *in*: HB, 10 (1870), 156-61; A. Jellinek, *Moses ben Schem Tob de Leon und sein Verhältnis zum Sohar* (1851); I. Tishby, *Mishnat ha-Zohar*, 2 volumes (1949), introdução geral e introduções aos capítulos; Y. Nadav, *in*: *Otsar Iehudei Sefarad*, 2 (1959), 69-76; E. Gottlieb, *in*: *Tarbiz*, 33 (1964), 287-313; I. Ta-Shma, *ibid*, 39 (1969), 184-94; 40 (1970), 105-6; S. Z. Havlin, *ibid.*, 107-9.

12
NATAN DE GAZA

O nome completo de Natan era Abrahão Natan b. Elisha Chaim Ashkenazi, mas ele se tornou famoso como Natan, o Profeta de Gaza e, depois de 1665, seus admiradores geralmente o chamariam de "a lâmpada sagrada" (*buzina kadisha*), título honorífico dado a R. Simeon b. Iochai no Zohar. Seu pai, um respeitado erudito rabínico com pendores cabalísticos que viera da Polônia ou da Alemanha, estabelecera-se em Jerusalém e, por muitos anos, servira como emissário de sua comunidade, visitando a Polônia, Alemanha, Itália e (frequentemente) Marrocos. Natan nasceu em Jerusalém, provavelmente por volta de 1643-44. Seu principal professor foi o famoso talmudista Jacob Chagiz e ele parece ter sido um aluno brilhante, de rápido entendimento e considerável capacidade intelectual. Antes de deixar Jerusalém em 1663, tendo se casado com a filha de um rico comerciante de Gaza, Samuel Lissabonna, e mudado para a casa do sogro na cidade, ele deve ter visto Shabetai Tsevi, na época com o dobro de sua idade, no bairro judaico de Jerusalém, onde Shabetai morou quase aquele ano inteiro. Também é claro que ele deve ter ouvido falar muito sobre aquela estranha personalidade e suas dificuldades. Fortemente atraído por um estilo de vida ascético, Natan começou a estudar a Cabala em 1664. A combinação de grandes capacidades intelectuais e imaginativas que seria sua principal característica resultou em pouco tempo em visões de anjos e de almas dos mortos. Ele mergulhou profundamente na Cabala luriânica, seguindo as regras ascéticas estabelecidas por Isaac Luria. Pouco antes ou depois do Purim de 1665, Natan teve uma expe-

Natan de Gaza, cabalista e discípulo de Shabetai Tsevi. Extraído de Thomas Coenen, *Ydele Verwatchinge der Joden getoont in der Persoon van Sabethai Zevi*, Amsterdã, 1669.

riência extática significativa acompanhada de uma visão prolongada (ele fala de 24 horas) do mundo divino, que lhe revelou como seus diferentes estágios eram conectados, uma visão que diferia em muitos detalhes significativos do esquema luriânico. Através dessa revelação, ele ficou convencido da missão messiânica de Shabetai Tsevi, cuja figura ele vira gravada no trono divino (para saber mais sobre suas intensas atividades ao longo do ano seguinte, ver p. 305). Quando este voltou de sua missão no Egito e veio vê-lo em Gaza, Natan finalmente o convenceu de seu destino messiânico, mostrando-lhe uma visão pseudoepigráfica, atribuída a um santo medieval, Abrahão Chassid, que havia previsto o nascimento e os primeiros anos de Shabetai Tsevi e confirmado sua alta hierarquia.

Em seu êxtase, Natan ouvira uma voz anunciando em nome de Deus que Shabetai Tsevi era o Messias; ele, portanto, se tornou o profeta do "filho de Davi", a missão que o profeta bíblico Natan cumpriu para o rei Davi. Como lhe haviam sido concedidos dons carismáticos desde o seu despertar extático, muitas pessoas vieram em peregrinações da Palestina, da Síria e do Egito até ele. Natan divulgou "as raízes de suas almas", revelou seus pecados secretos e prescreveu modos de penitência. Como seus poderes proféticos foram amplamente reconhecidos como genuínos, seu apoio à alegação messiânica de Shabetai Tsevi forneceu o ímpeto decisivo ao movimento de massa que abalou o povo judeu em toda parte. Permanecendo em Gaza depois que Shabetai Tsevi foi para Jerusalém e Esmirna, Natan escreveu cartas para a Diáspora confirmando que a redenção era iminente e estabelecendo elaboradas regras cabalísticas de penitência (*tikunim*) a serem seguidas por aqueles que desejassem anunciar a nova era. Essas regras foram amplamente copiadas e as porções exotéricas do ritual foram impressas em muitas edições ao longo de 1666. Não se sabe por que os rabinos de Jerusalém, a maioria deles (incluindo Jacob Chagiz) tendo tomado uma posição contrária às alegações messiânicas de Shabetai Tsevi, não fizeram nada para interferir nas atividades de Natan. O fato de que a pequena comunidade de Gaza, incluindo seu rabino, Jacob Najara, estava entre seus seguidores é uma explicação insuficiente. No verão de 1666, durante o confinamento de Shabetai em Galípoli, Natan compôs diversos tratados breves dos quais o *Derush ha-Taninim* sobreviveu (publicado em G. Scholem, *Be-Ikevot Mashi'ah*, 1944), glorificando o estado místico de Shabetai desde o início da criação. Sua correspondência com Shabetai Tsevi durante esse período, contudo, se perdeu.

Depois de receber a notícia da apostasia de Shabetai, Natan partiu de Gaza no início de novembro de 1666, acompanhado por um grande grupo de apoiadores, incluindo seu sogro e sua família. No dia 20 de novembro de 1666, ele escreveu de Damasco a Shabetai Tsevi, anunciando que estava a caminho para visitá-lo, aparentemente a convite deste. Nessa época, ele já havia começado a assinar Natan Benjamin, o novo nome que Shabetai lhe dera em Gaza quando nomeara 12 eruditos que representariam as 12 tribos de Israel. A fé de Natan em seu Messias nunca esmoreceu e, desde o início, ele aludiria aos motivos místicos que justificavam a apostasia. Originalmente, ele planejava viajar por mar através de Alexandretta (Iskenderun), mas mudou a rota e seguiu com seu grupo por terra, evitando as comunidades judaicas maiores que haviam sido alertadas contra ele pelos rabinos de Constantinopla. Ao final de janeiro de 1667, ele chegou a Bursa (Brusa), onde foi ameaçado de banimento se não permanecesse fora da cidade e se "não ficasse quieto". Dispersando sua comitiva, Natan continuou com apenas seis associados, incluindo Samuel Gandoor, um erudito do Egito que se tornaria seu companheiro constante até sua morte. Mas antes de deixar Bursa, ele escreveu uma carta aos irmãos de Shabetai em Esmirna, dando início a uma longa série de cartas, breves tratados e outros pronunciamentos em defesa da apostasia e da continuidade da missão messiânica de Shabetai com base em fundamentos cabalísticos. Muitos desses textos foram preservados. No dia 3 de março de 1667, ele chegou a uma pequena aldeia perto de Esmirna, e então ficou até 30 de abril em Esmirna propriamente; lá ele se encontrou com alguns dos crentes, mas em grande medida permaneceu isolado.

Natan se tornou muito reservado em relação a desconhecidos e até mesmo repeliu a delegação de três comunidades do norte da Itália que estava a caminho de visitar Shabetai Tsevi e esperavam para ouvir as explicações de Natan. O religioso holandês Thomas Coenen deixou uma descrição de seu encontro com Natan no dia 25 de abril. Natan tentou chegar a Adrianópolis, onde veria seu Messias, mas foi detido na pequena comunidade vizinha de Ipsola e confrontado por uma delegação de Adrianópolis e Constantinopla. Depois de ser interrogado, ele foi forçado a assinar um documento (datado de

31 de maio de 1667) prometendo não se aproximar de Adrianópolis, não se corresponder com "aquele homem" em Adrianópolis e não realizar reuniões públicas, mas se manter isolado; finalmente, ele admitiu que todas as suas palavras se mostrariam falsas se o Messias não aparecesse antes de 14 de setembro, data que ele fixara anteriormente sob o impacto de uma visão adicional. Mais tarde, Natan repudiaria todas essas obrigações, alegando que ele agira sob coação. Ele foi visitar Shabetai Tsevi secretamente, depois perambulou com Gandoor através da Trácia e da Grécia, onde a simpatia pelo movimento ainda era muito forte.

No início de 1668, ele viajou de Janina a Corfu, onde realizou conclaves secretos com seus apoiadores. Por iniciativa do próprio Shabetai Tsevi, Natan então fez uma viagem à Itália, com a intenção de realizar um ritual místico na sede do papado em Roma. Sua chegada em Veneza por volta de 20 de março causou consideráveis excitação e apreensão. Sob pressão de alguém no governo, ele teve permissão de entrar no gueto, onde passou aproximadamente duas semanas, sendo incisivamente questionado pelos rabinos, mas também apoiado por uma hoste de admiradores e seguidores. Os acontecimentos de Ipsola se repetiram; os rabinos publicaram os resultados de seu exame em um panfleto, incluindo uma declaração em que Natan admitia seus erros; mais tarde, Natan repudiaria isso em pronunciamentos aos crentes. De Veneza, ele e Gandoor viajaram até Bolonha, Florença e Livorno, onde ele ficou por algumas semanas fortalecendo as esperanças dos crentes remanescentes. Natan e um rico crente italiano, Moses Cafsuto, então foram a Roma, talvez disfarçados de gentios. Ele ficou apenas poucos dias (até o final de maio ou o começo de junho) realizando alguns rituais secretos baseados no padrão definido anteriormente por Salomão Molcho. Depois voltou a Livorno ou, segundo outra fonte, foi diretamente a Ancona, onde ele foi reconhecido e se encontrou com o rabino, Mahalalel Haleluiah (Aleluiah), um crente fervoroso, que deixou um relato detalhado de seu encontro. A essa altura, Natan havia escrito um relato de sua missão a Roma, vazado em um aramaico elusivo, repleto de metáforas cabalísticas e apocalípticas. Esse relato foi amplamente distribuído para os grupos de crentes. Em sua volta à Turquia, através de Ragusa e Durazzo, Natan foi passar algum tempo com Shabetai Tsevi em Adrianópolis. Depois disso, ele ficou seis meses em Tessalônica, onde um considerável grupo de eruditos se reuniu para receber sua nova versão da Cabala de acordo com princípios sabateanos. Pelos dez anos seguintes, ele permaneceu na Macedônia e na Bulgária – com exceção de peregrinações secretas até Shabetai Tsevi depois do banimento dele para Dulcigno, na Albânia (1673) – ficando principalmente em Sófia, Adrianópolis e Kastoria, e fazendo visitas ocasionais a Tessalônica. Ele manteve contatos próximos com muitos outros líderes do movimento, que continuaram a considerá-lo uma figura carismática do mais alto nível. Embora Shabetai Tsevi jamais tenha pedido que ele o seguisse para o Islã, ele defendeu firmemente não apenas a necessidade da apostasia do Messias, mas também aqueles "escolhidos" que o emularam nessa decisão. Muitos dos rabinos das comunidades macedônicas ficaram de seu lado, não dando ouvidos às excomunhões e aos avisos que vinham de Constantinopla e Adrianópolis.

As cartas de Natan revelam uma forte personalidade, ainda que as poucas que foram conservadas da intensa correspondência com Shabetai Tsevi sejam expressas em termos adoradores e submissos. Elas contrastam curiosamente com sua óbvia superioridade moral e intelectual em relação a seu mestre. Apesar de tudo isso, houve períodos de tensão entre os dois. Depois da morte de Shabetai, Natan se retirou ainda mais do contato com o público, embora continuasse a pregar nas sinagogas de Sófia em certas ocasiões. Recusando-se a admitir a derrota, ele defendeu a teoria de que Shabetai Tsevi havia apenas "desaparecido" ou teria se ocultado em alguma esfera superior, de onde ele voltaria quando a Deus aprouvesse. Israel Chazan de Castoria, que serviu como seu secretário por cerca de três anos, anotou muitos de seus ensinamentos e dizeres depois da morte de Shabetai. Natan continuaria a levar uma vida ascética e, sentindo que seu fim se aproximava, deixou Sófia e foi para Skopje (Üsküb), onde morreu a 11 de janeiro de 1680. Sua sepultura foi reverenciada como a de um santo e ao longo de gerações muitos sabateanos a visitaram em peregrinações. Sua lápide, cuja inscrição foi preservada, seria destruída durante a Segunda Guerra Mundial. As muitas lendas espalhadas sobre Natan durante sua vida aumentaram depois de sua morte. Ele teve dois filhos, cujo destino é ignorado. Um desenho de Natan feito por um piloto de navio que o viu a bordo em Gaza no verão de 1665, que foi reproduzido em diversos panfletos da época, pode ser autêntico.

562

Entre 1665 e 1679, Natan embarcou em uma prolífica atividade literária. Algumas de suas muitas cartas são na verdade tratados teológicos. A princípio, ele compôs regras e meditações cabalísticas para um jejum de seis dias consecutivos, o *Seder Hafsakah Guedolah shel Shishah Iamim ve-Shishah Leilot*, impresso em parte anonimamente, e omitindo as passagens onde o nome de Shabetai Tsevi é mencionado, sob o título de *Sefer le-Hafsakah Guedolah* (Esmirna, 1732). Esses livros foram acompanhados pelo *Tikunei Teshuvah*, ambos preservados em diversos manuscritos. Por volta da mesma época, ele começou a explicação de sua nova visão do processo da criação, enviando diversos breves tratados sobre isso a Rafael José no Cairo. Desses tratados breves, apenas o *Derush ha-Taninim* foi conservado. Depois da apostasia de Shabetai, Natan desenvolveu suas ideias de modo mais radical. A apresentação mais elaborada de seu sistema cabalístico, contendo constantes referências à função do Messias e suas ações paradoxais, encontra-se no *Sefer ha-Beri'ah*, escrito em 1670, em duas partes. O livro também ficou conhecido sob o título *Raza de-Uvda de-Bereshit*, e em alguns manuscritos era acompanhado de um longo prefácio que pode ter sido concebido como uma entidade literária separada. A obra está conservada, completa ou parcialmente, em cerca de 30 manuscritos e deve ter gozado de ampla distribuição nos círculos sabateanos até meados do século XVIII. Uma breve sinopse de suas ideias, do Manuscrito Oxford, Neubauer Cat. (Bod.) nº 2394, está incluída em Scholem, *Be-Ikvot Mashi'ach*. Durante o mesmo período, Natan compôs o livro *Zemir Aritsim*, que, assim como outros assuntos cabalísticos, contém longas discussões sobre o estado da Torah na era messiânica e uma justificativa das ações antinomianas de Shabetai Tsevi (completo em Museu Britânico Or. 4536, Cat. Margoliouth nº 856 e em outras partes). Em alguns manuscritos, a obra foi chamada de *Derush ha-Menorah* (parcialmente incluída na coletânea *Be-Ikvot Mashi'ach*). Esses livros foram amplamente citados por sabateanos secretos, algumas vezes até em obras impressas. De suas muitas cartas pastorais, deve-se fazer menção especial à longa apologia de Shabetai Tsevi, publicada em *Kovets al Iad*, 6 (1966), 419-56, aparentemente escrita por volta de 1673-74. Fragmentos de outros escritos estão dispersos em diversos manuscritos e cadernos sabateanos. As coletâneas que abordam seus costumes e comportamentos especiais foram feitas por seus alunos em Tessalônica (que o viam como uma reencarnação de Luria) e distribuídas na Turquia e na Itália. Essas coletâneas foram conservadas em diversas versões. Um resumo do sistema de Natan foi incorporado como a primeira parte do *Sha'arei Gan Eden* de Jacob Koppel b. Moisés de Mezhirech e foi publicado como texto cabalístico autorizado (Korzec, 1803) sem que seu caráter herético fosse reconhecido.

BIBLIOGRAFIA

G. Scholem, Sabbatai Sevi, *passim*, especialmente capítulos 3, 7 e 8; idem, *Be-Ikvot Mashi'ach* (1944), uma coletânea de escritos de Natan; idem, *in: Alei Ain, Minchat Devarim le-S. Z. Schocken* (1948-52), 157-211; idem, *in: H. A. Wolfson Jubilee Volume* (1965), 225-41 (seção em hebraico); C. Wirszubski, *in: Kenesset, Divrei Soferim le-Zecher H. N. Bialik*, 8 (1943-44), 210-46; idem, *in: Kovets Hotsa'at Schocken le-Divrei Sifrut* (1941), 180-92; I. Tishby, *in: Tarbiz*, 15 (1943-44), 161-80; idem, in KS (1945), 12-17; idem, *in: Sefunot*, I (1956), 80-117; idem, *Netivei Emunah ve-Minut* (1964), 30-80, 204-26, 280-95, 331-43.

13
JUDÁ LEIB PROSSNITZ

Nascido em Uhersky Brod (*c.* 1670), Prossnitz se estabeleceu em Prossnitz (Prostejov) depois de casado. Um homem sem educação formal, ele ganhava a vida como ambulante. Por volta de 1696, ele passou por um despertar espiritual e começou a estudar a Mishnah e, mais tarde, o Zohar e escritos cabalísticos. Acreditando ter sido visitado pelas almas dos mortos, ele alegou ter estudado a Cabala com Isaac Luria e Shabetai Tsevi. Se o seu despertar sabateano esteve associado ao movimento na Morávia em torno de Judá Chassid, Heshel Tsoref e Chaim Malach, ainda é uma questão aberta a conjecturas. Possivelmente ele foi conquistado por Zevi Hirsch b. Ierachmil Chotsh, que passou algum tempo em Prossnitz em 1696. Judá Leib a princípio se dedicou a ensinar crianças, porém mais tarde seus seguidores em Prossnitz passaram a sustentar ele e sua família. Residindo no *bet midrash* de Prossnitz, ele levou uma vida estritamente ascética; e tornou-se geralmente conhecido como Leibele Prossnitz. Logo Prossnitz começou a divulgar mistérios cabalísticos e sabateanos e a pregar em público à maneira de um pregador revivalista (*mochi'ach*). Ele encontrou muitos apoiadores, sendo o mais importante deles por muitos anos Meir Eisenstadt, uma famosa autoridade rabínica que serviria como rabino de Prossnitz a partir de 1702. Ao mesmo tempo, sua propaganda sabateana, especialmente vindo de um místico leigo sem educação formal, despertou forte hostilidade em muitos círculos. Entre 1703 e 1705, ele viajou pela Morávia e pela Silésia, causando considerável agitação nas comunidades. Assim como outros líderes sabateanos desse período, ele profetizou a volta de Shabetai Tsevi em 1706. Sua propaganda sabateana declarada levou a conflitos em Glogau e Breslau, onde os rabinos ameaçaram excomungá-lo se ele não voltasse para Prossnitz e ficasse por lá. Conforme se aproximava o ano de 1706, sua agitação atingiu um ápice. Ele reuniu um grupo de dez seguidores, alunos seus, e praticou extravagantes mortificações.

Judá Leib foi amplamente creditado pelas práticas mágicas associadas a suas tentativas de trazer um fim ao domínio de Samael e há relatos de que tenha sacrificado galinhas como uma espécie de suborno aos poderes impuros. Os fatos a esse respeito e a promessa de revelar a *Shechinah* a alguns de seus seguidores, inclusive Meir Eisenstadt, estão envoltos em lendas, mas contêm um núcleo de verdade histórica. Desde então ele foi amplamente considerado por seus adversários um feiticeiro, Meir Einsenstadt o deixou e Prossnitz foi banido pelo tribunal rabínico e sentenciado ao exílio por três anos; no entanto, ele obteria permissão de voltar depois de muitos meses. Ele continuou dirigindo um grupo sabateano secreto em Prossnitz, novamente trabalhando como professor de crianças. Mantendo relações com outros sabateanos, em 1724 ele tentou obter indicação de um de seus seguidores mais próximos, R. Sender, ao rabinato de Mannheim (L. L. Löwenstein, *Geschichte der Juden in der Kurpfalz* (1895), 198-9). Dizem que Jonathan Eybeschütz, aluno de Meir Eisenstadt em Prostejov (Prossnitz) por muitos anos, estudou secretamente com Judá Leib, que na época estava propagando ensinamentos próximos do setor radical do sabateanismo. Ao lado de outros desse grupo, Judá Leib apoiou ensinamentos heréticos em relação à providência divina. Quando Leib b. Ozer escreveu suas memórias sobre a situação do sabateanismo em 1717, Judá Leib vinha evitando manifestações públicas da fé sabateana e se dizia que estava trabalhando em um comentário cabalístico sobre o Livro de Rute. Com o ressurgimento das atividades sabateanas em 1724, no rastro dos emissários de Tessalônica, Judá Leib novamente apareceu publicamente em cena, alegando ser o Messias ben José, o precursor do Messias ben Davi. Mais uma vez, ele encontrou muitos seguidores na Morávia e mesmo em Viena e em Praga. Algumas de suas cartas para Jonathan Eybeschütz e Isaiah Mokhi'ah em Mannheim foram encontradas entre os papeis confiscados de emissários sabateanos. No verão de 1725, Judá Leib foi novamente excomungado pelos rabinos da Morávia em Nikolsburg (Mikulov) e mais tarde passou a levar uma vida de andarilho. Quando chegou a Frankfurt no início de 1726, ele não teve permissão de entrar no bairro judaico, mas recebeu assistência material de um de seus apoiadores secretos. Seus últimos dez anos, segundo alguns relatos, foram passados na Hungria. Embora o contato amistoso entre Judá Leib e Eybeschütz seja bem estabelecido, não há provas conclusivas da alegação de Jacob Emden de que Judá Leib via Eybeschütz como futuro líder dos sabateanos (J. Emden, *Beit Ionatan ha-Sofer*, Altona, 1762 [?], 1b), ou de que ele seria o Messias depois da apostasia de Shabetai Tsevi (*Shevirat Luhot ha-Aven* [Zolkiew, 1775], 18b). Após a morte de Judá Leib em 1730, um grupo forte de sabateanos sobreviveu em Prossnitz durante o século XVIII.

BIBLIOGRAFIA

J. Emden, *Torat ha-Kena'ot* (Amsterdã, 1752), 34bf., 41a-42a; A. Neubauer, *in*: MGWJ, 36 (1887), 207-12; D. Kahana, *Toldot ha-Mekubalim ve-ha-Shabeta'im*, 2 (1914), 168-75, 184; M. A. Perlmutter (Anat), *R. Iehonatan Eybeschütz, Iachasso el ha--Shabeta'ut* (1947), 43-47; Ch. P. Löwe, *Speculum Religionis Judaicae* (1732), 80-82.

14
CHAIM VITAL

Chaim Vital nasceu em Eretz Israel, aparentemente em Safed, em 1542. Seu pai, José Vital Calabrese, cujo nome indica sua origem na Calábria, sul da Itália, era um conhecido escriba em Safed (ver responsa de Menachem Azariah de Fano, nº 38). Seu filho também é chamado de Chaim Calabrese em diversas obras cabalísticas. Chaim Vital estudou em *ieshivot* em Safed, especialmente sob a orientação de Moisés Alshech, seu professor em assuntos exotéricos. Em 1564, ele começou a estudar a Cabala, a princípio de acordo com o sistema de Moisés Cordovero, embora Vital não chamasse Cordovero de seu professor. Ele também foi atraído por outros estudos esotéricos e passou dois anos (1563-65) na prática da alquimia (provavelmente em Damasco), do que mais tarde se arrependeria. Depois da chegada de Isaac Luria em Safed, Vital se tornou seu principal discípulo, estudando sob sua orientação por quase dois anos, até a morte de Luria no verão de 1572. Mais tarde, Vital começaria a organizar os ensinamentos de Luria por escrito e a elaborar a partir deles de acordo com seu próprio entendimento. Vital tentou evitar que outros discípulos de Luria apresentassem suas versões da doutrina por escrito, e reuniu à sua volta vários deles que aceitavam sua autoridade espiritual. Mas ele não teve um sucesso total nessa ambição de ser o único herdeiro do legado espiritual de Luria e de ser aceito como único intérprete da Cabala luriânica. Em 1575, doze discípulos de Luria assinaram um juramento de só estudar a teoria de Luria com Vital, prometendo não induzi-lo a revelar mais do que ele desejaria e manter os mistérios em segredo diante dos outros (*Tsion*, 5

[1940], p. 125, e ver outra cópia do acordo em *Birkat ha-Arets*, de Baruch David ha-Kohen [1904], p. 61). Esse grupo de estudos deixou de funcionar quando Vital se mudou para Jerusalém, onde serviu como rabino e diretor de uma
ieshivah desde o final de 1577 até o final de 1585. Em Jerusalém, ele escreveu
a última versão de sua apresentação do sistema luriânico. Ele voltou a Safed
no início de 1586, ficando por lá até 1592. De acordo com a tradição, ele
adoeceu gravemente em Safed por volta de 1587; durante seu longo período
de inconsciência, conta-se que os eruditos de Safed subornaram seu irmão
mais novo, Moisés, que lhes permitiu copiar 600 folhas dos escritos de Chaim
Vital, que circulariam então dentro de um grupo seleto (segundo uma carta
escrita por Shlomel Dresnitz em 1606, em *Shivchei ha-Ari*).

Em 1590, Vital foi "ordenado" rabino por seu professor Moisés Alshech. (O texto da ordenação está publicado no *Sefer Iovel le-I. Baer* [1961],
p. 266). Ele esteve em Jerusalém mais uma vez em 1593 e talvez tenha permanecido lá por vários anos, voltando a Safed de tempos em tempos. Segundo a
tradição dos rabinos de Jerusalém, ele se mudou de Jerusalém para Damasco;
em todo caso, Vital estava em Damasco em 1598 (*Sefer ha-Chezionot* [1954],
p. 87), onde serviu como rabino da comunidade siciliana (*ibid.*, 92, p. 116) e
permaneceria lá até sua morte. Após uma grave doença em 1604, sua visão
ficou prejudicada, às vezes chegando à cegueira total. Em seus últimos anos
de vida, um grupo de cabalistas se reuniu à sua volta. Ele morreu em 1620.
Vital se casou pelo menos três vezes e seu filho mais novo, Samuel (1598- *c.*
1678), herdou seus escritos. Enquanto estava em Damasco, principalmente
entre 1609 e 1612, Chaim Vital reuniu notas autobiográficas que chamou de
Sefer ha-Chezionot, basicamente histórias e testemunhos de sua grandeza, mas
também sonhos seus e de outras pessoas; esses textos constituem uma importante fonte para o estudo do trajeto de sua vida e das complexidades de sua
alma. A obra está conservada em sua própria caligrafia e foi publicada por A.
Z. Aescoly (1954), a partir dos originais autografados em posse do rabino A.
Toaff de Livorno. (Essa publicação despertou considerável constrangimen-
to em alguns círculos rabínicos). A partir dessa obra, aparentemente, surge
uma certa tensão nas relações entre Vital e Jacob Abulafia, um dos rabinos
em Damasco, que duvidava da alegação de Vital de ser o único intérprete da
Cabala luriânica. As primeiras edições do *Sefer ha-Chezionot* foram publicadas

a partir de cópias fragmentárias e adulteradas, em Ostrog (1826) como *Shivchei R. Chaim Vital*, e em Jerusalém (1866) como *Sefer ha-Chezionot*. O epitáfio de Vital foi publicado na obra de David Tsion Laniado, *La-Kedoshim Asher ba-Arets* (1935), 43. Além de seu filho, seus outros discípulos em Damasco incluíam Jafeth ha-Mizri, Chaim b. Abrahão ha-Kohen de Alepo e Efraim Penzieri. Muitas lendas sobre Vital circulariam mesmo durante sua vida e estão preservadas no *Toldot ha-Ari* e nas cartas de Shlomel Dresnitz, publicadas pela primeira vez em 1629 no *Ta'alumot Chochmah* de José Salomão Delmedigo. Em gerações subsequentes, muitas outras lendas seriam acrescentadas.

Vital foi um escritor prolífico. Sua proficiência em assuntos exotéricos é atestada por sua ordenação e pela função rabínica exercida em Jerusalém. No entanto, poucos de seus ensinamentos talmúdicos foram preservados: um *responsum* de Damasco foi publicado na responsa de José di Trani (Constantinopla, edição de 1641, 88c.) e dez *responsas* haláchicas estão incluídas na obra de Samuel Vital, *Be'er Maim Chaim* (Manuscrito Oxford Neubauer Cat Bod n° 832). Seus comentários sobre o Talmud foram preservados, assim com os de seu filho (no Manuscrito Günzburg 283), e foram publicados no final de cada tratado do *Talmud El ha-Mekorot*, aparecendo em Jerusalém a partir de 1959. Um volume com todos os sermões sobre temas esotéricos e sobre a Cabala popular foi conservado no *Torat Chaim* (Manuscrito não publicado incluído na lista escrita da coleção de R. Aryeh L. Alter de Gur, n° 286) e diversos de seus sermões podem também ser encontrados na coleção de Manuscritos Badhab 205, hoje na Universidade Hebraica e na Columbia University (Manuscrito H533, fol. 150 ss., Nova York). Seu *Sefer ha-Techunah* sobre astronomia foi publicado em Jerusalém em 1866. Seu manuscrito autógrafo da obra sobre Cabala prática e alquimia estava preservado na coleção Musayoff em Jerusalém em 1940.

Segundo seu filho, Vital reuniu seus principais escritos em duas vastas obras, *Ets ha-Chaim* e *Ets ha-Da'at*. O primeiro é o nome inclusivo de todos aqueles escritos em que ele elaborava os ensinamentos de Isaac Luria. Essas obras passaram por várias versões e adaptações, pois Vital começou a organizar o que havia ouvido de Luria depois de sua morte e, segundo Meir Poppers, ficou absorvido nessa tarefa por mais de vinte anos. A primeira versão (*mahadurah kama*) ficou em Damasco com o filho de Vital, que por muitos anos não permitiu que a copiassem. Ele mesmo reeditou e reorganizou o *Shemonah She'arim* e essa versão circulou amplamente, desde 1660, aproximadamente. Os cabalistas do Oriente Médio, especialmente na Palestina, consideraram esta a versão mais autorizada da Cabala luriânica, e alguns deles limitaram seus estudos apenas a esta versão. Um magnífico manuscrito redigido em letras graúdas, que serviu de paradigma para outras cópias, está conservado na Biblioteca Nacional em Jerusalém (4º 674, três volumes *in-folio*). Ainda que possa ter maior autoridade, esse manuscrito, que na verdade foi escrito no final do século XVII, possui datas erradas acrescentadas a ele para parecer que foi copiado em Alepo e Damasco em 1605.

As cópias das obras de Chaim Vital que circularam durante sua vida entre os cabalistas na Palestina não foram arranjadas em boa ordem. Por volta de 1620, Benjamin ha-Levi e Elisha Vestali (ou Guastali) as reuniram em uma edição em três volumes. Esta também não foi impressa, mas se tornou muito popular nas gerações seguintes. Ela incluía o *Sefer ha-Derushim*, composto principalmente de materiais pertencentes ao *Sha'ar ha-Hakdamot* e o *Sha'ar ha-Guilgulim*; o *Sefer ha-Kavanot*; e o *Sefer ha-Likutim*. Os escritos de Vital alcançaram outros países pela primeira vez nessa edição, que está conservada em diversas bibliotecas. As páginas amassadas e rasgadas da "última versão" (*mahadurah batra*) que Vital organizou em Jerusalém foram descobertas por Abrahão Azulai e seus colegas, aparentemente pouco depois de 1620, em uma *guenizah* em Jerusalém. A partir desses escritos, Jacob Tsemach organizou diversos livros, como o *Otsrot Chaim* (Korets, 1783), *Adam Iashar* (1885), e *Olat Tamid* sobre meditações em orações (1850). Outra versão do sistema de Vital que corresponde ao *Sha'ar ha-Hakdamot* foi descoberta e publicada como *Mevo She'arim* ou *Toledot Adam*. Seu neto, Moisés b. Samuel Vital, relata que ele encontrou o manuscrito do próprio autor em Hebrom (Manuscrito do Museu Britânico, Margoliouth CMBM nº 821). Algumas cópias chegaram à Itália em meados do século XVII, mas ele foi publicado primeiramente em Korzec em 1783. Partes do início da obra estão faltando tanto na edição impressa, quanto na manuscrita, mas uma versão completa ainda estava preservada em Jerusalém em 1890, e também foi preservada na coleção de Arieh Alter de Gur. De todas as edições anteriores que chegaram aos cabalistas de Jerusalém, Meir Poppers, o discípulo de Zemah, organizou a edição final dos escritos de Vital,

572

que foi completada (segundo o testemunho em alguns exemplares) em 1653. Todas as questões relativas ao *Sha'ar ha-Hakdamot* foram organizadas no *Sefer Derech Ets Chaim*, em cinco seções principais e 50 subseções, incluindo a "primeira versão" e a "última versão" e, por vezes, até mesmo outras versões (terceira e quarta), lado a lado. Esse livro sozinho recebeu o título de *Ets Chaim* quando foi publicado em Korzec em 1782 por Isaac Satanov (do círculo de Moses Mendelssohn), e em Tel Aviv (1960), por Y. Z. Brandwein. Tudo o que era relativo a questões da oração e das meditações místicas (*Kavanot*) foi organizado no *Sefer Peri Ets Chaim* em quatro seções: *Kavanot*; os motivos das *mitsvot* (*Ta'amei ha-Mitsvot*); *Tikunei Avonot*; e *Ichudim*. A seção sobre meditações místicas foi publicada em separado com o título de *Peri Ets Chaim* (Dubrovno, 1803). O livro, que foi publicado anteriormente sob esse título em Korzec, em 1782, não se baseia na edição de Poppers, mas era uma adaptação separada feita por seu colega Natan Shapira, intitulada *Me'orot Natan*. A terceira e a quarta seções foram publicadas juntas sob o título *Sha'ar ha-Ichudim* e *Tikun Avonot* em Korzec em 1783. Todo o material a respeito de outros assuntos foi organizado no *Sefer Nof Ets Chaim* em quatro seções: *Perushei ha-Zohar*, *Perushei Tanach*; *Perushei Agadot*; e *Guilgulim*. Um manuscrito completo dessa obra se encontra em Oxford (Neubauer, Cat Bod nº 1700). A primeira seção jamais foi publicada nessa forma; a segunda seção (que também incluía o *ta'amei ha-mitsvot*) foi publicada como *Likutei Torah Nevi'im u-Ketuvim* (Zolkiew, 1773); uma versão incompleta da terceira seção foi publicada como *Likutei Shas* (Korzec, 1785); e a quarta seção foi publicada antes de todas as outras obras de Vital como *Sefer ha-Guilgulim* (Frankfurt, 1684). Uma versão em setenta capítulos revisada de acordo com a versão de Natan Shapira foi publicada em Przemysl em 1875. Com isso, fica claro que os escritos de Vital exerceram sua principal influência sobre os cabalistas através de cópias manuscritas, apesar do fato de todas as suas obras serem posteriormente publicadas diversas vezes. Em alguns lugares da Palestina, da Turquia, da Polônia e da Alemanha, os escritos de Vital foram copiados em grande quantidade. O *Sefer ha-Kavanot* (Veneza, 1620) seria apenas um resumo e uma adaptação de uma das cópias que circularam na Palestina enquanto Vital ainda estava vivo. A maior parte da primeira seção sobre o *Perush ha-Zohar* foi publicada como *Zohar ha-Raki'a* (Korzec, 1785).

Em todas essas obras, a apresentação de Vital é seca e direta, muito diferente da linguagem floreada comum de sua época. A certa altura no *Ets Chaim* (39:16), ele inseriu uma adaptação do *Pardes Rimonim* de Moisés Cordovero sem mencionar que não se tratava de um ensinamento de Luria. Na maioria das partes do *Shemonah She'arim*, Vital acrescentou afirmações de outros discípulos de Luria, principalmente em questões que ele mesmo não ouvira tratadas diretamente, mas ele jamais os menciona pelos nomes completos. Vital foi muito minucioso na transmissão dos ensinamentos de Luria, destacando em muitas ocasiões que não se lembrava exatamente, ou que havia ouvido afirmações diferentes em ocasiões diferentes, ou que havia se esquecido. Aparentemente, após uma primeira audição, ele registrava muitas afirmações em cadernos e blocos que ocasionalmente eram citados. Ele também apresenta algumas afirmações de que admitia não conseguir mais se lembrar do significado. Na verdade, suas obras incluem mais do algumas poucas contradições, algumas das quais têm sua origem em seu professor e outras no desenvolvimento das opiniões de Vital enquanto as editava. Essas contradições deram origem a um tipo de literatura de *pilpul* sobre as afirmações de Vital que abrange muitos volumes.

Antes de sua associação com Luria, Vital escreveu um comentário sobre o Zohar de acordo com o sistema de Cordovero, ao qual mais tarde acrescentou observações ocasionais alusivas às opiniões de Luria. Ao descobrir esse comentário em Jerusalém, Abrahão Azulai inseriu nele sua compilação, *Or ha-Chamah* (1896-98). A afinidade de Vital com os ensinamentos de Cordovero também pode ser identificada em sua segunda grande obra, o *Ets ha-Da'at*, do qual apenas algumas partes foram preservadas. Aparentemente, a obra incluía comentários sobre a maioria dos livros da Bíblia, mas o que ele chama de *peshat* ("o significado literal") e *remez* ("o significado alegórico") constitui, em muitos casos, a Cabala, embora mais próxima do significado literal do Zohar. Segundo um testemunho, ele começou essa obra ainda em 1563, aos 20 anos de idade, mas segundo outro, ele a escreveu em 1575. Os capítulos 2 e 6 dessa obra foram conservados em sua própria caligrafia na coleção do R. Alter de Gur (nº 185; datado de 1575). Seu comentário sobre os Salmos foi publicado a partir desse manuscrito, *Sefer Tehilim* (1926). A parte sobre a Torah foi publicada como *Ets ha-Da'at Tov* (1864). A segunda parte, incluindo vários discursos fúnebres, sermões para casamentos, para circuncisões, sobre arrependimento, e comentários sobre Provérbios e sobre Jó, foi publicada em Jerusalém em 1906. O próprio Vital organizou várias edições dessa obra. Além dessas obras, ele também escreveu breves tratados moralizantes; o mais importante, o *Sha'arei Kedushah*, foi publicado pela primeira vez em Constantinopla em 1734, e republicado muitas vezes depois disso. Seu breve tratado *Lev David* foi publicado a partir de seu próprio manuscrito por H. J. D. Azulai (Livorno, 1789) e em diversas outras ocasiões. Supõe-se que além dessas obras, Vital tenha escrito muitas discussões sobre a Cabala não incluídas nas edições impressas, como o *Hakdamah Kodem Derush Maim Nukvin* citado por seu filho e publicado parcialmente na introdução da obra de Meir Bikayam, *Me'ir la-Arets* (Tessalônica, 1747). De autenticidade dúbia é o *Goral Kodesh*, sobre geomancia segundo o Zodíaco (Czernowitz, 1899). O *Arba Me'ot Shekel Kessef* (Korzec, 1804) é aparentemente um extrato das obras conhecidas de Vital com observações autobiográficas e alusões adicionais a outras obras, mas é altamente duvidoso que Vital pudesse tê-las escrito. O livro propõe ter sido escrito em 1615, mas cita nomes de versões posteriores organizadas por Benjamin ha-Levi e Chaim Tsemah. Aparentemente, a obra deve ter sido escrita na segunda metade do século XVII, e ficaria conhecida no Marrocos no início do século XVIII. Um pergaminho contendo descrições explícitas dos mundos celestiais da Cabala, escrito por Vital e trazido de Damasco, foi encontrado no Iêmen, e em 1858 foi vendido ao viajante Jacob Saphir (*Sefunot*, 2 [1958], p. 270). Escritos de Israel Sarug, como o *Limudei Atsilut* e um comentário sobre o *Sifra de-Tseni'uta* (1897), foram erroneamente atribuídos a Vital. Vital também se interessava pelos primórdios da literatura cabalística, embora raramente a utilizasse em suas obras. Sua antologia de obras antigas foi encontrada em sua própria caligrafia por volta de 1930 em Túnis (Manuscrito Tanuji). A cópia de seu filho Samuel está conservada em manuscrito no Jewish Theological Seminary em Nova York.

Embora ele não tivesse nenhum poder criativo genuíno, Vital foi uma das mais importantes influências no desenvolvimento da Cabala posterior, conquistando a posição de principal formulador da Cabala luriânica. Nenhum estudo abrangente de sua personalidade e de suas atividades foi tentado ainda.

BIBLIOGRAFIA

N. Shapira, *Tuv ha-Arets*, edição de J. Hirschensohn (1891), apêndice, 23-25 (baseado em um manuscrito completo do *Mevo She'arim*); G. Scholem *in*: *Tsion*, 5 (1940), 113-60; M. Benayahu, *in*: *Sinai*, 30 (1952), 65-75; idem, *Sefer Toldot ha-Ari* (1967), índice; D. Tamar, *in*: *Tarbiz*, 25 (1956), 99f.

15
MOISÉS ZACUTO

Moisés Zacuto, que nasceu em uma família de marranos portugueses em Amsterdã por volta de 1620, estudou assuntos judaicos sob a orientação de Saul Levi Morteira (uma elegia na morte deste último, escrita por Zacuto foi publicada por D. Kaufmann em REJ 37 [1898], p. 115), além de também ter estudado assuntos seculares. De acordo com a tradição, Zacuto mais tarde jejuaria por 40 dias "no intuito de esquecer a língua latina". Ele era um dos alunos do *bet midrash* de Amsterdã e na juventude viajou para a Polônia para estudar nas *ieshivot* de lá. Zacuto foi atraído pela Cabala e se refere a isso em suas cartas para seu professor Elchanan, talvez "Elchanan, o Cabalista", que morreu em Viena em 1651. Zacuto se mudou para a Itália, permanecendo algum tempo em Verona. A partir de 1645, ele viveu em Veneza e serviu por algum tempo como pregador sob a liderança de Azariah Figo. Mais tarde, Zacuto se tornaria rabino da cidade e membro da *ieshivah* veneziana. Entre 1649 e 1670, ele foi revisor de provas de muitos livros impressos em Veneza, especialmente de obras sobre a Cabala, editou o *Zohar Chadash* em 1658 e também escreveu muitos poemas para celebrações e ocasiões especiais. Zacuto tentou adquirir os manuscritos dos cabalistas de Safed, especialmente os de Moisés Cordovero e as diferentes versões das obras de Chaim Vital. Ele se tornou amigo do cabalista Natan Shapiro de Jerusalém e do velho cabalista Benjamin ha-Levi, que serviu como emissário de Safed em Veneza por dois anos (1658-59).

No início do movimento sabateano, Zacuto tendeu a dar crédito à maré messiânica, mas se opôs a inovações como a abolição das *tikun chatsot* ("orações da meia-noite") e de outros costumes. Na primavera de 1666, em uma carta a Sansão Bacchi, ele tomou uma posição positiva, mas cautelosa em favor do movimento, apoiando principalmente sua defesa do arrependimento. Depois da apostasia de Shabetai Tsevi, Zacuto deu as costas ao movimento e se juntou a outros rabinos venezianos em sua ação contra Natan de Gaza quando ele veio a Veneza na primavera de 1668. Ao mesmo tempo, Zacuto se opôs abertamente aos sabateanos em uma carta a Meir Isserles em Viena, e nos anos seguintes rejeitou a propaganda sabateana, apesar do fato de seus alunos favoritos, Benjamin b. Eliezer ha-Kohen de Reggio e Abrahão Rovigo estarem entre os "crentes" (*ma'aminim*). As relações entre Zacuto e esses dois discípulos ficaram estremecidas devido a suas diferenças, quando, por exemplo, o erudito sabateano Baer Perlhefter veio a Módena e Rovigo o apoiou. Por outro lado, Zacuto tentou obter através de seus alunos cópias dos escritos de Natan de Gaza sobre a Cabala sabateana. Os sabateanos em diversas ocasiões criticaram Zacuto, cujo temperamento conservador lhes desagradava. Em 1671, Zacuto foi convidado para servir como rabino em Mântua, mas só foi para lá em 1673, permanecendo até sua morte em 1697. Zacuto gozou de grande autoridade como líder dos cabalistas italianos de sua época e se correspondeu com cabalistas de muitos lugares. Mas, jamais realizou seu desejo de se estabelecer em Eretz Israel.

As obras exotéricas publicadas de Zacuto incluem seu comentário sobre a Mishnah, *Kol ha-ReMeZ*; ele seria conhecido por toda sua vida como ReMeZ, a partir das iniciais de seu nome (Rabi Moisés Zacuto). Parte da obra foi publicada em Amsterdã em 1719. H. J. D. Azulai, em seu *Shem ha-Guedolim*, observou que o manuscrito era duas vezes mais longo do que a edição impressa. Uma coletânea de responsa haláchica foi publicada em Veneza em 1760. Um comentário sobre o Talmud palestino se perdeu. Sua atividade principal, contudo, seria na Cabala. Zacuto se opunha à fusão do sistema cabalístico de Cordovero com o de Isaac Luria, mistura que era então corrente em alguns círculos (Tishby, in *Tsion*, 22 [1957], p. 30) e, por esse motivo, ele criticou a obra de Salomão Rocca, *Sefer Kavanat Shelomo* (Veneza, 1670), muito embora tenha composto um poema em homenagem ao autor (ver de Zacuto, *Igrot*, cartas 7 e 8). Ele percorreu todo o *corpus* dos escritos de Luria e Vital e acrescentou muitas anotações sob o título de *Kol ha-ReMeZ*, ou sob a abreviatura *MaZaLaN* (*Moshe Zakkut Li Nireh* – "A mim me parece, Moisés Zacuto"). Muitas delas estão coligidas nos livros *Mekom Binah* e *Sha'arei Binah* de Isaac Sabba (Tessalônica, 1812-13) e apareceram parcialmente também em diferentes edições de obras de Vital e Jacob Tsemach. Zacuto escreveu pelo menos dois comentários sobre o Zohar. No primeiro, ele continuou o *Iode'ei Binah* iniciado por seu contemporâneo José Hamiz (até Zohar I, 39). Aqui, Zacuto usou muitos comentários da escola de Cordovero, o comentário *Ketem Paz* de Simeon Labi e o primeiro comentário de Chaim Vital. A parte impressa contém o comentário até Zohar I, 147b (Veneza, 1663). Por motivos desconhecidos, esse livro jamais circulou. Uma cópia foi preservada na biblioteca do *bet din* em Londres, mas existem manuscritos completos (por exemplo, Manuscrito do Museu Britânico Adicional 27.054-27.057). O *Mikdash ha--Shem*, seu segundo comentário sobre o Zohar, foi escrito na maior parte segundo a Cabala luriânica, e foi publicado em forma resumida no *Mikdash Melech* de Shalom Buzaglo. O comentário completo pode ser encontrado nos manuscritos de Oxford Opp. 511, 512, 513, 515, 516 e 517. O *Mezakeh ha-Rabim* (Oxford, Biblioteca Bodleiana, Manuscrito Opp. 120), embora atribuído a Zacuto, não foi escrito por ele. Um longo *responsum* cabalístico ao rabino de Cracóvia sobre a cópia de rolos da Torah, *tefillin*, e *mezuzot* foi publicado várias vezes, no *Mekom Binah*, no *Kiriat Sefer* de Menachem Meiri (parte 2, 1881, 100-108; separadamente, Berdichev, 1890). Zacuto organizou *tikunim* ("orações especiais") para diversas cerimônias religiosas segundo a Cabala. Esses seriam muitas vezes reimpressos e tiveram grande influência, especialmente na vida religiosa na Itália. Eles incluem o *Shefer ha-Tikunim* (um *tikun* para a véspera de Shavuot e Hoshana Raba; Veneza, 1659), o *Mishmeret ha-Chodesh* (*ibid.*, 1660), o *Tikun Shovavim* (as iniciais das primeiras seis seções de Êxodo), isto é, um *tikun* para jejuns feitos em expiação de ejaculações noturnas (*ibid.*, 1673), e o *Tikun Chatsot* (*ibid.*, 1704). Todos esses textos foram organizados sob influência de Benjamin ha-Levi e Natan Shapiro.

A maior parte da poesia de Zacuto é dedicada a temas cabalísticos, como seus poemas no livro *Hen Kol Hadash* (Amsterdã, 1712), no *Tofteh Aruch* (uma descrição do inferno; Veneza, 1715). Além disso, ele organizou volumosas coletâneas de temas cabalísticos. A primeira foi o *Shibolet shel Leket*, sobre todos os livros da Bíblia (Scholem, *Kitvei Iad be-Kabalah*, 1930, p. 153, parágrafo 107). Esta foi seguida pelo *Remez ha-Romez* sobre números, *guematria* e explicações de Nomes Sagrados de acordo com a numerologia (Manuscrito do Museu Britânico, Margoliouth 853); *Erchei Kinuim*, seleções da Cabala luriânica em ordem alfabética (completa no Manuscrito Jerusalém 110). Partes dessa obra foram publicadas no final do *Golel Or* de Meir Bikayam (1737) e no final de outra obra de Bikayam, *Me'ir Bat Ain* (1755). Outra antologia, em ordem alfabética, foi publicada como *Em la-Binah*, parte de seu *Sha'arei Binah* (1813). O *Shorshei ha-Shemot*, também chamado de *Mekor ha-Shemot*, é uma coletânea de Cabala prática segundo a ordem dos "nomes" mágicos. Essa obra circulou amplamente em manuscritos e passou por diversas versões feitas por cabalistas no norte da África. Um manuscrito completo está em Jerusalém (8º 2454). Ensaios sobre temas cabalísticos permaneceram em diversos manuscritos; também uma série de importantes coletâneas de cartas de Zacuto foi preservada, por exemplo, Budapeste 459 (em sua própria caligrafia); Jerusalém 8º 1466; Manuscrito do Museu Britânico Or. 9165 (em sua caligrafia); Manuscrito do Jewish Theological Seminary de Nova York 9906 e 11478; e na Ets Chaim Library em Amsterdã, C15. Apenas alguns poucos foram publicados no *Igrot ha-ReMeZ* (Livorno, 1780).

BIBLIOGRAFIA

A. Apfelbaum, *Moshe Zacut* (em hebraico, 1926); *Ghirondi-Nepi*, 225; Landshuth, *Amudei ha-Avodah*, 2 (1862), 214-21; J. Leveen, *in: Semitic Studies... Immanuel Löv* (1947), 324-33; G. Scholem, *Kitvei Iad be-Kabalah* (1930), 150-5; idem, *in: Tsion*, 13-14 (1949), 49-59; idem, *in: Behinot*, 8 (1955), 89; 9 (1956), 83; Scholem, *Shabetai Tsevi*, 653-4; A. Yaari, *Ta'alumat Sefer* (1954), 54-56, 67-75, idem, *in: Behinot*, 9 (1956), 77; M. Benayahu, *in: Sinai*, 34 (1954), 156; idem, *in: Ierushalaim*, 5 (1955), 136-86; idem, *in: Sefunot*, 5 (1961), 323-6, 335; I.Tishby, *Netivei Emunah u-Minut* (1964), índice; *Steinschneider*, Cat. Bod., 1989-92.

16
IOSHUA HESHEL TSOREF

Tsoref, que se tornaria a figura mais importante do movimento sabateano na Lituânia, nasceu em Vilna em 1633. Ele era um artesão de prata com uma modesta educação judaica, que logo se inclinou para um estilo de vida ascético. Durante as perseguições no rastro da Guerra Polaco-Sueca, ele procurou refúgio por volta de 1656 em Amsterdã, mas voltou mais tarde a Vilna, onde começou o estudo de escritos morais e místicos, mas continuou sem formação talmúdica. Durante o levante messiânico de 1666, Tsoref teve visões que muitos compararam com as de Ezequiel. Ele se tornou o mais destacado porta-voz dos crentes em Shabetai Tsevi e persistiu em sua crença pelo resto da vida. Ele continuou com seu comportamento estritamente ascético, e durante vários anos se dizia que ele nunca tinha saído de casa, exceto para ir à sinagoga ou para os banhos rituais. Pouco depois de 1666, Tsoref começou a escrever as revelações que havia recebido em cinco livros, supostamente correspondentes aos livros do Pentateuco. Ele reuniu em torno de si um círculo de seguidores fervorosos que o consideravam um oráculo e desempenhou nesse grupo um papel muito similar ao que o *tsadik* chassídico teria posteriormente. As histórias contadas a seu respeito já contêm um nítido "sabor" chassídico. Tsoref costumava fazer pronunciamentos não apenas sobre os desenvolvimentos messiânicos e os mistérios relacionados, mas também sobre acontecimentos políticos de sua época, como os registrados por Tsevi Hirsh Kaidanover no *Kav ha-Iashar* (capítulo 12; 1705). As pessoas vinham de toda a Polônia procurar Tsoref para pedir conselhos ou para fortalecer sua fé sabateana. Ele se considerava o Messiah ben José e Shabetai Tsevi, o verdadeiro Messias, e via seu próprio papel como revelador dos segredos da redenção entre a primeira e a segunda vindas do Messias. Suas revelações escritas se concentram nos significados esotéricos do *Shema Israel* e no momento de sua morte se dizia que já cobriam cerca de 5.000 páginas. As partes que sobreviveram mostram claramente que o livro era completamente construído sobre elaboradas especulações numerológicas seguindo o *Megaleh Amukot* de Nathan Nata b. Reuben Spiro (Spira). Essas especulações são essencialmente fundamentadas nas *guematriot* de Shabetai Tsevi e seu próprio nome, Ioshua (Iehoshua) Heshel (814 e 906), frequentemente aludindo ao ano 1666 (em *guematria*, 426) como o início da redenção. Embora o caráter sabateano das revelações de Tsoref seja claro, ele não divulgou sua fé exceto aos membros de seu círculo íntimo, que tinham feito um voto formal de mostrar discrição e dissimulação diante dos descrentes.

Ele manteria, diretamente ou através de seus confidentes, uma ativa correspondência com sabateanos na Itália e na Turquia. Uma carta escrita pelo líder sabateano Chaim Malach em 1696, depois de algumas visitas a Heshel Tsoref, reconhece sua extrema engenhosidade com números, mas expressa grandes reservas quanto à sua iniciação cabalística e a seus poderes psíquicos. Durante os últimos anos de sua vida, Tsoref se transferiu para Cracóvia, onde se casou (em segundas núpcias?) com a filha de Jacob Eleazar Fischhof, um dos protetores do grupo chassídico de Judá Chassid e Chaim Malach. Quando esse grupo se preparava para viajar a Jerusalém, Tsoref participou de um encontro dos líderes sabateamos em Nikolsburg perto do fim de 1698 ou no início de 1669. Tsoref morreu em Cracóvia. Seus manuscritos foram dispersos. Algumas partes da coleção de suas revelações, o *Sefer ha-Tsoref*, chegou às mãos do cabalista Natan b. Levi, membro do *klaus* de Brody, que as escondeu; no entanto, outra parte, incluindo seus escritos dos últimos anos, chegou até Israel b. Eliezer Ba'al Shem Tov, o fundador do chassidismo, que considerou esses escritos com grande veneração, sem aparentemente se dar conta de seu caráter sabateano. Ele falaria frequentemente em termos elogiosos sobre esses escritos, e as tradições de seus alunos os identificariam com os do mítico rabino Adam Ba'al Shem, que era seu filho e se dizia que ele os entregara ao Ba'al Shem. Adam Ba'al Shem, uma figura lendária do século XVI, e Heshel Tsoref na geração precedente à do Ba'al Shem, seriam fundidos na mesma figura. Perto do fim da vida, o Ba'al Shem encomendou uma cópia do *Sefer ha-Tsoref*, mas esse pedido só seria satisfeito 20 anos depois de sua morte em 1700. Cópias dessas cópias foram preservadas entre os descendentes dos rabinos chassídicos Nahum de Chernobyl e Levi Isaac de Berdichev. Uma tentativa deste último de imprimir o livro em Zholkva (Zölkiew) foi frustrada por Efraim Zalman Margulies de Brody, que reconheceu seu caráter sabateano.

BIBLIOGRAFIA

G. Scholem, *in*: *RHR* 143 (1953), 67-80; idem, *Kitvei Iad be-Kabalah* (1930), 157f, 161f, 239f.; idem, *in*: *Tsion*, 6 (1941), 89-93; 11 (1946), 170-2; W. Z. Rabinowitsch, *ibid.*, 5 (1940), 126-32; 6 (1941), 80-84; Ch. Shmeruk, *ibid.*, 28 (1963), 86-105; A. Freimann, *Inyenei Shabetai Tsevi* (1912), 99-103; M. Benayahu, *in*: *Michael* 1 (1972), 13-17, 72-76.

NOTAS

O DESENVOLVIMENTO HISTÓRICO DA CABALA

1. *Tsion*, 23-24 (1958-59), 33-34, 141-65.
2. Ver S. Poznanski, in REJ 50 (1905), 10-31.
3. Ver G. Scholem in *Sefer Assaf* (1953), 459-95; o texto em si está traduzido para o alemão em *Lieber Amicorum*, em homenagem ao professor C. J. Bleeker, 1969, 175-93.
4. *Tarbiz*, 40, 1971, 301-19.
5. Ed. Vaillant, 1952, p. 39.
6. J. Levy, in *Tarbiz*, 12 (1941), 163-7.
7. Por exemplo, no *Ma'asseh Merkavah*, parágrafo 9, edição de Scholem, in *Jewish Gnosticism...* (1965), 107.
8. Ver JE III, s. v. Bibliomancy.
9. Ph. Bloch, in MGWJ, 37, 1893.
10. Para importantes diferenças entre as duas versões, ver A. Epstein, in MGWJ, 37 (1893), 266.
11. Por exemplo, S. Karppe, *Etude sur la nature et les origines du Zohar* (1901), 16ff.
12. Cf. S. Morag, in *Sefer Tur-Sinai* (Torczyner; 1960), 207-42.
13. GV 175.
14. *Das Alphabet in Mystic und Magie*, 1925.
15. E. Urbach, *in: Kovets al Iad*, 6 (1966), 20.

16. Edição de Bialik e Rawnitzki, parte 2, nº 58.

17. Davidson, in HUCA, 3 (1926) 225-55 e acréscimos de E. Baneth, in MGWJ, 71 (1927), 426-43.

18. In KS 6 (1930), 385-410.

19. G. Scholem, in KS, 4 (1928), 286ff.

20. Ver G. Scholem, in *Tarbiz*, 16 (1954), 205-9.

21. Para um exemplo disso, ver Scholem, *Jewish Gnosticism* (1965), 84-93.

22. G. Scholem, *Les Origines de la Kabbale* (1966), 175-94.

23. Ver *Tarbiz*, 32 (1963), 153-9 e 252-65, a disputa entre I. Weinstock e G. Scholem, e a resposta de Weinstock in Sinai, 54 (1964), 226-59.

24. A maior parte reunida por F. M. Levin, in *Otsar ha-Gueonim* para *Chaguigah* (1931), 10-30, e na seção sobre comentários 54-61.

25. Ver J. Dan, *Torat ha-Sod shel Chassidut Ashkenaz*, 1968, 124-28.

26. Jellinek, *Beit ha-Midrash*, parte 2 (1938), 23-29, e, com um comentário, in *Nit'ei Ne'emanim*, 1836.

27. Cf. a opinião de Abraham Parnes, *Mi-Bein la'Ma'arachot* (1951), 138-61.

28. Edição de S. Rosenblatt, 2 volumes (1927-38), com o título *The High Ways to Perfection*.

29. G. Vajda, in JJS, 6 (1955), 213-25.

30 HUCA, 25 (1940), 433-84.

31. Scholem, *Origines de la Kabbale*, 254-55.

32. Ver J. Dan, *in: Tsion*, 29 (1964), 168-81.

33. Edição de E. Urbach, 1939-63; ver a introdução (volume 4) na seção sobre misticismo.

34. Scholem, *On the Kabbalah and its Symbolism*, 173-93.

35. Edição de J. Dan, in *Temirin*, 1, 1972, 141-56.

36. Scholem, *Reshit ha-Kabalah*, 206-9.

37. In *Ha-Hoker*, 2 (1894), 41-47.

38. J. Dan, in *Tarbiz*, 35 (1966), 349-72.

39. Manuscrito do Museu Britânico 752; Manuscrito Adler 1161, em Nova York, e o comentário de Moisés b. Eliezer ha-Darshan ao *Shi'ur Komah*; ver Scholem, *Reshit ha-Kabalah*, 204ff.

40. Scholem in MGWJ, 75 (1931), 72-90.

41. *Archives d'histoire doctrinale du moyen-âge*, 28 (1961), 15-34.

42. Ver Werblowsky, in *Sefunot* 6 (1962), 135-82.

43. Scholem, *Origines de la Kabbale*, 59-210.

44. Scholem, *Origines de la Kabbale*, 213-63.

45. Scholem, *Origines de la Kabbale*, 252.

46. *Tarbiz* 40 (1971), 483-507.

47. *Sefer Bialik* (1934), 143ff.

48. Publicado como apêndice a G. Scholem, *Ha-Kabalah be-Provence*, 1963.

49. Para uma análise de seu pensamento, ver Scholem, Scholem, *Origines...* 263-91.

50. Ibid. 414.

51. Ibid. 241.

52. Ver a lista em *Reshit ha-Kabalah*, p. 255-62; *Origines...* 283-91.

53. Scholem, *Origines...* 413.

54. JQR, 4 (1892), 245-56.

55. Seus poemas foram coligidos em *Iedi'ot ha-Makhon le-cheker ha-Shirah*, 4, 1938.

56. Reunido por M. Hasidah em *Ha-Segulah* (fascículos 17-30, Jerusalém, 1933-34).

57. *Mada'ei ha-Iahadut*, 2 (1927), 233-40.

58. Altmann, in JJS, 7 (1956), 31-57.

59. Ver *Sefer Bialik* (1934), 141-62.

60. Scholem, *Origines...*, 416-54.

61. E. Gottlieb, *Tarbiz*, 37 (1968), 294-317.

62. KS, 6 (1930), 385-410.

63. *He-Chalutz*, 12 (1887), 111-14.

64. Uma lista desses tratados in KS, 10 (1934), 498-515.

65. *Kelal mi-Darchei ha-Kabalah ha-Nevu'it*; ver G. Scholem, *Kitvei Iad be-Kabalah* (1930), 57.

66. Edição de Jellinek, *Jubelschift...* H. Graetz, 1887, 65-85.

67. Scholem, *Mysticism*, 146-55.

68. *Mada'ei ha-Iahadut*, 2 (1927), 168.

69. Ibid., 276-9.

70. G. Scholem, in *Tarbiz*, 3 (1932), 181-3; KS, 6 (1929), 109-18.

71. Ver Scholem in KS, 4 (1928), 307-10.

72. Ibid., 302-27.

73. G. Scholem, in *Sefer Iovel le-Aron Freiman* (1935), 51-62.

74. KS, 40 (1965), 405-12.

75. Casablanca 1930; ver. E. Gottlieb in KS, 48 (1973), 173-78.

76. *Kovets al Iad*, 1951.

77. Scholem in KS 21 (1945), 284-95, e E. Gottlieb in *Benjamin de Vries Memorial Volume*, 1969, 295-304.

78. KS 10 (1934), 504, nº 52.

79. Ver Sinai, 5 (1939), 122-48.

80. Vajda, *Recherches sur la philosophie et la kabbale* (1962), 115-297.

81. A. M. Habermann, *Shirei ha-Ichud ve-ha-Kavod* 91948), 99-122.

82. A. Altmann (org.), *Jewish Medieval and Renaissance Studies*, 4 (1967), 225-88.

83. Vajda, in REJ, n. s. 15 (1956), 25-71.

84. 1574; Vajda, in *Mélanges E. Gilson* (1959), 651-90 (parcialmente devido à falsificação) e E. Gottlieb in *Tarbiz* 39 (1969-70), 68-78.

85. *Kovets al-Iad*, 5 (1950), 105-37.

86. Scholem, in *Tarbiz* 6 (1935), 90-98.

87. A coletânea de Z. Edelmann, *Chemdah Guenuzah* (1855), 45-52.

88. S. A. Horodezky, *Ha-Mistorin be-Israel*, volume 2: *Ginzei Seter* (1952), 341-88; Baer, *Spain*, 1 (1961), 369-73.

89. G. Scholem, in KS 21 (1945), 179-86.

90. *Tarbiz*, 24 (1955), 167-206.

91. JQR, 21 (1931), 365-75; Yael Nadav, in *Tarbiz*, 26 (1956), 440-58.

92. G. Scholem in *Sefunot* 11 (1973), 67-112.

93. Manuscrito Paris 849; KS, 5 (1929), 273-7.

94. S. Assaf, in *Jubilee Volume for D. Yellin* (1935), 227.

95. E. Gottlieb, in *Studies of Religion and Mysticism... in honor of G. Scholem* (1968), parte em hebraico, 63-86; idem, in *Michael*, Universidade de Tel Aviv, I (1972), 144-213.

96. KS 6 (1930), 259ff.; 7 (1931), 457ff.

97. Schechter, in REJ, 62 (1892), 118ff.; KS, 9 (1933), 258.

98. *Sullam ha-Aliah*, ver Scholem, *Kitvei Iad be-Kabalah*, 225-30; KS, 22 (1946), 161-71.

99. M. Benayahu, in *Kovets ha-Rambam* (1955), 240-74.

100. G. Scholem, *Kitvei Iad be-Kabalah*, 89-91.

101. Manuscrito Hirsch 109, Schwager e Fraenkel 39, 5-10, hoje em Nova York; A. Marx, in ZHB, 10 (1906), 175-8.

102. I. Tishby, *Perakim*, 131-82; S. Assaf, in *Sinai*, 5 (1940), 360-8; M. Benayahu, *Ha-Defus ha-Ivri be-Cremona* (1971), 119-37; E. Kupfer, in *Michael* 1 (Tel Aviv, 1972), 302-18.

103. Y. Baer, in *Me'assef Shenati Tsion*, 5 (1933), 61-77.

104. G. Scholem, ibid., 4 (1933), 124-30; J. Dan, in *Sefunot*, 6 (1962), 313-26.

105. M. Benayahu, in *Areshet*, 5 (1972), 170-88.

106. R. J. Z. Werblowsky, *Joseph Karo, Lawyer and Mystic*, 1962.

107. G. Scholem, *Shabetai Tsevi* (1967), 47-49.

108. M. Banayahu, *Toledot ha-Ari*, 1967.

109. D. Tamar, in Sefunot, 7 (1963). 169-72.

110. G. Scholem, in Tsion, 5 (1940), 133-60.

111. Scholem, in KS, 19 (1943), 184-99.

112. Tsion, 5 (1940), 214-43; 9 (1954), 173.

113. D. Tamar, in Sefunot, 2 (1958), 61-88.

114. G. Scholem, *Lyrik der Kabbalah* in *Der Jude* 9 (1921), 55-69; A. Ben-Israel, *Shirat ha-Hen*, 1918.

115. Ver a massa de material em Dembitzer, *Kelilat Yofi*, 2 (1888), 5-10, 117-26.

116. *Revue de l'histoire des Religions*, 143 (1953), 37-39.

117. Para uma lista detalhada do Bet El kabbalists, ver Frumklin, *Toledot Chachmei Ierushalaim*, 3 (1930), 47-54, 107-21.

118. A. Giger, JZWL, 4 (1866), 192-6.

AS IDEIAS BÁSICAS DA CABALA

1. *Kovets al-Iad*, nova série, i (1936), 31.

2. Scholem, *Origines...* 367-75.

3. Ibid., 295.

4. Scholem, *Kitvei Iad be-Kabalah*, 89-91.

5. *Tarbiz*, 39 (1970), 382.

6. Ver G. Scholem, *Tarbiz*, 2-3 (1931-32).

7. Ver *Tarbiz*, 39 (1970), 382-3.

8. Ver Altmann, JJS, 9 (1958), 73-81.

9. Ver *Midrash Talpiot* (1860), 113c.

10. Ver E. Gottlieb, *Papers of the Fourth World Congress of Jewish Studies* (1969), volume 2, 327-34.

11. Ver I. Tishby, *Mishnat ha-Zohar*, 2, 237-68; G. Scholem, *Messianic Idea in Judaism* (1971).

12. Ver Enelow, *Jewish Studies in Honor of Kaufmann Kohler* (Berlim, 1913), 82-107; G. Scholem, MGWJ, 78 (1934), 492-518.

13. Ver Marmorstein, *in*: MGWJ, 71 (1927), 39ff.

14. KS 4, 319.

15. Scholem, *Mysticism*, 142.

16. Scholem, *Mysticism*, 147-55.

17. Joseph Tirshom, *Shushan Iessod Olam*, ver M. Benayahu, in *Temirin*, 1 (1972), 187-269.

18. *Festschrift fuer Aron Freimann* (1935), 51-54.

19. *Sefunot*, 11 (1971), 86-7.

20. Y. Perles, *Festschrift fuer H. Graetz* (1887), 32-34; ver também Elias Kohen ha-Itamari, *Midrash Talpiot*, sob *devarim nifla'im*.

21. Ver P. Bloch, MGWJ, 47 (1903), 153ff., 263ff.

ZOHAR

1. He-Chalutz, 4 (1859), 85.

2. G. Scholem, *in*: *Jubilee Volume... L. Ginzberg* (1946), 425-46.

3. Sobre esses documentos, ver I. Tishby, *Mishnat ha-Zohar*, 1 (1957^2), 110-12.

DEMONOLOGIA NA CABALA

1. Ver a exposição *Zur altjüdischen Dämonologie*, in Strack-Billerbeck, *Kommentar zum Neuen Testament aus Talmud und Midrasch* IV (1928), 501-35.

2. *Tarbiz*, 4 (1933), 208-25.

3. *Tarbiz*, 19 (1948), 160-3.

4. Cf. *A. Friedmann Jubilee Volume* (1935), 51-53.

5. G. Scholem, *Kitvei Iad Be-Kabalah* (1930), 182-5.
6. *Tarbiz*, 19 (1948), 165-72.

MAGUEN DAVID

1. Hildegard Lewy, in *Archiv Orientalni*, volume 18 (1950), 330-65.
2. Ver Heinrich Loewe, *Juedischer Feuersegen*, 1930.
3. Manuscrito de Yates Thompson 31 no Museu Britânico.
4. Jacob Emden, *Torah Ha-Kena' ot*, p. 128.
5. A. Rubens, *Jewish Iconography*, n. 1611.

MISTICISMO DA MERKAVAH OU MA'ASSEH MERKAVAH

1. Segundo S. Spiegel, *in*: HTR, 24 (1931), 289.
2. Israel Lévi em seu comentário sobre Ben Sira, *L'Ecclesiastique*, 1 (1898), e 2 (1901).
3. Strugnell, *in*: VT, 7, suplemento (1960), 336.
4. A melhor edição, I. Gruenwald, in *Temirin* 1 (1972), 101-39.
5. Ver G. Scholem, in *Tsion*, 7 (1942), 184f.

SAMAEL

1. Theodore Bar Konai, ed. Pognon, 213.
2. Ed. McCown (1922), 96.
3. Ginza, trad. M. Lidzbarski (1925), 200, e *The Canonical Prayer Book of the Mandaeans*, ed. E. S. Drower (1959), 246.
4. D. Chwolson, *Die Ssabier und der Ssabismus*, 2 (1856); *Picatrix*, 3. H. Ritter (1933), 226.
5. Isaac ha-Kohen, tratado sobre *Atsilut*, *Mada'ei ha-Iahadut* 2 (1927), 251, 260, 262.
6. Resp., *Sidrei de-Shimusha Rabah*, *Tarbiz*, 16 (1945), 198-9.
7. *Tarbiz*, 4 (1932-33), 217f.
8. G. Scholem, *in*: *Tsion*, 5 (1933), 124f.

ABREVIAÇÕES

ABREVIAÇÕES BIBLIOGRÁFICAS

ARN – Avot de-Rabi Nathan
Avot – Avot (tratado talmúdico)
Av Zar – Avodah Zarah (tratado talmúdico)

Baer, Espanha – Itzchak (Fritz) Baer, História dos judeus na Espanha cristã, 2
volumes (1961-66)
BB – Bava Batra (tratado talmúdico)
Bek. – Bechorot (tratado talmúdico)
Ber. – Berachot (tratado talmúdico)
Betsah – Betsah (tratado talmúdico)
Bik. – Bikurim (tratado talmúdico)
BK – Bava Kama (tratado talmúdico)
BM – (1) Bava Metsia (tratado talmúdico); (2) Museu Britânico

Cântico – Cântico dos Cânticos (Bíblia)
Charles, Apócrifa – R. H. Charles, Apocrypha and Pseudoepigrapha..., 2 volumes (1913); reimpressões de 1963-66)

Deut. – Deuteronômio (Bíblia)
Deut. R. – Deuteronômio Rabah

Eccles. – Eclesiastes (Bíblia)

Eccles. R. – Eclesiastes Rabah

EJ – Encyclopaedia Judaica (em alemão, apenas de A a L), 10 volumes (1928-34)

Er. – Eruvin (tratado talmúdico)

Ex. – Êxodo (Bíblia)

Ex. R. – Êxodo Rabah

Ezek. – Ezequiel (Bíblia)

Gen. – Genesis (Bíblia)

Gen. R. – Genesis Rabah

Hag. (ou Chag.) – Chaguigah (tratado talmúdico)

HTR – Harvard Theological Review (1908ff.)

HUCA – Hebrew Union College Annual (1904; 1924ff)

Isa. – Isaías (Bíblia)

JBL – Journal of Biblical Literature (1881ff)

JE – Jewish Encyclopedia, 12 volumes (1901-05)

JHSET – Jewish Historical Society of England, Transactions (1893ff)

JJS – Journal of Jewish Studies (1948 ff)

JNUL – Jewish National and University Library

JQR – Jewish Quarterly Review (1889ff)

JSOS – Jewish Social Studies (1939ff)

JTSA – Jewish Theological Seminary of America (também abreviado como JTS)

JZW – Jüdische Zeitschrift für Wissenschaft und Leben (1862-75)

KS – Kirjath Sepher (1923/4ss.)

Lam. – Lamentações (Bíblia)

Lam. R. – Lamentações Rabah

Lev. – Levítico (Bíblia)

Lev. R. – Levítico Rabah

Mak. – Makot (tratado talmúdico)
MGWJ – Monatsschrift für Geschichte und Wissenschaft des Judentums (1851-1939)
Mid. Ps. – Midrash Tehilim
Mid. Sam. – Midrash Samuel
Nid. – Nidah (tratado talmúdico)

Num. – Números (Bíblia)
Num. R. – Números Rabah

PAAJR – Proceedings of the American Academy for Jewish Research (1930 ss.)
PdRE – Pirkei de-R. Eliezer
PdRK – Pesikta de-Rav Kahana
Pess. – Pessachim (tratado talmúdico)
Ps. – Salmos (Bíblia)

REJ – Revue des études juives (1880 ss.)
RhR – Revue d'histoire des religions (1880 ss.)
RSO – Rivista degli studi orientali (1907 ss.)

Sanh. – Sanhedrin (tratado talmúdico)
Scholem, Mysticism – G. Scholem, Major Trends in Jewish Mysticism (edição revista, 1946; edição em papel-jornal com bibliografia adicional, 1961)
Scholem, Shabetai – G. Scholem, Shabetai Tsevi ve-ha-Tenu'ah ha-Shabeta'it bi-Yimei Chaiav, 2 vols. (1967). Edição em inglês: Shabbatai Sevi: the Mystical Messiah (1973)
Shab. – Shabat (tratado talmúdico)

Sot. – Sotah (tratado talmúdico)
Steinschneider, Cat – Bod Steinschneider M. Catalogus Librorum Hebraeorum in Bibliotheca Bodleiana, 3 vols. (1952-60)

Tanh. – Tanchuma

VT – Vetus Testamentum (1951 ss.)
ZAW – Zeitschrift für die alttestamentliche Wissenschaft und die Kunde des
nachbiblischen Judentums (1881 ss.)
ZH – Zohar Chadash
ZHB – Zeitschrift für hebräische Bibliographie (1896-1920)

GLOSSÁRIO

Este glossário apresenta apenas termos gerais usados no texto. Para explicações de termos técnicos cabalísticos, o leitor deve consultar a nota ao índice.

Agadah, nome dado às seções do Talmud e do Midrash contendo exposições homiléticas da Bíblia, histórias, lendas, folclore ou máximas.

Amora (plural, amoraim), título dos eruditos judeus em Eretz Israel e na Babilônia, do século III ao século VI, responsáveis pela Guemara.

Av Bet Din, diretor do tribunal religioso da comunidade

Bar, ben, filho de, frequentemente aparecendo em nomes de pessoas.

Baraita, afirmação de *tana* não encontrada na Mishnah.

Bet Din, tribunal da lei rabínica.

Bet midrash, também se usa grafar "bet ha-midrash", "bet hamidrash" ou, simplesmente, "midrash". Na Alemanha, eram chamadas de "klaus" (do latim "clausura") e, no leste da Europa, "kloys". Tradicionalmente, é um centro de estudos, distinto da sinagoga, que é um local de orações.

Chassidei Ashkenaz, chassídicos asquenazes, movimento pietista medieval entre os judeus da Alemanha.

Daian, membro do tribunal rabínico.

Etrog, limão, uma das quatro espécies usadas no Sukot.

Galut, "exílio", condição do povo judeu no exílio.

Gaon, diretor de academia no período pós-talmúdico, especialmente na Babilônia; título de respeito para um grande erudito.

Guemara, tradições, discussões e regras dos amoraim comentando e complementando a Mishnah, formando a maior parte do Talmud.

Guenizah, depositório de livros sagrados, a mais conhecida sendo a descoberta no Cairo.

Chalitsah, cerimônia prescrita biblicamente (Deuteronômio, 25:9-10) realizada quando um homem se recusa a se casar com a viúva sem filhos de seu irmão falecido.

Hoshana Raba, sétimo dia do Sukot.

Haskalah, Iluminismo; movimento pela difusão da cultura europeia moderna entre os judeus, c.1750-1880.

Klaus, ver Bet midrash.

Levirato, casamento por (em hebraico, ibum); casamento da viúva sem filhos com o irmão do marido falecido (Deuteronômio 25:5); a liberação dessa obrigação é chamada de chalitsah.

Lulav, ramo de palmeira, uma das quatro espécies usadas no Sukot.

Maguid, 1) pregador popular; 2) anjo ou espírito supramundano que transmite ensinamentos a eruditos considerados dignos.

Machzor, livro de orações festivas.

Marranos, descendentes dos judeus na Espanha e em Portugal cujos ancestrais haviam se convertido ao cristianismo sob pressão, mas que continuaram a observar rituais judaicos secretamente.

Midrash, 1) método de interpretação escritural que extrai lições a partir de histórias e homilias; 2) nome dado a coleções dessas interpretações rabínicas.

Minhag, costumes rituais.

Mishnah, a mais antiga codificação da Lei Oral Judaica.

Ofan, 1) hino inserido em uma passagem da oração matinal; 2) a roda da visão de Ezequiel (Ezequiel 1:15 ss.).

Parnas, principal funcionário da sinagoga.

Pilpul, agudo argumento acadêmico, casuística.

Piut, poema litúrgico hebraico, escrito por paytan.

Shemitah, ano sabático.

Sidur, entre os asquenazes, o volume que contém as orações diárias.

Sukkot, festa dos Tabernáculos.

Tana (plural, tanaim), título de professor rabínico do período mishnáico.

Targum, tradução aramaica da Bíblia.

Tefilin, filactérios.

Tsitsit, tecido franjado de quatro cantos prescrito em Números 15:37-41 e Deuteronômio 22:12.

CRÉDITOS DAS ILUSTRAÇÕES

Jerusalém, JNUL 127, 184, 318, 512, 535, 558

Jerusalém, Sir Isaac and Lady Wolfson Museum in Hechal Shlomo 406

Foto de David Harris, Jerusalém 406

Jerusalém, Israel Museum (Coleção Feuchtwanger) 452, 460

Foto de R. Milon, Jerusalém 460

Detroit, Coleção Feinberg 462

Foto de Manning Brothers, Highland Park, Michigan 462

Jerusalém, JNUL, Coleção Schwadron 518

NOTA DO EDITOR

Este livro se baseia nos principais verbetes escritos por Gershom Scholem para a *Encyclopaedia Judaica*, que foram revisados e reeditados pelo professor Scholem para este volume. *Cabala*, portanto, representa a síntese das pesquisas do professor Scholem a respeito de todas as principais manifestações do misticismo judaico e da doutrina esotérica (com exceção do chassidismo).

O verbete sobre Moisés Cordovero foi escrito por J. Ben-Shlomo para a *Encyclopaedia Judaica*.

ÍNDICE GERAL

NOTA DESTA EDIÇÃO BRASILEIRA:

Por vezes, Gershom Scholem se refere à mesma pessoa com variações do nome. Alguns casos são bem simples, como o de Jacob ben Jacob ha-Kohen, que, com frequência, aparece apenas como Jacob ha-Kohen, e não deve ser confundido com Jacob ha-Kohen de Soria, seu pai. Mas, à parte as necessárias adaptações para a língua portuguesa, preferimos manter as versões dos nomes tais como Scholem as colocou. Até porque alguns casos são complexos e dão margem à dúvida a respeito de a quem o autor realmente se refere. Scholem, por exemplo, menciona Natan Shapira e Natan Shapiro. Ainda que mantendo as duas grafias no texto, a edição original do livro considerou ambos a mesma pessoa em seu Índice Onomástico. O problema é que existiram dois diferentes estudiosos da Cabala, Natan Shapiro e Natan Shapira, que viveram no século XVII, sendo que um morreu em 1633 e outro nasceu nesse mesmo ano. Mas Natan b. Salomão Spira e Natan b. Reuven (ou Reuben) Spiro também aparecem como Natan Shapira e Natan Shapiro. É provável que esses quatro nomes se refiram a três pessoas, ou duas. Mas não nos sentimos à altura de editar o texto de Scholem neste nível, e contamos com a paciência e boa vontade do leitor para que nos indique eventuais erros para a correção nas próximas edições.

Aarão de Bagdá, ver Abu Aharon

Aaron Berechiah b. Moisés de Móde-na, 102, 103, 243, 421

Aaron ha-Levi de Staroselye, 172

Aaron Zelig b. Moisés, 269

Aba (pai), 180

Aba, Rabi, 275, 277

Abadi, Mordecai, 109

Abel, 206, 207, 408, 438, 440

Abia, ver Quatro Mundos

Abihazera, Jacob, 110

Abihu, 441

Abner de Burgos, 247, 555

Aboab, Samuel, 325

Abraão, 23, 34, 43, 144, 274, 366, 428, 440, 446, 482

Abraão, o Judeu de Worms, 234

Abrabanel, Isaac, 96, 156

Abrahamitas, 380

Abrahão (o Maguid) de Turisk, 432

Abrahão Axelrod de Colônia, 71

Abrahão b. David de Posquières, 63, 152

Abrahão b. Eliezer ha-Levi, 90, 95, 189, 267

Abrahão b. Isaac de Granada, 88

Abrahão b. Isaac de Narbona, 62, 431

Abrahão b. Isaac Gerondi, 68

Abrahão b. Jehiel Michal ha-Kohen, 432

Abrahão b. Moisés b. Maimon, 54, 436

Abrahão b. Salomão de Torrutiel, 554

Abrahão bar Chiya, 155, 197

Abrahão de Colônia, 134

Abrahão Gershon de Kuttow, 111

Abrahão he-Chassid, 312, 559

Abrahão Perez de Tessalônica, 506

Abrahão Zalman, 319, 259

Abrazas, 427

Abu Aharon (também conhecido como Abrahão de Bagdá), 50, 259

Abulafia, Abrahão, 44, 45, 74, 78, 81, 84, 85, 87, 136, 227, 240, 302, 389, 431, 471, 523,

Abulafia, José b. Todros, 237, 291

Abulafia, Todros b. José, 74, 77, 78, 86, 291, 295, 553,

Abulfaraj, Samuel b. Nissim, ver Moncada, Raymond

Achima'az de Oria, 49

Adam Ba'al Shem de Bingen, 391, 582

Adam Beli'al, 206

Adam ha-gadol, 154

Adão Kadmon, 36, 150, 154, 167, 168, 175, 176, 178, 179, 181, 191, 192, 200, 206, 211, 251, 269, 488

Adão, 15, 36, 100, 159, 160, 194, 195, 199, 205-208, 210, 211, 219, 243, 306, 407, 423, 424, 433, 440, 445, 453, 455, 491

Adiriron, 33, 485

Adler, Nathan, 113

Adret, Salomão b. Abrahão, 78, 83, 267, 295, 399

Adrutiel, Abrahão, 92

Aeons, éons, 35, 37, 43, 47, 61, 129, 131, 397

Agadah, 20, 25, 61, 64, 71, 145, 155, 202, 219, 236, 242, 243, 247, 257, 280, 333, 351, 359, 428, 429, 499, 597

Agobardo, bispo de Lyon, 56

Agrath, 409, 412, 452, 454

Agrimas, 453

Aher, ver Elisha b. Avuyah

Ain (Nada absoluto), 120, 124, 125, 142-144, 281, 514

Akedah (ver também Sacrifício), 493

Akedat Itzchak, 464

Akhtriel, 33

Akiva, Rabi 26, 30, 31, 43, 47, 278, 476-478

Akiva ben Iossef, 45

Alashkar, José, 92, 93

Albalag, Isaac, 73, 76

Albaz, Moisés, 226

Albeck, Theodor, 26

Albigenses, ver Cátaros

Albotini, Judá b. Moisés, 94, 472

Alcastiel, José, 90

Alchadad, Mas'ud Kohen, 110

Alegoria, 48, 73, 272, 284, 449

Alemano, Jonathan, 90

Alfabeto, 38, 43, 75, 157, 169, 176, 202, 227, 234, 279, 394, 403, 427, 428, 433, 447, 453, 455, 462, 471, 523

Alfasi, Isaac, 538

Algazi, Iom Tov, 110

Algazi, Salomão, 320

Alkabez, Salomão b. Moisés, 511

Alkalai, Judá, 113, 247

Alma, 31, 40, 49, 59, 60, 63, 71, 87, 98, 108, 133, 139, 140, 170, 171, 186, 188, 193, 196-207, 209, 211, 212, 216, 220-222, 224, 225, 227, 243, 246, 270, 272, 281, 287, 290, 306, 312, 329, 340, 343, 353, 361, 373, 397, 403, 406, 414, 421, 423, 436-442, 445, 447, 472, 513, 529, 534, 553, 555, 570

Al-Nakawa, Abrahão, 322

Al-Nakawa, Israel, 89, 267, 299

Aloni, N., 40, 259

Alquimia, 235, 236, 534, 569, 571

Alshech, Moisés, 540, 569, 570

Alter, Aryeh L., 571, 572, 574

Altmann, A., 83, 255, 258-261, 479, 524, 587, 588, 590

Amarillo, S., 357, 508, 510

Amigo, Abrahão, 313

Amitai b. Shefatiah, 51, 389

Amora (Amorai), Rabi, 393

Amon de No, 411, 495

Amuletos, 232, 234, 263, 350, 351, 389, 390, 406, 410, 452, 453, 455, 456, 460, 461, 463, 464, 465, 520

Anakawa, Abrahão, 244

Anan b. David, 48, 435, 437

Angelino, José, 82, 156, 267, 295, 454,

Anjos e angelologia, 16, 17, 22, 25, 30-35, 39, 46, 47, 49, 52, 58, 66, 76, 78, 97, 152-154, 164, 200, 204, 210, 229-232, 236, 270, 349, 406, 409, 410, 425, 430, 439, 452, 453, 455,

456, 462, 463, 475, 478, 481-483, 485, 491-494, 528, 534, 550, 557, 598

Antinomianismo, 24, 36, 158, 342, 347, 352, 353, 362, 363, 509, 551

Antropomorfismo, 30, 60, 97, 147, 172, 176, 181, 194

Apocalípticas, tendências, 19, 22, 23, 25, 26, 28, 46, 91, 95, 96, 101, 257, 312, 324, 330, 481, 491, 493, 561

Apostasia, 36, 106, 329-333, 335, 339, 342, 376, 380, 385, 413, 419, 506-508, 529, 550, 560, 562, 563, 567, 578

Arama, Isaac, 464

Arbatiao, 33

Ardat-Lilith, 451

Ari, ver Luria, Isaac

Arich Anpin, 488

Aristotelismo, 86, 116, 118, 132, 153, 173, 161, 198, 439

Aronson, J.M., 434,

Arrependimento, 48, 54, 313, 322, 324, 325, 327, 332, 346, 575, 578

Árvore da Vida, 145, 159, 160, 211, 216, 493, 543

Árvore das Sefirot, 138, 154, 159

Árvore do Conhecimento, 145, 159, 160, 210, 231,

Arzin, José, 545

Ascetismo 23, 28, 53, 55, 63, 89, 307, 308, 311, 322, 346-348, 550, 557, 562, 565

Asher b. David, 68, 70, 117, 122, 131, 132, 136

Asher, Jacob b., 57, 429

Asher b. Saul, 402

Asher Lemlein de Reutlingen, 96

Ashkenazi, Abrahão Natan, ver Natan de Gaza

Ashkenazi, Barkiel Cafman, 300

Ashkenazi, Bezalel, 538

Ashkenazi, Elisha Chaim b. Jacob, 326

Ashkenazi, Isaac b. Jacob, 112

Ashkenazi, José b. Shalom, 45, 84, 85, 86, 147, 232, 439

Ashkenazi, Judá Samuel, 244

Ashkenazi, Moisés b. Samuel de Cândia, 89, 105

Ashkenazi, Mordecai, 344

Ashkenazi, Tsevi (Zevi) Hirsch, 349, 448

Ashlag, Iehudah (Judá) Leib, 183, 298, 299, 300

Ashmedai (Asmodeus), 408, 409, 448

Assiah, ver Olam ha-assiah

Astaribo, 456

Astarot, 411

Astriga, 456

Astrologia, 41, 155, 235, 401, 402, 403, 404, 445, 494

Atarah (sefirah), 138

Ataturk, Kemal, 418

Atbash, 428

Atika Kadisha, 121, 336, 366, 529

Atsilut, ver também *Olam ha-Atsilut*, 134, 153, 175, 180, 181, 182, 191, 192, 193, 200, 204, 217, 221

Automática, escrita, 237
Avigdor ha-Tsarfati, 59
Avir Kadmon, 281, 142, 167
Aylon, Salomão, 529, 531
Aza, 231
Azael, 231
Azariah Figo, ver Figo, Azariah
Azariah, Menachem, ver Fano, Menachem Azariah de
Azbogah, 33
Azikri, Eliezer, 103, 246, 472, 541
Azriel, Abrahão b., 58, 389, 429
Azriel b. Menachem de Girona, 44, 117, 122, 159, 216, 221, 224, 226, 471, 497, 498
Azriel, Moisés, 58
Azulai, Abrahão, 92, 110, 299, 403, 536, 572, 574
Azulai, Chaim José David, 110, 241, 242, 537

Ba'al Shem de Londres, ver Falk, Chaim
Ba'al Shem de Michelstadt, ver Wormser, Sekel
Ba'al Shem Tov, ver Israel b. Eliezer
Baba, Osman, ver Russo, Baruchiah
Bacchi, Sansão, 542, 578
Bacharach, Naftali, 103, 431, 447, 501, 502, 534, 545, 578
Bacher, W., 41, 280, 304, 434
Baeck, Leo, 42
Baer, Itzchak, 20, 247, 262, 281

Bahia b. Asher, 84, 156, 213, 218, 295, 409, 438
Balaban, M., 364, 383, 386
Baraita, 27, 33, 59, 64, 475, 597
Baruch b. Abrahão de Kosov (Kosover), 112, 119, 172
Baruch David ha-Kohen, 570
Baruch de Arezzo, 344
Baruchiah Russo, ver Russo, Baruchiah
Barzilai, Judá b., 41, 44, 61, 241
Basiléia, Solomon, Avi'ad Sar-Shalom, 16
Bassan, Isaiah, 502
Bat (filha), 61
Beatitude, 74, 222, 425
Bechinah, bechinot (aspectos), 148, 149
Bekhor Shor, Joseph, 429
Beliar, 409, 492
Belimah, 39, 130, 555
Belkin, S., 21, 79, 303
Belshazar, 428
Beelzebub (Belzebu), 411
Ben Belimah, 68
Ben Sira, 59, 280, 447, 453, 455, 591
Ben Zoma, 26
Benaiah, filho de Jehoiada, 219
Benamozegh, Elia, 254, 302
Benayahu, M., 261, 263, 357, 538, 541, 547, 551, 576, 580, 583, 588, 589, 590
Benei heichala de-malka, 18
Benei meheimnuta, 18

Benjamin b. Eliezer ha-Kohen, 109, 343, 578

Benjamin Beinisch ha-Kohen, 390

Benjamin ha-Levi, 502, 572, 575, 577, 579

Benjamin, Israel, 313

Ben-Shlomo, 511, 515, 524, 601

Benveniste, Chaim, 319

Berab, Jacob, 96

Berechiah, Rabi 393

Berechiah Berach, 502,

Beriah, ver Olam ha-Beriah

Bernays, Isaac, 113

Bernheimer, C., 508, 510, 551

Berukhim, Abrahão ha-Levi, 98, 268

Berur ha-dinim, 100

Bezalel, Judá Loew b. 102, 448

Bet El (*Ieshivah*), 109, 473

Bet midrash, 565, 577

Bey, Djavid, 418

Bezalel b. Salomon de Slutsk, 108

Bikayam, Meir, 110, 178, 343, 441, 575, 580

Bilar (Bilad, Bilid), 409

Binah (*sefirah*), 138-147, 155, 159, 180, 197, 199, 210, 425, 470, 514

Birkenthal, Baer, 373, 374

Bischoff, E., 45, 256,

Bloch, Matatias, 313, 329

Bloch, P., 261, 479, 547

Boehme, Jacob, 251, 533,

Bonafoux, Daniel b. Israel, 341, 507

Bondi, família, 383

Bonner, C., 30,

Botarel, Moisés b. Isaac, 45, 89

Breiner, Nahum, 243

Brieli, Judá, 527, 530

Broda, Abrahão, 550

Buber, S., 52, 429

Burgonovo, Archangelo de, 250

Buzaglo, Mordecai, 93

Buzaglo, Shalom, 110, 299, 579

Cafman, Berachiel b. Meshullam, 93

Cafsuto, Moses, 561

Caim, 206, 207, 408, 440

Canpanton, Isaac, 90

Caraítas, 30, 47, 48, 51, 435, 482, 555

Cardozo, Abrahão Miguel, 106, 326, 336, 340-342, 344, 348, 349, 490, 505-510, 528, 550

Carmi, José Iedidiah, 103

Caro, José, 96, 97, 132, 241, 511, 525, 540, 542

Carruagem divina, 23-25, 27-29, 32, 34, 35, 39, 46-48, 60, 67, 144, 153, 271, 430, 470, 475, 478, 524

Casamento, 71, 89, 244, 245, 371, 437, 598

Castellazzo, Simão, 538

Castelli, D., 44, 257

Cátaros, 64, 436

Celestial, academia, 60, 270, 273, 274

Centelhas, 37, 151, 161, 177, 180, 197, 198, 205, 205, 211, 212, 224, 306, 314, 333, 339, 438, 439, 440

Chabad (Habad), 112, 172, 203, 502

Chabilo, David, 310

Chagiz, Jacob, 312, 313, 557, 559

Chagiz, Moisés, 349, 502, 529, 530, 531

Chaiat, Judá, 73, 90, 92, 94, 189

Chaim b. Abrahão ha-Kohen de Alepo, 104, 108, 242, 502, 571

Chaim b. Jacob Obadiah de Busal, 93

Chaim b. Samuel de Lerida, 84

Chaim b.Isaac de Volozhin, 246, 448

Chaiot, 28, 35, 39, 59, 493

Chajes, Abrahão, 105

Chalfan (Halfan), Elias Menachem, 93

Chaluka de-ra'banan, 422

Chanukah, 317

Chashmal, 29, 32, 67, 475

Chassid, Chassidim, Chassidismo, 16, 52-60, 62, 64-66, 111, 112, 185, 193, 203, 221, 222, 226, 228, 240, 247, 254, 259, 345-348, 353, 372, 375, 390, 412, 430, 432, 442, 473, 546, 550, 582, 583, 601

chassídicos asquenazes, 37, 44, 47, 49-52, 54, 55, 57, 60, 61, 71, 74, 77, 85, 222, 231, 281, 397, 403, 408, 429-431, 446, 447, 463, 484, 546, 581, 582, 597

Chassidut, 23, 53, 54, 60, 61, 221, 256, 259, 303, 586

Chavaiot (essências celestiais), 65

Chavel, H., 79

Chayon, Nehemiah, 509

Chazan, Israel de Castória, 337, 413, 562

Chazkuni, Abrahão, 502

Chelebi, Rafael José, 311, 314, 317, 563

Cherem (ver também Excomunhão), 362, 364, 520

Chessed (ver também *Guedulah*), 138, 144, 146, 156, 158, 177, 207, 235

Chibut ha-kever, 280, 422

Chmielnicki, massacres de, 105, 305, 306, 309

Chochmah (ver também Sabedoria Divina), 17, 18, 38, 85,123, 138-146, 180, 198, 204, 215, 232, 514

Chochmat ha-shimush, 230,

Chochmat ha-tseruf (ver também Combinações de letras), 15, 75, 227, 228, 471

Chotsh, Zevi Hirsch, 233, 347, 565

Cimara, Condessa Calomira de, 45

Circuncisão, 236, 278

Coenen, Thomas, 318, 558, 560

Constant, Alphonse Louis, ver Levi, Éliphas

Corcos, Mordecai, 104, 240

Cordovero, Moisés, 15, 45, 93, 97-103, 105, 107, 115, 119, 120, 125-127, 133, 135, 137, 146, 147-151, 153, 157, 161, 164, 166, 168, 171, 183, 186, 189-192, 220, 226, 230, 235, 236, 261, 262, 274, 298, 423, 431, 432, 447, 472, 488-490, 511-515, 534, 536, 538, 539, 546, 569, 574, 577-579, 601

Cornelius Agrippa de Nettesheim, 249

Cósmico, ciclos, ver *Shemitot*

Cosmogonia, 36, 38, 41, 165, 182

Cosmologia, 16, 38, 116, 124, 141, 152, 478

Creatio ex nihilo, 124, 125, 187, 514

Criação, 13, 14, 17, 24, 31, 35, 37-39, 42, 43, 47, 52, 56, 60, 61, 99, 106, 116-125, 128-131, 134-136, 140-142, 145, 147, 150-159, 162-191, 194-196, 204, 206-208, 210-217, 219, 220, 243, 271, 272, 306, 312, 329, 336-339, 362, 366, 396, 406, 407, 416, 419, 424, 425, 446, 478, 483, 484, 487, 499, 514, 545, 554, 560, 563

Criaturas sagradas, ver Chaiot

Cristã, Cabala, 247, 250-253, 263, 301, 302, 536

Cristianismo, 19, 24, 35, 36, 129, 228, 247, 250, 251, 346, 363, 366, 367, 369, 371, 373, 376, 377, 379, 381, 383, 386, 406, 442, 466, 478, 517, 598

Cristo, ver Jesus Cristo

Crowley, Aleister, 255

Cruzadas, 46, 281

Cudworth, Ralph, 251

Czerniewski, Anton, 380

Da Piera, Meshulam b. Salomão, 68

Da'at (sefirah), 139

Dan, J., 57, 255, 259, 261, 263, 286, 289

Darshan, David, 95

Darshan, Moisés ha-Darshan, ver Moisés ha-Darshan

Dato, Mordecai, 98, 102, 103

Davi, escudo de, ver *Maguen David*

Davi, 101, 144, 211, 212, 291, 319, 321, 345, 409, 423, 440, 462-466, 559, 566

David b. Judá he-Chassid, 82, 85, 147, 153, 226, 267, 295, 299

David b. Salomão ibn Abi Zimra, 97, 241, 242, 537

David ha-Levi de Lvov, 328

David ha-Levi de Sevilha, 88

Davidson, P., 45

De Alba, Isaac, 308

Delacrut, Matatias, 95, 525

Della Mirandola, Pico, 91, 230, 248, 263, 264

Della Reina, José, 96, 234, 495

Della Rosa, Chaim, 110

Delmedigo, Elias, 104

Delmedigo, José Salomão, 103, 105, 135, 173, 183, 242, 434, 447, 501, 525, 541, 545, 571

Dembowski, Andreas Ierucham Lippmann, 382

Dembowski, bispo de Kamieniec-Podolski, 363-365

Demônios e demonologia, 34, 47, 66, 105, 160, 231, 232, 237, 244, 282, 294, 405-412, 442, 451-456, 461, 492-495, 502, 534, 590

Dervixes, 335, 415, 416

Devekut (adesão, comunhão com Deus) 53, 203, 209, 220-222, 228, 469, 471, 473

Deus, 13-18, 20, 21, 23, 25, 28-36, 38, 42, 43, 48, 52, 53, 55, 56, 58, 61, 63-65, 67, 69-72, 74, 90, 91, 93, 100, 116-122, 124, 126, 128, 130-138, 140, 142-145, 147, 149, 150, 152, 155, 159, 162-164, 166-168, 182, 185-195, 198, 202, 203, 206, 208-210, 213-223, 225, 227-229, 231, 236, 244-246, 249, 272, 291, 308, 309, 311, 312, 314, 319, 328, 332, 335, 336, 338, 341, 348-351, 354, 364-367, 373, 376, 395, 396, 401, 409, 422, 424, 425, 433, 434, 438, 446, 447, 461, 466, 470, 471, 477, 488-492, 498, 499, 506, 507, 509, 511, 513-515, 520, 528, 529, 533, 559, 562

Deus, nomes de, ver Nomes divinos

Dez de Tevet, jejum do, 245, 320,

Dia do Juízo (ver também Escatologia), 163, 408, 424, 425

Dialética, 98, 100, 149, 150, 151, 160-162, 165, 168, 170, 172, 175, 181, 183, 253, 286, 338-341, 513

Dibuk, 441-403

Din (sefirah), ver também Guevurah, 138, 144, 149, 151, 158, 166, 167, 169, 171, 174, 178, 180, 207, 235, 244, 422, 514

Din benei chalof, 437, 439

Dilúvio, 291, 409, 438

Divina Presença (ver também Shechinah), 31, 145

Divinatória, vareta, 437

Dobruschka, família, 381

Dobruschka, Moisés, 381, 386

Dobruschka, Schöndel 378, 381

Doenmeh, 342, 343, 344, 349, 353-355, 360, 361, 365, 366, 371, 379, 385, 413-419, 507, 528, 529, 550

Donolo, Shabetai, 44, 50, 58

Dor De'ah (movimento, Iêmen), 114

Dornsieff, F., 42

Dorshei reshumot, 18

Dragão (demônio), 312, 412

Dresnitz, Salomão (Shlomel), 541, 570, 571

Dualismo, 36, 162, 336, 481, 509

Dumiel (anjo), 33

Dybbuk, ver *Dibuk*

Eckhart, Meister, 123

Eden, ver Jardim do Eden

Edersheim, A., 45,

Edom, 151, 219, 355, 367, 373, 381, 384, 406, 411, 495, 514

Egídio de Viterbo, Cardeal, 250

Eichenstein, Zevi Hirsch de Zhidachov, 112

Eilenburg, Eliezer b. Abrahão, 94, 95

Ein-Sof, 65, 100, 116, 117-126, 128, 130-135, 138, 142, 148, 154, 162, 164-176, 179, 180, 185-187, 189-192, 215, 217, 281, 335, 337-339, 349, 396, 489, 490, 499, 513, 525, 529

Eisenbach, Joshua de Prystik, 45

Eisenstadt, Meier, 345, 348, 517, 565, 566

Eisenstadt, Mordecai (Mokhi'ah), 344, 345, 356

Elchanan b. Abrahão ibn Eskira, 84

Elchanan b. Yakar de Londres, 44, 59

Elchanan Ba'al ha-Kabalah de Viena, 390

Elchanan de Corbeil

Elchanan, o cabalista, 577

Eleazar b. Judá de Worms, 17, 44, 429, 430, 447

Eleazar b. Simão b. Iochai, 277, 278

Eleazar ha-Kallir, 30, 43, 46

Eliano, Vittorio, 297

Elias, 46, 62, 93, 203, 316, 448, 456, 528, 539, 555

Elias Ba'al Shem de Chelm, 390, 448

Elias b. Eliezer de Cândia, 399

Elias b. Salomão Zalman (Gaon de Vilna), 45, 108, 111, 172, 246, 299, 448, 502

Elias Chaim de Gennazano, 91

Elias Cohen de Constantinopla, 510

Elias Delmedigo, ver Delmedigo, Elias

Elias de Vidas, 98, 220, 246, 541

Elias Guttmacher, 113

Elias ha-Kohen ha-Itamari de Esmirna, 108, 246, 341, 347, 356, 441, 443, 507, 590

Elias, José Chaim b., 110

Elias Levita, 297

Elias Loans de Worms, 298, 390

Elias Menachem Chalfan de Veneza, 93

Elias, Tsevi, 308, 316, 331, 340

Eliashov, Salomão, 111, 183

Eliezer b. Hyrcanus, 287, 289, 553,

Eliezer Fischel b. Isaac de Stryzow, 111

Elisha ben Avuyah, 26, 36, 481

Emanação, 21, 38, 58, 63, 66, 67, 73, 76-78, 90, 98, 100, 118, 119, 120-126, 128-132, 134-138, 141-153, 155, 158-166, 168, 169, 171, 174-176, 178, 186, 187, 189-193, 199, 200, 205, 209, 214, 254, 271, 272, 362, 407, 416, 418, 423, 470, 485, 494, 499

Emden, Jacob, 113, 254, 302, 351, 353, 356, 362, 386, 448, 509, 518, 520, 521, 549, 551, 567, 591

Encansse, Gérard, ver Papus

Encarnação, 171, 248, 249, 329, 343, 348, 350, 354, 366, 367, 376, 415, 509

Enoque, 15, 17, 21-23, 25, 30, 32, 33, 203, 231, 293, 478, 481-485, 491, 493, 454

Epstein, Abraham, 41, 42, 59, 258, 259, 357, 385

Epstein, Arieh Leib, 111, 226

Epstein, Iechiel Michael, 347

Eretz Israel (ver também Israel), 84, 90, 92, 96, 97, 101, 102, 104, 111, 349, 501, 508, 527-529, 550, 551, 569, 578, 597

Ergas, José, 112, 172, 183, 349, 528, 530

Erotismo, ver Sexualidade

Esaú, 355, 367, 368, 406, 492, 493

Escapa, José, 308, 309,

Escatologia, 91, 163, 163, 202, 421, 423, 553

Escudo de Davi, ver *Maguen David*

Esoterismo, 13-19, 20-25, 27, 30, 31, 43, 46, 51, 54-56, 60, 68, 70, 79, 87, 107, 109, 124, 209, 215, 227, 243, 248, 251, 257, 272, 300, 429, 436, 466, 475, 481, 515, 539, 601

Espaço primordial (ver também *Tehiru*), 141, 166, 167, 169-171, 173, 174, 177, 193, 337-339

Especulativa, Cabala, 16, 66, 73, 116, 118, 149, 229, 230, 233, 446, 546

Espírito Santo (ver também *Shechinah*), 17, 220, 221, 228, 249

Esquerda, ver Lado Esquerdo

Essênios, 21-23, 32

Essingen, Samuel, 390

Estoicismo, 42

Ética, 26, 52, 54, 63, 68, 89, 98, 104, 198, 243, 246, 281, 290, 515, 546, 553

Ettinger, Eliezer ha-Levi, 517

Eva, 195, 319, 407, 408, 424, 440, 452, 453

Even-Shemuel, Judah, 46, 86, 609

Excomunhão (ver também *Cherem*), 105, 316, 319, 335, 350, 353, 362, 506, 517, 530, 562, 566

Exegese, 20, 52, 68, 71, 93, 241, 333, 445

Exílio, 37, 81, 182, 207, 209-212, 244, 245, 262, 305, 306, 332, 339, 341, 345, 424, 502, 566, 597

Exorcismo, 390, 406, 442, 443

Êxtase, 26, 74, 199, 203, 227, 228, 316, 559

Eybeschuetz, Wolf, 135, 356, 357

Eybeschütz, Jonathan, 350-352, 355, 465, 490, 517-521, 566, 567

Ezequiel, 23, 29, 39, 271, 475, 476, 478, 484, 524, 555, 581, 594, 598

Ezra b. Salomão de Girona, 68, 69, 194, 214, 260, 281, 497, 498

Ezra ha-Navi de Montcontour, 55, 56

Falk, Chaim Samuel Jacob, 352, 390

Fano, Menachem Azariah de, 102, 146, 164, 236, 431, 440, 515, 542, 569

Fariseus, 21, 22, 435, 475

Fausto, 410

Feminino, 143, 145, 151, 180-182, 199, 204, 205, 211, 354, 408, 438, 451-453, 456

Ficino, Marsílio, 91

Figo, Azariah, 577

Filactério, 176

Fílon de Alexandria, 19-21, 216

Filosof, Esther (Iocheved; Aisha), 335, 342, 414

Filosof, Jacob ver Jacob Querido

Filosof, José, 335, 242, 414

Filosofia, 16, 43, 53, 55, 61, 70, 73, 80, 84-90, 94, 97, 103, 116, 136, 149,

158, 161, 173, 175, 196, 197, 240, 252, 253, 264, 341, 387, 436, 498, 511, 513, 523, 533, 536, 553

Final dos dias, ver também Escatologia, 161, 424

Finzi, Jacob Israel de Recanati, 93, 226

Fisiognomonia, 27, 235, 236, 270, 274, 277, 402

Flavius Mithridates, ver Moncada, Raymond

Fleckeles, Eleazar, 384, 386

Florentin, Salomão, 342, 414

Fludd, Robert, 252

Foa, família, 464

Fontanella, Israel Berechiah, 299

Frances, Imanuel, 327

Frances, Jacob, 240, 327, 356

Frances, Mordecai, 537

Francesco Giorgio de Veneza, 250

Franck, Adolphe, 126, 128, 254, 302, 303

Frank, Eva (Rachel), 378, 380, 381-384, 386

Frank, Hannah, 360

Frank, Jacob (Josef), 354, 355, 359-363, 365-384, 386

Frank, Josef (filho de Jacob Frank), 381, 382

Frank, Rochus, 381, 382.

Frankista, movimento, 113, 354, 355, 359, 364-366, 370-376, 378-386, 415, 551

Frater Perdurabo (ver Aleister Crowley)

Frey, Junius, ver Dobruschka, Moisés

Friedlaender, M., 36

Frischmann, David, 449

Gabriel, anjo, 152, 234, 492

Galante, Abrahão, 98, 271, 275, 298, 356, 412, 541

Galante, Iedidiah, 538

Galante, Moisés, 313, 316, 317, 328

Galeen, Henrik, 450

Galeno, 282

Gallena, Elias b. Moisés, 404

Gallico, Samuel, 98, 515

Gandoor, Samuel, 560, 561

Gans, David, 464

Garmison, Samuel, 313

Geiger, Avraham, 105

Gelernter, Moses, 399

Gikatilla, José, 3, 81, 82, 87, 140, 144, 146, 147, 150, 153, 157, 161, 162, 164, 186, 208, 213, 215, 230, 234, 241, 253, 261, 281, 294, 295, 431, 523-525, 534, 553

Ginsburg, J., 432

Ginzberg, Louis, 41, 453, 457, 554, 590

Givry, Gilly de, 536

Glória divina, 21, 23, 33, 56, 61

Gnosticismo, 16, 18, 19, 21, 23-28, 30-33, 35-37, 41-43, 47, 48, 50, 57, 61-64, 67, 69, 72, 74-79, 81, 87, 100, 101, 129, 131, 132, 136, 137, 159,

160, 182, 183, 205, 253, 257, 258, 281, 297, 336, 397, 427, 435, 456, 477-479, 481, 483, 486, 491, 492, 509, 553, 585, 586

Goitein, S. D., 54, 259

Goldberg, Oscar, 113

Goldschmidt, L., 45, 93

Golem, 41, 58, 163, 231, 338, 445-450

Goodenough, Erwin, 459, 467

Gordon, Montgomery C., 47, 257

Goslar, Naftali Hirsch, 112

Gottleib, E., 255

Graetz, H., 258, 302, 304, 356, 387, 497, 510, 520, 531, 587, 590

Graf de Praga, Moisés b. Menachem, 111, 135

Greenwald, I., 477

Griese, O., 45

Grossberg, M., 44

Gruenhut, E., 476

Gruenwald, I., 258, 259, 261, 262, 591

Grünhut, David, 536

Guedulah, ver também Hesed, 29, 138-141, 144, 147, 180

Guehinom, 22, 422, 423

Guematria, 29, 33, 49, 52, 72, 408, 427-434, 493, 523, 580, 582

Guenizah (do Cairo), 37, 44, 47, 54, 402, 476, 477, 538

Guevurah, ver também Din, 29, 33, 138-141, 144, 156, 158, 159, 207, 432

Guilgul (ver também Reencarnação),

48, 71, 435-442, 543

Guttmacher, Elias, 113

Ha-Ari, (ver Luria, Isaac)

Habad (ver Chabad).

Habermann, A.M., 258, 356, 524, 588

Habillo, David, 45, 399

Hadayah, Obadiah, 110, 300

Hai Gaon, 51, 67, 125, 289, 389, 402

Ha-Iarchi, Abrahão b. Natan, 281

Ha-Ittamari, ver Elias ha-Kohen Ha--Ittamari

Halachah, 16, 20, 63, 68, 88, 240-242, 261, 362, 428, 429, 519, 524, 525

Halama, 410

Ha-Lavan, David b. Abrahão, 439

Halberstamm, S.Z.H., 44, 253,

Ha-Levi, Guedaliah, 545

Halevi, Judá, 280, 389

Haleywa, Judá, 94

Halo, 236

Hamadã, José de, ver Susã, José de

Hamiz, José, 579

Hammawi, Abrahão, 233, 244, 404, 484

Hamnuna, Rav (Sava), 270, 278

Hanina, Rabi, 41

Hannover, Nathan, 243

Hariri, família, 109

Hart, Eliakim b. Abrahão, 173

Haver, Isaac, ver Wildmann, Isaac

Hayatizadé, Mustapha, 331

Hayon, Guedaliah, 110

Hayon, Nehemiah Chiya, 172, 348,

349-351, 357, 486, 527-531

Hazan, Ben-Tsion, 110, 443

Hegel, Georg W.F., 183, 252

Heichalot (palácios), 25, 26, 28-34, 42, 43, 47, 50, 51, 59, 152, 202, 270, 278, 280, 287, 447, 469, 477, 478, 482-485, 493

Heida, Samuel b. Moisés, 108

Heilprin, Iechiel, 146

Heine, Heinrich, 466

Heredia, Paulo de, 247, 264

Heresia, 24, 60, 70, 104, 302, 341, 349, 352, 481, 482, 498, 529

Hermenêutica, 217, 427

Herrera, Abrahão Kohen de, 103, 130, 172, 183, 185, 534

Hod (sefirah), 138-141, 144

Hoeshke, Reuben, 108, 243

Homem, 193-209

Homilética, 14, 68, 79, 104, 217, 246, 366, 416, 519, 597

Hönig, família, 381

Hormiz, 452

Horodezky, S. A., 21, 239, 255, 256, 262, 303, 357, 434, 515, 547, 588

Horowitz, Fineas Elias, 112

Horowitz, Isaiah (Shelah), 104, 226, 245

Horowitz, Meir de Dzikov, 432

Horowitz, Shabetai Sheftel, 103, 149, 171, 188, 502

Hoshaiah, R. 41

Hoshanah Rabah, 245

Hoshaya, R., 51

Huna, Rav, 272

Iakar, Judá b., 68

Iakhini, Abrahão, 506

Ibn Aknin, José, 218

Ibn Attar, Chaim, 108

Ibn Eskira, Elchanan b. Abrahão, 84

Ibn Ezra, Abrahão, 44, 56, 63, 73, 197, 261, 280, 434

Ibn Farhi, Isaac b. Abrahão, 83, 261, 524

Ibn Fodeila, Samuel, 539

Ibn Gabai, Meir, 15, 93, 98, 132, 185, 208, 221, 226, 267, 498

Ibn Gabirol, Salomão, 44, 53, 73, 97, 122, 498, 499

Ibn Gaon, Shem Tov b. Abrahão, 84, 94, 261

Ibn Iachia, Guedaliah, 403

Ibn Labi, Simão, ver Labi, Simão ibn

Ibn Latif, Isaac, 73, 74, 76, 78, 86, 122, 123, 260

Ibn Makhir, Moisés, 102

Ibn Malka, Judá b. Nissim, 86, 87, 261

Ibn Masarra, 67

Ibn Matsah, José, 66

Ibn Migash, Abrahão ha-Levi, 441

Ibn Motot, Samuel b. Saadia, 45, 261

Ibn Munir, Isaac b. José, 267

Ibn Nahmias, Ioshua b. Samuel, 90

Ibn Pakuda, Bahia, 53

Ibn Sahula, Isaac b. Salomão, 76, 267, 294, 296, 555

Ibn Sahula, Meir b. Salomão, 45, 78, 84, 398

Ibn Saiach, José, 137, 147, 157, 403, 472

Ibn Shraga, José, 90

Ibn Shu'ayb, Ioshua, 84, 267, 280

Ibn Tabul, José, 102, 103, 166, 169-171, 174, 178, 192, 542

Ibn Tamim, Abu Sahl Dunash, 44

Ibn Tibbon, Judá, 63

Ibn Tibbon, Samuel, 69

Ibn Waqar, José b. Abrahão, 86, 87, 146, 296

Ibn Zayyah, José b. Abrahão, 94, 157, 233

Ibn Zeitun, Shalom b. Saadia, 90

Ibn Zur, José, 345

Ichudim, 101, 225, 226, 472, 543, 573

Idolatria, 282, 447

Iechidah, 175, 200, 212

Ieisa Sava, Rabi, 277, 278

Iessod, 42, 138-141, 143-145, 156, 177, 180, 199, 212

Iessod Olam, 138

Ietser ha-ra, 160

Igreja, 21, 96, 354, 363, 364, 369-371, 374, 377-379, 418, 435, 460, 491

Igul ve-iosher (círculo e linha), 174

Ima (mãe), 180, 181

Immanuel de Benevento, 297

Íncubos, 407

Indiana, religião, 437, 228,

Inferno (ver também Guehinom), 22, 188, 202, 204, 422, 423, 438, 442, 579

Infiéis, ver *Koferim*

Intelecto, 13, 14, 63, 67, 69, 73, 74, 78, 87, 122, 123, 139, 140, 143, 152, 190, 197, 198, 218, 469, 470, 519

Intelecto ativo, 63, 74, 197

Intelecto supremo, 73

Iod, 143, 144, 167, 170, 433, 484

Iofiel, 46

Ioga, 228

Iose b. Simeon b. Lekonya, 278

Ioshua ben Levi, 52

Ioshua ben Meir ha-Levi, 525

Ioshua Heshel b. Joseph, ver Tsoref, Heshel

Iraniana, religião, (ver também Persia), 19, 36

"Irmão mais velho", 354, 366, 367

Isaac, 34,144, 208, 366, 493

Isaac, Rabi, 51, 85, 146

Isaac b. Abrahão Cohen, 94

Isaac b. Jacob ha-Kohen, 76, 77, 129, 151, 152, 159, 230, 260, 389, 407, 407, 454, 494, 591

Isaac b. Judá ha-Levi, 429

Isaac b. Latif, ver Ibn Latif

Isaac b. Samuel de Acre (mais conhecido como Isaac de Acre), 84, 87, 116, 153, 156, 157, 220, 222, 234, 291, 292, 411, 554, 555

Isaac b. Todros, ver Todros, Isaac b.

Isaac Chassid de Zbarazh, 348

Isaac de Dampierre, 56

Isaac Eisik de Zhidachov, 112

Isaac Eisik ha-Kohen, 432

Isaac Menachem Mendel, ver Mendel, Isaac Menachem

Isaac, o Cego, 17, 44, 64-66, 68, 70, 117, 123, 129, 158, 186, 221, 233, 396, 437, 497

Isaiah b. José de Tabriz, 86

Isenburg, príncipe de, 379, 380

Ishmael b. Elisha, Rabi, 27, 30, 46, 47, 72, 278, 447, 478

Ishmael Kohen ha-Gadol, 483

Islã, 53, 129, 228, 282, 330, 331, 333-335, 340, 342, 346, 360, 362, 365-367, 411, 413-415, 462, 562

Israel (ver também Eretz Israel), 16, 20, 33, 37, 48, 52, 61, 63, 92, 113, 137, 144, 145, 187, 196, 203, 204, 209-211, 217, 257, 290, 291, 309, 312, 313, 314, 317, 319, 320, 326, 328, 335, 336, 338, 341, 343, 348-351, 367, 418, 423-425, 427, 432, 454, 466, 481, 483, 489, 490, 493, 506, 509, 514, 545, 560

Israel b. Eliezer (Ba'al Shem Tov), 111, 345, 348, 372, 376, 390, 391, 582

Israel Harif de Satanov, ver Satanov, Israel Harif de

Israeli, Isaac, 44, 69, 197

Issachar Baer b. Pethahiah de Kremnitz, 242, 299

Issachar Berman b. Naftali ha-Kohen, 534

Isserles, Meir, 578

Isserles, Moisés, 242

Itzchaki, Abrahão, 509, 528

Iunit (ver Especulativa, Cabala)

Izmirlis (Izmirim), 415, 417

Jacó, 34, 144, 208, 274, 319, 366, 267, 429, 492, 493

Jacob b. Jacob ha-Kohen de Segóvia, 60, 76-78, 152, 398, 431, 494, 498, 523

Jacob b. Meir Tam, 56

Jacob b. Mordecai de Fulda, 404

Jacob b. Sheshet Gerondi, 68, 69

Jacob Chaim b. Isaac Baruch de Bagdá, 242

Jacob ha-Kohen de Soria, 76

Jacob Koppel b. Moisés de Mezhirech, 564,

Jacob Nazir de Lunel, 62, 64, 402

Jacobinismo, 355

Jacobitas (Jakoblar), 415, 417

Jafeth ha-Mizri, 571

Jaffe, Israel, 111

Jaffe, Mordecai, ver Yaffe, Mordecai

Jahoel, 482, 483

Jaldabaoth, 492

Jardim do Éden (ver também Paraíso e Pardes), 22, 31, 145, 231, 270, 290, 422, 423

Jégut, E., 536

Jejum, 60, 245, 313-315, 320, 326, 328, 329, 365, 563, 577, 579

Jellinek, Aaron, 34, 45, 59, 72, 153, 254, 257, 260, 290, 302, 303, 384, 476, 477, 493, 510, 525, 555, 586, 587

Jesus Cristo, 248, 249, 251, 314, 325, 364, 367, 373, 423, 428, 472, 536

Jó, 20, 32, 71, 124, 188, 213, 221, 280, 393, 401, 412, 437, 438, 440, 454, 493, 575

Joaquim de Fiore, 249

Joel Ba'al Shem de Zamosc, 233, 234, 390, 465

Joel, D.H., 126, 302, 303

Johanan, Rabi 393

Johanan (Ionachan) b. Zakai, 24, 427, 476

João Escoto Erígena, 68, 498, 499

Jolles, Jacob Levi, 146

Jonah Gerondi, 65

José, 101, 144, 212, 291, 319

José (Josselman) de Rosheim, 94

José b. David, 343

José Chaim b. Elias, 110

José de Susã (Hamadã), 82, 89, 150, 153, 438

José ha-Levi de Livorno, 325

Josefo, 22, 435

Jovens Turcos, movimento dos, 417, 418

Jubileu, 145, 155-157, 163, 204, 210, 425

Judá b. Samuel he-Chassid, 54, 57-59, 234, 312, 411, 429, 550

Judá Chassid de Shidlov, 346

Judá ha-Nassi, 247

Judá Sava, 278

Judeu, judeus, 16, 18, 19, 47, 79, 96, 145, 182, 195, 196, 199, 206, 207, 209, 210, 217, 232, 239, 246, 255, 305-307, 321, 323, 324, 371, 376, 377, 449, 465, 466, 515, 559, 597

Kabalah itunit, ver Cabala especulativa

Kabalah ma'assit, ver Cabala prática

Kafah (Kafih), Ichia, 114

Kafih, Josef, 44

Kafkafuni, 410

Kaidanover, Aaron Samuel, 108

Kaidanover, Tsevi Hirsch, 246, 581

Kalah (noiva), 145

Kalisch, I., 45

Kalmanks, Abrahão, 104

Kalonymus, 537

Kalonymus, família, 56, 57

Kalonymus, Juda b. (de Mainz), 57

Kalonymus, Juda b. (de Speyer), 57

Kalonymus, Moisés b., 50

Kalonymus, Samuel b., 57

Kaplinski, Elias, 384

Kara, Avigdor, 85

Karina, Tarbi'a, 322

Karppe, S., 255, 585

Kasher, M., 79, 303

Kassim, Paxá, 331,

Katzenellenbogen Fineas (Pinchas), 113

Kav ha-midah, 133, 167, 271

Kavanah, kavanot, 49, 62, 63, 64, 69, 73, 88, 101, 107, 109, 110, 122, 221-229, 314, 315, 469, 470, 495, 540, 573

Kavod (Glória), 25, 56, 58-61, 63, 67

Kedushah (santificação), 28, 35

Kelim, 167, 190, 513

Kelum, Robert, 236

Kessilim (demônios), 411

Keter Elion (sefirah), 121,138-141,146-148,166,171,175, 179, 186, 187, 189, 191, 200, 210, 396, 489, 514

Khunrat, Heinrich, 252

Kilkis, Natan b. Moisés, 86

Kimhi, David, 280, 285

Kipnis, S., 299

Kircher, Athanasius, 251

Kirchhof, David, 371

Kirkisani, 21, 48, 482, 435

Klaus (kloiyz), 110, 111, 126, 247, 582

Kleuker, J.P., 235

Klipah, klipot (conchas, cascas), 100, 105, 154, 159, 161, 164, 177, 178, 182, 205, 206, 212, 306, 314, 329, 333, 334, 338, 339, 353, 411, 412, 454

Knesset Israel (comunidade de Israel), 37, 48, 61, 145, 203

Koferim ("infiéis"), 317, 320, 325, 329

Kohen, Abrahão Chaim, 465

Konyosos (Karakashlar), 415-418

Kook, Abraham Isaac, 113, 247

Köprülü (Kuprili), Ahmed, 321, 322

Kosover, Baruch, ver Baruch b. Abrahão de Kosov

Kraushar, A., 383, 387

Krisa, Leib b. Natan, 373

Krotoschin, Benjamim, 390

Kunitz, Moses, 302, 303

Labi, Simão ibn, 94, 298

Lachover, F., 300

Lado esquerdo, esquerda, 76, 151, 158, 159, 160, 407, 408, 494

Lamashtu, 451, 454

Lambert, M., 44

Landau, Ezekiel, 384, 518

Landauer, M.H., 260, 302

Landsofer, Jonah, 550

Laniado, David Tsion, 571

Laniado, Salomão, 315

Lapapa, Aaron, 319

Lattes, Isaac de, 95

Lechah Dodi, 245

Lei escrita, 137, 145, 220

Lei oral, 15, 17, 117, 137, 145, 218, 220, 434, 598

Leib ben Ozer, 566

Gottfried Wilhelm Leibniz, 136, 253, 536

Leiner, Gershom Enoch, 290

Leivick, H., 450

Lemlein, Asher de Reutlingen, 96

Leon, Moisés b. Shem Tov de, 267, 290-295, 303, 389, 407, 431, 440, 454, 470, 523, 553-555

Letras, combinações de, 15, 29, 30, 40, 41, 75, 88, 99, 136, 157, 169, 215, 219, 225, 227-229, 446, 447, 523

Letsim (demônios), 411

Levi, Éliphas, 255

Levi Isaac de Berdichev, 579, 583

Levirato, casamento por, 437, 598

Levita (Bachur), Elias, 297

Levitação, 237, 309

Lewy, Hans, 19

Libelo de sangue, 369, 370, 372, 374, 377, 389

Lida, David, 456

Lifschuetz, Jacob Koppel, 107, 226

Lilith (ver também Rainha de Sabá), 160, 406-409, 412, 451-457, 494

Lilitu, 451

Lilu, 451

Língua, linguagem, 42, 54, 56, 65, 99, 119, 129, 152, 176, 214, 217, 276, 283, 284, 286, 299, 301, 321, 395, 412, 152

Linguística, 28, 40-42, 79, 100, 176, 223, 283, 285, 286

Lion, F., 450

Liturgia, 28, 49, 58, 59, 68, 69, 82, 93, 94, 109, 225, 282, 328, 416, 419, 429, 498, 546

Livre arbítrio, 194

Loans, Elias de Worms, 390

Logos, 21, 63, 73, 77, 249, 395

Lonzano, Menachem, 103

Lubienski, Arcebispo de, 370

Luria, David, 289, 303

Luria, Isaac, 45, 99-103, 105, 107, 109, 110, 154, 157, 164-166, 168, 174, 175, 178, 181, 183, 188, 200, 206, 207, 212, 225, 226, 242, 298, 299, 314, 362, 404, 411, 423, 431, 440, 442, 473, 495, 501, 502, 511, 529, 533, 534, 537-547, 549, 557, 564, 565, 569, 571, 574, 578

Luria, Salomão, 241

Luriânica, Cabala, 100-103, 106-109, 111, 112, 115, 118, 120, 128, 142, 143, 151, 154, 162, 164, 168, 173, 177-179, 181-184, 191, 200, 201, 204, 206-208, 211, 212, 222, 224, 226, 242, 251, 262, 298, 306, 307, 501, 505, 569, 570, 575

Lutero, Martinho, 96

Luz, luzes, 20, 31, 32, 48, 59, 65, 67, 73, 78, 87, 88, 94, 96, 98, 100, 118, 120, 125, 126, 129, 130, 133, 135, 136, 142, 144, 146, 147, 149, 150, 162-165, 167-182, 192, 195, 200, 203, 204, 209, 219, 221, 224, 225, 228, 236, 267, 285, 286, 329, 337-340, 364, 399, 513, 514

Luzzatto, Moisés Chaim, 103, 107, 109, 112, 173, 183, 192, 193, 246, 262, 351, 352, 353, 502

Luzzatto, Samuel David, 254, 302, 555

Ma'aminim (crentes), 317, 363, 413, 414

Ma'asim zarim (atos estranhos), 308, 316, 317, 333, 339

Ma'asseh bereshit, 17, 23-25, 27, 31, 35, 37, 38, 52, 57, 61, 260, 339

Ma'asseh Merkavah, ver *Merkavah*, misticismo da

Maçonaria, 252, 355, 380

Macrocosmo, 194

Magia, 16, 27, 34, 41, 46, 47, 50, 58, 87, 101, 160, 223, 229, 231, 232, 234, 235, 248, 279, 411, 445, 452, 459,

461, 462, 464

Maguen David, 93, 459-460, 462-466, 591

Maguidim, 97, 344

Mahalath, 409, 452, 454

Mahalalel Haleluiah, 561

Maharal de Praga, ver Judá Loew b. Bezalel

Maim nukbin (águas femininas), 180, 204

Maimin, Avraham, 103

Maimon, o Negro (demônio), 410, 456

Maimon, Abrahão b. Moisés b., 54, 436

Maimon, Salomão, 112

Maimônides, 16, 30, 43, 54, 62-64, 70, 71, 73, 75, 87, 94, 198, 201, 230, 259, 280-282, 423, 424, 436, 464, 511, 519, 523, 553

Mal, 39, 41, 64, 101, 151, 158, 159-164, 173, 177, 178, 183, 195, 198, 206-208, 210, 211, 306, 314, 333, 338, 339, 407, 452, 454, 487, 492, 494, 502

Malach, Chaim, 346, 347, 508, 549-551, 565, 582

Malbush (traje), 100, 169, 171

Malka Kadisha, 336, 366, 367, 529

Malkhut (sefirah), 138, 139, 141, 143-145, 152, 153, 177, 180, 199, 204, 207, 210, 212, 215, 223

Manasseh Ben Israel, 156, 189, 441, 443

Mandaica, literatura, 25, 33, 36, 483, 492

Mandamentos, 36, 60, 70, 77, 81, 85, 88, 97, 138, 195, 197, 198, 203, 209, 211, 215, 216, 222, 236, 240, 241, 273, 288, 292, 306, 310, 343, 394, 398, 414, 418, 422, 437, 439, 441

Maniqueísmo, maniqueus, 435

Mannheim, Natan Nata, 146

Mara di-revuta, 25, 29

Mar-Chaim, Isaac b. Samuel, 90, 186

Marcos, 30, 42

Marei kabbalah, 282

Margalia, 456

Margaliot, Asher, 226

Margaliot, Mordecai, 478

Margaliot, Reuben, ver Margulies, Reuben

Margulies, Efraim Zalman, 583

Margulies (Margaliot), Reuben, 79, 230, 280, 399, 412, 456, 485, 495, 520, 521, 547

Marranos, 96, 326, 342, 577, 598

Mas'ud, Judá, 300

Masculino e feminino, 143, 151, 199, 408, 438, 451, 453

Mathers, Samuel MacGregor Lidell, 256, 300, 536

Matrona (mãe), 145, 354

Mazikim, 408, 451

Mechavenim, 110

Medina, David di, 110

Meditação, 15, 49, 55, 62, 65, 73, 75, 88, 94, 99, 101, 107, 137, 147, 165,

205, 207, 208, 213, 222-227, 229, 230, 245, 306, 314, 430, 436, 469-473, 485, 498, 540, 543, 545, 546, 563, 572, 573

Medo de Deus, 28, 220

Meir b. Simão de Narbona, 70, 89, 398

Meiri, Menachem, 89, 579

Meises, Isaac, 254

Menachem, 72

Mendel, Isaac Menachem 299

Mendelssohn, Moses, 519, 573

Menorah, 250, 464, 466

Merkavah, misticismo da, 17, 22, 23-39, 41, 42, 46, 47, 49-52, 55-57, 60-62, 66, 152, 153, 227, 257, 278, 339, 401, 402, 430, 469, 470, 475-479, 484, 485, 492, 591

Merkavah, ver Carruagem

Meshulam b. Jacob, 53

Meshullam, José b. 89

Messer Leon, David b. Judá, 93, 132

Messer Leon, Judá b. Iechiel, 90

Messianismo, 91, 101, 107, 241, 306, 307, 355, 432

Messias, 36, 92, 101, 106, 200, 210, 211, 212, 220, 244, 249, 290, 291, 306, 307, 309, 312-315, 317, 319, 320-322, 324, 326, 329, 330, 332-334, 336-342, 345, 350, 353, 364, 367, 373, 413, 421, 423, 424, 440, 465, 506, 507, 509, 540, 550, 559-563, 566, 567

Metatron, 32, 33, 36, 77, 78, 153, 228, 234, 462, 463, 478, 481-486, 528

Metempsicose, ver *Guilgul*

Metoposcopia, 403

Mickiewicz, Adam, 285

Microcosmo

Midrash, 21, 32, 43, 48, 52, 57, 61, 79, 80, 135, 150, 169, 195, 210, 219, 236, 242, 268, 274, 277, 280, 280, 283, 289, 290, 299, 300, 301, 333, 393, 394, 405, 453, 475, 476, 493, 553, 597, 598

Miguel (arcanjo), 152, 234, 456, 483, 484, 491-493

Mikulski, 370, 372, 374

Milagres, 214, 314, 321, 322, 389, 423, 424, 541

Milsahagi (Samiler), Eliakim, 254, 276, 300, 302

Milui, 433

Minim (ver também Heresia), 24, 35, 416

Miranda, Abrahão, 110, 343

Miranda, José David, 110

Mirandola, Pico della, 91, 230, 248, 263, 264

Mirkevet ha-mishneh, 153

Mishan, Judá, 102

Misticismo, 13, 14, 19, 20, 22, 23, 25-27, 29, 32-35, 37, 42, 43, 46, 47, 50-52, 54, 57, 60-65, 67, 73, 74, 88, 91, 94, 99, 100, 101, 109, 111, 112, 257, 306, 355, 401, 469, 470, 472, 475, 476, 478, 498, 523, 533, 591, 601

Mithras, 427

Mito, mitologia, 57, 61, 76, 77, 101,105,115, 156, 212, 306, 366, 396, 453, 454, 455

Mitsvot, ver Mandamentos

Módena, Leone (Judá Aryeh), 441, 538, 301, 302

Mohariel, 538

Moisés, 15, 23, 66, 81, 144, 207, 211, 213, 215, 218, 236, 241, 249, 269, 273, 281, 290, 291, 315, 364, 429, 434, 440, 482, 493

Moisés b. Jacob de Kiev, 94

Moisés b. Shem Tov de Leon, ver De Leon, Moisés

Moisés b. Simão de Burgos, 76, 133, 146, 152, 159, 407, 454, 494, 553

Moisés Chassid, 550

Moisés ha-Darshan, 429, 586

Moisés Jonah de Safed, 100, 103, 166, 169, 174, 178, 542, 544

Moisés Meir de Kamenka, 350

Mojajon, Elias, 343

Mokhi'ah, Isaiah, 566

Molcho, I. R., 419, 508, 510, 561

Molcho, Salomão, 96

Molcho, Salomão (segundo), 109

Molitor, Franz Josef, 252, 254

Moliwda (Ignacy Kossakowski), 370, 373

Moncada, Raymond (Flavius Mithridates), 248

Monoteísmo, 70, 482, 505, 506

Montefiore, C., 21, 257

Mordecai, Samuel b., 66

Mordecai Tsevi, 307

Mordell, P., 38, 258

More, Henry, 533, 534

Morpurgo, Sansão, 530

Morte, 71, 158, 164, 177, 201-203, 236, 284, 290, 407, 408, 421, 422, 425, 438, 489, 493, 494, 555

Morteira, Saul Levi, 577

Muelhausen, Iom Tov Lipmann, 85

Müller, Ernst, 255, 276, 301, 304

Mundos anteriores, 150

Mundos ocultos, 147, 314

Mundos, Cinco, 59

Mundos, Quatro, 153, 154, 175, 205

Mutazilitas, 48, 436

Na'amah (Naamah), 408, 409, 454

Nachman de Bratislava, 245, 376

Nachman de Krzywcze, 361, 373

Nada, ver Ain

Nadav, 441

Naftali Cohen, 528, 529, 530

Nahawendi, Benjamin b. Moisés, 58

Nachmanides, 18, 44, 65, 68, 69, 71, 75, 76, 82-84, 86, 89, 124, 134, 163, 166, 210, 215, 221, 235, 245, 280, 393, 406, 411, 421, 422, 424, 425, 434, 437, 464, 487, 498

Nahum de Chernobyl, 583

Najara, Israel, 103, 313

Najara, Jacob, 313, 335, 559

Najara, Moisés, 545

Naran, 197, 200

Narboni, Moisés, 86

Natan ben Levi, 582

Natan de Gaza, 106, 162, 172, 312, 329, 332, 336, 337, 351, 353, 360, 366, 413, 443, 505-507, 528, 549, 557, 558, 578

Nazir, Jacob, ver Jacob Nazir de Lunel, 62, 64, 402

Nazirita (nazarita, nazireu], voto, 428.

Naziritas, 62, 428

Necromancia, 232, 282

Nefesh, 175, 188, 196, 197-201, 203, 421, 422, 447

Nehemiah ha-Kohen (de Lvov), 329

Nehemiah ha-Navi, 55

Nehorai Sava, 278

Nehunia b. ha-Kanah, Rabi, 88, 146, 393

Neopitagoreanismo, 39, 42

Neoplatonismo, 42, 53, 56, 59, 63, 64, 66-69, 72, 73, 84, 86, 87, 100, 103, 116, 118-120, 128, 129, 131, 133, 135, 139, 140, 153, 158, 161, 162, 185, 186, 188, 194, 196, 197, 201, 435, 436, 498, 499

Neshamah, neshamot, 175, 188, 196-203, 205, 206, 422, 439, 447

Netsach, (sefirah), 138-141, 144

Nidarnar, 402

Nieto, David, 349, 530

Niño, Jacob Shealtiel, 146

Nishmata de-Kol Chaiei, 529

Nissim b. Abrahão de Ávila, 78

Nissim b. Jacob, 281

Noé, 23, 207, 291, 429

Noé, arca de, 291, 409

Nomes divinos e sagrados, 17, 25, 29-34, 40, 42, 48-52, 56, 57, 59, 62, 65-68, 72, 75, 81-83, 87, 99, 101, 119, 129-131, 133, 140, 144, 145, 146, 154, 157, 164, 169, 170, 176, 214-217, 221, 223-225, 227, 229-232, 234, 237, 249, 271, 309, 317, 319, 351, 389, 394, 395, 424, 427, 428, 430, 433, 434, 445-447, 448, 453, 461-464, 471, 472, 482-486, 520, 523, 525, 534, 540, 580

Notarikon, 423, 431, 523

Nova, lua, 245

Nove de Av, jejum do, 328, 329, 344, 382, 419

Novilha vermelha, 339

Nukba, 181, 205, 211, 212

Nukba de-ze'eir, 180, 181, 205

Nukba di-tehoma raba, 409

Numerologia (ver também Guematria), 249, 523, 580

Números, misticismo dos, 38, 57, 74, 75, 130, 427, 432, 580, 582

Obadiah b. Abrahão Maimonides, 54

Obed, 441

Obizoth, 452

Odeberg, H., 477, 483, 485, 486

Oetinger, F.C., 252

Ofan (roda), 29, 35, 67, 493, 598

Ofitas, 24, 479, 491, 492

Ogdoas, 33

Olam (mundo), 192
Olam ha-akudim, 170
Olam ha-assiah, 153
Olam ha-atsilut, 153
Olam ha-ba, 422
Olam ha-beriah, 153
Olam ha-ichud, 134
Olam ha-ietsirah, 153,
Olam ha-matkela, 181
Olam ha-nekudot, 170, 177
Olam ha-neshamot, 422
Olam ha-nikudim, 176
Olam ha-perud, 134
Olam ha-tikun, 546
Olam ha-tohu, 177, 546
Oppenheim, David, 517, 528
Oração, 49, 55, 57, 60, 62, 63, 73, 74, 80, 84, 101, 107, 109, 122, 138, 147, 208, 218, 220-227, 233, 243, 270, 286, 306, 320, 470, 471, 498, 540, 543, 546, 573, 598
Oral, lei, ver Lei oral
Órficos, 278, 435
Orígenes, 30, 435
Ormuzd, 452
Ostrer, Moisés b. Hilel, 111
Ostropoler, Samson b. Pessach, 105
Otiot Iessod (letras elementais), 42

Pais da Igreja, 21, 491
Palache, Chaim, 233, 404
Palácios, ver Heichalot
Panenteísmo, 93, 188, 189, 191-193
Panteísmo, 118, 126, 128, 183, 185-

190, 193, 253, 262, 514, 515
Papus, 45, 255
Paraíso (ver também Jardim do Éden e Pardes), 26, 199, 200, 202-204, 219, 555
Parakletos Jesus b. Pandera, 237
Pardes (categorias exegéticas), 218
Pardes (pomar, jardim, paraíso), 26, 31
Pareger, Moisés, 183
Pargod, 32, 202, 373
Parto, 290, 315, 355, 423, 451-453, 455, 456, 460
Partsuf, partsufim (configurações), 100, 115, 137, 179-183, 191, 200, 204-206, 211, 212, 529
Pasqually, Martines de, 252
Pauly, Jean de, 301
Pecado, 101, 150, 160, 161, 188, 194-196, 206-208, 210, 211, 219, 243, 244, 264, 424, 440, 442
Pecado original, 101, 150, 160, 194-196, 206-208, 210, 211, 219, 243, 244, 264, 424, 440
Peña, Chaim, 317
Penitência, 102, 313, 315, 320, 545, 555, 559
Pensamento divino, 65, 118, 122, 141, 169, 369, 471, 514
Penzieri, Efraim, 571
Pereira, Abrahão, 327
Perez b. Moisés, 247
Perlhefter, Issachar Baer, 344, 345, 578

Persia (ver também Iraniana), 19, 21, 48, 82, 86, 201, 254, 307, 314, 323, 438, 452

Pietismo, 23, 53, 97, 109, 343, 597

Pikulski, Gaudenty, 376

Pilpul, 14, 574, 598. [trocar, no Glossário, na definição. Ao invés de "agudo argumento acadêmico,", fica "argumento acadêmico incisivo,"

Pinchas b. Jair, 278

Pinheiro, Moisés, 343, 507, 528

Pinto, Daniel, 317

Pitagorismo, 43, 175

Platonismo, 67, 68, 91, 131, 132,161, 170, 248, 251, 435

Pleroma, 35

Plongian, Zechariah, 233

Plotino, 499

Podheitser, Moisés David, 352

Pohovitzer, Judah Leib, 111

Polkar, Isaac, 89

Poltergeister, 408

Poppers, Meir, 571, 572, 573

Porges, família, 383

Porges, Moisés, 384

Portaleone, Samuel b. Elisha, 45, 102

Postel, Guillaume, 45, 250, 264, 300

Poznanski, S., 386, 429, 435, 443, 485

Prática, Cabala, 15, 16, 82, 94, 96, 229-237, 249, 253, 263, 310, 390, 405, 409, 410, 453, 456, 486, 495, 525, 528, 539, 571, 580

Predestinação, 79

Priluk, Arieh Loeb, 105

Primo, Samuel, 313, 328, 335, 342, 346, 505, 510, 549, 550

Proclus, 42

Profecia, 22, 63, 74, 75, 79, 144, 220, 227, 228, 291, 316, 323, 326, 341, 373, 507

Profeta, 46, 55, 78, 109, 149, 213, 311, 313, 314, 316, 317, 321, 324, 326, 345, 346, 348, 354, 360, 369, 432, 443, 447, 456, 508, 519, 549, 557, 559

Profética, Cabala, 72, 74, 75, 87, 94, 136, 227, 230

Prossnitz, Judá Leib (Löbele), 348, 565-567

Providência, 79, 147, 284, 316, 336, 487-490, 513, 566

Quatro Mundos, 153, 154, 175, 205

Querido, Jacob, 342, 414, 415

Querubim, 32, 58, 59, 67

Quiromancia, 27, 235, 236, 270, 401-404

Qumran, seita, 21, 22, 25, 28, 29, 475

Rachamim (*sefirah*), ver também *Tiferet*, 138, 144, 167, 169, 244

Rachmai (Rechumai), Rabi, 393

Racionalismo, 70, 76, 78, 88, 120, 380, 553

Rafael (anjo), 152, 234, 452

Rafael José (ver Chelebi, Rafael José)

Rahab (rainha de demônios), 409, 412

Rainha de Sabá, ver Sabá, Rainha de

Rapaport, Chaim Kohen, 372

Rappaport, Avraham Kohen de Ostrog, 105

Rashi, 56, 280, 281, 429

Rashkover, Shabetai, 226

Rav, 34, 35, 428

Rava, 445

Rava, Menachem, de Pádua, 102

Raza de-meheimnuta, 218

Razei Torah, 17

Rebeca (filha de Moisés), 315

Rebeca (a matriarca bíblica, mulher de Isaque e mãe de Esaú e Jacó), 429

Recanati, Menachem, 85, 93, 95, 133, 213, 226, 233, 248, 295, 298, 402, 439

Recompensa e castigo, 178, 203, 204, 421, 422

Redenção, 81, 82, 91, 92, 96, 102, 106, 163, 182, 196, 206, 209-212, 244, 249, 262, 274, 290, 291, 305-307, 313-315, 319, 323, 324, 335, 339, 341, 342, 345, 347, 352, 373, 421, 423, 424, 466, 506, 507, 559, 582

Reencarnação (ver também Guilgul), 200, 354, 361, 414, 415, 435, 564

Reino do Céu, 145

Reitzenstein, R., 19

Remak, ver Cordovero, Moisés

Remez, 217, 218, 284, 574

ReMeZ, ver Zacuto, Rabi Moisés

Renascença, 248, 250, 411

Repnin, príncipe, 378

Reshimu, 167, 170, 171, 173, 174, 193

Reshit (sefirah), 121, 142, 143

Ressurreição, 290, 421, 422, 424, 425, 435, 438, 447

Reuchlin, Johannes, 248, 249, 253

Reuveni, David, 96

Revelação, revelações, 14-16, 22, 23, 25, 26, 31, 33, 56, 62, 78, 81, 84, 90, 93, 97, 98, 100, 101, 106, 107, 111, 112, 117, 119, 130, 147, 156, 166, 172, 191, 195, 208, 209, 212, 214, 216, 237, 248, 269, 273, 291, 313, 314, 334, 335, 341, 342, 344, 345, 352, 353, 383, 403, 414, 424, 429, 478, 505, 506, 507, 509, 513, 514, 523, 539, 546, 559, 581, 582

Ricchi, Imanuel Hai, 112, 172, 226

Ricius, Paulus, 3, 249, 525

Rieti, Moisés, 91

Rittangel, S., 45

Rocca, Salomão, 226, 578

Rofe, Meir, 343

Romner, Samuel de Lublin, 300

Rosenberg, Judah, 300, 448, 449

Rosenthal, F., 54

Rosenthal, S., 538

Rosenzweig, Franz, 466

Rossillo, Mordecai b. Jacob, 93

Rotenburg, Mordecai Suskind, 549

Rothschild, família, 466

Rovigo, Abrahão, 343, 344, 346, 549, 578

Ru'ach, 38, 175, 196-199, 201, 203, 422

Rubin, Salomão, 254, 443

Russo, Baruchiah, 343, 347, 348, 350, 352, 360, 361, 362, 364, 366, 367, 368, 373, 415, 418, 550

Sa'el, 164

Saadia Gaon, 43, 44, 51, 55, 59, 61, 341, 436

Sabá das bruxas, 231, 409

Sabá, Rainha de, (ver também Lilith), 412, 454, 455

Saba, Abrahão, 92, 93, 213

Sabateanismo, 106, 107, 110, 113, 254, 305, 336, 340, 343-346, 348, 349, 351, 353-356, 390, 520, 527-529, 551, 566

Sabba, Isaac, 579

Sabedoria Divina (ver também *Chochmah*), 20, 33, 38, 39, 42, 52, 123, 187, 198

Sabeus, 282, 494

Sachs, Senior, 254, 297, 525

Sacrifício (ver também *Akedah*, *Shechitah*), 437, 493, 498

Sadboon, José, 110, 226

Saduceus (ver também Caraítas), 445

Safrin, Eliezer Zevi, 146

Safrin, Isaac Eizik Jehiel, de Komarno, 112, 298

Safrin, Jacob Moses, 298

Sagnard, F., 24

St. Martin, Louis Claude de, 252

Salomão, 454, 455, 461, 464

Salus, Hugo, 449

Samael (ver também Satã), 160, 164, 406, 407, 409, 410, 411, 454, 457, 491-495, 566, 591

Samaritanos, 33, 36, 234

Sambari, José, 300

Sambation, Rio, 215

Samech Mem (ver também Samael, Satã), 495

Samuel ha-Nassi de Bagdá, 50

Sandalfon, 485

Saphir, Jacob, 575

Sarah (esposa de Shabetai Tsevi), 311, 335

Sarug (Saruk), Israel, 100, 102-105, 169-171, 174, 179, 217, 403, 431, 440, 501, 502, 534, 544, 545, 575

Sasportas, Jacob, 325, 356, 357, 506

Sasson, Abrahão, 103

Sasson (Sisi), Rabi Iniani b., 51

Satã, Satanás (ver também Samael), 160, 282, 409, 455, 491-495

Satanov, Isaac, 573

Satanov, Israel Harif de, 432

Satanov, Moisés b. Jacob de, 247

Sava (velho), 181, 270, 278

Savini, S., 45

Schatz, Rivka, 255, 357, 419

Schelling, Friedrich Wilhelm Joseph, 172, 252

Scheyer, Hirz Abraham, 113

Scholem, G., 44, 47, 235, 245, 247, 255-257, 259-264, 303, 356, 357, 386, 391, 399, 402, 404, 412, 414, 416, 419, 434, 442, 443, 450, 456, 467, 472, 473, 477, 479, 485, 486,

631

489, 490, 495, 498, 499, 503, 506, 510, 520, 521, 525, 531, 536, 547, 551, 554, 555, 559, 563, 564, 576, 580, 583, 585, 586-591, 595

Schramm, J.K., 253

Secret, François, 250, 255, 300

Séd, G., 69, 226, 260, 261, 304, 299

Séd, N., 258-260, 278

Sefirah, sefirot, 3, 38, 39, 42-44, 47, 61-69, 71, 72, 75-77, 79-81, 85-87, 90, 94, 98, 100, 115, 121, 122, 124-128, 130, 131, 133-159, 161, 164, 167, 169, 171, 175-177, 179, 180, 181, 183, 184, 186, 187, 189-194, 196-200, 202, 204, 207-212, 214, 215, 218, 220-223, 227, 230, 287, 309, 335, 389, 393-396, 407, 422-425, 439, 470, 472, 487-490, 494, 497, 499, 513-515, 523-525, 535, 540, 555

Segal, Jacob, 347

Segré, Chaim, 343

Selnik, Benjamin Aaron, 242

Sempiternitas, 135

Sender, Rabi

Serpente, 339, 408, 440, 491, 492, 494

Serrarius, Peter, 325

Serviel (Suriel), Moisés, 321

Sexualidade, 89, 139, 143, 144, 232, 245, 293, 308, 335, 343, 352, 362, 368, 376, 378, 383, 407-409, 419, 437, 439, 494

Shabat, 141, 155, 156, 208, 242, 245, 319, 320, 389, 402, 407, 409, 428, 446, 476, 545, 547, 595

Shabbazi, Shalom (Salim), 103, 109

Shabetai Tsevi, 106, 158, 305, 307-337, 340-347, 349-354, 361, 363, 364, 366, 367, 413, 414, 415, 418, 419, 432, 434, 443, 465, 489, 505-510, 527, 528, 549, 550, 557, 558-567, 578, 581-582

Shachar, Sh., 64,

Shandookh, Sasson b. Mordecai, 108, 110

Shani, Isaac, 93

Shapira, Zevi Elimelech, 146, 299, 432

Shapira, Natan, 573, 576

Shapiro, Natan, 577, 579

Sharabi, Shalom Mizrahi, 109, 110, 224, 226

Sharaf, Judá, 343

Shechinah (ver também Divina Presença e Espírito Santo), 17, 30, 37, 47, 48, 52, 56, 58, 61, 62, 145, 182, 203, 204, 207, 210, 211, 244, 245, 250, 336, 349, 354, 366, 376, 378, 424, 454, 485, 488, 492, 529, 566

Shechitah (ver também Sacrifício), 437

Shedim, 406, 408, 409

Shem Tov b. Shem Tov, 15, 88, 89, 165

Shema, 224, 271, 345, 432, 528, 582

Shemitah, 145, 155-158, 163, 598

Shemitot, 72, 85, 150, 154, 155, 157, 158, 163, 217, 445, 524

Shefatiah (Ba'al Shem), 389

Sheshet, Jacob b., ver Jacob b. Sheshet Gerondi

Sherira Gaon, 27, 51

Shi'ur Komah, 29-31, 46, 51, 56, 58, 64, 82, 131, 136, 139, 147, 189, 477, 484, 488, 515, 529, 586

Shir ha-Ichud, 59

Shmoneh Esreh, 233

Shneur Zalman de Lyady, 172

Shomer Dapim (demônio), 412

Shor, família, 382

Shor, Joseph Bekhor Shor, 429

Shor, Salomão b. Elisha, 373

Shoresh gadol, 205

Shorshei ha-shemot, 233, 580

Silver, A.H., 290

Simão b. Azzai, 26

Simão b. Iochai, 46, 79, 268-271, 273, 275, 277, 278, 287, 553, 557

Simão b. Iose b. Lekonya, 278

Simão b. Lakish, 34

Simbolismo, 16, 20, 48, 62, 65, 71-73, 81, 86, 100, 115, 118, 124, 129, 131, 136-139, 142-147, 154, 161, 175, 176, 180, 199, 202, 207, 239, 252, 293, 324, 395, 397, 465, 523, 524, 534, 545

Simchah de Zalosicz, 247

Mago (Magus), Simão 36

Simon, Maurice, 301

Sinai, 15, 187, 207, 217, 429, 456

Singer, I. Bashevis, 412

Sionismo, 113, 239, 247, 255, 466

Siracusa, Abu Aflach, 235

Sirkes, Joel, 105

Sitra achra (ver também Lado Esquerdo), 76, 94, 105, 159-161, 163, 164, 177, 196, 199, 225, 232, 244, 246, 338, 407, 454, 494, 502

Sitra di-kedusha, 199

Sitrei torah, 17, 271

Smnglf, 453

Snsnwy, 453

Snwy, 453

Sod, 25, 217, 218

Sod ha-Elohut, 507

Sod ha-Ichud, 58, 60

Sommer, G., 253

Sperling, Harry, 301

Spielmann, Jacob Meir, 112, 183

Spinoza, 183, 337

Spira, Berechiah Berach, 108

Spira, Isaac, 517

Spira, Natan b. Salomão de Cracóvia, 105, 218, 431

Spiro, Natan b. Reuven, 104, 582

Steiner, Rudolf, 301

Steinschneider, M., 254, 256, 302, 404, 425, 555, 595

Stenring, K., 45

Stern, Ignatz, 254, 276, 304

Stern, Meir, 533

Striga, 456

Suarès, Carlo, 45,

Súcubos, 407

Sufismo, 53, 54, 74, 109, 228, 407, 416

Synodoros, 453

Ta'zash, 33

Taftafiah, 463

Taitazak, José, 90, 93, 97, 235, 237, 411

Taku, Moisés, 60

Taragon, Elias, 348, 509

Tarot, 255

Tehiru (Ver Espaço primordial), 166, 170, 171, 174, 177, 337-339

Templo, 13, 19, 22, 207, 290, 305, 307, 384, 427, 435, 442, 459, 484

Tennen, B., 45

Teodoreto, 491

Teomim, Aaron b. Moisés, 355, 378

Teosofia, 13, 14, 55, 58, 71, 73, 77, 81, 84, 87, 107, 149

Terá (pai de Abraão), 440

Terapeutas, 216

Tetragrammaton, 40, 42, 63, 67, 71, 88, 157, 167, 169, 210, 215, 225, 227, 229, 234, 236, 249, 309, 389, 433, 472

Teurgia, 31, 46, 51, 57, 230

Tiferet (*sefirah*), 138-141, 143-145, 147, 199, 210, 215, 309, 335, 350, 424, 489, 519

Tikun, 100, 101, 105, 121, 165, 178-182, 194, 196, 200, 201, 205-209, 211, 212, 225, 243, 245, 246, 273, 274, 306, 307, 312, 323, 333, 338, 339, 403, 442, 546, 578, 579

Tishby, Isaiah, 32, 69, 178, 222, 255, 256, 260, 262, 293, 300, 303, 356, 357, 412, 490, 497-499, 547, 555, 564, 578, 580, 589, 590

Toaff, A., 570

Tobiah b. Eliezer, 280

Tobiana, Abrahão, 110

Todros, Isaac b., 83

Todros, Jacob b., 94

Togarmi, Baruch, 74

Torah, 14, 16, 17, 20, 21, 34, 43, 46, 62, 63, 65, 70, 71, 79, 80, 82, 83, 84, 85, 87, 88, 90, 93, 98, 109, 124, 138, 145, 156-158, 169, 170, 176, 182, 195, 197, 198, 203, 205, 208, 209, 212-221, 240, 243, 248, 249, 262, 268, 270-273, 275, 280, 282, 291, 292, 295, 300, 310, 317, 319, 328, 333, 334, 338, 339, 340, 342-345, 347, 362, 364, 365, 373, 408, 409, 411, 416, 418, 419, 424, 427, 429, 432, 439, 446, 465, 506, 520, 563, 574, 579

Toriel, Salomão, 45

Tossafistas, 55, 56, 280, 429

Totrossiah, 33

Tovah, Judá Levi, 415, 419

Trani, José di, 571

Treves, Abrahão b. Salomão, ha-Tsarfati, 93

Treves, Eleazar Hirz, 58

Treves, Naftali Hirz, 94

Tribos perdidas, 314, 315

Tribos, Doze, 313, 429, 545, 560

Trindade, 125, 126, 248, 336, 349, 354, 364, 366, 373, 509

Troestlin ha-Navi, 55

Trono, 22, 23, 25, 28, 29, 32, 35, 36, 39, 48, 56, 58, 67, 144, 152, 153, 194, 199, 202, 320, 422, 475, 478, 484, 485, 559

Tsachtsachot, 120, 126, 148

Tsadik, 16, 53, 138, 236, 581

Tsadikim (ver também *Tsadik*), 255, 286, 540

Tsadok ha-Cohen de Lublin, 16

Tsahalal b. Nethanel Gaon, 44

Tsaiach, Iossef, 109

Tsarfati, Reuben, 85

Tselem, 180, 200, 201, 228, 236

Tsemah, Chaim, 575

Tsemach, Jacob, 104, 244, 313, 540, 572, 579

Tseror ha-Chaim, 202, 221, 422

Tsevi, José, 308

Tsimtsum, 100, 103, 165-176, 179, 183, 191, 182, 193, 336, 337, 338, 339, 502, 529, 534, 542, 544

Tsioni, Menachem, 85, 213, 232, 410, 411

Tsoref, Ioshua Heshel, 345, 508, 549, 565, 581-583

Tsur, Jacob b., 109

Uziel, José b., 59

Uzziel, Iechiel Mikhal b.,108

Vajda, G., 44, 59, 69, 86, 255, 258, 259, 260, 261, 263, 264, 467, 586, 588

Valentinus, 42, 479

Valle, David Moisés de Módena, 112

Van Helmont, Franciscus Mercurius, 251, 533, 534, 536

Vaughan, Thomas, 252

Vernikovsky, Abraham Mordecai, 290

Vestali (ou Guastali), Elisha, 572

Vida após a morte, 421

Vidas, Elias de, 98, 220, 246, 541

Vigenère, Blaise de, 252

Virgem Maria, 354, 367

Visões, 23, 29, 31, 36, 47, 52, 67, 77, 96, 149, 162, 201, 228, 229, 236, 271, 312, 320, 324, 329, 342, 355, 445, 448, 469, 470, 472, 475, 505-507, 509, 524, 549, 555, 557, 559, 561, 581, 598

Vital, Chaim Calabrese, 100, 103, 104, 109, 164, 166, 167, 169, 172, 173, 174, 176, 178, 181, 192, 193, 199, 204, 207, 211, 226, 229, 233, 236, 242, 246, 274, 298, 411, 412, 431, 440, 443, 455, 472, 502, 534, 539, 540, 542-546, 569-577, 579

Vital, José, 569

Vital, Moisés ben Samuel, 572

Vital, Samuel, 226, 233, 443, 543, 570, 571, 575

Von Bienefeld, família, 381

Von der Hardt, Hermann, 253, 456

Von Frankenberg, Abraham, 252

Von Hönigsberg, família, 381, 383, 384

Von Hönigstein, família, 381

Von Meyer, J.F., 45

Von Rosenroth, Knorr, 154, 235, 251, 253, 256, 300, 502, 533-536

Von Welling, Georg, 252

Vontade Divina, 63, 120, 122, 142, 190, 195, 221, 471

Vulliaud, Paul, 255, 256, 276, 300

Wachter, J.G., 183, 253

Wagenseil, J.C., 237

Waite, A.E., 255, 303

Wechsler, Elchanan Hillel, 623,

Wehle, Gottlieb, 385

Wehle, Jonas, 383, 385

Weinstock, Israel, 50, 256, 259, 263, 299, 586

Weiss, José Meir, de Spinka, 112, 473, 510

Wertheimer, Salomão Aarão, 476, 477,

Wertheimer, Samson, 517

Westcott, W., 45

Whitehead, A.N., 172

Widengren, G., 19

Widmanstetter, Johan Albrecht, 623, 250

Wildmann, Isaac Eizik (Haver), 111,

Wilna, Jacob, 347, 353

Wolfson, Harry, 623

Wolowski, Franciszek, 382

Wolowski, Michael, 382

Wormser, Sekel Löb, 113, 390

Yaari, Avraham, 263, 357, 376, 386, 463, 580

Yaffe, Mordecai, 95, 157, 241

Yakhini, Abrahão, 320, 335, 340, 432

Zabiri, Iossef Jacob, 114

Zacuto, Moisés, 103, 109, 233, 243, 292, 327, 577-580

Zanzer, Chaim b. Menachem, 111

Zauba'a, 411

Zavodiel, 33

Ze'eir Anpin, 136, 147, 180, 181, 205, 488

Zeitlin, Hillel, 113, 256, 276, 300, 303

Zorobabel, 46, 521

Zihara ila'ah, 206

Zivug (acasalamento), 180, 210, 211, 244

Zlotnik, J.L., 79, 303, 499

Zodíaco, 40, 406, 575

Zoharariel, 33

Zumzumit, 411

Zunz, L., 27

ÍNDICE DE TÍTULOS DE LIVROS

A History of Messianic Speculation in Israel, 290

A Short Enquiry Concerning the Hermetick Art, 236

Abi'ah Chidot, 233

Adam Iashar, 572

Aderet Eliyahu, 298

Adir ba-Marom, 107

Adumbratio Kabbalae Christinae, 251, 536

Aenigmata Judaeorum Religiosissima, 253, 456

Agadat Shir ha-Shirim, 280

Ahavat Ionatan, 519

Akedat Itzchak, 464

Alfabet de-Ben Sira, 280, 453

Alfabet de-R. Akiva, 280

Alilot Devarim, 89

Al-Maqala al-Jami'a bayna al-Falsafa wa-ash-Shar'i'a, 86

Allon Bakhut, 344

Amphitheatrum Sapientiae Aeternae, 252

Amtahat Biniamin, 390

Amud ha-Avodah, 119

Amud ha-Semali, 159, 407, 454, 494

Amudei Sheva, 269

Ani ha-Mechuneh, 508

Apirion Shelomo, 103

Apocalipse de Abraão, 482

Arba Me'ot Shekel Kesef, 544

Archei ha-Kinuim, 146

Ari Nohem, 105, 301, 434, 538

Arpilei Tohar, 113

Arugat ha-Bossem, 58, 60, 430

Asis Rimonim, 515

Asarah Ma'amarot, 164

Atvan Guelifin, 279

Avkat Rochel, 540

Avnei Shoham, 137

Avnei Zikaron, 93

Avodat ha-Kodesh, 15, 93, 98

Avodat ha-Levi, 172

Ba'al ha-Turim, 429

Bahir, ver Sefer Ha-Bahir

Baraita das 32 Regras, 427, 428,

Baraita de Iossef b. Uzziel, 59

Baraita de Ma'asseh Bereshit, 280, 478

Baraita di-Shemu'el, 43

Be'er la-Hai Ro'i, 299

Be'er Maim Chaim, 93, 571

Be'ur Eser Sefirot, 69

Be'ur Sodot ha-Ramban, 84

Bechinat ha-Dat, 104

Beit Elohim, 534, 536

Ben David, 441

Ben Iochai, 302

Benei Ahuvah, 519

Berit Kehunnat Olam, 432

Berit Menuchah, 137, 229, 232, 410

Bet Av, 244

Bet Din, 244

Bet El, 244

Bet ha-Bechirot, 244

Bet ha-Kaporet, 244

Bet ha-Midrash, 510

Bet ha-Sho'evah, 244

Bet Menuchah, 244

Bet Mo'ed, 102

Bet Oved, 244,

Bet Perez, 247

Birkat ha-Arets, 570

Boker Avraham, 341

Cântico dos Cânticos, 30, 69, 79, 82, 90, 97, 150, 203, 213, 214, 218, 245, 269, 272, 281, 294, 430, 476, 492,

515, 524, 555, 593

Chaiei ha-Nefesh, 86

Chaiei ha-Olam ha-Ba, 75, 472

Charba de-Moshe, 34, 231

Chemdat Iamim, 109, 110, 245, 353

Chemdat Israel, 226

Hen Kol Hadash, 579

Cheshek Shelomo, 90

Chessed le-Avraham, 226, 536

Chibur ha-Adam im Ishto (Igueret ha--Kodesh), 89, 245

Chibur Iafeh min ha-Ieshu'ah, 281

Chibut ha-Kever, 280

Chochmat ha-Kasdim, 494, 494

Chochmat ha-Nefesh, 60,

Chochmat ha-Tseruf, 75, 471

Chovot ha-Levavot, 53

Clavícula de Salomão (Clavicula Salomonis), 234, 410

Criação, Livro da, ver Sefer Ietsirah

Dammesek Eliezer, 298

Daniel, livros de, 46, 213

Davar be-Ito, 108, 246

Davek me-Ach, 404

De Arte Cabalistica, 249

De Divisione Naturae, 68

De Harmonia Mundi, 250

De Occulta Philosophia, 249

De Verbo Mirifico, 249

De Vita Contemplativa, 20

Der Bibel'sche Orient, 113

Der Sohar, das heilige Buch der Kabbala, 301

Der Spinozismus im Jüdenthumb, 183, 253

Derech Emunah, 498

Derech Ets Chaim, 544, 573

Derech ha-Emunah ve-Derech ha-Kefirah, 69, 131, 498

Derech ha-Iashar, 233

Derishot be-Inianei ha-Mal'achim, 230, 236, 515

Derush Cheftsi-Bah, 542

Derush ha-Menorah, 563

Derush ha-Taninim, 559, 563

Derushei Mal'achim ver *Derishot be-Inianei ha-Mal'achim*

Devarim Atikim, 300

Dialoghi di Amore, 156

Die Wirklichkeit de Hebraeer, 113

Divrei ha-Adon, 382

Divrei Nehemiah, 528, 529

Divrei Soferim, 16

Eclesiastes, ver *Kohelet*

Edut le-Israel, 530

Ein Ia'akov, 384

Einei ha-Edah, 90

Eitan ha-Ezrachi, 105

Elimah Rabati, 98, 99, 119, 125, 137, 147, 149, 161, 189-191, 511, 515

Em la-Binah, 580

Emek ha-Bacha, 502

Emek ha-Melech, 103, 135, 172, 232, 236, 411, 431, 447, 455, 501, 502, 534, 545

Emet le-Ia'akov, 146

Emunat Chachamim, 5

Emunat ha-Shem, 114, 256

Emunot ve-De'ot, 56, 67

Enoque, livro de, 15, 22, 23, 25, 231, 293, 483, 554

Enoque, livro eslavo, 17, 21, 30

Enoque, livro etíope, 32, 481, 491

Enoque, livro hebraico, 32, 33, 482-485, 493

Epístola a Burgos, 210, 221

Epístola de Barnabé, 428

Esh Dat, 530

Esh Metsaref, 235, 534

Eshel Avraham, 344

Et le-Chol Chefets, 109

Ets Chaim (Vital), 166, 167, 174, 181, 182, 204, 211, 543, 544, 573, 574

Ets Chaim (Tsaiach), 109

Ets ha-Da'at, 571, 574

Ets ha-Da'at Tov, 574

Even ha-Shoham, 94, 403

Even Sapir, 86

Excertos dos escritos de Teódoto [o Gnóstico], 24

Gei Chizaion, 329

Galei Razaia, 440

Gan ha-Melech, 502

Gênesis Apócrifo, 29

Golel Or, 441, 580

Goral Kodesh, 575

Guia dos Perplexos, 73, 75, 87, 186, 464, 553

Guilgulei Neshamot, 440, 443

Guinat Bitan, 93

Guinat Egoz, 81, 213, 281, 431, 523, 525

Guinzei Chochmat ha-Kabalah, 72

Guinzei ha-Melech, 74, 122

Hafsakah Guedolah shel Shishnah Iamin ve-Shishah Leilot, 563

Hakarat Panim le-Rabi Ishma'el, 401

Hakdamah Kodem Derush Maim Nuvkin, 575

Ha-Kolot Iechdalum, 530

Ha-Nefesh ha-Chachamah, 80, 201, 554

Har Adonai, 275

Ha-Rambam ve-ha-Zohar, 281

Ha-Roke'ach, 429

Ha-Sulam, 299

Ha-tsad Nachash, 530

Havdalah de-R. Akiva, 34, 47

Ha-Zad Tsev Ashkenazi, 530

He'ach Nafshenu, 233

Heichal ha-Kodesh, 226

Heichal ha-Shem, 122, 555

Heichalot (do Zohar), 25, 26, 28, 29, 32, 33, 34, 43, 47, 50, 51, 59, 152, 202, 270, 278, 280, 287, 447, 469, 478

Heichalot de R. Shimon b. Iochai, 270

Heichalot Rabati, 26, 28, 31, 33, 42, 469, 477, 478, 484, 485, 493

Heichalot Zutrati (R. Akiva), 30, 33, 477, 478, 482, 483

Hilchot ha-Kavod, 57, 58

Hilchot ha-Kisse, 17, 57

Hilchot ha-Malachim, 57

Hilchot ha-Nevuah, 57

Hilchot Heichalot, 477

Hilchot Ietsirah, 41, 446

Hilchot Teshuvah, 64

Holech Tamim, 105

The Holy Kabbalah, 255

Ia'arot Devash, 519

Iahel Or, 299

Iain ha-Meshumar, 104

Ialkut ha-Zohar, 299

Ialkut Nachmani, 243

Ialkut Re'uveni, 108, 243

Ialkut Shimoni, 243, 280

Ianuka, 270, 277

Iare'ach Iakar, 298

Iasheresh Ia'akov, 146

Idra de-Ha'azinu, 269

Idra de-Nasso, 269

Idra de-Vei Mashkena, 269, 270

Idra Raba, 82, 99, 136, 147, 269, 270, 287, 295

Idra Zuta, 136, 269, 287

Idrot, 99, 147, 150, 177, 181, 276, 277, 295, 296, 300, 515, 534, 536

Iefeh Nof, 545

Iesh Sachar, 242, 299

Iessod Mishneh Torah, 94, 261

Iessod Olam, 84, 138

Iessod Shirim, 272

Igra de-Chalah, 432

Igrot ha-ReMeZ, 580

640

Igueret Achuz, 105

Igueret al Shi'ur Komah, 86

Igueret Chamudot, 91

Igueret ha-Kena'ot, 530

Igueret ha-Kodesh, ver Chibur ha-Adam im Ishto

Igueret ha-Sodot, 247

Igueret ha-Tsiurim, 93

Igueret Maguen Avraham, ver Maguen Avraham

Igueret Purim, 85

Igueret Shevukin, 530

Ilan ha-Gadol, 154

Imrei Binah, 112

Introdução à Dialética dos Cabalistas, 253

Introdução à História da Filosofia dos Judeus, 253

Iode'ei Binah, 579

Iosher Levav, 112, 172

Jubileus, livro dos, 483

Kabbalah Denudata, 154, 235, 251, 253, 256, 300, 502, 533, 535

The Kabbalah Unveiled, 300, 536

Kaf ha-Chaim, 242

Kaf ha-Ketoret, 95, 164

Kanfei Ionah, 100, 166, 169, 542

Kav ha-Iashar, 108, 246, 581

Kav ha-Midah, 271

Kavanot Shelomo, 226

Kehillat Ia'akov, 146.

Kelah Pitchei Chochmah, 106, 183, 502

Kelalei ha-Mitsvot, 524

Kereti u-Feleti, 519

Ketav Tamim, 60

Ketem Paz, 94, 275, 298, 579

Keter Malchut, 97

Keter Shem Tov, 71, 134

Ketovet Ka'aka, 530

Kifayat al-Abidin, 54

Kisse Melech, 299

Kitab al-Anwar, 48

Kodesh Hillulin, 85

Kohelet (Eclesiastes), 18, 82, 436, 476, 555, 594

Kol ha-ReMeZ, 578, 579

Kol Ia'akov, 226

Kosht Imrei Emet, 530

Kuzari, 44, 63, 196, 280, 389

La Certeza del Camino, 327

La-Kedoshim Asher ba-Arets, 571

Lechishat Saraf, 530

Le-Einei Kol Israel, 530

Lekach Tov, 280

Leshem Shevo ve-Achlamah, 111, 183

Lev Adam, 93

Lev David, 575

Lev Simchah, 247

Libellus de Litteris Hebraicis, 250

Lidrosh Elohim, 233

Likutei Hakdamot le-Chokhmat ha-Cabala, 98

Likutei Shas, 573

Likutei Torah Nevi'im u-Khetuvim,
573

Likutim mi-Midrash Avkir, 52

Limudei Atsilut, 169, 403, 501, 544,
575

Livnat ha-Sapir, 82, 156, 267, 274,
295, 454

*Livro da Sagrada Magia de Abra-Me-
lin,* 234

*Livro das Cinco Substâncias do Pseudo-
-Empédocles,* 67

Livro das Visões de Ezequiel, 484

Livro de Heichalot (ver também *Enoque, Livro de*), 483

Ma'aian ha-Chochmah, 545

Ma'amar Adam de-Atsilut, 183

Ma'amar Efsharit ha-Tiv'it, 112

Ma'amar Hitbodedut, 229

Ma'amar Kadmut Sefer ha-Zohar, 289

Ma'arechet ha-Elohut, 73, 83, 85, 90,
92, 94, 95, 117, 132, 137, 146, 158,
208

Ma'asseh Buch, 411

Ma'assei Nissim, 541

Ma'avar Iabok, 421

Ma'ienot ha-Chochmah, 93

Ma'or va-Shemesh, 88

Machazeh Avraham, 403

Mafte'ah Shelomo, ver *Clavícula de
Salomão*

Maftechot ha-Zohar, 299

Maguen Avraham, 344, 432, 506

Maguen David (David Gans), 464

Maguen David (Messer Leon), 93

Maguen David (Radbaz), 97

Maguid Mesharim, 97

Malach ha-Meshiv, 411

Malachei Elion, 230, 303, 412, 456,
485, 495

Mandaica, literatura, 483, 492

Manuscritos do Mar Morto, 23, 25, 36

Mar'ot ha-Tsove'ot, 82

Mareh Kohen, 534

Marpe le-Nefesh, 545

Mas'at Biniamin, 242

Mashal ha-Kadmoni, 76, 555

Maskiot Kesef, 555

Massechet Atsilut, 153, 154

Massechet Derech Erets, 476

Massechet Heichalot, 32, 484

Massoret ha-Berit, 86, 125, 426

Matnita de-Lan, 279

Matnitin, 271, 272, 276

Matsref le-Chochmah, 242

Matstsat Shimurim, 104

Me'ah She'arim, 93

Me'ir Bat Ain, 580

Me'ir la-Arets, 575,

Me'irat Einaim, 84

Me'orei Or, 178

Me'orot Natan, 146, 573

Mechilta de-R. Shimon b. Iochai, 267

Megaleh Amukot (Motot), 87,

Megaleh Amukot (Spira), 105, 218,
431, 432, 582

Meguilat Achima'az, 49, 448

Meguilat ha-Megaleh, 59, 155, 436

Meguilat Setarim, 87, 230

Meheimanuta de-Cholla, 349, 528

Mekom Binah, 579

Mekor Chaim (Chaim ha-Kohen), 104, 242, 502

Mekor Chaim (Ibn Gabirol), 53, 73, 122

Mekor ha-Shemot, ver Shorshei ha--Shemot

Menorat ha-Ma'or, 89, 267, 299

Merivat Kadesh, 505, 510

Merkavah Rabah, 477

Merkavah Shelemah, 17, 30, 31, 32, 476, 477, 484

Mesillat Iesharim, 246

Meshiv Devarim Nechochim, 69

Meshovev Netivot, 45, 87

Messias Puer, 536

Metsudat David, 97

Mezakeh ha-Rabim, 579

Midrash Agadah, 429

Midrash Alfa-Betot, 478

Midrash Avkir, 51, 493

Midrash Chasserot vi-Iterot, 429

Midrash Chemdat Iamim, ver Chemdat Iamim

Midrash de-R. Shimon b. Iochai, 295

Midrash ha-Chefts ha Teimani, 493

Midrash ha-Gadol, 280

Midrash ha Melitsah ha-Ivrit, 303

Midrash ha-Ne'elam, 21, 198, 199, 272, 275, 277, 278, 279, 280, 283, 286-290, 292, 294-297, 302, 409, 553, 554

Midrash ha-Zohar, 267

Midrash Hhemdat Iamim

Midrash Iehi Or, 89, 267, 299

Midrash Ielamedenu, 493

Midrash Konen, 52, 66

Midrash Meguilat Esther, 274

Midrash R. Nechunia ben ha-Kanah, ver Sefer ha-Bahir, 393

Midrash R. Shimon b. Iochai, 267

Midrash Rabah, 280, 476

Midrash Shimon ha-Tsadik, 66

Midrash Talpiot, 108, 441, 590

Midrash Tanchuma, 43, 280

Midrash Tehilim, 214, 476, 595

Midrashei Ge'ulah, 46

Midrashei ha-Zohar Leket Shemu'el, 299

Midrashei Peli'ah, 108

Mif'alot Elohim, 233

Migdal David, 97

Migdal Oz, 323

Migdol Ieshu'ot, 90

Mikdash ha-Shem, 579

Mikdash Me'at, 91

Mikdash Melech, 299, 579

Milchamot ha-Shem, 114

Milhamah la-Adonai ve-Cherev la-Adonai, 530

Milot ha-Higaion, 16

Minchat Eliyahu, 443

Minchat Iehudah, 73, 90, 213, 443

Mishkan ha-Edut, 188, 290, 293, 294, 554

Mishmeret ha-Chodesh, 247, 579

Mishnah, 30, 40-42, 92, 241, 269, 271, 279, 281, 565, 578, 597, 598
Mishnat Chassidim, 112, 226
Mishnat Gur Arieh, 226
Mishneh Torah, 62, 281
Mitpachat Sefarim, 254, 302
Moda'a Raba, 530
Monumenta Judaica, 466

Nachash Nechoshet, 530
Naguid u-Metsaveh, 244
Nefesh ha-Chaim, 246
Neti'ah shel Simchah, 247
Netiv Mitsvotecha, 275
Nezer ha-Kodesh, 108
Nifla'im Ma'asecha, 233
Nishmat Chaim, 189, 441, 443
Nistarot de-R. Shimon b. Iochai, 46
Nitsotset Zohar, 280
Nof Ets Chaim, 544, 573
Novelot Chochmah, 103, 173, 183, 501, 502, 525, 545

Ohel Mo'ed, 90, 105
Olat Tamid, 572
Opus Mago-Cabbalisticum, 252
Or Einaim, 146
Or ha-Chaim, 108
Or ha-Chamah, 92, 298, 403, 574
Or ha-Ganuz, 399
Or ha-Sechel, 75
Or Iakar, 98
Or Israel, 111
Or Kadmon, 97

Or Ne'erav, 15, 275, 515
Or Zaru'a, 554
Orchot Chaim, 289, 290
Orchot Tsadikim, 540
Orot ha-Kodesh, 113
Otiot de-Avraham Avinu, ver *Sefer Ietsirah*
Otiot de-Rabi Akiva, 43, 217, 478
Otot u-Mo'adim, 45
Otsar ha-Chaim, 84, 303
Otsar ha-Kavod, 78
Otsar ha-Tefilot, 244
Otsrot Chaim, 544, 572
Oz le-Elohim, 349, 528

Pa'ne'ach Raza, 429
Palm Tree of Deborah, 261, 515
Parashat Bereshit, 85
Pardes Rimonim, 98, 126, 127, 133, 146, 148, 150, 190, 431, 432, 472, 511, 513, 515, 534, 574
Patora de Abba, 541
Pelach ha-Rimon, 515
Perek Shirah, 35, 280
Peri Ets Chaim, 226, 573
Perush Damessek Eliezer, 290
Perush Esser Sefirot, 131
Perush ha-Agadot, 32, 121, 221, 471
Perush Hagadah shel Pesah, 524
Perush ha-Tefilot (Azriel), 69, 226
Perush ha-Tefilot (Finzi), 226
Perush ha-Tefilot (Recanatti), 226
Perush ha-Zohar, 573

Perush Seder Avodat Iom ha-Kipurim, 515

Perush Shem ha-Meforash, 136

Pessak ha-Ir'ah ve-ha-Emunah, 59

Pessikta, 275

Pessikta de-Rav Kahana, 135

Pessikta Rabati, 48, 52

Pessukim al-Shem ben Arba'im u-She-taim Otiot, 525

Philosophie der Geschichte oder Über die Tradition, 252

Picatrix, 235

Pil'ot ha-Chochmah, 78

Pirkei Heichalot, 477

Pishra de R. Chanina b. Dosa, 34

Pistis Sophia, 28, 31, 77

Pitchei Chochmah, ver *Kelah Pitchei Chochmah*

Pitchei She'arim, 111, 183

Pitkah min Shemaia, 530

Pri Ets Chaim, 544

Problemata, 250

A Profecia de Isaías, 383

Puerta del Cielo, 103

Ra'aia Meheimna, 18, 81, 92, 118, 133, 154, 189, 210, 241, 273, 275, 282, 283, 286, 288-290, 292, 294, 296, 409, 431, 438, 455, 511

Rav Metivta, 270

Raza de-Razin, 270, 274, 279, 403, 510

Raza de-Uvda de-Bereshit, 563

Raza di-Ihuda, 349

Raza di-Meheimanuta, 336, 349

Raza Raba, 37, 47, 62, 397

Re'iat ha-Iadaim le-Echad me-Chach-mei Hodu, 402

Re'uiot Iechezkiel, 276

Refu'ah ve-Chaim, 233

Regal Iesharah, 146

Reish Millin, 113

Remez ha-Romez, 580

Reshit Chochmah, 98, 221, 246, 541

Sabedoria de Salomão, 20

Sar Torah, 477

Sava de-Mishpatim, 270, 275, 278

Seder Eliahu Rabah, 27, 476

Seder Goral ha-Choleh, 410

Seder ha-Iom, 102

Seder Rabah de-Bereshit, 478

Sefat Emet, 146, 520

Sefer Beri'ah, 336

Sefer Berit Olam, 111

Sefer Chanoch, 290

Sefer Chanoch (Chinuch), 403

Sefer Charedim, 98, 246, 541

Sefer Chassidim, 54, 57, 60, 236, 240, 412

Sefer Divrei Binah, 373

Sefer Guerushim, 515

Sefer ha-Atidot, 402, 404

Sefer ha-Bahir, 36, 48, 50, 61, 62, 64-67, 88, 115, 123, 130, 131, 132, 136, 138, 139, 145, 158, 196, 211, 281, 393-399, 436, 498

Sefer ha-Beri'ah, 632, 563

Sefer ha-Berit, 112

Sefer ha-Chaim, 56, 58

Sefer ha-Cheshek, 233, 410, 484

Sefer ha-Chezionot, 443, 546, 570, 571

Sefer ha-Derushim, 544, 572

Sefer ha-Emunah ve-ha-Bitahon, 69

Sefer ha-Emunot, 15, 88

Sefer ha-Eshkol (Lipmann-Muelhausen), 85

Sefer ha-Eskhol (Abrahão de Narbona), 62

Sefer ha-Ge'ulah, 434

Sefer ha-Guevul, 82, 147, 267, 295, 464

Sefer ha-Guilgulim, 440, 534, 536, 573

Sefer ha-Iashar, 34, 280

Sefer ha-Iuchassim, 292

Sefer ha-Iyun, 66, 67, 69, 76, 87, 129, 131, 136, 161, 165

Sefer ha-Kanah, 88, 89, 241, 308

Sefer ha-Kavanot, 541, 544, 545, 572, 573

Sefer ha-Kavod, 57, 94

Sefer ha-Levanah, 235

Sefer ha-Likutim, 455, 576, 544, 572

Sefer ha-Ma'alot Havdalah de-R. Akiva, 34

Sefer ha-Malbush, 34, 227

Sefer ha-Malkhut (David ha-Levi), 88

Sefer ha-Malkhut (José de Hamadã), 83, 137

Sefer ha-Manhig, 280

Sefer ha-Mefo'ar, 96

Sefer ha-Meshalim, 524

Sefer ha-Meshiv, 90, 97

Sefer ha-Miknah, 94

Sefer ha-Minhagot, 402

Sefer ha-Ne'elavim, 410

Sefer ha-Ne'lam, 82

Sefer ha-Orah, 77, 78

Sefer ha-Ot, 75

Sefer ha-Peliah, 189

Sefer ha-Razim, 34, 231, 233, 478, 484

Sefer ha-Rimon, 187, 554

Sefer ha-She'arim, 83

Sefer ha-Shem (*anônimo*), 122, 146, 555

Sefer ha-Shem (*Eleazar de Worms*), 17, 231

Sefer ha-Shorashim, 146, 280, 285

Sefer ha-Tamar, 235

Sefer ha-Techunah, 571

Sefer ha-Temunah, 155-157, 250, 424, 425, 439, 524

Sefer ha-Tikunim, 18, 81, 274, 289

Sefer ha-Tseruf, 75

Sefer ha-Tsoref, 345, 432, 582, 583

Sefer ha-Zechirah, 233

Sefer ha-Zohar (ver *Zohar*)

Sefer he-Aruch, 280, 425

Sefer Ichussei Tana'im ve-Amora'im, 57

Sefer Ietsirah, 17, 35, 37, 38, 41-47, 50, 51, 55, 56, 58, 59, 61, 63, 65-67, 69, 75, 85, 87, 89, 119, 125, 130, 134,

138, 141, 142, 166, 169, 231, 241, 250, 258, 281, 394-396, 445-447, 494, 498

Sefer Imrei No'am, 432

Sefer Karnaim, 411

Sefer le-Hafsakah Guedolah, 563

Sefer Pardes, 555

Sefer Pessakim, 538

Sefer Raviah, 302

Sefer Raziel, 254

Sefer Ta'atsumot, 530

Sefer Tehilim, 574

Sefer Tsioni, 85

Sefer Zerubabel, 280

Sepher ha-Zohar (Le Livre de la Splendeur), 301

Sha'ar ha-Guemul, 221

Sha'ar ha-Guilgulim, 440

Sha'ar ha-Ichudim, 573

Sha'ar ha-Kavanah, 221, 471, 498

Sha'ar ha-Kavanot, 110, 226, 495, 543

Sha'ar ha-Nikud, 524

Sha'ar ha-Shamaim (Herrera), 130, 534

Sha'ar ha-Shamaim (Ibn Latif), 73

Sha'ar ha-Shamaim (Jacob b. Sheshet), 69

Sha'ar ha-Sho'el, ver Be'ur Eser Sefirot

Sha'ar Ru'ach ha-Kodesh, 226

Sha'arei Binah, 579, 580

Sha'arei Chaim, 93

Sha'arei Gan Eden, 107, 352, 564

Sha'arei ha-Sod ve-ha-Ichud ve-ha--Emunah, 58

Sha'arei Kedushah, 193, 204, 229, 246, 472, 575

Sha'arei Orah, 3, 81, 146, 150, 164, 215, 253, 295, 524, 525, 534

Sha'arei Rachamim, 226

Sha'arei Teshuvah, 267, 289

Sha'arei Tsedek, 75, 146, 157, 524, 555

Sha'arei Tsion, 60, 226, 243

Sha'arei Zohar, 299

Shal'hevet Iah, 530

Shalshelet ha-Kabalah, 403

She'elot la-Zaken, 83

She'erit Iosef, 94

Shefa Tal, 103, 149, 171, 502

Shekel ha-Kodesh, 146, 553, 555

Shem ha-Guedolim, 274, 278

Shem Ia'akov, 347

Shem Olam, 135, 490, 519, 520

Shem Tov Katan, 390

Shema Israel, 345

Shemonah She'arim, 572

Shenei Luchot ha-Berit, 104

Shevet Mussar, 347

Shever Poshe'im, 502, 530

Shi'ur Komah (Cordovero), 29-31, 46, 51, 56, 58, 64, 82, 86, 131, 136, 139, 147, 189, 477, 484, 488, 490, 515, 529, 586

Shibolet shel Leket, 579

Shimushei Tehilim, 455

Shimushei Torah, 34, 214

Shitah Mekubetset, 537

Shiurei Berachah, 242

Shivchei ha-Ari, 242, 541, 570

Shivchei ha-Besht, 375

Shivchei R. Chaim Vital, 571

Shomer Emunim, 112, 172

Shorshei ha-Shemot, 233, 580

Shoshan Edut, 554

Shoshan Sodot, 94, 237

Shoshanat Ia'akov, 404

Shulchan Aruch, 242,

Shulchan Aruch ha-Ari, 244

Shulchan ha-Sechel, 233

Shushan Iessod Olam, 410

Sibat Ma'asseh ha-Egel ve-Inian ha--Shedim, 41

Sidur ha-Ari, 226

Sidur ha-Shelah, 226

Sidur ha-Tefilah, 58

Sifra de-Adam, 279

Sifra de-Agadeta, 279

Sifra de-Ashmedai, 279

Sifra de-Chanoch, 279

Sifra de-Chochmeta di-Venei Kedem, 279

Sifra de-Rav Hamnuna Sava, 279

Sifra de-Rav Ieiva Sava, 279

Sifra de-Shelomo Malka, 279

Sifra de-Tseni'uta, 269, 276, 199, 300, 534, 536, 575

Sifrei Kadma'ei, 279

Simchat Kohen, 542

Sitrei Otiot, 271, 273

Sitrei Torah, 271, 275

Slowa Panskie, 382

Sod Adonai Le-Ire'av, 510

Sod Darkhei ha-Nekudot ve-ha-Otiot, 152

Sod Darkhei ha-Shemot, 82

Sod ha-Ichud, 58, 60,

Sod ha-Korban, 498

Sod ha-Shem, 456

Sod Iedi'at ha-Mezi'ut, 131

Sod Ilan ha-Atsilut, 85, 146

Sodei Razaia, 57, 60

Specimen Theologiae Soharicae, 253

Sulam ha-Aliah, 228

Ta Chazei, 273

Ta'alumot Chochmah, 103, 233, 501, 541, 545, 571

Ta'am le-Shad, 302

Ta'amei ha-Minhagim, 244

Ta'amei ha-Mitsvot, 83, 93, 133, 295, 295, 298, 439, 524, 573

Tachlit he-Chacham, 235

Tal Orot, 112, 183

Talmud, 17, 23, 24, 26, 27, 28, 35, 41, 60, 69, 78, 95, 140, 210, 211, 225, 237, 242, 271, 248, 278, 279, 280, 281, 283, 286, 296, 299, 301, 333, 341, 359, 364, 365, 370, 373, 398, 405, 427, 434, 435, 446, 451, 461, 475, 476, 481-483, 517, 519, 571, 578, 597

Talmud Esser ha-Sefirot, 183

Tana de-Vei Eliahu, 108

Tania, 172

Tapuchei Zahav, 272, 555

Targum Onkelos, 280, 283, 285

Tefilah le-Moshe, 226, 515
Tefilat Eliahu, 233
Tefilat ha-Ichud, 146, 525
Teodicéia, 163
Testamento de Salomão, 452, 453, 461, 492
The Zohar (Sperling e Simon), 301
Tiferet Ionatan, 519
Tiferet Israel, 432
Tikun Avonot, 573
Tikun ha-Kelali, 245
Tikun Shovavim, 579
Tikunei Teshuvah, 545
Tikunei Zohar, 121, 152, 153, 154, 210, 232, 241, 273, 285, 297, 299, 403, 431, 439, 454, 494, 511, 513
Tikunei Zohar Chadash, 274
Tish'ah Perakim mi-Ichud, 87
Tobias, livro de, 25
Tofteh Aruch, 579
Tohorat ha-Kodesh, 347
Tokhachat Megulah ve-ha-Zad Na-chash, 530
Tola'at Ia'akov, 226
Toledot Adam (Elias b. Moisés Galle-na), 404
Toledot Adam (Joel Ba'al Shem), 233, 390
Toledot Adam (José de Hamadã), 83, 137
Toledot Adam (Nahmanides), 71
Toledot ha-Ari, 261, 541
Tomer Devorah, 220, 515
Torat Chacham, 108

Torat Chaim, 571
Torat ha-Ra ve-ha-Klipah be-Kabalat ha-Ari, 178, 547
Torei Zahav, 113
Tosefta (do Zohar), 271, 278, 478
Traduction intégrale du Siphra de-Tze-niutha, 301
Traité de la réintégration des êtres, 252
Traité du Feu, 252
Tsafenat Pa'ne'ah (Elias Loans), 298
Tsava'at R. Eliezer ha-Gadol, 289
Tsefunei Tsioni, 410
Tseror ha-Mor (Abrahão Saba), 93
Tseror ha-Mor (Ibn Latif), 74
Tsevi Mudach, 327
Tsitsat Novel Tsevi, 325
Tsofenat Pa'neach (Alashkar), 93
Tsuf Novelot, 173
Tsurat ha-Olam, 73, 74
Tumat Iesharim, 538
Tuv ha-Aretz, 104

Urim ve-Tumim, 402, 519

Va-Avo ha-Iom el ha-Ain, 350, 490, 520
Va-Iakhel Moshe, 111, 135
Vavei ha-Amudim, 432
Viku'ah al Chochmat ha-Kabalah ve-al Kadmut Sefer ha-Zohar, 302

Zechirah le-Chaim, 404
Zeini Charshin de-Kasdi'el Kadma'ah, 476

Zemir Aritsim, 563

Zera Berach, 502

Zikhron le-Veit Israel, 344

Zikukin de-Nura, 108

Zivchei Shelamim, 515

Zohar, 15, 18, 21, 78-89, 90, 92, 94, 95, 98, 99, 105, 107, 115, 117, 118, 120-123, 126, 129, 130, 133, 136, 137, 139-143, 146, 147, 149-154, 157, 159-164, 166, 175, 177, 180, 181, 185, 187-189, 193, 194, 196, 198-204, 207, 208, 210, 213, 216, 218-220, 224, 225, 228, 230-232, 235, 236, 241-244, 246, 247, 250, 251, 253, 254, 267-303, 308, 321, 333, 338, 344, 349, 360, 362, 370, 398, 403, 407-410, 412, 421-423, 425, 431, 437-439, 441, 454, 455, 485, 488, 494, 502, 511, 513-515, 524, 529, 534, 536, 538-540, 545, 553, 554, 557, 565, 574, 579, 590

Zohar Chadash, 228, 268-274, 297, 494, 577, 596

Zohar Chai, 298

Zohar ha-Raki'a, 573

Zohar Torah, 300

Zoharei Chamah, 271

Zohorei Raviah, 300, 302

Zot Chukat ha-Torah, 502

SOBRE O AUTOR

Gershom Scholem foi uma das mais importantes figuras dos modernos estudos judaicos. Ele deixou a Alemanha em 1923 e se juntou à Universidade Hebraica de Jerusalém, primeiro como bibliotecário e por fim como Professor de Misticismo e Cabala. Sua combinação de minuciosa análise, penetrante intuição filosófica e profunda compreensão histórica acrescentou novas perspectivas aos Estudos Judaicos. O professor Scholem serviu como presidente da Academia de Ciências e Humanidades da Academia de Israel.